AF540402

अष्टावक्र महागीता भाग 9

अनुमान नहीं, अनुभव

ओशो द्वारा अष्टावक्र-संहिता के 298 सूत्रों में से
227 से 298 सूत्रों पर प्रश्नोत्तर सहित दिए गए
ग्यारह प्रवचनों का संकलन

फ्यूजन बुक्स

प्रकाशक

फ्यूजन बुक्स
X-30, ओखला इंडस्ट्रियल एरिया, फेज-II
नई दिल्ली-110020
फोन : 011-41611861, 40712100
फैक्स : 011-41611866
ई-मेल : sales@dpb.in
वेबसाइट : www.dpb.in
संस्करण : 2026

मुद्रक : आदर्श प्रिंटर्स, शाहदरा, दिल्ली-110032

Anuman Nahin, Anubhav
Originally published in Hindi "Ashtavakra Mahageeta', Chapter 81-91

For more information: www.osho.com
A comprehensive multilingual web site featuring Osho's meditations, books and tapes and online tour of the meditation resort at Osho Commune International.

Anuman Nahin, Anubhav

अनुक्रम

प्रवचन : 81

अध्यात्म का सारसूत्र : समत्व

31 जनवरी, 1977

अष्टावक्र उवाच।

न शांतं स्तौति निष्कामो न दुष्टमपि निंदति।
समदुःखसुखस्तृप्तः किंचित् कृत्यं न पश्यति।।258।।
धीरो न द्वेष्टि संसारमात्मानं न दिदृक्षति।
हर्षामर्षविनिर्मुक्तो न मृतो न च जीवति।।259।।
निःस्नेहः पुत्रदारादौ निष्कामो विषयेषु च।
निश्चिंत स्वशरीरेऽपि निराशः शोभते बुधः।।260।।
तुष्टिः सर्वत्र धीरस्य यथापतितवर्तिनः।
स्वच्छंदं चरतो देशान्यत्रास्तमितशायिनः।।261।।
पततूदेतु वा देहो नास्य चिंता महात्मनः।
स्वभावभूमिविश्रांतिविस्मृताशेषसंसृतेः।।262।।
अकिंचनः कामचारो निर्द्वंद्वश्छिन्नसंशयः।
असक्तः सर्वभावेषु केवलो रमते बुधः।।263।।

ख मत तू यह कि तेरे
कौन दाएं कौन बाएं
तू चला चल बस, कि सब
पर प्यार की करता हवाएं

दूसरा कोई नहीं, विश्राम
है दुश्मन डगर पर
इसलिए जो गालियां भी दे
उसे तू दे दुआएं
बोल कड़वे भी उठा ले
गीत मैले भी घुला ले
क्योंकि बगिया के लिए
गुंजार सबका है बराबर
फूल पर हंसकर अटक तो
शूल को रोकर झटक मत
ओ पथिक! तुझ पर यहां
अधिकार सबका है बराबर

चैतन्य का जो अंतिम शिखर है, वहां सब स्वीकार है। जैसा है वैसा ही स्वीकार है। अन्यथा की कोई मांग नहीं है।

जब तक अन्यथा की मांग है, संसार शेष है। जब तक ऐसा लगे कि ऐसा होता तो अच्छा होता, ऐसा न होता तो अच्छा होता, तब तक मन कायम है। तब तक संसार जारी है।

जब ऐसा लगे कि जैसा है वैसा ही शुभ है, जैसा है ऐसा ही हो सकता था, जैसा है ऐसा ही होना था, जैसा है ऐसा ही होना चाहिए था; जो है, उसके साथ जब तुम्हारे स्वर संपूर्ण रूप से तालमेल खा जाते हैं, तो समर्पण, तो संन्यास, तो संसार समाप्त हुआ, तो तुम हुए जीवनमुक्त।

जहां तथाता परिपूर्ण है; जहां जरा सी भी, इंच भर भी रूपांतरण की कामना नहीं—न बाहर, न भीतर; जहां इस क्षण के साथ पूरी समरसता है, वहीं शांति है। वहीं सम्यकत्व है।

पहला सूत्र—

देन शांतं स्तौति निष्कामो न दुष्टमपि निंदति।
समदुःखसुखस्तृप्तः किंचित् कृत्यं न पश्यति।।

'निष्काम पुरुष को न तो शांत पुरुष के प्रति कोई स्तुति का भाव पैदा होता'...महात्मा को देख कर भी निष्काम पुरुष के मन में कोई स्तुति का भाव पैदा नहीं होता...'और दुष्ट को देखकर निंदा का भाव पैदा नहीं होता।'

तुम महात्मा की स्तुति करते हो, क्योंकि तुम महात्मा होना चाहते हो। स्तुति हम किसकी करते हैं? स्तुति हम उसी की करते हैं, जैसे हम होना चाहते। निंदा हम

किसकी करते हैं? निंदा हम उसी की करते हैं जैसे हम नहीं होना नहीं चाहते। निंदा हम उसी की करते हैं जैसे हम चाहते हैं कि न हों और पाते हैं कि हैं। और स्तुति हम उसी की करते हैं जैसे हम चाहते हैं कि हों, सोचते भी हैं कि हैं और अभी हैं नहीं। स्तुति है अपने भविष्य की, निंदा है अपने अतीत की।

ईसाई फकीरों में बड़ा प्रसिद्ध वचन है: 'हर संत का अतीत है और हर पापी का भविष्य है।' जो आज संत है, कल अतीत में पापी था। इसलिए हर संत का अतीत है। और अतीत संतत्व से भरा हुआ नहीं हो सकता। और हर पापी का भविष्य है। आज जो पापी है, वह कल संत हो जाएगा, हो सकता है। तो जब तुम किसी की स्तुति करते हो, तब तुम क्या कर रहे हो, तुमने कभी सोचा? राजनेता गांव में आया, तुम चले! तुम सोचते हो तुम महान नेता के दर्शन करने को जा रहे हो, तुम गलती में हो। तुम्हारे मन में भी राजपद का मोह है। तुम भी चाहते हो पद हो, प्रतिष्ठा हो...जो तुम्हें नहीं हो सका है और किसी और को हो गया है, चलो कम से कम उसके दर्शन कर आएं!

एक होटल में एक आदमी भीतर प्रविष्ट हुआ। बड़ा मजबूत आदमी, ऊंचा-तगड़ा। उसने एक गिलास शराब पी ली और जोर से चिल्ला कर कहा, है किसी की ताकत कि जरा आजमाइश कर ले? लोग सिकुड़ कर और डर कर बैठ गए। फिर उसने चिल्ला कर कहा कि कोई दमदार नहीं, कोई मर्द नहीं, सब नामर्द बैठे हैं? एक छोटा सा आदमी उठा। लोग तो चकित हुए कि यह छोटा आदमी किसलिए उठ रहा है! यह तो इसको चकनाचूर कर देगा!!

लेकिन वह छोटा आदमी 'कराते' का जानकार था। उसने जाकर दो-चार हाथ मारे, वह जो बड़ा तगड़ा आदमी था, क्षण भर में जमीन पर चारों खाने चित हो गया। और वह छोटा आदमी उसकी छाती पर बैठ गया और बोला, बोलो क्या इरादा है! देखा मर्द? वह बड़ा आदमी, मजबूत आदमी बड़ा हैरान हो गया। उसने कहा, आखिर भाई तू है कौन? तो उसने कहा मैं वही हूं, जो तुम सोचते थे कि तुम हो जब तुम होटल में भीतर आए थे। मैं वही हूं जो तुम सोचते थे कि तुम हो, जब तुम होटल में भीतर आए थे। जो शराब पीकर तुमने सोचा कि तुम हो, मैं वही हूं। कुछ कहना है?

हम जब स्तुति करते किसी की, तो किसी बहुत गहरे तल पर अचेतन मन के हम अपने ही भविष्य की तलाश कर रहे हैं, जैसा हम होना चाहते हैं। इसलिए जो आदमी राजनेता के दर्शन को जाता है वह संत के दर्शन को नहीं जाएगा। या अगर संत के भी दर्शन को जा रहा हो, तो इस आदमी के मन में राजनीति और धर्म का कोई भेद ही नहीं है। जिसकी भी प्रतिष्ठा है! यह प्रतिष्ठित होना चाहता है, कैसे प्रतिष्ठा मिलेगी इसकी इसे कोई चिंता नहीं है। यह अपने अहंकार की पूजा चाहता है। चाहे राजनेता होकर मिल जाए, चाहे महात्मा होकर मिल जाए, इसे अहंकार पर आभूषण चाहिए।

तुम जब स्तुति करते हो किसी की, तो तुमने अपनी मांग जाहिर की, तुमने अपनी वासना प्रकट की—ऐसा मैं होना चाहता हूं। नहीं हो पाया, मजबूरी है; लेकिन उसे तो देख आऊं जो हो गया है! उसके चरण में तो श्रद्धा के फूल चढ़ा आऊं कि मैं तो हार गया लेकिन तुम हो गए, चलो, कोई तो हो गया! मगर यह घटना घट सकती है, इसके लिए आंख भर कर देख तो आऊं! जब तुम बुद्ध के पास जाते हो और बुद्ध के चरणों में सिर झुकाते हो, तब भी तुम यही कह रहे हो। मैं तो न हो सका, मैं तो खो गया मार्गों में, अनंत थे मार्ग, राह न मिली, मैं तो कांटों में उलझ गया, आप पहुंच गए! आपके दर्शन ही कर लूं, आंख इतने से ही भर लूं! इतना तो भरोसा आ जाए कि भला मैं भटक गया, लेकिन भटकाव अनिवार्य नहीं है। पहुंचना हो सकता था—कोई पहुंच गया है।

या तुम जब किसी की निंदा करते हो। बर्ट्रेंड रसल ने लिखा है कि अक्सर ऐसा होता है कि जब कोई आदमी किसी बात की बहुत निंदा करता हो, तो जरा उस आदमी को गौर से देखना। समझो कि यहां किसी की जेब कट जाए, और एक आदमी जोर से चिल्लाने लगे, पकड़ो, मारो, कौन है चोर, ठिकाने लगा देंगे! उस आदमी को पहले पकड़ लेना। बहुत संभावना तो यह है कि यह आदमी चोर है, इसी ने जेब काटी है। चोर बहुत जोर से चिल्लाता है। जोर से चिल्लाने के कारण दूसरों को भरोसा आ जाता है कि कम से कम यह तो चोर नहीं हो सकता। चोर होता तो यह चिल्लाता! चोर होता तो यह चोरी के इतने खिलाफ कैसे होता! इसलिए जो होशियार चोर है, वह चोरी के खिलाफ चिल्लाता है, शोरगुल मचाता है, और इसी तरह बच जाता है। कोई सीधा सा आदमी डर के मारे अगर चुपचाप सिकुड़ा खड़ा रह जाए कि कहीं ऐसा न हो कि कोई हम पर शक कर ले, वह पकड़ लिया जाएगा। जो शोरगुल कर रहा है, उसे तो कौन पकड़ेगा!

बर्ट्रेंड रसल ने लिखा है कि जो आदमी जिस बात की जितनी निंदा करे, समझना कि भीतर गहरे में उसका कोई न्यस्त स्वार्थ है। या तो वह पाता है कि मैं ऐसा हूं, या तो वह डरा हुआ है कि कहीं जाहिर न हो जाए...तुम्हारे तथाकथित साधु-संन्यासी कामवासना की इतनी निंदा करते हैं उसका कुल कारण इतना है, कामवासना उनके भीतर बड़ी लहरें व तरंगें ले रही है। वे स्त्री से पीड़ित व परेशान हैं। इसलिए तुम्हारे शास्त्र स्त्रियों को गाली दिए जाते हैं। वे जो शास्त्र लिखने वाले हैं, जरूर कहीं न कहीं स्त्री से बहुत पीड़ित रहे होंगे। उनके सपने में स्त्री उनको सता रही होगी। स्त्री उनका पीछा कर रही है। वे स्त्री से भाग गए हैं। जिससे कोई भाग जाता है, उससे कभी भाग नहीं पाता। जिससे भागे, उससे उलझे रह जाओगे। वे जो तुम्हारे शास्त्रकार तुमसे कहते हैं, धन से बचो, धन में पाप है, समझ लेना उनका लोभ अभी भी धन में लगा है। अन्यथा, इतनी निंदा का कोई कारण न था।

असल में तो निंदा का कोई कारण ही नहीं है। परमज्ञानी को न तो कोई स्तुति है, न कोई निंदा है। न तो वह महात्मा के चरणों में फूल चढ़ाने जाता और न निंदक के सिर पर अंगारे रखने जाता, जूते मारने जाता। बुरे को जूते नहीं मारता, भले का सम्मान नहीं करता। अगर कोई भला है, तो भला; अगर कोई बुरा है, तो बुरा। जैसा है, वैसा है।

इस बात को थोड़ा समझना। यह परम दशा की व्याख्या है। जैसा है, वैसा है। राम राम हैं, रावण रावण है। जैसा है, वैसा है। नीम कड़वी है और आम मीठा है। क्या तो नीम की निंदा और क्या आम की प्रशंसा! क्या सार है? कांटा कांटा है, फूल फूल है। जो जैसा, वैसा। इसमें रत्ती भर आकांक्षा नहीं है, आकांक्षा का कोई संबंध नहीं है।

न शांतं स्तौति निष्कामो।

जो स्वयं निष्काम हो गया है, वह शांत व्यक्ति की भी स्तुति नहीं करता। जब निष्काम ही हो गया, तो अब तो शांति की भी कामना नहीं है। तो स्तुति का क्या प्रयोजन!

न दुष्टमपि निंदति।

और न दुष्ट की निंदा करता। निंदा में भी दुष्टता है। तुम जब किसी की निंदा करते हो तब भी उसमें दुष्टता ही छिपी हुई है। निंदा में भी तुम चोट पहुंचाने की चेष्टा कर रहे हो। निंदा करके तुम स्वयं ही निंदित हो गए। न तो स्तुति का कुछ अर्थ है, न निंदा का कुछ अर्थ है। निष्काम व्यक्ति न पक्ष में है, न विपक्ष में। निष्काम व्यक्ति का कोई आग्रह नहीं है। निष्काम व्यक्ति अनाग्रही है।

'वह दुख और सुख में समान है। सब स्थितियों में तृप्त। और उसको करने को कुछ भी नहीं बचा है।'

समदुःखसुखस्तृप्तः।

दोनों में समभाव आ गया है। इस समभाव की ही सारी खोज है इस देश में। जैन इसे कहते हैं, सम्यकत्व। लेकिन बात सम की है। बुद्ध कहते हैं, संतुलन, सम्यक। बात सम की है। हिंदू कहते हैं, समाधि—सम, आधि। बात सम की है। अगर एक छोटा सा शब्द चुनना हो जिसमें पूरे पूरब की मनीषा समा जाती हो तो वह, सम। सम का अर्थ है, जिसके मन में न अब इधर डोलना रहा, न उधर डोलना रहा। न जो बाएं झुकता, न दाएं झुकता। क्योंकि इधर झुके तो खाई, उधर झुके तो कुआं। झुके कि भटके। जो झुकता ही नहीं। जो मध्य में खड़ा हो गया है। जो थिर हो गया, अकंप। समता, सम्यकत्व, समाधि।

अंग्रेजी में भी, यूनानी-लैटिन में भी संस्कृत का यह सम शब्द बच रहा है। इसने अनेक थोड़े फर्क रूप ले लिए हैं, लेकिन बच रहा है। अंग्रेजी के शब्दों में 'सिन्थेसिस' में जो सिन है, वह सम का ही रूप है। 'सिम्फोनी' में। 'सिनाप्सिस' में। जहां-जहां सिन प्रत्यय है, वह सम का ही रूप है।

सम चित्त की एक आंतरिक दशा है। ऐसी दशा, जहां कोई कंपन नहीं है। अकंप दशा। अगर तुम्हारे मन में शुभ की प्रशंसा है, अशुभ की निंदा है, तो तुम कंप गए। समझो तुम बैठे हो और एक दुष्ट आदमी निकल गया रास्ते से, तो तुम्हारे मन में कंपन पैदा हो जाएगा कि अरे! यह दुष्ट जा रहा है, इसे नरक में डाला जाए। या तुम्हारे मन में दया आ गई और तुमने कहा इस दुष्ट को बचाना चाहिए, साधु बनाना चाहिए, तो भी तुम कंप गए। तुम जो बैठे थे अकंप, उसमें कंपन हो गया। तुम अब वही न रहे जो इस आदमी के निकलने के पहले थे। निकला कोई साधुपुरुष, कि महात्मा, कि तुम्हारे मन में हुआ—अहो! धन्यभाग इस आदमी के! ऐसा सौभाग्य मेरा कब होगा? कंप गए। विचार उठ गया, समता खो गई।

सम स्थिति तब है, जब बुरा निकले कि भला, तुम वैसे ही रहे। तुम वैसे के वैसे रहे—जस के तस। जरा भी हिले-डुले न। सुख आया तो, दुख आया तो; सम्मान मिला तो, अपमान मिला तो, तुम वैसे के वैसे रहे, जरा भी न हिले। ऐसी समता की दशा को जो उपलब्ध हो जाए, उसे ही जानना कि निष्काम है।

समदुःखसुखस्तृप्तः।

और उसकी ही तृप्ति है। जो सुख-दुख में समानता को उपलब्ध हो गया है वही तृप्त है। अन्यथा दुखी तो तृप्त हैं ही नहीं, सुखी भी तृप्त नहीं हैं।

तुमने खयाल किया? जब दुख होता है, तो दुख से छूटने की आकांक्षा प्रबल होती है कैसे छूट जाएं, वही तकलीफ होती है, तृप्त कैसे होंगे। दुख से कोई तृप्त होता है! दुख से छूटना चाहता है, हटना चाहता है, मुक्त होना चाहता है। लेकिन जब सुख होता है, तब भी तुम तृप्त होते हो? जब सुख होता है तब यह डर लगता है कि कहीं सुख छिन न जाए!

कल एक युवा संन्यासी ने मुझे कहा कि अब मैं वापस लौट रहा हूं अपने घर। जितने दिन यहां था, बड़े सुख में बीते, बड़ी शांति में बीते। अभी भी चित्त बड़ा आनंदित और शांत है। अब एक डर लग रहा है कि कहीं घर जाकर यह खो तो नहीं जाएगी शांति! अभी खोई नहीं है, लेकिन डर, कि कहीं खो तो न जाएगी! बेचैनी शुरू हो गई। अभी चित्त शांत है और अशांति शुरू हो गई। अभी सुख बरस रहा है, लेकिन भय समा गया कि कहीं खो तो न जाएगा! जब भी तुम सुखी होते हो, तभी भीतर से भय भी आ जाता है कि कहीं खो तो न जाएगा। जैसे दुख के साथ यह भाव आता है—कैसे छुटकारा हो, वैसे सुख के साथ यह भाव आता है—कहीं छुटकारा हो न जाए! दोनों ही हालत में तुम डोल गए। दोनों ही हालत में तृप्ति नष्ट हो गई, अतृप्त हो गए, असंतोष पैदा हो गया।

तो दुखी तो दुखी हैं ही, यहां सुखी भी दुखी हैं। जिनके पास धन नहीं है, वे परेशान हैं कि धन कैसे हो? जिनके पास धन है, वे परेशान हैं कि कहीं खो न जाए! कहीं चोर न चुरा लें! कहीं सरकार न छीन ले! कहीं कम्यूनिज़म न आ जाए! कहीं ऐसा न हो जाए! कहीं वैसा न हो जाए! क्या भरोसा! तो जिसके पास धन नहीं है, वह तो शायद रात ठीक से सो भी जाता है, जिसके पास है, वह सो ही नहीं पाता। वह और भयभीत है! उसके ऊपर निन्यानबे का फेर है। वह चिंता चिंता में ही लगा रहता है। कैसे बचाऊं! पहले लोग सोचते हैं, धन होगा तो बड़ी सुरक्षा होगी, फिर चिंता पैदा होती है कि अब धन की सुरक्षा कैसे करें? जिनको तुम धनी कहते हो, उनको तुम्हें धनी कहना नहीं चाहिए, ज्यादा से ज्यादा रखवाले, पहरेदार! धन की मालकियत कहां संभव है! बस कोई पहरा देता रहता है। पहरेदारी में ही तुम समझते हो कि तुम मालिक हो गए।

तृप्त तो वही है जो सुख और दुख में समभावी है। दुख आता है तो कहता नहीं कि जाओ। सुख आता है तो कहता नहीं कि रुको। जैसी मर्जी। अपनी मर्जी से आए, रुकना हो रुको, जाना हो जाओ। सुख और दुख दोनों के साथ उसकी अंतर्दशा एक सी रहती है।

और यह बाहर की ही बात नहीं है, भीतर भी ध्यान का यही सूत्र है। एक बुरा विचार मन में आया-चोरी कर लें, हत्या कर दें, तुम इसकी भी निंदा मत करो। तुम इसे भी देखते रहो। इससे भी कुछ लेना-देना नहीं है। यह विचार तुम नहीं हो। तुम इसके साक्षी हो। एक अच्छा विचार आया कि सब दान कर दें, एक बड़ा मंदिर बना दें, अस्पताल खोल दें, यह भी एक विचार है। तुम इससे छाती न फुला लो। अकड़ मत जाओ कि कितना शुभ विचार मेरे भीतर आ रहा है। और अशुभ विचार से तुम परेशान न हो जाओ, माथे पर बल न ले आओ, पसीने-पसीने मत हो जाओ, घबड़ाओ मत कि कैसा अशुभ विचार आ गया! कि मैं कैसा अशुभ हो गया। न अशुभ विचार तुम हो, न शुभ विचार तुम हो, तुम तो साक्षी हो।

तो जहां शुभ और अशुभ, भला और बुरा, रात और दिन, सुख और दुख, जीवन और मृत्यु, दोनों के प्रति एक समदृष्टि उत्पन्न हो जाती है, वहीं जीवन का परम द्वार खुलता है। और ऐसे व्यक्ति को पता चलता है कि उसको कुछ करने को शेष नहीं रहा है।

किंचित् कृत्यं न पश्यति।

जिसने ऐसा समभाव जान लिया, अब इसे करने को कुछ भी नहीं बचा। न कोई साधना, न कोई सिद्धि। न कोई जप-तप, न कोई योग-याग। न इसे मोक्ष पाना है, न इसे संसार छोड़ना है। इसी क्षण सब हो गया। सम्यकत्व के क्षण में सब हो जाता है।

समता के क्षण में सब हो जाता है। समाधि के क्षण में सब हो जाता है। अब कुछ करने को शेष नहीं रहा है।

किंचित् कृत्यं न पश्यति।

अब इसे कुछ भी दिखाई नहीं पड़ता कि करने को कुछ बचा।

साक्षी तुम हुए कि अकर्ता हुए। या कि अकर्ता हो जाओ, तो साक्षी हो गए। अब तो सिर्फ आनंद ही आनंद है, करने को कुछ भी न बचा। खयाल करो, जब तक करने को बचा है, तब तक चिंता रहेगी, योजना रहेगी, भय रहेगा। करोगे तो लेकिन सफल होओगे या नहीं? सफल भी हो गए, तो जिस दिशा में चल पड़े थे वह ठीक थी या नहीं थी? सफल होकर भी सफलता मिलेगी? धन पाकर भी सुख होगा, शांति होगी? पद पाकर भी तृप्ति होगी? जहां तक कृत्य है, वहां तक चिंता का जाल है। जहां तक करना है, वहां तक असफलता का डर बना ही रहेगा। और यह भी डर बना रहेगा कि सफल होकर भी कहां सफलता पक्की है! क्योंकि सिकंदर होते, नेपोलियन होते, जीत लेते दुनिया और खाली हाथ जाते! धूल में पड़ी हैं उनकी अर्थियां, जो सिंहासन पर बैठे। तो सिंहासन पर भी बैठ कर गिरना तो कब्र में ही पड़ता है। सिंहासन से भी तो आदमी कब्र में ही गिरता है। चाहे सिंहासन पर बैठो, चाहे सड़क की पटरी पर भिखमंगे की तरह बैठो, जब गिरोगे कब्र में तो एक से गिरोगे। उमर खय्याम ने कहा है: धूल मिल जाती धूल में। डस्ट अनटू डस्ट। फिर धूल तुम्हारी सम्राट कहलाती थी कि भिखमंगा, इससे क्या फर्क पड़ता है! अंतिम चरण में सब एक हो जाता है।

ज्ञानी यह देख कर कि मृत्यु तो सब लीप-पोत देती है, स्वयं ही लीप-पोत देता है। वह कहता है जब मृत्यु सबको मिटा कर एक सा कर देगी, तो मैं अपनी ही तरफ से एक सा हुआ जाता हूं। इस भांति ज्ञानी स्वेच्छा से मर जाता है। उसके लिए करने को कुछ नहीं बचता, इससे यह भ्रांति मत ले लेना मन में कि वह कुछ करता नहीं है। करने को कुछ नहीं बचता, कृत्य उससे जारी रहते हैं। जो स्वाभाविक है, जो नैसर्गिक है। भूख लगती, तो भोजन करता है, प्यास लगती तो पानी पीता है। जो स्वाभाविक निसर्ग से होता है। जिसे करना नहीं पड़ता, अपने से होता है।

जैसे समझो, एक ज्ञानी बैठा है और कोई आदमी किसी को मार रहा है। तो ज्ञानी यह सोचकर नहीं उठता कि मैं इसे बचाऊं, कि मुझे बचाना चाहिए; कि मैं यहां बैठा हूं और यह आदमी मेरे सामने पिट रहा है, तो इस पाप में मैं भागीदार हो रहा हूं, ऐसा चिंतन नहीं करता। अगर पुलक आ गई सहज, तो उठ आता है, बचा लेता है। पुलक न आई, तो बैठा रहता है। हुआ, तो हो जाने देता है। न हुआ, तो कोई उपाय नहीं है।

इसका यह अर्थ नहीं है कि ज्ञानी नहीं बचाएगा। इसका यह भी अर्थ नहीं है कि ज्ञानी बचाएगा ही। ज्ञानी के संबंध में कोई भविष्यवाणी नहीं हो सकती। ज्ञानी सहज

पुलक से जीता है। यही तो अष्टावक्र बार-बार कहते हैं, ज्ञानी स्व-स्फूर्ति से जीता है। आएगी स्फूर्ति, तो हो जाएगा। नहीं आएगी स्फूर्ति, तो नहीं होगा। अब स्फूर्ति का जिम्मा ज्ञानी पर नहीं है, उस परम विराट पर है जिसके चरणों में ज्ञानी ने अपने को छोड़ दिया। अब वह जो चाहे। बना ले निमित्त, ठीक। न बनाना चाहे निमित्त, ठीक। ज्ञानी तो खूंटी हो गया, भगवान चाहें अपना कपड़ा टांग लें, अंगरखा टांग दें, न चाहें न टांगें। खूंटी को कुछ प्रयोजन नहीं है, टंगे अंगरखा तो ठीक, न टंगे तो ठीक। खूंटी-खूंटी है, निमित्त मात्र।

बहुत कुछ ज्ञानी से होगा। कभी होगा, कभी नहीं भी होगा। किसी ज्ञानी से होगा और किसी ज्ञानी से नहीं भी होगा। कुछ कहा नहीं जा सकता। इसलिए तुम कोई व्याख्या बांध कर मत बैठ जाना। ज्ञानी हुए, जो बोले। ज्ञानी हुए, जो मौन रहे। ज्ञानी हुए, जिन्होंने गहरे कर्म के जगत में भाग लिया, हाथ बंटाया। ज्ञानी हुए, जो बैठ गए अपनी गुफाओं में और संसार को बिलकुल भूल ही गए। दोनों ही ठीक हैं। क्योंकि दोनों के भीतर जो मौलिक बात घट रही है वह एक ही है। वह है स्व-स्फुरणा। जो हो रहा है स्फुरणा से, हो रहा है; जो नहीं हो रहा, नहीं हो रहा। न तो ज्ञानी कुछ अपनी चेष्टा से करता है और न अपनी चेष्टा से रोकता है। ज्ञानी बीच से बिलकुल हट गया है। उसने दरवाजा परमात्मा को दे दिया है।

किंचित् कृत्यं न पश्यति।

'धीरपुरुष न संसार के प्रति द्वेष करता है और न आत्मा को देखने की इच्छा करता है। हर्ष और शोक से मुक्त वह न मरा हुआ है और न जीवित ही है।'

धीरो न द्वेष्टि संसारमात्मानं न दिदृक्षति।
हर्षामर्षविनिर्मुक्तो न मृतो न च जीवति।।

धीरो न द्वेष्टि संसारं...।

यह तो समझ में आता है कि ज्ञानी को संसार नहीं दिखता। और संसार के प्रति देखने की आकांक्षा भी नहीं है। न संसार के प्रति कोई द्वेष है। जो है ही नहीं उसके प्रति द्वेष कैसा!

समझो।

राह पर रस्सी पड़ी है और तुमने अंधेरे में सांप समझ लिया। तो तुम भागे, घबड़ाए। फिर कोई दीया ले आया और रस्सी दिखाई पड़ गई कि रस्सी है, सांप नहीं, फिर भी क्या तुम घबड़ाओगे? फिर भी क्या तुम डरोगे? फिर भी क्या रस्सी के पास से निकलने में भयभीत होओगे? फिर भी भागोगे? फिर भी क्या अपने बच्चों को जाकर कहोगे कि बच कर निकलना उस रास्ते से? वहां एक रस्सी पड़ी है जो सांप जैसी मालूम पड़ती है। क्या तुम अपने बच्चों को सावधान करोगे कि उस रास्ते से

जाना मत, वहां एक झूठा सांप पड़ा है। अगर तुम ऐसी बातें कहो तो बच्चे भी हंसेंगे। वे कहेंगे अगर झूठा ही है, तो आप चौंका क्यों रहे हैं हमें? सावधान क्यों कर रहे हैं? आपने देख लिया कि झूठा है, तो बात खतम हो गई।

अब तुम्हारे तथाकथित महात्मा हैं जो समझा रहे हैं तुम्हें, संसार से बचो। और साथ-साथ कह रहे हैं संसार माया है। तुमने उनकी जरा मूढ़तापूर्ण बात देखी? कहते हैं, संसार माया है और बचो! जो माया है उससे बचना कैसा! माया का तो अर्थ हुआ जो है ही नहीं। रस्सी में दिख गया सांप, इससे भागना कैसा! और न केवल तुमसे कह रहे हैं भागो, खुद भी भाग रहे हैं। और साथ-साथ यह भी चिल्लाते जा रहे हैं कि रस्सी है, सांप नहीं है—मगर भागो! और सावधान रहना कामिनी-कांचन से!

इस विकृति को देखते हो? इस असंगति को देखते हो? एक तरफ चिल्लाए चले जाते हैं कि संसार असत्य है, और दूसरी तरफ चिल्लाए चले जाते हैं छोड़ो संसार को, संसार का त्याग करो, मुक्त हो जाओ संसार से। जो असत्य है, उससे मुक्त होने का उपाय नहीं। जो असत्य है, उससे तो तुम मुक्त हो ही गए यह जानते ही कि असत्य है।

तो इतना ही कहेगा ज्ञानी कि संसार को गौर से देख लो, देखने में ही मुक्ति है। द्वेष का तो सवाल ही नहीं है।

धीरो न द्वेष्टि संसारं...।

ज्ञानी को, धीरपुरुष को संसार से कोई द्वेष नहीं है, क्योंकि संसार है नहीं। द्वेष के लिए होना तो जरूरी है! फिर जिससे द्वेष होता है, उससे राग भी हो सकता है। द्वेष तो राग का ही दूसरा पहलू है। तुम्हारी किसी से दुश्मनी हो जाती है, तो दोस्ती भी हो सकती है। जिससे भी दुश्मनी हो सकती है, उससे दोस्ती भी हो सकती है। जिससे दोस्ती हो सकती है, उससे दुश्मनी भी हो सकती है। दोनों के द्वार एक-साथ खुलते हैं। जिसको तुमने दोस्त बनाया, उससे किसी भी दिन दुश्मनी बन सकती है। और जो तुम्हारा आज दुश्मन है, कल दोस्त भी हो सकता है।

मैक्यावेली ने अपनी किताब 'दि प्रिंस' में कहा है, राजाओं के लिए सलाह दी है, उसमें एक सलाह यह भी है कि अपने दोस्तों से भी तुम वह बात मत कहना जो तुम अपने दुश्मनों से भी नहीं कहना चाहते। क्योंकि जो आज दोस्त है, कल दुश्मन हो सकता है। और यह भी सलाह दी है कि अपने दुश्मन के खिलाफ भी ऐसी बात मत कहना कि कल अगर उससे दोस्ती हो जाए तो फिर तुम्हें अड़चन हो लौटाने में, वह बात लौटाने में अड़चन हो। क्योंकि जो आज दुश्मन है, वह कल दोस्त हो सकता है। यह बात मैक्यावेली ने ठीक ही कही है। यह बात सच है। जिससे द्वेष है, उससे राग हो सकता है। क्योंकि द्वेष राग का ही शीर्षासन करता हुआ रूप है। जिससे राग है, उससे द्वेष हो सकता है।

ज्ञानी को न राग है, न द्वेष है। ज्ञानी को तो यह बोध हुआ, ज्ञानी ने तो जाग कर यह देखा, अपने परम चैतन्य में यह अनुभव किया कि यहां कुछ राग-द्वेष करने को है ही नहीं। तुम छायाओं से उलझ रहे हो। न इनसे दोस्ती हो सकती है, न दुश्मनी हो सकती है। तुम छायाओं को अपने आलिंगन में बांध रहे हो। तुम किनके हाथ लेकर चल रहे हो? ये हाथ हैं नहीं, तुम्हारी कल्पनाएं हैं। तुमने यह जो इकट्ठा कर रखा है धन, दौलत, यह कुछ भी नहीं है। सिर्फ खयाल है।

खयाल है, ऐसा खयाल पैदा होते ही मुक्ति हो गई।

धीरो न द्वेष्टि संसारं...।

इतना तो ठीक है, लेकिन बड़ी अदभुत बात अष्टावक्र कहते हैं कि वह जो धीर है, उसे संसार में तो द्वेष दिखाई पड़ता ही नहीं, उसे आत्मा को देखने का राग भी पैदा नहीं होता। यह और भी गहरी बात है। जब जान लिया कि संसार व्यर्थ है, जब जान लिया कि संसार सार्थक नहीं, जब जान लिया कि संसार है ही नहीं, मात्र भासता है—रज्जु में सर्पवत्; मृग-मरीचिका है; खयालों का जमाव है; सपनों की भीड़ है; ऐसा जब जान लिया, तो सब वासनाएं व्यर्थ हो गईं। क्योंकि जो नहीं है, उसको पाने की आकांक्षा का अब कोई मूल्य न रहा। इस संसार में पद पाने का तभी तक मूल्य है जब तक लगता है कि इस संसार में प्रतिष्ठा का कोई मूल्य है। इस संसार में कुछ अहंकार अर्जित करने का तभी तक मजा मालूम होता है जब तक लगता है कि अहंकार अर्जित हो सकता है। लेकिन अगर सब धोखा है, सब झूठ है, तो बात व्यर्थ हो गई। जड़ से कट गई बात।

यहां तक तो समझ में आता है। लेकिन अष्टावक्र कहते हैं कि जिस दिन यह समझ में आ गया कि संसार व्यर्थ है, यह बाहर जो दिखाई पड़ रहा है यह केवल एक सपना है, उस दिन आत्मा को पाने की, खोजने की बात भी समाप्त हो गई। पाना ही व्यर्थ हो गया, तो आत्मा को पाने की बात भी व्यर्थ हो गई। असल में पाना जिस दिन व्यर्थ हो गया, उस दिन आत्मा पा ही ली। इसलिए अब आत्मा को पाने का सवाल नहीं उठता।

थोड़ा जटिल है। थोड़ा सूक्ष्म है। लेकिन खयाल करोगे तो समझ में आ जाएगा।

अगर तुम्हें संसार सौ प्रतिशत दिखाई पड़ रहा है, तो तुम शून्य प्रतिशत होते हो। जिस मात्रा में आत्मा का विस्मरण होता है, उसी मात्रा में संसार वास्तविक मालूम होता है। यह गणित है। जब संसार नब्बे प्रतिशत सत्य रहा, तो आत्मा दस प्रतिशत सत्य हो जाती है। जब संसार पचास प्रतिशत सत्य रहा, तो आत्मा पचास प्रतिशत सत्य हो गई। जिस मात्रा में संसार से ऊर्जा तुम्हारी मुक्त होने लगी, संसार में नियोजन न रहा, उसी मात्रा में तुम्हारी ऊर्जा आत्मा में पड़ने लगी। तुम आत्मवान होने लगे।

है, न दौड़ रहा है। न कोई आपाधापी है। इस अर्थ में तो ज्ञानी मुर्दा है। लेकिन एक अर्थ में जीवित है, जिस अर्थ में तुम जीवित नहीं हो। वस्तुतः अर्थों में जीवित है। तुम तो झूठे-झूठे जीवित हो। तुम तो मरोगे। यह तुम्हारी आपाधापी, तुम्हारी महत्वाकांक्षा मौत से टकरा कर टूट जाएगी सब। ज्ञानी कुछ ऐसे तल पर पहुंच गया है जिस तल पर मौत घटती ही नहीं। जिस तल पर मौत एक असत्य है। होती ही नहीं। ज्ञानी अमृत को उपलब्ध हो गया है।

इसलिए ज्ञानी जीवित है एक अर्थ में और मृत है एक अर्थ में। तो न तो हम उसे मरा हुआ कह सकते और न जीवित कह सकते। क्योंकि हम कुछ भी कहेंगे तो गलती हो जाएगी। शायद वह जीवन-मरण के पार है।

न मृतो न च जीवति।

न तो मृत है और न जीवित। ज्ञानी की बड़ी अनूठी दशा है। इस बात को प्रकट करने के लिए बड़े विरोधाभासों का सहारा लेना पड़ता है। झेन फकीर कहते, जब ज्ञानी नदी पार करता, तो पानी तो उसके पैरों को छूता है, लेकिन ज्ञानी के पैर पानी को नहीं छूते। अब यह बात जरा बेबूझ है। जब पानी पैरों को छूता है, तो फिर ज्ञानी के पैर पानी को क्यों न छुएंगे? छुएंगे ही। लेकिन फिर भी वे ठीक कहते हैं। यह उलटबांसी है।

यह इसलिए कही जा रही है कि ज्ञानी हमारे संसार में रहता हुआ भी हमारे संसार का हिस्सा नहीं होता। हमारे जैसा श्वास लेता हुआ भी हमारे जैसा श्वास नहीं लेता। हमारे जैसा भोजन करता हुआ भी हमारे जैसा भोजन नहीं करता। ज्ञानी भोजन करते हुए भी उपवासा है। और तुम उपवास भी करो तो भी भोजन ही करते हो। तुमने कभी उपवास किया होगा तो तुम्हें पता होगा। उपवास करके देखना, तो तुम दिन भर भोजन करोगे, बार-बार भोजन करोगे। ऐसे तो दो बार करते हो कि तीन बार, उस दिन दिन भर करोगे। जब भी बैठोगे खाली, उलझन से बचोगे, फिर भोजन की याद आ जाएगी।

पर्यूषण में जैन उपवास करते हैं तो ज्यादा देर मंदिर में ही बैठते हैं, फिर घर नहीं आते, क्योंकि घर आओ तो भोजन-भोजन की ही याद आती है। मंदिर में बैठे रहो तो लगे रहो भजन-कीर्तन चल रहा है, अब पाठ चल रहा है, शास्त्र पढ़ा जा रहा है, उलझे रहो। और फिर वहां यह भी भरोसा रहता है कि हम अकेले ही थोड़े फंसे हैं इस मुसीबत में, और न मालूम कितने नासमझ फंसे हैं। देख-देख कर चित्त प्रसन्न रहता है कि हम अकेले ही थोड़े भूखे मर रहे हैं, ये सब मर रहे हैं। और एक-दूसरे से काम्पिटीशन और प्रतिस्पर्द्धा कि देखें कौन किसको हराता है, तो रस लगा रहता है। घर अकेले बैठ कर फिर याद आती है कि हम अकेले कहां फंस गए, किस चक्कर में पड़ गए, पता नहीं ये कब खतम होंगे पर्यूषण। और जब खतम होंगे तब की योजनाएं बनाते हैं लोग। क्या-क्या खाना, क्या-क्या नहीं खाना। क्या-क्या बाजार से खरीद लाएंगे।

तुम जाकर पूछ सकते हो बाजार में, जैसे ही पर्यूषण खतम होते हैं, बिक्री एकदम बढ़ जाती है। मिठाई वालों की, सब्जी वालों की, फल वालों की एकदम बिक्री बढ़ जाती है। लोग एकदम टूट पड़ते हैं। दस दिन इकट्ठा करते रहे विचार, योजनाएं बनाते रहे। उपवास कर लिया दिन में तो रात सपने में भी भोजन ही करोगे। भोजन ही भोजन चलने लगेगा।

तो तुम समझ सकते हो, तुम उपवास करो तो भोजन हो जाता है। बौद्धिक रूप से भी ख्याल में आ सकता है। तो इससे विपरीत दशा भी हो सकती है कि कोई भोजन करते हुए भी उपवासा हो। उस विपरीत दशा का नाम ही वीतरागता है। अपूर्व दशा है वह। वहां तुम जल में चलो, पानी तो पैर को छूता है लेकिन तुम्हारे पैर पानी को नहीं छूते।

ज्ञानी मृत भी, जीवित भी। या, न मृत न जीवित। ज्ञानी को कोटि में रखना मुश्किल है। इतना ही सूचन ले लेना, ज्ञानी को किसी भी कोटि में रखो, गड़बड़ हो जाती है। क्योंकि सब कोटियां संसार की हैं। ज्ञानी कोटि के बाहर है। वह न मरा हुआ है, न जीवित ही है।

'पुत्र और पत्नी आदि के प्रति स्नेहरहित और विषयों के प्रति कामनारहित और अपने शरीर के प्रति निश्चिंत बुद्धपुरुष ही शोभते हैं।'

निःस्नेहः पुत्रदारादौ निष्कामो विषयेषु च।
निश्चिंत स्वशरीरेऽपि निराशः शोभते बुधः।।

महत्वपूर्ण सूत्र है। और जिस तरह से अब तक इस सूत्र की व्याख्या की गई है, वह ठीक नहीं है। जैसा हिंदी में अनुवाद है, वह भी बहुत ठीक नहीं है। इसलिए गौर से समझना।

निःस्नेहः पुत्रदारादौ निष्कामो विषयेषु च।

पुत्र और पत्नी आदि के प्रति स्नेह रहित। इससे ऐसा अर्थ समझ में आता है—टीकाकार ऐसा ही अर्थ करते रहे हैं—कि ज्ञानी पुरुष में स्नेह नहीं होता। यह बात गलत है। ज्ञानी पुरुष में ही स्नेह होता है। अज्ञानी में क्या खाक स्नेह होगा! तो फिर इस सूत्र का क्या अर्थ होगा? इस सूत्र का अर्थ होता है कि ज्ञानी में स्नेह होता है, लेकिन अपने हैं इसलिए नहीं होता; पराए हैं इसलिए नहीं होता। मेरा बेटा है, इसलिए नहीं; मेरी पत्नी है, इसलिए नहीं।

फर्क समझना। तुम किसी को स्नेह करते हो तो कहते हो, मेरी मां है, इसलिए प्रेम करता हूं। तुम्हारे प्रेम में 'इसलिए' है। मेरी पत्नी है इसलिए प्रेम करता हूं। तुम्हारे प्रेम में 'इसलिए' है। मेरा बेटा है। थोड़ा समझो। तुम आज तक अपने बेटे के लिए अपनी जान देने को तैयार थे। तुम्हारा बेटा है। पढ़ाते थे, लिखाते थे, श्रम करते थे,

है। वह बुद्ध का शब्द है प्रेम के लिए। जिसको महावीर ने अहिंसा कहा है। वह महावीर का शब्द है प्रेम के लिए। हमारा तो प्रेम हिंसा है।

तुमने खयाल किया? जिसको तुम प्रेम करते हो उसी के साथ तुम हिंसा करते हो। उसी के चारों तरफ दीवालें खड़ी कर देते हो। किसी स्त्री के प्रेम में पड़ गए, दीवालें बांधीं। सब तरफ से उसके पास सींखचे खड़े कर दिए, उसे पींजड़े में बंद कर दिया, उसके पंख काट दिए।

तुम इस स्त्री को प्रेम करते होते तो इसे स्वतंत्रता देते, न कि बांधते। तुम इसे मुक्त आकाश में छोड़ते न कि पींजड़े में बंद करते। यह तुम्हारा प्रेम बड़ा खतरनाक है। और अगर यह स्त्री किसी की तरफ देखकर मुस्कुरा भी दे, तो जहर फैल जाता है तुम्हारी छाती में। तुम इसकी गर्दन काट डालोगे। तुम कहते हो कि मैं चाहता हूं कि तू खुश हो। यह कैसी खुशी है जो तुम चाहते हो! यह किसी को देख कर मुस्कुराती थी, या किसी के पास बैठ कर आनंदित थी, तुम्हें प्रसन्न होना था अगर तुम प्रेम करते थे। तुम्हारा प्रियपात्र प्रसन्न हो, यह तुम्हारी प्रसन्नता होती। लेकिन नहीं, यह प्रेम इत्यादि तो बातें हैं। बकवास है। भीतर तो कुछ और है। भीतर तो मालकियत है, कब्जा है। तो पुरुष स्त्रियों को स्त्री-धन कहते हैं। स्त्री धन है। उस पर तुमने कब्जा कर लिया है। वह तुम्हारी है।

पति अपने को मालिक कहता है, स्वामी। और स्त्रियां भी अपने को दासी कहती हैं; हालांकि भीतर से कोई दासी अपने को मानती नहीं। कहती हैं, कहना पड़ता है। और बड़ी छुपी तरकीब से वे भी अपनी मालकियत कायम रखती हैं। तुम्हारा प्रेम सिर्फ ईर्ष्या के ही हजार-हजार लपटों को जन्माता है और कुछ भी नहीं। तुम्हारे प्रेम में जो पड़ जाता है, वह मरता है, पछताता है, और कुछ भी नहीं।

ऐसा प्रेम ज्ञानी में नहीं है। यह सच। लेकिन इसके न होने की वजह से ही ज्ञानी में एक अपूर्व प्रेम का जन्म होता है। लेकिन उस अपूर्व प्रेम को वे ही समझ पाएंगे, जो थोड़े ऊंचे उड़े हैं। जमीन से थोड़े ऊपर उठे हैं। अगर तुम्हारी प्रेम की परिभाषा बड़ी छुद्र है, तो तुम बुद्ध और महावीर के प्रेम को न समझ पाओगे। इसलिए बुद्ध को नया शब्द खोजना पड़ा, प्रेम न कह कर करुणा कहा। क्योंकि लगा कि अगर प्रेम कहूंगा तो लोग समझेंगे वही प्रेम जो वे करते हैं। महावीर को और भी ज्यादा निषेधात्मक शब्द खोजना पड़ा, कहा—अहिंसा। क्योंकि तुम्हारा प्रेम हिंसा है, इसलिए महावीर को परिभाषा करनी पड़ी अपने प्रेम की—अहिंसा। तुम्हारा प्रेम तो मारता है, जिलाता कहां है! तोड़ता है, मिटाता है, खंडित करता है, विध्वंसक है।

मां कहती है अपने बेटे को, मैं तुझे प्रेम करती हूं, और उसको सब तरफ से ऐसा कस लेती है कि बेटा मर जाएगा। कौन अपने बेटों को जीने देना चाहता है स्वतंत्रता से!

तुम उन्हें जीने देना चाहते हो उसी आधार पर, जैसा तुम चाहो। तुम्हारी आकांक्षा से। तुम चाहते हो तुम्हारे बेटे तुम्हारे प्रतिनिधि हों। तुम चाहते हो तुम्हारे बेटे बस तुम्हारी शक्लों को फिर-फिर दोहराते रहें। तुम चाहते हो तुम्हारे बेटे तुम्हारी अनुकृतियां हों, कार्बनकॉपी। तुम उन्हें थोड़े ही चाहते हो! तुम मर जाओगे यह तुम्हें पता है। तुम बेटों की शकल में अपने को फिर जिंदा रखना चाहते हो, बस। इसलिए इस देश में तो कहा जाता है कि जिसको बेटा पैदा न हो, उसका जीवन अकारथ। बेटा होना ही चाहिए। अगर अपना न हो तो चलो किसी दूसरे का गोदी ले लेना, लेकिन बेटा होना ही चाहिए।

क्यों होना चाहिए बेटा? क्योंकि बेटे के कंधे पर चढ़कर तुम्हारा अहंकार चलता रहेगा। तुम तो चले जाओगे, लेकिन कोई तो रहेगा, नाम लेवा! कोई तो होगा, तुम्हारी साख को चलाएगा। तुम्हारी दुकान तो चलती रहेगी।

यह तो अहंकार का ही विस्तार है। इसलिए महावीर ने कहा अपने प्रेम को अहिंसा। वास्तविक प्रेम अहिंसा है। वास्तविक प्रेम हिंसा कर ही नहीं सकता। वास्तविक प्रेम में निषेध और नकार है ही नहीं। वास्तविक प्रेम पूरी स्वतंत्रता देता है।

बुद्ध ने कहा, करुणा। जिससे तुम्हें प्रेम है, उसके प्रति तुम्हें करुणा होगी। दया होगी। तुम उसे सब तरह से सहयोग व सहारा देना चाहोगे। तुम चाहोगे कि वह मुक्त हो, स्वतंत्र हो, स्वच्छंद हो। तुम चाहोगे कि वह जैसा होने को पैदा हुआ है, वैसा हो, मेरी आकांक्षाएं उस पर थुप न जाएं। मैं उसका कारागृह न बनूं, मैं उसके पंख बनूं। मैं उसे जमीन पर अटका न लूं, मैं उसे आकाश में जाने का सहारा दूं। वह मुझसे दूर भी जाए—अगर यही उसकी नियति है तो दूर जाए। वह मुझसे विपरीत भी जाए—अगर यही उसकी नियति है तो विपरीत जाए। लेकिन वह जो होने को पैदा हुआ है वही होकर रहे। उसे मैं मार्ग से च्युत न करूं। ऐसी करुणा।

निःस्नेहः पुत्रदारादौ निष्कामो विषयेषु च।

उसकी विषयों में अब कोई कामना नहीं।

निश्चिंत स्वशरीरेऽपि निराशः शोभते बुधः।

यह सूत्र बड़ा बहुमूल्य है।

निश्चिंत स्वशरीरेऽपि...।

अपने शरीर के प्रति बुद्धपुरुष निश्चिंत है। निश्चिंत है इसलिए कि शरीर तो मरेगा। शरीर तो मरा ही हुआ है। शरीर तो मरणधर्मा है। जाएगा—आज नहीं कल, कल नहीं परसों, देर-अबेर। जाएगा। जिस दिन से पैदा हुआ है उसी दिन से जाना शुरू हो गया है, मर ही रहा है। तो मर कर रहेगा। इसलिए चिंता क्या? इस जीवन में एक ही चीज तो बिलकुल निश्चित है, वह मौत है। और उसी की तुम चिंता करते हो! जो बिलकुल निश्चित है, उसकी क्या चिंता करनी? वह तो होकर ही रहने वाली है।

और एक बड़ी अनूठी बात कह रहे हैं—

निराशः शोभते बुधः।

बुद्धपुरुषों को निराशा भी शोभायमान होती है। तुम तो आशा से भरे भी शोभायमान नहीं होते। तुम्हारी आंखों में तो कितने आशा के दीप जलते—ऐसा होगा, ऐसा होगा, ऐसा हो जाएगा! कितनी कामनाएं अंधड़ की भांति तुम्हारे चित्त में बहती हैं! भविष्य के कितने सुंदर सपने! कितनी आशाओं को संजोए तुम चलते हो। फिर भी तुम शोभायमान नहीं हो। तुम्हारी आशाएं भी तुम्हारी आंखों में दीये जलाती नहीं मालूम होतीं। तुम्हारी आशाएं भी तुम्हें रुग्ण करती मालूम होती हैं। लेकिन बुद्धपुरुष निराश होकर भी... बुद्धपुरुष का अर्थ ही है, जो परिपूर्णरूप से निराश हो गया। जिसने जान लिया कि जगत में कोई आशा पूरी हो ही नहीं सकती। जिसकी निराशा समग्र है। आत्यंतिक है। जिसकी निराशा परिपूर्ण हो गई, जिसमें रत्ती भर शंका नहीं रही है उसे। इस जगत में कोई आशा पूरी होती ही नहीं, जिसने ऐसा सघन रूप से जान लिया।

मगर फिर भी इस परमनिराशा में बुद्धपुरुष सिंहासन पर विराजमान होते हैं। उनकी शोभा अदभुत है। इस निराशा में ही उनके जीवन का फूल खिलता है। जब बाहर कुछ पाने को नहीं, तो ऊर्जा सब भीतर लौट आती है। जब बाहर कोई दौड़ न रही, तो भीतर वे विराजमान हो जाते हैं अपने केंद्र पर। स्वस्थ हो जाते हैं। स्वयं में स्थित हो जाते हैं। इस स्थिति में ही असली सिंहासन है। परमपद है।

निराशः शोभते बुधः।

तुम्हारे रूप के अनुरूप संज्ञाएं चयन कर लूं
तुम्हारी ज्योति-किरणें देखने लायक नयन कर लूं
अभी अच्छी तरह आखर अढ़ाई पढ़ नहीं पाया
प्रेम की व्याकरण का और गहरा अध्ययन कर लूं
निकल पाया नहीं बाहर अहम् के इस अहाते से
जरा ये बांह धरती और ये आंखें गगन कर लूं
तुम्हारे रूप के अनुरूप संज्ञाएं चयन कर लूं
तुम्हारी ज्योति-किरणें देखने लायक नयन कर लूं

परम सत्य तो पास है। पास कहना ठीक नहीं, क्योंकि पास में भी दूरी मालूम होती है। परम सत्य तो भीतर विराजमान ही है। सिर्फ आंख चाहिए।

तुम्हारे रूप के अनुरूप संज्ञाएं चयन कर लूं
तुम्हारी ज्योति-किरणें देखने लायक नयन कर लूं
अभी अच्छी तरह आखर अढ़ाई पढ़ नहीं पाया
प्रेम की व्याकरण का और गहरा अध्ययन कर लूं

तुम जिसे प्रेम कहते हो, वह तो प्रेम नहीं है। वह तो तुम प्रेम के ढाई आखर अभी पढ़ ही नहीं पाए। कुछ का कुछ पढ़ रहे हो।

मुल्ला नसरुद्दीन एक दिन ट्रेन में बैठा है, अखबार पढ़ रहा है। लेकिन अखबार उलटा रखे है। पढ़ना-लिखना तो आता नहीं। मगर यह भी नहीं चाहता कि लोग जानें कि पढ़ना-लिखना नहीं आता, इसलिए अखबार खरीद लिया है। और जब पास के आदमी ने कहा कि बड़े मियां, इससे और भद्द खुली जा रही है! न पढ़ते तो कम से कम पता तो नहीं चलता कि पढ़ना-लिखना नहीं आता। अखबार उलटा क्यों पकड़े हो? लेकिन आदमी तो बड़े तर्कजाल खोजता है। मुल्ला ने कहा, क्या तुम समझते हो! अरे, सीधा-सीधा पढ़ना-लिखना तो बहुतों को आता है, वह कोई खास बात नहीं, हमें उलटा पढ़ना आता है!

आदमी अपने अहंकार को तो बचाता है, सब तरह से बचाता है। कभी-कभी बेहूदे ढंग से भी बचाना पड़ता है तो भी बचाता है।

अभी अच्छी तरह अढ़ाई आखर पढ़ नहीं पाया
प्रेम की व्याकरण का और गहरा अध्ययन कर लूं

तुम्हारे तथाकथित शास्त्रकार तुमसे यही कहे चले जाते हैं कि प्रेम छोड़ो, प्रेम पाप है! मैं तुमसे कहता हूं, जो तुम प्रेम की तरह जाने हो वह प्रेम ही नहीं है। अखबार उलटा पढ़ रहे हो! अभी तो तुमने प्रेम के ढाई अक्षर पढ़े ही नहीं—

प्रेम की व्याकरण का और गहरा अध्ययन कर लूं
निकल पाया नहीं बाहर अहम् के इस अहाते से
जरा ये बांह धरती और ये आंखें गगन कर लूं

अभी तो तुम अहंकार के भीतर ही जी रहे हो। ऐसे समझो कि जैसे अभी कोई पक्षी अपने अंडे के भीतर बंद है, और सोचता है आकाश मिल गया। अहंकार के अंडे के भीतर बंद हो तुम, प्रेम का आकाश अभी कहां है! तोड़ो यह अंडा, निकलो इसके बाहर। यह अहंकार तो तुम्हें बांधे है। यह तुम्हें मुक्त नहीं होने देता।

निकल पाया नहीं बाहर अहम् के इस अहाते से
जरा ये बांह धरती और ये आंखें गगन कर लूं

जब तुम्हारी आंखें गगन जैसी विस्तीर्ण होंगी, तब तुम्हारे पास वे नयन होंगे जो उसे देख पाते हैं जो तुम्हारे भीतर छिपा है। अंतर्दृष्टि अहंकार के हट जाने पर ही उपलब्ध होती है। अहंकार की बदलियां जब आंखों में नहीं रह जातीं तो अंतर्दृष्टि का नीलाकाश उपलब्ध होता है।

'यथाप्राप्त से जीविका चलाने वाला, देशों में स्वच्छंदता से विचरण करने वाला तथा जहां सूर्यास्त हो वहां शयन करने वाला धीरपुरुष सर्वत्र ही संतुष्ट है।'

तुष्टिः सर्वत्र धीरस्य यथापतितवर्तिनः।

'यथाप्राप्त से संतुष्ट।'

जो मिले परमात्मा से, उससे ज्यादा न मांगे। जितना मिले, उससे रत्ती भर ज्यादा न मांगे। जितना मिले, उसके लिए धन्यभाग! आभार स्वीकार करे। ऐसे व्यक्तियों को मैं कहता हूं—यथाप्राप्त से संतुष्ट।

'देशों में स्वच्छंदता से विचरण करने वाला।'

और मैं बाहर के देश की बात नहीं करता, अष्टावक्र भी बाहर के देशों की बात नहीं कर रहे हैं। यह कोई भूगोल थोड़े ही है, जो हम अध्ययन कर रहे हैं। यह अध्यात्म है। यहां हिंदुस्तान से पाकिस्तान में गए और पाकिस्तान से चीन में गए, इसकी बात नहीं हो रही है। यहां तो तुम्हारे भीतर इतने अंतर-देश हैं, एक देश से भीतर दूसरे देश में जाना है। तुम्हारे पूरे अंतर-आकाश का अनुभव लेना है।

तुम कुछ छोटे थोड़े ही हो भीतर, भीतर तुम बड़े विराट हो। यह पृथ्वी बड़ी छोटी है। तुम उतने ही विराट हो जितना यह विश्व है। तुम्हारे भीतर इतना ही बड़ा आकाश है जितना बड़ा आकाश तुम्हारे बाहर है। ये बाहर और भीतर दोनों संतुलित हैं। ये समान हैं। इनका अनुपात एक है। इन भीतर के आकाशों में प्रवेश करना है। इन भीतर के देशों में प्रवेश करना है। यहां भीतर नरक है, यहां भीतर स्वर्ग है, यहां भीतर मोक्ष भी है। यहां भीतर क्रोध का देश है, यहां भीतर घृणा का देश है, यहां भीतर प्रेम का, करुणा का देश भी है। यहां भीतर मोह है, लोभ है, त्याग है, वैराग्य है, वीतरागता है। यहां भीतर बड़ी-बड़ी भूगोल है—अंतर की भूगोल है। यहां स्वच्छंदता से विचरण करना है, ताकि तुम अपने पूरे अंतःप्रदेशों से परिचित हो जाओ। तो मैं कहता हूं, अंतर्देशों में स्वच्छंदता से विचरण करने वाला।

अभी पश्चिम में स्पेस शब्द का ठीक ऐसा ही अर्थ होने लगा है जैसा मैं अर्थ कर रहा हूं—अंतर्देश। मेरे पास लोग आते हैं, वे कहते हैं, हम भीतर की एक ऐसी स्पेस में पड़ गए हैं—एक भीतर के ऐसे अंतर्देश में आ गए हैं—जहां बड़ी शांति है। या बड़ा दुख है, कि बड़ी उदासी है। जैसा आज पश्चिम में स्पेस शब्द का अर्थ हो रहा है, वैसा ही कभी इस देश में अंतर्देश शब्द का उपयोग होता था। वह आध्यात्मिक शब्द है।

और वहां स्वच्छंदता चाहिए। क्योंकि अगर बंधे-बंधे चले, तो तुम अपने अंतर्जीवन से पूरे परिचित न हो पाओगे। सब जानना है। क्रोध को भी जानना है भीतर, तो ही क्रोध से मुक्त हो सकोगे। जो जान लिया, उससे मुक्त हो गए। जिसे पहचान लिया, उससे छुटकारा हो गया। सब जानना है। भीतर के नरक भी जानने हैं, तो ही तुम नरक से छूट सकोगे। भीतर के स्वर्ग भी जानने हैं, तो तुम स्वर्ग से भी छूट सकोगे। और जो व्यक्ति अपने भीतर के समस्त लोकों को जान कर सबके पार हो

गया—लोकातीत—वही वीतराग है। वही धीरपुरुष है। स्थिर-धी। कहें बुद्धपुरुष, जिन, जो भी नाम देना चाहें।

'जो अपने अंतर्देशों में स्वच्छंदता से विचरण करने वाला।'

स्वच्छंदं चरतो देशान्।

ये भीतर के देश और इनमें स्वच्छंदता का विचरण।

'और जहां सूर्यास्त हो, वहीं शयन करने वाला।'

फिर भीतर सूर्यास्त का क्या अर्थ होगा? और वहीं शयन करने का क्या अर्थ होगा? समझें।

जैसे बाहर दिन और रात है, ऐसे ही भीतर भी दिन और रात है। जैसे बाहर सूरज ऊगता और डूबता है, ऐसे ही भीतर बोध का उदय होता है और बोध का अस्त होता है। दो तरह से हम इस विभाजन को समझ सकते हैं।

एक, आत्मा—साक्षी—और शरीर। और इन दोनों के बीच जोड़ने वाला मन। आत्मा तो है प्रकाश, ज्योति, बोध, सूर्य। शरीर है अंधकार, तमस, अमावस। एक तरफ शरीर है—मृत्यु और एक तरफ आत्मा है—अमृत। और दोनों जुड़े हैं मन से। तो मन आधा-आधा प्रभावित है। आधा प्रभावित है शरीर से और आधा प्रभावित है आत्मा से। तो मन के आधे हिस्से में तो दिन होता है, और मन के आधे हिस्से में रात होती है। ज्ञानी व्यक्ति बस वहीं तक आता है जहां तक दिन होता है। मन के उस हिस्से तक आता है जहां तक रोशनी होती है। जहां रोशनी समाप्त होती है, वहीं रुक जाता है, वहीं शयन करता है। उसके आगे नहीं जाता। अंधकारपूर्ण हिस्सों में प्रवेश नहीं करता। अंधकार में यात्रा नहीं करता। रुक जाता है।

अज्ञानी अंधकार में ही चलता है। उसे पता ही नहीं कि उसके भीतर भी कोई सूर्योदय होते हैं। अज्ञानी को बाहर की रोशनी का पता है, बाहर के अंधेरे का पता है। भीतर की रोशनी, अंधेरे, दोनों अपरिचित हैं।

या, एक दूसरा विभाजन भी है। सात चक्र हैं शरीर के। तीन चक्र नीचे हैं, तीन चक्र ऊपर हैं, एक चक्र मध्य में है जो जोड़ता है। जो जोड़ने वाला चक्र है, उसका नाम अनाहत। हृदय-चक्र। उसके नीचे तीन चक्र हैं और ऊपर तीन चक्र हैं। जो नीचे के तीन चक्र हैं उनसे संसार निर्मित होता है, जो ऊपर के तीन चक्र हैं उनसे मुक्ति निर्मित होती। और दोनों के बीच में है हृदय का चक्र। हृदय दोनों को जोड़ता है।

तो नीचे के चक्रों का भी संबंध हृदय से है। इसलिए नीचे के चक्रों में जीनेवाला आदमी भी प्रेम करता है। लेकिन उसका प्रेम निम्नता में दबा होता है। ऊपर के चक्रों में जीनेवाला आदमी भी प्रेम करता है, लेकिन उसका प्रेम विराट आकाश की तरह उन्मुक्त होता है। प्रेम में दोनों भागीदार हैं—अज्ञानी और ज्ञानी। क्योंकि हृदय में दोनों

भागीदार हैं—अज्ञानी और ज्ञानी। आधा हृदय अंधेरे से भरा है। उसी को काम कहो, वासना कहो, हिंसा कहो। और आधा हृदय प्रार्थना से भरा है। उपासना कहो, पूजा कहो, आराधना कहो, अर्चना कहो—जो भी नाम देना चाहो।

ज्ञानी हृदय के उस आधे बिंदु तक आता है जहां तक रोशनी है। वहीं विश्राम करता है, उससे आगे नहीं जाता। अज्ञानी अंधेरे-अंधेरे में चलता है, जहां रोशनी का क्षण आता है वहीं सो जाता है। ज्ञानी जहां अंधेरा आता है वहां प्रवेश नहीं करता। अज्ञानी जहां रोशनी आती है वहां प्रवेश नहीं करता। कृष्ण ने गीता में कहा है: 'या निशा सर्वभूतानाम् तस्यां जागर्ति संयमी।' जो सबके लिए रात है, वह संयमी के लिए दिन है। और जो संयमी के लिए दिन है, वह सबके लिए रात है। जहां संयमी का दिन है, जहां उसकी कर्मठता है, वहां तो तुम सोए हुए हो। जहां तुम जागे हो, वहां संयमी सोया हुआ है। जहां तुम्हारा सूर्योदय है, वहां सूर्यास्त है संयमी का। और जहां तुम्हारा सूर्यास्त हो जाता है वहां संयमी का सूर्योदय होता है।

तुम आधे-आधे में बंटे हो। तुमने निम्न तल को चुन लिया अपने लिए। अंधेरी रात को। यह तुम्हारा चुनाव है। इसलिए इस चुनाव के बाहर जाने का एक ही उपाय है कि तुम थोड़े-थोड़े जागने लगो और थोड़े-थोड़े प्रेमपूर्ण होने लगो। या तो जागो, तो ऊपर उठो, या प्रेमपूर्ण हो जाओ तो ऊपर उठो। तो दो मार्ग हैं—ध्यान और प्रेम।

स्वच्छंदं चरतो देशान्यत्रास्तमितशायिनः।

और ज्ञानी का आचरण परममुक्त है। वह हवा की तरह मुक्त है।

हवा हूं,
हवा मैं वसंती हवा हूं
वही,
हां वही जो
धरा का वसंती सुसंगीत मीठा
गुंजाती फिरी हूं,
वही,
हां वही जो
सभी प्राणियों को
पिला प्रेम-आसव जिलाए हुए हूं,
कसम रूप की है
कसम प्रेम की है
कसम इस हृदय की
सुनो बात मेरी,
बड़ी बावली हूं

अनोखी हवा हूं
बड़ी मस्तमौला, नहीं कुछ फिकर है
बड़ी ही निडर हूं
जिधर चाहती हूं
उधर घूमती हूं
मुसाफिर अजब हूं
न घर-बार मेरा
न उद्देश्य मेरा
न इच्छा किसी की
न आशा किसी की
न प्रेमी
न दुश्मन
जिधर चाहती हूं उधर घूमती हूं,
हवा हूं,
हवा में वसंती हवा हूं
जहां से चली मैं
जहां को गई मैं
शहर, गांव, बस्ती
नदी, रेत, निर्जन
हरे खेत, पोखर
झुलाती चली मैं,
झुमाती चली मैं,
हंसी जोर से मैं
हंसीं सब दिशाएं
हंसे लहलहाते
हरे खेत सारे
हंसी चमचमाती
भरी धूप प्यारी
वसंती हवा में
हंसी सृष्टि सारी
हवा हूं,
हवा में
वसंती हवा हूं।

स्वच्छंद है हवा की भांति ज्ञानी। वसंत की स्वच्छंद हवा की भांति। उस पर न कोई रीति है, न कोई नियम, न कोई अनुशासन। आगे के सूत्र में बात साफ होगी—

'जो निज स्वभाव रूपी भूमि में विश्राम करता है और जिसे संसार विस्मृत हो गया है, उस महात्मा को इस बात की चिंता नहीं है कि देह रहे या जाए।'

पततूदेतु वा देहो नास्य चिंता महात्मनः।
स्वभावभूमिविश्रांतिविस्मृताशेषसंसृतेः।।

'जो निज स्वभाव रूपी भूमि में विश्राम करता है।'

अभी जिसकी मैं बात कर रहा था। जो अपने साक्षी में विश्राम करता है, जो अपने चैतन्य में विश्राम करता है, जो अपने प्रकाश में विश्राम करता है, जो अपने स्वभाव से जरा भी विपरीत नहीं होता, जो अपने स्वभाव से बाहर नहीं जाता, जो अपने स्वभाव से अन्यथा नहीं करता, जो व्यर्थ के तनाव नहीं लेता सिर पर, जो सहज है।

'जो निज स्वभाव रूपी भूमि में विश्राम करता है, और जिसे शेष संसार विस्मृत हो गया है।'

हो ही जाएगा। जिसे आत्मा का स्मरण होता है, उसे संसार का विस्मरण हो जाता है। और जिसे संसार का बहुत स्मरण हो जाता है, उसे आत्मा का विस्मरण हो जाता है। तुम दोनों को एक-साथ न बचा सकोगे। रस्सी में सांप दिखा, जब तक सांप दिखेगा, रस्सी न दिखेगी। जब रस्सी दिखने लगेगी, सांप न दिखेगा। तुम ऐसा न कर सकोगे कि दोनों को एक-साथ देख लो। यह असंभव है।

जब तक संसार में स्मरण उलझा है, तब तक आत्मा का स्मरण नहीं होता। जब आत्मा का स्मरण होता है, संसार का स्मरण खो जाता है।

'जो निज स्वभाव रूपी भूमि में विश्राम करता और जिसे शेष संसार विस्मृत हो गया है, उस महात्मा को इस बात की चिंता नहीं है कि देह रहे या जाए।'

क्योंकि उस महात्मा को पता है—देह संसार का हिस्सा है। देह मेरा हिस्सा नहीं। मैं देह नहीं हूं।

'अकिंचन, स्वच्छंद विचरण करने वाला, द्वंद्वरहित, संशयरहित, आसक्तिरहित और अकेला बुद्धपुरुष ही सब भावों में रमण करता है।'

अकिंचनः कामचारो निर्द्वंद्वश्छिन्नसंशयः।
असक्तः सर्वभावेषु केवलो रमते बुधः।।

जो अकिंचन है। जिसको यह पता चल गया कि अहंकार झूठी घोषणा है। मैं कुछ हूं, ऐसा जिसका दावा ही न रहा। जो दावेदार न रहा, जिसने सब दावे छोड़ दिए। जो कहने लगा, मैं तो ना-कुछ हूं, शून्यवत।

'अकिंचन, स्वच्छंद विचरण करने वाला...।'

जो संस्कृत शब्द है, वह बहुत अदभुत है—कामचारो। जो आचरण से मुक्त हो गया है। जिसके जीवन में अब आचरण-अनाचरण की कोई व्याख्या नहीं रही।

मैं निरंतर तुमसे कहता हूं कि परमज्ञान आचरणरहित होता है—करेक्टरलेस। कामचारो का वही अर्थ है। स्वच्छंद। रीति-नियम से मुक्त। स्वभाव से जीता है जो। स्फूर्ति से जीता है जो। न कोई अनुशासन है उसके ऊपर कि ऐसा करना चाहिए। वही करता है जो होता है। जो होता है उसे होने देता है। जो परिणाम हैं, उन्हें स्वीकार कर लेता है। न परिणामों से बचने की कोई चिंता है, न जो हो रहा है उसे रोकने का कोई आग्रह है। न अन्यथा करने का कोई उपाय है।

'आसक्तिरहित, संशयरहित, द्वंद्वरहित और अकेला बुद्धपुरुष ही सब भावों में रमण करता है।'

और तब मुक्त हो जाता है व्यक्ति अपने भीतर के सब प्रदेशों में रमण करने को।

'सब भावों में रमण करता है।'

तब सारे रमण उपलब्ध हो जाते हैं। तब उसे अपनी पूरी अंतःभूमि का पासपोर्ट मिल जाता है। रुकावट नहीं है फिर उसे। वह जहां जाना चाहे भीतर जाता है, जो देखना चाहे देखता है। अचेतन से अचेतन गर्तों में उतरता है और परम चेतन की आखिरी ऊंचाइयां छूता है। पूरी सीढ़ी का मालिक हो जाता है। आखिरी सीढ़ी रुकी है नरक में और ऊपर की सीढ़ी रुकी है मोक्ष में। सीढ़ी के सब सोपानों पर चढ़ता है। स्वच्छंद भाव से अपनी पूरी चेतना का अनुभव करता है। इस अनुभव में ही सारे विराट के दर्शन हो जाते हैं।

कहते हैं शास्त्र कि मनुष्य पिंडरूप है। इसी ब्रह्मांड का छोटा सा पिंड है। मनुष्य के भीतर सब छिपा है जो विराट में है। अगर भीतर हम मनुष्य को पूरा देख लें तो हमने पूरे विराट को देख लिया। मनुष्य को समझ लिया तो सब समझ लिया।

इस सूत्र में एक शृंखला है। अकिंचन, जो ना-कुछ है, वही स्वच्छंद हो सकता है। अकिंचन, स्वच्छंद। जो ना-कुछ है, वही स्वच्छंद हो सकता है; जिसको कुछ होना है वह स्वच्छंद नहीं हो सकता। उसको तो नियम बनाकर चलना पड़ेगा। उसको तो मर्यादा बांधनी पड़ेगी। जो प्रतिष्ठा चाहता है, समादर चाहता है, पुण्य चाहता है, स्वर्ग चाहता है, उसे तो मर्यादा बांध कर चलनी पड़ेगी। जो ना-कुछ है और ना-कुछ होने से राजी है, वही स्वच्छंद हो सकता है। शून्य ही स्वच्छंद हो सकता है। फिर द्वंद्वरहित। और जो स्वच्छंद है, वही द्वंद्वरहित हो सकता है। जब तक तुम्हारे मन में ऐसा हो जाए और ऐसा न हो, इस तरह का विभाजन रहेगा, द्वंद्व भी रहेगा। जैसा होता है, वैसा ही ठीक है, फिर कोई द्वंद्व न रहा। और जो द्वंद्वरहित हो गया, वही संशयरहित है। जब द्वंद्व ही न रहा, तो संशय क्या! जीवन के प्रति तब परम स्वीकार है, परम श्रद्धा

है। और जो संशयरहित है, वही आसक्तिरहित हो जाता है। जब आस्था जीवन के प्रति परम हो गई, तो हम आसक्ति नहीं बांधते। हम यह नहीं कहते जो मेरे पास है उसे रोक लूं, पता नहीं कल हो या न हो। जब अस्तित्व पर परमश्रद्धा है, तो जिसने आज दिया, कल भी देगा, परसों भी देगा। और नहीं देगा, तो शायद नहीं देना ही उचित होगा। तो नहीं देगा। और जो आसक्तिरहित है, वही अकेला है। वही केवल, एकांत का अनुभव कर पाता है। और जो अकेला है, वही है बुद्धत्व को उपलब्ध।

इसमें शृंखला है। स्वच्छंद, अकिंचन, द्वंद्वरहित, संशयरहित, आसक्तिरहित, एकाकी, बुद्धपुरुष, इसमें एक शृंखला है। एक क्रम है। सीढ़ी के सोपान हैं।

और वही सब भावों में रमण करता है। समस्तता उसकी है, पूरा आकाश उसका है। उसके लिए कोई सीमा नहीं है। कोई बंधन नहीं है। असीम उसका है, अनंत उसका है, शाश्वत उसका है। लेकिन पहले इस असीम की घोषणा स्वयं के भीतर करनी जरूरी है।

इन सूत्रों पर खूब मनन करना। मनन ही नहीं, ध्यान करना। इनका थोड़ा स्वाद लेने की कोशिश करना। क्योंकि ये शब्द ही नहीं हैं कि तुमने समझ लिए, बात पूरी हो गई, इनके भीतर बहुत कुछ छिपा है। शब्द तो राख जैसा है। उसे झाड़ना तो भीतर अंगारा मिलेगा। वही अंगारे में अर्थ है, उसी अंगारे में अर्थ है।

एक-एक सूत्र ऐसा बहुमूल्य है कि सारे संसार की संपदा भी एक-एक सूत्र को पाने के लिए देनी पड़े तो भी हमने मूल्य चुकाया, ऐसा नहीं कहा जा सकता है। अमूल्य है।

आज इतना ही

* * *

प्रवचन : 82

परम ज्ञान का अर्थ है परम अज्ञान

1 फरवरी, 1977

पहला प्रश्न : **मेरे नैना सावन-भादौं,**
फिर भी मेरा मन प्यासा...

मन जब तक है तब तक प्यासा ही रहेगा। मन का होना ही प्यास है। अतृप्ति मन का स्वभाव है। मन कभी तृप्त हुआ, ऐसा सुना नहीं। मन कभी तृप्त होगा, ऐसा संभव नहीं। मन तृप्त नहीं हो सकता है। इसीलिए तो संसार में कोई तृप्ति नहीं है, क्योंकि संसार मन का फैलाव है। मन का विस्तार है।

संसार यानी मन। संसार यानी मन के माध्यम से तृप्ति की खोज। जो नहीं हो सकता, उसे करने की चेष्टा। असंभव के लिए प्रयास। जो अस्तित्व के गणित में ही नहीं है, उसकी खोज। इसलिए जन्मों-जन्मों तक भी खोजो, लाख रोओ-धोओ, अंतर न पड़ेगा। मन का स्वभाव प्यास है। जैसे आग गरम, ऐसा मन प्यासा है।

मन को प्यासा देख कर लगता है कि शायद मन तृप्त हो सके। भाषा के कारण भूल पैदा होती है—हम कहते हैं, मन प्यासा। तो लगता है, मन तृप्त भी हो सकेगा। जब प्यासा है तो तृप्त भी हो सकेगा। ठीक-ठीक होगा कहना, अगर हम कहें कि मन प्यास। मन प्यासा, ऐसा नहीं; मन ही प्यास है। प्यास और मन एक ही बात के दो नाम हैं। तब चीजें ज्यादा साफ होंगी।

तो प्यास तो कभी भी तृप्त नहीं हो सकती। प्यास का तो स्वभाव ही प्यास है। जब तृप्ति होगी तो प्यास न रहेगी। ऐसा थोड़े ही कहोगे—प्यास तृप्त हो गई। ऐसा ही कहोगे, अब प्यास न रही। प्यास की तृप्ति का अर्थ होता है, प्यास का न हो जाना। और मन भी वहीं तृप्त होता है जहां नहीं हो जाता है। जहां मन मिटा, वहां तृप्ति। जब तक मन है तब तक मन की आग जलती रहेगी। और हम इस मन की आग में खूब-खूब घृत डालते हैं। नई-नई आकांक्षाओं के, नई-नई वासनाओं के, नई-नई योजनाओं के। हम ईंधन को और भी प्रज्वलित करते रहते हैं।

'मेरे नैना सावन-भादौं,
फिर भी मेरा मन प्यासा।'

आंखों के रोने से मन के तृप्त होने का कोई संबंध ही नहीं है। आंखों के आंसुओं से थोड़े ही मन की तृप्ति का कुछ लेना-देना है, कि तुम कितने रोए, उस मात्रा में तृप्ति हो जाएगी। रोना-धोना बंद करो। रो तो बहुत लिए। इस रोने से तो मन की ही गति बढ़ती है। क्योंकि रो-रो कर तुम यही कहते हो कि अब तक नहीं मिला, कब मिलेगा? अब तक नहीं आई मंजिल पास, कब आएगी? रो-रो कर तुम कहते क्या हो? रो-रो कर तुम समझाने की कोशिश कर रहे हो अस्तित्व को कि देखो मैं कितना रो रहा हूं, अब तो कृपा करो। लेकिन तुम जो मांग रहे हो, वह हो नहीं सकता। अस्तित्व के पास भी कोई उपाय नहीं है।

कंठ से मृदुगान आकर ओंठ तक
एक सिसकी प्राय होकर रह गए
दर्द से असहाय होकर रह गए
हम बड़े निरुपाय होकर रह गए
फिर वही नासूर उभरे वक्त के
एक बेबस हाय होकर रह गए
हाट खुशियों की लगाई थी यहां
अश्रु के व्यवसाय होकर रह गए
पग पहुंचते ही प्रणय-सोपान पर
स्वप्न सब कृशकाय होकर रह गए

इस जीवन में योजनाएं तो हम बनाते हैं, लेकिन कौन सी योजना पूरी होती है? कब कौन सिकंदर जीत पाता है? कब कौन पहुंच पाता है? सपने हम सब संजोते हैं—

हाट खुशियों की लगाई थी यहां
अश्रु के व्यवसाय होकर रह गए

करते कुछ हैं, होता कुछ है। तुमने तो मांगी तृप्ति थी, आंखें आंसुएं बन गईं। ठीक है, यही होगा। क्योंकि जिस दिशा में तुम मांग रहे हो, उस दिशा में मिलन नहीं है। भीतर चलो।

मन का अर्थ होता है, बाहर की यात्रा। बहिर्यात्रा। मन का अर्थ होता है, कहीं और खोज रहे हैं। अ-मन का अर्थ होता है, अब कहीं और नहीं खोज रहे, अपने भीतर झांक रहे हैं। अब वहीं बैठे हैं जहां अस्तित्व स्वयं का है। अब स्वयं के केंद्र पर ठहरे हैं, अकंप। जब तक ऐसा न होगा, तब तक कंठ से जो गान उठेंगे वे भी ओंठ तक आते-आते सिसकियां हो जाएंगे—

कंठ से मृदुगान आकर ओंठ तक
एक सिसकी प्राय होकर रह गए
दर्द से असहाय होकर रह गए
हम बड़े निरुपाय होकर रह गए
फिर वही नासूर उभरे वक्त के
एक बेबस हाय होकर रह गए

प्रश्न तुम्हारा समझता हूं। लेकिन तुम मेरे उत्तर को भी समझने की कोशिश करो। जब भी तुम रोए हो, तो दो तरह के उत्तर दिए गए हैं। एक तो उत्तर है सांत्वना का। जिनको तुम साधारणतः साधु-संत कहते हो, वे तुम्हें सांत्वना बंधाते हैं। वे तुम्हारे आंसू पोंछ देते हैं, पीठ थपथपा देते हैं, लोरी गा देते हैं। वे कहते हैं, सब ठीक हो जाएगा, बच्चा। प्रभु-कृपा से सब ठीक होगा। घबड़ा मत। यह ले मंत्र, इसका जाप कर। यह ले माला, इसे फेर। सब ठीक हो जाएगा। ये जो सांत्वना देने वाले लोग हैं, यही तुम्हें भटकाए हुए हैं। ये तुम्हें जगने भी नहीं देते।

तुम्हारा विषाद इतना है कि तुम्हारा विषाद जगा सकता था। लेकिन लोरी गानेवाले भी बहुत हैं, थपकियां देकर सुलाने वाले भी बहुत हैं, जो कहते हैं, अब तक ठीक नहीं हुआ, कोई फिकिर नहीं, कल ठीक हो जाएगा। भरोसा रख भाग्य पर, भगवान पर। पूजा कर, पाठ कर, हवन कर, यज्ञ कर। अब तक तूने अपनी ही तरफ से चेष्टा की थी पाने की, अब भगवान का भी साथ लेकर पाने की चेष्टा कर। अब तक तूने कोशिश तो की, लेकिन कोशिश पूरी-पूरी न थी। अब समग्र मन-प्राण से चेष्टा कर। और गहरा उपाय, और योग लगा, और विधि जुटा, और एकजुट होकर जूझ जा, जीत तेरी है। ऐसे लोग लोगों को कहते हैं, असंभव कुछ भी नहीं है

मेरे एक शिक्षक थे। उन्हें तो कुछ अंदाज न था। मैट्रिक में मुझे पढ़ाते थे। तो उन्होंने सिकंदर का प्रसिद्ध वचन उद्धृत कियाः असंभव कुछ भी नहीं है। संसार में असंभव कुछ भी नहीं है। और जब उन्होंने यह वचन उद्धृत किया तो वे इसको

समझाने भी लगे कि संसार में असंभव कुछ भी नहीं है। और उन्होंने बड़ी ओजस्वी वक्तृता दी। मैंने उनसे खड़े होकर कहा कि आप जो कह रहे हैं, कितने ही अच्छे शब्दों में कहें और कितनी ही लफ्फाजी करें, यह बात सच नहीं है। क्योंकि सिकंदर की खुद की जीवन की हार कह रही है! सिकंदर के वक्तव्य से क्या होगा कि असंभव कुछ भी नहीं है! और मैंने कहा इस तख्ते पर लिखें दो और दो, और जोड़ कर तीन कर दें। आप कहते हैं, असंभव कुछ भी नहीं, छोटी सी बात है, तख्ता पास है, चाक रखी है हाथ में आपके, दो और दो को जोड़ कर तीन कर दें। अगर दो और दो जुड़ कर तीन हो जाएं तो मैं मान लूंगा कि असंभव कुछ भी नहीं है।

यह छोटी सी बात भी नहीं हो सकती। लेकिन लोग अपने आंसू पोंछने में उत्सुक हैं। मेरे पास आ जाते हैं, लोग मुझसे कहते हैं कि हमारा आत्मविश्वास कैसे मजबूत हो? कोई उपाय बताएं। वे सोचते हैं, बड़ी आध्यात्मिक खोज कर रहे हैं। आत्मविश्वास कैसे मजबूत हो! इसी तथाकथित आत्मविश्वास की वजह से तो तुम जन्मों-जन्मों भटके हो। अब तक टूटने नहीं दिया, अब तक टूटा नहीं। तुम्हारा आत्मविश्वास टूट जाए तो तुम समर्पित हो जाओ, तो तुम अर्पित हो जाओ प्रभु को। मगर ये अकड़। कोई कहता है, मेरा संकल्प, विल पावर कैसे मजबूत हो? क्या करोगे विल पावर मजबूत करके? संकल्प मजबूत करके करना क्या है? किसी को धन कमाना है, किसी को पद, किसी को प्रतिष्ठा; साम्राज्य बनाने हैं यश के, गौरव के। लेकिन कब कौन बना पाया?

तो एक तो हैं सांत्वना देने वाले संत। जो कि झूठे संत हैं। वे तुम्हारे मन की ही सेवा कर रहे हैं। हालांकि वे तुम्हें प्रीतिकर लगेंगे। क्योंकि जो भी तुम्हारे आंसू पोंछ देगा, वही प्रीतिकर लगेगा! और जो भी तुम्हें थपकी देकर सुला देगा और कहेगा कि राजा बेटा, सो जाओ, वही अच्छा लगेगा! कि कितना प्यारा संत है!

मैं उनमें से नहीं हूं। मैं तुम्हें वही कहना चाहता हूं, जैसा है। चाहे कितनी ही कड़वी हो दवा, चाहे पीने में तुम कितना ही ना-नुच करो, चाहे तुम भागो, चाहे तुम नाराज होओ, लेकिन जो है, मैं तुमसे वही कहना चाहता हूं। मैं तुम्हें सांत्वना देने में उत्सुक नहीं हूं। जगा सकूं तो ठीक, तुम्हें सुलाने में मेरी कोई उत्सुकता नहीं है।

मन जब तक है, तब तक दुख है। मन जब तक है, तब तक नरक है। तुम मन के पार उठो। मन से बहुत झांक कर देख लिया, अब जरा मन को सोने दो—तुम जागो। अब मन की खिड़की से हटो। यही तो अर्थ है ध्यान का। मन की खिड़की से हट जाना। जब कोई विचार न हो तुम्हारे भीतर—कोई विचार न हो, कोई विचार की तरंग न हो, तब प्यास बचती है? कभी एकाध क्षण ऐसा पाया जब कोई विचार नहीं है, तुम बैठे हो निर्विचार, निस्तरंग? उस क्षण कोई प्यास उठती है? उस क्षण अनुभव

होता है कि मैं प्यासा हूं? उस क्षण तृप्ति ही तृप्ति बरस जाती है। उस क्षण कोई अतृप्ति नहीं होती। तो यह तो बहुत छोटा सा गणित है—जहां तक विचार है, वहां तक प्यास; जहां से निर्विचार शुरू हुआ, वहां से तृप्ति।

तो एक ही काम करो—एक ही काम करने जैसा है। और सब करना न करने जैसा है। और सब किया एक दिन अनकिया हो जाएगा, एक ही काम करने जैसा है जो कभी अनकिया न होगा। और तुमने जो किया, मौत छीन लेगी। एक ही काम ऐसा है जो मौत नहीं छीन पाएगी, अगर तुम कर पाए। उस काम का नाम ध्यान है। थोड़ी-थोड़ी घड़ियां निकालने लगो, बैठने लगो। विचार चलते रहें, चलने दो। देखते रहो शांति से। न जाओ उनके साथ, न करो उनका विरोध। न निंदा, न स्तुति। न कहो कि यह विचार कितना सुंदर आया, न कहो कि यह कहां का दुर्विचार मेरे भीतर प्रविष्ट हुआ! नहीं कोई निर्णय लो, न्यायाधीश न बनो, साक्षी बने बैठे रहो। चलने दो यह ट्रैफिक विचार का, यह राह चलने दो, तुम बैठे रहो। काले, गोरे, सब तरह के विचार निकलेंगे; बुरे, भले, सब तरह के विचार निकलेंगे। यह राह है। इससे तुम इतना भी संबंध मत रखो कि यह मेरा मन है। तुम्हारा क्या लेना-देना है! तुम मन नहीं हो, तुम देह नहीं हो, तुम जरा भीतर से बैठ कर इसे देखते रहो। देखते-देखते, देखते-देखते एक दिन ऐसी घड़ी आएगी...पहले तो बड़ी कठिनाई होगी, विचारों पर विचार आते जाएंगे, जैसे सागर में तरंगों पर तरंगें आती हैं, कोई अंत ही न मालूम होगा; बड़ा अंधेरा मालूम होगा, लेकिन घबड़ाना मत।

पनपने दे जरा आदत निगाहों को अंधेरों की
अंधेरे में अंधेरा रोशनी के काम आएगा
न जाने दर्द को दिल अब कहां आराम आएगा
जहां यह उम्र सिर रख दे कहां वह धाम आएगा
अभी कुछ और बढ़ने दे पलक पर इस समुंदर को
तभी तो मोतियों का और ज्यादा दाम आएगा

घबड़ाना मत, अगर पहले अंधेरा भी मालूम पड़े तो देखते ही चले जाना। जैसे भरी दोपहरी में कोई आता है घर, धूप से भरी आंखें, घर में प्रवेश करता है तो अंधेरा ही अंधेरा मालूम होता है। आंखों की थोड़ी आदत तो बनने दो। बैठ जाता, सुस्ता लेता घड़ी भर। जैसे-जैसे सुस्ताता है, आंखें राजी होती जाती हैं। पहले घर में आकर अंधेरा मालूम हुआ था, अब अंधेरा नहीं मालूम होता। अब बड़ी शीतल रोशनी मालूम होती है।

पनपने दे जरा आदत निगाहों को अंधेरों की
अंधेरे में अंधेरा रोशनी के काम आएगा

एक बार देखने की आदत बन जाए अंधेरे को, तो अंधेरे को देखते-देखते ही रोशनी पैदा होनी शुरू हो जाती है। पहले तो बड़ा अंधकार मालूम होगा—विचार, विचार, विक्षिप्तता मालूम होगी। देखते रहना।

पनपने दे जरा आदत निगाहों को अंधेरे की

बस जरा आदत पनपने की बात है। और विचारों की इन धाराओं को देख कर बहुत बार ऐसा प्रश्न उठने लगेगा कि इसका कोई अंत होगा! यह कभी समाप्त होने वाला है! कहते हैं बुद्धपुरुष कि समाप्त हो जाता है, लेकिन भरोसा न आएगा। बहुत बार नाव डगमगा जाएगी। बहुत बार चित्त कहेगा लौट चलो, पहले ही ठीक थे। यह किस झंझट में पड़े, समय क्यों गंवाते हो? जब भी ध्यान को बैठोगे, मन कहेगा, क्यों समय गंवाते हो, यह होनेवाला है! हुआ होगा किसी को, कम से कम तुम्हें तो नहीं होने वाला है। और जो तुम्हें नहीं हो सकता, वह किसी और को भी कैसे हुआ होगा! झूठी हैं सब बातें। ये ध्यान और समाधि, ये कल्पना के जाल हैं। ऐसा मन समझाएगा।

न जाने दर्द को दिल अब कहां आराम आएगा

जहां यह उम्र सिर रख दे कहां वह धाम आएगा

विचार और विचारों के तूफान और अंधड़ों में बहुत बार लगने लगेगा, है कोई ऐसी जगह जहां सिर रखकर आराम आ जाए?

जहां यह उम्र सिर रख दे कहां वह धाम आएगा

नहीं लगेगा कि नहीं ऐसा कोई धाम है, ऐसा कोई तीर्थ नहीं है जहां सिर रखने का उपाय हो। यह विक्षिप्तता शाश्वत, अनंत मालूम होती है। यह सदा से है, सदा रहेगी। पर फिर भी मैं तुमसे कहता हूं, अगर थोड़ा धीरज रखा, तो वह धाम आ जाता है। और जितनी देर से आता है, उतना ही बहुमूल्य है।

अभी कुछ और बढ़ने दे पलक पर इस समुंदर को

तभी तो मोतियों का और ज्यादा दाम आएगा

अगर तुमने थोड़ा साहस रखा, धैर्य रखा और देखते ही चले गए, देखते ही चले गए, तो तुम धीरे-धीरे पाओगे, छोटे-छोटे झरोखे आने लगे। कभी-कभी विचार नहीं होता। एक क्षण को सपाट शून्य हो जाता है। और उसी शून्य में झरता है अमृत। उसी शून्य में तृप्ति है। उसी शून्य में प्यास नहीं होती, तुम परम तृप्त होते हो, संतुष्ट। एक गहन परितोष, आनंद, एक अपूर्व रस की धार बहने लगती है।

ऐसा पहले तो शुरू-शुरू होगा, बूंद-बूंद आएगी रस की धार, बिंदु-बिंदु परमात्मा उतरेगा। फिर एक दिन सिंधु की भांति भी उतरता है। तुम जैसे-जैसे राजी होने लगे, पात्र जैसे-जैसे तैयार होने लगा, वैसे-वैसे ज्यादा-ज्यादा रस की धार बहने लगती है।

मन से तो कोई कभी तृप्त नहीं हुआ है। जो हुए हैं तृप्त, मन के पार जाकर हुए हैं। ध्यान से तृप्ति है, मन से अतृप्ति है। ऐसा कहो, मन यानी अतृप्ति, प्यास, असंतोष। ध्यान यानी तृप्ति, संतृप्ति, परितोष।

दूसरा प्रश्न : आपने कहा कि आप न भाषाशास्त्री हैं, न अर्थशास्त्री हैं, न व्यवस्था-शास्त्री हैं। संभवतः आप कहना चाहेंगे कि आप विधिशास्त्री, समाजशास्त्री और राजनीति-शास्त्री भी नहीं हैं। तो क्या ये सब विषय परम ज्ञान में समाहित नहीं हैं? मुझे तो लगता है आप सब कुछ हैं।

परम ज्ञान का अर्थ होता है, परम अज्ञान। परम ज्ञान में कुछ भी समाहित नहीं है। सब छूट गया। सब जाना हुआ व्यर्थ मालूम होने लगा। सिर्फ जानने वाला बचा। परम ज्ञान का अर्थ होता है, सिर्फ जानने वाला बचा। जानी गई बातें सब गयीं। विषय गए। सिर्फ साक्षी बचा। परम ज्ञान का संबंध ज्ञेय से नहीं है, ज्ञाता से है।

तो परमज्ञान में राजनीति तो है ही नहीं, समाजशास्त्र और विधिशास्त्र तो हैं ही नहीं। परम ज्ञान में तो धर्मशास्त्र भी नहीं है। परम ज्ञान में तो अध्यात्मशास्त्र भी नहीं है। परम ज्ञान में तो दर्शनशास्त्र भी नहीं है। परम ज्ञान में तो कुछ भी नहीं है। परम ज्ञान तो महाशून्य का नाम है। परम ज्ञान यानी परम अज्ञान। उस घड़ी तुम कुछ भी नहीं जानते। बस जाननेवाला ही शेष रह गया अपनी परमशुद्धि में। क्योंकि जो भी तुम जानते हो, वह तुम्हारे जाननेवाले को अशुद्ध करता है। विकृति होती है। मिलावट हो जाती है।

चेतना के स्वभाव को समझो।

चेतना का स्वभाव है, चेतना जो भी जानती है उसी का रूप ले लेती है। उसी का आकार ले लेती है। तदाकार हो जाती है। जैसे, जब तुमने गुलाब का फूल देखा, तो तुम्हारी चेतना गुलाब का फूल बन जाती है, उसका रूप ले लेती है। नहीं तो तुम देख कैसे पाओगे गुलाब के फूल को? गुलाब का फूल तो बाहर है, भीतर तो है नहीं; आंख से गुलाब के फूल की तस्वीर जाती। तस्वीर भी नहीं जाती, अगर तुम वैज्ञानिक से पूछो, आंख के जानकार से पूछो, तो तस्वीर भी नहीं जाती। क्योंकि आंख पर तस्वीर बनती है जरूर, पर आंख के पीछे तो सिर्फ स्नायुओं का जाल है, उनसे तस्वीर जा नहीं सकती। स्नायुओं से तो कुछ रासायनिक प्रक्रियाएं जाती हैं। रासायनिक प्रक्रियाएं जाकर तुम्हारी चेतना में पुनः किसी चीज को जन्म देती हैं। वहां तुम गुलाब का फूल देखते हो। तो तुम्हारी चेतना ही गुलाब के फूल का आकार लेती। इसलिए तो गुलाब के फूल को देखते-देखते तुम ऐसे मग्न हो जाते हो, ऐसी सुवास से भर जाते

हो। तुम गुलाब के फूल हो गए। कृष्णमूर्ति बार-बार कहते हैं, 'द आब्जर्वर इज़ द आब्जर्व्ड।' वह जो अवलोकन कर रहा है, वह अवलोकित है।

जब तुम गुलाब के फूल को देखते हो, तो गुलाब का फूल तो बाहर है, उसे तो तुम देख ही नहीं सकते, तुम बाहर गए कहां? तुम भीतर हो, गुलाब का फूल बाहर है। लेकिन तुम्हारे भीतर एक गुलाब का फूल आकृति लेता है।

इसलिए सुंदर को देखो, तो तुम सुंदर हो जाते हो; असुंदर को देखो तो तुम असुंदर हो जाते हो। बुरे को देखो तो बुरे हो जाते हो, शुभ को देखो तो शुभ हो जाते हो। इसलिए संत के पास अगर तुम बैठे, तो तुम्हारे भीतर भी संतत्व आकार लेता है। दुष्ट के पास बैठे तो दुष्टत्व आकार लेता है। हत्यारे के पास बैठे, तो तुम्हारे भीतर हत्या के विचार उठने लगेंगे। तुम्हें बहुत बार इसका पता भी चलता है, लेकिन तुम कभी बहुत ठीक-ठीक विमर्श नहीं कर पाते। किसी आदमी के पास जाते हो और बड़े बुरे विचार उठते हैं। और किसी आदमी के पास जाते हो, बड़े शुभ विचारों का जन्म उठता है। किसी के पास बैठ कर परमशांति का अनुभव होता है, और किसी के पास बैठ कर बड़ी अशांति अनुभव होने लगती है। किसी से बचने का मन होता है, किसी को आलिंगन करने का मन होता है।

क्यों? तुम्हारे भीतर, जो भी तुम बाहर देखते हो उसके अनुकूल आकृति निर्मित होती है। तुम जो भी देखते हो, उसी के रूप में तुम ढल जाते हो। यही उपाय है देखने का, और कोई उपाय ही नहीं है। तब इसका अर्थ यह हुआ कि परम ज्ञान का तो एक ही अर्थ हो सकता है कि अब तुम किसी के आकार में नहीं ढलते। न गोबर का ढेर, और न गुलाब का फूल। तुम दोनों से मुक्त हुए। शुभ-अशुभ, सुंदर-असुंदर, सबसे मुक्त हुए। अब तुम अपने रूप में हो, स्वाकार। परम ज्ञान का अर्थ होता है, अब तुम स्व-भाव में, स्व-आकार में, स्वच्छंद, स्वयं के गीत को उपलब्ध। अब किसी चीज का आकार नहीं ले रहे हो। गुलाब का आकार था, वह भी उधार था। चट्टान का आकार था, वह भी उधार था। जो भी देखा था अब तक, वह सब उधार था। एक चीज तुम पर आरोपित हो गई थी। अब तुम किसी भी चीज से आरोपित नहीं हो रहे हो। अब तुम निराकार हो, अब कोई आकार नहीं है।

ध्यान रखना, जब मैं कह रहा हूं कोई आकार नहीं, तो इसमें तुमने बुद्ध की धारणा बनाई कि कृष्ण की धारणा बनाई, वे भी आकार सम्मिलित हैं। इसलिए झेन फकीर कहते हैं, अगर ध्यान के मार्ग पर बुद्ध मिल जाएं, तो उठा कर तलवार दो टुकड़े कर देना। ध्यान के मार्ग पर अगर बुद्ध मिल जाएं, तो उठा कर तलवार दो टुकड़े कर देना! फिर जरा भी सोच-संकोच मत करना। क्योंकि ध्यान के मार्ग पर अगर बुद्ध का आकार उठ आया, तो फिर तुम विकृत हो गए। बुद्ध का आकार भी विकृत कर देगा।

अगर ध्यान के मार्ग पर कृष्ण बांसुरी बजाने लगें, तो धक्का मार बाहर निकाल देना, कि जाओ अभी, यहां बीच में न आओ। ये कहां तुम बांसुरी लिए चले आ रहे! क्योंकि ध्यान में तो वह भी विघ्न है। चाहे क्राइस्ट दिखाई पड़ें, चाहे कृष्ण, चाहे बुद्ध, चाहे महावीर, उनको नमस्कार कर लेना! उनसे बच कर निकल जाना। अपना पल्ला छुड़ा लेना उनसे। वे तुम्हारे ही मन के विचार हैं। अंतिम विचार मन उठा रहा है। मन कहता है अब संसार से तुम छूट रहे हो, चलो, मैं तुम्हें मोक्ष दे दूं। तुम कहते हो धन में तुम्हारी उत्सुकता नहीं, मैं तुम्हें बुद्ध दे दूं। मन आखिरी प्रलोभन दे रहा है। मन कह रहा है तुम्हें जिन खिलौनों में रुचि हो, वही देने को मैं राजी हूं। कृष्ण को खड़ा कर दूं। मन कल्पनाएं कर रहा है। और सभी कल्पनाएं तुम्हें विकृत कर जाती हैं।

परम ज्ञान की अवस्था, इसलिए मैं कहता हूं, परम अज्ञान की अवस्था है। क्योंकि परम ज्ञान की अवस्था परम निर्दोषता की अवस्था है। प्राइमल इनोसेंस। वह जो मौलिक निर्दोषता है, क्वांरापन है, उसकी अवस्था है। जहां अभी ज्ञान ने ज्ञाता को विकृत नहीं किया। ज्ञान उठा, विकृति उठी। ज्ञान उठा, मन उठा। ज्ञान उठा, उपद्रव शुरू हुआ। जहां तुमने जाना, वहीं से संकीर्ण हुए। जानना मात्र संकीर्ण कर देता है। इसलिए तो उपनिषद कहते हैं कि जो कहें कि जानते हैं, जान लेना कि नहीं जानते। जो कहे कि नहीं जानता हूं, जानना कि वही जानता है। इसीलिए तो बुद्ध चुप रह गए। जब किसी ने पूछा ईश्वर को जानते हैं, तो चुप रह गए। इसका उत्तर देने में गलती हो जाएगी। उत्तर देना ही गलत होगा। जो भी उत्तर दिया जाएगा, गलत होगा। उत्तर मात्र गलत होगा। कहो कि जानता हूं, तो भूल हो गई। कहो कि नहीं जानता हूं तो भूल हो गई, क्योंकि जानता तो हूं। यह कहना कि नहीं जानता हूं, असत्य होगा। और यह कहना कि जानता हूं, विकृति होगी। इसलिए चुप रह जाने के सिवाय उपाय नहीं।

तो परम उत्तर तो मौन ही है। निःशब्द, शून्य ही है। परम ज्ञान में कुछ भी समाहित नहीं है। परम ज्ञान सभी चीजों से मुक्त हो जाने की परम दशा है। सबका अतिक्रमण।

लेकिन तुम कहते हो कि मुझे लगता है कि आप सब कुछ हैं। तुम्हारा लगना तुम्हारे मोह, तुम्हारी प्रीति का लक्षण है। तुम्हें मुझसे मोह है, तो तुम्हें लगता है, सब कुछ हूं। मुझे मुझसे बिलकुल मोह नहीं है, इसलिए मैं तुमसे कहता हूं, कुछ भी नहीं हूं।

तुम्हारे मोह को मैं समझता हूं। तुम्हारे मोह के कारण तुम्हें लगता होगा कि मैं सब जानता हूं। लेकिन मैं तुम्हें यह बात कह देता हूं, इसे गांठ में बांध कर रख लो कि मैं कुछ भी नहीं जानता हूं। जानना जहां तक है, वहां तक तो जाना ही कहां! वहां तक तो उपद्रव जारी है। जहां जानने से छूटे, वहीं छूटे। वहीं मुक्ति है। वहीं परम ज्ञान है। जहां जानने से छूटे, वहां परम ज्ञान है। इसका अर्थ हुआ, जहां ज्ञान से छूटे वहां परम ज्ञान है।

तो परम ज्ञान शब्द ठीक नहीं है। ज्यादा अच्छा होगा, हम कहें—परम अज्ञान।

तीसरा प्रश्न : कृपापूर्वक समझाएं कि बुद्धपुरुषों की पहचान क्या है?

न समझा सकूंगा। इस संबंध में कृपा करने का भी कोई उपाय नहीं। यह बात कही ही नहीं जा सकती। बुद्धपुरुषों की कोई पहचान नहीं। और जितनी पहचानें तुम बना लोगे, उनसे भूल-चूक करोगे। क्योंकि जब भी बुद्धत्व प्रकट होता है, तब इतना अनूठा होता है, इतना अद्वितीय, इतना बेजोड़ कि वैसा पहले कभी हुआ ही नहीं था और वैसा पीछे फिर कभी नहीं होगा। पुनरुक्ति तो होती नहीं। तो तुम जो भी पहचान बना लोगे वह अड़चन हो जाएगी।

अगर तुमने गौतम बुद्ध को देख कर पहचान बना ली, तो तुम महावीर को न पहचान पाओगे। अगर महावीर को देख कर पहचान बना ली तो तुम कृष्ण को न पहचान पाओगे। अगर कृष्ण को देख कर पहचान बना ली, तो तुम मोहम्मद को न पहचान पाओगे। तुमने जिसको देख कर पहचान बना ली, तुम उसी से बंध जाओगे और बाकी अनंत-अनंत बुद्ध तुम्हारी आंख से ओझल हो जाएंगे।

तो पहचान से तुम चूकोगे, पहुंचोगे नहीं। क्योंकि सब पहचान संकीर्ण होगी। पहचान का मतलब होगा—एक बुद्ध की होगी, बुद्धत्व की तो कोई पहचान नहीं होती। बुद्धत्व तो बड़ी विराट घटना है। जितने बुद्ध हुए हैं, सब; जितने आज हैं, सब; और जितने भविष्य में होंगे, सब; समस्त बुद्धों में कुछ है जो एक सा है। और कुछ है, जो बिलकुल एक जैसा नहीं है। वह जो कुछ एक सा है, वह आंतरिक है। वह दिखाई नहीं पड़ता, उसकी बाहर से पहचान नहीं हो सकती। और जो दिखाई पड़ता है, जो समझ में आता है, वह बिलकुल अलग-अलग है।

महावीर नग्न खड़े हैं, कृष्ण पीतांबर वस्त्रों में, सुंदर रेशमी वस्त्रों में। मोरमुकुट बांधे हैं। बांसुरी लिए खड़े हैं। जीसस सूली पर लटके हैं। जीसस को तुम पाओगे यहूदियों के मंदिर में कोड़ा लिए, लोगों को खदेड़ते। बड़े सक्रिय हैं। इधर बुद्ध हैं, मूर्ति की भांति बोधिवृक्ष के नीचे बैठे हैं। जैसे कभी ये हिलेंगे ही नहीं, डुलेंगे ही नहीं। इधर लाओत्सु है, जो बिलकुल साधारण से साधारण मनुष्य की तरह जी रहा है। कि तुम्हें राह पर मिल जाएगा तो तुम पहचान न सकोगे भीड़ में। सबसे साधारण वही है। और इधर मोजिज हैं, जरथुस्त्र हैं, बड़े विशिष्ट! लाखों की भीड़ में होओगे तो भी तुम जरथुस्त्र को पहचान लोगे, वे अलग दिखाई पड़ेंगे। और फिर भी इन सबके भीतर एक ही घटना घटी है बुद्धत्व की। ये सब जाग गए हैं।

ऐसा समझो कि तुम हजार तरह के लैंप बना लो, हजार तरह की लालटेन, कंदील बना लो—किसी में लाल रंग का कांच लगा दो, किसी में पीले रंग का, किसी में हरे रंग का; किसी में बहुत मोटा कांच लगा दो, किसी में बहुत पतला कांच लगा

दो; किसी में सफेद, बहुत पारदर्शी; और सब कंदील अलग-अलग ढांचे, ढंग, रूप-रंग के हों और तुम सबको जला दो, तो सभी के भीतर रोशनी एक होगी। और सभी के बाहर अलग-अलग रूप प्रकट होगा। नीले कांच से नीला रंग झरता हुआ मालूम होगा और रोशनी नीली नहीं है। रोशनी तो एक ही है भीतर। लेकिन यह जो कांच की पर्त है, यह उसे नीला कर रही है। लाल से लाल रंग झरता मालूम होगा, पीले से पीला रंग झरता मालूम होगा। कोई कंदील सतरंगी हो सकती है। उससे पूरा इंद्रधनुष निकलता मालूम होगा।

कृष्ण ऐसी ही कंदील हैं। इंद्रधनुषी। सात रंग, मोरपंख। लाओत्सु ऐसी कंदील है, इतना पारदर्शी कि तुम्हें पता ही नहीं चलेगा कि कंदील है भी, कि कांच है भी! इतना पारदर्शी! कि जब तक तुम जाकर छू ही न लोगे, तुम्हें पता ही न चलेगा। बहुत पारदर्शी कांच को दूर से तुम देख नहीं सकते। टकरा जाओगे तभी पता चलेगा कि अरे, कोई है! अलग-अलग। बुद्ध हैं, महावीर हैं। महावीर बिना कांच के, सिर्फ रोशनी जल रही है, नग्न खड़े हैं। कोई रंग-रूप नहीं है।

लेकिन रोशनी एक है। अब इस रोशनी के लिए क्या कहें? और यह रोशनी बाहर की नहीं है, यह रोशनी भीतर की, चैतन्य की, बुद्धत्व यानी चैतन्य जागरूकता की है।

मैं तुमसे यह कह भी दूं तो कुछ हल तो न होगा। मैं तुमसे कहूं कि बुद्धत्व की एक ही पहचान है, परम जागरूकता—इससे क्या हल होगा? इससे कुछ तुम्हें सहायता तो न मिलेगी। परम जागरूकता! तुम कहोगे, परम जागरूकता यानी क्या? प्रश्न वहीं का वहीं खड़ा रहेगा। तुम सोए हुए हो। तुमने सिर्फ सोने का स्वाद जाना है, जागरण का तो तुम्हें कुछ भी पता नहीं। जागरण शब्द तुम्हें मालूम है, जागरण का कोई अनुभव नहीं। जब तक तुम जागो न, तब तक तुम जान न सकोगे। बुद्ध हुए बिना बुद्धत्व को जानने का कोई उपाय नहीं। अनुभव काम आएगा, परिभाषा काम न आएगी।

लेकिन कुछ इशारे किए जा सकते हैं। इसको परिभाषा मत समझना, सिर्फ इशारे। इशारे और परिभाषा में फर्क समझ लेना। परिभाषा का अर्थ होता है, बात कह दी पूरी-पूरी। इशारे का अर्थ होता है, सिर्फ इंगित है। समझो तो बहुत है, न समझो तो कुछ भी नहीं है। परिभाषा का अर्थ है, यह लो परिभाषा, जो था जानने योग्य इसमें रख दिया है। इशारे का अर्थ है, ये सिर्फ इंगित है, इसे बहुत जोर से मत पकड़ लेना, नहीं तो चूक जाओगे। जैसे कोई आदमी चांद की तरफ अंगुली से इशारा करे और तुम उसकी उंगली पकड़ लो कि चलो, यह चांद है। अंगुली चांद नहीं है। अंगुली चांद की परिभाषा भी नहीं है। अंगुली में कहां चांद की परिभाषा! अंगुली से चांद का क्या लेना-देना! अंगुली गोरी हो, काली हो, कुरूप हो, सुंदर हो, अपंग हो, क्या फर्क पड़ता है! बूढ़ी हो, जवान हो, स्त्री की हो, पुरुष की हो, बच्चे की हो, क्या फर्क पड़ता

है! अंगुली असली न हो, लकड़ी की हो, तो भी कोई फर्क नहीं पड़ता है। अंगुली से कोई चांद का लेना-देना नहीं है। जब कोई अंगुली बताता है, तो तुम अंगुली मत पकड़ लेना। इशारे का मतलब होता है, अंगुली छोड़ो चांद को देखो। उस तरफ देखो जिस तरफ इशारा है। ये इंगित हैं, परिभाषाएं नहीं।

पत्थर गड़े हुए हैं अक्षर मिटे हुए
अज्ञात दूरियों का अंदाज कौन दे
हर ओंठ पर जड़ी है गीतों की बेकसी
फिर पांव को थिरकने का राज कौन दे

जिस व्यक्ति के पास तुम्हें अज्ञात दूरियों का अंदाज मिले—एक इशारा, जिसके पास ज्ञात पर ही तुम समाप्त न होते होओ, जिसके पास जाकर अज्ञात की थोड़ी झलक मिले, तुम्हारे भीतर अज्ञात थोड़े पर फड़फड़ाने लगे, तुम्हारे भीतर भी जो नहीं जाना है उसे जानने की अदम्य आकांक्षा, अभीप्सा पैदा हो जाए, तुम्हारे भीतर एक नई प्यास का जन्म हो जिससे तुम कभी परिचित ही न थे—धन की प्यास थी, पद की प्यास थी—एक नई प्यास, सत्य की प्यास उठे।

पत्थर गड़े हुए हैं अक्षर मिटे हुए
अज्ञात दूरियों का अंदाज कौन दे

इस संसार में तो ऐसी हालत है जैसे मील का पत्थर हो और उसके अक्षर मिट गए हों। ऐसी हालत है लोगों की। लोग पथरीले हो गए हैं। और उनकी आत्मा के सब अक्षर मिट गए हैं। प्रत्येक व्यक्ति की आत्मा का तीर अनंत की और अज्ञात की ओर है, लेकिन मिट गया है, धुंधला हो गया है। समय ने, रेत ने, समय की धूल ने सब ढांप दिया है। तुम मील के पत्थर नहीं हो अब। तुम्हारे भीतर कोई इशारा नहीं है जो तुमसे पार जाता हो। तुम अपने ही पर समाप्त हो गए हो। ऐसा समझो कि जैसे मील के पत्थर को किसी ने हनुमान जी समझ कर पूजा शुरू कर दी। लाल रंग से रंगे बैठे हैं और अक्षर भी मिट गए हैं, तो किसी ने फूल चढ़ा दिए। और हनुमान जी की पूजा शुरू हो गई। अब इससे कोई इशारा आगे की तरफ नहीं जाता, ये अपने पर ही बात खतम हो गई।

पत्थर गड़े हुए हैं अक्षर मिटे हुए
अज्ञात दूरियों का अंदाज कौन दे

इस संसार में जब कभी तुम्हें कोई ऐसा व्यक्ति मिल जाए, जिससे तुम्हारे भीतर अज्ञात की सुगबुगाहट पैदा होने लगे, तुम्हारे भीतर एक नई खोज पैदा हो, अनजानी, अपरिचित, कभी न जानी, कभी न पहचानी; जिसके पास से तुम्हें यात्रा का एक नया द्वार खुले, एक नया आयाम, समझना कि वहां कुछ है। कोई किरण फूटी, कोई सूरज वहां ऊगा।

हर ओंठ पर जड़ी है गीतों की बेकसी
फिर पांव को थिरकने का राज कौन दे

यहां संसार में तो सब ओंठ सीए हुए हैं। गीत की तो छोड़ो, मुश्किल से गालियां निकलती हैं। गीत तो निकलते ही नहीं। यहां तो ओंठ जड़े हुए, सिले हुए पड़े हैं। लोग तो भूल ही गए हैं। उनके प्राणों का गीत पैदा ही नहीं हुआ है। जो गीत लेकर आए थे, गाया नहीं। जो बीज लेकर आए थे, बीज की तरह पड़ा है, अंकुरित नहीं हुआ, फूला-फला नहीं।

फिर पांव को थिरकने का राज कौन दे

यहां तो नाच लोग भूल ही गए हैं, नृत्य भूल ही गए हैं, उत्सव भूल ही गए हैं। जिस किसी व्यक्ति के पास तुम्हारे पांव में थिरक आने लगे, जिस किसी व्यक्ति के पास तुम्हें नृत्य की नई भाव-भंगिमाएं प्रकट होने लगें, तुम्हारे भीतर एक नर्तन शुरू हो, समझना कि वहां कुछ हुआ है। ये इशारे हैं, परिभाषाएं नहीं।

रात है,
सो गई दुनिया थकन से चूर
नींद में भरपूर
कुछ क्षणों को जिंदगी की विषमता
कटुता हुई है दूर
एक-सी आंखें सभी की
एक-सी है रैन
जागती आंखें उसी की
है न जिसको चैन
मैं नहीं यह चाहता सोता रहे जग
हो सदा ही रैन,
चाहता हूं किंतु,
कर्मठ-दिवस में भी नींद-सा हो चैन
सुनो फिर से—
मैं नहीं यह चाहता सोता रहे जग
हो सदा ही रैन,
चाहता हूं किंतु,
कर्मठ-दिवस में भी नींद-सा हो चैन

जिस व्यक्ति के कर्म में भी तुम्हें नींद—जैसे चैन की प्रतीति हो; जो चले और फिर भी अनचला मालूम पड़े; जो बोले और फिर भी अनबोला मालूम पड़े; जो

उठे-बैठे और फिर भी जिसके भीतर कुछ उठता-बैठता न हो; जो सोए भी और तुम देखो भी कि सोया है, और फिर भी तुम जानो कि उसके भीतर कुछ जागा है; जो सोए-सोए जागा हुआ हो; जो जागा-जागा भी ऐसा शांत हो जैसे सोया है—

चाहता हूं किंतु,
कर्मठ-दिवस में भी नींद सा हो चैन

तो जानना बुद्धत्व की किरण वहां पैदा हुई है। जहां अपूर्व शांति का राज्य हो, जिसकी मौजूदगी में, जिसकी उपस्थिति में तुम भी शांत होने लगो, तुम्हारा भागा-भागा मन भी घर लौटने लगे, जिसके पास बैठ कर तुम अपने भीतर एक खिंचाव अनुभव करो कि तुम अपने भीतर खींचे जा रहे हो, जो तुम्हें तुम्हारे भीतर पहुंचाने लगे, सिर्फ मौजूदगी से, सिर्फ उपस्थिति से—यही सत्संग का अर्थ है—तो जानना बुद्धत्व घटित हुआ है।

मगर, फिर मैं दोहरा दूं—ये इशारे हैं। इनको परिभाषाएं मत समझ लेना।

सिमट कर आज बांहों में चलो आकाश तो आया
उतर कर एक टुकड़ा चांदनी का पास तो आया
ठहरते थे जहां पर आंसुओं के काफिले आकर
अचानक उन किवाड़ों के किनारे हास तो आया
अभी तक पतझरों से ही हुआ था उम्र का परिचय
चलो वातायनों से फिर मलय-वातास तो आया

जिसके पास तुम्हें ऐसा लगे कि खुल गया आकाश; जिसकी मौजूदगी दीवाल न बने, जिसकी मौजूदगी द्वार बने; जिसके पास से विराट और तुम्हारे बीच कुछ कानाफूसी होने लगे—कानाफूसी कह रहा हूं, इसलिए कह रहा हूं कानाफूसी कि ये इशारे हैं—जिसके पास कुछ झलकें, आहटें, पदचाप सुनाई पड़ें...धुंधले-धुंधले होंगे, साफ तो हो नहीं सकते क्योंकि तुम सोए हुए हो। सोए हुए आदमी के पास कोई नाच भी रहा हो, तो भी उसे पक्का तो पता नहीं चलेगा, नींद में कभी-कभी घूंघर बज जाएंगे, कभी पैरों की ताल मालूम पड़ जाएगी, कभी बजती ढोलक का कोई एक स्वर भीतर प्रविष्ट हो जाएगा, कभी करवट लेते वक्त थोड़ा गहरी नींद न होगी, हल्की नींद होगी तो कोई धुन भीतर प्रवेश कर जाएगी, बस ऐसा। तुम सोए हो। तो तुम बुद्धत्व को पूरा-पूरा आंख खोल कर तो नहीं देख सकते, सीधा-सीधा तो नहीं देख सकते, इसलिए कानाफूसी, पदचाप। वे भी नींद में और दूर से सुने गए।

कभी तुमने देखा, सुबह-सुबह जागने के करीब हो, नींद टूट रही है, नहीं भी टूटी है; जागे भी, नहीं भी जागे; आधे-आधे, बीच में हो; दूधवाला दस्तक देने लगा द्वार पर, राह चलने लगी, बच्चे स्कूल जाने की तैयारी करने लगे, किचन में पत्नी

काम-धाम करने लगी, ऐसी टूटी-फूटी आवाजें सुनाई पड़ रही हैं, तुम जागे भी नहीं हो, तुम सोए भी नहीं हो। तुम इतने भी नहीं सोए हो कि कुछ सुनाई भी न पड़े, तुम इतने जागे भी नहीं हो कि साफ-साफ सुनाई पड़ जाए, ऐसी तुम्हारी दशा है। ऐसी दशा में बुद्धत्व की पहचान और परिभाषा पूरी-पूरी तुम्हारे हाथ में नहीं हो सकती। इसलिए कहता हूं, इशारा।

सिमट कर आज बांहों में चलो आकाश तो आया
उतर कर एक टुकड़ा चांदनी का पास तो आया

और तुम पूरे बुद्धत्व की परिभाषा की फिकिर छोड़ो। तुम्हारे पास तो उतर कर चांदनी का एक छोटा सा टुकड़ा भी आ जाए तो तुम समझना बहुत है। तुम्हें तो थोड़े-बहुत लक्षण मालूम हो जाएं तो बहुत है। तुम इस पागलपन में मत बैठना कि तुम जब पूरा-पूरा पक्का पता लगा लोगे कि यह आदमी बुद्ध है, जब पक्की पहचान हो जाएगी और सरकारी सर्टिफिकेट मिल जाएगा, तब तुम झुकोगे। तो तुम कभी न झुकोगे।

एक बात खयाल रखना कि बुद्ध कभी भी सरकारी संत नहीं रहे हैं। अब तक तो नहीं रहे हैं। बुद्ध कोई विनोबा भावे नहीं हैं, कोई सरकारी संत नहीं हैं। बुद्धत्व तो मौलिक रूप से क्रांति है, विद्रोह है, बगावत है। आमूल। आचूल। कौन प्रमाणपत्र देगा? कोई काशी की पंडितों की सभा प्रमाणपत्र थोड़े ही देगी बुद्ध को! वह तो जिनको दे, समझ लेना कि वह बुद्ध नहीं है। क्योंकि काशी के पंडित और बुद्धों को, वह संभव नहीं है! उनके प्रमाणपत्र तो इसी बात की खबर हैं कि कम से कम इतना तय हो गया कि यह आदमी बुद्ध नहीं है, चलो, इससे झंझट मिटी। बुद्धपुरुष तुम्हें पोप की पदवियों पर नहीं मिलेंगे और न शंकराचार्यों की पदवियों पर मिलेंगे। क्योंकि ये तो परंपराएं हैं। और परंपरा में जो आदमी सफल होता है, वह मुर्दा हो तो ही सफल हो पाता है। परंपरा के द्वारा पद पाना सिर्फ मुर्दों के भाग्य में है, जीवंत लोगों के भाग्य में नहीं। यह सौभाग्य है जीवितों का और मुर्दों का दुर्भाग्य!

इसलिए तुम कैसे पहचानोगे? और पूरी पहचान का तुम विचार ही मत करना। क्योंकि तुम, तुम पूरा पहचानोगे! तो तुम बुद्ध हो जाओगे। तुम बुद्ध होते तो पहचानने की जरूरत न थी। क्या प्रयोजन था! तुम नहीं हो, इसीलिए तो पहचानने चले हो। इसलिए पूरे-पूरे का खयाल मत करना।

सिमट कर आज बांहों में चलो आकाश तो आया
उतर कर एक टुकड़ा चांदनी का पास तो आया

छोटा सा टुकड़ा चांदनी का तैर आए तुम्हारे पास, तो बहुत धन्यभाग! अहोभाग! तुम उतने पर ही भरोसा करना। उसी चांदनी के टुकड़े को पकड़ कर अगर बढ़ते रहे, चलते रहे, तो किसी दिन पूरे चांद के भी मालिक हो जाओगे। किसी दिन पूरा आकाश

भी तुम्हारा हो जाएगा। तुम्हारा है; लेकिन अभी तुम्हें पहुंचना नहीं आया, चलना नहीं आया। अभी तुम घुटने के बल चलते हुए छोटे बच्चे की भांति हो। अभी तुम्हें चलने का अभ्यास करना है।

ठहरते थे जहां पर आंसुओं के काफिले आकर
अचानक उन किवाड़ों के किनारे हास तो आया

किसी व्यक्ति के पास तुम्हें जीवन के परमहास का थोड़ा सा भी स्वाद आ जाए।

तो संत उदास नहीं होंगे। बुद्धपुरुष उदास नहीं होंगे। जिनको तुम देखते हो मंदिरों-मस्जिदों में बैठे गुरु-गंभीर लोग, लंबे चेहरों वाले लोग, बुद्धपुरुष वैसे नहीं होंगे। बुद्धपुरुष तो उत्सव है। बुद्धपुरुष तो ऐसा है जिसमें अस्तित्व के कमल खिल गए। कहां उदासी! कहां लंबे चेहरे! बुद्धपुरुष गंभीर नहीं। बुद्धपुरुष के पास तो तुम्हें एक मृदुहास मिलेगा। हलकी-हलकी हंसी। एक मुस्कुराहट। एक स्मित। एक उत्सव। एक आनंदभाव।

ठहरते थे जहां पर आंसुओं के काफिले आकर
अचानक उन किवाड़ों के किनारे हास तो आया

तो तुम्हारी आंसुओं से भरी आंखों और तुम्हारे कारागृह में दबे हुए चित्त के पास अगर तुम्हें कभी कोई एक स्मित, एक हास, एक उत्सव की झलक भी आ जाए, तो छोड़ना मत उन चरणों को। उन्हीं चरणों के सहारे तुम परममुक्ति और स्वातंत्र्य के आकाश तक पहुंच जाओगे।

अभी तक पतझरों से ही हुआ था उम्र का परिचय
चलो वातायनों से फिर मलय-वातास तो आया

अभी तक तो तुम्हारी पहचान पतझड़ से ही थी। पतझड़...और पतझड़...और पतझड़...ऐसा ही तुमने जाना था। तुम्हारे जीवन का राग आंसुओं और रुदन से भरा था। तुमने जीवन का कोई और अहोभाव का क्षण तो जाना नहीं था। नरक ही नरक जाना था। जिस किसी क्षण में किसी व्यक्ति के पास तुम्हें लगे—चलो वातायनों से फिर मलय-वातास तो आया। और तुम्हें ऐसा लगे कि हवा का एक झोंका आया—मलय-वातास—शुभ्र, स्वच्छ, ताजा, सुबह का, मलयाचल से चल कर, ताजा-ताजा पहाड़ों से उतर कर, ऊंचाइयों से उतर कर, तुम्हारी नीचाइयों पर, तुम्हारी घाटियों में, तुम्हारे अंधेरे में। एक हवा का झोंका जिसके पास अनुभव में हो जाए, समझना कि बुद्धत्व करीब है। कुछ घटा है।

फिर दोहरा दूं, ये इशारे हैं। इशारों को बहुत जोर से मत पकड़ना अन्यथा उनके प्राण निकल जाते हैं। इशारों को ऐसा मत पकड़ना कि उनकी फांसी लग जाए। ये परिभाषाएं नहीं हैं। परिभाषा तो हो नहीं सकती—सिर्फ इंगित हैं।

इंगित को बड़ी सहानुभूति, प्रेम से अपने भीतर डूब जाने देना। तो फिर बुद्धपुरुष कितने ही भिन्न-भिन्न हों—बुद्ध हों कि महावीर हों कि कृष्ण हों कि राम हों कि जरथुस्त्र कि मोहम्मद, कुछ फर्क न पड़ेगा। कुछ बातें—अनंत का अनुभव उनके पास, शांति की प्रतीति उनके पास, ताजी हवा का झोंका उनके पास, चांदनी का एक टुकड़ा उनके पास, ये इशारे भी मैंने कविता से दिए हैं। क्योंकि कविता को हृदय तक जाने की ज्यादा सुगमता है। जहां गद्य नहीं पहुंच पाता, वहां पद्य प्रवेश कर जाता है। गद्य के साथ तो तुम तर्क करने लगते हो, पद्य के साथ तुम तर्क नहीं करते, उसे तुम पी लेते हो, ज्यादा आसानी से पी लेते हो, वह गले से ज्यादा जल्दी उतर जाता है।

पद्य में ये टुकड़े मैंने तुमसे कहे। इन्हें याद रखने की भी बहुत जरूरत नहीं है। बस इनका स्वाद तुम्हें लग जाए। तो भूल-चूक होगी नहीं। बुद्धत्व इतनी बड़ी घटना है कि पहचान में न आए यह तो हो ही नहीं सकता। बुद्धत्व इतनी बड़ी घटना है कि अगर तुम जरा खुले मन के हुए और गए बुद्ध के पास, तो तुम पहचान ही लोगे। परिभाषा के बिना पहचान लोगे। खतरा यही है कि लोग जाते ही नहीं। लोग इतने डरते हैं कि अगर गए तो कहीं फंस ही न जाएं, इसलिए जाते ही नहीं। दूर ही रहते हैं। ऐसी झंझट में नहीं पड़ते हैं।

अगर तुम पास गए किसी बुद्धपुरुष के, तो तुम पहचान ही लोगे; ये हो कैसे सकता है कि तुम न पहचानो! यह भी हो सकता है कि अंधे को सूरज दिखाई न पड़ता हो लेकिन सुबह जब सूरज की धूप फैलती है तो अंधे को उसका स्पर्श तो होगा। ऊष्मा तो अनुभव होगी। उत्ताप तो अनुभव होगा। यह तो अंधे को भी पता चलेगा कि रात गई। पक्षी गीत गाने लगे। प्रभात की प्रभाती शुरू हो गई। यह तो अंधे को भी पता चलेगा कि अभी सब सन्नाटा था, सब सोया था, सब मुर्दा पड़ा था, अब फिर पुनरुज्जीवित हो गया, फिर गुनगुनाहट है। सूरज चाहे दिखाई न पड़े, लेकिन सूरज का ताप, ऊष्मा तो प्रतीत होगी। वह तो अनुभव में आएगा। अंधे को भी सूरज की प्रतीति तो होती है। अंधा भी जानता है कब रात हो गई, कब दिन हो गया।

माना कि तुम अभी भीतर की आंख वाले नहीं, लेकिन बुद्धपुरुष के पास जाओगे तो यह मलयाचल से आती हवा का टुकड़ा तुम्हें स्पर्श करेगा। तुम इसमें नहा जाओगे। तुम ताजे हो जाओगे। यह चांदनी का टुकड़ा तुम पर बरस जाएगा। तुम अपूर्व रस में विमुग्ध हो जाओगे। यह काव्य बुद्ध के अस्तित्व का तुम्हारे भीतर कोई धुन बजाने लगेगा। यह बुद्ध की वीणा तुम्हारे भीतर कानाफूसी करेगी। तुम परिभाषाओं की फिकिर छोड़ो, पास जाने की हिम्मत जुटाओ। परिभाषाएं पंडितों के लिए छोड़ दो। खोजियों के लिए परिभाषाओं से काम नहीं चलता। खोजी को अनुभव चाहिए। और अनुभव सामीप्य से मिलता है। सत्संग से मिलता है।

हर पत्ते पर है बूंद नई
हर बूंद लिए प्रतिबिंब नया
प्रतिबिंब तुम्हारे अंतर का
अंकुर के उर में उतर गया
भर गई स्नेह की मधुगगरी
गगरी के बादल बिखर गए

जब तुम आओगे किसी बुद्धपुरुष के निकट, झुकोगे, तो तुम पाओगे सब नया हो गया। अब तक सब पुराना था, जराजीर्ण, खंडहर जैसा, सड़ा-गला, बदबू से भरा, कूड़ा-कर्कट, कचरे का ढेर।

हर पत्ते पर है बूंद नई
बुद्धत्व का संस्पर्श सब नया कर जाएगा।
हर पत्ते पर है बूंद नई
हर बूंद लिए प्रतिबिंब नया
प्रतिबिंब तुम्हारे अंतर का
अंकुर के उर में उतर गया
भर गई स्नेह की मधुगगरी
गगरी के बादल बिखर गए

और तुम एक अपूर्व घटना अनुभव करोगे। तुम जो सदा प्रेम से रिक्त थे, तुम्हारे स्नेह की गगरी भी भर गई। न केवल भर गई, बह गई। फूट पड़ी। लुटने लगी। न केवल तुम प्रेम से भर गए, बल्कि तुमसे प्रेम की धाराएं औरों की तरफ भी विस्तीर्ण होनी शुरू हो गईं। जिस व्यक्ति के संस्पर्श में तुम्हारे भीतर प्रेम जग जाए, जानना कि बुद्धत्व घटा है। जिस व्यक्ति के संस्पर्श में तुम्हारे भीतर इतना प्रेम जग जाए कि न केवल तुम उसे सम्हाल ही न पाओ, तुम लुटाने लगो, तो समझना कि बुद्धत्व की महाक्रांति घटित हुई है। बुद्धत्व का सूर्य ऊगा है।

चौथा प्रश्नः प्रथम और अंतिम स्वतंत्रता के बीजरूप को कृपा करके हमें कहिए।

फिर बीजरूप में ही कहता हूं।स्वतंत्रता का प्रथम और अंतिम सूत्र छोटा सा है। इतना सा ही है कि तुम स्वतंत्र हो, कुछ करना नहीं है। कि तुम स्वतंत्र हो, होना नहीं है। प्रयास, चेष्टा, साधना, कुछ भी नहीं। स्वतंत्रता तुम्हारा स्वभाव है। स्वतंत्रता है ही। तुम जीना शुरू करो। तुम ऐसे जीना शुरू करो जैसे स्वतंत्र हो। और तुम रोज-रोज पाओगे स्वतंत्रता बढ़ती जाती है। और एक दिन तुम पाओगे, खूब पागल थे हम भी,

नाहक गुलाम होने का ढोंग कर रहे थे। स्वतंत्र हम थे। सिर्फ तुम्हारा अभ्यास है गुलामी का, स्वतंत्रता तुम्हारा स्वभाव है। तुम उसकी उदघोषणा करो। स्वतंत्रता पानी नहीं है, स्वतंत्रता है ही। सिर्फ प्रकट करनी है। जैसे बीज में छिपा है वृक्ष, ऐसे ही स्वतंत्रता तुममें छिपी है।

तो इतना ही सूत्र है प्रथम और अंतिम स्वतंत्रता का कि तुम्हें स्वतंत्र होना नहीं है, तुम स्वतंत्र हो। इस बात को हृदयंगम करो, इस बात को अपने में उतर जाने दो कि तुम्हारे हृदय के अंतरतम में विराजमान हो जाए।

अष्टावक्र की पूरी महागीता का स्वर इतना सा है कि तुम सिद्ध हो, तुम्हें साधक नहीं होना है।

पांचवां प्रश्न : आप हमें अनेक-अनेक बहानों से, अनेक-अनेक आयामों से जीवन-बोध दे रहे हैं, पर वह रोज-रोज और-और अबूझ, रहस्यमय, आश्चर्यजनक होता जा रहा है। क्या जीवन के विराट होने, जीवन के अनंत होने, जीवन के नितनूतन होने का अभिप्राय यही है? कृपा करके हमें कहें।

जीवन रहस्य है। तो जितना-जितना तुम जानोगे, उतना-उतना रहस्यपूर्ण हो जाएगा। तुम इस खयाल में मत रहना कि जीवन को जान लोगे तो रहस्य समाप्त हो जाएगा। ऐसा मत मान लेना। साधारणतः लोगों को यही खयाल है कि जिस बात को जान लिया, उसमें रहस्य समाप्त हो जाता है। विज्ञान की यही धारणा है कि जिस बात को जान लिया, उसमें फिर कोई रहस्य नहीं। विज्ञान रहस्यघातक है। और बड़ा खतरनाक है। विज्ञान के कारण ही संसार से आश्चर्य-भाव खो गया है। लोग किसी चीज से आश्चर्यचकित नहीं हैं।

जर्मन कवि गेटे ने लिखा है कि यहां एक-एक चीज आश्चर्यजनक है, पर हम न मालूम कैसे जड़ हैं कि हमें किसी बात में कोई आश्चर्य नहीं मालूम होता!

एक अंकुर फूटता है बीज से, तुम इससे बड़ा और आश्चर्य खोज सकोगे? एक वृक्ष पर नया पल्लव आता, नई पत्ती फूटती, तुम इससे बड़ा कोई आश्चर्य खोज सकोगे? किसी स्त्री के गर्भ में एक नये बच्चे का आविर्भाव होता है, तुम उससे बड़ा और आश्चर्य खोज सकोगे?

तुम जरा सोचो, रोज रात आकाश तारों से भर जाता, अगर ऐसा एक हजार साल में एक ही बार होता होता, तो लोग नाचते उस रात। कोई सोता नहीं। एक हजार साल में अगर एक बार ऐसा होता कि रात तारों से भर जाती, तो सारी पृथ्वी जागी रहती—लोग नाचते, उत्सव मनाते, धूमधाम करते, गीत गाते और चकित होते लोग

कि कैसा अदभुत! और रात रोज तारों से भरती है, कोई नहीं नाचता। रोज के कारण, परिचित होने के कारण तुम आश्चर्य को अनुभव नहीं करते हो। तुम अगर गौर से देखोगे तो जीवन सब तरफ आश्चर्य ही आश्चर्य है, रहस्य ही रहस्य है। लेकिन विज्ञान बड़ा रहस्यघाती है। वह रहस्य का दुश्मन है। और विज्ञान ने लोगों के जीवन को बड़े दुख से भर दिया है। क्योंकि जहां रहस्य समाप्त हो गया, वहां जीवन का काव्य नष्ट हो जाता है। जहां जीवन का काव्य नष्ट हुआ, वहां जीवन का धर्म नष्ट हो जाता है। जहां जीवन से धर्म नष्ट हुआ, वहां जीवन में कुछ अर्थ नहीं बचता। एक व्यर्थ कथा, किसी मूर्ख के द्वारा कही हुई। शोरगुल बहुत, अर्थ कुछ भी नहीं।

रहस्य ही प्रभु का पदचाप है। यहां जो मैं कह रहा हूं, यह कोई रहस्य को नष्ट करने के लिए नहीं। यहां तो जो कहा जा रहा है उससे तुम रहस्य के प्रति जागो, खूब जागो। जागते ही चले जाओ और रहस्य बड़ा होता चला जाए। यही धर्म और विज्ञान का फर्क है।

धर्म का जानना ऐसा जानना है जिससे रहस्य समाप्त नहीं होता, और रहस्यपूर्ण, और रसमय हो जाता है। तुम्हारा अहोभाव बढता जाता है। विज्ञान रहस्य को नष्ट कर देता है, धर्म रहस्य पर पड़ी हुई धूल को झाड़ता है और रहस्य को पुनः-पुनः ताजा करता है।

तो यह जो यहां कह रहा हूं तुमसे, रहस्य बढ़ाने को। तुम्हें रहस्यवादी बनाने को। तुम्हें बनाना है रहस्य के जगत में डूबे हुए अपूर्व जन। जिनका रोआं-रोआं रहस्य से भरा है, रोमांचित है।

बात इतनी सी कहानी हो गई
एक चूनर और धानी हो गई
गंध ले जाती बिना मांगे हवा
देह जब से रातरानी हो गई
उम्र अचानक हीर हो गई
निर्धन नजर अमीर हो गई
एक दस्तूर किया तुमने
प्यार मशहूर किया तुमने
कांच का रूप तराश दिया
एक कोहनूर किया तुमने
सेहरा को सागर
सूखी नदी को पूर किया तुमने
पिलाकर प्राणों को मदिरा

नशे में चूर किया तुमने
बात इतनी सी कहानी हो गई
एक चूनर और धानी हो गई

यहां तो काम जो है, वह रंगरेज का है। यहां तो चूनर रंगनी है—और धानी। यहां तो काम मधु पिलाने का है, यह तो मधुशाला है। आश्रम शब्द से तुम धोखे में मत पड़ना। यह शब्द तो सिर्फ लोगों को धोखा देने के लिए है। यहां तो एक मधुशाला है।

पिला कर प्राणों को मदिरा
नशे में चूर किया तुमने
बात इतनी सी कहानी हो गई
एक चूनर और धानी हो गई

रंगना है तुम्हारी चूनर को रहस्य के अनंत-अनंत रंगों में। रंगना है तुम्हारे प्राणों को रस के नये-नये आयामों में। नई-नई भाव-भंगिमाएं तुममें उदित हों। नये-नये मंदिरों के शिखर तुममें उठें। नये गीतों का जन्म हो। नये नृत्य तुम नाचो। नई वीणाएं तुम बजाओ, नितनूतन। तुम खोजो, और जितना खोजो, उतना ही पाओ कि और खोजने को हो गया मौजूद। जितना खोजो, उतना खोज बढ़ती जाए। खोज कभी अंत पर न आए। यात्रा सिखाता हूं मैं, मंजिल तो बहाने हैं। मंजिल की बात करता हूं ताकि तुम दौड़ो; ताकि तुम चलो। मजा तो यात्रा का ही है, यात्रा ही मंजिल है।

बात इतनी सी कहानी हो गई
एक चूनर और धानी हो गई
गंध ले जाती बिना मांगे हवा
देह जब से रातरानी हो गई

तुम्हारे जीवन में खिलें फूल, तुम्हारा अंतर्कमल खिले। यह कमल तुम्हें ज्ञानी नहीं बना जाएगा, यह कमल तुम्हें परम अज्ञानी बना जाएगा, तुम निर्दोष बालक की भांति हो जाओगे। छोटे बच्चे की भांति, जो सागर के तट पर शंख बीनता, सीप बीनता, रंगीन पत्थर बीनता और हर रंगीन पत्थर को ऐसे सम्हाल कर रखता जैसे कोहनूर हीरा हो। बड़े-बूढ़े समझाते हैं कि फेंक, पत्थर कहां ढो रहा है? यह बोझ क्यों लिए चल रहा है? यह कचरा क्यों इकट्ठा कर रहा है? छोटे बच्चे को समझ में नहीं आता कि तुम किस चीज को कचरा कह रहे हो? इन रंगीन पत्थरों को! इन अपूर्व पत्थरों को! इन सीप-शंखों को!

जब तुम्हारे भीतर का कमल खिलेगा, फिर तुम दुबारा बच्चे हो जाओगे। और अबकी बार ऐसे बच्चे होओगे जो फिर कभी बूढ़ा नहीं होता। यह अंतर का जन्म होगा।

गंध ले जाती बिना मांगे हवा
देह जब से रातरानी हो गई
उम्र अचानक हीर हो गई
निर्धन नजर अमीर हो गई
एक दस्तूर किया तुमने
प्यार मशहूर किया तुमने
कांच का रूप तराश दिया
एक कोहनूर किया तुमने
सेहरा को सागर
सूखी नदी को पूर किया तुमने
पिलाकर प्राणों को मदिरा
नशे में चूर किया तुमने

आकांक्षा यही है यहां कि तुम नाच सको। और यह नाच कृत्रिम न हो। यह नाच हार्दिक हो। स्वस्फूर्त हो। यह नाच ऐसा न हो जैसा कि नर्तक का होता है। यह नाच ऐसा हो जैसे मीरा का था, चैतन्य का था। यह नाच कोई अभ्यास न हो, यह तुम्हारी सहज तरंग हो। तुम तरंगी बनो, लहरी बनो, तुम मदमस्त बनो, तुम पर एक मस्ती का आलम छा जाए, इसकी चेष्टा चल रही है।

इसलिए रहस्य घटेगा नहीं। रहस्य को घटना नहीं है, रहस्य को महारहस्य बनाना है। महारहस्य को परम आत्यंतिक रहस्य बनाना है, जो कभी हल होता ही नहीं। जो हल हो जाए, वह बात धर्म की नहीं। जिसका अंत आ जाए, वह बात सत्य की नहीं। जो चुक जाए, वह अस्तित्व नहीं। यह अस्तित्व तो चुकता नहीं।

यहां एक शिखर तुम चढ़े और सोचते थे कि बस अब आ गई मंजिल, कि जब तुम शिखर चढ़ जाते हो, पाते हो और बड़ा शिखर सामने प्रतीक्षा कर रहा है। सोचते हो, चलो और थोड़ी यात्रा है, इसे और गुजार लो, लेकिन जब तुम नये शिखर पर पहुंचते हो तो और बड़ा शिखर नई चुनौती बन कर खड़ा है। शिखर पर शिखर हैं और द्वार पर द्वार। और रहस्य पर रहस्य हैं। इनका अंत नहीं है। परमात्मा इन्हीं अर्थों में तो अनंत है।

धरणी पर छाई हरियाली
सजी कली-कुसुमों से डाली
मयूरी, मधुबन-मधुबन नाच
मयूरी नाच, मगन मन नाच
समीरण सौरभ सरसाता
घुमड़ घन मधुकण बरसाता

मयूरी नाच, मदिर मन नाच
मयूरी नाच, मगन मन नाच

तुम नाच सको मयूर जैसे। और प्रभु के मेघ तो सदा ही घिरे हैं। अषाढ़ तो सदा ही मौजूद है। तुम फुदक सको, तुम पुलकित हो सको, इसकी चेष्टा चल रही है। यहां मैं तुम्हें धार्मिक बनाने में उत्सुक नहीं हूं, यहां मैं तुम्हें जीवंत बनाने में उत्सुक हूं। और मेरे लिए जीवंतता ही धर्म है। मैं यहां तुम्हें किन्हीं सिद्धांतों और शास्त्रों की मान्यता में रूपांतरित करने के लिए आतुर नहीं हूं। तुम्हें हिंदू, मुसलमान, ईसाई, जैन बनाने में मेरी जरा उत्सुकता नहीं है। तुम्हारा यही तो दुर्भाग्य है कि तुम कुछ बनकर बैठ गए हो। तुम्हारी सारी धारणाएं छीन लेने में उत्सुकता है। क्योंकि तुम्हारी धारणाओं के कारण ही तुम इतने बोझिल हो गए हो कि नाच नहीं पाते। मयूर के पैरों में पत्थर बंधे हैं, गले में शास्त्र बंधे हैं, पंडित-पुरोहित मयूर के ऊपर बैठे हैं, मयूर नाचे तो खाक नाचे! तुम्हारी सब धारणाएं, तुम्हारे सब सिद्धांत, विश्वास, सब हटा लेने हैं। ताकि केवल जीवन की श्रद्धामात्र तुम्हारी एकमात्र श्रद्धा रहे। और जीवन का मंदिर तुम्हारा एकमात्र मंदिर हो।

रहस्य तो बढ़ेगा। बढ़ता जाए तो ही समझना कि तुम मेरे साथ हो। जहां रहस्य रुकने लगे, अटकने लगे, समझना कि तुमने मेरा साथ छोड़ दिया। तुमने कुछ सिद्धांत बना लिए। तुम रुक गए। तुम राह के नीचे उतर कर किनारे पर तंबू गाड़ लिए और तुमने घर बना लिया। मेरे साथ पड़ाव तो बहुत आएंगे, मंजिल कभी नहीं। और हर मंजिल पड़ाव से ज्यादा नहीं है, क्योंकि और आगे है और आगे है यात्रा। बुद्ध ने कहा है, चरैवेति, चरैवेति। चले चलो, चले चलो। अंत कहीं भी नहीं है। सत्य की कोई सीमा नहीं है।

नये का स्वागत करते चलो। रोज-रोज नया सूरज ऊगेगा। रोज-रोज नये भावों के स्वाद तुम्हें दूंगा। उसका स्वागत करते चलो।

जिसके स्वागत में नभ ने
बरसा दी हैं जोहनियां सभी
और बड़ ने छांव बिछा डाली है
वह तू ऊषा
मेरी आंखों पर तेरा स्वागत है
पत्तों की श्यामता के
द्वीप डुबोते हुए
हुस्न-हिना की गंध ज्वार सी
हरित श्वेत जो उदय हुई है
वह तू ऊषा
मेरी आंखों पर तेरा स्वागत है

वेद में ऊषा के बड़े स्तुतिगान हैं। सुबह के बड़े गीत हैं। वे नये के स्वागत में गाए गए गीत हैं। ऊषा की प्रशंसा में जो कहा गया है, वह जो नितनूतन है, उसकी प्रशंसा में कहा गया है। ऊषा तो प्रतीक है। सुबह तो प्रतीक है। नये का। नई कोंपल का। नये वसंत का। नये रहस्य का।

तुम रोज-रोज सूरज को, नये सूरज को ऊगते देख कर पुनः-पुनः उसका स्वागत कर सको और पुनः-पुनः नये-नये आविष्कार कर सको रहस्य के; जहां कल चूक गए थे वहां आज न चूको, जहां आज चूक गए थे वहां फिर कल न चूको। और इतना है रहस्य कि तुम उघाड़ते जाओ, उघाड़ते जाओ, उघाड़ते जाओ, तुम कभी उघाड़ तो नहीं पाओगे। परमात्मा को जानने का यही अर्थ होता है, उतर गए उसमें, डुबकी लगा ली उसमें। एक किनारा छूट जाता है, दूसरा किनारा कभी मिलता नहीं। मझधार में ही नौका रहती सदा। इसीलिए गति है, गत्यात्मकता है, गंतव्य कोई भी नहीं है।

मैं तुम्हारी तकलीफ भी जानता हूं। तुम गंतव्य में उत्सुक हो, मैं गति में उत्सुक हूं। मेरी और तुम्हारी बड़ी...तालमेल है नहीं। तुम उत्सुक हो कि जल्दी पहुंच जाएं, अब और कितनी देर लगेगी! मैं उत्सुक हूं कि तुम चलने में मजा लेने लगो और पहुंचने का रस छोड़ दो। तुम्हारी उत्सुकता है कि कब आ जाए मंजिल कि गिर पड़ें और सो जाएं, मेरी उत्सुकता है कि मंजिल कभी न आए ताकि तुम अब कभी सो न पाओ, सदा जागे रहो, सदा चलते रहो—चरैवेति, चरैवेति—और ऊषा का सदा स्वागत करते रहो।

प्रभु तो रोज-रोज आता, बहुत रूपों में आता। कभी किसी पक्षी के स्वर से; कभी हवा का झोंका गुजरता वृक्षों से, उसमें; कभी किसी बादल के टुकड़े में तैर आता; कभी सूरज की किरणों में; कभी सागर की लहर में; कभी किसी स्त्री की आंखों में; कभी किसी बच्चे की मुस्कुराहट में; कभी किसी पुरुष के रूप में; कभी किसी की शांति में, और कभी किसी के क्रोध में भी; कभी किसी की उदासी में भी। अनंत-अनंत रूपों में गीत गाता है। तुम एक दफा आश्चर्यमुग्ध हो जाओ, तुम्हारी आंख पर आश्चर्य का रंग चढ़ जाए, तो तुम्हें हर जगह दिखाई पड़ने लगेगा। तुम हर जगह उसे उघाड़ लोगे। वह किसी भी रूप में आए, तुम उसे पहचान लोगे।

आए घनश्याम,
थ हरित कंचुकी
वसुधा व्रजबालिका
उर्मिल जलधि
स्त्रस्त कांची-रणित
सुरभित समीर

श्वास पुकल कदंब मल्लिका
वनवृंद वृंदाधाम
आए घनश्याम,
चकित तड़ित
पीत पट
मंद रव
वेणु बरसता सरस स्वर
मंद-मंद विंदु
सस्मित राका ज्यों
खलपूर्ण इंदु
आप
गत ताप
प्रमुदित चित्त धेणु
जल तल सकल अभिराम
आए घनश्याम

वह जो तापरहित परमात्मा है—आप गत ताप—जो शीतल परमात्मा है, जो शांत परमात्मा है; प्रमुदित चित्त धेणु—जो इंद्रधनुषों की तरह है, उत्सवपूर्ण है; प्रमुदित चित्त धेणु—जो चेतना का इंद्रधनुष है, प्रमोद से भरा, आनंद-उत्सव से भरा; जल तल सकल अभिराम—जो सब रूपों में छाया है, सब तरफ वही विस्तीर्ण है; आए घनश्याम। प्रभु आता, रोज-रोज आता, तुम्हारी आंख जब तक आश्चर्य से न भरी हो, तब तक तुम्हारा मिलन नहीं हो पाता है।

मैं सफल हो गया, अगर मैंने तुममें आश्चर्यभाव पैदा कर दिया। अगर मैंने तुम्हें फिर चकित कर दिया, फिर से तुम विस्मित होने लगे, लौट आया तुम्हारा बचपन फिर, फिर से तुम चौंक कर देखने लगे चारों तरफ, फिर संवेदनशील हो गए, अगर मैं इतने में सफल हो गया कि तुम चकित हो गए, कि तुम चौंक गए, कि तुम विस्मय-विमुग्ध हो गए, कि आश्चर्य का अंकुर फिर तुममें फूटा, तो बस बात हो गई। तो तुम बालवत हो गए।

अष्टावक्र बालक की बहुत बात करते हैं महागीता में, कि ज्ञानी बालवत। अगर बालक में कोई भी बात सबसे ज्यादा महत्वपूर्ण है, तो वह उसका आश्चर्यभाव। उसकी रहस्य के प्रति जिज्ञासा। वह हर छोटी-छोटी चीजों में रहस्य देख लेता है। जहां तुम्हें कुछ भी रहस्य नहीं दिखाई पड़ता वहां भी रहस्य देख लेता है। तुम नाराज भी होते, तुम उससे कहते भी कि बकवास बंद कर, कुछ भी नहीं रखा है वहां।

तुम्हें पता नहीं कि तुम एक अनूठी क्षमता को नष्ट कर रहे हो। हर बच्चा रहस्य की क्षमता लेकर पैदा होता, लेकिन समाज, परिवार, स्कूल, शिक्षा उसके रहस्य को मार डालते। जवान होते-होते उसके रहस्य के प्राण निकल गए होते। और फिर लोग सोचते हैं कि लोग धार्मिक हो जाएं! बिना रहस्य के भाव के कोई धार्मिक हो कैसे सकता है! धर्म का कोई संबंध गंभीरता से नहीं है। जानकारी से नहीं है। इस दंभ से नहीं है कि मैं जानता हूं।

रहस्य और ज्ञान में बड़ा विपरीत भाव है। ज्ञान का अर्थ है, मैं जानता हूं। रहस्य का अर्थ है, मैं कुछ भी नहीं जानता—और इतना अपूर्व भरा है जानने को और मैं कुछ भी नहीं जानता। ज्ञान में दबा हुआ आदमी मुर्दा हो जाता है। कब्र में समा गया। रहस्य से भरा हुआ आदमी—चकित, चौंका हुआ, विस्मय-विमुग्ध! सब तरफ रहस्य ही रहस्य, काव्य ही काव्य, सौंदर्य ही सौंदर्य; खोलता पर्दे पर पर्दे, उठाता घूंघट पर घूंघट और हर घूंघट के पार और घूंघट हैं, और सुंदर घूंघट हैं।

छठवां प्रश्न : आपने कहा कि बुद्धपुरुष सर्वशः तथाता में जीते हैं। यानी जगत जैसा है वैसा ही उन्हें स्वीकार है। वे उससे रत्तीभर भी अन्यथा नहीं चाहते। यदि ऐसा है, तो वे हम लोगों को उपदेश क्यों करते हैं? हमें दिन-रात समझाते क्यों हैं? वे हमारे तथाता के अस्वीकार को स्वीकार में क्यों बदलना चाहते हैं? और उनकी यह चेष्टा उन्हें अ-तथाता में नहीं ले जाती?

प्रश्न महत्वपूर्ण है, समझने जैसा है।

पहली बात, बुद्धपुरुष उपदेश देते हैं, ऐसा तुमने समझा तो गलत समझा। बुद्धपुरुष से उपदेश होता है। देते हैं, ऐसा सोचा तो गलत सोच लिया। फिर भूल हो गई। देते हों अगर, तब तो फिर तथाता के बाहर हो गए वे, अ-तथाता शुरू हो गई। उपदेश देने का तो मतलब यह हुआ कि उनका आग्रह है कुछ कि ऐसा होना चाहिए। उपदेश देने का तो अर्थ यह हुआ कि अगर तुमने न माना तो वे दुखी होंगे और तुमने माना तो सुखी होंगे। नहीं, उपदेश उनसे होता है।

बुद्धपुरुषों ने कभी भी उपदेश नहीं दिया। हुआ है। महावीर के संबंध में जैनों ने बड़ी ठीक बात कही है : उनसे वाणी झरी। यह ठीक बात है। कही नहीं गई, झरी। जैसे वृक्ष से फूल झरते हैं। या फूल से सुगंध झरती है। या दीये से रोशनी झरती है। या बादल से जल झरता है। ऐसी झरी। जो भीतर सघन हो गया है, वह अभिव्यक्त होगा। उपदेश देते, तो तुम चूक गए। उपदेश हुआ।

उपदेश देते हैं उपदेष्टा, उपदेश होता है बुद्धपुरुषों से। बुद्धपुरुष उपदेश देते नहीं। अगर बुद्धपुरुष उपदेश को रोकें, तो तथाता के बाहर होंगे। अगर वे चेष्टा करके न दें, तो चूक होगी। इसलिए जो होता है, होता है। उपदेश होता है तो उपदेश होता है। अगर नहीं होगा तो नहीं होगा। कभी-कभी ऐसा भी हुआ कि बुद्धपुरुष चुप रह गए। मेहर बाबा पूरे जीवन चुप रहे। चुप्पी आई तो चुप्पी। बोलना हुआ तो बोलना। जो हुआ, उसे होने देना है। पहली बात।

दूसरी बात, तुम जैसे हो वैसे ही बुद्धपुरुषों को या बुद्ध को स्वीकार हो। तुम जैसे हो वैसे ही स्वीकार हो। तुम्हें बदलने की कोई चेष्टा भी नहीं है। जो उनके भीतर हुआ है, वह प्रकट हो रहा है। उस प्रगटीकरण में अगर तुम बदल जाओ, तुम्हारी मर्जी। न बदलो, तुम्हारी मर्जी। तुम बदले तो ठीक, तुम न बदले तो ठीक। बुद्धपुरुष को इससे कुछ भी लेना-देना नहीं है कि तुम बदलो ही। ऐसा कोई आग्रह नहीं है

तुम्हारी कठिनाई भी मैं समझता हूं। तुमने पूछा है कि हमें दिन-रात क्यों समझाते हैं? वे हमारे तथाता के अस्वीकार को स्वीकार में क्यों बदलना चाहते हैं?

कुछ भी बदलने का भाव नहीं है। इसलिए एक फर्क खयाल रखना, जब कोई साधु, कोई संत तुम्हें बदलने में बहुत उत्सुक हो, तो समझ लेना अभी बुद्धत्व का जन्म नहीं हुआ। जिस संत और साधु के पास बदलाहट होने लगे और उसकी कोई उत्सुकता ही न हो तुम्हें बदलने की, तो समझना कि बुद्धत्व मौजूद है। जिसकी मौजूदगी में बदलाहट हो।

समझो। सूरज निकला; तो सूरज आकर एक-एक फूल को कहता थोड़े ही कि खिलो, मैं आ गया, सुबह हो गई। एक-एक फूल की पंखुड़ी पकड़-पकड़ कर खोलता थोड़े ही। और कोई फूल न खिले तो सूरज कोई दुखी होकर उदास थोड़े ही बैठ जाता, अपनी किरणों को थोड़े ही सिकोड़ लेता। सूरज तो फैलता, उसकी मौजूदगी में फूल खिलते, सूरज किसी को खिलाता थोड़े ही। और कोई फूल न खिले, तो सूरज कोई हिसाब थोड़े ही रखता कि आज इतने फूल नहीं खिले, क्या मामला है! इनकी कोई शिकायत थोड़े ही करता कहीं। खिल गए, ठीक; नहीं खिले, नहीं ठीक। सच तो यह है, सूरज को इससे कुछ हिसाब नहीं है। लेकिन सूरज की मौजूदगी में फूल खिलते हैं, यह बात सच है। बिना सूरज के खिलाए खिलते हैं, यह बात सच है। सूरज की मौजूदगी के बिना नहीं खिलते, यह भी बात सच है। सूरज की मौजूदगी में ही खिलते हैं, यह भी बात सच है। फिर भी सूरज खिलाता नहीं। कैटेलेटिक है, उसकी मौजूदगी से खिल जाते हैं।

अगर बुद्धपुरुष की मौजूदगी में तुम रूपांतरित हो गए, हो गए। नहीं हुए, नहीं हुए। लेकिन बुद्धपुरुषों को इससे कुछ प्रयोजन नहीं है। और जब वे कुछ कह रहे हैं,

चाहे तुम्हें ऐसा लगता हो कि तुम्हें बदलने के लिए कह रहे हैं—क्योंकि तुम बदलने में उत्सुक हो—वे तुम्हें बदलने के लिए नहीं कह रहे हैं। वे तो वही कह रहे हैं जो उनके भीतर घटा है। जो उनके भीतर हुआ है वह झर रहा है।

कठिन है थोड़ा। क्योंकि तुम तो कभी कोई ऐसी बात नहीं कहते जो बिना प्रयोजन के हो। तुम तो जब किसी को बदलना चाहते हो तब कुछ कहते हो। किसी को सलाह देते, तो तुम चाहते हो कि वह मान ले। अगर न माने तो तुम नाराज हो जाते हो। मान ले तो तुम्हारे अहंकार को तृप्ति मिलती है, न माने तो तुम्हारे अहंकार को चोट लगती है—कि मेरी सलाह नहीं मानी, तो अब देख लूंगा। मेरी और सलाह नहीं मानी! यह तुम्हारे अहंकार को बड़ा कठिन हो जाता है। बुद्धपुरुषों को इससे कुछ प्रयोजन नहीं है। जो होता है, होता है। तुम बदल गए तो भी मजा है, तुम न बदले तो भी मजा है। इसमें कहीं भी कोई सचेष्ट, आग्रहपूर्वक कोई हठ नहीं है।

'हमारे तथाता के अस्वीकार को स्वीकार में क्यों बदलना चाहते हैं?'

तुम्हारी तरफ से जो दिखाई पड़ रहा है, उसे तुम बुद्धपुरुषों की तरफ से मत थोपना। तुम्हारी तरफ से जो दिखाई पड़ रहा है, वह तुम्हारी दृष्टि है।

झेन फकीरों में कहावत है कि बुद्ध कभी नहीं बोले। बुद्ध चालीस साल बोले, निरंतर बोले और झेन फकीरों में कहावत है कि बुद्ध कभी नहीं बोले। रिंझाई से किसी ने पूछा कि यह बात बड़ी अजीब है। ये शास्त्र रखे हैं इसी मंदिर में बुद्ध के वचनों के—इतना बोले—और यहीं इन्हीं शास्त्रों को पढ़ते हैं आप, इन्हीं शास्त्रों को नमस्कार भी करते हैं और रोज सुबह आप यह भी कहते हैं कि बुद्ध कभी नहीं बोले। और रिंझाई ने कहा कि दोनों बातें सच हैं। बोले भी और नहीं भी बोले। जहां तक हमारा संबंध है, बोले; जहां तक उनका संबंध है, नहीं बोले। हमने तो सुना, इसलिए हमने शास्त्र इकट्ठे किए। इसीलिए तो बुद्धपुरुषों ने कुछ लिखा नहीं। फूल सुगंध के संबंध में कुछ लिखते थोड़े ही हैं, सुगंध झरती है, तो झरती है। बुद्धपुरुष बोले। तुम्हारी मौजूदगी में कुछ उनसे झरा। तुम्हारी प्यास ने कुछ उनके भीतर से खींच लिया। तुम्हारी आतुरता ने कुछ उनसे बुलवा लिया। बोले ऐसा नहीं, बुलवा लिया। सहजस्फूर्त हुआ। अपनी तरफ से तो बोले ही नहीं।

मैं तुमसे रोज बोल रहा हूं और मैं तुमसे कहे देता हूं, भूल कर भी यह मत सोचना कि मैं कभी बोला। तुमने सुना, यह सच। मैं नहीं बोला। इसलिए मेरी कोई आतुरता तो नहीं कि तुम बदल जाओ। मेरे पास लोग आते हैं—क्योंकि इस देश में तो साधु-संतों की बड़ी आतुरता रहती है, महात्मा का मतलब ही यह कि वह सभी के पीछे लगा है कि बदलो। ऐसा खाओ, ऐसा पीओ, यह मत पीओ, यह मत खाओ;

इतने बजे सोओ, इतने बजे उठो। महात्मा का तो मतलब ही यह है, जो लाठी लगा कर लोगों के पीछे पड़ा है। और बदल कर रहेगा। महात्मा का तो मतलब हो यह है कि जो तुम्हें चैन से न रहने दे। तुम चाय पीओ तो चाय न पीने दे। कॉफी पीओ तो कॉफी न पीने दे। कुछ भी न करने दे। तुम्हें इस तरह बांध दे कि तुम्हारा जीवन दूभर हो जाए। और अगर तुम जीना चाहो तो पाप अनुभव मालूम हो और अगर तुम उनकी मानो, तो जीवन खोने लगे। अगर पुण्य करना हो तो मरो, और अगर जीना हो तो पाप हो जाए, ऐसी हालत जो कर दे खड़ी, उसको महात्मा कहते हैं।

तो मेरे पास भी आ जाते हैं भूल से इस तरह के लोग, वे कहते हैं, आप का क्या मामला है? आप लोगों को कुछ कहते ही नहीं! क्या खाना, क्या पीना, कैसा आचरण? मैं उनसे कहता कि ये लोग जानें। लोगों का आचरण, लोगों की चिंता, वे समझें। मुझे जो हुआ है, वह मुझसे झर रहा है। उससे कोई सीख ले, सीख ले। समझ ले। न समझे, न समझे। मैं दोनों हालत में राजी हूं। मेरे मन में जरा भी निंदा नहीं है और जरा भी स्तुति नहीं है। उनको बहुत कठिनाई होती है। क्योंकि वे चाहेंगे, मैं भी लोगों के पीछे पड़ जाऊं, उनको सताऊं, उनको अपराधी सिद्ध करूं। लोगों को लोगों को कष्ट देने में बड़ा रस आता है। तुम्हारे महात्मा बड़े दुखवादी, सैडिस्ट। सताओ लोगों को! जरा भी कहीं रस ले रहे हों, जरा भी हंस रहे हों तो रोक लगा दो। कोई हंस न सके, कोई प्रसन्न न हो सके, सारे जीवन की खुशी छीन लो।

नहीं, यहां मुझे कोई भी प्रयोजन नहीं। मैं अपूर्व आनंदित हुआ हूं, उस आनंद से जो झर रहा है, तुम अपनी झोली में भर लो, तुम्हारी मौज; न भरो, तुम्हारी मौज। बदल जाओ, तुम्हारी मौज; न बदलो, तुम्हारी मौज। ये सब तुम्हारे निर्णय हैं, इनसे मेरा कुछ लेना-देना नहीं है।

आखिरी प्रश्न : कब होगा छुटकारा भवबंधन से? और कब तक प्रतीक्षा?

तुम्हारी जल्दी ही अड़चन डाल रही है। तुम जितनी जल्दी करोगे, उतनी ही देर लग जाएगी। भवबंधन से छुटकारा तो तुम चाहते हो लेकिन अभी भवबंधन को समझा भी नहीं, अन्यथा छुटकारा हो जाता। कोई तुम्हें बांधे थोड़े ही है, तुम बंधे हो।

यह बड़े मजे की बात है। एक आदमी खंभे को पकड़े खड़ा है और वह कहता है, हे प्रभु, इस खंभे से कब छुटकारा? और कब तक प्रतीक्षा? किससे कह रहे हो? कोई तुम्हें बांधे हुए नहीं है, खंभे को तुम पकड़े खड़े हो। खंभे ने तुम्हें बांधा

नहीं है, खंभे को तुम में जरा भी रस नहीं। इसी खंभे में तुम्हारे जैसे और मूढ़ भी पहले पकड़े खड़े रहे हैं—इसी खंभे को। और तुम्हारे चले जाने के बाद दूसरे इसी खंभे को पकड़े रहेंगे।

तुम तिजोड़ी को पकड़े हो, तुमसे पहले यह किसी और की तिजोड़ी थी। तुमने धन पकड़ा है, तुमसे पहले कोई और पकड़े था। जो नोट तुम्हारे हाथ में है, वह हजारों हाथों में आया है और हजारों हाथों में चल कर आया है। इसलिए तो अंग्रेजी में ठीक शब्द उसका नाम है, करेंसी। करेंसी का मतलब: जो चलता रहता। करेंट। इधर से उधर, इधर से उधर। रुकता ही नहीं। एक हाथ से दूसरे, दूसरे हाथ से तीसरे हाथ में जाता रहता। हजार हाथों की छाप है उस पर। करेंसी नोट से गंदी चीज तुम दुनिया में कोई खोज ही नहीं सकते। मगर तुम भी उसको पकड़े हो। और जोर से पकड़े हो। और दूसरे जिनके हाथ में था वे भी जोर से पकड़े थे। और सबको खयाल यह है कि धन तुम्हें पकड़े हुए है। हे प्रभु, भवबंधन से कैसे छुटकारा होगा? कब छुटकारा होगा? तुम भवबंधन को जिस दिन समझ लोगे उसी क्षण छुटकारा हो गया। जिस क्षण समझ लिया कि खंभे को मैं पकड़े हूं, अब पकड़ना हो तो पकड़ो, न पकड़ना हो तो न पकड़ो, बात खतम हो गई।

दुनिया के इस मोह जलधि में
किसके लिए उठूं उभरूं अब?

बिखर गई धीरज की पूंजी
सुख-सपने नीलाम हो गए
शीशा बिका, किंतु रतन के
मंसूबे नाकाम हो गए
ऊपर की इस चमक-दमक में
किसके लिए दहूं निखरूं अब?

हाट-बाट की भीड़ छट गई
मिला न कोई मेरा गाहक
मैं अनचाहा खड़ा रह गया
व्यर्थ गई सब मेहनत नाहक
बीत गई सज-धज की बेला
किसके लिए बनूं संवरूं अब?

प्रात गया दोपहरी के संग
आगे दिखती रीती संध्या
कातर प्रेत खड़े आंसू के
ज्योति हो गई जैसे बंध्या
चला-चली की इस बेला में
किसके लिए रहूं ठहरूं अब?

तुम्हें अगर दिखाई पड़ने लगे, यह जो तुम अब तक करते रहे हो व्यर्थ था, रेत से तेल निचोड़ रहे थे, झूठ को सच बनाने में लगे थे, सपनों को यथार्थ माना था, जिस दिन तुम्हें दिख जाएगा, उसी दिन हाथ ढीले हो जाएंगे। किसी और ने तुम्हें पकड़ा नहीं। संसार ने तुम्हें पकड़ा नहीं। तुमने ही संसार को पकड़ा है।

तो जल्दी का अर्थ ही यह होता है कि अभी तुमने देखा नहीं, अभी दृष्टि पैदा नहीं हुई। अब एक आदमी जहर की प्याली लिए बैठा है, कहता है, हे प्रभु, कैसे इसको न पीयूं? कौन तुमको कहता है कि पीओ? पीना हो, पी लो; न पीना हो, न पीओ। मगर इस तरह की बातें तो न करो कि हे प्रभु, इसको कैसे न पीयूं? अगर जहर दिख गया है तो कैसे पीओगे, मैं पूछता हूं? और अगर जहर नहीं दिखा है, तो कैसे रुकोगे? अगर अमृत दिख रहा है तो कहते रहें लाख दूसरे लोग कि जहर है, इससे कुछ भी न होगा। तुम्हें दिखना चाहिए।

बिखर गई धीरज की पूंजी
सुख-सपने नीलाम हो गए
शीशा बिका, किंतु रतन के
मंसूबे नाकाम हो गए
ऊपर की इस चमक-दमक में
किसके लिए दहूं निखरूं अब?
दुनिया के इस मोह जलधि में
किसके लिए उठूं उभरूं अब?

हाट-बाट की भीड़ छट गई
मिला न कोई मेरा गाहक
मैं अनचाहा खड़ा रह गया
व्यर्थ गई सब मेहनत नाहक
बीत गई सज-धज की बेला
किसके लिए बनूं संवरूं अब?

देखो, खोल कर आंख देखो। जिसे तुम जीवन कहते हो, बिलकुल व्यर्थ है। जिसे तुम जीवन कहते हो, वहां जरा भी सच नहीं। आंख भरके देखो; छूटने-छाटने की बातें न करो। पागलपन की बातें न करो। होश सम्हालो, देखो गौर से। जिसने गौर से देखा, व्यर्थ से छूट जाता है। और जिसने गौर से नहीं देखा और वैसे ही छाती पीटता रहा कि हे प्रभु, कब छूटूंगा, कब तक प्रतीक्षा, वह छाती ही पीटता रहता है।

तुम यही जन्मों-जन्मों से कर रहे हो। और अब कब तक करते रहोगे? तुम मुझसे पूछते हो, कब तक प्रतीक्षा? मैं तुमसे पूछता हूं, कब तक प्रतीक्षा?

आज इतना ही

* * *

प्रवचन : 83

मनुष्य, संसार व परमात्मा का संधिस्थल : हृदयग्रंथि

2 फरवरी, 1977

निर्ममः शोभते धीरः समलोष्टाश्मकांचनः।
सुभिन्नहृदयग्रंथिर्विनिर्धूतरजस्तमः ।।264।।
सर्वत्रानवधानस्य न किंचिद्वासना हृदि।
मुक्तात्मनो वितृप्तस्य तुलना केन जायते।।265।।
जानन्नपि न जानाति पश्यन्नपि न पश्यति।
ब्रूवन्नपि न च ब्रूते कोऽन्यो निर्वासनादृते।।266।।
भिक्षुर्वा भूपतिर्वापि यो निष्कामः स शोभते।
भावेषु गलिता यस्य शोभनाशोभना मतिः।।267।।
क्व स्वाच्छंद्य क्व संकोचः क्व वा तत्त्वविनिश्चयः।
निर्व्याजार्जवभूतस्य चरितार्थस्य योगिनः।।268।।
आत्मविश्रांतितृप्तेन निराशेन गतार्तिना।
अंतर्यदनुभूयेत तत्कथं कस्य कथ्यते।।269।।

निर्ममः शोभते धीरः समलोष्टाश्मकांचनः।
सुभिन्नहृदयग्रंथिर्विनिर्धूतरजस्तमः।।

जो ममतारहित है, जिसके लिए मिट्टी, पत्थर और सोना समान है, जिसके हृदय की ग्रंथि टूट गयी और जिसका रज, तम धुल गया, वह धीरपुरुष ही शोभता है।'

बहुत सी बातें इस सूत्र में समझने जैसी हैं।

पहली बात, 'जिसकी हृदयग्रंथि टूट गयी है...।'

हृदय है गांठ, जहां राम और काम बंधे हैं। और जब तक हृदय की गांठ न टूट जाए, राम और काम की मुक्ति नहीं होती। हृदय है गांठ, जहां संसार और निर्वाण बंधे हैं। जब तक वहां गांठ न टूट जाए, तब तक संसार और निर्वाण पृथक नहीं होते।

हृदय सबसे महत्वपूर्ण गांठ है। और ग्रंथि शब्द का अर्थ गांठ है। मनोवैज्ञानिक जिसे कांप्लेक्स कहते हैं। जहां चीजें उलझ गयी हैं। जहां सुलझाना पड़ेगा।

मनुष्य के शरीर में दोनों का मिलन हो रहा है, काम और राम का। दोनों का मिलन हो रहा है, ब्रह्म और माया का। मनुष्य के शरीर में छुद्र विराट से मिल रहा है। निम्न श्रेष्ठ से मिल रहा है। अंधेरा और प्रकाश एक-दूसरे से हाथ मिला रहे हैं। प्रकृति और परमात्मा साथ-साथ खड़े हैं। मनुष्य एक अपूर्व संगम है। और इस संगम की जो सबसे आधारभूत कड़ी है, वह हृदय है। हृदय की ग्रंथि जब तक न टूट जाए, सुभिन्नहृदयग्रंथिः, जब तक भलीभांति हृदय की ग्रंथि छिन्न-भिन्न न हो जाए, तब तक कोई मुक्ति नहीं है। तब तक कोई बुद्धत्व नहीं है।

हृदयग्रंथि का यौगिक नाम है, अनाहत चक्र। तीन चक्र नीचे हैं अनाहत के और तीन चक्र ऊपर हैं। अनाहत चक्र पर ठीक तराजू के दो पलड़े अलग-अलग बंट जाते हैं। अनाहत चक्र पर तराजू का कांटा है। नीचे जाओ तो अंततः अंत में मिलता है मूलाधार। कामवासना का गहन अंधकार। मूर्च्छा, गहरी बेहोशी। जहां चैतन्य सब तरह से डूब जाता है। जहां होश जरा भी नहीं रह जाता। इसलिए कामवासना का इतना प्रभाव है। जब भी आदमी अपने को भुलाना चाहता है, तो कामवासना उसके भीतर निर्मित होनेवाली शराब है। उसे पीकर भूल जाता है। थोड़ी देर को ही भूल पाता है स्वभावतः, क्षण भर को ही भूल पाता है, क्योंकि उतने नीचे तल पर सदा बना रहना संभव नहीं है। उस नीचे तल को छू तो सकता है, जैसे कोई आदमी पानी में डुबकी लगाए और चला जाए नीचे तलहटी को छू ले, लेकिन कितनी देर रुकेगा? क्षण भर बाद भाग-दौड़ मच जाती है, लौटता है वापस, सतह पर आना पड़ता है।

तो कामवासना में डुबकी तो लगती है क्षण भर को, भूल भी जाता है अपने को, भूल जाता है संसार, विस्मरण हो जाता है चिंताओं का; न कोई उलझन रह जाती, न कोई समस्या रह जाती, न कोई विषाद-संताप रह जाता, क्षण भर को सब कुछ भूल जाता है। लेकिन बस क्षण भर को। लौट कर फिर सब वैसा का वैसा खड़ा है। शायद पहले से भी ज्यादा विकृत होकर खड़ा है। क्योंकि इतना समय और गंवाया और इतनी ऊर्जा भी खोयी। स्थिति बदलेगी नहीं।

विस्मरण से कुछ रूपांतरण नहीं होता है।

तो नीचे है मूलाधार। मूलाधार में गिर कर आदमी पशुवत हो जाता है। इसलिए पुराने शास्त्र कहते हैं, अगर कामवासना ही तुम्हारे जीवन का लक्ष्य है तो तुममें और पशु में फिर कोई भेद नहीं। पशु शब्द बड़ा बहुमूल्य है। इसका अर्थ होता है, जो कामवासना की जंजीर में बंधा, पाश में बंधा, वह पशु। जिसके गले में कामवासना की जंजीर बंधी है, जो नीचे की तरफ खींचा जा रहा है पाश से, वह पशु। पाश से जो मुक्त हो जाए, वही पशुता से मुक्त हुआ।

हृदयग्रंथि के नीचे पशु का संसार है। अंधेरा। यद्यपि अंधेरे की अपनी एक तरह की विश्रांति है। विस्मरण से भरा। यद्यपि विस्मरण में एक तरह का सुख है। कम से कम सुख का आभास तो है ही। दुख भूल जाता है इतना तो निश्चित है, न मिटता हो! थके-हारे आदमी को उतना विस्मरण भी काफी है।

हृदयग्रंथि के ऊपर, अनाहत के ऊपर यात्रा करो, तो अंत में मिलता है सहस्त्रार। जैसे निम्नतम है मूलाधार, वैसे श्रेष्ठतम है सहस्त्रार। सहस्त्रार का अर्थ होता है, सहस्त्रदलों वाला कमल। वह मनुष्य के चैतन्य का आखिरी प्रस्फुटन है, जहां फूल खिला मनुष्य की आत्मा का। वहां पहुंच कर मनुष्य मनुष्य नहीं रह जाता, परमात्मा हो जाता है। मूलाधार पर गिर कर मनुष्य मनुष्य नहीं रह जाता, पशु हो जाता है; सहस्त्रार पर उठ कर मनुष्य फिर मनुष्य नहीं रह जाता, परमात्मा हो जाता है। मनुष्य तो एक उलझन है, एक गांठ है। मनुष्य तो मनुष्य रहता है, क्योंकि हृदय की ग्रंथि बंधी है। हृदय की ग्रंथि में ही मनुष्यता है। मनुष्यता में एक अनिवार्य विषाद और संताप है।

मनुष्य होकर कोई सुखी हो ही नहीं सकता। या तो पशु सुखी हैं, क्योंकि उन्हें दुख का पता नहीं हो सकता। बोध ही नहीं है। या परमात्मा सुखी है, क्योंकि इतना बोध है कि उस बोध में दुख संभव नहीं है। इतना प्रकाश है कि उस प्रकाश में अंधेरा टिक नहीं सकता। पशु को दिखायी नहीं पड़ता अंधेरा, क्योंकि पशुता अंधी है। और जब दिखायी नहीं पड़ता तो पशु सोचता है, नहीं होगा। परमात्मा की दशा में, परमात्म-दशा में—बुद्धत्व कहो, जिनत्व कहो, अरिहंत की अवस्था कहो, जो भी नाम तुम्हें पसंद हो—लेकिन वे सब एक ही बात कहते हैं कि उस दशा में फिर दुख नहीं है। क्योंकि इतना प्रबल चैतन्य का प्रवाह आता, ऐसा ज्वार आता प्रकाश का, हजार-हजार सूरज एक साथ ऊग गये, कहां अंधेरा टिकेगा! अंधेरे को टिकने की जगह नहीं होती। और जहां अंधेरा नहीं टिक सकता, वहां दुख नहीं टिक सकता—दुख एक तरह का अंधेरा है। वहां परम आनंद है।

दोनों स्थितियों में मनुष्य समाप्त हो जाता है।

तो मनुष्य कहां है? मनुष्य हृदय की ग्रंथि में है। मनुष्य के नीचे की जो दुनिया है, वह भी हृदय से ही नीचे है और मनुष्य से ऊपर की जो दुनिया है वह भी हृदय के

ऊपर है। और तुम जहां हो, वह जगह हृदय है और वहीं गांठ उलझी है। हृदय चौराहा है, जहां से या तो नीचे जाओ या ऊपर जाओ। तो हृदय से ही आदमी ऊपर उठता है और हृदय से ही नीचे गिरता है। इस बात को समझ लेना।

जब हृदय ऐसे प्रेम से भरता है जो वासनापूर्ण है, तो नीचे की यात्रा शुरू हो जाती है। जब हृदय ऐसे प्रेम से भरता है जो प्रार्थनापूर्ण है, तो ऊपर की यात्रा शुरू हो जाती है। लेकिन हृदय से ही नीचे और हृदय से ही ऊपर। हृदय ही साथी है और हृदय ही शत्रु है। होगा भी ऐसा ही। क्योंकि हृदय सीढ़ी है। तुम सीढ़ी से नीचे जाओ तो भी वही सीढ़ी काम आती है, ऊपर जाओ तो भी वही सीढ़ी काम आती है। ऊपर के लिए कोई अलग सीढ़ी थोड़े ही होती है, नीचे के लिए कोई अलग सीढ़ी थोड़े ही होती है! सीढ़ी एक ही होती है, सिर्फ तुम्हारी दिशा बदल जाती है।

प्रार्थना का अर्थ है, आंखें ऊपर की तरफ लगी हैं। इसीलिए तो आदमी आकाश की तरफ हाथ उठा कर प्रार्थना करता है। वासना का अर्थ है, आंखें नीचे गड़ गयी हैं। इसीलिए तो जब भी तुम वासना से भरते हो, तुम शर्म से आंखें नहीं उठा पाते, आंखें नीचे झुक जाती हैं। जहां वासना है, वहां आंखें नीचे झुक गयीं। वहां तुम जमीन में गड़ गये। जहां प्रार्थना है, आंखें ऊपर उठ गयीं। वहां तुम आकाश में उड़ने लगे। ठीक ऐसी ही घटना भीतर घटती है। जब तुम वासना में होते हो, तुम्हारी दिशा नीचे की तरफ होगी। चले पशु की तरफ! जहां से आए थे, उसी पुरानी परिपाटी पर फिर वापस दौड़ने लगे। वह जाना-माना मार्ग है। इसलिए सुगम मालूम होता है। परिचित है जन्मों-जन्मों का, हम वहां से होकर आए हैं, इसलिए उस रास्ते पर जाने में अड़चन नहीं मालूम होती। आगे, जब तुम भीतर आंखें उठाते हो और सहस्रार की तरफ देखते हो, तब अड़चन हो जाती है। तब नया रास्ता है, अपरिचित है, पता नहीं कहां ले जाए, क्या परिणाम हो, शुभ हो कि अशुभ हो, भय लगता है।

फिर नीचे के रास्ते पर सारी भीड़ तुम्हारे साथ है। वहां तुम अकेले नहीं हो। जब तुम वासना में डूबते हो, सारा संसार तुम्हारे साथ है। जब तुम प्रार्थना में जाते हो, तुम अकेले। वह एकाकी पथ है। प्रार्थना में कौन किसका साथी हो सकता है!

इसे तुमने खयाल किया? कामवासना में कम से कम एक व्यक्ति तो साथी हो ही सकता है। जिस स्त्री के तुम प्रेम में, जिस पुरुष के प्रेम में, वह तो साथी हो ही सकता है। कामवासना में साथ संभव है। लेकिन प्रार्थना तो बिलकुल निपट अकेली है। वहां तो दूसरा साथ नहीं हो सकता। वहां तो तुम अकेले रह गये, आत्यंतिक रूप से अकेले रह गये। भय लगता, घबड़ाहट होती।

फिर ऊपर जाने में गिरने का भी डर है। नीचे जाने में गिरने का कोई डर ही नहीं है, नीचे तो जा ही रहे हैं, गिरने का सवाल ही कहां है? घाटियों में जो जीते हैं, वे गिरेंगे

कैसे! शिखरों पर जो जीते हैं, वे गिर सकते हैं। इसलिए तुमने कभी भोगभ्रष्ट शब्द नहीं सुना होगा, योगभ्रष्ट शब्द सुना होगा। भोगी तो भ्रष्ट हो ही नहीं सकता। अब और क्या भ्रष्ट होना है! अब भ्रष्ट होने को जगह कहां बची है? योगी भ्रष्ट होता है—हो सकता है। क्योंकि योग एक शिखर है। ऊंचाई पर जो उड़ते हैं, वे खतरा मोल लेते हैं। जितनी बड़ी ऊंचाई, उतना ही बड़ा खतरा।

पहाड़ों पर चढ़े हो कभी? जैसे-जैसे ऊंचाइयों पर चढ़ने लगते हो वैसे-वैसे खतरा बढ़ने लगता है। जैसे ऊंचाई बढ़ने लगती है, जैसे गौरीशंकर करीब आने लगेगा, वैसे-वैसे खतरा तुम मोल ले रहे हो, चुनौती तुम मोल ले रहे हो। जरा सी चूक और मौत हो जाएगी। ऐसी चूक अगर घाटी में होती तो कुछ भी नहीं होने वाला था। चूक यही होती, ज्यादा से ज्यादा पैर में मोच लग जाती और क्या होता? कि गिर-पड़ कर थोड़ा घुटना छिल जाता और क्या होता? लेकिन अगर यही चूक गौरीशंकर पर हुई, तो प्राणांत होगा। जितनी ऊंचाई, उतना ही महंगा सौदा है। इसलिए सिर्फ दुस्साहसी ही धर्म के जगत में प्रवेश कर पाते हैं। अपूर्व साहस चाहिए।

कायर वासना में ही जीते हैं, वासना में ही समाप्त हो जाते हैं। महावीरों की ही क्षमता है कि ऊपर की यात्रा पर उड़ें। वहां पंख फैलाएं जहां सूना आकाश है। जहां बिलकुल अकेला रह जाता है प्राणों का पक्षी। जहां कोई संगी-साथी नहीं, कोई समाज नहीं; कोई संप्रदाय नहीं। उस एकांत में ही खिलता है कमल सहस्त्रार का। तुमने देखा होगा, जब कोई व्यक्ति ध्यान की गहराई में जाता है, तो उसकी आंखें ऊपर खिंच जाती हैं। अगर तुम ध्यानी की पलक खोल कर देखो तो तुम चकित होओगे, उसकी आंखें ऊपर खिंची हुई हैं, ऊपर चढ़ी हुई हैं। ध्यान की गहराई में आंखें सहस्त्रार की तरफ खिंच जाती हैं, दिशा ऊपर की तरफ हो गयी। इसे तुम भीतर अनुभव करना, जब कामवासना तुम्हारे भीतर उठेगी और तुम्हारे कामयंत्र में स्फुरण होगा, तो तुम्हारी आंखें भीतर नीचे झुक जाएंगी। भीतर। चाहे बाहर से तुम न भी झुकाओ, लेकिन भीतर से तुम जानते हो, ऊर्जा नीचे की तरफ बहने लगी। आंखों का प्रवाह नीचे की तरफ हो गया। इसे तौलते रहना।

गांठ है हृदय की। वहीं से नीचे गिरता आदमी, वहीं से ऊपर उठता। प्रेम ही उठाता है और प्रेम ही गिराता है। इसलिए प्रेम बड़ा खतरनाक शब्द है। और जरा भी उसको गलत समझा तो चूके।

मैं निरंतर प्रेम की बात करता हूं। प्रेम शब्द का उपयोग करना अंगार से खेलने जैसा है। मैं जिस प्रेम की बात करता हूं, बहुत संभावना है तुम वही नहीं समझोगे। तुम वही प्रेम समझ लोगे जो तुम समझ सकते हो। मैं जब प्रेम की बात करता हूं, तब प्रार्थना की बात कर रहा हूं। तुम जब प्रेम शब्द सुनोगे, तत्क्षण तुम कामना की और

वासना की बात समझ लोगे। तुम अपना प्रेम समझ लोगे। अगर तुम्हारे प्रेम से ही मोक्ष हो सकता था, तब तो फिर मेरे पास आने की कोई जरूरत नहीं थी। वैसा प्रेम तुम कर ही रहे हो। उससे मोक्ष नहीं हुआ है, उससे संसार ही निर्मित हुआ है। उससे तुम जरा भी ऊपर नहीं गये हो, उससे तुम नीचे गिरे हो। उससे तुम भटके हो; वही तो तुम्हारा भटकाव है। लेकिन मेरी बात सुन कर हो सकता है तुम अपने पुराने ढांचे के लिए सहारा खोज लो और तुम सोचो, मैं तुम्हारे प्रेम की बात कर रहा हूं।

तुम एक बात सदा ही स्मरण रखना, मेरे शब्दों को तुम कभी अपनी भाषा में अनुवादित मत करना, अन्यथा चूक हो जाएगी। तुम अपने को जरा अलग ही रखना। और जब भी मैं उन शब्दों का उपयोग करूं जिनके उपयोग करने के तुम भी आदी हो, तो बहुत सावधानी से सुनना, क्योंकि भूल होने की बहुत संभावना है। तुम वही अर्थ डाल दोगे जो तुम्हारा अर्थ है। और वहीं चूक हो जाएगी। तुम कुछ सुन लोगे जो नहीं कहा गया था। तुम कुछ समझ लोगे जो प्रयोजन नहीं था। कुछ का कुछ हो जाएगा। अनर्थ होगा, अर्थ नहीं होगा।

हृदय की ग्रंथि के नीचे भी एक प्रेम है—पाशविक प्रेम, अंधा प्रेम, वासना, देह का प्रेम; प्रेम नाममात्र को है। प्रेम कहना भी नहीं चाहिए। शोषण है एक-दूसरे की देहों का। अपने को भुलाने के उपाय हैं। मूर्च्छा है, मदिरा है। एक प्रेम है, जो हृदय की ग्रंथि के ऊपर है। वहां प्रेम अति कोमल है। वहां प्रेम प्राण जैसा है। वहां प्रेम पदार्थ नहीं है, सुगंध जैसा है। सुवास जैसा है। मुट्ठी बांधोगे तो पकड़ में नहीं आएगा। मुट्ठी बांधी तो चूक जाओगे। वहां प्रेम किसी और आयाम में प्रवेश करता है। वहां तुम देह को नहीं चाहते। वहां देह से कुछ प्रयोजन न रहा। वहां मन की चाहत पैदा होती है। और धीरे-धीरे मन की चाहत से भी पार हो जाते हो। प्राणों का प्राणों से मिलन होता है।

शरीर तो अलग-अलग हैं। मन इतने अलग नहीं। और आत्मा तो बिलकुल अलग नहीं है। मैं जिस प्रेम की बात कर रहा हूं वह ऐसा प्रेम है, जहां तुम्हें इस सारे अस्तित्व में एक ही प्राण का स्पंदन अनुभव होता है। जहां पत्ते-पत्ते में, जहां कंकड़-कंकड़ में एक ही प्रेम, एक ही ऊर्जा तुम्हें प्रवाहित मालूम होती है और तुम बूंद की तरह इस विराट सागर में डूबने को आतुर हो जाते हो। प्रार्थना का यही अर्थ है।

ग्रंथि तोड़नी है हृदय पर, इसलिए यह पहला सूत्र समझो—

'जो ममतारहित है, जिसके लिए मिट्टी, पत्थर और सोना समान है।'

यह भी खयाल में लेना। इस सूत्र की जो व्याख्याएं की जाती रही हैं, वे बड़ी भ्रांत हैं। जिसके लिए मिट्टी, पत्थर और सोना समान है, इसका तुम यह अर्थ मत समझ लेना कि अगर ज्ञानी के सामने तुम सोना रखो तो उसे सोना दिखायी नहीं पड़ेगा और मिट्टी दिखायी पड़ेगी। ऐसा मत समझ लेना अर्थ। सोना सोना दिखायी पड़ेगा,

मिट्टी मिट्टी दिखायी पड़ेगी, पत्थर पत्थर दिखायी पड़ेगा, पर तीनों के मूल्य में कोई भेद नहीं है। अगर किसी ज्ञानी को सोना सोना न दिखायी पड़े और मिट्टी दिखायी पड़े तो यह तो भ्रांति हुई। यह कोई जागरण न हुआ। जागरण में तो भेद और स्पष्ट हो जाएंगे। सोना सोना दिखायी पड़ेगा, मिट्टी मिट्टी दिखायी पड़ेगी; लेकिन मूल्य-भेद समाप्त हो जाएगा। कि मिट्टी का कोई मूल्य नहीं है और सोने का मूल्य है, ऐसा भेद समाप्त हो जाएगा। मूल्य मनुष्य-आरोपित है।

तुम ऐसा सोचो कि कोई मनुष्य पृथ्वी पर न रहा, मिट्टी का ढेर लगा है और सोने का ढेर लगा है, सोने का ढेर मूल्यवान होगा? सोना फिर भी सोना होगा, मिट्टी फिर भी मिट्टी होगी, लेकिन अब सोना मूल्यवान नहीं होगा। अब आदमी ही न रहा जो मूल्य देता था, अब आदमी ही न रहा जिसके मन में मूल्य था, तो अब सोने का क्या मूल्य है! मूल्य निर्मूल्य हो गया, मूल्य शून्य हो गया। मिट्टी मिट्टी है, सोना सोना है। आदमी के हटने से न तो मिट्टी सोना हो जाएगी, न सोना मिट्टी हो जाएगा; लेकिन अब मिट्टी और सोने में मूल्य का भेद न रहने से कोई भेद नहीं रह गया।

इस बात को खयाल में रखना। नहीं तो पागलों को लोग परमहंस समझ लेते हैं। जिनको कोई भेद नहीं, ऐसा समझ लेते हैं। पागलपन और परमहंस में बड़ा बुनियादी अंतर है। परमहंसत्व का तो अर्थ है, मूल्य-भेद नहीं रहा। मूल्य समान हो गये। लेकिन वस्तुओं के गुणधर्म तो भिन्न-भिन्न हैं सो भिन्न-भिन्न रहेंगे।

जब अष्टावक्र कहते हैं, जिसके लिए मिट्टी, पत्थर और सोना समान हैं तो इसका अर्थ है, सम-मूल्यवान हैं। समान हैं, इसका अर्थ है, आत्यंतिक अर्थों में समान हैं। व्यावहारिक अर्थों में समान नहीं हैं। नहीं तो परमहंस को भूख लगे तो मिट्टी खा ले। ऐसे पागल हैं, जो मिट्टी खा लेते हैं और लोग समझते हैं कि परमहंस हैं। बुद्धों ने ऐसा तो नहीं किया! महावीर के संबंध में ऐसा तो उल्लेख नहीं है! न कृष्ण के संबंध में उल्लेख है कि तुम मिट्टी परोस दो और वे खा लें। तो मिट्टी मिट्टी है, भोजन भोजन है। व्यावहारिक अर्थों में तो भेद है; लेकिन आत्यंतिक अर्थों में भेद नहीं है। क्योंकि आखिर जिसको तुम भोजन कहते हो वह मिट्टी से ही पैदा होता है। जिसको तुम आज भोजन कह रहे हो, वह कल फिर मिट्टी हो जाएगा। फिर मिट्टी से पैदा होगा, फिर मिट्टी में मिलता रहेगा। इसलिए आत्यंतिक अर्थों में तो कोई भेद नहीं है, लेकिन व्यावहारिक अर्थों में तो भेद है।

तुमने बीज बोया, मिट्टी में बोया। मिट्टी से बीज फूटा, अंकुरित हुआ और हजार बीज लगे। तुमने फसल काटी। जिसको तुम गेहूं कहते हो, यह मिट्टी का ही रूपांतरण है। जिसको तुम गेहूं का पौधा कहते हो, इस पौधे ने तुम्हारे लिए एक अदभुत काम कर दिया जो तुम नहीं कर सकते थे। अगर तुम मिट्टी को सीधा खा लो तो खून नहीं

बनेगी। लेकिन अब तुम गेहूं को चबाओगे और गेहूं को पचाओगे तो खून बनेगी। इस गेहूं के पौधे ने एक चमत्कार कर दिया। इसने मिट्टी में से वे-वे हिस्से छांट दिये, जिनके कारण खून बनने में बाधा पड़ सकती थी। और वे-वे हिस्से चुन लिए, जिनके खून बनने में अब कोई बाधा नहीं है। गेहूं के पौधे का धन्यवाद मानो। उसने मिट्टी को तुम्हारे शरीर में पचने योग्य बना दिया। उसने योग्य बना दिया, ताकि अब तुम उसको पचा सको।

इसीलिए तो मैं कहता हूं कि सारी प्रकृति जुड़ी है, संयुक्त है। अगर गेहूं के पौधे न हों, तुम जीवित न रह जाओ। तो गेहूं के पौधों का आभार तो होना चाहिए। गेहूं के पौधे तुम्हारे लिए बड़ा काम कर रहे हैं।

ऐसा ही समझो कि सागर का पानी है, तुम पी लो—दिखता तो पानी है लेकिन पी लो तो मर जाओगे। प्यास तो नहीं बुझेगी, प्राण ही चले जाएंगे। सागर का पानी पानी जैसा दिखता है, लेकिन पीया नहीं जा सकता। फिर यही सागर का पानी हजारों मील मिट्टी में से छन-छन कर तुम्हारे कुएं में आ रहा है। तब तुम पी लेते हो, तब कोई हर्जा नहीं है, तब तुम्हारी प्यास बुझ जाती है। वह जो हजारों मील की मिट्टी की परतें हैं, उन्होंने सागर के उन सारे लवण रासायनिक-द्रव्यों को छांट लिया, छान दिया, जिनके कारण मौत घट सकती थी। पानी अब भी पानी है। लेकिन इस मिट्टी ने बड़ा काम कर दिया। इसने सब नमक रोक लिये। जो-जो चीजें तुम्हारे शरीर में घातक हो सकती थीं, वे अलग कर दीं। पानी छन-छन कर, छन-छन कर, शुद्ध हो-हो कर तुम्हारे कुएं में आ गया। है सागर का ही पानी, लेकिन अब तुम पी सकते हो।

जो काम कुएं ने किया, वही काम गेहूं के पौधे ने भी किया। उसने मिट्टी को छान-छान कर गेहूं बना दिया। वही काम नाशपाती और नींबू के वृक्ष कर रहे हैं, छान-छान कर। मिट्टी एक है, उसी से नींबू पैदा होता, उसी से नाशपाती पैदा होती, उसी से आम पैदा होता। मिट्टी एक है, लेकिन अलग-अलग पौधे अलग-अलग ढंग से छानते हैं। इसलिए अलग-अलग फल पैदा हो जाते हैं। ये फल हैं तो मिट्टी ही, लेकिन फिर भी मैं तुमसे यह न कहूंगा कि मिट्टी खा लो। और न अष्टावक्र तुमसे कहेंगे। मिट्टी खायी होती अष्टावक्र ने, तो यह महागीता कभी पैदा न होती। कभी के मिट्टी में मिल गये होते, ये वचन बोलने के पहले।

नहीं, लेकिन आत्यंतिक अर्थों में तो तुम मिट्टी ही खा रहे हो। चाहे गेहूं, चाहे चावल, चाहे नाशपाती, चाहे अंगूर, चाहे संतरे, तुम जो भी खा रहे हो, आत्यंतिक अर्थों में तो मिट्टी ही खा रहे हो। क्योंकि है तो यह सब मिट्टी का ही खेल। और मजा तो यह है कि मिट्टी का खेल तुम भी हो। एक दिन तुम गिरोगे और मिट्टी में खो जाओगे। मिट्टी से ही पैदा हुए, मिट्टी में ही विसर्जित हो जाओगे। इसलिए सब आत्यंतिक अर्थों में मिट्टी है।

जिसको तुम सोना कहते हो, वह भी मिट्टी का ही एक रूप है। जिसको चांदी कहते हो, वह भी मिट्टी का ही एक रूप है। तुम्हें जान कर हैरानी होगी, जिसे तुम हीरा कहते हो, वह कोयले का एक रूप है। कोयला ही लाखों वर्ष जमीन में पड़ा-पड़ा हीरा बन जाता है। अब कोयले को तो कोई छाती में लटका कर नहीं चलेगा कि कोहनूर है। कितना ही बड़ा कोयला लटका लो, कोई तुमको न कहेगा कि आप बड़े बुद्धिमान हैं। लोग कहेंगे, पागल हो गये हो? माना कि विज्ञान की किताबें कहती हैं कि कोयले और कोहनूर में कोई फर्क नहीं है, सिर्फ समय का फर्क है—लाखों वर्ष तक मिट्टी में दबा रह-रह कर, मिट्टी के दबाव से, रासायनिक प्रक्रियाओं से कोयला ही हीरा बन जाता है—लेकिन फिर भी हीरा हीरा है, कोयला कोयला है। तुम कोयले को तो लटका कर न घूमोगे। हीरा मिल जाए तो लटकाओगे। माना कि भेद व्यावहारिक है, लेकिन आत्यंतिक अर्थों में, अल्टीमेट अर्थों में कोई भेद नहीं है। इसको स्मरण रखना। जहां-जहां शास्त्रों में ऐसे वचन आते हैं कि सोना, मिट्टी, पत्थर सब एक, इसका मतलब है—आत्यंतिक अर्थों में एक। व्यावहारिक अर्थों में एक जरा भी नहीं।

'जो ममतारहित है, जिसके लिए मिट्टी, पत्थर और सोना समान है, जिसके हृदय की ग्रंथि टूट गयी है और जिसका रज-तम धुल गया है, वह धीरपुरुष ही शोभता है।'

इन सूत्रों में बार-बार अष्टावक्र उसकी प्रशंसा कर रहे हैं, उस तत्व की जिसकी शोभा है। उस सिंहासन की, जिस पर विराजमान हुए बिना तृप्ति नहीं होगी। वे कहते हैं, आत्यंतिक शोभा किसकी है? गरिमा किसकी है? गौरव किसका है? उसका है, जो ममता से मुक्त हो गया। ममता नीचे ले जाती प्रेम को। जो ममता से मुक्त हो गया, उसका प्रेम ऊपर को जाने लगता। ममता जैसे प्रेम के गले में बंधे हुए पत्थर-चट्टानें हैं। ममता का अर्थ होता है, मेरे हो इसलिए प्रेम करता हूं। मेरे बेटे हो, इसलिए प्रेम करता हूं। कि मेरे पति हो, इसलिए प्रेम; कि मेरी पत्नी हो, इसलिए। मेरे हो, इसलिए। जहां मेरे से प्रेम मुक्त हो गया, वहां फिर तुम यह नहीं कहते कि इसलिए प्रेम करता हूं। तुम कहते हो, प्रेम मेरे भीतर बह रहा है, तुम मौजूद हो, तुम्हें मिल रहा है, कोई और मौजूद होता तो उसे मिलता। कोई न मौजूद होता तो शून्य में बिखरता। जैसे कहीं दूर एकांत में पहाड़ पर कोई फूल खिले, तो गंध तो बिखरेगी। एकांत में बिखरेगी, कोई राहगीर भी न निकलता होगा तो भी बिखरेगी। ऐसे ही जब तुम्हारा प्रेम ऊपर की तरफ जाना शुरू होता है तो तुम्हारे जीवन में एक सुगंध उठती है, जो बिखरती है। जो भी आ जाए उसको मिल जाती है, कोई न आए तो वह शून्य में बिखरती है। प्रेम तब एक स्थिति है चैतन्य की।

ममता का अर्थ है, प्रेम एक संबंध है। मेरे हो, इसलिए। मेरा होना ज्यादा महत्वपूर्ण है, प्रेम का मूल्य कुछ भी नहीं है। अगर मेरे न रहे तो मैं ही हत्या करने को तैयार हो जाऊंगा। जिस पत्नी के लिए तुम जान दे रहे हो, उसी की जान लेने को कल तैयार हो सकते हो, अगर यह पक्का हो जाए कि मेरी नहीं, किसी और की हो रही है। जिस पति के लिए मर जाते, उसी पति को जहर पिला सकते हो अगर पक्का पता चल जाए कि वह अब किसी और का हो गया। तो यह जो मेरे का फैलाव है, यह तो अहंकार का ही रोग है। यह तो घूम-फिर कर अपने को ही प्रेम करना है, यह दूसरे को प्रेम करना थोड़े ही है! इसलिए उपनिषद कहते हैं, कहां पति पत्नी को प्रेम करता है, पत्नी के बहाने अपने को ही प्रेम करता है! कहां बाप बेटे को प्रेम करता है, बेटे के बहाने अपने को ही प्रेम करता है!

ऐसा समझो कि जैसे तुम दर्पण रख कर अपनी तस्वीर देखते हो। दर्पण थोड़े ही देखते हो, दर्पण कौन देखता है! लोग कहते हैं कि दर्पण देख रहे थे, कहना नहीं चाहिए। तुम अगर दर्पण में देख रहे हो और कोई पूछे क्या कर रहे हो, तो तुम कहते हो, दर्पण देख रहे थे। बात गलत कह रहे हो। दर्पण को कौन देखता है! दर्पण में तुम अपने को देख रहे थे, दर्पण तो बहाना था। देख तो अपने को रहे थे, दर्पण तो बहाना था। दर्पण को कौन देखता है! किसको पड़ी दर्पण देखने की! दर्पण में अपने को देखते हैं लोग। दर्पण में अपनी छाया दिखायी पड़ती है, अपना प्रतिबिंब।

जिनको तुम कहते हो, मेरे हैं इसलिए प्रेम करता हूं, उनसे तुम्हारा कोई प्रेम नहीं है। तुम उनकी आंखों में अपने को देख रहे हो। जब तुम्हारी पत्नी तुमसे कहती है, तुमसे सुंदर कोई पुरुष नहीं, तुमसे बलशाली कोई पुरुष नहीं, तब तुम बड़े प्रसन्न होते हो। तुम इस स्त्री को प्रेम करते हो इस बात के कहने के कारण। क्योंकि इसकी आंखों में वह प्रतिबिंब बना, जो तुम चाहते थे बने। जब कोई किसी स्त्री से यह कहता है कि तू इस जगत की सबसे सुंदर स्त्री है, मैं सोच ही नहीं सकता कि इससे सुंदर भी कोई स्त्री हो सकती है, तब वह प्रफुल्लित होती है। वह कहती है, तुम्हारे प्रेम ने मुझे बड़ा आनंदित किया। तुम्हारे प्रेम से कुछ लेना-देना नहीं है, अपना गुणगान सुनने को अहंकार उत्सुक था।

मैंने सुना है कि मुल्ला नसरुद्दीन एक औरत के प्रेम में था और एक रात उसने उससे कहा कि तुझसे ज्यादा सुंदर स्त्री पृथ्वी पर कोई दूसरी नहीं। न कभी हुई, न कभी होगी। सभी प्रेमी कहते हैं। वह स्त्री बहुत आनंदित हो गयी, उसने कहा, सच नसरुद्दीन! तो नसरुद्दीन थोड़ा डरा, ईमानदार आदमी, उसने कहा क्षमा कर, यह बात मैं और स्त्रियों से भी पहले कह चुका हूं। और आगे भी औरों से नहीं कहूंगा, इसका वायदा नहीं कर सकता हूं। मगर तभी वह स्त्री उदास हो गयी। औरों से भी कह चुके

हो! और आगे भी किसी से कहोगे इसका पक्का नहीं है, कहोगे कि नहीं कहोगे, बात समाप्त हो गयी। बात व्यर्थ हो गयी। अब इसमें कोई मूल्य नहीं रहा।

हम एक-दूसरे की आंखों में अपनी ही तस्वीरें देखते हैं। जो भी हमारी तस्वीर को खूब रंगीन बना कर बता देता है, उसी को हम कहते हैं प्रेम। जिस्से भी तुम्हारे अहंकार की पुष्टि होती है, उसी को तुम कहते हो प्रेम। ममता, अहंकार की सेवा में संलग्न प्रेम। ममता का अर्थ है, मेरा, मम। मैं की छाया। जिन-जिन में दिखायी पड़ती है मेरे मैं की छाया और जिन-जिन के सहारे मेरा मैं खड़ा हो पाता है, जिन-जिन की बैसाखियों से मेरे लंगड़े मैं को चलाने में सुविधा हो जाती है, उन सबसे मेरा प्रेम है। लेकिन यह प्रेम झूठा।

शोभा तो उसकी है, अष्टावक्र कहते हैं, जिसका प्रेम ममता से मुक्त हुआ, और जिसकी हृदयग्रंथि का भेदन हो गया। टूट ही गयी वह ग्रंथि जहां से राम और काम जुड़ते हैं। काम नीचे गिर गया, राम ऊपर आकाश में उड़ गया। टूट गयी वह ग्रंथि, जहां संभोग और समाधि जुड़ते हैं।

'ऐसा व्यक्ति जिसका रज-तम धुल गया है।'

यह बात भी समझना। रज का अर्थ होता है, कर्म का पागलपन। तम का अर्थ होता है, आलस्य, सुस्ती। तम का अर्थ होता है, अकर्म में आसक्ति और रज का अर्थ होता है, कर्म में आसक्ति। कुछ लोग हैं जो बिना किये नहीं बैठ सकते, कुछ न कुछ चाहिए, कुछ न कुछ खटर-पटर करते ही रहेंगे—बैठ नहीं सकते। यह जो उनके भीतर रज की प्रवृत्ति है, यह उन्हें कभी शांत न होने देगी। यह एक तरह का रोग है। इस तरह अपने को उलझाए रखते हैं, कुछ न कुछ करते रहते हैं। छुट्टी के दिन भी तुम उनको घर में शांत बैठे नहीं पाओगे, कुछ न कुछ करेंगे। ऐसे छह दिन रास्ता देखेंगे कि कब छुट्टी का दिन आए और आराम करें, और छुट्टी के दिन तुम देखोगे वह सबसे ज्यादा काम करेंगे, जितना वह कभी दफ्तर में नहीं करते। दफ्तर में तो लोग सोते हैं। विश्राम करते हैं। और रास्ता देखते हैं कि सातवें दिन जब छुट्टी होगी तब घर जाकर विश्राम करेंगे। लेकिन विश्राम बड़ा कठिन मालूम होता है। विश्राम करने की कला बहुत कम लोगों को आती है। और जिनको तुम विश्राम करते देखते हो, उनको भी विश्राम की कला नहीं आती, वे आलसी हैं। या तो लोग पागल की तरह कर्मठ हैं, या पागल की तरह आलसी हैं। कुछ हैं जो बैठ नहीं सकते और कुछ हैं जो उठ नहीं सकते। ये दोनों अपाहिज हैं, दोनों अपंग हैं।

जो सत्व को उपलब्ध व्यक्ति है, जब जरूरत होती तब काम करता है, जब जरूरत नहीं होती, तब विश्राम करता है। उसके लिए दोनों आयाम मुक्त हैं। वह किसी आयाम

से बंधा नहीं है। कोई मजबूरी नहीं है। ऐसा नहीं है कि जब कोई काम नहीं है तब भी उसे करना पड़ेगा, क्योंकि वह बिना काम के बैठ नहीं सकता। और ऐसा भी नहीं है कि जब काम है तब वह पड़ा रहेगा, क्योंकि वह आलसी है और उठ नहीं सकता। सत्व को उपलब्ध व्यक्ति संयम को उपलब्ध व्यक्ति है। उसके जीवन से अतियां चली गयीं। संतुलन आया है। उसकी तुला मध्य में ठहर गयी। उसके दोनों बाजू, दोनों पलड़े बराबर हो गये। जब काम, तब वह काम करता है, जब आराम, तब आराम करता है। जब श्रम की जरूरत हो, तब अपने को पूरा श्रम में डुबा देता है; जब विश्राम की जरूरत हो तब अपने को पूरा विश्राम में डुबा देता है। ऐसा आदमी ही शोभायमान है।

तुम्हें ये दो तरह के आदमी जगह-जगह मिल जाएंगे। कुछ लोग हैं जो रात नींद में भी काम जारी रखते हैं। तुम उनको सोते देखो तो तुमको समझ में आ जाएगा। सोना भी, बड़ा काम करते हैं, हाथ-पैर फटकते हैं, पैर चलाते हैं, बोलते हैं, बड़बड़ाते हैं, चादर खींचते हैं, कई काम करते हैं।

मैं कुछ दिन पहले एक चिकित्साशास्त्र की किताब पढ़ रहा था, तो मैं चकित हुआ, जितनी कैलोरीज आदमी दिन में खर्च करता है—काम करने में, उससे आधी कैलोरीज रात में खर्च करता है—सोते में भी! आधी कैलोरीज! दिन भर मेहनत करके जितना श्रम होता है उससे आधा वह सोने में भी कर रहा है।

और सपने भी देखते हैं वह ऐसे ही। लोगों के सपने तो देखो! तो मार-धाड़, वही सब योजनाएं जो उनकी जिंदगी में हैं, उनके सपनों में जारी रहती हैं। जो महल यहां नहीं बना पाए, वह सपनों में बनाते हैं। जो गड्ढे यहां नहीं खोद पाए, वहां खोदते हैं। मगर कुछ न कुछ जारी रखते हैं। तुम्हारे सपने चाहे अलग-अलग हों, लेकिन बहुत गौर से देखोगे तो तुम दो तरह के सपने पाओगे। या तो रज से भरे, या तम से भरे। और एक का सपना दूसरे की समझ में नहीं आएगा।

मैंने सुना है, एक बिल्ली एक वृक्ष पर बैठी सुबह-सुबह—सर्दी के दिन—और धूप ले रही थी। और नीचे एक कुत्ता भी बैठा था। कुत्ता झपकी खा रहा था—सुबह की धूप! बिल्ली ने पूछा क्या कर रहे हो? तो उसने आंख खोली, उसने कहा, एक बड़ा अदभुत सपना आया। कि बड़ी वर्षा हुई और वर्षा में पानी नहीं गिरा, हड्डियां गिरीं। हड्डियां ही हड्डियां। कुत्ते का सपना कुत्ते का ही होगा न! बिल्ली ने कहा, हद्द हो गयी। कभी सुना नहीं। न शास्त्रों में लिखा है। शास्त्रों में तो ऐसा लिखा है कि कभी-कभी ऐसा होता है कि जब वर्षा होती है तो पानी नहीं गिरता, चूहे गिरते हैं। ये हड्डियां कभी सुनी नहीं! और न शास्त्रों में लिखी हैं। बिल्ली के सपनों में तो चूहे ही गिरते हैं। और बिल्ली के शास्त्रों में भी चूहे ही लिखे होंगे। कुत्ते के शास्त्रों में हड्डियां लिखी हैं। कुत्ता हंसने लगा, उसने कहा, छोड़ भी, मुझे समझाने चली है। मैं पढ़ा-लिखा कुत्ता

हूं, मैंने भी शास्त्र पढ़े हैं। मगर कुत्तों ने कुत्तों के शास्त्र पढ़े हैं। हड्डियों का ही वर्णन है, चूहों का कहीं वर्णन आया ही नहीं।

तुम हंसते हो, क्योंकि न तुम कुत्ता हो, न तुम बिल्ली हो, तुन आदमी हो, इसलिए तुम हंस रहे हो। क्योंकि तुम्हारे शास्त्रों में कुछ और ही लिखा है। तुम हंस रहे हो कि यह पागल कुत्ता और पागल बिल्ली! हमसे पूछो कि सपनों में क्या आता है!

तुम्हारे सपने अलग हैं, मगर बहुत मौलिक रूप से अलग नहीं है। अगर तुम दो हिस्सों में तोड़ दो मनुष्य-जाति को, तो रज और तम। या तो राजसी सपने हैं—जो कर्म तुम दिन में नहीं कर पाए उसको करने की आकांक्षा है; या जो सुस्ती और आलस्य तुम दिन में बिताना चाहते थे, नहीं बिताए, उसके सपने हैं। मगर बस दो ही हैं। या तो बहिर्मुखी का सपना या अंतर्मुखी का सपना। या तो पुरुष का सपना या स्त्री का सपना। निष्क्रिय या सक्रिय। बस दो ही तरह के सपने हैं। और दो ही तरह के लोग हैं! और ये दो ही तरह के असंतुलन हैं और दो ही तरह की विक्षिप्तताएं हैं।

यह सूत्र कहता है : जो व्यक्ति हृदय की ग्रंथि से मुक्त हो गया, टूट गयी जिसके हृदय की ग्रंथि और जिसका रज-तम धुल गया है। दोनों धुल गये हैं। न अब रज बचा, न तम बचा। न जो पुरुष रहा और न स्त्री। न जो सक्रिय और न निष्क्रिय। न जो बहिर्मुखी, न अंतर्मुखी। जो बीच में ठहर गया। जिसके जीवन में संयम का वह परम-बिंदु आ गया। जो जरूरी है, करेगा। जब करेगा, तो जरा भी ना-नुच नहीं है। जब जरूरी नहीं है, तो नहीं करेगा।

गुरजिएफ ने अपने शिष्यों को कहा है—कुछ सूत्र दिये हैं, उनमें एक सूत्र यह भी है कि जो गैरजरूरी हो, वह मत करना। ऑस्पेंस्की गुरजिएफ से पूछने लगा कि जो गैर-जरूरी है, वह हम करेंगे ही क्यों! यह सूत्र आप क्यों देते हैं? इसको इतना मूल्य क्यों देते हैं? गुरजिएफ ने कहा कि मैं लोगों को देखता हूं, सौ में निन्यानबे गैर-जरूरी बातें लोग कर रहे हैं। उन्हीं में जीवन व्यतीत हो रहा है उनका। जरूरी बातें तो बहुत थोड़ी हैं, गैर-जरूरी बातें बहुत हैं।

तुम जरा खयाल करना। चौबीस घंटे तुम जितनी बातें बोलते हो, उसमें विचार करना कितनी जरूरी थीं? कितनी न बोलते तो चल जाता?

सच तो यह है कि अगर तुम बहुत गौर से देखोगे तो बड़ी थोड़ी सी बातें रह जाएंगी जो जरूरी थीं। तुम्हारी वाणी टेलीग्रैफिक हो जाएगी। चुन-चुन कर। और तुम्हारी वाणी का मूल्य भी बढ़ जाएगा। तुम्हारी वाणी में वजन भी आ जाएगा! तुम्हारी वाणी में एक चमक आ जाएगी। धार आ जाएगी। क्योंकि जो थोड़े से शब्द तुम बोलोगे, उनमें विचार होगा, विवेक होगा, ध्यान होगा, प्रेम होगा, अनिवार्यता होगी। और एक चमत्कार तुम पाओगे कि जो गैरजरूरी बातें तुम बोल रहे थे, उनके कारण

हजार झंझटें पैदा हो रही थीं। वह हजार झंझटों से तुम बच जाओगे। जो गैर-जरूरी बातें तुम बोल देते थे, उनके कारण हजार काम भी तुम्हें करने पड़ते थे। बोल कर ही थोड़े छुटकारा है। बोले कि फंसे। वह हजार काम से भी तुम बच गये। तुम्हारे जीवन में एक शांति प्रविष्ट होने लगेगी, एक प्रसाद उतरने लगेगा। तुम सौम्य हो जाओगे। वहीं शोभा है जहां सौम्यता है, जहां प्रसाद है; जहां संतुलन का संगीत है, जहां सौंदर्य है। अब तुम मुझसे पूछो तो मैं इसी को सौंदर्य कहता हूं, संतुलन को।

जब तुम्हें किसी चेहरे में भी सौंदर्य दिखायी पड़ता है तो उसका कारण यही होता है कि चेहरे में एक संतुलन होता है। अनुपात होता है। जब तुम किसी देह में भी सौंदर्य देखते हो तो उसका कारण क्या है? एक अनुपात होता है। सब अंग अनुपात में होते हैं। जैसे होने चाहिए वैसे होते हैं। गैर-अनुपाती नहीं होते कि एक हाथ लंबा, एक हाथ छोटा; एक आंख बड़ी, एक छोटी; नाक एक तरफ एक ढंग की, दूसरे तरफ दूसरे ढंग की। जब ऐसा होता है तो तुम कहते हो, आदमी कुरूप। क्या अर्थ हुआ कुरूप का? कुरूप का अर्थ हुआ, अनुपात नहीं है। संतुलन नहीं है। संगीत नहीं है। तुला के पलड़े अलग-अलग हैं—एक बहुत झुका है, एक बिलकुल नहीं झुका है; बेढंगापन है। बेडौल है।

सौंदर्य का अर्थ होता है, संतुलन। यह तो शरीर की बात हुई, ठीक ऐसा ही मन का सौंदर्य भी है। जब मन भी तुला होता है। तुम्हारे जीवन में जब मन का सौंदर्य आता है तो तुम्हारे देह के भीतर से एक आभा प्रकट होने लगती है। जैसे कोई दीया जल गया भीतर और उसकी रोशनी तुम्हारी देह को भी पार करके झलकने लगती है। फिर एक और अंतिम सौंदर्य है, आत्मा का सौंदर्य, जहां सब सम्यकत्व को उपलब्ध हो गया, सब सम हो गया—समाधि घट गयी।

सम यानी समाधि। विषमता यानी उपद्रव। विषमता यानी संसार, समता यानी समाधि, निर्वाण, मोक्ष। जहां इतनी समता आ गयी कि तुम्हारे जीवन में एक रत्ती भर भी व्यर्थ नहीं बचा, सब सार्थक ही बचा। जो करना है, वही तुम करते हो, उससे इंच भर ज्यादा नहीं। जितना करना है, बस उतना ही करते हो, उससे रत्ती भर ज्यादा नहीं। और जो नहीं करना है, वह तुम नहीं करते। जितना श्रम चाहिए उतना श्रम; जितना विश्राम चाहिए उतना विश्राम। तुम्हारे दिन और रात बराबर हो गये। तुम्हारी स्त्री और पुरुष तुल गये। तुम्हारा रज और तम, दोनों तुल गये। अब जो बच रहा वही सत्व है। अब जो बच रहा वही संतत्व है। अब जो बच रहा वही परम शुद्धि, साधुता—या जो नाम तुम्हें प्रीतिकर हो।

थे यहां मधुकलश सारे विष भरे
असलियत मालूम हुई जब पी लिये

देह पर तो लग गये टांके मगर
रह गये सब घाव मन के अनसिये

जहां-जहां तुम्हें दिखायी पड़ रहे हैं मधुकलश, पी लोगे तब मालूम पड़ेगा जहर था। फिर देह पर लगी चोटें तो जल्दी भर जाती हैं, मन पर पड़ी चोटें बहुत मुश्किल हो जाती हैं। घाव पर तो टांके लग जाते हैं शरीर पर, लेकिन मन पर टांके भी नहीं लग पाते।

देह पर तो लग गये टांके मगर
रह गये सब घाव मन के अनसिये
थे यहां मधुकलश सारे विष भरे
असलियत मालूम हुई जब पी लिये

तब बहुत देर हो जाती है। लेकिन और कोई उपाय नहीं है, क्योंकि पीकर ही तो अनुभव आता है। तुम सब जहर पीए बैठे हो। तुम सब नीलकंठ हो। सब के कंठों में जहर है। आकंठ जहर से भरे हो। मगर अभी तक होश नहीं आया। इतना कठिन जीवन जीते हो, फिर भी होश नहीं आता, चमत्कार है! इतने दुख में जीते हो, फिर भी होश नहीं आता। इतनी पीड़ा भोगते हो, कांटे ही कांटे, फिर भी न मालूम किन सपनों के फूलों की आशा में जीए चले जाते हो! वे फूल कभी खिलते नहीं, मिलते नहीं; मिलते सदा कांटे हैं, आशा सदा फूलों की लगाए रखते हो। दौड़-धाप में, आपा-धापी में होश ही नहीं आता, खयाल ही नहीं आता हम क्या कर रहे हैं! थोडा बैठ कर थोड़ा विमर्श करो। थोड़ा अपनी स्थिति पर विचार करो। उसमें जो-जो व्यर्थ हो, काट दो। जो-जो सार्थक हो, बचने दो। तुम धीरे-धीरे पाओगे, जैसे-जैसे व्यर्थ कटने लगा, तो व्यर्थ आलस्य भी कट जाएगा और व्यर्थ कर्मठता भी कट जाएगी। धीरे-धीरे तुम्हारे भीतर एक नाद बजने लगेगा। एक अपूर्व नाद! ऐसा नाद तुमने कभी सुना नहीं, वह तुम्हारे भीतर मौजूद है, वही सत्व का नाद है। उस नाद को जो उपलब्ध हो गया, उसी को संत कहो। संतुलन की परमदशा का नाम संतत्व है।

'जो सर्वत्र उदासीन है और जिसके हृदय में कुछ भी वासना नहीं है, ऐसे तृप्त हुए मुक्तात्मा की किसके साथ तुलना हो सकती है!'

सर्वत्रानवधानस्य न किंचिद्वासना हृदि।
मुक्तात्मनो वितृप्तस्य तुलना केन जायते।।

'जो सर्वत्र उदासीन है और जिसके हृदय में कुछ भी वासना शेष नहीं है, ऐसे तृप्त हुए मुक्तात्मा की किसके साथ तुलना हो सकती है!'

अष्टावक्र कहते हैं, वही है परम सिंहासन पर विराजमान। अतुलनीय, अद्वितीय, अपूर्व, बेजोड़। उसकी तुलना ही नहीं हो सकती किसी से। तुम्हारे सिकंदर और तुम्हारे

नेपोलियन और तुम्हारे सम्राट भी उसके लिए कोई तुलना का कारण नहीं बनते। यह तो ऐसा होगा जैसे कोई चुल्लू भर पानी से सागरों की तुलना देने लगे। नहीं, कोई तुलना नहीं बनती, अतुलनीय है। इस सूत्र को समझो—

'जो सर्वत्र उदासीन है।'

उदासीन बड़ा अदभुत शब्द है। लेकिन बुरी तरह विकृत हो गया। शब्दों के साथ भी कभी-कभी समय बड़ा दुर्व्यवहार करता है। अच्छे-अच्छे शब्द भी कभी धूल-धूसरित हो जाते हैं। और कभी पददलित शब्द भी सिंहासनों पर बैठ जाते हैं। संयोग की बातें हैं दुर्घटनाएं घटती हैं। उदासीन बड़ा अदभुत शब्द है, बड़ा अर्थपूर्ण। लेकिन दुर्गति हो गयी इसकी। कुसंगति में पड़ गया। अब तो उदासीन का अर्थ होता है, जो उदास है। निराश है, हताश है, विरक्त है, ऐसा अर्थ होता है। लेकिन यह उदासीन का केवल नकारात्मक पहलू है, यह असली बात नहीं है।

उदासीन का अर्थ होता है, उद आसीन। जो अपने भीतर बैठ गया। जो भीतर विराज गया। वह उसका विधायक अर्थ है। जो उपवास का अर्थ है, वही उदासीन का अर्थ है। उपवास का अर्थ है, जो भीतर निवास करने लगा। उप वास। उससे भी ज्यादा महत्वपूर्ण है उदासीन। क्योंकि उपवास का अर्थ है, जो अपने निकट आया; उदासीन का अर्थ है, जो अपने में प्रतिष्ठित हो गया। उपवास उदासीन की तरफ जाने की सीढ़ी है। अपने पास बैठ रहा तो उपवास और अपने में ही बैठ रहा, तो उदासीन। आसन जिसने लगा लिया अपने भीतर। जो अपनी चेतना के केंद्र में विराजमान हो गया। स्वस्थ का जो अर्थ है, स्वः स्थित जो हो गया, वही अर्थ उदासीन का है।

लेकिन जो अपने में स्थित हो जाता है, वह बाहर की हजार चीजों के प्रति उदास हो जाता है। इससे भूल हो गयी। समझना इस बात को, क्योंकि यह इसी संबंध में नहीं हुई है, यह भूल बहुत-बहुत आयामों में हुई है। जब कोई व्यक्ति अपने भीतर विराजमान हो जाता है, तो इस जगत की बहुत सी बातों में जिनमें कल उसे रस था, अब रस नहीं रह जाता। लोगों को उसके भीतर का सिंहासन तो दिखायी नहीं पड़ता, उनको तो इतना ही दिखायी पड़ता है, अरे, यह आदमी विरस हो गया! अब इसको कोई रस नहीं। कल देखो कैसा नाच-रंग में रस लेता था, अब जाता ही नहीं! कल कैसा उचका-उचका फिरता था, कूदा-कूदा फिरता था, अब कहीं जाने की इसकी कोई उत्सुकता नहीं रही। कल कैसा धन कमाने में आतुर था, अब जरा भी आतुर नहीं। कल पद के लिए कितना श्रम करता था, कैसा गिड़गिड़ाता फिरता था द्वार-द्वार कि चुनाव आ गया अब, मत दो, वोट दो, अब इसका कोई रस नहीं रहा। अब इसको तुम जाकर भी कहो कि चुनाव में खड़े हो जाओ, तो यह कहता है, क्षमा करो, हमने कोई पाप थोड़े ही किये पिछले जन्म में! हमें किन कर्मों की सजा देने आए हो! हमें छोड़ो,

बख्शो! और पागल बहुत हैं, किसी को पकड़ लो। तो लोग कहेंगे, उदासीन हो गया, बेचारा! लोग दयाभाव से कहते हैं कि बेचारा उदासीन हो गया। हार गया जिंदगी से!

लेकिन बात कुछ और घटी है। बाहर से इसने जो छोड़ा है, यह गौण है। भीतर जो इसे मिला है, वही प्रमुख है। और भीतर इसे इतना रस मिल रहा है, वह तुम्हें दिखायी नहीं पड़ रहा है। यह रसलीन है। रसलीन होने के कारण बाहर की व्यर्थ बातें अब रसपूर्ण नहीं मालूम पड़तीं। इसे बड़ा रस उपलब्ध हुआ है। अब जिसको हीरे-जवाहरात मिल गये हों, वह अगर कंकड़-पत्थरों पर मुट्ठी छोड़ दे, तो तुम उदासीन कहोगे! इसमें क्या उदासीन की बात है! कंकड़-पत्थर नहीं छोड़ेगा तो हीरे-जवाहरात किन मुट्ठियों में भरेगा? और हीरे-जवाहरात मिल गये हैं तो कंकड़-पत्थर तो छूट ही जाएंगे। जिसे भीतर की रसधार में डुबकी लग गयी, अब वह बाहर की व्यर्थ बातों में नहीं जाता—वहां रस था भी नहीं। भीतर रस नहीं था, इसलिए बाहर दौड़ता फिरता था। अपना घर नहीं मिला था, इसलिए दूसरे घरों के सामने भीख मांगता फिरता था। अब अपना घर मिल गया, अब क्यों जाए? अब कहां जाना बचा? उदासीन का अर्थ है—विधायक अर्थ—अपने रस में तल्लीन। अपने परम रस में लीन। इसलिए अब बाहर नहीं जाता। इस फर्क को खयाल में लेना।

यही उपवास के साथ उपद्रव हुआ। महावीर ने उपवास किये, जैन मुनि अनशन करते, उपवास नहीं। महावीर के उपवास का अर्थ है, वे ध्यान में ऐसे डूब जाते कि कभी दिन-दिन बीत जाते और उन्हें भोजन की याद न आती। यह एक बात है। यह बड़ी और बात है। भोजन की याद न आए। अपने भीतर इतने डूब गये कि शरीर ही भूल गया कि शरीर को भूख भी लगती है, यह भी भूल गया। यह तो बड़ी अनूठी घटना है। इसका गौरव है। इसको अष्टावक्र कहेंगे, इसकी शोभा है।

फिर एक दूसरा आदमी है जो अनशन किये बैठा है। भोजन नहीं करेगा, क्योंकि आज उपवास है—पर्यूषण आ गये—व्रत करना है। वह व्रत कर रहा है। व्रत! तो वह रोक रहा है अपने को भोजन नहीं करने से। मन तो होता है, चौके में पहुंच जाए, जाता मंदिर है। मन तो होता है किसी रेस्तरां में घुस जाए, लेकिन कैसे घुसे, और जैनियों की दुकानें आस-पास हैं, वे देख रहे हैं—क्योंकि वे सब भी अनशन कर रहे हैं—कोई छूट न जाए इसमें से। हम कष्ट भोग रहे हैं, तुम कैसे निकल जाओगे! सब एक-दूसरे पर नजर रखे हैं। जाता मंदिर है, जाना होटल है! बैठा मंदिर में है, मन कहीं भोजनालय में संलग्न है, सपने देख रहा है। यह भोजन तो इसने नहीं किया, लेकिन इसका आत्मा के पास वास कहां हो रहा है! भोजन न करने से इसका वास तो चौके के पास हो रहा है। यह तो भोजनालयों के आस-पास भटक रहा है। यह तो वैसे अच्छा था, कम से कम दो बार भोजन कर लेता था फिर भूल तो जाता था! अब तो भूलता ही नहीं। अब

तो चौबीस घंटे रात भी उसे वही खयाल बना रहता है। वही सपना चलता है। राजमहल में निमंत्रण मिल जाता है रात के सपने में। खूब भोजन हो रहा है, सब तरह के व्यंजन तैयार हुए हैं। यह तो भोजन के पास हो गया और इससे तो पहले ही कहीं ज्यादा दूरी थी। यह उपवास नहीं है। यह उपवास का धोखा है। यह अनशन है।

ऐसे ही तुम्हें उदासीन भी मिल जाएंगे, जिन्होंने देखा कि सत्पुरुष हुए जिनका बाहर में कोई रस न रहा, तो वे सोचते हैं, हम भी अगर बाहर में रस छोड़ दें तो हम भी उसी संतत्व को उपलब्ध हो जाएंगे। खयाल लेना, बाहर रस छोड़ने से कोई भीतर रस को उपलब्ध नहीं होता, भीतर रस को उपलब्ध हो जाए तो बाहर रस छूटता है। छूटता ही है। छोड़ना नहीं पड़ता, छूटता है। पर संस्कृत में जो शब्द है, वह और भी अदभुत है। जिसका उदासीन अनुवाद किया है, वह शब्द तो अदभुत है ही, लेकिन संस्कृत में जो शब्द है वह तो और भी अदभुत है। शायद हिंदी अनुवाद करने वालों को डर लगा होगा कि उस शब्द को वैसा का वैसा रखेंगे तो कहीं भूल-चूक तो न हो जाएगी। शब्द है : सर्वत्र अनवधानस्य। अनवधान का अर्थ होता है, ध्यान से मुक्त हो जाना। अवधान का अर्थ होता है, ध्यान। अनवधान का अर्थ होता है, ध्यान से मुक्ति। जो सर्वत्र ध्यान से मुक्त हो गया है, यह है संस्कृत का मूल शब्द। इससे डर लगा होगा अनुवाद करने वाले को कि अगर ऐसा कहें कि जो सर्वत्र ध्यान से मुक्त हो गया, तो यह तो बड़ी गड़बड़ हो जाएगी। इसलिए उसको उदासीन कर दिया।

समझो।

मगर बात संस्कृत शब्द में और भी गहरी है। उदासीन होना उसका एक अंगमात्र है। ध्यान का अर्थ ही क्या होता है? ध्यान से अर्थ, एकाग्रता। ध्यान से अर्थ कनसंट्रेशन है यहां। तुम ध्यान कब देते हो? तुम ध्यान तभी देते हो जब वासना से चित्त भरा होता है। एक स्त्री जा रही है, सुंदर है स्त्री और तुम एकदम ध्यानमग्न हो गये। अनवधान मुश्किल है, अवधान हो गया। अब तुम लाख उपाय करो मन यहां-वहां नहीं जाता, एकदम बंध गया। जा रहे थे कहीं और, चल पड़े स्त्री के पीछे। वह जिस दुकान में सामान खरीदने गयी वहां तुम भी पहुंच गये—नहीं खरीदना था तो भी कुछ खरीदने लगे। यह तुम्हारा अवधान है।

तुमने खयाल किया, अगर क्रोध मन में हो तो बड़ा अवधान लग जाता है। सब भूल जाता है संसार, कैसे मार डालें इस आदमी को, कैसे खतम कर दें, इस पर ऐसा ध्यान लग जाता है कि जिसका हिसाब नहीं। महावीर ने तो इसलिए ध्यान के चार रूप बताए, उसमें दो रूप हैं—आर्त, रौद्र ध्यान। महावीर ने कहा, कुछ लोग हैं, जो दुख में ही ध्यान को उपलब्ध होते हैं—आर्त ध्यान। कोई मर गया, तब वे रो रहे हैं छाती पीट कर। तो अब सारी दुनिया भूल जाती है उनको, बड़े ध्यानमग्न हो जाते हैं, वह

एक ही काम में—रो रहे हैं छाती पीटकर। या किसी ने गाली दे दी। तब वह रौद्ररूप प्रकट होता है उनका। खींच ली तलवार। उस वक्त संसार भूल गया। एक चीज पर एकाग्र हो गये।

खयाल करना, जहां वासना होती है वहीं एकाग्रता होती है। इसीलिए तो तुम भगवान पर ध्यान करने बैठते हो लेकिन ध्यान नहीं लगता। बैठते भगवान पर ध्यान करने, ध्यान दुकान पर जाता। जाएगा वहां जहां वासना है। ध्यान तो वासना का अनुगामी है।

फरीद से किसी ने पूछा कि मैं प्रभु को कैसे पाऊं? तुमने कैसे पाया? तो फरीद ने कहा, तू आ, ये नदी स्नान करने जा रहा हूं, तुझे वहीं बता दूंगा। स्नान करने में बता दूंगा। वह आदमी थोड़ा डरा भी कि यह आदमी थोड़ा झक्की है या पागल! हम पूछते हैं कि परमात्मा कैसे पाना और यह कह रहा है कि स्नान करने में। स्नान से इसका क्या लेना-देना! पर होगा कुछ मतलब, रहस्यवादी है, चलो। वह चल पड़ा, उसे पता नहीं। जब वह दोनों स्नान करने बैठे तो फरीद एकदम झपटा और उसको पानी के भीतर दबा लिया। फरीद था तगड़ा फकीर। वह आदमी किलबिलाने लगा, मगर वह उसको छोड़े नहीं, वह उसको दबाए नीचे पानी में! आदमी तो दुबला-पतला था, लेकिन जब ऐसी हालत आ जाए तो दुबले-पतले में भी बल आ जाता है। आखिर उसने एक हुंकार मारी, एक धक्का देकर वह उठ आया और उसने कहा कि तुम, हम तो सोचते थे कि संत आदमी हो, तुम क्या जान लोगे मेरी! फरीद ने कहा, उत्तर दिया है। एक बात पूछनी है, जब मैं तुझे पानी के नीचे दबाए था तो कितने विचार तेरे मन में थे? उसने कहा, खाक विचार, एक ही विचार था कि कैसे छूटें? कैसे श्वास मिले? और यह भी थोड़ी दूर तक ही विचार रहा, फिर तो यह भी विचार नहीं रहा, यह तो प्राण-प्राण की प्यास हो गयी, सब विचार खो गये, बस छूटने का एक उपक्रम रहा। एकदम ध्यान लग गया।

फरीद ने कहा, बस ऐसा जिस दिन परमात्मा को पाने में ध्यान लगेगा, उस दिन परमात्मा मिल जाएगा। और देखा तूने ध्यान से कैसी ताकत आती है! मैं तुझसे दुगुना वजनी, मुझे उठा कर तूने फेंक दिया!

एक कुत्ता अपने पड़ोसी कुत्तों में बड़ी डींग मारा करता था—जैसे कि सभी मारा करते हैं—कि मुझसे ज्यादा तेज दौड़ने वाला कोई कुत्ता है ही नहीं दुनिया में। ये ओलंपिक वगैरह कुछ भी नहीं। वह तो कुत्तों को देते नहीं प्रतियोगिता में मौका नहीं तो सबको हरा कर रख दूं। जानते थे पड़ोस के कुत्ते भी कि है तो वह मजबूत दौड़ता भी तेज है। लेकिन एक दिन ऐसा हुआ, एक खरगोश निकल गया और उन्होंने कहा देखो, चूको मत मौका। और वह तो मजबूत कुत्ता जो था वह भागा उस खरगोश के

पीछे। लेकिन खरगोश ने भी गजब की दौड़ मारी। एक छलांग में, एक हवा में, एक तेज बिजली की कौंध की तरह खरगोश निकल गया और कुत्ता खड़ा रह गया। बाकी कुत्तों ने कहा, कहो महाराज, तुम तो ओलंपिक में भर्ती होने की सोचते थे! उसने कहा भई, यह भी तो विचारो, वह अपने प्राणों के लिए दौड़ रहा था, मैं केवल नाश्ते के लिए! फर्क भी तो सोचो! मेरी आकांक्षा तो कुल नाश्ते की थी, उसके प्राणों का सवाल था तो दौड़ तो बराबर नहीं थी। मिल जाता तो ठीक, नहीं मिला तो कोई बात नहीं। उसके लिए तो मामला इतना आसान नहीं था।

वैसी हालत फरीद के नीचे हुई होगी उस दिन उस आदमी को, दुबले-पतले आदमी को। फरीद तो ऐसा उत्तर ही दे रहे थे, कोई बड़ा भारी मामला नहीं था, उनके लिए कोई प्राणों पर बन नहीं आयी थी, लेकिन उस आदमी के तो प्राणों पर संकट था। उसने दुगने मजबूत आदमी को फेंक दिया।

फरीद ने कहा, देखी ध्यान की ताकत? एकाग्रता में बड़ी शक्ति है। और अभी तो तुम्हारी एकाग्रता का सारा उपयोग वासना कर रही है। अभी तो तुम्हारा ध्यान वहीं लग जाता है जहां तुम्हारी वासना का तीर होता है।

इस सूत्र को समझो अब—

सर्वत्रानवधानस्य।

जिस व्यक्ति ने अपनी सारी वासनाओं से मुक्ति पा ली, अब उसका ध्यान कहां लगे? अब तो ध्यान लगने की कोई जगह न रही। अब तो पाने को ही कुछ न रहा, तो ध्यान कहां जाए! अब उसकी कोई एकाग्रता नहीं, कोई कनसन्ट्रेशन नहीं, क्योंकि सब एकाग्रता वासना की छाया है। खयाल रखना, अष्टावक्र कहते हैं, परमात्मा को पाने की वासना भी वासना है और मोक्ष को पाने की वासना भी वासना है। जब तक वासना है तब तक ध्यान है, जब वासना ही नहीं तब ध्यान कैसा!

दो शब्द हैं अंग्रेजी में : कनसन्ट्रेशन और सेंटरिंग। कनसन्ट्रेशन—एकाग्रता। और सेंटरिंग का अर्थ होता है, केंद्रण। जब तुम किसी चीज पर एकाग्रता करते हो तो जिस चीज पर एकाग्रता करते हो, वह तुमसे बाहर होती है। तो सब एकाग्रता बहिर्गामी है, सांसारिक है। और जब तुम्हारे चित्त का कहीं भी कोई आवागमन नहीं होता, कहीं जा ही नहीं रहे, बहिर्गमन रुक गया और अपने केंद्र पर बैठ गए—सेंटरिंग, केंद्रण। केंद्रण की अवस्था असली अवस्था है। एकाग्रता असली बात नहीं है। केंद्रण है असली बात। अब कहीं चित्त जाता ही नहीं। इसका ही एक उपांग उदासीनता है। जब चित्त कहीं नहीं जाता तो अब बाहर से उदासीनता हो गयी।

यह संस्कृत शब्द 'अनवधानस्य'—सर्वत्रानवधानस्य न किंचिद्वासना हृदि—जिसके हृदय में किंचित् भी वासना न रही, उसका सब तरह के अवधान से छुटकारा हो गया। अब उसकी आंखें कहीं भी नहीं लगी हैं।

मुक्तात्मनो वितृप्तस्य तुलना केन जायते।

और ऐसी दशा ही मुक्त ही दशा है। इसकी तुलना किससे करें? कैसे करें? यह अतुलनीय दशा है।

हम निजी घर में किरायेदार से रहते रहे
दर्द दिल का बस दरो-दीवार से कहते रहे
दूर तक फैला हुआ एक रेत का सैलाब-सा
जिस तरफ सागर समझ जलधार से बहते रहे

यह जिसको तुम संसार कह रहे हो और बहे जा रहे हो—यह पाना, वह पाना, मिलता कभी किसी को कुछ यहां! सब मृगमरीचिका है।

दूर तक फैला हुआ एक रेत का सैलाब सा
जिस तरफ सागर समझ जलधार से बहते रहे

और इस सागर में, रेत के सागर में तुम छोटी सी जलधार की तरह अपने ध्यान को बहाए जा रहे हो कि यहां कहीं सागर होगा, मिल जाएगा, तृप्ति होगी, मिलन होगा। खो जाओगे इस मरुस्थल में! यहां कोई मरूद्यान भी नहीं है।

हम निजी घर में किरायेदार से रहते रहे
दर्द दिल का बस दरो-दीवार से कहते रहे

और तुम अपने ही घर में ऐसे रह रहे हो जैसे किरायेदार! तुम अपने मालिक हो, यह तुम्हारा मंदिर है, मगर उस तरफ ध्यान नहीं जाता। ध्यान तो बाहर भटक रहा है। यह ध्यान का पंछी तो सब जगह जा रहा है, सिर्फ भीतर नहीं आता। अनवधान का अर्थ हुआ, अब ध्यान का पंछी कहीं नहीं जाता, अपने भीतर आ गया, तुमने पहचान लिया कि हम इस घर के मालिक हैं, गुलाम नहीं। मन भटकाता है, मन हमें गुलाम बनाता है, हम मन के पार हैं। जैसे ही तुमने यह उदघोषणा की, तुम्हारी सारी बाहर की दौड़ समाप्त हो जाएगी। और ऐसी दशा ही मुक्त की दशा है।

'वासनारहित पुरुष के अतिरिक्त दूसरा कौन है जो जानता हुआ भी नहीं जानता है, देखता हुआ भी नहीं देखता है और बोलता हुआ भी नहीं बोलता है!'

जानन्नपि न जानाति पश्यन्नपि न पश्यति।
ब्रूवन्नपि न च ब्रूते कोऽन्यो निर्वासनादृते।।

ऐसा पुरुष जिसकी अब कोई वासना नहीं, जिसे पाने को कुछ शेष नहीं, जिसने भविष्य को त्याग दिया, अब जिसका कोई भविष्य नहीं, जो यहां और अभी परितृप्त, परितुष्ट, इस क्षण जिसका मोक्ष है, ऐसा जो वासनारहित पुरुष है, उसके अतिरिक्त दूसरा कौन है जो जानता हुआ भी नहीं जानता! और ऐसा पुरुष देखता भी है और फिर भी देखता नहीं, क्योंकि अब देखने की कोई वासना नहीं रही। सुनता है और सुनता

नहीं। अब सुनने की कोई वासना नहीं रही। छूता है और छूता नहीं, क्योंकि छूने की अब वासना नहीं रही। एक सुंदर स्त्री बुद्ध के सामने से निकलेगी तो ऐसा थोड़े ही कि उन्हें दिखायी नहीं पड़ेगी! दिखायी पड़ती और नहीं दिखायी पड़ती।

बात को समझ लेना।

तुम तो कई दफे ऐसा करते हो कि सुंदर स्त्री जाती है तो तुम देखते ही नहीं उसकी तरफ। लेकिन तुम्हारे न देखने में भी वह दिखायी पड़ती है। तुम ऐसा आंख चुराते हो कि कोई देख न ले कि इसे देख रहे थे। या तुम अपने से बचना चाहते हो कि यह झंझट में न पड़ें, इसे न देखें; तुम इधर-उधर आंख करते हो, लेकिन इससे क्या फर्क पड़ता है, तुम्हारी इधर-उधर होती आंख से भी तुम देखते तो उसी को हो। तुमने देख तो लिया, तुम देख तो रहे ही हो।

बुद्धपुरुष के सामने से कोई स्त्री निकलेगी तो देखते हैं—आंख भी नहीं छिपाते, क्योंकि आंख छिपाने का तो कोई प्रश्न नहीं, क्या चुराने का क्या सवाल है—जो आंख के सामने आ जाता है, दिखायी पड़ता है, और फिर भी नहीं देखते क्योंकि देखने की कोई वासना नहीं है।

बुद्धपुरुष लौट कर नहीं देखते। तुम लौट-लौट कर देखते हो। तुम देखने में बड़े आतुर हो। बुद्धपुरुष की आंखें शून्यवत होती हैं। दर्पण की तरह होती हैं, कोई सामने आया तो तस्वीर बन जाती है, कोई चला गया तो तस्वीर मिट जाती है। फिर दर्पण सूना हो गया। कोई पकड़ नहीं है।

'वासनारहित पुरुष के अतिरिक्त दूसरा कौन है जो जानता हुआ भी नहीं जानता है, देखता हुआ भी नहीं देखता है और बोलता हुआ भी नहीं बोलता है!'

ब्रूवन्नपि न च ब्रूते।

इसीलिए तो कल मैंने तुमसे कहा कि बुद्ध बोले चालीस साल, फिर भी नहीं बोले।

महावीर के संबंध में दिगंबर जैनों की धारणा बड़ी अदभुत है। पर समझ नहीं पाए दिगंबर जैन भी। दिगंबर जैनों की धारणा है कि महावीर बोले नहीं, बोले ही नहीं। इसलिए दिगंबर जैनों के पास कोई शास्त्र नहीं है। जो शास्त्र हैं वे श्वेतांबर जैनों के पास हैं। और दिगंबर जैनों का उन शास्त्रों में कोई भरोसा नहीं। क्योंकि वे तो महावीर तो कभी बोले ही नहीं! ये शास्त्र तुमने बना लिये। ये सब बनाए हुए शास्त्र हैं, महावीर तो चुप रहे। बात तो बड़ी सच है कि महावीर कभी नहीं बोले। और फिर भी मैं तुमसे कहता हूं कि श्वेतांबरों के जो ग्रंथ हैं, वे झूठ नहीं हैं।

दिगंबर बात तो बिलकुल ठीक कह रहे हैं कि कभी नहीं बोले, लेकिन बस इसको उन्होंने जड़ता से पकड़ लिया कि कभी नहीं बोले। वे समझे नहीं, उन्हें अष्टावक्र का यह सूत्र समझना चाहिए। इसमें पूरे महावीर के जीवन की व्याख्या है।

ब्रूवन्नपि न च ब्रूते।

बोल कर भी नहीं बोलता है। नहीं बोलने की बात तो सच है, मगर इसको जड़ता से मत पकड़ लेना कि मौन रहता है। फिर तुम चूक गये। फिर तुम फिर पुरानी दुनिया में वापस आ गये—बोलने का मतलब बोलना और न बोलने का मतलब न बोलना। ऐसी परमदशा में विपरीत मिल जाते हैं। और विपरीत विपरीत नहीं रह जाते। बोल कर भी नहीं बोलता है। और कभी-कभी नहीं बोल कर भी बोलता है। कभी-कभी मौन से भी बोलता है। और कभी-कभी शब्द का उपयोग करके भी मौन रहता है। इस परम मुक्तावस्था में जो-जो विपरीत है जगत में, जहां-जहां द्वंद्व है, वह सब समाहित हो जाता है, शांत हो जाता है।

'जिसकी सब भावों में शोभन, अशोभन बुद्धि गलित हो गयी है और जो निष्काम है, वही शोभायमान है चाहे वह भिखारी हो या भूपति।'

भिक्षुर्वा भूपतिर्वापि यो निष्कामः स शोभते।
भावेषु गलिता यस्य शोभनाशोभना मतिः।।

न तो अब ऐसी दशा में कुछ शोभन है, और न कुछ अशोभन। न तो कुछ शिष्ट है और न कुछ अशिष्ट है। न शुभ, न अशुभ। न करने योग्य, न ना करने योग्य। गये द्वंद्व, गये द्वैत, गये वे भेद पुराने कि यह बुरा और यह भला, सब गये भेद, अब तो अभेद ही बचा। और ध्यान करना, अभेद से जो जन्मे वही शोभायुक्त है। अब यह बड़ी विचारणीय बात है। साधारणतः तुम उसको शोभायुक्त कहते हो जो अशोभन के विपरीत है। तुम कहते हो, कैसा शोभन व्यक्ति है, क्योंकि अशोभन इसमें कुछ भी नहीं। लेकिन जिसमें अशोभन नहीं है, उसके लिए शोभायुक्त बने रहने में चेष्टा करनी पड़ेगी। चेष्टा का अर्थ हुआ, भीतर अभी मौजूद है, अभी दबाना पड़ रहा है।

तुमने देखा, स्त्रियों के सामने पुरुष बात करते हैं तो ज्यादा शोभन ढंग से करते हैं। वे कहते हैं, अभी स्त्रियां मौजूद हैं। स्त्रियों के हटते ही अशोभन शुरू हो जाता है। अशोभन तो भीतर पड़ा है। बेटे के सामने बाप बड़े शोभन ढंग से व्यवहार करता है। अपने मित्रों के साथ तो वैसा शोभन व्यवहार नहीं करता। मित्रों में तो जब तक गाली-गलौज न हो, तब तक मित्रता ही कहां! गाली-गलौज से ही पता चलता है कितनी गहरी मित्रता है।

मुल्ला नसरुद्दीन ने राह पर चलते एक आदमी की पीठ पर जोर से धौल जमायी और कहा, कहो चंदूलाल, कैसे हो? वह आदमी गिर पड़ा एकदम! उस आदमी ने उठ कर कहा कि बड़े मियां, मैं चंदूलाल नहीं हूं! और अगर होऊं भी, तो क्या इस तरह धक्का मारा जाता है! तो नसरुद्दीन ने कहा कि तुम कौन हो रोकने वाले, चंदूलाल को मैं कितने ही जोर से धक्का मारूं! तुम बीच में बोलने वाले कौन हो?

अब वह आदमी चंदूलाल है भी नहीं; धक्का भी खा गया, मगर वह उसका, मुल्ला नसरुद्दीन का कहना भी ठीक है कि चंदूलाल को मैं कितने ही जोर से धक्का मारूं, पुराने दोस्त हैं, तुम बीच में बोलने वाले कौन होते हो?

दोस्ती का पता ही तब चलता है, जब कुछ अशोभन भी चले। दोस्ती कैसी जहां गाली-गलौज न हो। तो हम तो शोभन का अर्थ अशोभन के विपरीत करते हैं। हम कहते हैं, फलां आदमी कितना शोभायुक्त है।

लेकिन अष्टावक्र कहते हैं, अगर अशोभन पीछे पड़ा है, दबा है, प्रकट हो सकता है किसी अवसर पर, दबाया गया है, चेष्टा से रोका गया है, तो मिट नहीं गया है, उसकी छाया पड़ती ही रहेगी। यह परम शोभा की दशा नहीं है। परम शोभा की दशा तो वह है, अब याद ही नहीं आता है कि क्या अशोभन है, क्या शोभन है। सहज दशा ही परम शोभा की दशा है। निसर्ग की दशा। स्वस्फूर्त स्वच्छंदता की दशा।

इसे खयाल में लेना, सारी दुनिया में—भारत को छोड़ कर—जीवन की व्यवस्था को द्वंद्व में ही बांटा गया है, स्वर्ग-नरक। भारत एक और नया शब्द रखता है, मोक्ष। सुख-दुख, भारत एक तीसरा शब्द लाता है, आनंद। दुर्जन-सज्जन, भारत एक नया शब्द लाता है, जीवनमुक्त। साधु-असाधु, भारत एक नया शब्द लाता है, संत। इनका फर्क समझ लेना। साधु का अर्थ संत नहीं होता। साधु का अर्थ है, जो असाधु के विपरीत। और संत का अर्थ होता है, जहां साधु-असाधु दोनों के पार हो गया। स्वर्ग का अर्थ होता है, नरक के विपरीत, मगर नरक से बंधा। स्वर्ग से नरक में गिरने की सुविधा है। गिरेगा ही, कोई भी। इसलिए पुराने शास्त्र भी यही कहते हैं जब स्वर्ग में पुण्य चुक जाता है तो आदमी को गिरना पड़ता है। अप्रतिष्ठा हो जाती है स्वर्ग से।

स्वर्ग और नरक अलग-अलग नहीं हैं। विपरीत हैं, जुड़े हैं। मोक्ष, वहां से फिर गिरने का कोई उपाय नहीं। वहां से फिर अप्रतिष्ठा नहीं होती। और जहां से अप्रतिष्ठा हो ही न सकती हो, वहीं शोभा है। जहां से अप्रतिष्ठा हो सकती हो, वहां कैसी शोभा! जहां से गिरना हो सकता हो, वहां पहुंचने का क्या अर्थ!

इसलिए सारी दुनिया के धर्म द्वंद्व के पार नहीं गये हैं। ईसाइयत, इस्लाम, यहूदी धर्म स्वर्ग और नरक की बात करते हैं, लेकिन मोक्ष की कोई धारणा नहीं है। पदार्थ और परमात्मा की बात करते हैं, लेकिन ब्रह्म की कोई धारणा नहीं है। भारत की खोज अनूठी है। जहां-जहां द्वंद्व है, भारत वहां एक तीसरी बात का भी उपयोग करता है। क्योंकि भारत कहता है, द्वंद्व के पार एक तीसरी दशा है। जहां न आदमी सज्जन है, न दुर्जन, वहां संतत्व, वहां जीवनमुक्ति। जहां न बुरा, न भला, वहां जीवनमुक्ति। बुरे और भले तो एक ही सिक्के के दो पहलू हैं। जहां पूरा सिक्का ही छोड़ दिया, वहीं सरलता।

'निष्कपट, सरल और कृतार्थ योगी को कहां स्वच्छंदता है, कहां संकोच है और कहां तत्व का निश्चय है।'

क्व स्वाच्छंद्य क्व संकोचः क्व वा तत्त्वविनिश्चयः।
निर्व्याजार्जवभूतस्य चरितार्थस्य योगिनः।।

ऐसी दशा है योगी की अंतिम दशा जहां इतनी निष्कपटता हो गयी कि अब बुरे-भले में भी भेद नहीं होता। शुभ-अशुभ भी अब भिन्न नहीं मालूम होते। अब आंखें इतनी स्वच्छ हो गयीं कि काले बादल तो उठते ही नहीं आंखों के आकाश में, सफेद बादल भी नहीं उठते, शुभ्र बादल भी नहीं उठते। अब हाथ में जंजीरें लोहे की तो रहीं ही नहीं, सोने की जंजीरें भी नहीं रहीं। मुक्ति परम हुई।

'निष्कपट, सरल और कृतार्थ योगी को कहां स्वच्छंदता!'

अब एक और अदभुत बात कहते हैं आखिर-आखिर में। अब ये सूत्र अंतिम चरण ले रहे हैं और अष्टावक्र आखिरी ऊंचाई भर रहे हैं! अब तक उन्होंने स्वच्छंदता का ही गीत गया, अब कहते हैं, स्वच्छंदता भी कहां! स्वच्छंदता भी तो तभी तक है जब तक हमें दूसरे का और अपने का भेद है, फासला है! मैं और तू का भेद है, तो परतंत्रता और स्वतंत्रता। पर के अधिकार में रहे तो परतंत्रता, स्व के अधिकार में रहे तो स्वतंत्रता। दूसरे का छंद गाया तो परछंद और अपना छंद गुनगुनाया तो स्वच्छंद। लेकिन अब अपना-पराया भी कहां!

'निष्कपट, सरल और कृतार्थ योगी को कहां स्वच्छंदता!'

अब उन्होंने अब तक की धारणा को भी खंडित किया। यही भारत की अनूठी खोज है, नेति-नेति। यह भी नहीं, यह भी नहीं, यह भी नहीं। अंततः सबको निषेध कर देना है, ताकि वही बच रहे जिसका निषेध न हो सके। वही है परम, वही है सत्य।

'कहां स्वच्छंदता, कहां संकोच और कहां तत्व का निश्चय!'

अब तक इसका कितना गीत गाया। 'इतितत्व निस्चैः', 'इति निस्चैः'। अब तक कितना गीत गाया इसका कि ऐसा जिसको निश्चय हो गया तत्व का, वही ज्ञानी। और अब कहते हैं—

क्व वा तत्वनिश्चयः।

अब तो वह बात भी गयी। जब अनिश्चय गया, निश्चय भी गया। अब तो तत्व का निश्चय, यह कहना भी ठीक नहीं, इसमें भी संदेह मालूम पड़ता है। जब कोई कहता है मैं बिलकुल निश्चित हूं, तो तुम जानना कि थोड़ा संदेह मौजूद होगा। जब कोई कहता है कि मैं बिलकुल दृढ़ हूं, तो उसका मतलब है थोड़ा कंपा हुआ है, नहीं तो क्यों कहेगा! जब तुमसे कोई कहता है, मुझे तुमसे बहुत-बहुत प्रेम है, तो समझना कि कुछ कम होगा नहीं तो बहुत-बहुत क्यों कहता! मुझे प्रेम है, इतने से बात पूरी हो

जाती है। बहुत-बहुत से कुछ जुड़ता थोड़े ही, कुछ घटता है। और जब कोई आदमी बार-बार कहने लगे कि मैं तुमसे निश्चित प्रेम करता हूं, बिलकुल निश्चित प्रेम करता हूं, तो संदेह उठना स्वाभाविक है कि यह आदमी इतनी बार क्यों कहता है? एक बार कह दिया, ठीक है; सच तो यह है, हो तो कहना ही नहीं पड़ता। हो तो सारे जीवन से उसकी श्वास उठती है, कहना थोड़े ही पड़ता है। कहना तो वही पड़ता है जो हम जीवन से नहीं कह पाते।

अब तत्व का निश्चय कहां! अनिश्चय गया, निश्चय गया। सब जा रहा है, खयाल रखना। जैसे कोई गौरीशंकर की यात्रा पर चला है और बोझ को कम करना पड़ रहा है। पहले बहुत सामान लेकर चले थे कि यह भी रख लें—ट्रांजिस्टर रेडियो भी रख लें, पोर्टबॅल टेलीविजन भी रख लें और थर्मस भी और भोजन भी और सब सामान लेकर चले थे और कैमरा और यह, अब बोझ बढ़ने लगा। पहाड़ की ऊंचाई उठने लगी, अब धीरे-धीरे छोड़ना पड़ेगा। एक-एक चीज छोड़नी पड़ेगी। अब छोड़ो यह टेलीविजन, अब नहीं ढोया जा सकता। अब छोड़ो यह ट्रांजिस्टर रेडियो, अब छोड़ो यह कैमरा भी, ऐसे-ऐसे, ऐसे-ऐसे, शायद अंत तक थर्मस को बचाना पड़े। लेकिन आखिरी क्षण में थर्मस भी छोड़ देनी पड़ेगी। अब इसकी भी क्या जरूरत, घर आ गया! अब थर्मस भी छोड़ो।

जब तुम बिलकुल निपट सरल अकेले, नग्न बचे, निर्वस्त्र, कुछ भी न हाथ में रहा, शून्य बचे, वहीं, वहीं है मिलन।

निर्व्याजार्जवभूतस्य।

अब जिसके मन में कोई कपट, कोई द्वंद्व, कोई चाल, कोई हिसाब, कोई गणित न रहा—निर्व्याज, आर्जव—जो सीधी रेखा जैसा सरल हो गया। इरछा-तिरछापन न रहा।

चरितार्थस्ययोगिनः।

और जिसके जीवन में अंतस आचरण बन गया।

चरितार्थस्ययोगिनः।

जैसा भीतर, वैसा बाहर; जैसा बाहर, वैसा भीतर; यह बाहर-भीतर की बात भी गयी, अब न कुछ बाहर, न कुछ भीतर, अब एक ही बचा।

मैंने सुना है, एक जैन साधु ने स्वप्न देखा। देखा स्वप्न में कि अपने हाथ में दो ऊंचे डंडे लेकर मोक्ष-महल की ऊपरी मंजिल पर चढ़ने का प्रयास कर रहा है। लेकिन हार-हार जाता है, गिर-गिर जाता है। बार-बार अपनी जगह पर लौट आता है। कुछ समझ नहीं आता कि अड़चन कहां हो रही है, उठ क्यों नहीं पाता ऊपर? तब पास खड़े एक बुजुर्ग की तरफ देखा, जो खड़े हंस रहे हैं। वे बुजुर्ग और जोर से हंसने लगे

और उन्होंने कहा कि तुम यह कर क्या रहे हो! तो उस जैन-साधु ने कहा, मेरे पास सम्यक-ज्ञान और सम्यक-दर्शन के दो डंडे हैं, मैं इनके सहारे मोक्ष-महल की ऊपरी मंजिल पर पहुंचना चाहता हूं। लेकिन न मालूम क्या अड़चन हो रही है, मैं फिसल-फिसल आ रहा हूं। डंडे मेरे पास हैं, चढ़ाई नहीं हो पा रही है। आप खड़े हंसते हैं! कुछ मार्गदर्शन दें।

बुजुर्ग ने कहा, सम्यक-ज्ञान और सम्यक-दर्शन के सहारे तुम अपने लक्ष्य तक न पहुंच सकोगे। डंडों के सहारे कोई इतनी ऊंची चढ़ाई होती है! ये तुम्हें चढ़ने का धोखा तो दे सकते हैं, लेकिन लक्ष्य दिलाना इनकी सामर्थ्य के बाहर है। तो वह साधु बोला, फिर मैं क्या करूं? इन्हें मैंने बड़ी मेहनत से प्राप्त किया है। जन्मों-जन्मों की खोज से। और ये बेकार हैं, तुम कहते हो! मेरा सारा श्रम व्यर्थ गया?

उस बुजुर्ग ने कहा, नहीं, तुम्हारा श्रम व्यर्थ नहीं गया, न व्यर्थ जाएगा, लेकिन सम्यक-ज्ञान और सम्यक-दर्शन के इन दो खड़े डंडों में सम्यक-चारित्र्य की आड़ी सीढ़ियां लगा सको तो बात हो! अभी तुमने जाना, सुना, समझा, लेकिन जीया नहीं। और बिना जीये कोई सीढ़ी थोड़े ही बनती है। विचार से थोड़े ही कोई यात्रा होती है। मात्र विचार से थोड़े ही कोई यात्रा होती है, अस्तित्व होना चाहिए। अस्तित्ववान होना चाहिए। जो अंतस में है, वह आचरण में। जो बाहर है वह भीतर, जो भीतर है वह बाहर। काश, तुम सम्यक-चारित्र्य की आड़ी डंडियां इन दो डंडों के बीच में लगा सको तो सीढ़ी बन जाए! सम्यक-ज्ञान और सम्यक-दर्शन के दो खड़े डंडों में सम्यक-चारित्र्य की आड़ी सीढ़ियां लगाने से नसैनी तैयार हो सकती है। और फिर एक-एक कदम उठा कर तुम उस परम मंजिल को भी पा सकते हो।

चरितार्थस्ययोगिनः।

जिसके जीवन में, जिसके अस्तित्व में सरलता समाविष्ट हो गयी है। फर्क समझना।

तुम ऊपर से आरोपित करके भी सज्जन बन सकते हो। ऐसे ही तो तुम्हारे सब सज्जन हैं। इनके अस्तित्व में सरलता नहीं, अस्तित्व में तो बड़ी जटिलता है। बड़ी चालबाजी है। अस्तित्व में तो बड़ा गणित है, हिसाब है। अस्तित्व इनका निष्कपट नहीं है, आर्जव नहीं है इनके अस्तित्व में।

मैं एक यात्रा में था और एक बड़े स्टेशन पर एक साधु को लोग छोड़ने आए। वह साधु ने केवल टाट लपेटा हुआ था। और कुछ भी न था, और एक टोकरी थी। टोकरी में फल इत्यादि रख गये थे लोग। बड़ी भीड़ आयी थी उन्हें भेजने। जिस कंपार्टमेंट में मैं था, उसी में उनको भी बिठा गये थे, हम दोनों ही थे।

जब ट्रेन चली और मैं आंख बंद करके लेट रहा तो उन साधु ने जल्दी से अपनी टोकरी देखी, फल गिने। मैं देखता रहा उनको थोड़ी-थोड़ी खोल आंख कि क्या कर रहे

हैं? जल्दी से फल गिने। और फलों के नीचे नोट छिपाए हुए थे, वे नोट भी गिने। जब वह नोट गिन रहे थे तो आंख खोल कर मैं बैठ गया, उन्होंने जल्दी से नोट छिपा लिए, मैं फिर लेट गया। जब मैं फिर लेट गया, उन्होंने समझा कि मैं फिर सो गया, तब उन्होंने फिर अपने नोट गिनने शुरू किये। मैं फिर उठ कर बैठ गया, मैंने कहा, आप बेफिक्री से गिनो, क्योंकि नोट गिनने में कोई पाप ही नहीं है। और फिर आपके ही गिन रहे हो, कोई मेरे तो आप गिन भी नहीं रहे हो, इसमें इतनी बेचैनी क्या है? इसको छिपा क्यों रहे हैं? वह बड़े बेचैन हो गये, पसीना-पसीना हो गये टाट ओढ़े हुए हैं!

फिर उनसे मेरी बातचीत हुई। भोपाल जाते थे वह। मुझसे पूछा कि यह ट्रेन भोपाल कब पहुंचेगी, मैंने कहा यह छः बजे पहुंचेगी, आप बिलकुल निश्चिंत सोएं। बीच-बीच में आप चिंता मत करना, क्योंकि यह डिब्बा वहीं कट जाएगा। मैं भी भोपाल चल रहा हूं, तो आप घबड़ाएं नहीं। मगर बारह बजे मैंने देखा कि वह खिड़की से खोल कर, कोई स्टेशन आयी है, पूछ रहे हैं कि भोपाल कितनी दूर? उन्हें मुझ पर भरोसा नहीं आया कि यह आदमी कुछ अजीब सा मालूम पड़ता है। जब मैं नोट गिनता हूं, एकदम बैठ जाता है! और मुझे नोट नहीं गिनने देता। पता नहीं, मजाक कर रहा हो, कि झूठ कह रहा हो, कि सच कह रहा हो, यह डिब्बा कटे कि न कटे! जब उन्हें मैंने तीन बजे फिर एक स्टेशन पर...तो मैंने कहा देखो, न तुम खुद सोते हो न मुझे सोने देते हो। तुम साधु आदमी, तुम इतनी सी बात का भरोसा नहीं कर सकते! और तुम दो दफे पूछ भी चुके और लोगों ने तुम्हें बता दिया छः बजे; और यह डिब्बा वहीं कटेगा, तुम बाहर जाकर देख सकते हो, इस पर लिखा है कि यह डिब्बा वहीं कटेगा, फिर भी तुम्हें भरोसा नहीं आता!

फिर पांच बजे से उन्होंने तैयारी शुरू कर दी। तैयारी देख कर मैं बड़ा हैरान हुआ। क्योंकि कोई और कोई तैयारी करे, समझ में आता है। अब इनके पास तैयारी करने को कुछ था भी नहीं। एक टाट लपेटे हैं, एक टाट टोकरी में रखा हुआ था। मगर उनको मैंने देखा कि वह आईने के सामने खड़े होकर टाट जमा रहे हैं, बार-बार उसको देख रहे हैं कि ठीक आ गया कि नहीं।

क्या फर्क हुआ? टाट बांधने से तो सरलता नहीं हो जाएगी! टाट बांधने में भी जटिलता है। दरिद्र हो जाने से तो सरलता नहीं हो जाएगी! दरिद्रता में भी लोभ तो छिपा है। साधु होने से सरलता तो नहीं हो जाएगी! क्योंकि इतना भी भरोसा नहीं है कि इतने लोग कह रहे हैं कि छह बजे पहुंचेगी, तो पहुंचेगी। इतनी क्या घबड़ाहट! और साधु इधर-उधर चला भी गया आगे-पीछे तो क्या फर्क पड़ता है। है भी क्या, न पहुंचे भोपाल तो क्या बिगड़ता है! इतनी क्या घबड़ाहट है! नहीं लेकिन, हिसाब-किताब है। और वह जो सरलता भी है, टाट बांध जो रखा है, उसमें भी आयोजन है।

अब तुम फर्क समझना।

एक स्त्री अपने साथ बैग रखे होती है, आईना रखे होती है, पाउडर रखे होती है, समझ में आती है बात। लेकिन इस वेनिटी बैग में और इन सज्जन के टाट को सम्हालने में क्या भेद है? ऊपर से भेद बड़ा दिखता है! सम्हालने को मखमल नहीं है, लेकिन टाट भी संभाला जा सकता है। टाट का भी शृंगार हो सकता है। टाट के पीछे भी विशिष्ट होने की आकांक्षा हो सकती है। तो सब व्यर्थ हो गया।

'निष्कपट, सरल और कृतार्थ योगी...।'

सरलता साधी नहीं जा सकती, चेष्टित नहीं हो सकती, सरलता तो समझ से आए तो ही। इसलिए अष्टावक्र का पूरा जोर है बोध पर, होश पर। समझो, जाग कर जीवन को देखो और सरलता अपने आप आती है। तुम उसे आयोजित मत करना। आयोजित सरलता सरलता नहीं रह जाती।

'आत्मा में विश्राम कर तृप्त हुए और निस्पृह और शोकरहित पुरुष के अंतस में जो अनुभव होता है, उसे किसको और कैसे कहा जाए!'

बड़ा अनूठा वचन है।

आत्मविश्रांतितृप्तेन निराशेन गतार्तिना।
अंतर्यदनुभूयेत तत्कथं कस्य कथ्यते।।

जो अपनी आत्मा में विश्राम को उपलब्ध हो गया, जो पहुंच गया अपने भीतर, जो चैतन्य के क्षीरसागर में हो गया, विष्णु बन कर लेट गया अंतस के क्षीरसागर में, जो विश्राम को उपलब्ध हो गया है...।

आत्मविश्रांतितृप्तेन।

और वहीं है तृप्ति—उसी विश्रांति में, उसी विराम में; उसी विराम में है आनंद, परितोष।

निराशेन गतार्तिना।

और जो अब बाहर की सब स्पृहा से, सब आशाओं से मुक्त हो गया।

निराशेन गतार्तिना अंतर्यदभूयेत।

अब उसके भीतर ऐसे-ऐसे अनुभव होंगे, ऐसे-ऐसे अनुभव के द्वार खुलेंगे, ऐसा गीत बजेगा, ऐसा नाद उठेगा...।

तत्कथं कस्य कथ्यते।

कि अब उसे किससे कहें और कैसे कहें! अब न तो कोई पात्र मिलेगा उसे जिससे कह सके। क्योंकि जो भी पात्र हो, उसको कहने की जरूरत न होगी; जो भी पात्र होगा, वह तभी पात्र होगा जब उसने भी उस नाद को सुन लिया हो, उसको क्या

कहना, वह तो पुनरुक्ति होगी। और जिसने अभी उस नाद को नहीं सुना वह अपात्र है, उससे क्या कहना, वह तो समझेगा नहीं। उसे किसको और कैसे कहा जाए!

तत्कथं कस्य कथ्यते।

कहो तो कैसे! और कहो तो किससे कहो! कोई पात्र नहीं मिलता।

दो बुद्धपुरुष मिलें तो बोलने को कुछ नहीं। क्योंकि दोनों का अनुभव एक है, अब बोलना क्या! दो बुद्धपुरुष तो ऐसे होंगे जैसे तुमने दो शुद्ध दर्पण, शुद्धतम दर्पण एक-दूसरे के सामने रख दिये। कोई प्रतिबिंब न बनेगा। दर्पण में दर्पण झलकेगा, क्या प्रतिबिंब बनेगा! कुछ भी प्रतिबिंब न बनेगा। दो स्वच्छतम दर्पण अगर एक-दूसरे के सामने रखे हों तो कुछ प्रतिबिंब नहीं बनेगा। दर्पण में दर्पण, दर्पण में दर्पण झलकता रहेगा, लेकिन प्रतिबिंब कुछ भी न बनेगा, आकृति कुछ भी न उठेगी। दो बुद्धपुरुष अगर मिलें तो कह सकते हैं, लेकिन कहने में कोई सार नहीं।

और अगर बुद्धपुरुष को अज्ञानी से मिलन हो जाए, तो कहने में सार है, लेकिन कह नहीं सकते। सार तो है! क्योंकि यह अज्ञानी अभी जानता नहीं, इसे अगर जनाया जा सके तो शायद इसके जीवन में अंकुरण हो, यात्रा शुरू हो, प्यास जगे, मगर कैसे इसे जनाओ! क्योंकि जो अनुभव हुआ है वह शब्दातीत है। जो भीतर, भीतर, भीतर जाकर जाना है, वह कुछ ऐसा है कि अब किसी इंगित में बंधता नहीं, किसी शब्द में समाता नहीं, किसी ढंग से उसे कहा नहीं जा सकता। अकथ्य है।

अंतर्वेदनुभूयेत।

जो भीतर जाना है उसे बाहर लाने का उपाय नहीं। वह भीतर का है और भीतर ही है और बाहर नहीं आता। बाहर लाओ कि गड़बड़ हो जाती है।

ऐसा समझो कि सागर के भीतर कितनी शांति है, एक भी लहर नहीं उठती। अब उस शांति को तुम बाहर ले आओ सतह पर तो लहर ही लहर हो जाती है। यह शांति बाहर नहीं लायी जा सकती, वह तो तुम जाओ सागर की गहराई में तो ही जानोगे। लहरों के जगत में सागर की गहराई को कैसे लाएं? वह भी लहर हो जाएगी, वह भी बाहर बन कर बिखर जाएगी। शब्द के तल पर उसे कैसे लाएं जो शून्य में जाना गया है? जो मिट कर जाना गया है, जो न होकर जाना गया है। जहां सब नेति-नेति करते-करते जो बोध हुआ है, अब उसे फिर कैसे भाषा और द्वंद्व के जगत में प्रकट करें!

तो अष्टावक्र कहते हैं, आत्मविश्रांतितृप्तेन।

हो जाता है तृप्त आत्मा में विश्रांति को पाकर।

निरागेन गतार्तिना।

सब संसार की आशा से मुक्त, स्पृहा से मुक्त, शोक से रहित, पर बड़ी अड़चन होती है। एक अड़चन होती है ज्ञानी को भी, एक अड़चन ही होती है बस कि अब जो मिला है इसे कैसे बांटे? अब जो पा लिया, उसे कैसे फैलाएं? कैसे निवेदन करें? जो अंधेरे में भटक रहे हैं, उन्हें यह प्रकाश की खबर कैसे पहुंचाएं?

अंतर्यदनुभूयेत।

इतने भीतर का अनुभव कैसे बाहर लाएं।

तत्कथं कस्य कथ्यते।

किससे कहें? वे कान कहां जो सुनेंगे। वे आंखें कहां जो देखेंगी? वे प्राण कहां जो समझेंगे? किससे कहें? और अगर कभी कोई जानने-समझने वाला मिल जाए, तो कहने का कोई अर्थ नहीं। ऐसी दुविधा है परमबुद्धों की।

बस एक ही दुविधा रह जाती है बुद्धत्व में और वह दुविधा है, जो मिला है उसे कैसे बांटे? वह दुविधा भी करुणा की दुविधा है।

आज इतना ही।

* * *

प्रवचन : 84

मन मूर्च्छा है

3 फरवरी, 1977

पहला प्रश्न : मैं साक्षीभाव को जगाने के लिए आत्मविश्लेषण, 'इंट्रॉस्पेक्शन' करता हूं। क्या यह पहले कदम के रूप में सही है? कृपापूर्वक समझाएं।

आत्मविश्लेषण तो विचार की प्रक्रिया है, और साक्षी है निर्विचार की दशा। विचार से निर्विचार के लिए कोई मार्ग नहीं जाता। विचार को छोड़ने से निर्विचार का अवतरण होता है।

तो आत्मविश्लेषण तो कतई सही मार्ग नहीं है, अगर साक्षी बनना है।

विश्लेषण का तो अर्थ हुआ, सोचना। साक्षी का अर्थ होता है, बिना सोचे देखना। मात्र जाग कर देखना। एक विचार उठा मन में, विश्लेषण तो तत्क्षण निर्णय लेता है—अच्छा है विचार, बुरा है विचार, करने योग्य है, न करने योग्य है! इस विचार में पड़ूं, न पड़ूं? इसे हटाऊं, या सजाऊं, संवारूं, सिंहासन पर बिटाऊं? एक तो विचार उठा, उतना ही काफी था तुम्हें भटकाने के लिए, अब और विचार पर विचार उठे। तुमने और जाल बढ़ा लिया। तुम और जंजाल में पड़े। ये सीढ़ी साक्षी की ओर जाने की न हुई, साक्षी से दूर जाने की हुई। तुमने विपरीत दिशा पकड़ ली। अब तुम क्या करोगे? ये जो विचार उठे विचार के प्रति, अगर इनका भी तुम विश्लेषण करो तो और विचार उठेंगे।

तो विश्लेषण अगर ठीक-ठीक आत्यंतिक रूप से किया जाए तो तुम विक्षिप्त हो जाओगे। क्योंकि विश्लेषण का तो कोई अंत नहीं है। एक विचार को विश्लेषण करने के लिए और विचार चाहिए, उन विचारों को विश्लेषण करने के लिए फिर और विचार चाहिए, फिर विचार के पीछे विचार, फिर तो तुम एक जंगल खड़ा कर लोगे विचारों का। और तुम कहां उसमें खो जाओगे, पता भी न चलेगा। एक ही विचार डुबाने को काफी है, चुल्लू भर पानी डुबाने को काफी है, तुमने सागर खड़ा कर लिया। तुम भटक ही जाओगे।

आत्मविश्लेषण साक्षी का मार्ग नहीं है। इसलिए पश्चिम साक्षी की धारणा को उपलब्ध नहीं कर पाया। आत्मविश्लेषण तो पश्चिम ने बहुत किया है। पश्चिम की सारी विधियां आत्मविश्लेषण की हैं। और आत्मविश्लेषण और साक्षी में मौलिक भेद है। साक्षी का अर्थ है, अब हम कुछ न करेंगे, सिर्फ देखेंगे, मात्र देखेंगे। आंख भर होकर रह जाएंगे। आंख में जरा सा भी हलन-चलन न होने देंगे। बुरा है विचार कि भला है, इतनी भी रेखा न खींचेंगे। शुभ और अशुभ का भी चिंतन न करेंगे, विश्लेषण तो बहुत दूर। उठेगा विचार तो देखते रहेंगे, कोई निर्णय न लेंगे। हो, न हो; उटे, न उठे; ऐसा पक्षपात भी न करेंगे। साक्षी का क्या पक्षपात! चोरी का विचार उठा तो साक्षी में ऐसे ही तुम जाग कर देखते रहोगे जैसे मोक्ष का विचार उठा, कोई भेद नहीं है। इसलिए तो अष्टावक्र बार-बार कहते हैं, शुभ और अशुभ के पार, शोभन-अशोभन के पार, साधु-असाधुता के पार, संसार और मोक्ष के पार, भोग और योग के पार।

वह जो अतिक्रमण करने वाली चेतना की दशा है, उसमें कोई विश्लेषण नहीं। क्योंकि विश्लेषण तो मन से होता है। विश्लेषण की प्रक्रिया तो मन की ही प्रक्रिया है। यह तो मन का ही खेल है। यह तो तुम मन में और बुरी तरह उतरते जाओगे। यह तो चूकना है, पहुंचना नहीं।

मैकदा है यह समझबूझ के पीना ऐ रिंद
कोई गिरते हुए पकड़ेगा न बाजू तेरा
मैकदा है यह...

ये विचार तो शराब की तरह भुला लेने वाले हैं। शराबघर है। मन मूर्च्छा है, बेहोशी है।

मैकदा है यह समझबूझ के पीना ऐ रिंद

विचार को जब पीने चलो तो बहुत सोच-समझ कर। ओंठ से लगाया कि खतरा है। क्योंकि एक विचार के पीछे दूसरा आ रहा है। एक शृंखला है। ऐसी शृंखला, जिसका कोई अंत नहीं।

मैकदा है यह समझबूझ के पीना ऐ रिंद

कोई गिरते हुए पकड़ेगा न बाजू तेरा

और अगर विचारों में गिरे, तो फिर कोई पकड़ने वाला नहीं है। क्योंकि जो पकड़ सकता था, वही गिर गया। जो संभल सकता था, वही गिर गया।

साक्षी है निर्विचार दशा। विश्लेषण नहीं, संश्लेषण नहीं, चिंतन नहीं, मनन नहीं, मात्र जागरण। बोध मात्र।

कभी-कभी तुम प्रयोग करो। कभी-कभी आंख बंद कर लो और अपने मन को कहो कि तू जो चाहे कर। तुझे जो विचार उठाने हैं वह उठा। संकोच न कर, बुरे-भले की भी फिकर मत कर, अब तक दबा-दबा रहा—यह उठा, यह न उठा—अब तू उठा जो तुझे उठाना है। सब लहरें उठा। हम तो तट पर बैठ गए, तटस्थ हो गए। हम तो कूटस्थ हो गए। हम तो बैठ कर देखेंगे तेरी लीला। तू नाच। हम देखेंगे। मन से कह दो कि तू नाच और भरपूर नाच और जैसा नाचना है वैसा नाच-सुंदर, असुंदर; श्लील, अश्लील, जैसा भी, हम देखेंगे। और तुम बड़े चकित हो जाओगे।

जैसे ही तुम यह कह कर बैठोगे देखने को, तुम पाओगे मन चलता ही नहीं, सरकता ही नहीं। एक विचार-तरंग नहीं उठती। कुछ क्षणों को तो मन एकदम स्तब्ध रह जाएगा। तुम करके देखना जो मैं कह रहा हूं। आज ही करके देखना। कुछ क्षण को तो मन बिलकुल स्तब्ध रह जाएगा। क्योंकि उस घड़ी में साक्षी बहुत सघन होगा, ताजा-ताजा होगा। साक्षी के सामने मन कभी खड़ा हो पाया? साक्षी की गैर-मौजूदगी मन है। जब साक्षी प्रगाढ़ होता है, तो मन शून्य होता है। जब साक्षी सोया होता है, तब मन खूब खुल कर खेलता है।

देखते नहीं, सुबह जब नींद टूटती है, सपना तत्क्षण बंद हो जाता है। ऐसा थोड़े ही है कि नींद टूट गई, फिर सपने को पकड़-पकड़ कर बंद करना पड़ता है। कि अब नींद टूट गई, अब सपने को कहना पड़ता है कि अब तू बंद हो जा। सुबह नींद टूटी, इधर नींद टूटी उधर सपना तिरोहित होने लगा। धुएं की रेखा की तरह खो जाता है। क्या होता है? तुम जागे। तो नींद के कारण जो बन रहा था वह खो गया।

ठीक ऐसी ही घटना अंतर्जागरण में होती है। जैसे ही तुम जाग कर बैठे, तुमने कहा मैं बैठूंगा, देखूंगा, साक्षी बनता हूं, वैसे ही तुम पाओगे मन गया। मन मूर्च्छा है। एक तरह का सपना है। इसीलिए तो अष्टावक्र कहते हैं, सारा संसार सपना है। और इस संसार का मूल आधार तुम्हारे मन में है। तुम्हारे मन में सपने का मूल आधार है। सोए-सोए तुमने जो देखा है, वही संसार है। जाग कर देखोगे तो परमात्मा के अतिरिक्त और कुछ भी नहीं है।

तो बैठ कर क्षण भर को, सब ऊर्जा इकट्ठी करके, संगृहीत करके, संगठित करके, एक प्रगाढ़ चैतन्य बन कर—थोड़ी ही देर रह पाओगे तुम उतनी प्रगाढ़ता में,

क्षण, दो क्षण—मगर उन दो क्षण में भी स्वाद आ जाएगा। ज्यादा देर न टिकेगी यह प्रगाढ़ता, क्योंकि तुम्हें इसका अभ्यास नहीं है, तुम्हें अभ्यास तो सोने का है; दो क्षण, तीन क्षण और तुम फिर झपकी खाने लगोगे। इधर तुमने झपकी खाई, उधर मन उठा, विचार चले। जैसे ही विचार चले, समझ जाना कि झपकी खा गए, यह सपना उठ आया। यह सपना प्रतीक है कि तुम झपकी खा गए, साक्षी खो गया। तब फिर एक झटका अपने को देना और कहना कि ठीक, अब मैं फिर बैठता हूं, अब तू फिर चल। जब-जब तुम सम्हल कर बैठोगे तब-तब तुम पाओगे मन बंद हो जाता है। और जब-जब तुम होश खो दोगे तब-तब तुम पाओगे मन फिर शुरू हो जाता है।

विश्लेषण किसका करोगे? साक्षी के सामने तो मन होता ही नहीं, विश्लेषण किसका करेगा? टेबल पर मरीज ही नहीं रहता, एकदम नदारद हो जाता है। जैसे ही साक्षी खोया, वैसे ही मरीज।

इसे ऐसा समझो, तुम जब सोए हुए हो, तो तुम्हारे उस सोएपन का नाम मन है। तुम जब जागे हुए हो, तब तुम्हारे जागेपन का नाम साक्षी है। ऐसा समझो कि जब तुम जागे हो, तब तुम सर्जन और जब तुम सोए हो, तुम मरीज। मरीज की तरह तुम्हीं लेटते टेबल पर आपरेशन की प्रतीक्षा करते, लेकिन तब सर्जन नहीं रहता। यहां दो तो हैं नहीं। तो बैठा है मरीज, लेटा है और रास्ता देखता है, सर्जन नहीं है। जब विचार होता है, तो द्रष्टा नहीं होता। और जब सर्जन मौजूद होता है, द्रष्टा होता है तो मरीज नहीं होता, विचार नहीं होता। विश्लेषण करोगे किसका? विश्लेषण तो तब हो सकता है जब द्रष्टा और विचार दोनों साथ हों। आपरेशन करोगे किसका? कैसे करोगे? ये दो तो नहीं हैं। एक ही है। तो या तो मन होता है, या साक्षी होता है।

विश्लेषण शब्द बड़ा खतरनाक है। इसका मतलब यह होता है कि तुम हो और मन भी है, दोनों साथ-साथ खड़े हैं। ऐसा कभी हुआ नहीं। यह तो ऐसा हुआ जैसे कि घर में अंधेरा था, बड़ा अंधेरा था और मालिक ने अपने नौकर मुल्ला नसरुद्दीन को कहा कि जरा भीतर जाकर देख कर आ, अंधेरा है या नहीं? उसने कहा मालिक, जरा लालटेन जला लूं! तो उस मालिक ने कहा कि अंधेरे को देखने के लिए लालटेन की क्या जरूरत है? कंजूस आदमी, उसने कहा, नाहक तेल खराब करेगा, देख कर आ! पर उसने कहा, बिना लालटेन के देखूंगा कैसे? लालटेन जला लूं। लालटेन जला ली, नहीं माना, लालटेन जला कर गया देखने—अब लालटेन जला कर जाओगे तो अंधेरा कहां मिलेगा! लौट कर आ गया। बोला, मालिक, अंधेरा बिलकुल नहीं है। मैं बिलकुल देख आया, कोने-कोने में देख आया; लालटेन जला कर देख आया, चूक हो नहीं सकती।

लालटेन जला कर देखने जाओगे तो अंधेरा मिल नहीं सकता। इसीलिए तो ध्यानी को विचार कभी मिला नहीं। जब ध्यान हुआ, ज्योति जली, विचार नहीं। विचार तो अंधेरे की तरह हैं। जब ध्यान न रहा, ज्योति न रही, तब खूब घना अंधेरा है। विचार ही विचार हैं।

तो विश्लेषण में तुम यह मत सोचना कि साक्षी पैदा हो रहा है। विश्लेषण में तो एक विचार दूसरे विचार की टांग खींच रहा है। वह दूसरा विचार भी विचार ही है। विश्लेषण किसका कर रहे हो? विचार ही विचार को कतरनी की तरह काट रहा है। तुम तो मौजूद नहीं हो। तुम मौजूद हो जाओ तो विश्लेषण करने को कुछ बचता ही नहीं।

पूरब और पश्चिम का यही फर्क है। पश्चिम में ध्यान के नाम से जो चलता रहा है, वह कंटेम्प्लेशन है। चिंतन, मनन। पश्चिम से लोग आते हैं और उनको कहो कि ध्यान करो तो वे कहते हैं, किस पर ध्यान करें? स्वभावतः, ध्यान का मतलब ही उनके लिए होता है—किस पर। कोई विषय चाहिए। उनको यह बात एकदम से समझने में बड़ी कठिन होती है कि ध्यान का मतलब ही होता है, निर्विषय। किस पर, यह बात ही गलत है। जब तक कुछ मौजूद है तब तक ध्यान नहीं। जब कुछ भी मौजूद नहीं है, शून्याकार वृत्ति, तब ध्यान।

तो बजाय तुम विचार में उलझने के, जागो। मन बड़ा चालाक है। वह कहता है, चलो, विश्लेषण करें; लेकिन विश्लेषण भी किस चीज का करेगा?

मुल्ला नसरुद्दीन ने अपने बेटे से कहा, फिल्म देखने मत जाना, बड़ी गंदी फिल्म लगी है। और गया तो ठीक न होगा। अब यह तो उकसावा हो गया। बेटे को खयाल भी नहीं था फिल्म में जाने का, यह बाप ने और उकसावा दे दिया। तो वह पहुंच गया। और जब निकल रहा था बाहर तो पता है आपको क्या मिला उसको, क्या देखने मिला? मुल्ला नसरुद्दीन भी निकल रहा था बाहर। तो उस बेटे ने कहा, अरे पिताजी, आप!

नसरुद्दीन एक क्षण तो ठिठका, फिर उसने कहा, इसीलिए देखने आया था कि यह बच्चों के देखने लायक है या नहीं? अगर हो देखने लायक तो तुझसे कह दूंगा कि देख आ।

तुम अगर विश्लेषण भी करोगे तो विश्लेषण के नाम पर भी तुम करोगे क्या? वही तस्वीरें देखोगे जो तस्वीरें पहले और किसी नाम से देखी थीं। अब इस बहाने देखोगे कि विश्लेषण कर रहे हैं। वही उठेगी कामवासना। अब तुम कामवासना की प्रक्रिया में उतर कर करोगे क्या? होगा क्या? वही उठेगा क्रोध, वही होगा लोभ, अब नये नाम से विश्लेषण! तुम डूबोगे उन्हीं गंदगियों में फिर। यह धोखा तुम किसको दे रहे हो? कामवासना का विश्लेषण करते-करते तुम कामवासना से ही भर जाओगे।

क्योंकि जिस बात का तुम बहुत विचार करोगे, वही बात तुम्हारे भीतर प्रविष्ट होती चली जाती है। जिसका तुम बहुत देर साथ-संग करोगे, उसका परिणाम होगा, उसका प्रभाव होगा, उसमें तुम रंग जाओगे। और जितने रंगोगे, उतने सोचोगे और विश्लेषण करूं, और विश्लेषण करूं; यह विश्लेषण ऐसा ही है जैसे कोई खाज को खुजलाए। खुजलाने से खाज मिटती नहीं और बढ़ती है। बढ़ती है तो और खुजलाना पड़ता है, और खुजलाना पड़ता है तो और बढ़ती है, और बढ़ती है तो और खुजलाना पड़ता है, दुष्ट-चक्र पैदा हो जाता है। यह तो ऐसा ही है जैसे कोई घाव को बार-बार कुरेद कर देखे कि अभी तक भरा या नहीं? अब तुम कुरेद कर देखोगे तो भरेगा कैसे!

छोड़ो, विचार का कोई मूल्य ही नहीं है, दो कौड़ी का है। इसका विश्लेषण भी क्या करना। कचरे का विश्लेषण भी क्या करना! व्यर्थ का विश्लेषण भी क्या करना! यह कोई बड़ी बहुमूल्य वस्तु थोड़े ही है, जिसका विश्लेषण करो, बैठ कर हिसाब-किताब लगाओ! इसे इकट्ठा फेंक देने जैसा है।

ध्यान का अर्थ होता है, जान लिया इस बात को कि विचार से कुछ मिलता नहीं। अब और विश्लेषण करने की कोई जरूरत नहीं है।

आत्मविश्लेषण कौन करेगा? अभी आत्मा है कहां? अभी तो एक विचार दूसरे विचार को तोड़ेगा। विचार से विचार लड़ा दोगे तुम। इससे बड़ा कोलाहल मचेगा। तुम और भी अशांत हो जाओगे।

नहीं, इस झंझट में मत पड़ना। बहुत बार तो यह आत्मविश्लेषण तुम्हें पागल बना दे सकता है।

पूरब कुछ और बात खोजा है, जागो! तुम चकित होओगे, जापान में झेन आश्रमों में पागलों के इलाज के लिए सदियों से एक काम उपयोग में लाया जाता रहा है। अब तो पश्चिम से भी मनस्विद पहुंचते हैं अध्ययन करने, क्योंकि उनको भरोसा नहीं होता कि यह हो कैसे सकता है! पश्चिम में तो पागल आदमी का मनोविश्लेषण वर्षों तक करके भी कुछ खास लाभ नहीं होता। छोटे-मोटे फर्क होते हैं। कोई मौलिक फर्क नहीं पड़ता।

एक आदमी का मनोविश्लेषण तीन साल तक हुआ। और तीन साल के बाद जब किसी ने उससे पूछा कि कहो, मनोविश्लेषण से कितना लाभ हुआ? उसने कहा, काफी लाभ हुआ। तो पूछने वाले ने पूछा कि क्या शराब पीने की जो तुम्हारी विक्षिप्त आदत थी, वह छूट गई? उसने कहा, आदत तो नहीं छूटी, लेकिन अब पहले जो अपराध-भाव मालूम होता था, वह मालूम नहीं होता। वह अपराध-भाव छूट गया। वह जो गिल्ट मालूम होती थी कि कुछ बुरा कर रहे हैं, वह बात छूट गई। और फिर,

एक बात में और फर्क पड़ा कि पहले मैं शराबघर पहुंच जाता था, जब शराबघर बंद होता तब भी पहुंच जाता था, अब तभी पहुंचता हूं जब खुला होता है। पहले तो ऐसा होता था, रविवार को बंद है तब भी मैं पहुंच जाता था। वह पागलपन अब छूट गया। अब तो जब खुला होता है तभी जाता हूं।

ये कोई फर्क हुए! छोटे-मोटे सुधार कहो। किसी बड़े मूल्य के नहीं।

झेन आश्रमों में पागल आदमी का कोई विश्लेषण नहीं करते। उसे दूर आश्रम के कोने में एक कमरे में रख देते हैं, एक झोपड़े में रख देते हैं। उससे कोई बोलता भी नहीं। उस पर कोई ज्यादा ध्यान भी नहीं देते। क्योंकि झेन फकीर कहते हैं, पागल पर ज्यादा ध्यान देने से उसके पागलपन को भोजन मिलता है। उसको मजा आता है कि इतने लोग ध्यान दे रहे हैं! उसको ध्यान देने की जरूरत नहीं, क्योंकि ध्यान बड़ा सूक्ष्म भोजन है। हो सकता है वह पागलपन इसीलिए दिखला रहा है कि ध्यान पाने का यही एक उपाय है उसके पास, और कोई उपाय नहीं। कोई राजनेता बन कर ध्यान पा लेता है, कोई पागल बन कर ध्यान पा लेता है, हैं सब पागलपन की बातें। कोई धन इकट्ठा करके ध्यान पा लेता है, कोई आदमी नंगा खड़ा होकर, फकीर होकर ध्यान पा लेता है, लेकिन हैं सब पागलपन की बातें।

दूसरे से जब तक तुम ध्यान पाने की आकांक्षा कर रहे हो, तब तक तुम होश में नहीं हो। होश वाला आदमी दूसरे से ध्यान की आकांक्षा नहीं करता, अपने भीतर ध्यान को जगाता है।

फर्क समझ लेना। आमतौर से तुम दूसरे से ध्यान पाने की आकांक्षा करते हो। इसीलिए तो स्त्रियां खड़ी हैं दर्पण के सामने घंटों।

मुल्ला नसरुद्दीन एक दिन मक्खियां मार रहा था, एकदम चिल्लाया कि दो मादा मक्खियां मार डालीं और दो नर! पत्नी ने कहा, हद हो गई, तुमने जाना कैसे कि दो मक्खियां मादा थीं और दो नर थीं? उसने कहा कि जो नर थे वे अखबार पर बैठे थे और जो मादाएं थीं वे दर्पण पर बैठी थीं। इससे साफ है। घंटे भर से देख रहा हूं कि दो मक्खियां बस दर्पण पर ही बैठी हैं। मादा होनी चाहिए।

स्त्रियां दर्पण के सामने सज रही हैं, संवर रही हैं, किसलिए? किसी का ध्यान आकर्षित हो जाए। अब ये बड़ी उलटी बातें हैं। खूब सज-संवर कर निकलेंगी, आकांक्षा भीतर यही है अचेतन की कि किसी का ध्यान आकर्षित हो। फिर कोई धक्का दे देगा तो नाराज भी होती हैं। अब यह बड़ी बेहूदी बात है। धक्के कोई न दे, कोई देखे न, तो दुख। कोई देख ले और धक्का दे दे, कोई पीछे लग जाए, तो दुख। आदमी बड़ा बेबूझ है। लोग ढंग-ढंग की व्यवस्थाएं जुटाते हैं कैसे ध्यान आकर्षित हो जाए।

रॉबर्ट रिप्ले अमरीका का एक बहुत प्रसिद्ध आदमी हुआ। उसको प्रसिद्ध होना था तो उसने आधे सिर के बाल घोट डाले—आधे सिर के। तीन दिन के भीतर पूरे अमरीका में उसका नाम हो गया। क्योंकि सारे अखबारों में फोटो छप गया, अखबार के लोग आने लगे उससे पूछने कि यह आपने क्यों किया? क्या बात है? इसके पीछे राज क्या है? उसने एक सर्कस से हाथी खरीद लिया और हाथी पर बैठ कर न्यूयॉर्क में घूम गया—आधा सिर घुटा और हाथी पर बैठा। और हाथी पर बड़े-बड़े अक्षरों में लिखा है—रॉबर्ट रिप्ले। बच्चा-बच्चा जान गया, घर-घर से लोग निकल कर आ गए देखने कि मामला क्या है। और उससे पूछा, तो उसने कहा, कुछ नहीं, मैं प्रसिद्ध होना चाहता था। और वह प्रसिद्ध हो गया। अब तुम देखते हो, मुझे भी उसका नाम मालूम है। नहीं तो रॉबर्ट रिप्ले का नाम मालूम होने का मुझे कोई कारण नहीं है। उसने कुछ और किया ही नहीं सिवाय इसके।

मगर फिर उसने ऐसी कई बातें कीं, जब उसको एक दफा तरकीब हाथ लग गई। तो कई बातें कीं। उसने एक बड़ा दर्पण अपने सामने बांध लिया और उलटा चल कर पूरे अमरीका की यात्रा की। दर्पण सामने, दर्पण में देखे पीछे का रास्ता और चले उलटा। वह बड़ा प्रसिद्ध हो गया। जब वह मरने के करीब था, तो उसने अपने प्रेस एजेंट को कहा—अब तो उसकी बड़ी ख्याति हो गई थी, उसके पास प्रेस एजेंट और सब व्यवस्था थी और कुल काम उसका इसी तरह का था, कुछ उलटा-सीधा करना—उसने अपने प्रेस एजेंट को कहा कि खबर कर दो, रिप्ले मर गया। पर उसने कहा कि अभी तुम जिंदा हो। उसने कहा मैं अपनी अखबार में खबर पढ़ना चाहता हूं मरने की। मर तो मैं जाऊंगा, डाक्टर कहते हैं चौबीस घंटे से ज्यादा जी नहीं सकता। तो मैं आखिरी काम यह करना चाहता हूं कि मैं देखना चाहता हूं, अखबार मेरे मरने के बाद मेरे संबंध में क्या लिखेंगे। प्रशंसा करेंगे, निंदा करेंगे, एडीटोरियल लिखे जाएंगे कि नहीं, कौन क्या कहेगा? राजनेता बोलते कि नहीं, क्या होता है? वह मैं देखना चाहता हूं। और मैं आखिरी खबर भी दुनिया में पैदा करना चाहता हूं, वह मैं तुम्हें पीछे बताऊंगा, तुम अभी तो सूचना कर दो।

अखबारों को खबर दे दी गई, सब अखबार छप गए, फोटो छप गए कि रिप्ले मर गया। और शाम को उसने अखबार पढ़े, अखबार पढ़ते हुए फोटो उतरवाई—अपने मरने की खबर पढ़ते हुए रॉबर्ट रिप्ले। और उसने दूसरी खबर दी कि अब दूसरी खबर दे दो कि रॉबर्ट रिप्ले मनुष्य-जाति का पहला आदमी जिसने अपने मरने की खबर खुद पढ़ी। पढ़ेगा भी कोई कैसे! तब मरा। यह आखिरी खबर दुनिया में छपवा कर मरा।

जब बर्नार्ड शॉ को नोबल प्राइज मिली तो उसने इनकार कर दिया। पहले तो नोबल प्राइज मिली, इसकी खबर छपी, सारे दुनिया के अखबारों में। फिर उसने इनकार

कर दिया, इसकी खबर छपी। वह दुनिया का पहला आदमी था जिसने नोबल प्राइज इनकार किया। और बड़ी खबर छपी। कि ऐसा तो कभी हुआ नहीं। कोई नोबल प्राइज इनकार करता है! और उसने जो वक्तव्य दिया, उसमें कहा कि अब मैं बूढ़ा हो गया, जब मैं जवान था तब मिलती तो मुझे कुछ सुख होता। अब तो किन्हीं बच्चों को दो! अब तो मैं उस जगह के पार आ गया, जहां नोबल प्राइज का कोई मतलब नहीं होता। यह शान बताई उसने! यह छपी। यह तो सम्राट का अपमान है, स्वीडन के सम्राट का। उसकी तरफ से सम्मान मिलता है नोबल प्राइज का, कभी किसी ने इनकार किया नहीं था, यह पहला ही उपद्रव खड़ा हुआ। सारी दुनिया से दबाव डाला गया, इंग्लैंड के राजा ने दबाव डाला और बड़े-बड़े राजनेताओं ने दबाव डाला कि स्वीकार करो, यह तो अपमान है। चाहे स्वीकार करके फिर तुम दान कर देना यह धनराशि।

तो इस बड़े दबाव में, बड़ी मजबूरी में उसने स्वीकार किया, अब अखबारों में खबर छपी कि वह राजी हो गया, उसने स्वीकार कर लिया। स्वीकार करके उसने तत्क्षण—एक हाथ से दस्तखत किया स्वीकार का और दूसरे हाथ से दान कर दिया, पूरी धनराशि, कोई दस लाख रुपये की धनराशि दान कर दी। वह अखबारों में खबर छपी कि बड़ा दानी। और आखिरी खबर यह छपी कि वह दान जिसको किया है, वह संस्था कुछ और नहीं उसकी ही संस्था है, वह खुद ही एक मेंबर हैं उसके। ऐसे इस हाथ से देकर अपने को ही ले ली। और जब उससे पूछा गया, यह सब जाल क्यों किया? तो उसने कहा कि नोबल प्राइज मिलती, एक दफे छप कर बात खतम हो जाती, मैंने सात दफे छपवा ली। सात दिन तक दुनिया भर की आंखें अटकाए रखा।

आदमी उत्सुक है कि ध्यान कोई दे। पागलपन करने को तैयार है।

तो झेन फकीर कहते हैं, पागल को तो ध्यान देना ही मत। उसको रख देते हैं दूर एक झोपड़े में। खाना पहुंचा देते हैं, उसकी तीमारदारी कर देते हैं, लेकिन उससे कोई बोलता भी नहीं। उससे कहते हैं, तीन सप्ताह तू शांत बैठ कर देख जो भी होता है तेरे भीतर। अक्सर ऐसा होता है कि तीन सप्ताह पूरे होते-होते वह आदमी ढंग पर आ जाता है, रास्ते पर आ जाता है। कुछ किया नहीं जाता, सिर्फ उसको छोड़ दिया जाता है उस पर ही। कोई ध्यान नहीं देता, कोई उत्सुकता नहीं लेता।

तुम चकित होओगे जान कर यह बात कि अक्सर हम जब ध्यान देते हैं लोगों पर तो हम उनकी गलत आदतें मजबूत करते हैं। बच्चा बीमार है तो बाप उसके पास बैठता है आकर, मां सिर दबाती। बच्चा स्वस्थ है तो न बाप उसके पास बैठता, न मां उसकी कोई फिकिर लेती। तुम गलत काम कर रहे हो। तुम बीमारी के साथ बच्चे का रस जोड़ रहे हो। तुम कह रहे हो कि जब भी तुझे ध्यान की जरूरत हो, बीमार पड़ जाना। तुमने एक ऐसा रस पैदा कर दिया बीमारी में कि बच्चा जब भी अनुभव करेगा

कि मेरी तरफ कोई ध्यान नहीं दे रहा, तब वह बीमार हो जाएगा, रुग्ण हो जाएगा। सौ में नब्बे प्रतिशत बीमारियां ध्यान के लिए पैदा की जाती हैं।

इसलिए तुम देखते, पत्नी मजे से बैठी है, रेडियो सुन रही है, अपना स्वेटर बुन रही है और जैसे ही हार्न नीचे बजा कि पति आ गए कि एकदम लेट गई, सिर में दर्द हो गया। और तुम ऐसा मत सोचना कि वह बन कर ही लेटी है। हो ही जाता है। तुमसे मैं यह नहीं कह रहा हूं कि वह धोखे दे रही है। यह उसकी अब आदत हो गई है, पति का जो हार्न बजना है यह काफी है सिरदर्द के लिए। संयोग हो गया, दोनों का जोड़ बैठ गया। जिसको मनोवैज्ञानिक एसोसिएशन कहते हैं। इसका संयोग हो गया। ऐसा मत सोचना कि मैं यह कह रहा हूं कि वह धोखा दे रही है। शायद कभी शुरू-शुरू में दिया होगा, अब तो वह बहुत गए दिनों की बात हो गई। अब तो यह आदत का हिस्सा हो गई। पति के आते ही सिर में दर्द उठता है। क्योंकि जब सिर में दर्द होता है तभी पति सिर पर हाथ रखता है। नहीं कौन अपनी पत्नी के सिर पर हाथ रखता है! कोई दूसरे की पत्नी के सिर पर हाथ भला रख दे, अपनी पत्नी के सिर पर कौन हाथ रखता है! पत्नी जब परेशान होती है, तब पति थोड़ी सहानुभूति दिखाता है। प्रेम तो खो गया है, अब सहानुभूति से ही काम चलाता है। पत्नी को भी अब प्रेम तो मिलता नहीं, लेकिन सहानुभूति की भिक्षा। तो कभी बीमार, तो कभी सिरदर्द, तो कभी कमर में दर्द, कभी यह, कभी वह, वह कुछ न कुछ लगाए रखती है।

तुम इसे खयाल रखना। मैं यह नहीं कह रहा हूं, जब बच्चा बीमार हो तो ध्यान मत देना। मैं यह कह रहा हूं, इस भांति ध्यान देना कि बच्चे को एक बात साफ हो जाए कि सम्मान स्वास्थ्य का है, बीमारी का नहीं। उसकी तीमारदारी कर लेना, उसकी हिफाजत कर लेना, लेकिन यह भूल कर भी उसके मन में भाव पैदा मत होने देना कि तुम बीमारी को प्रेम देते हो। प्रेम तो बच्चे को तब देना जब वह हंसता हो, मुस्कुराता हो, आनंदित होता हो। तब उसे गले लगाना। और जब बीमार हो, तब दवा देना, भोजन देना, लेकिन ज्यादा उत्सुकता मत लेना। तुम उसके जीवन में स्वास्थ्य, आनंद, खुशी, उत्सव को बढ़ावा देना। तुम पाओगे उसके जीवन में कम से कम बीमारियां होंगी और ज्यादा से ज्यादा स्वास्थ्य होगा। तुम अपनी पत्नी को तब प्रेम देना जब वह प्रसन्न है, हंस रही है, आनंदित है, नाच रही है, तब प्रेम देना। जब वह उदास पड़ी है तब दवा दे देना, लेकिन उसमें बहुत उत्सुकता मत लेना। बीमारी में रस लेना ही मत, अन्यथा बीमारी बढ़ती है। बीमारी में रस तोड़ ही देना।

और हजारों साल का झेन फकीरों का अनुभव है कि वह पागलों को भी ठीक कर लेते हैं, सिर्फ ध्यान हटाकर। ध्यान नहीं देते। सिर्फ पागल को छोड़ देते हैं उसके भाग्य पर, थोड़ी देर में वह खुद ही समझ जाता है, क्या सार है इस सबमें? अब तुम

थोड़ी देर को तुम समझो, यह रॉबर्ट रिप्ले सिर घुटा कर निकला, अगर किसी ने इस पर ध्यान न दिया होता तो दुबारा यह झंझट न करता। इसकी जिंदगी खराब कर दी जिन्होंने ध्यान दिया। जो बाहर निकल आए अपनी दूकान छोड़ कर देखने कि क्या मामला है, उन्होंने इसकी जिंदगी खराब कर दी। फिर यह जिंदगी भर इसी तरह के काम करता रहा। यही इसकी जिंदगी हो गई। यह भी कोई काम है! हाथी पर बैठ कर निकल गए, यह कोई काम है। आईना बांध कर पूरे मुल्क की पूरी उल्टी यात्रा कर ली, यह कोई काम है। यह कोई सृजनात्मकता है। इससे जीवन का कोई अहोभाव हो सकता है। नहीं, आदमी को चुका दिया। जिन्होंने चुकाया उन्हें पता भी नहीं है।

तुम जब भी अपने विचारों के प्रति बहुत ध्यान देने लगो, तो तुम विचारों को प्राण देते हो, विचारों को बल देते हो। पूरब कहता है, शांत, तटस्थ होकर बैठ जाओ, रस ही मत लो, विरस होकर बैठ जाओ, वीतराग होकर बैठ जाओ। कह दो मन को कर तुझे जो करना है, तू अपनी उधेड़बुन कर जैसा तुझे करना है। तुमने देखा कभी घर में बच्चे शांत बैठे अपना काम कर रहे हैं, और कोई मेहमान आने को हैं और तुम उनसे कह दो भई, मेहमान आते हैं जरा शांत रहना, फिर वे शांत नहीं रहते। मेहमान घर में आएं कि बच्चे बहुत उपद्रव करने लगते हैं। बीच-बीच में आ जाते हैं, अपनी मांग खड़ी करने लगते हैं, कि भूख लगी है मम्मी, कि ऐसा हो रहा है, कि वैसा हो रहा है, कि सिर में दर्द हो रहा है। और तुम चकित होते हो कि ये बच्चे जब मेहमान आते हैं तब क्यों इतना शोरगुल मचाते हैं! बच्चों को एक बात अखरती है कि मेहमानों पर ज्यादा ध्यान दिया जा रहा है और उन पर ध्यान नहीं दिया जा रहा है। तो वे बीच-बीच में आकर ध्यान मांग रहे हैं। वे कहते हैं, ध्यान हमें दो।

जिस चीज को तुम ध्यान दोगे वह बलशाली हो जाती है। ध्यान हट जाए, निर्बल हो जाती है, टूट जाती है।

तो मैं तो तुम्हें आत्मविश्लेषण को नहीं कहता। मैं तो आत्मजागरण को कहता हूं। विचारों को ध्यान ही मत दो। अगर तुमने कामवासना को बहुत-बहुत विचार किया, तुम पाओगे कि तुम और कामुक हो गए। तुमने अगर क्रोध पर बहुत विचार किया कि कैसे इससे छुटकारा हो, कैसे इससे मुक्ति मिले, क्या उपाय करूं, इसका विश्लेषण करूं, क्या इसकी जड़ है, कहां यह पड़ा है, तुम धीरे-धीरे पाओगे तुम इसी में उलझ गए।

नहीं, तुम्हारा ध्यान इन क्षुद्र बातों में लगाने का नहीं। क्षुद्र को होने दो, तुम अपने ध्यान को विदा कर लो। तुम ध्यान का सेतु तोड़ दो। तुम बहुत जल्दी पाओगे कि मन अपने आप—थोड़ी देर उधेड़बुन करेगा और फिर पाएगा कि कोई ध्यान नहीं देता, क्या फायदा है।

सांख्य-सूत्रों में अदभुत बात कही है कि यह प्रकृति की नटी तब तक नाचती है जब तक तुम ध्यान देते हो। जब ध्यान देने वाला कोई नहीं, देखने वाला कोई नहीं रहता तो नर्तकी सोचती है, अब क्या सार! दर्शक जा चुके, अब क्या अर्थ!

एक सभा में एक राजनेता बहुत देर तक बोलता चला गया। धीरे-धीरे लोग हटते गए, उठते गए। आखिर में सिर्फ एक आदमी मुल्ला नसरुद्दीन बैठा रह गया। फिर भी राजनेता ने पीछा न छोड़ा, उसे जो कहना था वह कहता ही रहा। अंत करके उसने नसरुद्दीन को कहा कि धन्यवाद नसरुद्दीन, मैंने तो कभी नहीं सोचा था कि तुम्हारा मुझमें इतना लगाव है, कि तुम और इतने प्रेम से मुझे सुनोगे मैं तुम्हारा आभारी हूं। वर्षों हो गए इस गांव में रहते, मैंने तुम्हारी तरफ कभी ध्यान ही नहीं दिया। एक तुम अकेले बचे और सब चले गए। नसरुद्दीन ने कहा फिजूल की बातों में न पड़ो, मैं आपके बाद का बोलने वाला हूं, इसलिए बैठा हूं। अब बैठो और सुनो मुझे। सुननेवाले तो जा चुके, मुझे बोलना है। मैं वक्ता को धन्यवाद देने के लिए बोलनेवाला हूं, अब तुम बैठो और सुनो। सुनने को मैं भी यहां बैठा नहीं हूं।

अगर नर्तकी देखे कि सारे दर्शक जा चुके हैं तो नर्तन का क्या अर्थ रह जाएगा! बंद हो जाएगा। यह मन का जो नर्तन चल रहा है, तुम इसके जब तक रसविभोर होकर, उत्सुक होकर, विश्लेषक बने हो, तब तक गड़बड़ है, तब तक जारी रहेगा। तुम मुंह मोड़ लो, तुम पीठ कर लो, तुम मन से विमुख हो जाओ। जो मन से विमुख हुआ, वह आत्मा के सन्मुख हो जाता है। जो मन की तरफ उन्मुख रहा, उसकी पीठ आत्मा की तरफ रहती है। तुम पीठ मन की तरफ करो—मन को कहो कि तुझे जो करना है, कर। तेरे करने, न-करने में कुछ फर्क नहीं पड़ता। अप्रासंगिक है तेरा करना, न-करना। तू कर तो हमें कुछ प्रयोजन नहीं, तू न कर तो हमें प्रयोजन नहीं। तेरा अच्छा-बुरा सब व्यर्थ है। समग्ररूपेण तू व्यर्थ है। हम पीठ फेरते हैं। इस घड़ी में क्रांति घटती है।

दूसरा प्रश्न : मैं ब्राह्मण हूं, और शायद यही भाव समर्पण में बाधा बन रहा है। झुकने की आदत नहीं है और अब चाहता हूं तो भी पुरानी आदत बाधा बन रही है। आप कुछ सहायता करें।

मौत इस बात की चिंता न करेगी कि तुम ब्राह्मण हो कि शूद्र हो। कि हिंदू हो कि मुसलमान हो। कि दरिद्र हो कि धनी हो। मौत इस बात की चिंता न करेगी कि तुम कौन हो। मौत के सामने सब बराबर हैं। मौत को ध्यान में रखो तो तुम भूल जाओगे कि तुम ब्राह्मण हो। मौत को भूल गए तो ये अकड़ें याद रहती हैं। मौत को याद रखो तो तुम भूल जाओगे कि तुम धनी हो कि गरीब हो। हां, मौत को भूल गए तो ये अकड़ें बनी रहती हैं।

किसीके मुंह से न निकला यह मेरे दफन के वक्त
कि इन पे खाक न डालो ये हैं नहाए हुए

नहाए हुओं पर भी खाक पड़ जाती है। पड़ती ही है। स्वच्छ से स्वच्छ देह भी कब्र में दबती है, दबती ही है। यह स्वच्छता और ब्राह्मण और श्रेष्ठता और ऐसा और वैसा, यह सब अहंकार के आयोजन हैं। स्वभावतः अगर इनमें तुम बहुत ग्रसित रहे, तो संन्यस्त न हो सकोगे।

भारत की तुमने एक अनूठी बात देखी? कि संन्यासी को हमने वर्ण-व्यवस्था के बाहर रखा है। संन्यस्त होते से ही कोई व्यक्ति न तो ब्राह्मण रह जाता है न शूद्र, न क्षत्रिय न वैश्य। संन्यास वर्ण-व्यवस्था के बाहर है। चाहे ब्राह्मण संन्यासी हो, चाहे शूद्र संन्यासी हो, संन्यासी होते से ही वर्ण के बाहर हो गया, वर्णातीत हो गया।

वर्ण का अर्थ होता है, रंग। रंगों में उलझे हो? रूपों में उलझे हो? नाम में उलझे हो? तो तुम संन्यस्त न हो सकोगे। ब्राह्मण तो संन्यस्त नहीं हो सकता। ब्राह्मण छोड़ कर कोई संन्यस्त होता है।

और इस अकड़ से मिला क्या है, जो इसको खींचे जा रहे हो? पाया क्या है? ब्राह्मण होने से होगा भी क्या? ब्रह्म होने का मौका चूक रहे ब्राह्मण होने के पीछे!

उद्दालक ने अपने बेटे श्वेतकेतु को कहा है कि बेटे तू सिर्फ जन्म से ही ब्राह्मण होकर मत रह जाना, क्योंकि हमारे घर में ऐसा कभी नहीं हुआ। ऐसा दुर्भाग्य कभी नहीं हुआ। हमारे घर में लोग ब्रह्म को जान कर ब्राह्मण होते रहे। इस परंपरा को खयाल रखना। ब्राह्मण पैदा होकर ही अपने को ब्राह्मण मत मान लेना। यह बड़ा सस्ता ब्राह्मणपन है। इसमें क्या रखा है! संयोग की बात है। अगर ब्राह्मण के घर में पैदा हुए और उसी वक्त उठा कर रख दिया होता शूद्र के घर में तो तुम समझते कि तुम शूद्र हो। शूद्र के घर में शायद पैदा हुए हो और रख दिए गए ब्राह्मण के घर में तो तुम समझ रहे हो कि तुम ब्राह्मण हो। संयोग की बात है, संस्कार की बात है—क्या तुम्हें सिखा दिया दूसरों ने। दूसरों के सिखाए कहीं कोई ब्राह्मण हुआ है!

बड़ी पुरानी और बड़ी प्यारी कथा है।

विश्वामित्र अपने को ब्रह्म-ऋषि घोषित करना चाहते थे। क्षत्रिय थे। और जब तक वशिष्ठ उन्हें ब्रह्म-ऋषि स्वीकार न करें तब तक कोई उनको स्वीकार करने को राजी न था। और वशिष्ठ उन्हें हमेशा राज-ऋषि कहते थे, कभी ब्रह्म-ऋषि नहीं कहते थे।

बात बिगड़ती चली गई। फिर तो बात यहां तक बन गई—थे तो क्षत्रिय, और इसीलिए तो वशिष्ठ उन्हें ब्रह्म-ऋषि नहीं कहते थे—एक दिन तलवार लेकर, पूर्णिमा के चांद की रात है, पहुंच गए वशिष्ठ के आश्रम कि आज फैसला ही कर लेंगे। या तो मुझे ब्रह्म-ऋषि कहे या गर्दन अलग कर दूंगा। क्षत्रिय तो क्षत्रिय, बुद्धि तो वही थी

तलवार वाली। वह लेकर पहुंच गए। वहां वशिष्ठ अपने शिष्यों को लेकर—पूर्णिमा की रात है—ब्रह्मचर्चा हो रही है।

वह छिपे बैठे हैं एक झाड़ी में कि जब मौका मिले तो निकल कर इसका फैसला ही कर दें। किसी ने पूछा वशिष्ठ को कि विश्वामित्र इतनी चेष्टा कर रहे हैं और इतने साधुपुरुष, आप उनको ब्रह्म-ऋषि कह क्यों नहीं देते? क्यों उन्हें दुख दे रहे हैं? वशिष्ठ ने कहा कि विश्वामित्र अपूर्व व्यक्ति है, अनूठा व्यक्ति है, अद्वितीय व्यक्ति है और इसीलिए रुका हूं, क्योंकि मुझे आशा है वह ब्रह्म-ऋषि हो जाएगा। हो जाए, तभी कहूं; अभी कह दूंगा तो रुक जाएगी बात। थोड़ी अकड़ क्षत्रिय की अभी उसमें शेष रह गई है। अभी तलवार उसके हाथ से छूटी नहीं है। तलवार छूट जाए तो जरूर कहूंगा। है योग्य। और होकर रहेगा यह भी पक्का है। लेकिन प्रतीक्षा कर रहा हूं ठीक समय की। अभी कह दूंगा तो बात अटक जाएगी, फिर कभी होने का उपाय न रहेगा। मैं उसका दुश्मन नहीं हूं।

यह बात सुनी छिपे हुए झाड़ी में विश्वामित्र ने। भरोसा न आया कि वशिष्ठ और मेरे प्रेम में इतनी बात कह रहे हैं। फेंक दी तलवार वहीं। दौड़ कर वशिष्ठ के पैर पर गिर पड़े। वशिष्ठ ने उठाया तो कहा, उठो ब्रह्मर्षि! आंख से आंसू बहने लगे। विश्वामित्र ने कहा, अब आप कहते ब्रह्मर्षि! अब किसलिए कहते हैं! मत कहें, मैं इस योग्य नहीं हूं, आपको पता नहीं है मैं क्या करने आया था। वशिष्ठ ने कहा, उसकी फिकर छोड़ो तुम क्या करने आए थे। तुमने जो किया, कि तुम चरण में झुक गए, यह झुक जाने की कला ही तो ब्राह्मण होने की कला है। अब यह बड़ी मुश्किल बात। इसीलिए तो रोका था अब तक कि कब तुम झुको कि तुम्हें कह दूं। तुम्हारी अकड़ गई, अब क्षत्रिय न रहा। अब तुम सच में ब्राह्मण हुए।

लेकिन साधारणतः हालत उलटी। ब्राह्मण किसी के चरणों में नहीं झुकता। यह कथा उलटी है। ब्राह्मण किसी के चरणों में झुकता नहीं, वह तो सबको चरणों में झुकाता है। वह तो अकड़ा खड़ा रहता है। ब्राह्मण की अकड़ तुमने देखी? ब्राह्मण से ज्यादा अहंकारी आदमी खोजना मुश्किल है। क्योंकि वह अपने को सबसे श्रेष्ठ माने बैठा है। जिसने अपने को श्रेष्ठ मान लिया है, उसके श्रेष्ठ होने के द्वार बंद हो गए। जिसने अपने को श्रेष्ठ मान लिया, अवरुद्ध हो गई यात्रा।

जीसस ने कहा है, धन्य हैं वे जो अंत में खड़े हैं, क्योंकि वे ही मेरे प्रभु के राज्य में प्रथम हो जाएंगे। जो अंतिम हैं वे प्रथम हो जाएंगे और जो प्रथम हैं वे अंतिम हो जाएंगे।

तुम कहते हो, मैं ब्राह्मण हूं। अगर तुम सच में ही ब्राह्मण हो—जन्म से ही, जाति से ही नहीं—तब तो कोई हर्जा नहीं है। लेकिन तब झुकना तुम्हें बिलकुल सरल होगा। तब समर्पण तुम्हारा स्वभाव होगा। तब अकड़ तुममें होगी ही नहीं। अगर

अकड़ है, तो तुम ब्राह्मण नहीं हो सिर्फ जाति से ब्राह्मण हो। और जाति के ब्राह्मणत्व का क्या मूल्य है! जीवन का ब्राह्मणत्व चाहिए। प्राणों में उठे ऊर्जा।

यह तो जातिवाली बात तो छिन जाएगी। यह तो मौत छीन लेगी। तुम अपने हाथ से छोड़ दो तो सौभाग्य है। नहीं तो मौत छीन लेगी। कब्र में जब पड़ोगे, चिता में जब जलोगे, तो चिता की आग यह फर्क न करेगी कि ब्राह्मण हो कि शूद्र। मौत कोई फर्क नहीं करती। मौत तो सिर्फ एक फर्क जानती है, अगर तुम सच में ही ब्राह्मण हो गए, ब्रह्म को जान लिया, तो फिर मौत तुम्हारी कभी नहीं होती। शरीर मरता है, मन मरता है, तुम नहीं मरते। तुम भीतर अपने अमृत में थिर होते हो।

संन्यास का इतना ही अर्थ है, जो मौत करेगी, वह तुम स्वेच्छा से कर दो। जो मौत छीन लेगी, वह तुम छोड़ दो। संन्यासी प्रतिभाशाली व्यक्ति है, देख लेता है कि मौत तो यह करेगी ही, तो छीन-झपट से क्या सार, खुद ही दे देते हैं। जो बात जानी ही है, उसे छोड़ने का मजा क्यों न ले लें। जो देनी ही पड़ेगी, उसे दान क्यों न कर दें। संन्यासी बहुत कुशल है। बोधपूर्वक एक बात को समझ लेता है कि जो मौत नहीं छीनेगी, वही बचाने योग्य है।

इसको तुम सूत्र समझो। हमेशा मौत को कसौटी बना लेना, कस लेना, यह बात मौत छीन लेगी? अगर छीन लेगी तो तुम्हीं छोड़ दो। अगर मौत इसे नहीं छीनेगी, फिर बचाओ; फिर यह बचाने योग्य है। जिसको तुम मौत के पार भी ले जा सकोगे अपने साथ, वही बचाने योग्य है, क्योंकि वही संपदा है।

ये ब्राह्मण और शूद्र, और हिंदू और मुसलमान, और जैन और ईसाई, ये मौत के साथ जाने वाले नहीं, ये सब जल कर राख हो जाएंगे। ये तुम्हारी खोपड़ी की बीमारियां हैं। ये कोई स्वस्थ होने के लक्षण नहीं हैं।

पुराने शास्त्र एक अदभुत बात कहते हैं कि पैदा तो सभी शूद्र होते हैं—यह बात मेरी समझ में आती है—पैदा तो सभी शूद्र होते हैं, कोई कभी-कभार ब्राह्मण बन पाता है। ब्राह्मण भी शूद्र ही पैदा होते हैं। पैदा तो सभी शूद्र होते हैं। जन्म से कोई ब्राह्मण होता है! जीवन से कोई ब्राह्मण होता है।

संन्यास ब्राह्मण होने का अवसर है। क्योंकि ब्रह्म को जानने का अवसर है।

अजीजो सादा ही रहने दो लोह-ए-तुर्बत को
हमीं नहीं तो ये नक्श और निगार क्या होगा

अब कब्र को खोद रहे हैं, नक्श कर रहे हैं, सुंदर बना रहे हैं, हीरे-जवाहरातों से जड़ रहे हैं।

हमीं नहीं तो ये नक्श और निगार क्या होगा।
अजीजो सादा ही रहने दो लोह-ए-तुर्बत को

मिट्टी में खुद ही मिल गए, तो अब संगमरमर की भी मजार हो तो क्या सार है! खुद ही न बचे, तो अब और कुछ बचने का अर्थ भी क्या होता है!

तुम मौत को सदा कसौटी समझो। जो मौत तुमसे न छीन सके, वही बचाने योग्य है। जो मौत छीन ले, वह छोड़ देने योग्य है। मौत को तुम ऐसे उपयोग करो जैसा तुमने देखा हो, सराफ सोने को कसने को एक पत्थर रखे रहता है। उस पत्थर पर सोने को कस कर देख लेता है—सोना है या नहीं? कसौटी। मौत कसौटी है। तो मौत के पत्थर पर हर चीज कस कर देखते रहो। तुम पाओगे कि सिवाय संन्यास के, ध्यान के, साक्षी के और कुछ मौत की परीक्षा पर उतरता नहीं। वही सिर्फ खरा सोना सिद्ध होता है। और तब मौत एक नया अनुभव बनती है। तब मौत मोक्ष बन जाती है।

हिचकी का तार टूट चुका रूह अब कहां
जंजीर खुलके गिर पड़ी दीवाना छूट गया

अगर तुमने अपने को शरीर के साथ एक समझा, मन के साथ एक समझा, तो तुम भी, लगेगा तुम्हें कि मर गए। अगर तुमने समझा कि तुम शरीर और मन के पार हो, साक्षी हो, तो तुम पाओगे : सांस की जंजीर टूट गई और दीवाना मुक्त हो गया। वह जो भीतर छिपा था, वह मौत से नष्ट नहीं हुआ, मुक्त हुआ। मौत तब मोक्ष बन कर आती है।

लेकिन मौत को समझने की कीमिया संन्यास है। उसको समझने का रसायन संन्यास है। संन्यास का इतना ही अर्थ होता है—सम्यक न्यास। ठीक-ठीक त्याग। किस बात को ठीक-ठीक त्याग कहते हैं? जो मौत छीन लेगी, उसके त्याग को ठीक त्याग कहते हैं। जो मौत नहीं छीनेगी, उसके भोग को ठीक भोग कहते हैं। संन्यास का अर्थ होता है, ठीक-ठीक का त्याग, ठीक-ठीक का भोग। और मौत कसौटी है। और तब—

अहबाब के कांधे से लहद में उतर आए
किस चैन से सोए हुए हम अपने घर आए

और तब मौत दुश्मन नहीं मालूम होती है।

किस चैन से सोए हुए हम अपने घर आए

तब मौत तो घर आना है। अपने परम विश्राम की अवस्था में आना है। पर उसके पहले संन्यास की अपूर्व घटना से गुजरना जरूरी है।

संन्यास का अर्थ होता है, स्वेच्छा से वरण की गई मृत्यु। इसलिए पुराने दिनों में जब संन्यास देते थे, तो आदमी का सिर घोंट देते थे जैसे मुर्दे का घोंट देते हैं। नहा-धोकर उसके कपड़े बदल देते थे, जैसे मुर्दे के बदल देते हैं। उसका नाम बदल देते थे, क्योंकि वह पुराना आदमी तो मर गया। और प्रतीकरूप में उसे चिता पर चढ़ाते थे।

चिता सजा देते थे, उस पर उसे लिटा देते थे, चिता जला देते थे और उसको घोषणा कर देते थे कि पुराना मर चुका, अब तू नया होकर उठ आ। और वह आदमी उठता। फिर वह लौट कर पुराने दिनों की बात नहीं करता था। न पुराने नाम का उपयोग करता था। न पुराने संबंधों की बात करता था। पुराना तो मर गया। वह बात समाप्त हो गई। यह नये क आविर्भाव है। संन्यास का अर्थ है, सूली और पुनरुज्जीवन। पुराने को मिटा देना, नये को जन्माना।

तुम कहते हो, 'मैं ब्राह्मण हूं और शायद यही भाव समर्पण में बाधा बन रहा है।'

शायद नहीं, निश्चित यही भाव। एक तो ब्राह्मण को यह खयाल होता है कि मैं जानता ही हूं, क्योंकि वह शास्त्र का ज्ञाता होता है।

एक मित्र मुझे पत्र लिखते थे, त्रिवेदी हैं। मैं भूल से—कुछ चूक हो गई होगी—उनको पत्र लिखा तो द्विवेदी लिख दिया। वह बड़े नाराज हो गए। पत्र आ गया उनका कि आपने यह क्या किया! मैं त्रिवेदी हूं, तीन वेदों के ज्ञाता को आपने एक क्षण में दो वेदों का ज्ञाता बना दिया! तो मैंने उन्हें पत्र लिखा, उसमें चतुर्वेदी लिख दिया। अब और क्या करूं! फिर उनका पत्र आया कि आप बात क्या है, आप भूल क्यों करते हैं? मैंने कहा, भूल नहीं कर रहा, जुर्माना भर रहा हूं। एक वेद छीन लिया था, एक जोड़ दिया, लेन-देन बराबर हो गया।

ब्राह्मण को तो बोध है कि मैं जानता हूं। और ज्ञान से बड़ी अकड़ कहीं कोई दूसरी होती है! ज्ञान की अकड़ के कारण आदमी अज्ञानी रह जाता है। जानना ज्ञान नहीं है, ज्ञान के त्याग से जानना घटित होता है। जब छूट जाते हैं शास्त्र और शब्द और रह जाता है मौन, निर्विचार, निःशब्द; शास्त्र विदा हो जाते हैं, कुरान, वेद, बाइबिल, गीता, सब विदा हो जाते हैं, बचते तुम अपने शुद्धतम चैतन्य में, निर्धूम जलती तुम्हारी चेतना की शिखा, वहां ज्ञान है। जहां सब जानकारी से मुक्ति हो जाती है वहां ज्ञान है। लेकिन तुम अगर वेद कंठस्थ करे बैठे हो, तो अड़चन होगी। तुम पहले से ही मान बैठे कि मुझे पता है। बिना जाने मान बैठे कि पता है। तो फिर रुकावट होगी।

शायद नहीं, निश्चित इसी के कारण समर्पण में बाधा पड़ रही है। मेरे पास जो लोग आते हैं, जिनको ज्ञानी होने का दंभ है, उनको सबसे ज्यादा अड़चन होती है।

पश्चिन का बहुत बड़ा संगीतज्ञ हुआ, मोज़ॅर्ट। उसके पास कोई संगीत सीखने आता तो वह पहले ही पूछ लेता, तुम जानते तो नहीं, पहले कुछ सीखा तो नहीं? अगर वह कहता कि पहले सीखा है, काफी सीखा है, तो वह कहता दुगुनी फीस लूंगा। और अगर कोई कहता कि मैं बिलकुल नया हूं, कुछ भी नहीं जानता, तो वह कहता आधी फीस ले लूंगा। लोग सुनते तो चकित होते। सीखने वाला कहता हम सीख कर आए हैं, दस वर्ष का अभ्यास है, हमसे फीस कम लो। हमसे ज्यादा लेते

हो? मोजॅर्ट कहता, तुम्हारे साथ ज्यादा मेहनत होगी। तुम पहले जो जानते हो वह मुझे मिटाना पड़ेगा। तुम्हारी स्लेट पर काफी लिखा जा चुका है, उसे साफ करना पड़ेगा, वह मेहनत अलग। उस मेहनत की भी फीस लगेगी। और जो कोरा आया है, उस पर तो मेहनत नहीं है। उस पर तो सीधा लिखा जा सकता है।

अक्सर मेरे अनुभव में यह आया है, जो लोग कोरे आते हैं, वे बड़ी शीघ्रता से गति करते हैं ध्यान में। जो भरे-भराए आते हैं, उनको बड़ी अड़चन होती है। उनके सिद्धांत, उनकी धारणाएं, उनके शास्त्र बीच में खड़े हो जाते हैं। वे मुझे सुनते ही नहीं। मैं कुछ कहता हूं, वे कुछ अर्थ करते हैं। उनके अनुवादों में बड़ी भूल हो जाती है।

कुछ दिन पहले मैं एक बूढ़े क्रांतिकारी राजा महेंद्र प्रताप के संस्मरण पढ़ रहा था। नब्बे साल के हो गए, झक्की किस्म के आदमी हैं। मगर सुंदर आदमी हैं। लंबे संस्मरण हैं उनके—नब्बे साल, और वे भारत के बाहर चक्कर लगाते रहे, भारत की आजादी के लिए कोई तीस साल एक-एक देश छान डाला। तो सबसे उनके संबंध रहे। लेनिन से, स्टैलिन से, ट्राटस्की से, माओ से, होची मिन्ह से, सबसे उनके संबंध रहे। सब तरह के क्रांतिकारियों से, हिटलर से। सब तरह के लोगों से उनके संबंध रहे।

उनके संस्मरण में एक बात मुझे बड़ी प्रीतिकर लगी। उन्होंने लिखा है कि जब मैं रूस गया और लेनिन से मिला और एक सभा को मैंने संबोधन किया, तो जो आदमी रूसी में मेरा अनुवाद करता था। वह बड़े ढंग से अनुवाद कर रहा था और मैं बड़ा चकित हो रहा था कि जहां-जहां मैं कहूं कि धर्म के बिना मनुष्य नहीं जी सकता, धर्म मनुष्य के लिए अनिवार्य है, तो लोग खूब ताली बजाएं। तो मैं बहुत हैरान हो रहा था, क्योंकि सुना तो मैंने यह था कि ये कम्युनिस्ट, रूसी, धर्म के विपरीत हैं, और ये तो एकदम ताली बजाते हैं! वह बड़े बेचैन हो गए। क्योंकि जब भी वह धर्म का नाम लें, एकदम ताली बजे।

तो उन्होंने बाद में पूछा उस अनुवादक को कि भई, बात क्या थी! उसने कहा, अब आप पूछते हैं तो बता देता हूं। असल में आज्ञा हमें ऐसी है कि जब भी कोई धर्म शब्द कहे तो उसका अनुवाद हम करते हैं—कम्युनिज्म। अनुवाद कम्युनिज्म करते हैं, तुम धर्म कहो इससे कुछ फर्क नहीं पड़ता। अनुवाद में तो हम कहते हैं कि कम्युनिज्म। तो जब तुमने कहा कि धर्म मनुष्य की अनिवार्यता है, तो हमने कहा, कम्युनिज्म मनुष्य की अनिवार्यता है, लोगों ने ताली बजाई। और फिर है भी ठीक यही अनुवाद, क्योंकि हमारा तो धर्म कम्युनिज्म ही है। तो और मैंने कोई फर्क नहीं किया, आपके व्याख्यान में और सब मैंने वैसा का ही वैसा रखा है, सिर्फ धर्म शब्द को जब-जब आपने कहा तब-तब मैंने कम्युनिज्म कर दिया, इतना आप क्षमा करना, इतनी मजबूरी है, इसकी हमें आज्ञा है कि ऐसे ही करना।

मगर यह तो सब बात गड़बड़ हो गई। तुम्हारा मन जब अनुवाद करता है—अनुवाद तुम करते हो, जब मुझे सुन रहे हो तो तुम पूरे वक्त अनुवाद कर रहे हो। तुम सीधा थोड़े ही सुन रहे हो, बीच में तुम्हारा मन बैठा है, वह अनुवाद करता जाता है कि देखो यह कहा, अच्छा तो ठीक, यह वेद में लिखा कि नहीं लिखा? लिखा है तो ठीक, नहीं लिखा है तो ठीक नहीं। अपने कुरान से मेल खाता? खाता है तो ठीक, नहीं खाता है तो बात गलत है। कुरान तो गलत हो हो नहीं सकती! तुम्हें कुरान का भी पता नहीं है कि कुरान क्या है? जैसा तुम कुरान को मानते हो वैसी कुरान गलत तो हो ही नहीं सकती—तुम कहीं गलत हो सकते हो!

अहंकार पकड़ कर बैठा है कि मैं ठीक हूं, मैं तो ठीक हूं ही। अब अगर तुमसे मेरी बात मेल खा जाती है तो तुम सिर हिलाते हो, तुम कहते हो, बिलकुल ठीक। मगर तुम मेरी बात के लिए सिर नहीं हिला रहे हो, तुम यह कह रहे हो कि आप ठीक ही कह रहे होओगे, क्योंकि ठीक वही कह रहे हो जो मैं कहता हूं। ठीक मुझसे मेल खा रही है।

फर्क समझना।

रस्किन ने कहा है, दुनिया में दो तरह के लोग हैं। एक वे जो सत्य के साथ खड़े होने को तैयार हैं। दूसरे वे, जो सदा सत्य को अपने साथ खड़ा कर लेते हैं। पहले लोग ही सत्य को खोज पाते हैं, दूसरे लोग कभी नहीं।

सत्य को तुम अपने साथ खड़ा मत करना। क्योंकि अगर सत्य तुम्हें पता ही होता तब तो खोजने की कोई जरूरत ही न थी। सत्य तुम्हें पता नहीं है, इसीलिए तो खोज है। तो जहां सत्य हो, वहां तुम जाना।

अगर तुम्हें मेरी बात सुननी है, तो तुम्हें अपने मन को एक तरफ रख कर सुनना होगा। स्वभावतः ब्राह्मण के पास काफी बड़ा मन है शूद्र से ज्यादा बड़ा मन है। शूद्र का मन तो ब्राह्मण ने बनने ही नहीं दिया, उसको वेद पढ़ने ही नहीं दिया, रामायण पढ़ने नहीं दी, गीता पढ़ने नहीं दी, उसको वंचित कर दिया। तो शूद्र का मन तो बनने ही नहीं दिया। ब्राह्मण के पास बड़ा मन। ब्रह्म तो बिलकुल नहीं, मन बहुत बड़ा। और वह बहुत बड़ा मन ही बाधा।

निश्चित ही ब्राह्मण होना बाधा बन रहा होगा। लेकिन जरूरी नहीं है कि तुम उसको बाधा बनाओ। जो बाधा है, उसको तुम सीढ़ी भी बना सकते हो। राह पर एक बड़ा पत्थर पड़ा है, उसको तुम रुकावट भी समझ सकते हो और रुक जाओ, ठहर जाओ कि अब कहां जाएं, पत्थर आ गया! और तुम पत्थर पर चढ़ भी सकते हो। चढ़ जाओ, तो शायद तुम्हें और दूर के दृश्य दिखाई पड़ने लगें। तुम पर निर्भर है, पत्थर सीढ़ियां बन सकते हैं, सीढ़ियां पत्थर बन सकती हैं। अवरोध सहयोगी हो सकते हैं, सहयोग अवरोध हो सकते हैं।

मैं तुमसे कहूंगा, ब्राह्मण घर में पैदा हुए हो, इस अवरोध को भी, इस बाधा को भी सीढ़ी बना लो। अब तुम्हारे सामने एक चुनौती है कि ब्राह्मण घर में तो पैदा हो ही गए, अब वस्तुतः ब्राह्मण हो जाओ। अभी जो जाति से है, संस्कार से है, उसे जीवंत अनुभव क्यों न बना लो। एक सौभाग्य है तुम्हारा कि तुम ब्राह्मण हो, अब उस सौभाग्य को और महासौभाग्य में क्यों न परिणित कर लो। बाधा क्यों बनाते हो? सीढ़ी बनाओ। हर चीज को सीढ़ी बनाया जा सकता है। हर चीज को सीढ़ी बनाया जा सकता है। जहर अमृत हो जाता है, समझदार का हाथ होना चाहिए। नहीं तो अमृत भी जहर हो जाता है। देखते हैं, चिकित्सक जहर को भी औषधि बना लेता है।

तो ब्राह्मण होना तो कुछ बुराई नहीं है। सौभाग्य है, धन्यभागी, अच्छे घर में पैदा हुए, जहां हवा थी, ईश्वर की चर्चा थी, शब्द में ही सही, लेकिन ईश्वर की कुछ भनक तो थी। दूर की ही आवाज सही, लेकिन थी तो आवाज ईश्वर की ही। जहां ऋषियों के वेद और उपनिषदों का गुंजार था। बहुत पुराना हो गया, बहुत पुराना हो गया, बहुत धूल जम गई, लेकिन फिर भी पीछे तो सत्य छिपा ही पड़ा है। अंगार कितना ही दब गया हो राख में, बुझ तो नहीं गया है। राख की ही पूजा चल रही हो, फिर भी अगर थोड़ा राख को हटाओगे तो अंगार मिल जाएगा। सौभाग्य समझो इसे।

मैं जब तुमसे कह रहा हूं कि सौभाग्य समझो तो मेरी बात को गलत मत समझ लेना। यह मत समझ लेना कि मैं यह कह रहा हूं कि जो शूद्र के घर में पैदा हुआ उसका सौभाग्य नहीं। उससे भी मैं कहता हूं, तेरा भी सौभाग्य है। तेरा सौभाग्य यह कि बचा उपद्रव से पंडितों के। कि बचा जाल से सिद्धांतों-शास्त्रों के। कोरा का कोरा है, तेरा बड़ा सौभाग्य है। तू इसका फायदा उठा ले। जब मैं कह रहा हूं सौभाग्य, तो मैं तुलनात्मक रूप से नहीं कह रहा हूं, मैं तो हर एक आदमी को सौभाग्यशाली मानता हूं। जो जहां है, जैसा है। किसी ने गाली दी तो सौभाग्य, क्योंकि उसने एक अवसर दिया, अगर तुम क्रोध न करो तो तुम्हारे जीवन में बड़ी गरिमा आ जाए। जिसने स्वागत किया तुम्हारा, स्वागत हुआ तो सौभाग्य। क्योंकि स्वागत में अगर तुम अहंकारी न बनो तो तुम्हारे जीवन में वास्तविक गौरव का जन्म हो जाए।

तिब्बत में एक बहुत अदभुत संत अतीसा के सूत्र हैं। उसमें एक सूत्र है कि हर जहर को अमृत बनाया जा सकता है। और हर बुराई, हर कांटा फूल बन सकती है। दृष्टि पर निर्भर है।

तो ब्राह्मण होना कुछ ऐसा बुरा तो नहीं। इससे उलझन मत खड़ी करो। लिखते हो कि 'झुकने की आदत नहीं है और अब चाहता हूं कि जो भी आदत बाधा बन रही है, इससे कैसे छुटकारा हो? आप कुछ प्रकाश डालें।'

झुकने की आदत नहीं है, तो धीरे-धीरे झुकना शुरू करें। तैरने की आदत नहीं तो आदमी क्या करता है? धीरे-धीरे तैरना शुरू करता है। पहले उथले पानी में तैरता, फिर थोड़े और गहरे में जाता, फिर और थोड़े गहरे में जाता, फिर अतल में चला जाता, फिर कोई डर नहीं। फिर कितनी ही गहराई हो। आदत नहीं है झुकने की तो धीरे-धीरे अभ्यास करो। जहां से बन सके वहां से झुको।

इस देश में हमने ऐसी व्यवस्था की थी कि झुकने की आदत बनी रहे। तो कुछ हमने नियम बना दिए थे। हर बेटा बाप के चरण छुए। वह झुकने की आदत थी। हर बाप चरण छूने योग्य होता नहीं। वह तो सिर्फ उथले पानी में अभ्यास करवा रहे हैं कि चल, कुछ नहीं बनता, इतना तो बन सकता है, यही कर। हर बेटा मां के चरण छुए। गुरु के चरण छुए। जो औपचारिक गुरु हैं उनके भी चरण छुए—गणित जिन्होंने सिखाया, भूगोल सिखाई, उनके भी चरण छुए। कोई मतलब नहीं है इसमें, लेकिन मतलब है। मतलब इतना ही है कि अभ्यास बना रहे। तो किसी दिन अगर किन्हीं ऐसे चरणों के करीब आने का भाग्य आ जाए जहां झुकने में अर्थ हो, तो ऐसा न हो कि तुम अकड़े ही खड़े रह जाओ आदत के न होने से। झुकने की आदत...।

तो झुको। जहां से बन सके वहां झुको, जैसे बन सके वैसे झुको। अगर आदमियों के सामने झुकने में अड़चन हो तो हमने उसकी भी व्यवस्था की थी। पीपल का झाड़ है, उसी के सामने झुको—देवता। गंगा नदी है, उसी के सामने झुको। पहाड़, उसी के सामने झुको। कहीं भी झुको, अभ्यास करो। तुम्हारी रीढ़ थोड़ा झुकना सीख जाए।

और अभ्यास का परिणाम क्या होता है? जब तुम झुकोगे, तब किसी दिन झुके में तुम पाओगे कि जो मिला, वह अकड़ कर कभी नहीं मिला। उससे रस बढ़ेगा। कभी तुम देखो, जाकर किसी वृक्ष के पास ही झुक कर सिर रखकर बैठ जाओ, तुम बड़े हैरान हो जाओगे, अपूर्व शांति का अनुभव होगा। जितने अकड़े हो, उतनी अशांति है। उसी अनुपात में अशांति है। जितने झुकोगे उतने शांति का अनुभव होगा। किसी के चरणों में कभी सिर रख कर देखा? चाहे चरण इस काबिल न भी रहे हों, इसकी फिकिर ही मत करो।

मुझसे कभी-कभी लोग पूछते हैं कि यह हम कैसे जानें कि किसके चरण लगें? कैसे पक्का हो कि सदगुरु है, कि कुगुरु है, कि फलां-ढिकां? मैंने कहा कि तुम इसकी फिकिर छोड़ो, तुम्हें लेना-देना इससे क्या? कोई भी हो, तुम झुकने का मजा ले लो। झुकने में असली बात है, किसके सामने झुके यह उतनी मूल्यवान बात नहीं है। इसलिए हमने पत्थर की मूर्तियां तक मंदिरों में बना कर रखीं। उन्हीं के सामने झुक जाओ। मुसलमानों ने मूर्तियां हटा दी हैं, लेकिन झुकना तो नहीं हटाया है, नमाज में झुकते तो हैं। झुकना नहीं हटाया जा सकता है, मूर्ति हटाई जा सकती है।

मूर्ति तो गौण थी। झुकना नहीं हटाया जा सकता है। कहीं भी झुको। चलो, काबा की तरफ सिर करके झुको।

तुम मेरी बात खयाल में ले लेना। जिस विषय के प्रति तुम झुकते हो, उसका कोई मूल्य नहीं है, मूल्य तुम्हारे झुकने का है। तुम झुके, इसमें मूल्य है। क्योंकि झुक कर तुम किसी दिन पाओगे कि अपूर्व शांति की वर्षा हो गई। तुम झुके थे और कुछ बह गया। कुछ रसधार आ गई। कुछ उमंग, जिससे मन हलका हो गया, निर्बोझ हो गया। फिर तुम और-और झुकोगे। फिर तो झुकने का स्वाद लग जाएगा। फिर तो तुम जब खड़े हो, तब भी भीतर तुम झुके ही रहोगे। तुम्हारा झुकना तब सहज स्वभाव हो जाएगा।

लेकिन मेरे देखे, असली सवाल समर्पण, संन्यास और झुकने का नहीं है। और भी असली सवाल यह है कि शायद तुम अभी संसार से ऊबे नहीं, हारे नहीं। असली बात वहां अटकी होगी। लोग संन्यस्त होना चाहते, लेकिन अभी संसार में रस अटका है। ध्यान करना चाहते, लेकिन अभी लगता विचार में भी कुछ बल है, विचार से भी बहुत कुछ मिलता है। श्रद्धा जगाना चाहते, लेकिन तर्क को अभी संभाले रखते कि शायद काम पड़ जाए। जब तक तर्क पर पूरी अश्रद्धा न हो जाए तब तक श्रद्धा पर श्रद्धा न होगी। और जब तक ऐसा साफ न दिखाई पड़ जाए कि संसार असार है, तब तक तुम संन्यास की तरफ जा न सकोगे।

तो तुम तो कहते हो, ब्राह्मण होने का भाव शायद बाधा बन रहा है, मेरे देखे उससे भी ज्यादा महत्वपूर्ण बात यह है कि अभी संसार से तुम चुके नहीं, अभी फल पका नहीं, अभी कच्चे हो।

ऐसे कुछ बदल गए हम
बेमानी अब हर मौसम

रंग बरसे या झड़ी लगे
वासंती ज्वार ज्वर जगे
किंतु नहीं सरसेंगे अब
सपने पतझार के सगे
सुमनों की हार हो गई
बदशकल बहार हो गई
ऐसे कुछ छाया भ्रम-तम
धुंधलाया दिनकर का क्रम
ऐसे कुछ बदल गए हम
बेमानी अब हर मौसम

मन जब उन्मन बेहाल हो
कैसे जीवन निहाल हो
सांसों का काफिला लुटा
क्या अबीर क्या गुलाल हो
टेसू के फूल जल रहे
आग में पलास ढल रहे
ऐसे कुछ आंख हुई नम
दृष्टि-दृष्टि लगती पुरनम
ऐसे कुछ बदल गए हम
बेमानी अब हर मौसम

फागुनी धमार क्या करें
गूंजता खुमार क्या करें
तार-तार अश्रु से कसा
तान बेशुमार क्या करें
मींड़ों में भरा क्लेश है
केवल अवरोह शेष है
ऐसे कुछ राग गए थम
मौन हुआ असमय सरगम
ऐसे कुछ बदल गए हम
बेमानी अब हर मौसम

असली बात है कि तुम्हें दिखलाई पड़ जाए कि जीवन के सब मौसम अर्थहीन, व्यर्थ। तब संन्यास सहज ही घटित होता है। तब उपाय नहीं करना पड़ता। तब झगड़ना नही पड़ता, संघर्ष नहीं करना पड़ता। तब समर्पण अनायास आता है। और जो अनायास आ जाए, वही सुंदर है। जो चेष्टा से लाया जाए वह सुंदर नहीं है।

तो मैं तुमसे कहूंगा, जल्दी न करो, चेष्टा न करो, लोभ न करो। अभी संसार में शायद थोड़ा राग-रंग बाकी है, उसे भी देख लो। और उसमें उतर जाओ, और थोड़े दिन सही। समय बहुत पड़ा है। इस देश में हमने समय की कमी नहीं मानी है। पश्चिम में समय कम है। क्योंकि एक ही जीवन है। जन्म और मृत्यु, सत्तर साल, सब समाप्त। फिर कुछ नहीं। कर लो तो कर लो, गए तो गए। इस देश में इतनी कंजूसी नहीं है, हमने खूब लंबा समय माना है— जनम-जनम। अनंतकाल तक। कोई जल्दी नहीं है। इसीलिए तो हड़बड़ाहट नहीं है पूरब में। इसीलिए तो घड़ी पर इतना आग्रह नहीं है।

घड़ी पूरब में पैदा ही नहीं हो सकती थी, वह पश्चिम की पैदाइश है। घड़ी को पैदा करने के लिए ईसाई चाहिए, हिंदू पैदा नहीं कर सकते घड़ी। इसलिए हिंदू का कोई भरोसा नहीं है। कहता है आ जाएंगे पांच बजे, पता नहीं आए न आए, पांच बजे आए कि सात बजे आए, कि कल आए, कि आज आए, कि परसों आए, कुछ पक्का नहीं। और तुम यह मत समझना कि वह तुम्हें धोखा देता है, उसे समय का बोध नहीं। उसकी धारा नहीं समय की। वह कहता है, क्या फर्क पड़ता है?

मेरे एक मित्र हैं, बड़े राजनेता हैं। ट्रेन जाते हैं पकड़ने तो एक घंटा पहले पहुंच जाते हैं। एक दफे मैं उनके घर मेहमान और मेरे साथ उनको भी यात्रा करनी, तो वह मुझे भी घसीटने लगे। मैंने उनसे पूछा कि भई, दो मिनट का फासला है यहां से स्टेशन का, अभी तो घंटे भर वहां बैठ कर क्या करेंगे? और मैंने कहा कोई ट्रेन पहले तो आने वाली नहीं, देर से भले आए! मगर वे बोले कि नहीं, मेरी तो आदत ही यही है। इसमें निश्चिंतता रहती है। मालूम है कि ट्रेन तीन बजे आएगी, वह दो बजे मुझे जाकर स्टेशन पर बिठा दिए। बैठे हैं! मगर अब वह प्रसन्न हैं।

उनके घर मैं एक दफे मेहमान था। रात मुझे कोई चार बजे सुबह ट्रेन पकड़नी थी। तो उन्होंने अपने एक ड्राइवर को कह दिया कि तू यहीं सो जाना। अपने तांगेवाले को कह दिया कि तू भी यहीं सो जाना। और पड़ोस के एक रिक्शेवाले को भी बुलवा कर कह दिया। और अपने एक आदमी को भी कह दिया कि अगर कोई न आए तो तू सामान लेकर स्टेशन पहुंचा देना, चाहे पैदल ही जाना पड़े, क्योंकि उनको जाना जरूरी है। मैंने उनसे पूछा कि मैं अकेला आदमी और चार इंतजाम! उन्होंने कहा, चार में से एक भी आ जाए मौके पर तो बहुत! किसी का कोई पक्का भरोसा थोड़े ही है यहां! यहां चार इंतजाम करो तो शायद एक, वह भी शायद।

और यही हुआ। एक भी नहीं हुआ। जब चार बजे मैं उठा तो कोई नहीं। उनको जाकर मैंने उठाया तब वह भागे, दौड़-धाप की। ड्राइवर शराब पी गया। वह आया ही नहीं। वे खुद ही मुझे लेकर स्टेशन पहुंचे। उन्होंने मुझसे कहा, देखा? इधर कुछ भरोसा नहीं। और इसीलिए मैं एक घंटा पहले पहुंच जाता हूं ट्रेन पर। इधर कुछ भरोसा ही नहीं। किसी बात का कोई भरोसा नहीं।

कारण है! समय का बोध नहीं। समय की कोई जल्दी नहीं। आज हो गया तो ठीक, कल हो गया तो ठीक, परसों हो गया तो भी ठीक और नहीं हुआ, तो भी कुछ हर्जा नहीं।

तुम जल्दी मत करो। तुम जीवन में जहां हो, उसे ठीक से समझ लो और जी लो। उसका स्वाद कड़वा है, देर-अबेर समझ में आ जाएगा। जिस दिन जीवन पर तुम्हारी पकड़ छूटेगी उस दिन संन्यास का जन्म होता है। फिर मैं तुम्हें जीवन से छोड़ कर भाग

जाने को तो कहता नहीं—संन्यास के बाद भी नहीं कहता। क्रांति तो अंतर में है, भीतर की है। रहोगे वहीं, जहां हो। और ढंग से रहोगे। बोधपूर्वक रहोगे। जाग कर रहोगे। लेकिन जल्दी मत करो। अगर कहीं कुछ थोड़ा-बहुत रस उलझा रह गया है, उसका भी निपटारा कर लो। उसका भी चुकतारा कर लो।

आखिरी प्रश्न : मैं सदा से आपका विरोधी था। लेकिन जबसे आपके निकट आया हूं, पता नहीं क्या हो गया है? आप कुछ नशे जैसे हैं। क्या पिला दिया है? नशा उतरता नहीं। और ऐसा डर भी लगता है कि कहीं पागल तो नहीं हो जाऊंगा।

सच कहा था तूने जाहिद
जहर-ए-कातिल है शराब
हम भी कहते थे यही
जब तक बहार आई न थी

दूर से विरोधी होना बड़ा आसान है। स्वाद के बाद विरोधी होना बड़ा कठिन है। इसीलिए अक्सर विरोधी पास आते ही नहीं, दूर ही बने रहते हैं। दूर में विरोध बड़ा सुगम है। न जाना, न देखा, अड़चन नहीं कुछ। जो सुन लिया, मान लिया; जो सुन लिया, अपने हिसाब से बढ़ा लिया, घटा लिया, रंग-रूप दे दिया। दूर रह कर बड़ी सुगमता है—विरोध की।

पास रह कर विरोध कठिन है। क्योंकि कितने ही तुम बेहोश होओ, इतने बेहोश तो नहीं कि कुछ भी समझ में न आए। और कितने ही तुम सोए होओ, इतने तो सोए नहीं कि जो पुकार मैं दे रहा हूं वह बिलकुल भी सुनाई न पड़े। थोड़ा-बहुत स्वर तो पहुंचेगा।

सच कहा था तूने जाहिद जहर-ए-कातिल है शराब
हम भी कहते थे यही जब तक बहार आई न थी

स्वाद लेने के बाद ही कुछ कहना चाहिए। बुद्धिमान आदमी दूर से कोई वक्तव्य न देगा, न पक्ष में, न विपक्ष में। बुद्धिमान आदमी सुनी-सुनाई बातों पर निर्णय न लेगा। बुद्धिमान आदमी स्वयं देखेगा। देखेगा ही नहीं, स्वयं अनुभव करेगा। अनुभव के बाद ही वक्तव्य देगा—पक्ष में, या विपक्ष में। और तभी किसी वक्तव्य का कोई मूल्य है।

पूछिए मयकशों से लुत्फ-ए-शराब
यह मजा पाकबाज क्या जानें
वे जो पीएंगे शराब वे ही जानेंगे मजा।
यह मजा पाकबाज क्या जानें

जिन्होंने कभी शराब पी ही नहीं, वे तो क्या मजा जानेंगे! पूछना हो तो उन्हीं से पूछना चाहिए जिन्होंने पीया है। सच तो यह है, उनसे भी पूछना क्या चाहिए, उनके साथ पीकर देखना चाहिए। जैसा मैं निरंतर कहता हूं, यहां तो कोशिश यही चल रही है कि तुम किसी तरह डूबो परमात्मा में। तुम पीओ परमात्मा की शराब। यहां कोई सिद्धांत नहीं समझाए जा रहे हैं, यहां तो सत्य की शराब ढाली जा रही है। इसलिए हिम्मतवरों के लिए ही निमंत्रण है। कमजोर और कायरों की यहां कोई जगह नहीं है। जिन्हें धर्म एक औपचारिकता है, उनके लिए यहां कोई स्थान नहीं। जिनके लिए धर्म एक जीवंत निमंत्रण है, चुनौती है, बस उनके लिए।

अच्छा हुआ कि तुम आ गए। अच्छा हुआ कि इस झंझट में पड़ गए। अच्छा हुआ कि यह पागलपन तुम्हारे सिर पर चढ़ा जा रहा है। अच्छा हुआ कि यह खुमारी तुम्हें आने लगी।

तुझको बरबाद तो होना था बहरहाल खुमार
नाज कर नाज कि उसने तुझे बरबाद किया

आदमी को बरबाद तो होना ही है। चाहे धन के पीछे हो, पद के पीछे हो, बरबाद तो होना ही है। अगर परमात्मा के पीछे हो लिए, तो अच्छा!

नाज कर नाज कि उसने तुझे बरबाद किया
तुझको बरबाद तो होना था बहरहाल खुमार

यहां मौत तो आने को है, जाने को तो सब है ही, बचेगा तो कुछ भी नहीं, अगर परमात्मा के चरणों में सब छोड़ा, अगर यह प्रभु का नशा लग जाए, अगर मंदिर तुम्हारी मधुशाला बन जाए, तो इससे बड़ा और कोई सौभाग्य नहीं। एक दिन तुम कहोगे—

इसका रोना नहीं है क्यों तुमने किया दिल बरबाद
इसका गम है कि बहुत देर में बरबाद किया

एक दिन जरूर तुम कहोगे कि क्यों इतनी देर हो गई, क्यों इतनी देर तक न आया! कैसे इतनी देर अटका रहा!

और सब तरह का प्रेम एक तरह का पागलपन है। और परमात्मा का प्रेम तो सबसे बड़ा पागलपन है। और सब तो छोटे-छोटे पागल हैं। धन के पागल की क्या बिसात! लेकिन जो मोक्ष के लिए पागल हुआ है, उसका पागलपन तो अनंत है। उतना ही अनंत जितना मोक्ष है। धन पानेवाला तो शायद किसी दिन धन पा भी लेगा और पागलपन से छुटकारा हो जाएगा, लेकिन परमात्मा को जो पाने चला है यह तो पा-पा कर भी चूकता रहेगा। यह तो पा-पा कर भी फिर पाएगा कि और पाने को शेष है। यह पागलपन तो छूट जाने वाला नहीं है। यह पागलपन तो अनंत है।

हमसे पहले भी मुहब्बत का यही अंजाम था
कैस भी नाशाद था फरहाद भी नाकाम था

और प्रेम तो सदा से उलझन में रहा है। समझदार जिनको तुम कहते हो, तथाकथित समझदार, वे प्रेम में नहीं पड़ते। परमात्मा के तो प्रेम की बात छोड़ो, वे सांसारिक प्रेम तक में नहीं पड़ते। वे किसी स्त्री के प्रेम में नहीं पड़ते, किसी पुरुष के प्रेम में नहीं पड़ते, किसी मित्र के प्रेम में नहीं पड़ते। क्योंकि वे जानते हैं, प्रेम में झंझट है। वे तो प्रेम से अपना दामन बचा कर चलते हैं। प्रेम की जगह विवाह कर लेते हैं। प्रेम में नहीं पड़ते। क्योंकि प्रेम में खतरा है। खतरा इस बात का है कि प्रेम को नियंत्रण नहीं किया जा सकता। और फिर परमात्मा का प्रेम तो बहुत खतरनाक है। तुमने अनंत के हाथों में छोड़ दिया अपने को। बागडोर उसके हाथों में दे दी, अब वही हुआ सारथी तुम्हारा।

तो यहां तो जो भी मैं तुमसे कह रहा हूं, वह बहुत थोड़ा सा है। वह इतना ही है कि तुम अपने हाथ परमात्मा के हाथ में दे दो। तुम बागडोर उसके हाथ में छोड़ दो, तुम कर्ता न रहो।

हमसे पहले भी मुहब्बत का यही अंजाम था
कैस भी नाशाद था फरहाद भी नाकाम था

प्रेमी तो सदा से उपद्रव में, अड़चन में, झंझट में रहे। लेकिन उन्होंने ही कुछ पाया भी। जिन्होंने अपने को गंवाया है, उन्होंने ही कुछ पाया है। जो डूबे, वही उबरे। जो मझधार में खो गए, उन्हीं को किनारा मिला

आखिरी जाम में थी बात क्या ऐसी साकी
हो गया पी के जो खामोश वह खामोश रहा

अब आ गए हो तो घबड़ाओ मत। अब यह पागलपन तुम पर छा रहा है तो डरो मत, हिम्मत करो, छा जाने दो। इसमें बाधा मत डालना। क्योंकि बहुत हैं जो पास आकर भाग जाते हैं। भाग जाते हैं डर के कारण। लगता है कि खिंचे जा रहे हैं। लगता है कि जल्दी ही अपने बस में न रह जाएंगे। इसके पहले कि बस खो जाए, भाग जाते हैं। फिर स्वभावतः जो मुझसे भाग जाते, उनको मुझसे भागने के लिए कई तर्क खोजने पड़ते, कारण खोजने पड़ते, कि क्यों छोड़ आए, क्यों भाग आए। अपने को भी धोखा देने के लिए उन्हें कई इंतजाम मानसिक करने पड़ते हैं—बौद्धिक—कि क्यों भाग आए।

लेकिन मैं जानता हूं, बड़े से बड़ा भय तुम्हें पैदा होगा वह यह कि कहीं ऐसा न हो कि तुम इसमें इतने उलझ जाओ कि फिर इसके बाहर न जा सको।

आखिरी जाम में क्या बात थी ऐसी साकी
हो गया पी के जो खामोश वह खामोश रहा

यहां पहले तो पागलपन पैदा होगा—प्रेम पैदा होगा—और अगर हिम्मत रखी और डूबते गए, तो खामोशी पैदा होगी। पागलपन चला जाएगा, सब तूफान चले जाएंगे—और तूफानों के बाद ही जो शांति आती है, वही शांति है। पहले तूफान आएगा, फिर शांति आएगी। अगर तूफान में ही घबड़ा कर भाग गए, तो शांति से वंचित रह जाओगे। अगर तूफान में टिक गए और तूफान को गुजर जाने दिया तो तुम्हारी धूल झड़ जाएगी। तुम्हारी सदियों की धूल झड़ जाएगी। तुम्हारा दर्पण फिर निखर आएगा। उस निखरे दर्पण का नाम ही ध्यान है। उस निखरे दर्पण में ही जो अस्तित्व की छवि बनती है, उसी का नाम परमात्मा है। और उस छवि तक जाने का जो उपाय है, वही संन्यास है।

हिम्मत करो। इतनी हिम्मत की पास आने की तो विरोध छूट गया। अब और थोड़े पास आओ कि भय भी छूट जाए। भय लगता है। पुराने शास्त्र कहते हैं, गुरु तो मृत्यु है। आचार्यो मृत्युः। क्योंकि गुरु के पास आकर तुम्हारी मृत्यु घटित होती है। तुम जैसे थे, वैसे तो मर जाओगे। और तुम्हें जैसे होना चाहिए वैसे तुम पैदा होओगे। तुम्हारी स्वतंत्रता की उदघोषणा होगी। तुम पहली बार आत्मवान बनोगे।

एक जन्म तो तुम्हारी मां ने दिया है। वह शरीर का जन्म है। एक जन्म गुरु देता है, वह आत्मा का जन्म है। मां से पैदा होते वक्त भी बड़ी पीड़ा होती है। बड़ा कष्ट होता है। गुरु से फिर पैदा होते और भी बड़ी पीड़ा होती है, और भी बड़ा कष्ट होता है।

लेकिन खयाल रखना, अधिकतर बच्चे जब पैदा होते हैं तो उनका सिर नीचे की तरफ होता है। और अगर कोई सम्हालने वाली दाई पास न हो तो बच्चा जमीन पर गिरेगा सिर के बल और शायद सदा के लिए सिर खराब हो जाएगा, विकृत हो जाएगा। कभी-कभी ऐसा होता है कि कोई बच्चा सिर के बल पैदा नहीं होता, पैर के बल पैदा होता है, पैर पहले आते हैं, पर बहुत-हजार में कभी एकाध। ठीक ऐसा ही कभी-कभी हजार में एकाध ऐसा भी होता है जो गुरु के बिना पैदा हो जाता है। जिसको गुरु की कोई जरूरत नहीं होती है। लेकिन हजार में नौ सौ निन्यानबे तो सिर के बल पैदा होते हैं। गुरु तो दाई है, 'मिडवाइफ'। सुकरात ने यही कहा है कि मैं मिडवाइफ हूं, दाई हूं। और जब तुम पैदा होओगे, तब सिर के बल पर न गिर जाओ कहीं, अन्यथा खतरा है।

अक्सर ऐसा होता है कि बहुत से लोग गुरु से बचने के लिए किताबों से विधियां पढ़-पढ़ कर काम में लग जाते हैं और उसका परिणाम भयानक होता है। जब कभी किताबों से पढ़-पढ़ कर अगर कहीं पैदा हो गए और किताबें पास में रही, तो किताबें दाइयां नहीं हैं। और किताबें कुछ भी न कर सकेंगी। अगर चोट लगी कोई गहरी, तो

किताब कुछ भी न कर सकेगी। तो जो लोग गुरु के बिना इस यात्रा में निकलते हैं, उनका सच में ही बड़ा खतरा है। वे वस्तुतः पागल हो सकते हैं।

तुम्हें इस देश में कई लोग मिल जाएंगे, जिनको लोग 'मस्त' कहते हैं। 'मस्त' इत्यादि कुछ भी नहीं हैं, उनकी हालत बड़ी खराब है। वे पागलों से भी बुरी हालत में हैं। क्योंकि पागलों का तो मनोवैज्ञानिक इलाज भी कर सकता है, इन मस्तों का मनोवैज्ञानिक इलाज भी नहीं कर सकता। ये सामान्य भी न रहे और असामान्य भी न हो पाए। यह संसार छूट गया और वह दूसरा संसार इनके हाथ में आने से रह गया। ये बीच में अटक गए, ये त्रिशंकु हो गए। इससे तो बेहतर है, संसार में ही सोए रहना। कहीं ऐसा न हो कि नींद भी टूट जाए और जागरण भी न आए। तब तुम बड़ी बेचैनी में पड़ जाओगे।

तो अगर मेरे पास आ गए हो तो अब दूर मत बने रहना। और ऐसी कोशिश मत करना कि जो-जो मिले आस-पास से बीन लें, इकट्ठा कर लें और अपने आप काम में लग जाएं। तो खतरा तुम मोल लेते हो। तुम्हारी मर्जी! अगर कुछ वस्तुतः करना हो तो पास आने की पूरी हिम्मत रखना। मेरे हाथ में हाथ देने की हिम्मत रखना, ताकि जब तुम्हारा जन्म हो, तो तुम्हें कोई ऐसी चोट न लग जाए जो संघातक हो। तुम बचाए जा सको। अब आ ही गए हो तो आ ही जाओ। यह भय इत्यादि छोड़ो। जैसा विरोध चला गया वैसा ही भय भी चला जाएगा। तूफान आएगा, और उसके बाद ही शांति है।

दूर से आए थे साकी सुनके मयखाने को हम
पर तरसते ही चले अफसोस पैमाने को हम
अगर पास न आए तो ऐसा ही होगा।
दूर से आए थे साकी सुनके मयखाने को हम
बड़े दूर से खबर सुनी थी मधुशाला की और आए थे।
पर तरसते ही चले अफसोस पैमाने को हम

लेकिन बिना पीए जा रहे हैं। लेकिन तुम्हारे अतिरिक्त कोई और जिम्मेवार नहीं है। तुम उत्तरदायित्व मुझ पर न सौंप सकोगे। मैं तो रोज ढाले जा रहा हूं। मैं तो सुराही लिए खड़ा हूं। पैमानों का हिसाब कहां है, चुल्लू से पीओ, भरके पीओ। अगर तुम खाली हाथ गए तो तुम्हारे अतिरिक्त कोई और जिम्मेवार नहीं है।

और इस जिंदगी में है भी क्या, जिसके खोने से तुम इतने डर रहे हो! है क्या तुम्हारे पास, जिसे बचाने को इतने आतुर हो!

खोजतीं भौतिक क्षितिज आंखें यहां
कब्र से ज्यादा न कीमत ताज की

प्यार के पुख्ता धरातल पर बनाए थे महल
पर बिना आधार की मीनार से ढहते रहे
कहीं घर है न कहीं द्वार जिंदगी तेरा
करें किस ठौर इंतजार जिंदगी तेरा
मौत के पास तलक हाथ खींच कर लाई
मगर मरता न एतबार जिंदगी तेरा

जिस जिंदगी में सिवाय मौत के कुछ नहीं घटता, उस पर भी भरोसा किए चले जाते हो! और जिस समर्पण से मृत्यु के माध्यम से भी महाजीवन घटता है, वहां भी डरते हो, भयभीत होते हो, संकोच करते हो!

जिंदगी है अपने कब्जे में न अपने वश में मौत
आदमी मजबूर है और किस कदर मजबूर है

न जन्म तुम्हारे हाथ में है, न मौत तुम्हारे हाथ में है। सिर्फ एक चीज तुम्हारे हाथ में है, वह है समर्पण। जन्म हो गया, मौत होकर रहेगी। समर्पण तुम चाहो तो हो सकता है, तुम चाहो तो नहीं होगा। सिर्फ एक बात के तुम मालिक हो, वह है संन्यास।

जिंदगी है अपने कब्जे में न अपने वश में मौत
आदमी मजबूर है और किस कदर मजबूर है

नहीं, एक स्वतंत्रता भी है। एक बात है जहां मजबूरी नहीं है। वही स्वतंत्रता संन्यास है।

आज इतना ही।

* * *

प्रवचन : 85

चौथे की तलाश

4 फरवरी, 1977

सुप्तोऽपि न सुषुप्तौ च स्वप्नेऽपि शयितो न च।
जागरेऽपि न जागर्ति धीरस्तृप्तः पदे पदे।।270।।
ज्ञः सचिन्तोऽपि निश्चिन्तः सेन्द्रियोऽपि निरिन्द्रियः।
सुबुद्धिरपि निर्बुद्धिः साहंकारोऽनहंकृतिः।।271।।
न सुखी न च वा दुःखी न विरक्तो न संगवान्।
न मुमुक्षुर्न वा मुक्तो न किंचिन्न च किंचन।।272।।
विक्षेपेऽपि न विक्षिप्तः समाधौ न समाधिमान्।
जाड्येऽपि न जडो धन्यः पांडित्येऽपि न पंडितः।।273।।
मुक्तो यथास्थितिस्वस्थः कृतकर्तव्यनिर्वृतः।
समः सर्वत्र वैतृष्णयान्न स्मरत्यकृतं कृतम्।।274।।
न प्रीयते वंद्यमानो निंद्यमानो न कुप्यति।
नैवोद्विजति मरणे जीवने नाभिनंदति।।275।।
न धावति जनाकीर्णं नारण्यमुपशांतधीः।
यथातथा यत्रतत्र सम एवावतिष्ठते।।276।।

इस अपूर्व संवाद का अंतिम चरण करीब आने लगा। अष्टावक्र के आज के सूत्र आखिरी सूत्र होंगे। बाद में थोड़े सूत्र और हैं, वे सूत्र जनक के हैं। गुरु ने सब कह

दिया जो कहा जा सकता था और जो नहीं कहा जा सकता था। जिसे बताया जा सकता था और जिसे बताने का कोई उपाय नहीं था। उस तरफ भी इशारा कर दिया जिस तरफ इशारे हो सकते थे और उस तरफ भी इशारा कर दिया जिस तरफ कोई इशारा न कभी हुआ है, न हो सकता है।

आज चरमशिखर है अष्टावक्र के वचनों का, आखिरी बात। और यह अष्टावक्र की ही आखिरी बात नहीं, यह समस्त ज्ञानियों की आखिरी बात है। इसके पार बात नहीं जाती। इसके पार शब्द और नहीं उड़ पाते हैं। यह उनकी सीमा आ गई। इसके पार भी आकाश है, इसके पार भी अनंत है—वस्तुतः इसी के बाद ही असली शुरू होता है—लेकिन यहां तक शब्द भी ले आते हैं। यहां तक शब्द की सवारी हो सकती है, शब्द के रथों पर बैठ कर यात्रा हो सकती है।

इन सूत्रों को बहुत ध्यानपूर्वक सुनना, क्योंकि इनसे ऊंचाई के सूत्र कभी नहीं कहे गये हैं। फिर बाद में जो थोड़े सूत्र हैं, वे तो जनक की ओर से हैं। गुरु ने इतना दिया, इतना दिया, वे धन्यवाद-स्वरूप हैं। वे आभार-स्वरूप हैं। और इसलिए भी हैं कि जनक कह सकें कि मैं समझ पाया या नहीं। तो जो कहा है अष्टावक्र ने, उसी को बहुत संक्षिप्त में, सूत्र में, जनक ने फिर दोहरा दिया है। उस दोहराने से केवल इतना बताया है कि जो तुमने दिखाया, वह देख लिया गया है। तुम्हारा श्रम व्यर्थ नहीं गया। तुमने जो मेहनत की थी, वे बीज अंकुरित हुए हैं। फूल खिल गये हैं। आज के बाद के सूत्र तो निष्पत्तियां हैं, सारे अष्टावक्र के वचनों का जो सार-निचोड़ है। लेकिन आज के सूत्र शिखर हैं, ये गौरीशंकर हैं।

पहला सूत्र—

सुप्तोऽपि न सुषुप्तौ च स्वप्नेऽपि शयितो न च।
जागरेऽपि न जागर्ति धीरस्तृप्तः पदे पदे।।

'जो सुषुप्ति में भी नहीं सुप्त है और जो स्वप्न में भी नहीं स्वप्नाया; और जो जाग्रत में भी नहीं जागा हुआ है, वह धीरपुरुष क्षण-क्षण तृप्त है।'

इसे समझने के पहले बुद्धपुरुषों के मनोविज्ञान के चार खंड समझ लेने चाहिए।

पश्चिम में तो अभी दो सौ वर्ष पहले तक जो भी मनोविज्ञान विचार करता था, उसकी सीमा जागृति थी। सुबह जब आंख खुलती है और रात तुम सो जाते हो, इसके बीच ही जो घटता था, मनोविज्ञान उसी का अध्ययन करता था। किसी को यह भी ख्याल न उठा था कि रात भी, सोते भी तो मनुष्य का मन ही काम कर रहा है। वह भी तो मनोविज्ञान है। और जब आदमी आंख खोल कर देखता है, तब भी मन का व्यवहार है और जब आंख बंद करके स्वप्न देखता है, तब भी मन का व्यवहार है।

सिग्मंड फ्रायड ने पश्चिम में क्रांति ला दी। बात पश्चिम में बड़ी क्रांतिकारी लगी, क्योंकि पूरब के ज्ञान से पश्चिम अपरिचित था; अन्यथा सिग्मंड फ्रायड ने जो कहा, उसका कोई भी बड़ा मूल्य नहीं है। पूरब तो सदा से यही कहता रहा। सिग्मंड फ्रायड ने क्रांति खड़ी कर दी जब उसने कहा कि मनुष्य के मन की असली खोज तो स्वप्न में होगी, निद्रा में होगी। क्योंकि जागरण में तो बड़ा धोखा है। जाग्रत में तो तुम जो दिखलाते हो, उसके सच होने की बहुत कम संभावना है। तुम जो चेहरे ओढ़ लेते हो, वे अक्सर झूठे हैं। तो जागृति से तो तुम्हारे मन का ठीक-ठीक पता चलेगा नहीं, जागृति तो धोखा पैदा करती है। इससे तो जो पता चलता है, इतना ही पता चलता है कि ऐसे तुम नहीं हो। आदमी मुस्कुरा रहा, मित्रता दिखला रहा, और हो सकता है भीतर छुरे पर धार रख रहा है तुम्हारे लिए। जितनी छुरे पर धार रख रहा है, उतना ही मुस्कुरा रहा है, ताकि तुम्हें कहीं छुरे की धार दिखाई न पड़ जाए। वह मुस्कुराहट आवरण है। मित्रता दरसा रहा है, क्योंकि गला काटना है। उतनी ही ज्यादा मित्रता दिखला रहा है, उतना ही हमजोलीपन दिखला रहा है। चेहरे तो बड़े झूठे हैं!

तो फ्रायड ने जब यह कहा कि अगर आदमी की असलियत जाननी हो तो उसके सपनों में झांकना पड़ेगा, क्योंकि वहां मन निखालिस है, वहां धोखाधड़ी नहीं है। इतने कुशल बहुत कम लोग हैं कि सपने में धोखा दे दें। हैं कुछ लोग। और कभी-कभी तुम भी इतने कुशल हो जाते हो धोखा देने में कि सपने में भी धोखा दे सकते हो, लेकिन बहुत कम लोग हैं। सपने तक धोखा देना मुश्किल हो जाता है।

तो फ्रायड ने एक नया अध्याय खोला कि मनुष्य के मन का विश्लेषण मनुष्य के स्वप्न का विश्लेषण होगा। जब फ्रायड ने पहली दफे यह बात कही तो लोगों ने भरोसा न किया। उन्होंने कहा, हमें जानना है तो हमसे पूछो, सपने में क्या देखना है? सपने में क्या धरा है! सपने में हो क्या सकता है? तुम भी सपने को कोई बहुत मूल्य तो देते नहीं। रात अगर तुमने किसी की हत्या कर दी तो सुबह उठ कर तुम चिंतित थोड़े ही होते हो कि रात हत्या कर दी। लेकिन तुमने हत्या की है, रात की कि दिन की, क्या फर्क पड़ता है। तुम हत्या करने के भाव से भरे हो, इतना तो सिद्ध होता है। आज रात में की है, कल दिन में भी कर सकते हो। विचार तो मौजूद है। बीज तो मौजूद है। बीज अगर मौजूद है तो कभी भी वृक्ष हो सकता है। कृत्य बन सकता है विचार, क्योंकि विचार ही तो कृत्य बनते हैं। जो आज कृत्य हो गया है, वह कल विचार था। जो आज विचार है, कल कृत्य हो सकता है।

इसलिए इसके पहले कि तुम अपने जीवन के ढांचे को बदलो, तुम्हारे ये स्वप्न के ढांचे भी बदलने चाहिए। क्योंकि स्वप्न तुम्हारे जीवन को निर्मित कर रहे हैं। स्वप्नों में नक्शे हैं तुम्हारे जीवन के। क्या तुम होने वाले हो, इसकी खबरें हैं। तुम रात

किसी की पत्नी को लेकर भाग गये सपने में, सुबह उठ कर तुम परेशान नहीं होते। तुम कहते हो, सपना था। लेकिन भागे तुम, भागना तुम चाहते हो। दूसरे की पत्नी में तुम उत्सुक हो। रस है तुम्हें। शायद दिन में तुम्हें यह दिखाई भी नहीं पड़ता। दिन में तो तुम राम-राम जपते रहते हो, माला फेरते रहते हो। दिन में तो यह विचार उठेगा तो तुम हंसोगे कि कैसा गलत विचार उठ रहा है। दिन में तो तुम ऐसा दिखलाते हो दूसरों को और अपने को भी कि यह विचार गलत है। लेकिन है तुम्हारा! रात सपने में जब उठेगा, तब तुम कर गुजरोगे। जो आज सपने में किया है, वह मजबूत होता जाएगा। उसकी लीक पड़ेगी।

सिर्फ एक छोटा सा आदिम कबीला है फिलिपाइन्स में, जहां उन्होंने सपनों को बड़ा मूल्य दिया है। और पहली बात उस कबीले में जो होती है, वह सुबह उठ कर सपनों की चर्चा होती है। जब उस कबीले का अध्ययन किया गया तो लोग बड़े चकित हुए, वह अनूठा कबीला है। छोटा सा कबीला है, आदिम लोगों का है, जंगली है। मगर उन जैसे सभ्य आदमी कहीं पाए नहीं गये अब तक। और उनकी सभ्यता का सारा राज यह है कि उन्होंने अपने सपनों में बड़ी गति पाई है। छुटपन से, बच्चे पैदा हुए और जैसे ही बच्चा बोलने लगा, तो जो पहली बात बच्चे से पूछी जानी है वह यह कि तूने रात सपना क्या देखा? और घर के बड़े-बूढ़े उसका विश्लेषण करते हैं कि इसके सपने का अर्थ क्या है। धीरे-धीरे उसको सपने के माध्यम से वे बताने लगते हैं कि तुझे यह करना चाहिए, तेरा सपना यह कह रहा है।

एक छोटे बच्चे ने सपना देखा कि पड़ोस के लड़के को एक चांटा मार दिया। तुम तो इसको मूल्य भी न दोगे। तुम तो हत्या करने को भी मूल्य नहीं देते लेकिन इस आदिम कबीले के लोग उस बच्चे को कहेंगे, जाकर उस बच्चे से क्षमा मांगो कि भूल हो गई। सपने में चांटा मारा! तो चांटा मारना तुम चाहते हो, इतना सिद्ध हुआ। जाकर क्षमा मांगो। क्षमा मांगने से ही नहीं चलेगा, क्योंकि चांटा तो लग गया, चोट तो हो गई, कुछ भेंट भी ले जाओ। कुछ खिलौना ले जाओ, मिठाई ले जाओ, उसे देना और माफी मांगना और कहना कि बड़ी भूल हो गई, सपने में चांटा मार दिया। छोटे बच्चे! छोटे बच्चों को तो सपने और जागरण में बहुत फर्क भी नहीं होता। छोटा बच्चा तो रात सपने में खिलौना खो जाता है तो सुबह रोता है, पूछता है, मेरा खिलौना कहां है? तुम समझाते हो कि सपना था, पागल! अभी बच्चे को सपने और सत्य में बहुत फासला नहीं है।

इस बात को खयाल में लेना कि बच्चे को सपने और सत्य में बहुत फर्क नहीं है। संत को भी सपने और सत्य में बहुत फर्क नहीं रह जाता। इसीलिए तो संतों ने जगत को माया कहा है। जगत को सपना कहा है। जिसको तुम यथार्थ कहते हो उसको संत सपना कहते हैं। और बच्चा सपने को भी सच मान लेता है। संत और बच्चे में थोड़ा

सा फर्क है, जरा सा फर्क है। बच्चा सपने को सच मान लेता है। संत सपने को तो सच मानता ही नहीं, सच को भी सपना जान लेता है। मगर दोनों में कुछ तालमेल है। इसलिए जीसस ठीक कहते हैं, मेरे प्रभु के राज्य में वे ही प्रवेश करेंगे जो छोटे बच्चों की भांति सरल हैं। इसलिए अष्टावक्र बार-बार दोहराते हैं, बालवत जो हो गया, वही परमज्ञानी है। ये दूसरे छोर से बालवत हो जाना है। सपना तो सपना हो ही गया, यह जिसको तुम जाग्रत फैलाव कहते यथार्थ का, वस्तु-जगत, यह भी स्वप्नवत हो गया।

इस छोटे कबीले में बच्चों को बचपन से ही एक बात सिखाई जाती है कि सपने में भी भूल हो गई तो भूल हो गई। अब तुम सोचो, जो सपने में भी भूल करने में धीरे-धीरे जागने लगते हैं, उनसे जागरण में तो कैसे भूल होगी? इसलिए यह कबीला इस पृथ्वी का सबसे ज्यादा सभ्य कबीला है। इस कबीले में आज तक कोई हत्या नहीं हुई। न कोई चोरी हुई। न कोई आत्महत्या हुई। और इस कबीले के इतिहास में कोई आदमी कभी पागल नहीं हुआ। और यह कबीला कभी युद्ध में नहीं उतरा। अपूर्व है घटना! आदमी और युद्ध न करे! आदमी और चोरी न करे! आदमी और हत्या न करे! आदमी और पागल न हो! तो फिर आदमी करेगा क्या? यही तो सारे काम हैं। सौ में निन्यानबे तो यही काम हैं हमारे जीवन के। कुछ थोड़ा-बहुत बच जाता है, उसमें हम और तरह से जीते हैं, अन्यथा यही हमारा जीवन है, लड़ो, मरो।

इस कबीले की सभ्यता बड़ी अनूठी है। और इस कबीले को न तो किसी ने अहिंसा की शिक्षा दी—न बुद्ध हुए, न महावीर हुए—न किसी ने सत्य की शिक्षा दी, न किसी ने धर्म सिखाया। यह कबीला कोई बहुत बड़ा धार्मिक कबीला नहीं है, लेकिन इस कबीले के लोग बड़े धार्मिक हैं। फर्क समझ लेना, जब मैं कहता हूं धार्मिक नहीं हैं तो मेरा मतलब, न तो पंडित, न पुरोहित, न मंदिर, इस सबकी बहुत चिंता नहीं है। लेकिन एक बड़ी कीमिया पकड़ ली उन्होंने, कुंजी पकड़ ली कि स्वप्न में रूपांतरण करना है। जब स्वप्न बदल जाता है, जब विचार बदल जाते हैं, तो कृत्य बदल जाते हैं। उन्होंने बहुत आधारभूत बात पकड़ ली।

फ्रायड ने इस सदी को यही आधारभूत बात पश्चिम में दी। जब पश्चिम में फ्रायड ने दी तो लोग चकित हुए। मनोविज्ञान इतना ही कर रहा है, मनोविश्लेषण इतना ही कर रहा है, पागल आदमी के सपनों की खोज करता है। और सपनों की खोज से पागल आदमी को सत्य का दर्शन कराता है। जैसे-जैसे पागल आदमी को अपने सपने का बोध स्पष्ट होने लगता है, वैसे-वैसे उसके जीवन-व्यवहार में रूपांतरण हो जाता है। यह बात क्रांतिकारी थी पश्चिम में, लेकिन पूरब में नहीं। पूरब तो सदियों से यह कह रहा है।

यह अष्टावक्र का सूत्र अपूर्व है। अष्टावक्र यह कह रहे हैं कि ऐसी भी गहरी समझ है जहां स्वप्न ही नहीं समझ लिये जाते, सुषुप्ति भी समझ ली जाती है।

सुषुप्ति और गहरी है। पहले जागृति—दिन का व्यवसाय, आचरण, व्यवहार; फिर स्वप्न का व्यवसाय, आचरण, व्यवहार; फिर इसके नीचे सुषुप्ति है, जहां स्वप्न भी नहीं रहा। न बाहर की दुनिया रही, न भीतर की दुनिया रही, तुम अपने में बिलकुल बंद हो गये। द्वार-दरवाजे बंद करके तुम बीज की तरह हो गए। कोई अंकुरण न उठा—कोई विचार नहीं, कोई तरंग नहीं। यह सुषुप्ति। और इससे भी एक गहरी दशा है जिसको तुरीय कहा है। जहां तुम इस भीतर की अपूर्व शांत, एकांत दशा में जाग्रत हो गये। सोए-सोए जग गये, सोए में जग गये। शरीर सोया रहा, मन सोया रहा और चैतन्य जग गया। इसको चौथी अवस्था कहा।

पश्चिम का मनोविज्ञान अभी दो में उलझा है—पहले एक में था, जागृति में उलझा था। फ्रायड के अनुदान से स्वप्न में भी लग गया है। अभी-अभी दस वर्षों में सुषुप्ति पर भी खोज शुरू हुई है। अमरीका में दस प्रयोगशालाएं काम कर रही हैं आदमी की नींद की खोज के लिए कि आदमी की नींद में क्या घटता है। लेकिन चौथे की अभी कोई भी खबर नहीं है। और उसी चौथे पर पूरब का सारा मनोविज्ञान खड़ा है। चौथे तक भी आना पड़ेगा पश्चिम को। पहले स्वप्नों को नहीं मानते थे, क्या रखा है स्वप्न में, फिर स्वप्न पर बड़ा मूल्य हुआ। फिर सुषुप्ति की कोई चिंता नहीं थी, फ्रायड ने कोई फिकर नहीं की नींद की, सिर्फ स्वप्न तक रुका रहा, लेकिन अब मनोवैज्ञानिक नींद में जा रहे हैं। और इससे चौथी, तुरीय का अर्थ होता है—चौथी। उसको नाम नहीं दिया, क्योंकि वह अब आखिरी है, उसको क्या नाम देना। वह तो नाम के बाहर है। इन तीन के जो पार है वह चौथी। उस चौथी को समझ लें तो यह सूत्र समझ में आएगा।

तुरीय का अर्थ होता है, इतने शांत जैसे गहरी नींद में होते हैं; और इतने जाग्रत, जैसे भरे जागरण में होते हैं। यह विरोध का मिलन। ऐसे जाग्रत जैसे भर जागृति में होते हैं—कभी-कभी होता है। कोई आदमी तुम्हारी छाती पर एकदम छुरा लेकर आ गया, उस क्षण में क्षण भर को तुम जागते हो। प्रचंड जागरण होता है। एक क्षण को सब तंद्रा टूट जाती है। चले जा रहे थे रास्ते पर अपने विचार में खोए कि यह धंधा कर लें, कि वह धंधा कर लें, कि इतनी कमाई हो जाएगी, कि ऐसा मकान बना लेंगे, कि इस लड़की से शादी कर लेंगे, ऐसा कुछ चले जा रहे थे मन में अपना गणित बिठाते, शेखचिल्ली बने, एक आदमी एकदम छुरा लेकर आ गया। अब छुरा ऐसी बात है कि तीर की तरह तोड़ देगा सब सपने के जाल को। मौत सामने खड़ी है, अब कहां फुरसत

किससे शादी करें, कौन सी दुकान करें, कौन सा धंधा चलाएं, कैसे पैसा कमाएं, इधर मौत आ गई, ये सब बातें एकदम बेमानी हो गयीं। और छुरा इतना प्रत्यक्ष सामने खड़ा है कि तुम एक क्षण को तो जागरूक हो ही जाओगे। इसलिए कभी-कभी खतरे में जागरण आता है। और इसीलिए खतरे में रस है।

जो लोग पहाड़ पर चढ़ने जाते हैं हिमालय, उनका रस तुम जानते हो क्या है? रस यही है कि किसी समय रस्सी से झूलते हुए खाई-खंदक के ऊपर प्राणों पर संकट होता है। जरा सी चूक और गये। जरासा पैर चूका कि सदा के लिए खो गये। एक-एक सांस आखिरी मालूम होती है। उसी कारण एक बड़ा प्रकांड जागरण पैदा होता है। एक रस। वह समाधि का रस है, वह तुरीय का रस है। थोड़ा सा, झलक मात्र। इसीलिए युद्ध के मैदान पर लोग ताजे हो जाते हैं। जहां मौत चारों तरफ बरसती हो। इसीलिए लोग कार तेजी से चलाते हैं, एक ऐसी सीमा आ जाती है—सौ मील प्रति घंटे जा रहे हैं, एक सौ दस मील, एक सौ बीस मील, अब ऐसी घड़ी आ गई है जहां एक-एक क्षण खतरनाक है। जरा सी चूक और गये। उस समय एक पुलक से प्राण भर जाता है, विचार सब बंद हो जाते हैं। इतने खतरे में विचार करने की सुविधा किसे हो सकती है? इसीलिए लोग खतरनाक खेल खेलते हैं। इसीलिए लोग जुए पर दांव लगाते हैं। सब लगा दिया दांव।

एक जापानी अभिनेता ने करोड़ों डालर कमाए और जिंदगी के अंत में सारे रुपये ले जाकर इकट्ठे, एक बार फ्रांस में जुए पर दांव पर लगा दिये। जरा उसकी सोचो हालत! सब इकट्ठा। या इस पार, या उस पार। बात ऐसी थी कि दूसरे दिन अखबारों में खबर छपी—क्योंकि वह हार गया—कि उसने आत्महत्या कर ली। किसी दूसरे जापानी ने आत्महत्या कर ली थी एक होटल के ऊपर से कूद कर। अखबारों ने तो मान ही लिया कि यह वही आदमी हो सकता है, और कौन कूदेगा? जिंदगी भर की कमाई सब दांव पर लगा दी। मगर वह आदमी मजे से सो रहा था। जब उस होटल के मैनेजर ने उसको जगाया और पूछा, आप अभी जिंदा, अखबारों में तो खबर छप गई कि आप मर गये! तो उसने कहा मैं किस लिए मरूं? सच तो यह है कि दांव पर लगा कर सब कुछ पहली दफे मैंने जिंदगी का रस जाना। ऐसा प्रगाढ़ रूप से मैं कभी होश से भरा हुआ नहीं था। जब सब दांव पर लगाया—सारी जिंदगी दांव पर लगा दी—तो सोच-विचार का मौका न रहा। एक-एक पल ऐसा सरकने लगा, जैसा कभी नहीं सरका था। अपनी ही सांस की धड़कन सुनाई पड़ने लगी। इधर या उधर! या तो सब गया, या सब दुगुना हो जाएगा। सोचने-विचारने की फुरसत न रही। ठगा खड़ा रह गया। और फिर हार भी गया। अब जब सब हार ही गया तो अब क्या! इसलिए शांति से सो गया, अब तो कुछ बचा ही नहीं, बात ही खतम हो गई, अब सुबह देखेंगे, जो होगा होगा।

चिंता तो तब होती है जब कुछ हो। दो अवस्थाओं में चिंता मिटती है—या तो सब कुछ हो, या कुछ न हो। तो सब कुछ तो सिर्फ परमात्मा को होता है और कुछ न संन्यासी को होता है। बस दो ही हालत में चिंता मिटती है। क्योंकि दोनों ही हालत में पूर्णता होती है। या तो सब हो, फिर क्या चिंता! इसलिए परमात्मा निश्चिंत है। या कुछ भी न हो, फिर क्या चिंता! चिंता करने को भी कुछ तो चाहिए। अब कुछ ही नहीं है तो चिंता कैसी! तो संन्यासी निश्चिंत है। और संन्यासी और परमात्मा का किसी बड़े भीतरी द्वार पर मिलन हो जाता है। क्योंकि पूर्ण और शून्य मिलते हैं।

खतरे का इसीलिए इतना आकर्षण है, क्योंकि खतरे में थोड़े जागरण का स्वाद आता है।

ये तीन अवस्थाएं हैं। जिसको तुम जागरण कहते, इसको ज्ञानी जागरण नहीं कहते—यह कोई जागना है! यह तो तुम सोए-सोए चल रहे हो। तुम सोए-सोए काम करने में कुशल हो गये हो। आंख खुली है तुम्हारी लेकिन जागे तुम कहां? क्योंकि आंख तो खुली है और भीतर हजार-हजार स्वप्न चल रहे हैं। और सपने तुम्हारे नहीं हैं। तुम सपनों के नहीं हो। सपने सब उधार हैं। सपने सब औरों के हैं। सपने सब किसी ने दे दिये हैं। सपने तुम आस-पास से पकड़ रहे हो। तुम्हें इस सत्य का पता नहीं है कि सभी विचार जो तुम्हारे भीतर चलते हैं, तुम्हारे नहीं हैं। तुम तो निर्विचार हो, विचार तो तुम इधर-उधर से पकड़ लेते हो। ऐसा भी नहीं है कि कोई कहे तब तुम पकड़ते हो। तुम्हारे पास एक आदमी आकर बैठ गया, उसकी विचार की तरंगें तुम्हारी खोपड़ी में प्रविष्ट होने लगती हैं।

कभी-कभी किसी आदमी के पास बैठ कर बड़े बुरे विचार आने लगते हैं। कभी किसी आदमी के पास बैठ कर बड़े अच्छे विचार आने लगते हैं। इसीलिए तो लोग सत्संग में जाने लगे। सदियों पहले यह बात समझ में आ गई कि किसी के पास बैठ कर शुभ विचार आने लगते हैं, किसी के पास बैठ कर अशुभ विचार आने लगते हैं। और किसी के पास ऐसी भी घटना घटती है कि विचार नहीं आते। जिस के पास बुरे विचार आएं, वह असाधु। जिसके पास अच्छे विचार आएं, वह साधु। और जिसके पास निर्विचार की थोड़ी सी झलक आने लगे, वह संत, परमहंस, बुद्ध, जिन। हमने कैसे पहचाना?

लोग पूछते हैं कि हमने कैसे पहचाना कि कोई आदमी जिनत्व को उपलब्ध हो गया है? कि बुद्धत्व को उपलब्ध हो गया है? एक ही उपाय है पहचानने का, उसके पास रहने लगो, बसो उसके पास, रुको उसके पास। अगर तुम्हें किसी दिन शांति के तैरते हुए बादल तुम्हारे भीतर आ जाएं और अचानक तुम पाओ कि सब विचार खो गये हैं, वे जो अनवरत चलते थे, दिन-रात चलते थे, वह जो तुम्हारे भीतर कोलाहल

मचा ही रहता था, अचानक जैसे कोई ले गया सब कोलाहल; आया एक बादल और वर्षा हो गई और तुम शीतल हो गये; आया एक हवा का झोंका और सब धूल उड़ गई और तुम ताजे और नये हो गये; जैसे कुछ अनहोना घटा और तुम सकते में आ गये, कोई विचार न रहा, तुम निर्विचार हो गये; जिसके पास निर्विचार घट जाए, जानना कि वहां बुद्धत्व घटा है। और तो कोई उपाय नहीं है। जानना कि वहां जिनत्व घटा है।

हम प्रतिपल दूसरे के विचारों से प्रभावित होते हैं। ऐसा समझो कि जो श्वास मैंने ली अभी, मेरे भीतर है अभी, थोड़ी देर बाद तुम्हारी श्वास हो जाएगी। और अभी जो श्वास तुम्हारे भीतर है, थोड़ी देर बाद मेरी श्वास हो जाएगी। हम एक-दूसरे की श्वासें ले रहे न! ठीक ऐसे ही हम एक-दूसरे के विचार भी पी रहे हैं। दिखाई नहीं पड़ता कि दूसरे की श्वास तुम्हारी श्वास में गई। तुमने कभी शायद ऐसा सोचा भी न हो, नहीं तो घबड़ाने भी लगो कि अरे, यह दुष्ट बैठा है, इसकी श्वास भीतर जा रही है मेरे, भागो यहां से, कहीं इसकी श्वास...कहां का गंदा आदमी बिना नहाए-धोए बैठा है, इसकी श्वास मेरे भीतर जा रही है! मैं ब्राह्मण, यह शूद्र; मैं नहाया-धोया, पवित्र, पुण्यात्मा, यह पापी! मगर श्वास आ-जा रही है। जैसे श्वास आ-जा रही अदृश्य, उससे भी ज्यादा अदृश्य विचार आ-जा रहे।

प्रत्येक व्यक्ति एक ब्रॉडकास्टिंग है। पूरे वक्त फेंक रहा अपने चारों तरफ तरंगें, सूक्ष्म तरंगें, और सब आस-पास उन्हें लोग पकड़ रहे। तुम तभी तरंगें पकड़ना बंद करते हो, जब तुम समाधि को उपलब्ध होते हो। तब तुम किसी के भी पास बैठे रहो, तुम सुरक्षित। तुम्हारे छिद्र में कुछ प्रवेश नहीं करता। और जिस दिन तुम इस योग्य हो जाते हो कि तुम्हारे भीतर दूसरे की तरंगें प्रवेश नहीं करतीं, उस दिन तुम्हारा शून्य दूसरों में प्रवेश करने लगता है।

शिष्य और गुरु का इतना ही अर्थ है। जिसकी तरफ से शून्य बहने लगा, वह गुरु; और जो उस शून्य को लेने को राजी हो गया झोली फैला कर, अंजुली पसार कर, वह शिष्य। शून्य का आदान-प्रदान जिनके बीच होता है, वे ही शिष्य और गुरु।

ये जो स्वप्न तुम्हारे भीतर चलते हैं, इन्हें तुम अपने मत मान लेना।

और निद्रा में
अमित अव्यक्त भावों के
सहस्रों स्वप्न चलते हैं

ये सहस्रों स्वप्न जो अपने नहीं हैं, ये भी सब उधार हैं। जरा देखो तो अपनी गरीबी! सपने भी अपने नहीं। जरा देखो तो दीनता! धन तो अपना है ही नहीं, पद तो अपना है ही नहीं, सपना तक अपना नहीं! वह भी दूसरे पैदा कर देते।

तुम इसके चाहो छोटे-मोटे प्रयोग कर सकते हो। तुम्हारी पत्नी सो रही हो, चले जाना उसके पास, एक बरफ का टुकड़ा धीरे-धीरे उसके पैर में छुलाना और फिर बाद में उससे जब वह जागे तो पूछना कि तूने क्या सपना देखा? वह सपना देखेगी कि पहाड़ गई है, बरफ पर चल रही है। इस तरह का सपना पैदा हो जाएगा। या जरा आंच दे देना उसके पैर को तो सपना देखेगी कि चली गई मरुस्थल में, कि सहारा में पहुंच गई, कि धूप पड़ रही भयंकर, कि पैर जल रहे भयंकर! यह तो तुमने बड़ा स्थूल काम किया। या तकिया रख देना उसकी छाती पर। वह सोचेगी कि आ गया कोई दैत्य, दानव, छाती पर बैठा है। घबड़ाने लगेगी। परेशान होने लगेगी। तकिया तो दूर, उसके ही हाथ दोनों उसकी छाती पर रख देना, तो घबड़ाने का सपना देखने लगेगी। यह तो मैं तुमसे स्थूल कह रहा हूं, यह तो स्थूल है बात। सूक्ष्म बात भी कर सकते हो।

कोई आदमी सोया हो, उसके पास बैठ जाना और कोई एक विचार बहुत प्रगाढ़ता से सोचने लगना। अगर कोई व्यक्ति सोनेवाला तुमसे संबंधित हो—इसलिए मैंने कहा पत्नी, या पति, या बेटा, जिनसे तुम्हारा गहरा संबंध हो—वे ज्यादा शीघ्रता से ग्रहण करते हैं। प्रेम के सहारे सब तरह की बीमारियां एक-दूसरे में आती-जाती हैं। द्वार खुला रहता है। बैठ जाना अपनी पत्नी के पास आंख बंद करके और एक ही विचार सोचना—कोई भी एक विचार, जैसे एक नंगी तलवार लटकी है। खूब प्रगाढ़ता से सोचना कि नंगी तलवार तुम्हें बिलकुल स्पष्ट दिखाई पड़ने लगे। और तुम सोचना कि यह नंगी तलवार मेरी पत्नी को भी दिखाई पड़ रही है, दिखाई पड़ रही है। सोचते ही जाना, सोचते ही जाना, घूम-घूम कर बार-बार इसी पर आ जाना, बार-बार सोचना। तुम चकित हो जाओगे, दो-चार दफे प्रयास करने के बाद तुम सफल हो जाओगे। पत्नी जाग कर कहेगी कि आज एक अजीब सपना आया कि एक नंगी तलवार लटकते देखी।

इस पर बहुत प्रयोग हुए हैं। और अब तो एक वैज्ञानिक आधार पर यह बात कही जा सकती है कि सपने भी एक-दूसरे में प्रवेश करते हैं, विचार भी एक-दूसरे में प्रवेश करते हैं। एक छोटा सा प्रयोग तुम कर सकते हो। चले जा रहे हो तुम किसी के पीछे, उसकी चेंथी पर आंख गड़ा लेना और जोर से भीतर सोचना कि लौट, लौट कर देख। दो-तीन मिनिट में वह एकदम लौट कर देखेगा, एकदम घबड़ा कर कि क्या मामला है! और तुम देखोगे उसके चेहरे पर कि बड़ी बेचैनी है, बात क्या है? क्योंकि ठीक चेंथी के पास वह केंद्र है, जहां से ग्रहण किए जाते हैं विचार। मस्तिष्क में जहां से प्रवेश होता है; जहां से बड़ी सुगमता से प्रवेश होता है। सपने भी अपने नहीं हैं। और तुम्हारी जिंदगी सिवाय सपनों के और कुछ भी नहीं है। और सपने भी अपने नहीं हैं।

बचे हैं खंडहर अब तो महज दो-चार सपनों के
न सोचा इस तरह हमको करेगा बेदखल कोई

जिंदगी के आखिर में पाओगे कि कुछ भी नहीं बचा—असली खंडहर भी नहीं बचते।

बचे हैं खंडहर अब तो महज दो-चार सपनों के
न सोचा इस तरह हमको करेगा बेदखल कोई

लेकिन कोई बेदखल करता भी नहीं, तुम खुद ही सपनों से उलझे हुए अपने हाथ से बेदखल हो जाते हो। और जीवन भर हम जो भी चाहते हैं, करते हैं, सब सपनों का जाल है। ऐसे हो जाएं, ऐसे बन जाएं, यह पा लें, लोग ऐसा जानें कि हम ऐसे हैं, इन्हीं सब में खोए-खोए एक दिन खो जाते हो। ऐसा डोलते, डांवाडोल होते, इन्हीं तरंगों में डूबे-डूबे, धक्के-मुक्के खाते कब्र में गिर जाते हो।

श्यामल यमुना से केशों में गंगा करती वास है
भोगी अंचल की छाया में सिसक रहा संन्यास है
मेंहावर-मेंहदी, काजल-कंघी गर्व तुझे जिन पर बड़ा
मुट्ठी भर मिट्टी ही केवल इन सबका इतिहास है
नटखट लटका नाग जिसे तुम भाल बिठाए चूमती
अरी, एक दिन तुझको ही डस लेगा भरे बाजार में
कोई मोती गूंथ सुहागिन तू अपने गलहार में
मगर विदेशी रूप न बंधनेवाला है शृंगार में

कितने ही सपने देखो, कितनी ही योजनाएं बिठाओ, कितनी ही परिकल्पनाएं दौड़ाओ, कितना ही श्रम करो, सपनों में कोई सुंदर नहीं हो पाता और सपनों में कोई सत्य नहीं हो पाता।

एक तो जागृति है तुम्हारी वह भी सपनों से ही भरी है। सपने तो सपने से भरे ही हैं। और फिर एक दशा है जिसका तुम्हें थोड़ा-थोड़ा एहसास है—सुषुप्ति। जहां तुम बिलकुल खो जाते। इन तीन में आदमी डोलता रहता है। और चौथी आदमी की असलियत है। इन तीन में ही भटकता रहता है। इन तीन के पीछे ही धक्के खाते रहता है—यहां से वहां। जाग गये, फिर सो गये, फिर सपना देखा, फिर जाग गये, फिर सो गये, फिर सपना देखा, फिर जाग गये, ऐसा इन त्रिकोण में घूमता रहता है। और आदमी चौथा है—तुरीय। 'दि फोर्थ'।

चौथे का अर्थ है, साक्षी। चौथे का अर्थ है, जो देखता सपनों को, जो सपना नहीं है। सुबह उठ कर तुम कहते हो, रात एक सपना देखा। तो निश्चित देखने वाला अलग रहा, अन्यथा कैसे देखते—सुबह कैसे कहते कि सपना देखा, कौन कहता?

और किसी दिन सुबह तुम कहते हो कि रात बड़ी गहरी नींद सोए, ऐसी गहरी नींद, ऐसी अमृतमयी नींद कभी नहीं सोए थे। सब ताजा-ताजा हो गया है, स्वच्छ हो गया है। नये हो गये। तो निश्चित गहरी नींद में भी कोई देखता था कि बड़ी गहरी नींद है। किसको यह अनुभव हुआ? जिसको यह सारे अनुभव होते हैं, वही तुम हो। द्रष्टा तुम हो, साक्षी तुम हो। भोक्ता बन गये, कर्ता बन गये, तो खो गये सपनों में। फिर तुम इसे जागरण कहो, आंख खोल कर देखा हुआ सपना कहो कि आंख बंद करके देखा हुआ सपना कहो, मगर तुम जहां भोक्ता बन गये, कर्ता बन गये, वहीं तुम च्युत हो गये। वहीं तुम स्वस्थ न रहे। वहां अपने केंद्र पर न रहे।

अब इस सूत्र को समझो—

'जो सुषुप्ति में भी नहीं सुप्त है।'

तुरीय को जो उपलब्ध हो गया, चौथी अवस्था जिसने पा ली, जिसने अपनी असली अवस्था पा ली, स्वभाव पा लिया, ऐसा व्यक्ति सुषुप्ति में भी सुप्त नहीं है। वह सोया भी है और जागा भी है। बाहर से देखोगे तो सोया है। उसके भीतर से देखो तो पाओगे जागा है। इसीलिए तो कृष्ण कहते हैं: 'या निशा सर्वभूतानाम् तस्याम् जागर्ति संयमी।' सब जहां सोए, सबके लिए तो निशा है, अंधेरी रात है, वहां भी संयमी जागा हुआ है। वहां भी जागा है। जागरण अखंड है, अविच्छिन्न है। संयमी सोता ही नहीं। उसके भीतर एक दीया जलता रहता है, गहरी से गहरी अंधेरी अमावस में भी उसके भीतर दिया जलता ही रहता है। उसका घर रोशनी से कभी खाली नहीं होता।

है तो हालत तुम्हारी भी यही। दीया तो तुम्हारा भी जल रहा है, लेकिन तुम्हें स्मरण नहीं। तुम भी दीये हो, वैसे ही दीये जैसे कृष्ण, वैसे ही दीये जैसे बुद्ध, वैसे ही दीये जैसे अष्टावक्र, रत्ती भर कम नहीं—कोई तुमसे रत्ती भर ज्यादा नहीं था—लेकिन तुम लौट कर देखते ही नहीं। बाहर उलझे हो।

ऐसा समझो कि कोई आदमी खिड़की पर खड़ा, खड़ा, खड़ा बाहर के दृश्य में इस तरह भूल गया है, रास्ते पर चलते सब लोगों को देखता है, सिर्फ एक की याद नहीं आती, जो खिड़की पर खड़ा होकर देख रहा है। उसकी भर याद भूल गई है। और सब याद में है, अपनी भर सुध खो गई है।

जागृति का अर्थ है, वस्तु जगत पर ध्यान। ये वृक्ष, ये पर्वत, ये पहाड़, ये चांद-सूरज, ये लोग, इन पर ध्यान। जाग्रत—अपने पर ध्यान नहीं, वस्तुओं पर ध्यान। स्वप्न—शब्दों पर ध्यान, विचारों पर ध्यान। प्रतीकों, बिंबों पर ध्यान। कल्पनाओं पर ध्यान। अपने पर ध्यान नहीं। सुषुप्ति—न तो वस्तुएं हैं अब, न विचार हैं, लेकिन फिर भी अपने पर ध्यान नहीं। तुरीय—अपने पर ध्यान।

जाग्रत, स्वप्न, सुषुप्ति, तीनों में एक बात समान है—अपने पर ध्यान नहीं। जाग्रत में वस्तुओं पर, स्वप्न में कल्पनाओं पर, सुषुप्ति में किसी पर नहीं, अपने पर भी नहीं; गैर-ध्यान की अवस्था। तुरीय में अपने पर ध्यान। और जैसे ही तुरीय में अपने पर ध्यान आया, फिर तुम सब क्रियाओं में होकर भी कर्ता नहीं रहोगे। फिर तुम सब दृश्यों को देख कर भी द्रष्टा ही बने रहोगे। एक क्षण को आत्म-विस्मृति न होगी।

'जो सुषुप्ति में भी नहीं सुप्त है और जो स्वप्न में भी नहीं स्वप्नाया है, जाग्रत में भी नहीं जागा हुआ है, वह धीरपुरुष क्षण-क्षण तृप्त है।'

अब न तो सोने में सोना है, न सपने में सपना है, न जागने में जागना है, क्योंकि अब तो एक नया स्वर उसके भीतर उठ गया है—तुरीय का, चौथे का। अब तो हर हालत में वह चौथा है। बाहर कुछ भी होता रहे, भीतर वह चौथा है।

ऐसा हुआ। कबीर के जीवन में एक अनूठा उल्लेख है। कबीर की ख्याति फैलने लगी—फैलनी ही चाहिए थी, ऐसे कमल कभी-कभी खिलते हैं। अपूर्व कमल खिला था। सुगंध पहुंचने लगी लोगों तक। लेकिन अड़चन थी। कबीर का अस्तित्व परंपरागत तो नहीं था—कभी किसी ज्ञानी का नहीं रहा। परंपरा मुर्दों की होती है, जिंदा आदमियों की नहीं होती। तो यह भी पक्का नहीं था—कबीर हिंदू हैं कि मुसलमान हैं। मेरे संबंध में पक्का है? कि हिंदू हूं कि मुसलमान हूं? पक्का हो ही नहीं सकता।

असल में ऐसा व्यक्ति न तो हिंदू होता है, न मुसलमान होता है। फिर जुलाहे का काम करते थे। और ब्राह्मणों को बड़ी बेचैनी थी काशी के। क्योंकि लोग इस जुलाहे की तरफ जाने लगे। ब्राह्मणों के दरबार खाली होने लगे और लोग इस जुलाहे की तरफ जाने लगे। और यह बात तो बड़ी बेचैनी की थी। परंपरागत धंधा, प्रतिष्ठा, मान-मर्यादा, न्यस्त स्वार्थ! तो ब्राह्मणों ने तरकीब सोची, कुछ उपाय करना पड़ेगा। और जब भी ब्राह्मणों को कोई तरकीब सूझती है तो दो ही तरह की सूझ सकती है। क्योंकि दो ही तरह से परंपरा बंधी है। या तो कबीर के आचरण पर कुछ धब्बा पड़ जाए, तो एक उपाय है। आचरण पर धब्बा डालने की दो ही व्यवस्थाएं हैं—या तो किसी स्त्री को उलझा दो और या धन—पैसे में उलझा दो। बस दो चीजों में से कुछ हो जाए तो काम हो जाए।

लेकिन धन-पैसे से भी उतनी कठिनाई पैदा नहीं होती, जितनी इस देश में स्त्री से हो सकती है। क्योंकि इस देश का पूरा मन काम-दमन से भरा हुआ है। इस देश का मन स्त्री के प्रति स्वस्थ नहीं है। अत्यंत अस्वस्थ, रुग्ण और बीमार है। तो एक वेश्या को पैसे देकर तैयार कर लिया कि जब कबीर सांझ को बेचने आएं अपना कपड़ा बाजार में तो तू हाथ पकड़ लेना।

वेश्या को तो पैसे मिले थे, कोई अड़चन न थी, उसको तो पैसे से प्रयोजन था; जब कबीर सांझ को अपने कपड़े बेच कर लौटने लगे तो उसने भरे बाजार में काशी के उनका हाथ पकड़ लिया। और उनसे लिपट कर रोने लगी और कहने लगी, क्यों बगुला भगत, मुझे अकेली छोड़ कर तुम कहां चले आए? मेरे पास न तो पेट भरने को अन्न है न तन ढंकने को वस्त्र और तुम्हारे जैसे ढोंगी की सर्वत्र पूजा हो रही है। और वह तो धाड़ मार-मार कर रोने लगी। और भीड़ इकट्ठी हो गई। भीड़ तो तैयार ही थी—वह ब्राह्मण तो तैयार ही थे। पत्थर फेंकने लगे, कबीर को गालियां दी जाने लगीं।

लेकिन वेश्या भी बहुत चौंकी और ब्राह्मण भी बहुत चौंके, कबीर ने कहा तो अच्छा किया, तू आ गई, इतनी देर क्यों राह देखी? अरे पागल, जब मैं जिंदा हूं? तब तो वह जरा वेश्या घबड़ाई कि यह आदमी क्या कह रहा है? क्योंकि वह तो सब बना-बनाया था। यह तो बात ऐसे ही करने की थी और कबीर ने तो हाथ पकड़ लिया उसका कि अब आ ही गई है तो अब साथ ही रहेंगे। अब वह घबड़ाई कि इस बूढ़े से और कहां झंझट हो गई! अब वह इधर-उधर देखने लगी।

तो ब्राह्मणों ने जिन्होंने उसे जमाया था, वे भी भीड़ में सरक गये कि यह, यह सोचा ही नहीं था, यह बात भी हो सकती है! और कबीर ने कहा, अब आ ही गई तो घर चल! भाड़ में जाए यह पूजा-प्रतिष्ठा, अरे तुझे छोड़ कर ऐसी पूजा-प्रतिष्ठा में क्या रखा है! तू इतने दिन कहां रही! वह औरत तो सोचने लगी अब करना क्या है? इसके चंगुल से कैसे निकलना है? और वह तो उसका हाथ पकड़ कर ले चले। अब वह इनकार भी न कर सके।

वह तो ले गये उसे घर अपने झोपड़े पर, उसके पैर दबाने लगे। उसने कहा कि महाराज, क्या कर रहे? अब मुझे और लज्जित मत करो। मुझे क्षमा करो, मुझे जाने दो। मैं कहां चक्कर में पड़ गई! उन्होंने कहा, अब किसी कारण से चक्कर में पड़ी, लेकिन तू मुसीबत में तो रही ही होगी, नहीं तो चार पैसे के लिए कोई ऐसी झंझट करता है! अब तू फिकर छोड़। खाना बना कर उसको खिलाने बैठ गये! वह खा रही और रो रही। वह उनके पैरों पर गिर पड़ी कि मुझे क्षमा कर दो, मुझसे बड़ी भूल हो गई, मुझसे भूल ऐसी हो गई कि अब आत्महत्या करूं तो भी शायद यह न धुलेगी। अब यह जिंदगी भर मेरी छाती में कांटे की तरह गड़ी रहेगी। चार पैसे के लिए मैंने क्या किया!

मगर ब्राह्मण चुप नहीं बैठे। उन्होंने देखा कि यह घर ले गया इसको, वेश्या को, तो वे तो राजा के पास भागे चले गये। उन्होंने जाकर काशी-नरेश को कहा कि हद हो गई, आप भी जाते हैं इस ढोंगी के पास, वह एक वेश्या को घर लेकर बैठ गया है। बुलावा भेजा। कबीर अकेले नहीं आए, उसको साथ ही लेकर आए। वह कहे भी कि मुझे जाने दें, मुझे कहीं जाना नहीं है, अब वह और घबड़ाए कि अब यह सम्राट के

सामने ले चला। तो कबीर ने कहा, तू फिकर क्यों करती है। जनम-जनम के बिछड़े मिल गये। वह अपनी ही लगाए जा रहे।

सम्राट के दरबार में भी उसको अंदर ले गये। वहां तो वह स्त्री घबड़ा गई। और जब सम्राट ने देखा कि वह वेश्या का हाथ पकड़े चले आ रहे हैं, तो वह भी थोड़ा घबड़ाए। उसने कहा कि आप यह क्या कर रहे हैं और किस तरह अपनी प्रतिष्ठा और यश को नष्ट कर रहे हैं! उन्होंने कहा, खाक करे प्रतिष्ठा-यश! इसके पहले कि वह कुछ बोलें, वह स्त्री चिल्लाई कि क्षमा करना, पहले मुझे बोलने दो। मेरी कुछ समझ में ही नहीं आ रहा है, मैं सिर्फ पैसे के पीछे यह उपद्रव किये हूं और पैर पर कबीर के गिर पड़ी और सम्राट से उसने कहा कि मुझे किसी तरह छुटकारा दिला दो। मुझे ब्राह्मणों ने उलझा दिया है।

सम्राट कबीर से पूछे कि तुम कैसे पागल हो! कबीर ने कहा, अब और क्या करने का इसमें उपाय था! और मुझे तो कुछ फर्क नहीं पड़ता। मैं तो कर्ता नहीं हूं। तो यह खेल भी देखा। द्रष्टा तो द्रष्टा ही रहेगा। भोक्ता होने का कोई उपाय नहीं। यह तो मौका था मेरी परीक्षा का कि क्या मैं चौथे में रह सकता हूं? और मैं चौथे में ही रहा। और रत्ती भर चौथे से नहीं डिगा। यह एक स्वप्न है, इस तल पर मेरा होना नहीं है। यह जो चौथा तल है, उस चौथे तल के लिए अष्टावक्र कहते हैं—

सुप्तोऽपि न सुषुप्तौ।

सोए तो भी ज्ञानी सोया नहीं, एक दीया जलता, एक दीया अहर्निश जलता, अखंड जलता।

स्वप्नेऽपि शयितो न च।

देखे स्वप्न, तो भी जानता कि मैं देखने वाला हूं, देखा गया नहीं।

जागरेऽपि न जागर्ति।

जाग कर भी जागा हुआ नहीं होता, क्योंकि वह तो महारूप से जागा हुआ है। महाजागृति को उपलब्ध है, इस क्षुद्र जागृति से अब कुछ लेना-देना नहीं है। यह धोखा तो अंधों के लिए है। यह धोखा तो उनके लिए है जो जागे हुए नहीं हैं, उनको लगता है यह जागृति है। जो जाग गये उनको किसी इतने बड़े शब्द का पता चलता कि यह जागृति तो नींद ही मालूम होती है।

धीरस्तृप्तः पदे पदे।

और ऐसी जो चित्त की, चैतन्य की दशा है, वह पद-पद पर परमतृप्ति से भरी है। क्षण-क्षण।

इसे समझना। ऐसा धीरपुरुष क्षण-क्षण तृप्त है। क्यों? अब अतृप्ति का कोई उपाय ही न रहा। अतृप्ति आती है तादात्म्य से। या तो बंध जाओ जागृति से, या बंध

जाओ स्वप्न से, या बंध जाओ सुषुप्ति से। जहां बंधे, वहां संकट है। जहां बंधे, वहां गांठ पड़ी। जहां गांठ पड़ी, वहां पीड़ा है। जहां पीड़ा, वहां संताप, चिंता और सारा नरक पीछे चला आता है। गांठ ही नहीं पड़ती ऐसे आदमी को। वह हर जगह से अछूता निकल जाता है।

इसीलिए तो कबीर ने कहा है, ज्यों की त्यों धरि दीन्ही चदरिया। खूब जतन कर ओढ़ी चदरिया, ज्यों की त्यों धरि दीन्ही। खूब जतन कर। जतन शब्द बड़ा महत्वपूर्ण है, उसका मतलब होता है, अवेयरनेस, उसका अर्थ होता है, जागृति; होश रहे। खूब जतन से, जरा भूल-चूक न की, जरा नींद न ली, जरा झपकी न खाई, जागे-जागे। खूब जतन से ओढ़ी रे चदरिया। और जीवन की चादर को इतने जतन से ओढ़ा कि जरा दाग न लगा। और ज्यों की त्यों धरि दीन्ही चदरिया। जैसी पाई थी जन्म के साथ, स्वच्छ, निर्मल, क्वांरी, वैसी ही मृत्यु के समय वापस दे दी, निर्मल, क्वांरी, स्वच्छ। जैसे उपयोग ही न की गई। भोक्ता न बने, कर्ता न बने, तो जीवन की चादर पर दाग नहीं पड़ते हैं। एक ही जतन है, साक्षी बने रहना।

तुम मंद चलो!
ध्वनि के खतरों बिखरे मग में
तुम मंद चलो!
सूझों का पहन कलेवर-सा
बिकलाई का कल जेवर-सा
घुल-घुल आंखों के पानी में
फिर छलक-छलक बन छंद चलो
पर मंद चलो!

ज्ञानी धीमे-धीमे चलता। क्योंकि होशपूर्वक चलता। ज्ञानी दौड़ता नहीं। ज्ञानी के जीवन में कोई आपाधापी नहीं है। कहीं पहुंचना थोड़े ही है कि दौड़ करे। वहां तो है ही जहां पहुंचना है। वहीं तो है, जहां पहुंचना है। इसलिए मंद-मंद चलता, इसीलिए तो उसे धीर कहते हैं। परम धैर्य है उसके जीवन में।

तुम मंद चलो!
ध्वनि के खतरों बिखरे मग में
तुम मंद चलो!

कहीं दौड़धाप में, कहीं आपाधापी में उलझ मत जाना। कर्ता मत बन जाना। यहां बड़े खतरे हैं। खतरे दो ही हैं, कर्ता और भोक्ता बन जाने के सुरक्षा एक ही है—साक्षी की।

तुम मंद चलो!
सूझों का पहन कलेवर-सा
सूझ, होश, समझ।
सूझों का पहन कलेवर-सा

अपने चारों तरफ जागृति की एक चादर ओढ़ लो। रोशनी को जगा लो। अपने चारों तरफ विवेक, होश, चैतन्य को सम्हाल लो।

सूझों का पहन कलेवर-सा
बिकलाई का कल जेवर-सा
घुल-घुल आंखों के पानी में
फिर छलक-छलक बन छंद चलो
पर मंद चलो!

और तब तुम्हारे जीवन से एक छंद छलकेगा, जब तुम मंद चलोगे।

सूझों का पहन कलेवर-सा

जब तुम जतन से जिओगे, होशपूर्वक, साक्षी बने, तुरीय में, तो तुम्हारे जीवन में एक छंद का अवतरण होगा। उस छंद को ही अष्टावक्र ने स्वच्छंदता कहा है। तुम्हारे जीवन में एक गीत उमगेगा। तुम्हारे जीवन में कोई वीणा अनायास बज उठेगी। बिना बजाए बजने लगेगी। इसीलिए उसे अनाहत नाद कहा है, क्योंकि बिना बजाए बजती है, तुम्हें बजाना भी नहीं पड़ता। बज ही रही है। लेकिन तुम बाहर की आवाजों में उलझे, इसलिए भीतर की आवाज सुनाई नहीं पड़ती।

'ज्ञानी चिंतासहित भी चिंतारहित है, इंद्रियसहित भी इंद्रियरहित है, बुद्धिसहित भी बुद्धिरहित है और अहंकारसहित भी निर-अहंकारी है।'

ज्ञः सचिंतोऽपि निश्चिंतः सेन्द्रियोऽपि निरिन्द्रियः।
सुबुद्धिरपि निर्बुद्धिः साहंकारोऽनहंकृतिः।।

किसी ने नेपाल के एक बहुत अनूठे संत शिवपुरी बाबा से पूछा, आप कभी दुखी होते हैं? उन्होंने कहा: दुख होता है। पर उस आदमी ने पूछा, मैं यह नहीं पूछता हूं कि दुख होता है, मैं पूछता हूं, आप कभी दुखी होते हैं? उन्होंने कहा: दुख होता है, मैं दुखी नहीं होता।

इस फर्क को समझना। दुख होता है, मैं दुखी नहीं होता। दुख होना एक बात है। पैर में कांटा गड़ेगा—बुद्ध को गड़े कि बुद्धू को, इससे क्या फर्क पड़ता है—पैर में कांटा गड़ेगा तो पीड़ा होगी। लेकिन बुद्धू पीड़ा में बुरी तरह खो जाएगा। वह पीड़ा ही हो जाएगा। वह पीड़ा के साथ तादात्म्य कर लेगा। वह चीखने-चिल्लाने लगेगा। बुद्ध को भी पीड़ा होगी, लेकिन वे पीड़ा के बाहर खड़े रहेंगे। वे पीड़ा के साक्षी मात्र रहेंगे।

कांटे को बुद्ध भी निकालेंगे, लेकिन बाहर-बाहर।

तुम्हारे घर में आग लग जाएगी तो तुम्हें लगता है तुममें आग लग गई, क्योंकि तुमने घर के साथ बड़ा राग बांध रखा था। ज्ञानी के घर में आग लग जाएगी तो घर में आग लगी। तुम जब मरोगे, तो तुम्हें लगेगा, मैं मर रहा हूं। ज्ञानी भी मरता है, मृत्यु उसको भी आती, लेकिन मरते क्षण में भी जानता है, देह जा रही, और देह तो मैं कभी भी नहीं था। इतना फासला है। इतना भीतरी भेद है।

'ज्ञानी चिंतासहित भी चिंतारहित है।'

कभी अगर चिंता करने का कारण आ जाए, तो चिंता करता है, लेकिन फिर भी किसी गहरे तल में चिंता के पार खड़ा रहता है। तुम अगर उसे सवाल दे दो हल करने को तो वह हल करने की कोशिश करेगा, लेकिन उस कोशिश में डूब नहीं जाता, भूल नहीं जाता, भटक नहीं जाता, स्मृति नहीं खोती। अगर एक ज्ञानी जंगल में भटक जाए, तो रास्ता तो खोजेगा न! चिंता तो करेगा कि बाएं जाऊं, कि दाएं जाऊं? यहां जाने से निकल पाऊंगा बाहर कि यहां जाने से निकल पाऊंगा? लेकिन फिर भी निश्चिंत होगा, चिंता में भी निश्चिंत होगा। चिंता चलती रहेगी और भीतर कोई भी डांवाडोल न होगा। अकंप।

'इंद्रियसहित भी इंद्रियरहित है।'

आखिर ज्ञानी की भी इंद्रियां हैं। आंख है। लेकिन ज्ञानी यह जानता है कि आंख देखती नहीं, देखता कोई और है। कान हैं। लेकिन ज्ञानी जानता है कान सुनता नहीं, सुनता कोई और है। कान तो खिड़की है, जिस पर भीतर का सुननेवाला बैठा है। आंख तो खिड़की है, जिस पर भीतर झांकने वाला बैठा है। तब सारी इंद्रियां द्वार हो जाती हैं। द्वार की तरह इंद्रियां सुंदर हैं। लेकिन जब भीतर का मालिक इंद्रियों में खो जाता है और जो द्वार होने चाहिए, वे दीवार हो जाती हैं, और जिन्हें गुलाम होना चाहिए वे सिंहासन पर विराजमान हो जाती हैं, तब भूल-चूक हो जाती है। ज्ञानी प्रत्येक चीज को उसके स्थान पर रख देता है। जो जहां है, वहां है। आंख आंख की जगह है, कान कान की जगह है। न तो कान मालिक है, न आंख मालिक है। मालिक भीतर बैठा है। भीतर, बहुत गहरे भीतर बैठा है, जहां इंद्रियों की कोई पहुंच नहीं है। जहां तुम आंख से देखना चाहो तो देख न सकोगे, क्योंकि इंद्रियों के पीछे बैठा है मालिक। इंद्रियां बाहर देखती हैं, मालिक भीतर है।

'इंद्रियसहित भी इंद्रियरहित है, बुद्धिसहित भी बुद्धिरहित है।'

ज्ञानी कोई बुद्धू नहीं है। कोई मूढ़ नहीं है। जब जरूरत होती है, बुद्धि का उपयोग करता है, जैसे जरूरत होती है तो पैर का उपयोग करता है। जब जरूरत होती है, तर्क का उपयोग करता है। जब जरूरत होती है तो ज्ञानी विवाद कर सकता है। वस्तुतः ज्ञानी

ही विवाद कर सकता है। क्योंकि बुद्धि एक उपकरण मात्र है। और वह मालिक की तरह बुद्धि को अपने हाथ में खेल की तरह, खिलौने की तरह उपयोग कर लेता है। बुद्धि एक कंप्यूटर है। लेकिन ज्ञानी बुद्धि के साथ अपने को तादात्म्य नहीं किये है।

'बुद्धिसहित भी बुद्धिरहित है और अहंकारसहित भी निर-अहंकारी।'

ज्ञानी भी तो मैं शब्द का उपयोग करता है शायद अज्ञानी से ज्यादा बलपूर्वक करता है। अज्ञानी क्या खाक करेंगे! अज्ञानी तो डरते-डरते करते हैं, घबड़ाए-घबड़ाए करते हैं। मैं कहते हैं तो कंपते-कंपते कहते हैं। कृष्ण को सुनो: 'सर्वधर्मान् परित्यज्य मामेकं शरणं व्रज।' कहा अर्जुन से, छोड़-छाड़ सब बकवास, धर्म इत्यादि, मेरी शरण आ। यह कोई ज्ञानी ही कह सकता है। मेरी शरण आ? मामेकं शरणं व्रज। मुझ एक की शरण आ। तुम साधारणतः सोचते हो कि ज्ञानी तो कहेगा मैं आपके पैर की धूल, मैं तो कुछ भी नहीं। लेकिन जरा ज्ञानियों को सुनो। अलहिल्लाज मंसूर कहता है, अनलहक। मैं खुदा। मैं भगवान। सूली चढ़ गया, तो भी यही कह रहा था। सूली पर चढ़ते वक्त किसी ने पूछा कि मंसूर, अब तो छोड़ दे यह पागलपन की बात। मंसूर हंसने लगा और मंसूर ने कहा, मैं बोल रहा होता तो छोड़ भी देता, वही बोलता है, मैं क्या करूं? यह वही कहता है: अनलहक। यह शब्द मेरे नहीं हैं, यह शब्द उसी के हैं। मैं तो उसको समर्पित, वह जो बोले वही बोलूंगा।

एक बड़ी अनूठी झेन कथा है। एक झेन फकीर जंगल से गुजर रहा था। पाई चान उसका नाम था। एक लोमड़ी बीच रास्ते पर आ गई और उसने कहा कि रुकें महाराज! फकीर बड़ा हैरान हुआ, लोमड़ी बोली! लोमड़ी ने कहा, ऐसा हुआ, कोई पांच सौ साल हो गये मैं भी एक धार्मिक पुरोहित था। एक मंदिर में बड़ा पुजारी था। और एक आदमी ने मुझसे सवाल पूछा कि जो लोग बुद्धत्व को उपलब्ध हो जाते हैं, उन पर कार्य-कारण का नियम काम करता है या नहीं? और मैंने कहा, नहीं। और उसकी वजह से मैं यह फल भोग रहा हूं। पांच सौ साल से लोमड़ी बना हूं। मेरा पतन हो गया। और मुझे यह सजा मिली है कि जब तक मैं ठीक उत्तर न खोज लूं, तब तक मैं इस पशुभाव से मुक्त न हो सकूंगा। आप महाज्ञानी हैं, मुझे ठीक उत्तर बता दें।

पाई चान ने कहा, तू बोल, तू पूछ, फिर से पूछ। क्या प्रश्न है? तो उस बूढ़े पुरोहित ने जो पांच सौ साल से लोमड़ी बना बैठा है, उसने कहा कि प्रश्न यह है कि बुद्धपुरुष, जो बुद्धत्व को उपलब्ध हो गये, क्या कार्य-कारण के नियम के बाहर हो जाते हैं? तो पाई चान ने कहा, कार्य-कारण के नियम में वे अवरोध नहीं बनते।

समझना, बड़ी अनूठी बात कही। कार्य-कारण के नियम में वे अवरोध नहीं बनते। जो होता है, उसे होने देते हैं। न तो बाधा डालते, न सहयोग देते; जो होता है, होने देते हैं। और कथा कहती है कि लोमड़ी का सदभाग्य हुआ, ज्योति की किरण उस पर उतरी, वह फिर मनुष्य हो गई।

इस कहानी को तथ्य की तरह मत पकड़ लेना, यह तो एक बोधकथा है। लोमड़ी और आदमी का सवाल नहीं है, पशुभाव और मनुष्यभाव का सवाल है। जो व्यक्ति गलती में जी रहा है, वह पशुभाव में जीता है। जो समझ में जीने लगा, उसका मनुष्यभाव पैदा हो गया। अब तुम हो, न मालूम कितने जन्मों से लोमड़ी बने हो। अभी पशुभाव से छुटकारा नहीं हुआ।

और यह जो वचन पाई चान ने कहा कि कार्य-कारण के नियमों में बाधा नहीं बनता, यही घटना जीसस के जीवन में घटती है, मंसूर के जीवन में घटती है। इसलिए मंसूर की बात करते हुए मुझे पाई चान की याद आ गई। मंसूर ने कहा, मैं क्या करूं, वह बोलता है तो बोलने देता हूं। न मैं रोक सकता...मैं हूं कौन रोकने वाला?

मंसूर को कई मंदिरों से निकाला गया, कई मस्जिदों से निकाला गया, कई गुरुगृहों से निकाला गया, कई गुरुकुलों से निकाला गया। क्योंकि वह जहां भी जाता वहीं बैठ कर जब मस्ती आती तो वह कहता: अनलहक, अनलहक। और वह इतनी मस्ती में कहता! उसका रोआं-रोआं पुलकित होकर कहता, वह हर्षोन्माद से भर जाता! लोग कहते, भई, यह खतरनाक आदमी है, इसको यहां से जाने दो। अगर पता चल जाए, तो झंझट होगी। यह तो झंझट में पड़ेगा ही—क्योंकि मुसलमान देशों में यह घोषणा करना कि मैं भगवान हूं, बड़ी कठिन बात है। यह तो बरदाश्त के बाहर है। उसे जगह-जगह समझाया गया, लोग उसे प्रेम करते थे। वह अनेक गुरुओं के पास रहा—गुरु उसे प्रेम करते थे—वे कहते थे, पागल, हमें भी पता है कि यह बात ठीक है, मगर कहने की नहीं। तो मंसूर कहता, फिर तुम्हें पता नहीं है। जब पता है कि यह बात ठीक है तो रोकोगे कैसे?

यही तो जीसस ने सूली पर कहा, कि हे प्रभु, तेरी मर्जी पूरी हो!

बुद्धपुरुष कार्य-कारण के नियमों में बाधा नहीं बनते। अनवरोध। जो होता है, होने देता है।

तो किसी क्षण में अगर जरूरत हो, तो ज्ञानी अहंकार का भी उपयोग करता है। और किसी क्षण में जरूरत हो तो विनम्रता का भी उपयोग करता है। लेकिन हर हाल, जो भी ज्ञानी से होता है, ज्ञानी उसके बाहर बना रहता है। चाहे नींद हो, चाहे चिंता हो, चाहे इंद्रियां हों, चाहे बुद्धि-विचार हो और चाहे अहंकार हो। ज्ञानी किसी भी कृत्य में नहीं समाता।

इस बात को याद रखना। और इसलिए ज्ञानियों को कृत्यों के आधार से तौलना मत, क्योंकि ज्ञानी कृत्य में नहीं समाता। तुमने अगर कृत्य से देखा तो तुम ज्ञानी को देख ही न पाओगे। ज्ञानी कृत्य में समाता नहीं, ज्ञानी कृत्य के पार है। कृत्य का कोई मूल्य नहीं है। इसलिए कभी ज्ञानी के हाथ में तलवार मिल सकती है।

मेरे पास जैन आते हैं, वे कहते हैं, आप महावीर के साथ मोहम्मद का नाम ले देते हैं और मोहम्मद तलवार लिये हैं! मेरी एक किताब को किसी ने जाकर कांजीस्वामी को भेंट किया। उन्होंने किताब उलट-पुलट कर देखी। उन्होंने कहा, और तो सब ठीक है, लेकिन इसमें यह मुसलमान, फरीद का नाम आया, हटाओ यहां से। और तो सब ठीक है, लेकिन वह इसमें मुसलमान का नाम कैसे? मांसाहारी का नाम कैसे? जैन कहते हैं, आप कम से कम महावीर के साथ मोहम्मद का नाम तो न लें। तलवार हाथ में!

कृत्य से जांचते हो तुम? तुम फिर नहीं पहचान पाओगे। मोहम्मद के हृदय को देखो। तुम महावीर जैसी ही करुणा पाओगे। असल में उसी करुणा के कारण तलवार हाथ में है। समय अलग है, स्थिति अलग है, लोग अलग हैं, इसलिए अभिव्यक्ति अलग है। लेकिन भीतर का सत्य तो एक ही है। जैसे महावीर को तुम उनके कृत्यों के बाहर पाओगे, वैसे ही मोहम्मद को भी उनके कृत्यों के बाहर पाओगे। करने से ज्ञानी को सोचना ही मत। क्योंकि ज्ञानी जीता जानने में, करने में नहीं। इसलिए करने से सोचना ही मत। नहीं तो तुम ज्ञानियों में बड़ी मुश्किल में पड़ जाओगे। महावीर ने कपड़े फेंक दिये। अब तुम किसी दूसरे को पूछो—मुसलमान को पूछो, ईसाई को पूछो! वह कहेगा, यह जरा अशिष्टता है। लेकिन कृत्य में मत खोजना।

कृष्ण तो युद्ध में उतर गये, इतना बड़ा युद्ध करवा दिया। कृत्य से मत सोचना। कृत्य का कोई मूल्य ही नहीं है, क्योंकि ज्ञानी कृत्य के बाहर है। असल में जिसने ऐसा जाना कि मैं कर्ता नहीं हूं, वही तो ज्ञानी है।

'ज्ञानी न सुखी है और न दुखी; न विरक्त है और न संगवान है; न मुमुक्षु है, न मुक्त है; न कुछ है और न ना-कुछ है; न यह है और न वह है।'

न सुखी न च वा दुःखी न विरक्तो न संगवान्।
न मुमुक्षुर्न वा मुक्तो न किंचिन्न च किंचन।।

'न कुछ है और न ना-कुछ है।'

न तो तुम ऐसा कह सकते—ऐसा है और न ऐसा कह सकते कि ऐसा नहीं है। यह तो कृत्यों का विभाजन होगा। ज्ञानी न सुखी, न दुखी क्योंकि सुख-दुख भी भोक्ता बनने से होते हैं। तुमने किसी अनुभव से अपने को जोड़ लिया—लगाव से जोड़ लिया तो सुख, न जुडना चाहा था और जोड़ना पड़ा तो दुख—लेकिन जोड़ हर हालत में घटता है। ज्ञानी अपने को तोड़ लिया है। जो होता, होता; जो नहीं होता, नहीं होता।

'न विरक्त है, न संगवान है।'

ज्ञानी न तो किसी के साथ है और न अलग है। ज्ञानी भीड़ में भी अकेला है। और अकेले में भी सारा अस्तित्व उसमें समाया हुआ है।

'न मुमुक्षु है, न मुक्त है।'

न तो खोज रहा है, न यह कह सकता कि खोज लिया। क्योंकि जब तुम जानोगे तब तुम पाओगे, जो तुमने पाया उसे कभी खोया ही नहीं था। इसलिए खोज लिया, यह बात फिजूल है। न तो ज्ञानी खोज रहा है और न यह कह सकता है कि मैंने खोज लिया। ज्ञानी तो इतना ही कह सकता है कि जो था, है। जो था, सदा था। मैं भूल गया था कभी, फिर कभी मैं जाग गया और मैंने देख लिया, मगर खोया कभी भी नहीं था।

'न कुछ है, न यह, न वह।'

ज्ञानी के लिए कोई परिभाषा में बांधना संभव नहीं है।

'धन्यपुरुष विक्षेप में भी विक्षिप्त नहीं हैं, समाधि में भी समाधिमान नहीं हैं, जड़ता में भी जड़ नहीं हैं और पांडित्य में भी पंडित नहीं हैं।'

विक्षेपेऽपि न विक्षिप्तः समाधौ न समाधिमान्।
जाड्येऽपि न जडो धन्यः पांडित्येऽपि न पंडितः।।

इसलिए कभी अगर तुम्हें ज्ञानी पंडित जैसा मालूम पड़े तो पंडित मत सोच लेना। क्योंकि ज्ञानी कभी पंडित नहीं है। पांडित्य का उपयोग कर सकता, लेकिन पंडित नहीं होता। और कभी तुम्हें ज्ञानी जड़भरत की तरह मिल जाए, तो भी तुम जड़ मत समझ लेना। जड़ता भी घट रही तो घट रही। लेकिन ज्ञानी पीछे पार खड़ा है। एक सूत्र मौलिक याद रखना, ज्ञानी हर स्थिति में बाहर है।

अंग्रेजी में समाधि के लिए जो शब्द है वह बड़ा प्यारा है, वह है इक्सटैसी। इक्सटैसी शब्द का अर्थ होता है, जो बाहर खड़ा है। यह बड़ा अद्भुत शब्द है। जिन्होंने गढ़ा होगा, बड़े सोच कर गढ़ा होगा। यह समाधि से भी ज्यादा सुंदर शब्द है। इसका अर्थ है, जो बाहर खड़ा है। जो किसी भी चीज में कभी भीतर नहीं है। तुम जहां उसे पाओ, सदा बाहर पाओगे। वह हर चीज के बाहर हो जाता है। कोई चीज उसे बांध नहीं पाती। और कोई चीज उसकी सीमा नहीं बन पाती। और कोई चीज उसकी परिभाषा नहीं है।

'मुक्तपुरुष सब स्थिति में स्वस्थ है, किये हुए और करने योग्य कर्म में संतोषवान है, सर्वत्र समान है, और तृष्णा के अभाव में किये और अनकिये कर्म को स्मरण नहीं करता है।'

मुक्तो यथास्थितिस्वस्थः कृतकर्तव्यनिर्वृतः।
समः सर्वत्र वैतृष्णयान्न स्मरत्यकृतं कृतम्।।

मुक्तो यथास्थितिस्वस्थः...।

जैसी स्थिति है, जो है, जैसा है, वैसा ही प्रसन्न है। रत्ती भर अन्यथा की मांग नहीं है। और किसी तरह हो, ऐसा कोई विचार ही नहीं है। जहां विचार उठा अन्यथा का, वहीं वासना जगी, तृष्णा उठी, चिंता उठी, फिर तुम भटके।

यथास्थिति स्वस्थः।

अमीरी तो अमीरी, गरीबी तो गरीबी। महल तो महल, झोपड़ा तो झोपड़ा। सुख तो सुख, दुख तो दुख। सम्मान तो सम्मान, अपमान तो अपमान। जैसा है।

एक बौद्ध कथा है। एक बौद्ध भिक्षु रोज भिक्षा मांगने आता वैशाली में, राजधानी में। एक घर जो बड़े अभिजात्य का घर था, बड़े कुलीन परिवार का घर था, उसके द्वार पर भिक्षा मांगने गया। द्वार पर दस्तक दी, अति सुंदर हीरे-जवाहरातों से लदी एक स्त्री ने द्वार खोला। वह परिवार बुद्ध का विरोधी था तो वह स्त्री नाराज हो गई, उसने कहा, दुबारा कभी यहां मत आना। भिक्षु ने कहा, तो भिक्षापात्र खाली जाए। तो वह क्रोध में आ गई, तो उसने उठा कर एक कचरे की टोकरी उसके भिक्षापात्र में और भिक्षु के ऊपर फेंक दी। सारा कचरा उसके ऊपर गिर गया, भिक्षापात्र कचरे से भर गया। जैसा बुद्ध की आज्ञा थी कि जब कोई तुम्हें कुछ भी भेंट दे तो धन्यवाद देकर आगे बढ़ जाना। तो उसने झुक कर धन्यवाद दिया।

राहगीर एक खड़ा यह सब देख रहा था। उसने भिक्षु से पूछा कि यह क्या पागलपन है? तुम किस बात के लिए सिर झुकाए, और किस बात के लिए धन्यवाद दिया? तो भिक्षु ने कहा, उसने कुछ तो दिया। कम से कम देना तो आया। कचरा सही, मगर उठाना कचरे की टोकरी को, डालना, इतना श्रम किया। धन्यवाद! कुछ तो दिया। अपमान सही, मगर देने की कृपा तो की।

यथास्थितिस्वस्थः।

जो हो, उसमें स्वस्थ, प्रसन्न। ऐसे व्यक्ति के जीवन में अशांति कैसे होगी? और फिर ऐसे व्यक्ति को जो किया, नहीं किया, जो हुआ, नहीं हुआ, उसकी याद नहीं आती; जो होना चाहिए, जो करना चाहिए, उसकी योजना नहीं बनती; न कोई अतीत, न कोई भविष्य, ऐसा व्यक्ति वर्तमान में जीता, तथाता में। यह क्षण पर्याप्त है। यह क्षण काफी से ज्यादा है।

'मुक्तपुरुष न स्तुति किये जाने पर प्रसन्न होता है और न निंदित होने पर क्रुद्ध होता है। वह न मृत्यु में उद्विग्न होता है, न जीवन में हर्षित होता है।'

न प्रीयते वंद्यमानो निंद्यमानो न कुप्यति।
नैवोद्विजति मरणे जीवने नाभिनंदति।।

नहीं मृत्यु में उसे कोई विरोध है, न जीवन में कोई आग्रह। हर चीज के बाहर खड़ा देखता। जीवन में जीवन के बाहर, मृत्यु में मृत्यु के बाहर। स्तुति जब की जाती, तब सुन लेता। निंदा जब की जाती, तब सुन लेता। निंदा भी तुम करते तुम जानो, स्तुति भी तुम करते तुम जानो। न निंदा उसे डंवा पाती, डुला पाती, कुपित कर पाती न स्तुति उसे प्रफुल्लित कर पाती। उद्विग्नता उसकी चली गई, जो बाहर खड़ा होने का राज सीख गया।

खयाल करना, हर्ष भी एक तरह की उद्विग्नता है और विषाद भी एक तरह की उद्विग्नता है। एक तरह का ज्वर। तुम हर्ष में भी तो बहुत ज्यादा कंपित हो जाते हो। लाटरी मिल गई, हृदय इतने जोर से धड़कने लगता है, कितनों का तो हार्टफेल इसीलिए हो जाता है। एकदम सफलता मिल गई। सफलता बड़ी चिंता ले आती है। अमरीका में चिकित्सक कहते हैं कि जो आदमी चालीस साल की उम्र तक हार्ट अटैक से बीमार न हो, वह आदमी समझो कि असफल हो गया। सफल आदमी तो हो ही जाता है, चालीस-पैंतालीस के बीच कहीं न कहीं हार्ट अटैक के चक्कर में आ ही जाता है। सफल आदमी को आना ही पड़ेगा। सफल आदमी और करेगा क्या? जब सफलता मिलेगी तो धक्के तो लगेंगे हृदय को। प्रफुल्लता तो डांवाडोल करेगी।

सफल आदमी को अगर अल्सर न हों पेट में तो समझना, क्या खाक सफलता? तो बेकार ही जीवन गंवाया! अल्सर की गिनती से तो पता चलता है कि कितनी सफलता? अल्सर से तुम बैंक बैलेंस का पता लगा सकते हो। अल्सर से पता चल जाता है कि डिप्टी मिनिस्टर, कि मिनिस्टर, कि केबिनेट में हो, यहां कि दिल्ली में, कहां? अल्सर से पता चल जाता है। उद्विग्नता। एक तरह का ज्वर। झंझावात। दुख भी लाते हैं झंझावात, सुख भी लाते हैं। और बड़ी हैरानी की बात है, दुख इतने झंझावात नहीं लाते हैं जितने सुख लाते हैं। तुम दुखी आदमी को कभी भी इतना परेशान न पाओगे। सुखी आदमी तुम्हें ज्यादा परेशान मिलेंगे। इसलिए अमरीका में जितनी परेशानी, दुनिया में कहीं भी नहीं। और अमरीकन जब भारत आते हैं तो बड़े प्रभावित होते हैं इस बात से कि कुछ भी नहीं है लोगों के पास, झोपड़े के सामने बैठे हैं और ऐसे प्रसन्न हैं!

देवेश की मां इंग्लैंड से आई। जब उसने—बूढ़ी महिला—जब एअरपोर्ट से उतर कर और उसने देखे बंबई के झोपड़पट्टे और गंदगी, तो वह भरोसा ही नहीं कर सकी कि यह बीसवीं सदी है। और भी चमत्कार तो तब हुआ जब नंग-धड़ंग बैठे बच्चे उसने प्रसन्न देखे। और जब उसने एक बिलकुल गंदी धोती पहने हुए, चीथड़ा धोती पहने हुए एक स्त्री को एक झोपड़पट्टे से बाहर आते हुए देखा और उसकी चाल ऐसे जैसे कोई रानी चल रही है। तो वह भरोसा न कर सकी।

पश्चिम से समृद्ध लोग जब पूरब आते हैं और दरिद्र लोगों को देखते हैं और फिर भी देखते हैं एक तरह की तृप्ति, तो उनको भरोसा नहीं आता कि मामला क्या है! इतनी दरिद्रता में तृप्ति हो कैसे सकती है? लेकिन इसके पीछे मनोवैज्ञानिक कारण हैं। दुखी आदमी हार्ट अटैक से परेशान होता ही नहीं। दुखी आदमी को अल्सर होते ही नहीं। दुख में इतनी उत्तेजना नहीं है जितनी सुख में है। तुम जितने सुख में डांवाडोल हो जाते हो, उतने दुख में थोड़े ही डांवाडोल होते हो। सुखी ही डांवाडोल होता है, दुखी डांवाडोल नहीं होता। सुखी ही चिंतित होता है।

तुमने पुराण पढ़े हैं? तुमने सदा पढ़ा होगा कि जब भी कोई ऋषि-मुनि अपनी तपश्चर्या की ऊंचाई पर आने लगता है, तो इंद्र का सिंहासन डोलने लगता है। लेकिन तुमने कभी ऐसा सुना है कि नरक में जो बैठे हैं यमदेवता, उनका सिंहासन किसी भी कहानी में डोला? वह डोलता ही नहीं। वह बैठे अपने भैंसे पर आराम कर रहे हैं। ये ऋषि-मुनि लाख करें, कुछ जो करना है करते रहें, उनका क्या बिगाड़ लोगे! वह अपने मजे से बैठे हैं। मगर इंद्र का सिंहासन डोलने लगता है। या इंदिरा का, मगर डोलता है। इससे कुछ फर्क नहीं पड़ता। चले ऋषि-मुनि, कोई जयप्रकाश, लेकर अपना त्रिशूल इत्यादि, उपद्रव खड़ा कर दें! सिंहासन डोलने लगता है। लेकिन सिंहासन ही डोलता है। गरीब का है ही क्या? डुलाओगे क्या? बिना ही सिंहासन के जमीन पर बैठे हैं, क्या खाक डुलाओगे? छीन क्या लोगे? झोपड़पट्टे वाले से तुम क्या छीन सकते हो?

मैं पढ़ रहा था एक अफ्रीकी कहानी कि एक गरीब औरत, उसका छोटा बच्चा, सर्दी के दिन और उसके पास कपड़े उढ़ाने को नहीं तो उसने कुछ भी, लकड़ी के टुकड़े, चिंदियां, कागज, अखबार, इन सबका खूब पूर बना लिया और उसको उसमें ढांप देती थी। वह बेटा मस्त सो जाता। एक रात उस बेटे ने कहा, मां, जरा उन गरीबों की तो सोचो जिनके पास लकड़ी के ये टुकड़े, अखबार और ये चिंदियां नहीं होंगी, वे बेचारे कैसे सोते होंगे! वह मजे से रात नींद लेता है। वह सोच रहा है यह बड़ी अमीरी है। जरा उनकी तो सोचो, वह कहने लगा, जिनके पास लकड़ी के टुकड़े और ये चीजें नहीं होंगी, वे कैसे सोते होंगे!

दुख इतना नहीं डांवाडोल करता जितना सुख कर जाता है। इसीलिए समस्त साधकों ने दुख को तो वरण कर लिया है, सुख को छोड़ दिया है। क्योंकि उन्होंने देखा कि दुख इतना दुखी नहीं करता। अंततः दुख सुख से आता है। तप का इतना ही अर्थ है, तपश्चर्या का इतना ही अर्थ है कि सुख में से तो कुछ तुम पा सकते हो, इसकी आशा ही मत रखना, हां, दुख में से कुछ पाया जा सकता है। दुख में से कुछ पाया जा सकता है, यही तप का अर्थ है। सुख में से कुछ भी नहीं पाया जा सकता, सुख बिलकुल बांझ है। लेकिन परमज्ञान की अवस्था तो वही है जहां न सुख सुखी करता है, न दुख दुखी करता है। कोई चीज डुलाती नहीं, आदमी अपने स्वयं में थिर है।

'शांत बुद्धिवाला पुरुष न लोगों से भरे नगर की ओर भागता है और न वन की ओर ही। वह सभी स्थिति और सभी स्थान में समभाव से ही स्थित रहता है।'

न धावति जनाकीर्णं नारण्यमुपशांतधीः।
यथातथा यत्रतत्र सम एवावतिष्ठते।।

न धावति जनाकीर्णं...।

जो व्यक्ति ज्ञान को उपलब्ध हुआ, साक्षी को उपलब्ध हुआ, तुरीय का जिसने स्वाद लिया, अब वह भीड़ की तरफ नहीं भागता। भीड़ में क्या रस! दूसरे में तो तभी तक रस मालूम होता है जब तक अपना रस नहीं चखा। इसे याद रखना। दूसरे में तो तभी तक स्वाद मालूम होता है जब तक स्वयं का स्वाद नहीं लिया। दूसरे में तो हम अपने को डुबाते ही इसीलिए हैं कि अपने में डुबाना आता नहीं। अकेले बैठने में हमें कुछ रस ही नहीं आता। अकेला आदमी बैठा है तो कहता है, बड़ी ऊब लगती है। चलें, कहीं जाएं, किसी से मिलें-जुलें। जिनसे तुम मिलने जा रहे हो उनको भी अकेले में ऊब लग रही है। वे भी उत्सुक हैं कि कोई उनको मिले। अब दो उबाने वाले आदमी मिल गये एक-दूसरे को। अब ये सोचते हैं, बड़ा सुख होगा! ये हो कैसे सकता है, गणित तो थोड़ा समझो।

एक उबा रहा था अपने को, दूसरा उबा रहा था अपने को, अब एक-दूसरे को उबाएंगे। गुणनफल हो जाएगा। दुगुना नहीं, कई गुना हो जाएगा मामला। मगर लोग चले! क्योंकि लोग एकांत में रस नहीं ले पाते। अपना स्वाद ही नहीं जानते। अपना छंद ही अपरिचित है। भीतर की वीणा में कोई स्वर नहीं उठता मालूम होता। भीतर सब खाली-खाली, रिक्त-रिक्त मरुस्थल जैसा। चले, कहीं से रस मिले, कहीं रसधार बहे, थोड़े प्रसन्न हों। तो क्लब बनाते, समूह बनाते, नाचघर जाते, सिनेमा में बैठ जाते, रेडियो खोल लेते, अखबार पढ़ते, लेकिन कहीं अपने को भुलाओ! किसी में अपने को डुबाओ! अकेलेपन में बड़ी बेचैनी है।

ख्याल रखना, जो जहां है, जैसा है, अगर वहीं सुखी नहीं है तो फिर कहीं भी सुखी नहीं हो सकता। और जो जहां है, जैसा है, वहीं सुखी है, वह कहीं भी सुखी हो सकता है।

इसका मतलब यह भी मत समझ लेना कि ज्ञानी भीड़ से भागता है। इसलिए अष्टावक्र कहते, 'शांत बुद्धिवाला पुरुष न लोगों से भरे नगर को ओर भागता है और न वन की ओर ही।'

क्योंकि वह भी फिर दूसरा उपद्रव हो गया। कुछ लोग हैं जो कहते हैं, भीड़ में नहीं जाएंगे, भीड़ में अच्छा नहीं लगता, हम तो जंगल चले! हम तो एकांत के वासी हैं। मगर यह बात भी बंधन हो गई। अब तुम्हें दूसरे की मौजूदगी में अशांति होने लगी। पहले दूसरे की मौजूदगी में आनंद होता था, अब दुख होने लगा। मगर हर हालत में नजर दूसरे पर रही। पहले दूसरे की तरफ भागते थे, अब दूसरे से भागने लगे, मगर नजर दूसरे पर रही। अब भी अपने पर आना नहीं हुआ। अपने पर वही आदमी आता है, जो न दूसरे की तरफ भागता है, न दूसरे से भागता है। न तो भागो

स्त्री की तरफ, न स्त्री से भागो। न भागो धन की तरफ, न धन को छोड़ कर भागो। न भागो पुरुषों की तरफ, न पुरुषों को भागो छोड़ कर। भागो ही मत। जहां हो, जैसे हो, वहीं परमात्मा पूरा का पूरा उपलब्ध है। भाग कर कहां जा रहे! क्या तुम सोचते हो परमात्मा कहीं और थोड़ा ज्यादा है? तुम सोचते हो पूना में कम और प्रयाग में थोड़ा ज्यादा है? तो तुम पागल हो।

तुमको अगर हिंदुस्तान के सब पागल देखने हों, तो अभी तुम्हें कुंभ के मेले में मिल जाएंगे। करीब-करीब पचास परसेंट पागल वहां मौजूद हैं। तीर्थ की तरफ जा रहे हो? तीर्थ का अर्थ ही इतना होता है, जो जहां है वहीं जिसे रस आ गया। जैसा है वैसे में रस आ गया। वही व्यक्ति तीर्थ हो गया। तीर्थ स्थानों में थोड़े ही होते हैं, व्यक्तियों की आत्माओं में होते हैं। तीर्थ आंतरिक घटना है और जो व्यक्ति तीर्थ बन गया, वही तीर्थंकर है।

'वह सभी स्थिति और सभी स्थान में समभाव से ही स्थित रहता है।'

रिंद जो जर्फ उठा लें वही कूजा बन जाए
जिस जगह बैठ के पी लें वहीं मयखाना बने

पीनेवाले तो वही हैं कि जो प्याली उठा लें वही मधु बन जाए। जो प्याली उठा लें, उनके छूने से सुरा बन जाए। जहां बैठ कर पी लें, वहीं मयखाना बने।

रिंद जो जर्फ उठा लें वही कूजा बन जाए
जिस जगह बैठ के पी लें वहीं मयखाना बने

जो जहां है, जैसा है, उसमें ही रस आ जाए तो मुक्ति आई, मोक्ष आया। अन्यथा को छोड़ो। अन्य होने की दौड़ छोड़ो। किसी और जगह कहीं स्वर्ग है, ऐसी भ्रांति छोड़ो। इसी भ्रांति के कारण तुम्हें दिखाई नहीं पड़ रहा है। क्योंकि तुम कहीं और देख रहे हो, दूर तुम्हारी आंखें उलझी हैं तारों पर, चांद-तारों पर और परमात्मा बहुत पास है। परमात्मा वहीं बैठा है जहां तुम। परमात्मा उसी जगह मौजूद है जहां तुम। तुममें और परमात्मा में रत्ती भर फासला नहीं है। इसलिए यात्रा तो करनी ही नहीं है। तीर्थयात्रा सब यात्राओं से मुक्त हो जाने का नाम है।

कहते हैं, फकीर बायजीद को धर्म से बाहर निकाल दिया गया था, क्योंकि उसने एक कुफ्र की बात की। बैठा था एक वृक्ष के नीचे और कुछ लोग हज की यात्रा को जा रहे थे और उसने कहा कि पागलो, कहां जा रहे हो, हज यहां बैठा है? और उनमें से कुछ लोग रुक गये। और उन्होंने देखा बात तो सच थी। ऐसा सौंदर्य, ऐसा प्रसाद, ऐसा माधुर्य उन्होंने कभी देखा न था। वे ठगे खड़े रह गये। तो बायजीद ने कहा, अब खड़े क्या हो, परिक्रमा करो। तो उन्होंने उसकी परिक्रमा की। उसके हाथ चूमे, जैसा लोग काबा का पत्थर चूमते हैं।

अब उसने कहा, अब घर लौट जाओ। और दुबारा अगर फिर हज करना हो, तो मेरे पास भी आने की जरूरत नहीं, अपनी ही परिक्रमा कर लेना। यह तो मैंने तुम्हें एक पाठ पढ़ाया। इस पाठ को मत पकड़ लेना जोर से, नहीं तो मैं मर जाऊंगा तो तुम इस झाड़ के चक्कर लगाओगे। ऐसे ही तो लोग उपद्रव कर रहे हैं। अभी तक काबा के पत्थर का चक्कर लगाया जा रहा है। परिक्रमाएं कर रहे हैं। चले काशी, चले गिरनार, चले जेरुसलम। कहीं जाना है! सदा मन में एक भ्रांति है कि सुख कहीं और बरस रहा है, बस तुम्हें छोड़ कर बरस रहा है। जैसे तुम पर कोई भगवान विशेष इंतजाम किया है कि तुम पर भर न बरसे। और कहीं बरसे। और जेरुसलम में जो रहते हैं उनका तुम्हें पता है, काशी में जो रहते हैं उनका तुम्हें पता है, उन्हें कुछ मिला? वहां भी नहीं बरस रहा है। अगर आंख नहीं खुली है तो कहीं भी नहीं बरस रहा है और अगर आंख खुली है तो कहीं भी बरस रहा है।

रिंद जो जर्फ़ उठा लें वहीं कूजा बन जाए
जिस जगह बैठ के पी लें वहीं मयखाना बने

ऐसे पियक्कड़ बनो। ऐसे पीने वाले बनो। मधुशालाएं खोजना बंद करो। जहां बैठ जाओ वहीं मधुशाला बने। साधारण जल भी पी लो तो अमृत हो जाए। ऐसे बनो। और ऐसे बनने की कला साक्षी होने की कला है।

आज इतना ही।

* * *

प्रवचन : 86

स्वानुभव और आचरण एक ही घटना

5 फरवरी, 1977

पहला प्रश्न : 'अब मैं नाच्यो बहुत गोपाल', भक्त ऐसा गाता है। क्या भक्त की भांति ज्ञानी भी गाता है?

गीत अनिवार्य है। नृत्य अनिवार्य है। क्योंकि अंतिम परिणति में उत्सव होगा ही। अगर अंतिम परिणति में उत्सव न हो तो फिर उत्सव कब होगा? गीत और नृत्य तो केवल उत्सव के सूचक हैं। जब वसंत आएगा और वृक्ष अपने पूरे उभार पर होगा, तो फूल खिलेंगे। गंध भी बिखरेगी। और जब दीप जलेगा तो ज्योति भी झरेगी।

गीत तो अनिवार्य है। यह दूसरी बात है कि कौन कैसा गाए, कैसे गाए? भक्त अपने ढंग से गाता, ज्ञानी अपने ढंग से गाता। भक्त का गीत प्रकट है, ज्ञानी का गीत अप्रगट है। भक्त परिधि पर नाचता, ज्ञानी केंद्र पर। भक्त का गीत और उत्सव ऐसे है जैसे मुक्त हास; कोई खिलखिला कर हंस पड़ा, जुहू के फूल झर गए। ज्ञानी का गीत ऐसा है—मंद-मंद मुस्कान। बहुत गौर से देखोगे तो पहचान पाओगे। ऐसी मोटी-मोटी नजर से देखा तो चूक जाओगे। बारीक, सूक्ष्म कारण हैं भेद के।

भक्त भी पहुंचता है उसी मंजिल पर जहां ज्ञानी पहुंचता है। लेकिन अलग-अलग हैं उनके मार्ग। भक्त परमात्मा से अपने को जोड़ता, इतना जोड़ता, इतना जोड़ता कि भक्त बचता नहीं। भक्त अपने मैं को तू के चरणों में समर्पित करता। भक्त की आंख तू पर लगी है, भक्त की आंख बाहर लगी है। भक्त बाहर देख रहा है। भक्त

को भीतर देखने की चिंता नहीं है। भीतर का देखना घटेगा, लेकिन बाहर देखने की अंतिम फलश्रुति में। इसलिए भक्त वृक्षों को देखता, चांद-तारों को देखता, नदी-पहाड़ों को देखता, क्योंकि सभी में उसी परमात्मा की झलक है। इसलिए भक्त पत्थर को भी पूज लेता। क्योंकि सारा अस्तित्व उसका है। भक्त अपने मैं को डुबाता और तू को बड़ा करता। एक ऐसी घड़ी आती, जब मैं शून्य हो जाता है और तू ही बचता है। तब भक्त नाचता है। लेकिन उसी घड़ी में एक क्रांतिकारी घटना और घटती है जो कि परम घटना है। जब मैं बिलकुल शून्य हो जाता है तो तू भी बचेगा नही, बच नहीं सकता। तू को बचने के लिए भी मैं की थोड़ी न बहुत मौजूदगी आवश्यक है। मैं के बिना कैसा तू? भक्त के बिना कैसा भगवान!

बायजीद ने कहा है, मुझे तुम्हारी जरूरत है, सच। तुम्हें भी मेरी जरूरत है। इकहार्ट ने कहा है, न मैं तुम्हारे बिना हो सकता, न तुम मेरे बिना हो सकते। ठीक कहा है, क्योंकि मैं के बिना तू नहीं हो सकता। और तू के बिना भी मैं नहीं हो सकता। तो भक्त मैं को डुबाता है। एक ऐसी घड़ी आती है, भक्त सौ प्रतिशत था, घटते-घटते, घटते-घटते शून्य प्रतिशत हो जाता है। रोज-रोज परमात्मा बढ़ने लगता है—एक प्रतिशत, पचास प्रतिशत, सत्तर प्रतिशत, नब्बे, निन्यानबे प्रतिशत—निन्यानबे प्रतिशत परमात्मा होता है, भक्त एक प्रतिशत, तब तक दोनों होते हैं। जैसे ही भक्त शून्य हुआ और परमात्मा पूर्ण हुआ, भक्त भी गया भगवान भी गया। प्रेम गली अति सांकरी तामें दो न समाए! यह तो सच है। कबीर ठीक कहते हैं कि प्रेम की गली अति संकरी है, उसमें दो नहीं समाते।

मैं तुमसे कहता हूं, प्रेम की गली इतनी संकरी है कि उसमें एक भी नहीं समाता। क्योंकि जहां एक समा गया, वहां दो भी समा सकते हैं। एक भी नहीं समाए तो ही दो नहीं समाते। एक का भी क्या अर्थ होगा अगर दो न बचें। दो के बिना एक नहीं हो सकता है। दो हों तो ही एक में कुछ अर्थ है। द्वैत हो तो अद्वैत में अर्थ है।

लेकिन भक्त की आंख बहिर्मुखी है। भक्त जो है बहिर्मुखी है। इसलिए पूजा करता, अर्चन करता, दीप जलाता, नाचता, गीत गाता, मूर्ति सजाता। बाहर है उसका भगवान। और स्वयं को डुबाते जाना है। इसलिए भक्त के जीवन में जब महोत्सव घटता है तो वह नाचता। पद घुंघरू बांध मीरा नाची रे। वह मगन होकर नाचता। सब विस्मरण करके नाचता। मदमस्त होकर नाचता।

ज्ञानी के जीवन में घटना घटती है यही, शून्य की, या पूर्ण की, लेकिन दूसरे ढंग से घटती है। ज्ञानी तू से अपने को मुक्त करता है। इसीलिए तो महावीर कहते हैं, कैसा परमात्मा! कोई परमात्मा नहीं है। अप्पा सो परमप्पा। आत्मा ही परमात्मा है। और कैसा परमात्मा! मैं ही अपने परिपूर्ण शुद्धता में परमात्मा हूं। इसलिए ज्ञानी कहता है:

अहं ब्रह्मास्मि। अनलहक। मुझसे अलग और कौन? तो ज्ञानी तू को घटाता जाता है, घटाता जाता है, घटाता जाता है, एक ऐसी घड़ी आती है कि तू बिलकुल शून्य हो जाता है, मैं ही बचता। लेकिन तब मैं न बच सकेगा। मैं को बचाने के लिए तू थोड़ा चाहिए। जिस दिन मैं अकेला बचा और तू शून्य हो गया, उसी क्षण मैं भी तिरोहित हो जाता है। वे दोनों साथ ही चलते हैं। और जब मैं तिरोहित होता है तो एक अपूर्व उत्सव का जन्म होता है। लेकिन ज्ञानी नाचेगा नहीं। यह उत्सव इतने भीतर घटता है और ज्ञानी अंतर्मुखी है।

ये दो ही तो प्रकार हैं मनुष्य की चेतना के। बहिर्मुखता, अंतर्मुखता। या तो भीतर चलो या बाहर जाओ। किसी भी दिशा में इतने चले जाओ कि बचो न, पहुंच जाओगे। अगर चलते ही गए बाहर और अपने को खोते चले गए, तो भी पहुंच जाओगे। चलते ही गए भीतर और एक ऐसी घड़ी आ गई कि अपने को खो दिया, तो भी पहुंच जाओगे। किस दिशा में चले, भेद नहीं पड़ता, क्योंकि सभी दिशाओं में परमात्मा है। बाहर भी वही है, भीतर भी वही है। बाहर और भीतर कामचलाऊ शब्द हैं। वही है। बाहर भी उसमें है, भीतर भी उसमें है, ऐसा कहना ज्यादा उचित है। बाहर-भीतर उसके ही दो पहलू हैं।

भक्त का नृत्य तो परिधि पर घटता है, ज्ञानी का नृत्य केंद्र पर। इसलिए ज्ञानी के नृत्य को शायद तुम देख न पाओ। बुद्ध बैठे हैं बोधिवृक्ष के नीचे, किसी ने देखा नहीं नाचते, मैं तुमसे कहता हूं, नाच रहे हैं। भरोसा करो, नाच रहे। क्योंकि नृत्य तो अनिवार्य है। गा रहे। यद्यपि यह गीत ऐसा है कि जब तक तुमने भी इस तरह न गाया हो, तुम पहचान न सकोगे, यह भाषा अनेरी है। हां, मीरा नाचेगी तो तुम भी देख लोगे, हालांकि तुम मीरा की भांति नाचे नहीं हो। लेकिन मीरा का नृत्य देह पर हो रहा है। देह की भाषा तुम जानते हो। यद्यपि मीरा का नृत्य भी तुम न समझोगे, मीरा के परिवार के लोग भी न समझे। परिवार के लोगों ने कहा, यह क्या लोक-लाज खो दी! यह कोई ढंग है! वेश्याएं नाचती हैं ऐसा, आवारा औरतें नाचती हैं ऐसा, राजघर की कुलीन रानी और ऐसे सड़कों पर नाचे! वे भी न समझे। लेकिन इतना समझ गए कि मीरा नाच रही है।

नाच का अर्थ तो न समझे, नाच दिखाई पड़ा। नाच का अर्थ उन्होंने अपनी ही दृष्टि से लिया, जैसा नाच वे देखते रहे थे। ये मीरा के घर के लोग राजघराने के लोग थे, वेश्याओं को नचाते रहे होंगे दरबारों में, उस नाच को समझते थे। उन्होंने कहा, यह क्या हुआ, मीरा वेश्या जैसी नाचे! जहर भेजा। नाच दिखाई पड़ गया, नाच का अर्थ चूक गया। पर नाच दिखाई पड़ गया।

ज्ञानी का न तो नाच दिखाई पड़ेगा, अर्थ की तो बात ही कहां है! अर्थ तो भक्त का भी दिखाई नहीं पड़ता।

तो बुद्ध तुम्हें बैठे दिखाई पड़ते हैं। जिस दिन तुम परम शांत होओगे, ध्यान में डूबोगे, उस दिन तुम्हें बुद्ध की गुनगुनाहट भी सुनाई पड़ेगी। अनाहत नाद वहां हो रहा है। ऐसा नाद हो रहा है जिसे करने के लिए कोई उपाय नहीं करने होते अपने से हो रहा है। ओंकार गूंज रहा है। झेन फकीर कहते हैं, एक हाथ की ताली बज रही है। कम से कम ताली बजाने को दो हाथों की जरूरत होती है, झेन फकीर कहते हैं, अब एक हाथ की ताली बज रही है। अब ऐसी ताली बज रही है जो बजानी नहीं पड़ती, अपने से बज रही है। हो ही रहा है। इसे ऐसा कहें तो ज्यादा अच्छा होगा, अस्तित्व नृत्य है, अस्तित्व गीत है, अस्तित्व उत्सव है। उत्सव हो ही रहा है, तुम सिर्फ अंधे हो। तुम्हारी आंख पर पट्टी बंधी है। तुम्हें दिखाई नहीं पड़ रहा है। इससे तुम चूके जा रहे हो।

भक्त प्रेम की आंखें खोल लेता है, ज्ञानी ध्यान की आंखें खोल लेता है। ये दो शब्द अलग-अलग मालूम पड़ते हैं, क्योंकि अलग-अलग मार्गों के हैं, लेकिन अंतिम परिणाम सदा एक है।

मिट्टी भी हंसती है, ऐसा
सुन कर मैं हंसता था पहले
फूलों का परिवार देख कर
अब विश्वास हुआ है मुझको
कितनी कलियों की आंखों में
गूंज रही खुशबू की गीता
कितने फूलों के ओंठों पर
लिखी हुई रंगों की कविता
खुशबू के हस्ताक्षर करती
डोल रहीं तितली-बालाएं
सोन जुही के कानों में कुछ
कहती भंवरों की मालाएं
वासंती घूंघट के भीतर
छिपे हुए हैं मधु के प्याले
मानो रेशम की बस्ती में
खुली पड़ी हों मधुशालाएं
मिट्टी भी हंसती है, ऐसा
सुन कर मैं हंसता था पहले
फूलों का परिवार देख कर
अब विश्वास हुआ है मुझको

तुम जरा देखो, उत्सव ही हो रहा है। अस्तित्व बड़े गहरे रास में संलग्न है। रसो वै सः। परमात्मा रस ही रस है। अस्तित्व में पीड़ा कहीं है नहीं। पीड़ा आदमी का सृजन है। पीड़ा आदमी की चूक है। अस्तित्व में मृत्यु होती ही नहीं। यहां जीवन का विराट विस्तार है। अस्तित्व में मृत्यु कभी घटती ही नहीं। मृत्यु आदमी का आविष्कार है। आदमी ने अहंकार आविष्कार कर लिया, अब अहंकारी की मृत्यु होती है, क्योंकि आदमी जो भी आविष्कार करेगा, वह मिटेगा। आदमी की बनाई चीज अमर कैसे हो सकती है! आदमी की बनाई चीज मरणधर्मा होगी। जो भी बनाया जाता है, वह मिटेगा। जो अनबना है, वही नहीं मिटेगा। जो कभी नहीं जन्मा है, उसी की मृत्यु नहीं होगी। जिसका जन्म होगा, उसकी तो मृत्यु होगी।

देखो, मकान बनाते हो, मकान गिरेगा। कितना मजबूत बनाओ, फर्क नहीं पड़ता। दो दिन बाद गिरेगा, चार दिन बाद गिरेगा, कि हजार साल बाद गिरेगा। लेकिन देखते हो, रेत के एक छोटे से कण को मिटाने का कोई उपाय नहीं है। वैज्ञानिक कहते हैं, नहीं मिटाया जा सकता। लाख उपाय करें, एक छोटे से रेत के कण को मिटा नहीं सकते। मामला क्या है? हम महल बनाते हैं, मिट जाते हैं। रेत का कण भी नहीं मिटता! क्योंकि रेत का कण बनाया नहीं गया है। जो चीज बनाई गई है, वह मिटेगी। जो है सदा से, वही सदा होगी। निर्मित नष्ट होता है। अजन्मा शाश्वत है।

आदमी कुछ चीजें बना लेता है, तो मिट जाती हैं। मिटती हैं तो घबड़ाहट होती है। मिटने की आशंका से मन बहुत चिंतातुर हो जाता है। जो भी निर्मित है, जाएगा। बुद्ध ने कहा है, सब संघात बिखरेंगे। लेकिन अस्तित्व तो कभी नहीं मिटता।

तो अपने भीतर उसको खोज लो जो कभी नहीं मिटता, तो तुम ध्यानी हो गए, ज्ञानी हो गए। बाहर उसे खोज लो जो कभी नहीं मिटता तो तुम भक्त हो गए। और तुम्हारी जैसी मौज हो। दोनों रास्तों से लोग पहुंच गए हैं। मीरा भी और महावीर भी। इसमें तुम चिंता में मत पड़ना बहुत कि किस रास्ते जाएं। कहीं ऐसा न हो कि तुम खड़े-खड़े यही चिंता करते रहो किस रास्ते जाएं और किसी रास्ते पर न जाओ। चलो, जो रास्ता तुम्हें रुचिकर लगे उस पर चल जाओ।

और एक बात खयाल रखना, जब एक रास्ते पर चल जाओ तो दूसरे की भाषा बिलकुल भूल जाना। नहीं तो तुम बड़े अस्त-व्यस्त हो जाओगे। क्योंकि दोनों की भाषा बड़ी अलग है। बड़ी विपरीत है। और अगर तुम दोनों की भाषाओं को एक साथ याद रखे, तो तुम दिग्भ्रम में पड़ोगे। तुम्हारे भीतर बड़ी घटाएं घिर जाएंगी। खुला आकाश समाप्त हो जाएगा। पहुंचने की जगह तुम विक्षिप्त हो जाओगे। विमुक्त तो नहीं, विक्षिप्त हो जाओगे। ऐसी भूल मत करना।

अगर तुम्हें भक्त की बात प्रीतिकर लगती हो, नारद के सूत्र डूब जाते हों हृदय में, गदगद कर जाते हों, तो बात खतम हो गई। छोड़ो ज्ञानियों को, जाने दो उन्हें जहां जाना है। तुम चल पड़ो, नारद की नाव में बैठ जाओ।

अगर यह बात तुम्हें न जंचती हो, बुद्ध, महावीर और पतंजलि, अष्टावक्र, उनकी बात तुम्हें डुला जाती हो, भीतर अहोभाव से भर देती हो, एकदम जैसे कोई खिड़की खुल जाती हो भीतर, हवा का एक झोंका आ जाता हो, कि आ गईं सूरज की किरणें और तुम्हें एक स्पर्श होता हो कि हां, यही है ठीक, यही बात, खा जाती हो मेल, धड़क जाता हो हृदय, तो छोड़ो नारद को, मीरा को, तुम चल पड़ो अष्टावक्र के साथ।

चलने से कोई पहुंचता है, सोचने से कोई नहीं पहुंचता है। बहुत सोचते मत रहो, चलो।

दूसरा प्रश्न : आपने कहा कि आत्मज्ञानी है भी नहीं और नहीं भी नहीं है। आपके वक्तव्य में तो यह बंध गई बात, लेकिन मेरी समझ में नहीं बंधती। कृपा कर कुछ और समझाएं।

बात तो सीधी-सरल है। लेकिन चूंकि विरोधाभासी है, इसलिए बुद्धि की पकड़ में नहीं आती। बुद्धि की पकड़ में विरोधाभास नहीं आता। क्योंकि बुद्धि ने एक नियम स्वीकार कर लिया है कि जहां विरोध हो, वहां सत्य नहीं हो सकता। यह अरस्तू का न्यायशास्त्र है। यह समस्त जगत का तर्कशास्त्र है। विरोध सत्य नहीं हो सकता। स्वभावतः जैसे कोई कहे कि कमरे में कुर्सी है भी और नहीं भी है। तो तुम कहोगे, यह बात तो कुछ गड़बड़ है। या तो कुर्सी है, या नहीं है। दोनों बातें कैसे साथ हो सकती हैं। यह बात तो विरोधाभासी है, स्व-विरोधी है।

तो तर्कशास्त्र का एक मौलिक आधार है कि जहां स्व-विरोध हो, वहां सत्य नहीं हो सकता। अब या तो कोई आदमी जवान है या बूढ़ा है। या तो कोई आदमी जिंदा है या मुर्दा है। अब तुम कहो कि यह आदमी जिंदा भी है और मुर्दा भी है! तो तर्क कहेगा कि कहीं कुछ भूल हो रही है। कोई एक बात गलत होगी। दोनों तो साथ-साथ सही नहीं हो सकतीं। युगपत, एक साथ कैसे सही हो सकती हैं। कि तुम कहो, एक आदमी चोर भी है और संत भी। यह कैसे होगा! इसलिए तर्क का एक नियम है, कि जहां स्व-विरोध, वहां बात गलत है।

एक मुकदमा अदालत में चलता था और जो मजिस्ट्रेट था, वह अभी-अभी कानून पढ़ कर आया था, नया-नया, कानून और तर्क में निष्णात था। हत्या हो गई थी। और एक गवाह ने जो वक्तव्य दिया उसमें उसने कहा कि हत्या जब हुई तो घर के भीतर हुई। दीवालों के भीतर हुई। और दूसरे गवाही ने उसी क्षण खड़े होकर कहा कि

नहीं, हत्या खुले आकाश के नीचे हुई। मजिस्ट्रेट ने कहा, तुम दोनों सही नहीं हो सकते, तुममें कोई एक जरूर झूठ बोल रहा है लेकिन एक तीसरे आदमी ने खड़े होकर कहा कि नहीं, कोई झूठ नहीं बोल रहा है, मकान के भीतर हत्या हुई और खुले आकाश के नीचे हुई, क्योंकि छप्पर अभी पड़ा नहीं था। नया-नया मकान बन रहा था। दीवालें भर उठी थीं।

ऊपर से जो विरोधाभासी दिखाई पड़ता है, उसकी भी संभावना हो सकती है। जीवन तर्क से बड़ा है। जैसे, यह अष्टावक्र का सूत्र कि आत्मज्ञानी है भी नहीं और नहीं भी नहीं है।

समझो।

आत्मज्ञानी नहीं है, क्योंकि परमात्मा है, आत्मज्ञानी ने तो अपने को शून्य कर लिया। अस्तित्व है, अपनी मैं की धारणा तो उसने गिरा दी, इस अर्थ में आत्मज्ञानी नहीं है। उसकी कोई मैं की धारणा तो बची नहीं, अब वह घोषणा नहीं कर सकता कि मैं हूं; परमात्मा है। तुम ध्यान रखना, जैसे कि उपनिषदों का वचन : 'अहं ब्रह्मास्मि', जब तुम इसका अनुवाद करते हो और तुम इसका अर्थ करते हो, तो जरा सा फर्क हो जाता है। लेकिन फर्क बड़ा है। इतना बड़ा फर्क कि जमीन और आसमान अलग हो जाते हैं। तुम जब इसको पढ़ते हो कि मैं ब्रह्म हूं तो तुम समझते हो, मैं ब्रह्म हूं। तुम्हारा जोर मैं पर होता है। ब्रह्म तुम्हारी छाया बन जाता है ब्रह्म तुम्हारी लंगोटी। तुम सज-बन कर खड़े हो जाते हो। जब आत्मज्ञानी कहता है, मैं ब्रह्म हूं, तो वह यह कह रहा है—ब्रह्म है, मैं कहां? मैं नहीं हूं, ब्रह्म ही है। और चूंकि वही है, इसलिए मैं भी ब्रह्म हूं। मैं वह पीछे रख रहा है, ब्रह्म को आगे रख रहा है।

जब अष्टावक्र कहते हैं, आत्मज्ञानी नहीं है, तो उसका अर्थ यह—उसके पास कोई अस्मिता, कोई अहंकार नहीं है। लेकिन यह आधा वक्तव्य है। आधा उन्होंने तत्क्षण जोड़ दिया क्योंकि खतरा है। आदमी बड़ा खतरनाक प्राणी है। समझ के मामले में उससे नासमझी होने की ज्यादा आशा है। अगर तुम कहो कि आत्मज्ञानी नहीं है, इतना विनम्र है, इतना निर-अहंकारी है, तो हमारे अहंकार इतने बड़े हैं कि हम कहेंगे, अच्छा, तो हम भी आत्मज्ञानी हो गए—हम भी कहते हैं कि मैं भी नहीं हूं। तुम कह सकते हो कि मैं भी नहीं हूं और तुम्हारी आंख में होने का दावा हो सकता है। जब तुम कहते हो, मैं कुछ भी नहीं हूं, तब भी तुम दावा कर रहे हो कि मैं कुछ हूं, देखो, बिलकुल ना-कुछ हो गया! तुम जब कहते हो, मैं नहीं हूं, तब भी तुम कहते हो, मैं हूं। तुमने एक नई तरकीब खोज ली।

झेन फकीर बोकोजू का एक शिष्य ध्यान कर रहा है। वह रोज ध्यान करता है, रोज सुबह गुरु के पास आकर निवेदन करता है, क्या अनुभव हुआ। और गुरु उसे भगा देता है उसी वक्त, वह कहता है कि ये छोड़ो फालतू बातें मत लाओ यहां। कभी

लाता है कि कुंडलिनी जग गई और गुरु कहता है, भाग यहां से! फिजूल की बातें न ला यहां, जब तक शून्य न घटे तब तक फिजूल की बातें न ला। मगर वह फिर आता है, फिर आता है कि आज हृदयकमल खुल गया और वह गुरु तो डंडा उठा लेता है। कभी वह कहता है कि सहस्त्रार खुल गया और गुरु उसको धक्के देकर बाहर निकाल देता है और कहता है, जब तक शून्य न खुले, तब तक तू आ ही मत। फिर महीनों बीत गए। फिर एक दिन वह आया है, अब बड़ा आनंदित है, चरणों में पड़ गया, उसने कहा कि आज वह ले आया हूं जिसकी आप इतने दिन से मुझसे अपेक्षा करते थे, आशा करते थे। आज आप निश्चित प्रसन्न होंगे। आज मैं शून्य होकर आ गया हूं। गुरु ने तो डंडा उठा कर उसके सिर पर मार दिया, उसने कहा, शून्य को बाहर फेंक कर आ। वह कहने लगा, अब तो मैं शून्य होकर आ गया, अब भी हटाते हैं! तो उन्होंने कहा, अभी जब तू दावा करता है कि मैं शून्य हो गया, तो दावेदार कौन है? यह नया दावा है, अहंकार की नई शक्ल है। यह नया मुखौटा है। शून्य तो कोई तभी होता है जब शून्य भी फेंक आता है। तब कहने को कुछ भी नहीं बचता। परम शून्य तो वही है जो यह भी नहीं कह सकता कि मैं शून्य हूं। कहने की कहां गुंजाइश है! कहा कि गलत हुआ। कहा कि दावा हुआ।

यही अर्थ है अष्टावक्र के इस वचन का—आत्मज्ञानी है भी नहीं। अहंकार तो गया, इसलिए यह कहना तो ठीक नहीं कि आत्मज्ञानी है। नहीं है। और नहीं भी नहीं है। क्योंकि आत्मज्ञानी यह भी नहीं कह सकता कि मैं शून्य हो गया, निर-अहंकारी हो गया। आत्मज्ञानी कुछ भी नहीं कह सकता। क्योंकि कहने में तो फिर हो जाएगा। उदघोषणाएं तो सभी अहंकार की हैं। विनम्रता की उदघोषणा भी। शून्य होने की उदघोषणा भी।

इसलिए बात तो बहुत सीधी-सरल है—आत्मज्ञानी न तो है, न नहीं है। नहीं है, ऐसी घोषणा भी नहीं कर सकता है, इसलिए नहीं है भी नहीं है। यह सीधे व्यावहारिक तर्क में विरोध मालूम पड़ता है, लेकिन जीवन के परमतर्क में कहीं कोई विरोध नहीं है।

तीसरा प्रश्न : मैं लौट-लौट कर अतीत की ओर देखता रहता हूं। यह व्यर्थ है, फिर भी आदत छूटती नहीं। इसका क्या कारण हो सकता है?

पहली तो बात, व्यर्थ होता तो आदत छूट जाती। तुम्हारे लिए व्यर्थ नहीं है। जिनके लिए व्यर्थ है उनकी तो आदत छूट गई। तुम ऐसा समझो कि कचड़े को सम्हाल कर तिजोड़ी में रख रहे हो और मैं तुम्हें पकड़ लूं और कहूं कि यह क्या कर रहे हो? तो तुम कहो, मालूम तो है कि यह कचड़ा है, लेकिन आदत नहीं छूटती। ऐसा होगा? जानते हुए कचड़ा तिजोरी में रखोगे संभाल कर? कचड़ा है जानते हुए रखोगे सम्हाल कर? थोड़ी भूल हो रही है।

बुद्धपुरुष कहते हैं, कचड़ा है। तुमने उनकी बात सुन ली, संकोचवश उनकी बात इनकार भी नहीं करते। बुद्धपुरुष कहते हैं, ठीक ही कहते होंगे; सब शास्त्र कहते हैं, तो ठीक ही कहते होंगे; कचड़ा है। लेकिन तुम जानते हो कि बात ठीक है नहीं, है तो हीरा, जवाहरात! अब तुम्हारे भीतर एक द्वंद्व पैदा हुआ। एक तुम्हारा जानना है और एक बुद्धपुरुषों से सुनी हुई बात है। स्वभावतः अंतिम परिणाम में तुम जीतोगे, बुद्धपुरुष नहीं जीतेंगे। क्योंकि तुम्हारे भीतर तुम्हीं गहरे में हो, बुद्धपुरुष तो ऊपर-ऊपर हैं। ऊपर-ऊपर से कहते हो, सब कचड़ा है। और भीतर-भीतर जानते हो कि कहां ये बुद्धपुरुष, बुद्धुओं की बातों में मत पड़ जाना। दे मत बैठना कहीं! सम्हाल कर रख लो।

तुम्हारी दुविधा यह है कि न तुम बुद्धपुरुषों को इनकार कर पाते—इतना भी साहस नहीं, इतनी भी हिम्मत नहीं। शायद किसी गहरे तल पर तुम्हें यह भी समझ में आता है कि वे ठीक ही कह रहे हैं, क्योंकि ठीक तो वे कह ही रहे हैं। इसलिए तुम कितने ही अंधेरे में दबे हो लेकिन फिर भी कहीं भनक पड़ती है कि कुछ बात तो ठीक मालूम पड़ती है। फिर चाहे बात ठीक न भी मालूम पड़ती हो, वासनाओं में चित्त डूबा है। तो भी बुद्धपुरुषों की शांति, उनका आनंद, उनका रस देख कर तुम्हें लगता है, अगर ये गलत कहते होते तो इनके जीवन में गलत का परिणाम होना चाहिए था। परिणाम तो सही के दिखाई पड़ रहे हैं। और वृक्ष तो फल से जाना जाता न! तो बुद्धपुरुषों में जब तुम आनंद के फल लगे देखते हो, सच्चिदानंद के झरने बहते देखते हो, तो तुम्हें लगता है, ठीक तो वही कहते होंगे। हम कैसे ठीक हो सकते हैं? क्योंकि सिवाय जहर के कुछ हाथ लगता नहीं। सिवाय नरक के कहीं पहुंचना होता नहीं। हीरे-जवाहरात अगर हमारे सच होते तो हम स्वर्ग में होते, हैं तो हम नरक में। यह ठीक ही कहते होंगे। यह बात भी कुछ जंचती लगती है। और फिर भी तुम्हारा अपना जो अनुभव नहीं है—यह बुद्धपुरुषों का अनुभव तुम्हारी अपनी प्रतीति तो नहीं है—तुम इसे मान कैसे लो! तुम विश्वास कर लेते हो। बस विश्वास से अड़चन खड़ी होती है। यह अनुभव बनना चाहिए।

तुम मानने की जल्दी मत करो। तुम्हें जो कचड़ा नहीं दिखाई पड़ता, तुम कहो, अभी मुझे दिखाई नहीं पड़ता। आप कहते हैं, ठीक ही कहते होंगे, कोई कारण नहीं कि आपको गलत कहूं, क्योंकि आप जो जानते हैं मैं नहीं जानता; आप कहते हैं, ठीक ही कहते होंगे, लेकिन जहां तक मेरी समझ अभी काम करती है वहां तक मुझे ये हीरे-जवाहरात मालूम पड़ते हैं। इतनी ईमानदारी अगर तुम बरतो तो जल्दी ही तुम्हारे जीवन में क्रांति हो जाएगी। उधार ज्ञान को अपना मत समझो। बासी बातों को अपना मत समझो।

अब तुम कहते हो, मैं लौट-लौट कर अतीत की ओर देखता रहता हूं। यह व्यर्थ है, फिर भी आदत छूटती नहीं।

व्यर्थ होता तो छूट ही जाती। मैं कहता हूं व्यर्थ है, यह बात ठीक है। मेरी छूट गई। व्यर्थ का बोध और आदत का छूटना साथ-साथ घटते हैं। व्यर्थ का बोध हो जाए, आदत न छूटे, ऐसा कभी हुआ ही नहीं। यह तो ऐसे ही हुआ कि मैं तुमसे कहूं यह दरवाजा है, इससे निकल जाओ, तुम कहो कि मालूम है दरवाजा यह है, लेकिन निकलूंगा तो मैं दीवाल से, पुरानी आदत! हालांकि सिर टकराता है, सिर में दर्द होता है, सिर खुल जाता है, गिर पड़ता हूं पछाड़ खाकर, लेकिन क्या करूं! मालूम है कि यह दीवाल है और यह भी मालूम है कि इससे टकराने से पीड़ा होगी, निकलना हो नहीं सकता, लेकिन पुरानी आदत क्या तुम ऐसा कहोगे? अगर तुम ऐसा कहो, तो दो में से कुछ एक ही बात सच हो सकती है। या तो तुम्हें दरवाजा दिखाई नहीं पड़ता कहां है, या तुम्हें दीवाल में ही दरवाजा दिखाई पड़ता है। लाख बुद्ध-महावीर, कृष्ण-क्राइस्ट चिल्लाते रहें कि दरवाजा यहां है, तुम लगाए क्यू खड़े दीवाल के सामने! तुम वहीं से निकलोगे। वहां सारी भीड भी खड़ी है। दरवाजे पर तो कभी कोई इक्का-दुक्का आदमी निकलता दिखाई पड़ता है, लोग तो दीवालों से टकरा रहे हैं।

तो पहली बात तो स्मरण करो कि यह तुम्हारी समझ नहीं है। और दूसरे की समझ से जीने की कोशिश करोगे तो बहुत मुश्किल में पड़ोगे। यह ऐसा ही है जैसे कोई दूसरे की आंख से देखने की कोशिश करे।

एक आदमी अंधा हो गया। चिकित्सकों ने बहुत कहा, इलाज करवा लो, आंख अभी ठीक हो सकती है। लेकिन उसने कहा, मैं अस्सी साल का हो गया और अब आंख का इलाज करवा कर भी क्या करना! साल-दो साल की बात है। आज गया, कल गया और फिर आंखों की कोई कमी है मेरे घर में! मेरी पत्नी की आंखें, मेरे आठ बेटे हैं उनकी सोलह आंखें, मेरी आठ बहुएं हैं उनकी सोलह आंखें, ऐसा सोलह-सोलह बत्तीस और दो चौंतीस आंखें मेरे घर में हैं। न हुईं दो आंखें तो क्या फर्क पड़ता है! बात तो बड़े अर्थ की कह रहा था बूढ़ा, लेकिन उसी रात झंझट हो गई। घर में आग लग गई। वे चौंतीस आंखें एकदम बाहर निकल गईं। और वे दो आंखें जो अंधी थीं, बूढ़ा भीतर रह गया। तब उसे याद आया कि अपनी ही आंख हो तो समय पर काम पड़ती है।

बाहर पहुंच कर जरूर पत्नी चिल्लाने लगी, बचाओ मेरा पति भीतर रह गया, लेकिन जब लपटें उठ रही थीं तब तो वे भाग खड़ी हुईं। तब तो अपनी ही याद रही। इतने संकट में कहां पति, कहां पत्नी! इतने संकट में आदमी अपने को बचा ले, वही बहुत। बहुएं भी रोने लगीं, बेटे भी चिल्लाने लगे, बाहर भीड़ इकट्ठी हो गई, लेकिन कोई भीतर आने की हिम्मत न करे और बूढ़ा द्वार-दरवाजों से टकरा-टकरा कर जलने लगा। निकलने की कोशिश करते-करते मर गया।

आंख अपनी हो तो ही काम आती है। मेरी आंख तुम्हारे काम न आएगी। हां, अगर बातचीत करनी हो, सोच-विचार करना हो तो काम आ जाएगी। लेकिन जब जिंदगी में आग लगेगी, जब जरूरत पड़ेगी, तब तुम अचानक पाओगे वे काम नहीं आतीं। अपनी ही आंख ठीक करनी जरूरी है। बुद्ध ने आखिरी वचन अपने विदा के समय में कहा, 'अप्प दीपो भव।' अपने दीये खुद बनो। क्योंकि जब बुद्ध मरने लगे और शिष्य रोने लगे तो बुद्ध ने कहा, तुम क्यों रोते हो? तो उन्होंने कहा, आप चले अब हमारा क्या होगा? बुद्ध ने कहा, मेरे होने से तुम्हारा क्या हुआ था? मैं था तो क्या हुआ? मैं जा रहा हूं तो क्या खो रहा है! अब इतनी ही बात खयाल रखो, जो मैंने जिंदगी भर तुमसे कही कि अपनी आंखें खोज लो। अब तक तो तुमने नहीं सुनी, अब सुन लो! क्योंकि अब मैं जा रहा हूं, अब कहने वाला भी जा रहा है। अब मैं तुमसे लौट-लौट कर नहीं कहूंगा, अपनी आंखें खोज लो। अब तुम्हें पक्का पता चलेगा। अगर अभी तुम मेरे पीछे सरक-सरक कर चलते रहे, तुम्हें यह भ्रांति रही कि जैसे तुम्हारे पास आंखें हैं, अब मेरे जाने पर तुम्हें असलियत पता चल जाएगी। जिंदगी की दीवालें जगह-जगह तुम्हें रुकावट डालेंगी। जगह-जगह तुम गड्ढों में गिरोगे। अब तो अपनी आंख खोज लो।

तो पहली बात, तुमने शास्त्र पढ़ लिए हैं, शास्ताओं को सुन लिया, सुंदर वचन कंठस्थ कर लिए, लेकिन यह तुम्हारा अनुभव नहीं है।

दूसरी बात, आदमी अतीत की ओर देखता है, इसके पीछे महत्वपूर्ण कारण हैं। बच्चे भविष्य की ओर देखते हैं, जवान वर्तमान की ओर देखते हैं, बूढ़े अतीत की ओर देखते हैं। जिस दिन तुम अतीत की ओर देखने लगो, समझना कि बूढ़े होने लगे। बच्चों का लक्षण है, भविष्य की ओर देखना। बच्चों का कोई अतीत तो होता ही नहीं, देखेंगे भी तो क्या खाक देखेंगे। पीछे तो कुछ है नहीं। जो कुछ है, आगे है। अभी जिंदगी होनी है। अभी हुई तो नहीं। अभी कोई कहानी तो नहीं, बच्चे से कहो कि तुम्हारी आत्मकथा लिखो तो क्या खाक लिखेगा! वह कहेगा, आत्मकथा यानी क्या? अभी कुछ हुआ ही नहीं तो कथा कहां से! अभी कोई घटना ही कहां घटी! जवान आदमी वर्तमान में देखता। जवानी ऐसा मदमस्त करती है कि कहीं और कहां देखे! अभी तो भोग लो, कल बचा न बचा। बूढ़ा आदमी पीछे की तरफ देखने लगता है, क्योंकि अब आगे तो मौत है और कुछ भी नहीं, अंधेरा। पीछे बहुत कुछ हुआ है, आत्मकथा है, बड़ी घटनाएं घटी हैं—राग-रंग भी थे, सुख-दुख थे, लंबी यात्रा है। वह पीछे का मार्ग लौट-लौट कर देखने लगता है।

तो पहली बात तुमसे कहना चाहता हूं, अगर लौट-लौट कर अतीत की ओर देखने लगे हो तो तुम बूढ़े हो रहे हो। यह वार्द्धक्य का अनिवार्य लक्षण है। बूढ़ा

आदमी शरीर से नहीं होता, बूढ़ा आदमी चित्त से होता है। और चित्त का यह लक्षण है, जब आदमी बूढ़ा होने लगता है तो पीछे देखता है। बूढ़े बैठे-बैठे पीछे की स्मृतियों में डूबे रहते हैं। जो-जो उन्होंने किया, जो-जो हुआ। और जो-जो किया उसको खूब बढ़ा-बढ़ा कर देखते हैं, ऐसा भी नहीं कि कुछ उतना ही देखते हैं जितना हुआ। अब जब देख ही रहे हैं और अकेले ही देख रहे हैं और अपनी ही फिल्म है और अपना ही पर्दा है और अपने ही दर्शक हैं, फिर क्या कंजूसी करनी! खूब बढ़ा-बढ़ा कर देखते हैं। और उसमें डूबते हैं।

मौत करीब आने लगी, अब तुम्हारे पास जिंदगी के नाम पर सिर्फ पुरानी स्मृतियों का ढेर रह गया है। और तुम्हारे पास अब एक ही उपाय मालूम होता है जिंदा बने रहने का कि इसको पकड़ लो, जो चला गया इसको पकड़े रहो।

प्राणहीन पादप से
लिपट गई लता
अतीत से कितनी
आगत को ममता

सूखे वृक्ष से भी लता लिपटी रहती है। सहारा! अब और कोई सहारा तो दिखाई नहीं पड़ता। आगे तो सिर्फ अंधकार है। भीतर अंधकार है। अब तो एक ही रोशन बात मालूम पड़ती है, यह अतीत की लकीर जिस पर तुम गुजर आए, यह रास्ता जो बीत चुका, जो अब कभी होगा नहीं, जो हो चुका। अब इन्हीं संजोई स्मृतियों के फूलों को, सूखे फूलों को सजा कर बैठे हो। इन्हीं को पकड़े हो।

प्राणहीन पादप से
लिपट गई लता
अतीत से कितनी
आगत को ममता

मुर्दा है यह सब, लाश है यह सब। कभी-कभी ऐसा हो जाता है, बंदरिया अपने बच्चे को लेकर घूमती रहती है, छाती से लगाए। बच्चा मर जाता है तो भी घूमती रहती है। कुछ दिन लग जाते हैं, जब बच्चा सड़ जाता है और बास उठने लगती है, तब छोड़ती है घबड़ा कर। नहीं तो मुर्दा ही को लटकाए रखती है! पुरानी आदत।

अतीत तो मुर्दा है, जा चुका। हो चुका। धूल है। राख है, अंगारा तो बुझ चुका। अब इस राख को मत सेजे रहो, मत सजाए रहो। इस राख में उलझे रहे, तो आगे देखने के लिए जो आंख चाहिए, जो कि बड़ी जरूरी है, क्योंकि मौत सामने आ रही है, देखने का मौका आ रहा है। यह बड़ा अंधेरा उतरनेवाला है, बड़ी आंखों की जरूरत पड़ेगी। अब यह समय मत खोओ पुरानी स्मृतियों में। अब तो जरा

आगे-अभी आगे देखने का कुछ अर्थ है। बच्चे तो आगे देखते हैं, वह स्वाभाविक है, उसका कोई मूल्य नहीं है। जवान वर्तमान में देखते हैं, वह स्वाभाविक, उसका भी कोई मूल्य नहीं है। बूढ़े पीछे देखते हैं, वह स्वाभाविक, उसका भी कोई मूल्य नहीं है।

अब तुम समझो। अगर कोई बच्चा पीछे देखने लगे तो क्रांति घट जाती है। इसलिए कथा कहती है कि लाओत्सू बूढ़ा पैदा हुआ। क्योंकि वह पीछे देखता हुआ पैदा हुआ। कुछ बच्चे पैदा होते हैं जो पीछे देखते पैदा होते हैं। ऐसे ही बच्चों ने तो दुनिया को यह खयाल दिया कि अनेक-अनेक जन्म हैं पीछे। जो बच्चे पीछे देखते पैदा होते हैं, वही तो खबर लाते हैं इस दुनिया में कि पहले और भी जन्म हुए हैं। हम नए नहीं हैं, आगंतुक नहीं हैं, बहुत पुराने हैं, प्राचीन। जिनको पिछले जन्मों की स्मृति रह जाती है, वे बच्चे पीछे देखते पैदा होते हैं। जो बच्चा पीछे देखता पैदा होता है, अनूठा है। जो जवान आगे-पीछे देखने में समर्थ होता है, वह अनूठा है। क्योंकि जवान तो सिर्फ क्षण को देखता है। जो है अभी। कर लो, गुजर लो, जो होगा होगा, देखा जाएगा। जवान तो वर्तमान में अंधा होता है। जो जवान आगे-पीछे देखने लगे, उसके जीवन में विवेक का जन्म होता है। और जो बूढ़ा आगे देखने लगे, वह मृत्यु के पार हो जाता है, अमृत को पा लेता है।

देखने की क्षमता तो वही है, दिशा बदलो। बुढ़ापे में बच्चे जैसे हो जाओ। यही तो जीसस कहते हैं कि जो बच्चों जैसे हैं वे उपलब्ध हो जाएंगे प्रभु को। यही तो अष्टावक्र कहते हैं, बालवत हो जाओ। क्या मतलब है? यह बालवत शब्द के इतने मतलब हैं कि जिसका हिसाब नहीं। उन बहुत मतलबों में एक मतलब यह भी है—अलग-अलग बार मैं अलग-अलग मतलब तुमसे कहता हूं, क्योंकि वह सब मतलब इस छोटे से शब्द में समाए हैं। यह भी मतलब है—बच्चे जैसे हो जाओ। अगर कोई बूढ़ा बच्चे जैसा हो जाए तो उसका अर्थ हुआ, बूढ़ा आगे देखने लगा। पीछा तो गया, गया सो गया। बिसरा सो बिसरा, अब उसको क्या समेटना? अब वह आगे देखने लगा। अगर कोई बूढ़ा बच्चे-जैसा आगे देखने लगे तो मौत के पार देख लेगा, अमृत को उपलब्ध हो जाएगा। अगर कोई बच्चा बूढ़े-जैसा पीछे देखने लगे तो वह जन्म के पार देख लेगा। और अतीत जन्मों की स्मृति को उपलब्ध हो जाएगा। अगर कोई जवान आगे-पीछे देख ले तो वासना-मुक्त हो जाएगा, संन्यस्त हो जाएगा। आगे-पीछे देख ले तो पाएगा, क्या रखा है? न पीछे कुछ था—जब तुम छोटे बच्चे थे तो वासना का क्या मूल्य था? महत्वाकांक्षा का क्या मूल्य था? धन का क्या मूल्य था? पद-प्रतिष्ठा का क्या मूल्य था? अगर जवान पीछे देख ले और आगे देख ले—एक दिन फिर कुछ मूल्य न रह जाएगा, फिर मौत आएगी सब पोंछ जाएगी—न पहले कुछ मूल्य था, न आगे कुछ मूल्य है, तो अभी मूल्य कैसे हो सकता है! तो धोखा हो रहा है।

क्रांति घटती है जब तुम सामान्य से हट कर कुछ करने में सफल हो जाते हो।

रूप ढला

रस बहा

संग लगा

रंग रहा

सब ढल जाता है, सब नष्ट हो जाता है, लेकिन रंग लगा रह जाता है। जैसे बगीचे से गुजरे, बगीचा तो गुजर गया लेकिन वस्त्रों में थोड़ी बगीचे की सुगध अटकी रह जाती है। ऐसी स्मृतियां हैं।

खिलौने टूटते हैं, मरते नहीं

मां ने कहा,

पर बालक रोता रहा

बच्चे का तो खिलौना भी टूट जाए तो वह रोता है। जैसे कोई मृत्यु घट गई। बच्चे का खिलौना टूट जाए तो रोता है, और ज्ञानी वस्तुतः मौत घट जाए, खुद भी मर जाए तो भी नहीं रोता है, आंख पर आंसू नहीं आते हैं। बच्चे को खिलौने में भी लगता है मौत घट गई और ज्ञानी को वास्तविक मौत में भी लगता है—मौत कैसे घट सकती है!

रति

भोगी की मति

योगी की गति

वही है ऊर्जा, अलग-अलग तो नहीं। रति—यह जो काम है, मन की वासना है। भोगी की मति—इसी कामना में भोगी का मन डूबता रहता है। डुबकियां लगाता रहता है। अब जो तुम कर भी नहीं सकते, उसकी कल्पना में डूबे हो। जो हो भी नहीं सकता, उसकी योजना बना रहे हो। शेखचिल्लीपन छोड़ो।

रति

भोगी की मति

योगी की गति

और योगी यह समझ कर कि जो हुआ वह भी व्यर्थ था, सपने जैसा आया और गया, अब उसमें क्या रखा! जब था तब भी सपना था, समझदार को। और नासमझ को, जब नहीं है तब भी सच मालूम हो रहा है। तो जिस रति में भोगी डूब जाता, बंध जाता, उसी रति को समझ कर योगी गतिमान हो जाता।

रति विरति बने

यही काम्य,

आवृत्ति बने,

यह कामना

और फिर-फिर वही कर लूं जो किया, ऐसी आवृत्ति की आकांक्षा का नाम ही कामना है। जो एक बार कर लिया, ठीक से कर लिया, देख लिया, समझ लिया, उससे सदा के लिए मुक्ति हो जानी चाहिए। लेकिन फिर-फिर करूं, इसका मतलब है कि ठीक से किया नहीं।

तो मैं तुमसे कहता हूं, बूढ़े तुम हो गए होओगे लेकिन तुम ठीक से जवान न रहे। तुमने जो क्रिया वह ठीक से न किया। अधूरा-अधूरा किया। अटका-अटका रह गया। अपूर्ण रह गया। मन उसे पूरा करने के लिए आतुर है। इसलिए अब कल्पना में पूरा कर रहा है। जिसे तुम कर रहे हो उसे ठीक से कर लो। यह मेरी बुनियादी धारणाओं में एक धारणा है कि तुम जो कर रहे हो उसे ठीक से कर लो, जल्दबाजी कुछ भी नहीं है, फल पकेगा तो गिरेगा। तुम कच्चे गिराने की चेष्टा मत करो।

अब ऐसा लगता है कि जिन्होंने पूछा है, धार्मिक आदमी मालूम होते हैं। तो जब जवान रहे तो जो भूल-चूकें करनी थीं—क्योंकि करने से ही कोई उनसे पार होता है—वह नहीं कर पाए। जवानी में शास्त्र पढ़ते रहे होंगे, मंदिर में बैठे रहे होंगे। अब बुढ़ापे में जब ऊर्जा चली गई, जीवन क्षीण होने लगा और घबड़ाहट पकड़ने लगी कि मौत के पदचाप सुनाई पड़ने लगे, तो अब बार-बार खयाल आ रहा होगा कि जो नहीं कर पाए, वह कर ही लेते। पता नहीं मौत के बाद बचते कि नहीं बचते। अब कल्पना में हिसाब चल रहा है।

आदमी रोता ही रहता। करता है तब रोता है, फिर जब करने के दिन चले जाते हैं तब रोता है। मनोवैज्ञानिक कहते हैं कि लोग किस-किस भांति अपने को धोखा देते हैं, आश्चर्य होता है देख कर। तुमने खयाल किया, सभी लोग कहते हैं कि बचपन बड़ा सुंदर था। वे बचपन के दिन! मगर बचपन सुंदर? बच्चों से पूछो, तो बच्चे बहुत जल्दी बड़े होने में उत्सुक हैं। बच्चे चाहते हैं, कैसे बड़े हो जाएं। कब छुटकारा मिले इस बचपन से। क्योंकि बच्चों को अनुभव होता है कि बचपन सिवाय दमन के, परतंत्रता के और क्या है? छोटा बच्चा मां से कहता है, जरा बाहर हो आऊं? मां कहती है, नहीं बाहर मत जाना। कोई बड़ी बात नहीं पूछी थी, बाहर धूप निकली है, सूरज निकला है, तितलियां उड़ रही हैं, बच्चे खेल रहे, वह बाहर जाना चाहता है, मां कहती है नहीं। इतनी भी स्वतंत्रता नहीं! बच्चा सोना नहीं चाहता अभी और मां कहती है, सो जाओ क्योंकि घर में मेहमान आए हुए हैं। अब नींद आ नहीं रही है, उसको जबरदस्ती बिस्तर में दबा दिया गया है। सुबह जब वह उठना नहीं चाहता और नींद आ रही है, तब उसे खींचा जा रहा है। स्कूल कौन बच्चा जाना चाहता है! उसे भेजा जा रहा है। और तुम इसको कहते हो कि बचपन के दिन बड़े सुंदर थे! बच्चों से पूछो! बच्चे जल्दी बड़े होना चाहते हैं, कैसे बड़े हो जाएं!

एक छोटे बच्चे को उसकी मां पालक की सब्जी खिला रही है। और वह बच्चा रो रहा है और उसकी आंख में आंसू बह रहे हैं और वह कह रहा है कि भगवान ने पालक में ही क्यों सब विटामिन रखे! आइसक्रीम में रखता तो क्या कोई खराबी थी? जब विटामिन ही रखने थे तो आइसक्रीम में रख देता। मगर उसकी मां कह रही है, बेटा, खा तो तू मजबूत हो जाएगा। तो वह कह रहा है, ठीक है, खा लेता हूं, इसीलिए खा रहा हूं कि मजबूत हो जाऊं ताकि कोई मुझे फिर पालक न खिला सके। इतना मजबूत होना है कि पालक कोई फिर न खिला सके दुबारा।

बच्चे तो किसी तरह छुटकारा पाना चाहते हैं, कैसे छुटकारा हो इस कारागृह से। लेकिन बड़े होकर यही बच्चे कहने लगते हैं कि बचपन के दिन बड़े सुंदर थे। हो क्या जाता है? आदमी अपने को धोखा देता है। जो है, वह तो सुंदर नहीं है। तो कहीं सांत्वना तो चाहिए।

तो दो ही तरह की सांत्वनाएं हैं आदमी को—या तो पीछे कहो कि सुंदर था, या कहो आगे सुंदर हो जाएगा। आज तो सदा असुंदर है। अभी तो दुख ही दुख है। तो कहीं तो सुख चाहिए। झूठा ही सही मगर कुछ तो ख्याल रहे कि हमने भी सुख पाया। तो पीछे सुख था, बचपन में सुख था, आगे सुख है। दुनिया में दो ही तरह के लोग हैं। और दो ही तरह के धर्म हैं। और दो ही तरह की समाज-विचार की परंपराएं हैं। हिंदू, जैन, बौद्ध, वे सब कहते हैं कि स्वर्णयुग बीत चुका, सतयुग बीत चुका, पहले हो चुका, अब नहीं होनेवाला, अब तो दुख ही दुख है। कम्यूनिजम, फासिजम, इस तरह की धारणाएं कहती हैं, सतयुग आने वाला है, होनेवाला है, अभी हुआ नहीं। हिंदू कहते हैं, रामराज्य हो चुका। कम्यूनिस्ट कहते हैं, रामराज्य होने वाला है। अच्छी दुनिया आनेवाली है, उटोपिया अभी होगा। बस यह दो ही तरह की धारणाएं हैं।

हिंदू, जैन, बौद्ध बूढ़े हैं। बड़ी पुरानी धारणाएं हैं, ये बूढ़ी हो गईं, ये पीछे देखती हैं। कम्यूनिजम अभी बच्चा है, अभी भविष्य में देख रहा है। मगर दोनों एक से भ्रांत हैं। क्योंकि कहीं भी तुम अपने सुख को रख लो—अतीत में या भविष्य में—तुम धोखा दे रहे हो। जीवन में जो कड़वाहट है, उससे बचो मत, उसे भोगो, उसके प्रति जागो। जो आज है, उसे भर नजर देखो। न तो पीछे अपने मन को भरमाओ, न आगे अपने मन को भरमाओ। मन को भरमाओ ही मत। सांत्वनाएं मत खोजो। सत्य को देखो। क्योंकि सत्य से ही सुख जन्म सकता है, सांत्वनाओं से नहीं।

बीत गए
प्यारे रतनारे दिन बीत गए
रीत गए
आंखों के खारे छिन रीत गए

अरुणाए अधरों के
मखमल से चुंबन ने
मोड़ दिया पाल
काजल की डोरी से
बंधी-बंधी मछली ने
छोड़ दिया ताल
द्वारे पर
बहरे हरकारे बिन गीत गए
बीत गए
प्यारे रतनारे दिन बीत गए
रीत गए
आंखों के खारे छिन रीत गए

लोग रो रहे हैं। सब बीत गया। सुख बीता, शांति बीती, सौंदर्य बीता, स्वास्थ्य बीता, सब बीता। मत इसमें पड़े रहो। तुम कहते हो, यह व्यर्थ है; मैं तुमसे कहता हूं, जानो यह व्यर्थ है। यह शक्ति मत खोओ। यही शक्ति ध्यान बन सकती है। यही ऊर्जा जो तुम आंख बंद करके अतीत के सपनों में लगा रहे हो, यही शक्ति निर्विचार बन सकती है। यही शक्ति प्रार्थना-पूजा बन सकती है। या तो इसे प्रार्थना बनाओ, या इसे ध्यान बनाओ। क्योंकि प्रार्थना और ध्यान से ही तुम उसे पाओगे जो सुख है, जो महासुख है। और किसी तरह किसी आदमी ने कभी सुख न पाया है, न पा सकता है। लेकिन कुछ भी तुम करो, ऊर्जा तो व्यय होती है, शक्ति तो नष्ट होती है। और यह बड़ी व्यर्थ की बात है। बैठे हैं, सोच रहे हैं। यह व्यर्थ की बात है, लेकिन तुम्हें अभी दिखाई नहीं पडी इसलिए आदत छूटती नहीं है। मेरे कहने से मत मान लेना कि व्यर्थ की है, तुम खुद की सोचो, खुद ही ध्यान करो, खुद ही विमर्श करो। यह व्यर्थ तो है ही, इससे सार क्या है? जो कभी हुआ था, उसको लेकर क्यों बैठे हो? उसकी क्यों राशि लगा रहे हो? अब तो दोहर भी नहीं सकता, फिर तो हो भी नहीं सकता, जो गया गया। इस जगत में कुछ भी पुनरुक्त नहीं होता। समय लौट कर आता नहीं। अब क्यों बैठे हो? अब यह हिसाब-किताब बंद करो, यह बही-खाते जलाओ।

ठीक-ठीक व्यक्ति अगर जीए तो रोज-रोज अपने अतीत से मुक्त होता जाता है। अतीत की धूल को चित्त के दर्पण पर जमने मत दो, नहीं तो दर्पण में दर्पणपन न रह जाएगा। धूल ही धूल जम जाएगी। धूल को झाड़ दो, ताकि दर्पण स्वच्छ हो जाए। उसी स्वच्छ दर्पण में तो सत्य का प्रतिबिंब मिलने वाला है।

आदत टूटती नहीं, तुम कहते हो। आदत को समझो बजाय तोड़ने की चेष्टा के। कोई आदत तोड़ने से नहीं टूटती है, समझने से टूटती है। कोई सिगरेट पीता है, वह कहता है, आदत छोड़नी है। आदत छोड़ने का सवाल नहीं है, यह समझो कि यह व्यर्थ है। इसे पहचानो। इस पर ध्यान करो।

मेरे पास कोई आता है सिगरेट पीने वाला, वह कहता है, छोड़नी है, बहुत कोशिश कर चुका, बीस साल हो गए, कई दफे छोड़ी भी, एकाध दिन, दो दिन बहुत खींच पाता हूं, फिर नहीं होता। और वह दो दिन इतने कष्ट में बीतते हैं कि फिर ऐसा लगता है कि इतने कष्ट में जीने का तो कोई सार ही नहीं है। इससे तो पी ही लो। चलो ठीक है, टी.बी. होगी, कैंसर होगा, जब होगा होगा, अभी तो कोई हुआ नहीं जा रहा है।

तो मैं उनसे कहता हूं, तुम छोड़ने की चेष्टा मत करो, कोई आदत छोड़ने से नहीं छूटती, तुम आदत को समझो। मैं उनसे कहता हूं, जब तुम सिगरेट पीओ तो बड़े ध्यानपूर्वक पीओ। जल्दबाजी न करो, बहुत आहिस्ता से पैकेट से निकालो, एक दफे ठोंकते हो तो सात दफे ठोंको उसे माचिस की डिब्बी पर, और बड़े धीरे-धीरे ठोंको, बड़े रस लेकर ठोंको, इसे पूजा का कृत्य समझो, इसे जल्दी मत करो। फिर आहिस्ता से मुंह पर लगाओ, आईना रख कर बैठो, उसमें देखो क्या कर रहे हो, फिर माचिस जलाओ, फिर धीरे-धीरे धुआं खींचो, फिर देखो भीतर कि क्या हो रहा है—धुआं भीतर ले गए, आनंद आ रहा है कि नहीं आ रहा है, सच्चिदानंद की बरसा हो रही है कि नहीं हो रही है। इसको पहचानने की कोशिश करो। आदत छोड़ने का क्या सवाल है! कहां मजा आ रहा है, किस वक्त मजा आता है, धुआं कहां होता है तब कुंडलिनी जागती है, कब सहस्त्रदल कमल खिलते हैं, कब, कहां हृदय के द्वार में गुदगुदी होती है, जरा देखते रहो। फिर धुएं को बाहर निकालो, दर्पण में देखो और सोचो। दिन में तीन दफे पीते हो, छः दफे पीओ। और छः दफे यह पूरा का पूरा उपक्रम करो।

तुम धीरे-धीरे पाओगे कि तुम्हें अपनी मूढ़ता दिखाई पड़ने लगी। तुम बहुत जड़बुद्धि मालूम पड़ोगे। यह तुम कर क्या रहे हो? और तुम यह भी बड़े चकित होकर हैरान होओगे कि आनंद कहीं भी मिलता नहीं, किसी स्थिति में नहीं मिलता। न ओंठ पर लगाने से, न धुएं को भीतर लेने से। कभी-कभी खांसी जरूर आती है, कभी-कभी आंख में आंसू भी आ जाते हैं, कभी-कभी कफ और बलगम पैदा होता है और तो कुछ होता नहीं। इसे तुम देखो।

तुम्हारी गड़बड़ क्या है? तुम इसे छोड़ना चाहते हो! क्योंकि कोई कहता है टी.बी. हो जाएगी, क्योंकि कोई कहता है कैंसर हो जाएगा। कैंसर और टी.बी. होने के डर से तुम नहीं छोड़ने वाले हो। अमरीका में उन्होंने पैकेट पर लिखना शुरू कर

दिया कि सरकार ने तय किया है कि सिगरेट पीना स्वास्थ्य के लिए हानिकर है। पहले तो लोगों ने सोचा कि इसको डिब्बे पर लिखेंगे सिगरेट के तो सिगरेट की बिक्री बंद हो जाएगी। तीन-चार सप्ताह बिक्री कम भी हुई। फिर बिक्री वैसी की वैसी हो गई। अब लोग उससे भी आदी हो गए। ठीक है। तुम बिलकुल लिख दो कि सिगरेट से मरना भी हो जाएगा तो भी कोई खास फर्क नहीं पड़ेगा। बल्कि शायद कई लोग जो कि मरने को उत्सुक हों और ज्यादा पीने लगें कि चलो ठीक है। जीने में रस ही किसको है! जीने में मिल क्या रहा है! जीने में ऐसा कौन सा उत्सव घट रहा है कि तुम मरने से किसी को डरा सको!

मुल्ला नसरुद्दीन शराब पीता है। एक डाक्टर ने उससे कहा कि अब तुम बंद कर दो बड़े मियां, अन्यथा मरोगे! तो उसने कहा कि आप मुझे पक्का कह सकते हैं कि अगर मैं शराब पीना बंद कर दूं तो कभी न मरूंगा? यह तो हम भी नहीं कह सकते! तो उसने कहा, जब शराब पीने वाले भी मरते हैं, न पीने वाले भी मरते हैं, तो फर्क क्या है? और फिर मैं तुमसे एक बात कहता हूं, कि मैंने ज्यादा बूढ़े शराबी देखे हैं बजाय बूढ़े डाक्टरों के। यह बात भी सच है। तुम जाकर खोज कर लो। तुम्हें बूढ़े डाक्टर शायद ही मिलें कि सौ साल बूढ़े डाक्टर। सौ साल बूढ़ा शराबी मिल सकता है। तो नसरुद्दीन ने कहा फिर ऐसे जब मरना ही है, तो पी-पी कर मरेंगे, फिर सार क्या है, जब सभी मर जाएंगे, अच्छे और बुरे भी।

नहीं, यह बातों से कोई छोड़ता नहीं। आदतें ऐसे नहीं बदलतीं। ये सब झूठी बातें हैं। तुम तो आदत को देखो। दुनिया की मत सुनो कौन क्या कहता है, आदत को ही देखो। आदत में ही उतर कर देखो कि मैं क्यों पी रहा हूं? अगर तुम कोई भी कारण न पाओगे तो तुम्हें अपनी मूढ़ता दिखाई पड़नी शुरू हो जाएगी।

एक युवक सिगरेट पीता है। उसने मुझसे पूछा। तो मैंने कहा, तू ऐसा ध्यान कर। और मुझे आकर बता कि तू इस सारे ध्यान के बाद क्या नतीजा लेता है, यह क्यों तेरे भीतर है? उसने बहुत—कोई पांच-छह सप्ताह—जैसा मैंने कहा, वैसा ही किया, फिर तो वह घबड़ाने भी लगा। क्योंकि यह तो बिलकुल पागलपन है! तुम बिना जाने किए जाते हो, बिना ध्यान किए जाते हो, सब चलता है! लेकिन जब तुम होशपूर्वक करते हो...।

तो उसने मुझे कहा कि मुझे ऐसा लगता है कि यह आदत मेरी बचपन से पड़ गई, क्योंकि मैं अंगूठा पीता था। और देर तक अंगूठा पीता रहा और जबरदस्ती करके मुझसे अंगूठा छुड़वाया गया। और कुछ न कुछ मुझे मुंह में डालना चाहिए, वह अंगूठे की ही मुझे याद आती है बार-बार जब मैं ध्यान करता हूं। आप कहते हैं ध्यान करो, तो मैं कर रहा हूं आईना रख कर, मुझे यह बात खयाल में आनी शुरू हुई, अचेतन से यह बात मेरे उठी कि अंगूठा पीने की वजह से।

तो मैंने कहा बस, अब तुझे सूत्र मिल गया, अब तू आज से अंगूठा पी। उसने कहा, आप क्या कहते हैं, लोग क्या कहेंगे! लोगों की फिकिर छोड़। लोगों के कहने से लेना-देना क्या है! निर्णय तेरे और परमात्मा के बीच होना है, लोगों और तेरे बीच नहीं। उसने कहा, क्या उससे सिगरेट छूट जाएगी? मैंने कहा, मैं कुछ कहता नहीं; पहले तू अंगूठा पीना शुरू कर।

लेकिन उसने एक सप्ताह अंगूठा पीआ और सिगरेट छूट गई। अब उसने कहा, यह एक और झंझट अब आपने पकड़ा दी, अब यह अंगूठा! सिगरेट तो कम से कम ऐसी थी थोड़ी सामान्य थी, अब यह अंगूठा अगर मैं कहीं वक्त-बेवक्त पीने लगूं किसी के सामने, तो इस उम्र में जंचेगा नहीं।

सिगरेट परिपूरक है, अधिक लोगों को अंगूठा पीने की आदत थी। या, मां का स्तन जल्दी छुड़ा लिया गया है। जब वह छोड़ना नहीं चाहते थे। और सिगरेट में थोड़ा मां के स्तन का संबंध बड़ा गहरा है। सिगरेट का जो धुआं है, गर्म धुआ, वह मां के गर्म दूध की स्मृति को जगाता है। और कुछ भी नहीं है सिगरेट में। वह जो गर्म धुआं है, वह गर्म दूध की धार की बड़ी दूर की ध्वनि है। और सिगरेट को मुंह में रख लिया तो जैसे स्तन को मुंह में रख लिया। बचपन में स्तन जल्दी छुड़ा दिया गया है, या अंगूठा पीना जल्दी छुड़ा दिया गया है। अंगूठा भी स्तन का परिपूरक है। बच्चा क्या करे, जब वह स्तन मुंह में चाहता है, मां देने को राजी नहीं तो अंगूठा दे लेता है। कोई परिपूरक तो खोजना ही पड़ेगा। कोई सब्स्टीटयूट तो करना ही पड़ता है।

अब जब यह व्यक्ति सिगरेट की आदत पर ध्यान करना शुरू किया, तब इसे यह सब बात दिखाई पड़नी शुरू हुई। मैंने कहा, तू फिकर छोड़, तू अंगूठे को पी ही ले दिल भर कर। और अब तू अंगूठे पर ध्यान करना शुरू कर। सिगरेट छोड़ना कठिन था, क्योंकि सिगरेट से निकोटिन खून में जाता है और निकोटिन शरीर को आदत बन जाती है। अंगूठा छोड़ना सरल हुआ। एक दफा सिगरेट गई, उसकी जगह अंगूठा आया—अंगूठे में कोई जहर नहीं है, कोई निकोटिन नहीं है। सच तो यह है, कोई अंगूठा पीए तो उसको कभी अनादर मत करना। सिगरेट की अप्रतिष्ठा होनी चाहिए, अंगूठा तो बिलकुल ही निर्दोष है। और अपना ही अंगूठा पी रहे हैं, किसी दूसरे का भी नहीं पी रहे हैं। इतनी स्वतंत्रता तो मनुष्य को होनी ही चाहिए।

वह गया, अंगूठा पीना गया, क्योंकि उसमें तो कोई जड़ता है ही नहीं। वह तो बात खतम हो गई, एक दफा बोध हो गया, बात खतम हो गई।

तुम आदत छोड़ने में उतनी उत्सुकता मत लो जितनी आदत को समझने में। क्योंकि समझ से ही आदत छूटती है।

चौथा प्रश्न : मन और विचार में क्या फर्क है? कल आपने कहा कि विचार से ही कृत्य बनते हैं और आप यह भी कहते हैं कि सब कुछ घटित होता है। तो इस होने और वैचारिक कृत्य में—विचार से घटित होनेवाले कृत्य में—क्या अंतर है? समझाने की अनुकंपा करें।

मन और विचार में क्या फर्क है? विचार तरंग है, मन सारे तरंगों का जोड़। विचार घटक है, मन सारे विचारों का संगृहीत प्रवाह। ऐसा ही, जैसे कोई पूछे कि जंगल और वृक्ष में क्या भेद है? तो हम कहेंगे, सारे वृक्षों का जोड़ जंगल है। अगर तुम एक-एक वृक्ष को अलग करते जाओ तो ऐसा नहीं है कि जब तुम सब वृक्ष अलग कर लोगे तो पीछे जंगल बचेगा। कुछ भी नहीं बचेगा।

बड़ी पुरानी बौद्ध कथा है। मिलिंद नाम के यूनानी सेनापति ने बौद्ध भिक्षु नागसेन का निमंत्रण किया है, राजदरबार में। और वह बड़ी उत्सुकता से प्रतीक्षा कर रहा है कि नागसेन आए। और नागसेन आया। उसे रथ भेजा था, वह रथ पर बैठ कर आया। और जब नागसेन उतरा—तो नागसेन की देशनाओं में सबसे बड़ी देशना थी वह यही थी कि मनुष्य है नहीं, केवल जोड़ है—उतरते से ही, नागसेन जब उतरा और मिलिंद ने उसका स्वागत किया तो मिलिंद ने कहा, भिक्षु नागसेन, हम आपका स्वागत करते हैं, आप राजमहल में पधारें। तो नागसेन ने कहा, मैं आ तो गया हूं, लेकिन यह निवेदन कर दूं कि मैं हूं नहीं। नागसेन सिर्फ एक नाम मात्र है, जैसे जंगल। कुछ चीजों का जोड़। शरीर, विचार, आदतें, संस्कार, इन सबका जोड़। मैं हूं नहीं।

मिलिंद तो यूनानी था—मीनांडर उसका यूनानी नाम है, मिलिंद भारतीय नाम। सिकंदर जिन सेनापतियों को भारत छोड़ गया था, उसमें से एक सेनापति। यूनानी तो अरस्तू के अनुयायी हैं, तर्क पर उनका बड़ा भरोसा है। उसने कहा, यह क्या फिजूल की बात करते हैं कि आप आ गए और हैं भी नहीं। हैं भी नहीं तो आए कैसे? हैं भी नहीं तो आया कौन? मगर नागसेन तो बड़ा अद्भुत व्यक्ति था। उसने कहा कि ऐसा करें, भीतर हम पीछे जाएंगे, यह निर्णय पहले हो ले। यह रथ है? मिलिंद ने कहा, रथ है। तो उसने कहा, नौकरों को आज्ञा दें घोड़े अलग कर लें। घोड़े अलग कर लिए गए। उसने पूछा, अब भी रथ है? मिलिंद ने कहा, अब भी रथ है। उसने कहा, अब चक्के भी अलग कर लें। चक्के भी अलग हुए। तब मिलिंद थोड़ा चिंतित हुआ। उसने पूछा, अब भी रथ है? उसने कहा, अब है तो मगर अब हालत खराब हुई जा रही है रथ की! अब यह नाम को ही रथ है। अब और चीजें निकाल लीं तो सब गड़बड़ हो जाएगा। तो उसने कहा, मैं जब सब चीजें निकाल लूंगा तो पीछे रथ बचेगा? मिलिंद को बात समझ में आई। रथ तो केवल जोड़ है। और नागसेन ने कहा,

तू बोल, रथ आया कि नहीं। और रथ है या नहीं? मैं तुझसे कहता हूं, रथ आया भी और रथ है भी नहीं। रथ केवल जोड़ है। संज्ञा मात्र।

मन केवल जोड़ मात्र है। मन कुछ है नहीं—रथ-पहिए अलग कर लो, घोड़े अलग कर लो, धुरी अलग कर लो, अस्थिपंजर तोड़ कर अलग-अलग कर लो, तो पीछे कुछ बचता नहीं।

तुम पूछते हो, मन और विचार में क्या फर्क है?

बस वही फर्क है जो जंगल और वृक्ष में। वृक्षों जैसे हैं विचार। और वृक्षों का जो संगृहीत जमघट है, उसका नाम मन है। इसीलिए तो हम कहते हैं, जो व्यक्ति धीरे-धीरे विचारों का त्याग करता जाए, निर्विचार होता जाए, अंतिम घड़ी में अ-मन की दशा को उपलब्ध हो जाता है, नो माइंड।

'और कल आपने कहा कि विचार से ही कृत्य बनते हैं।'

निश्चित ही। विचार बीज है। विचार आधा कृत्य है। तुम्हारे भीतर एक विचार उठा, करने की भावना ही तो विचार है। तुमने सोचा कि एक बड़ा मकान बनाएं। अभी यह विचार है, लेकिन यह विचार के पीछे अगर तुम पड़ जाओ, तो बड़ा मकान बनेगा। तुमने अभी सोचा कि इस आदमी को मार डालें, यह अभी विचार है, लेकिन अगर यह बार-बार पुनरुक्त होता रहे और तुम्हारे भीतर जड़ीभूत होता जाए, तो एक न एक दिन इसमें अंकुर निकलेंगे। तुम इस आदमी को मार डालोगे।

दोस्तोवस्की की प्रसिद्ध कहानी है : क्राइम एंड पनिशमेंट। उसमें एक युवक है, जो एक बूढ़ी औरत के घर के सामने रहता है। वह बूढ़ी औरत बहुत बूढ़ी है। और गांव की सबसे बड़ी धनी है। और गांव में सारे लोगों को चूस रखा है। गिरवी रखने का काम करती है। उसे दिखाई भी नहीं पड़ता, अस्सी साल की हो गई है। वह युवक सामने ही रहता है, वह कई दफे ऐसे ही बैठे-बैठे सोचता है कि यह बूढ़ी मर क्यों नहीं जाती है! इसके होने से जरूरत भी क्या है! अब इसके होने से सार भी क्या है! न इसके कोई आगे, न कोई पीछे। यह क्यों गांव भर की जान लिए ले रही है! और गांव भर उससे परेशान है। इसलिए यह विचार बिलकुल स्वाभाविक है। कई दफे उसके मन में विचार उठता है, कि विद्यार्थी भूखे मर रहे हैं, फीस चुकाने के पैसे नहीं हैं और यह बूढ़ी धन इकट्ठा करती जा रही है, किसके लिए? यह सारा गांव संपन्न हो सकता है अगर यह मर जाए। इसको कोई मार क्यों नहीं डालता! यह सब विचार हैं।

फिर परीक्षा के दिन करीब आते हैं और उसको फीस भरनी है और पैसे उसके पास नहीं हैं, तो उसे अपनी घड़ी रखने गिरवी इस बूढ़ी के पास जाना पडता है। ऐसा वह कोई दो साल से बार-बार सोचता था कि इसको कोई मार क्यों नहीं डालता! कभी ऐसा नहीं था कि उसने सोचा था कि मैं मार डालूं। ऐसा कभी नहीं सोचा था। लेकिन

दो साल का अनवरत क्रम—रसरी आवत जात है सिल पर पड़त निशान—वह सोचता ही रहा, सोचता ही रहा। यह विचार मजबूत होता चला गया। वह गया, इस बूढ़ी को—सांझ का समय है—उसने घड़ी जाकर दी। तो वह बूढ़ी बहुत बूढ़ी है, बड़ी मुश्किल से खड़ी हो सकी, खिड़की के पास जाकर—आंखें कमजोर हैं—रोशनी में वह घड़ी देखने लगी कि है भी रखने योग्य कि नहीं? और तभी न मालूम क्या हुआ इस युवक को—रोसकोलिनि को, उसका नाम है—उसने अचानक झपट कर पीछे से उसकी गर्दन दबा दी। जब उसने गर्दन दबाई तब उसे समझ में खुद भी नहीं आया कि मैं यह क्या कर रहा हूं, बस यह हो गया। और वह औरत तो मरी ही थी ही—काफी बूढ़ी थी—उसके दबाते ही मर गई, उसने एक चीख भी न निकाली। अब वह घबड़ाया। वह गिर पड़ी। वह इतना घबड़ा गया, यह उसने कभी चाहा नहीं था। वह मारना चाहता भी नहीं था। पर विचार अगर बहुत दिन पीछे पड़ा रहे, तो धीरे-धीरे तुम्हारी देह में प्रविष्ट हो जाता है। यह विचार ने यांत्रिक रूप से स्त्री को मार डाला।

पर चीख भी नहीं निकली, वह चुपचाप उतर कर अपने कमरे में चला गया, अपने घर। किसी को पता भी नहीं चला रात भर, सुबह पता चला लोगों को कि बुढ़िया मर गई। तब पुलिस ने खोज-बीन करनी शुरू की। कोई उपाय भी नहीं था, कोई सोच भी नहीं सकता था इस युवक को कि यह मारेगा। यह तो एक सीधा-सादा विद्यार्थी था, इस पर तो कोई सवाल भी नहीं था। मगर यह घबड़ाने लगा।

अब इसको दूसरी घबड़ाहट पकड़नी शुरू हुई कि मैं पकड़ा जाऊंगा। अब मुझे सजा होगी। अब मैं जेल में डाला जाऊंगा, अब मेरी जिंदगी बरबाद हुई। महीना बीता, दो महीना बीता, बस वह अपने कमरे में पड़ा-पड़ा यही सोचता है। रास्ते पर कोई निकलता है, पुलिस के जूते की चरमराहट और वह समझा कि आ गए! किसी ने दरवाजे पर दस्तक दी—पोस्टमैन है—और वह समझा कि आ गए, बस, वह तैयार हो जाता है कि अब गए! तीन महीने बीत गए और कुछ भी नहीं हुआ। लेकिन यह विचार अब उसके भीतर घूम रहा है कि पकड़े गए, पकड़े गए, पकड़े गए।

एक दिन अचानक—यह हालत इतनी विकृत हो गई उसकी—कि जाकर उसने, पुलिस स्टेशन जाकर समर्पण कर दिया कि मैंने हत्या की है, मुझे पकड़ते क्यों नहीं? अब मैं कब तक इसको बरदाश्त करूं? मैं पागल हुआ जा रहा हूं!

पुलिस इंस्पेक्टर उसे समझाने लगा कि तेरा दिमाग खराब हो गया है, तू क्यों हत्या करेगा? तुझे हम जानते हैं। भाग जा, तेरा दिमाग खराब हो गया है! पढ़ाई-लिखाई ज्यादा कर ली, ज्यादा जग गया रात में, तेरी आंखें कुछ...सोया नहीं ठीक से, ठीक से सो! वह उसको भेज देता है घर वापिस, मगर वह लौट-लौट कर आ जाता

है। वह कहता है कि मैंने मारा है, आप मानते क्यों नहीं? अब तो उसे बड़ी बेचैनी होने लगी कि किसी तरह उसे सजा मिल जाए तो अपराध से छुटकारा हो ऐसा आदमी उलझता है। विचार कृत्य बन जाते हैं।

इसलिए महावीर, बुद्ध जैसे चिंतकों ने यह कहा है कि अगर विचार में भी कोई बुरा कर्म करो, तो सोच-समझ लेना! यह मत सोचना कि सिर्फ विचार है। सिर्फ विचार जैसी कोई चीज ही नहीं है। क्योंकि हर विचार एक लकीर छोड़ जाता है। फिर जो विचार आज किया, वह कल भी होगा, परसों भी होगा। धीरे-धीरे और सहजता से होने लगेगा। एक दिन अचानक तुम पाओगे कि कृत्य बन गया। विचार की रेखा ही गहरी होते-होते कृत्य बन जाती है, कर्म बन जाती है।

इसलिए जिसे कृत्य के जगत से मुक्त होना हो, उसे विचार के जगत से ही मुक्त होना होता है। सिर्फ निर्विचार व्यक्ति ही कर्म के जाल से मुक्त होता है। इसीलिए तो हमने निर्विचारता को कर्म के जाल से मुक्त होने का आधार माना। तुम कर्म से मुक्त न हो सकोगे, जब तक तुम ध्यान में इतने गहरे न हो जाओ कि विचार उठने बंद हो जाएं।

कृष्ण ने गीता में कहा कि अगर तुम भीतर शून्य हो और कर्म करो तो कोई पाप नहीं लगता। और तुम कर्म न भी करो और भीतर विचार चलते रहें, तो पाप हो गया।

कृत्य का उतना मूल्य नहीं है, जितना विचार का। क्योंकि कृत्य तो विचार के पीछे आता है। गौण है, छाया है, परिणाम है।

'आप यह भी कहते हैं कि सब कुछ घटित होता है, तो इस होने और वैचारिक कृत्य में—विचार से घटित होने वाले कृत्य में—क्या अंतर है?'

इतना ही अंतर है कि जब तक तुम विचार करके घटित करते हो कुछ, तब तुम कर्ता बनते हो। मैंने किया। जिस दिन तुम विचार नहीं करते, तुम विचार छोड़ ही देते हो, शून्य हो जाते हो, बांस की पोंगरी हो जाते हो, उस दिन जो होता है वह अस्तित्व कर रहा है, तुम नहीं कर रहे हो। फिर तुम्हारा कृत्य तो होता है, लेकिन तुम्हारे कारण नहीं होता। तुम निमित्तमात्र, उपकरणमात्र।

यह जो उपकरणमात्र होने की दशा है, यही जीवनमुक्त की दशा है। अष्टावक्र कहते हैं, ज्ञानी भी कर्म करता और कर्म करते हुए भी नहीं करता। देखता और नहीं देखता। बोलता और नहीं बोलता। क्या मतलब हुआ? इतना ही मतलब हुआ कि ज्ञानी अपनी तरफ से कुछ चेष्टा नहीं करता, जो अस्तित्व चाहता है, हो जाने देता है। ज्ञानी अस्तित्व के मार्ग में अवरोध नहीं बनता, बस। उसका समर्पण समग्र है। न वह अपनी तरफ से करता है और न अपनी तरफ से रोकता है। जो होता है, होने देता है। प्रभु-मर्जी। अगर भक्त हुआ तो कहेगा, प्रभु-मर्जी। अगर ध्यानी हुआ, तो कहेगा, समस्त का प्रवाह, ताओ, तथाता। ये नाम के ही भेद हैं।

पांचवां प्रश्न : मैं बूढ़ा हुआ जा रहा हूं, फिर भी संन्यास का साहस नहीं जुटा पाता हूं, अब क्या करूं?

मन में खोजो। बुढ़ापा शरीर पर आ गया होगा, मन अभी भी राग-रंग में उलझा होगा। शरीर जराजीर्ण हो गया होगा, मन अभी भी नहीं जागा है। मन अभी भी सोया है।

अभावतुल्य
ओ, प्यार की तिलिस्म उपलब्धियो
यहां हूं मैं
यहां फिर मुझे खोजो
मेरे गाते हुए इरादों में।
मनाओ
मेरी आशाओं को मनाओ
कि अभी न रूठें
अभी बहुत कुछ है
जिंदगी के वादों में।

आखिर तक आदमी सोचता चला जाता है, अभी कुछ और भोग लें, अभी कुछ और भोग लें।

अभी बहुत कुछ है
जिंदगी के वादों में।

अभी उदास होने की क्या जरूरत? अभी निराश होने की क्या जरूरत। अभी तो मरे नहीं! अभी तो जिंदा हैं। तो जिंदा हैं तो और थोड़ा भोग लें। अभी भोग अर्थ रखता है। अभी भोग से रस जुड़ा है। इसलिए तुम कहते हो, मैं बूढ़ा हुआ जा रहा हूं, फिर भी संन्यास का साहस नहीं जुटा पाता हूं।

यह प्रश्न साहस का नहीं। तुम शरीर से बूढ़े हुए जा रहे हो, मन, मन अभी बूढ़ा नहीं।

मुल्ला नसरुद्दीन एक राह से जा रहा है और एक सुंदर युवती को देख कर अपना मार्ग मोड़ दिया, उसी के पीछे चलने लगा। भीड़-भाड़ देख कर उसे धक्का मार दिया। उस स्त्री ने कहा कि थोड़ा खयाल तो करो, सब बाल सफेद हो गए! मुल्ला ने कहा, बाल भले सफेद हो गए हों, दिल अभी भी काला है।

बूढ़े होने से, शरीर के तल पर, कुछ भी नहीं होता। ये तो धूप में पक गए बाल, इनमें कोई अनुभव की संपदा नहीं है। जब अनुभव की संपदा होती है, तो आदमी वृद्ध

होता है। सिर्फ बूढ़ा होने से कुछ फायदा नहीं, वृद्ध! इसलिए पूरब में हम बूढ़े को बड़ा समादर देते थे। वह हर बूढ़े को नहीं है, बुजुर्ग को। बुजुर्ग शब्द ही आदर का हो गया। वृद्ध पूज्य हो गया। कारण? देख ली जिंदगी उसने और देख कर पाया कि वहां कुछ भी नहीं है। देख कर व्यर्थ पाया, जिंदगी का सपना उसका टूट गया। अब आंखों में उसके कोई सपना नहीं है। अब जिंदगी से उसके कोई संबंध नहीं रह गए। अब वह जानता है, सब व्यर्थ है।

तुम बूढ़े हुए जा रहे हो, फिर भी संन्यास का साहस नहीं जुटा पाते, क्योंकि भीतर अभी भी संसार बसा है। जिंदगी हाथ से छूटी जा रही है, लेकिन तुम छोड़ने को अभी उत्सुक नहीं हो, तुम अभी पकड़ना चाहते हो। मौत आकर छीन लेगी, लेकिन तुम अपने हाथ से छोड़ने को राजी नहीं हो।

संन्यास का क्या अर्थ है? संन्यास का अर्थ है, मौत को पहचान लेना। संन्यास का अर्थ है, मौत की परख हो जाना। संन्यास का सिर्फ इतना ही अर्थ है कि जो मौत मुझसे छीन लेगी, यह काम मौत को क्यों करने दूं, मैं ही कर दूं। यह मैं ही छोड़ देता हूं। मौत छीनेगी, यह छीना-झपटी क्यों करवानी? यह अशोभन कृत्य क्यों करवाना? इसे प्रसादपूर्ण ढंग से क्यों न कर दें, हमीं दे देते हैं। संन्यास का इतना ही अर्थ है कि तुम उस सबको छोड़ देते हो जो मौत तुमसे छीन लेती है, सिर्फ उसको बचा लेते हो जो मौत नहीं छीन सकेगी। तब मौत तुम्हारे सामने दीन-हीन खड़ी हो जाती है। तब मौत तुमसे कुछ भी नहीं ले सकती।

इसलिए संन्यासी मरता नहीं, सिर्फ संसारी मरता है। संन्यासी तो इस छुद्र जीवन से और विराट जीवन में प्रवेश करता है। सिर्फ संसारी मरता है, संन्यासी नहीं मरता। इसलिए हम इस देश में संन्यासी की कब्र को समाधि कहते हैं, कब्र नहीं कहते। साधारण आदमी की कब्र को समाधि नहीं कहते। वह तो अभी संसार चला रहा होगा—कहीं और चला रहा होगा। यहां मरा तो कहीं और पैदा हुआ। संन्यासी की मृत्यु समाधि है। क्योंकि वह स्वेच्छा से मर गया, उसने सब छोड़ दिया। और जब मैं तुमसे कहता हूं छोड़ दो, तो मेरा मतलब यह नहीं है कि तुम भाग जाओ। मेरा मतलब है, भीतर से पकड़ छूट जाए। रहो जहां हो, जैसे हो, बस भीतर कोई पकड़ न रह जाए।

मैं नहीं पिछली अभी झंकार भूला
मैं नहीं पहले दिनों का प्यार भूला
गोद में ले मोद से मुझको लसो तो
आज मन-वीणा प्रिये फिर से कसो तो

मन भूलता ही नहीं। फिर-फिर जवान होता रहता है। फिर-फिर लौट कर तरंगें उठती रहती हैं। फिर-फिर पुराने राग-रंग देख लेने का मन होने लगता है।

अभी तक ढूंढ़ती है उर्वरा सुरगंध फूलों में
सहन कर टूट कर बीती अधूरी बात कानों की
अभी तक है चुराती आंख जैसे चांदनी भू ने
अभी तक आड़ ज्यों की त्यों सितारों के मचानों से
नहीं बासे हुए हैं रूप के पगचिह्न कुंजों में
हवाओं पर खिंचे हैं मुग्ध पलकों के झुके साए
समय के गाल पर सूखी नहीं विश्वास की बूंदें
अभी तक शून्यता का वक्ष सांसों से धड़क जाए

लौट-लौट कर फिर हृदय धड़क जाता है वासना से। फिर रस में रस मालूम होने लगता है। फिर सपने सजीव हो जाते हैं। तुम बूढ़े हो गए हो, सपने अभी बूढ़े नहीं हुए। तुम बूढ़े हो गए हो, शरीर का पतझड़ आ गया, लेकिन मन अभी भी वसंत मना रहा है। मन अभी भी वहीं अटका है। शरीर की मौत करीब आने लगी-बुढ़ापे का क्या अर्थ होता है? शरीर की मौत करीब आने लगी। संन्यास का क्या अर्थ होता है? मन की भी मौत करीब बुला ली। शरीर की मौत अपने आप आती है, मन की मौत अपने आप नहीं आती। संन्यास ठीक-ठीक अर्थों में आत्महत्या है। तुम जब कहते हो किसी आदमी ने आत्महत्या कर ली, तब तुम ठीक नहीं कहते हो, क्योंकि वह शरीर को ही मारता है, आत्मा को क्या मारेगा! संन्यासी आत्मघात करता है। आत्मघात का अर्थ है, मैं को मार डालता है। मैं के भाव को मार डालना है। मन को ही मार डालता है। यह जो मन की मौत है, वही संन्यास है।

और साहस तो जरूरी है। अपनी स्वयं की मृत्यु की तरफ जाने के लिए, बिना साहस के कैसे जा सकोगे? लेकिन साहस सहज आ जाता है। एक बार यह दिखाई पड़ जाए कि यहां कुछ भी नहीं है।

इब्राहिम एक सम्राट हुआ। एक रात उसने देखा कि उसके छप्पर पर कोई चल रहा है, तो उसने जोर से आवाज दी कि कौन है? तो उस आदमी ने कहा, सोओ शांति से, गड़बड़ न करो, मेरा ऊंट खो गया है, उसे खोजता हूं। वह तो समझा कि कोई पागल आदमी छप्पर पर चढ़ गया है—ऊंट खोजने, छप्पर पर! ऊंट कहीं छप्परों पर खोते हैं! वह उठा, उसने अपने सैनिक दौड़ाए, लेकिन वह आदमी भाग चुका था। लेकिन उसकी बात उसके मन में गूंजती रही।

सुबह उठा, फिर भी बार-बार याद आता रहा, यह आदमी कैसा है! ऊंट, राजमहल की छप्पर पर खोजने चढ़ गया। और ऊंट! मगर उसकी आवाज में कुछ शालीनता थी। और उसकी आवाज में कुछ बल था। उसकी आवाज में कुछ था जो पागल की आवाज में नहीं होता। जो कभी-कभी किसी पहुंचे पुरुष की आवाज में

होता है। तो रस भी मालूम हुआ, उत्सुकता भी जगी। सोचने भी लगा कि इस आदमी का पता लगा ले, लेकिन पता नहीं लगा।

पर दूसरे दिन जब दरबार लगा तो कोई आदमी आकर द्वारपाल से लड़ने लगा। आवाज सुनाई पड़ी तो पहचान गया, वही आवाज। इब्राहिम भागा आया बाहर और उसने कहा, इस आदमी को भीतर आने दो। जद्दोजहद इस बात की हो रही थी कि वह आदमी—एक भिखारी, फकीर, पर बड़ा अलमस्त—वह कह रहा था कि इस सराय में मुझे ठहर जाने दो। और पहरेदार कह रहा था, यह सराय नहीं है, राजा का महल, राजा का निवास-स्थान है, तुम पागल तो नहीं हो गए हो! और वह कह रहा था कि मैं तुमसे कहता हूं, यह सराय है, मुझे ठहर जाने दो, यह फिजूल की बातें छोड़ो, कौन राजा, किसका महल! दो दिन का वास है, आज आए, कल गए, यह सब सराय हैं, मुझे ठहर जाने दो। यह तो उसकी आवाज इब्राहिम ने सुनी तो वही आवाज थी! तो वह भागा आया। उसने कहा, इस आदमी को भीतर आने दो, इसकी मैं तलाश कर रहा हूं।

और इब्राहिम ने कहा कि तुम मुझे बोलो, तुम यह क्या कह रहे हो! इसको तुम सराय कहते हो। यह सम्राट का अपमान है। यह मेरा महल है। वह आदमी हंसने लगा। उसने कहा, मैं पहले भी आया था, तब एक दूसरा आदमी कहता था कि यह उसका महल है। उसने कहा, वह मेरे पिता जी थे। पर मैं उसके पहले भी आया था, वह फकीर बोला, और तब एक तीसरा आदमी था और वह कहता था कि यह मेरा महल है। और मैं हमेशा से कह रहा हूं, यह एक सराय है। इब्राहिम ने कहा, वह मेरे पिता के पिता थे। तो उसने कहा, अब तो समझो। एक आदमी दावा करता था, मेरा महल, वह गया। दूसरा दावा करने लगा, मेरा महल, वह गया। अब तुम आ गए। कितनी देर तुम रहोगे? मैं फिर आऊंगा, और किसी चौथे को पाऊंगा, यह झंझट कब तक चलेगी? इसलिए मैं कहता हूं, यह सराय है, यहां लोग ठहरते और चले जाते, रातभर का बसेरा है, सुबह पक्षी उड़ जाते, मुझे भी ठहर जाने दो। तुम भी ठहरे हो, क्यों मालिक बनते हो?

कहते हैं, इब्राहिम को ऐसा बोध हुआ, इस आदमी की आवाज, इस आदमी का बल, इस आदमी की चोट से कि उसने उस आदमी को कहा कि तुम ठहरो, मैं जाता हूं। जब यह सराय ही है तो तुम ठहरो मजे से, लेकिन मैं चला। और इब्राहिम ने महल छोड़ दिया! और जब भी कोई इब्राहिम से पूछता बाद में कि तुमने यह किया क्या? उसने कहा, बात समझ में आ गई। है तो बात सच। कितने लोग इस महल में ठहर चुके, आ चुके, जा चुके, मैं भी चला जाऊंगा। जब जाना ही है तो क्या दावा! छोड़ दिया। और इब्राहिम कहता कि जिस दिन से मैंने वह सराय छोड़ी, मुझे मेरा घर मिल गया। मैंने जान लिया, अपना असली निवास स्थान पा लिया।

संन्यास साहस तो है। लेकिन इतना कठिन नहीं जैसा तुम सोचते हो। समझ में आ जाए तो बड़ा सरल। इतना ही तुमसे कह रहा हूं, यह संसार सराय है। और मैं तो तुमसे यह भी नहीं कहता कि तुम इसको छोड़ कर चले जाओ। अष्टावक्र भी नहीं कहते। अगर मैं होता उस फकीर की जगह, या अष्टावक्र होते, तो इब्राहिम से कहते कि बस, अब कहां जाता है? जब सराय ही है तो जाना भी क्या! अरे, मजे से रह, सिर्फ सराय जान, बात खत्म हो गई। जाना कहां है! जो तेरा नहीं है, उसे छोड़ कर कैसे जा सकता है! छोड़ कर जाने में भी तो मेरे का भाव है। बात खतम हो गई। इतनी सी बात समझ में आ गई कि अपना घर नहीं है, सराय है, संन्यास हो गया। अपनी पत्नी नहीं है, अपना बेटा नहीं है। किसी से कहने की भी जरूरत नहीं है, कुछ बैंड-बाजे बजाने की जरूरत भी नहीं है, कोई शोभायात्रा निकालने की भी जरूरत नहीं है कि दीक्षा ले रहे हैं। हो गई बात, समझ में आ गई।

इसीलिए तो मैं संन्यास इतनी सरलता से दे देता हूं। यह भी नहीं पूछता कि सम्हाल सकोगे? सम्हालना क्या है? यहां सम्हालने योग्य कुछ है ही नहीं। यह भी नहीं पूछता कि अनुशासन रख सकोगे? क्या खाक अनुशासन! यह सपने की दुनिया में कैसा अनुशासन? यह भी नहीं कहता कि पत्नी-बच्चों का क्या करोगे? इतना ही कि तुम्हें बोध हो जाए कि यहां मेरा-तेरा कुछ भी नहीं है। जिसका है, उसका है। उसके हम भी, उसका सब। इतनी सी बात हो जाए, संन्यास हो गया।

और अगर तुम मेरा संन्यास भी लेने की हिम्मत नहीं जुटा पाते तो तुम और किसी तरह का संन्यास तो कैसे ले पाओगे। वह तो बड़े उपद्रव के हैं। यह तो बड़ी सुगम और सहज बात है। पर मैं तुमसे कहता हूं कि लोग पुराने ढंग का संन्यास लेने की हिम्मत आसानी से जुटा लेते हैं, क्योंकि उसमें अहंकार को प्रतिष्ठा है, सुविधा है। संन्यासी हो गए, जैन-मुनि हो गए, रथ निकला, जुलूस निकला, दीक्षा हुई, लोग चरण छूने लगे, उसमें अहंकार को मजा है, कर्तृव्य का भाव है। यहां तो कुछ भी नहीं है। यहां तो लोग समझेंगे पागल हो गए। लोग हंसेंगे। लोग कहेंगे, तुम्हारा दिमाग भी खराब हो गया। तुम भी बातों में पड़ गए। अरे, तुम्हारा नहीं सोचते थे कि तुम जैसा बुद्धिमान आदमी और ऐसी बातों में पड़ जाए। अगर तुम पुराने ढंग का संन्यास लोगे, तो बुद्धू हो तो बुद्धिमान समझे जाओगे। अगर मेरा संन्यास लिया, बुद्धिमान हुए तो बुद्धू समझे जाओगे। इसलिए अड़चन होती है। बात तो मेरी बिलकुल सरल है।

साहस क्या चाहिए? कोई बड़ा काम करने को कह भी तो नहीं रहा। कोई हिमालय थोड़े ही चढ़ना है। कोई चांद-तारों पर थोड़े ही जाना है। जरा सा बोध, जरा सी बोध की चाबी, जरा सी घूमती है कि ताला खुल जाता है। यह ताले पर कोई हथौड़े थोड़े ही पटकने हैं—पुराने संन्यासी हथौड़े पटक रहे हैं। मैं कहता हूं जरा सी चाबी है इसकी, हथौड़े पटकने की कोई जरूरत नहीं है।

और जल्दी करो, क्योंकि कल का क्या भरोसा! इस क्षण के बाद का क्षण आएगा, नहीं आएगा, कौन कह सकता है!

बीत चली संध्या की बेला।
धुंधली प्रतिपल पड़ने वाली
एक रेख में सिमटी लाली
कहती है समाप्त होता है
सतरंगे बादल का मेला।
बीत चली संध्या की बेला।

अंतरिक्ष में आकुल, आतुर
कभी इधर उड़, कभी उधर उड़
पंथ नीड़ का खोज रहा है
पिछड़ा पंछी एक अकेला।
बीत चली संध्या की बेला।

कहती है समाप्त होता है
सतरंगे बादल का मेला।
पंथ नीड़ का खोज रहा है
पिछड़ा पंछी एक अकेला।
बीत चली संध्या की बेला।

एक-एक पल सांझ करीब आती जाती है, सूरज डूबता जाता है। जितनी देर करोगे, उतनी कठिनाई हो जाएगी, उतना अंधेरा हो जाएगा। नीड़ का पथ खोजना कठिन हो जाएगा। थोड़ी रोशनी शेष है, तब उपाय कर लो। थोड़ा बल शेष है, तब उपाय कर लो। थोड़ा जीवन शेष है, तब खोज लो मंदिर। तब थोड़ी पूजा, तब थोड़ा ध्यान कर लो।

और न जुटा पाओ साहस तो मैं तुमसे कहता हूं, बिना साहस जुटाए उतर जाओ। क्योंकि कहीं वह भी एक बहाना न हो कि जब साहस जुटेगा, तब। कि जब पूरा साहस जुटेगा, तब। उतर ही जाओ। सब भयों के बावजूद। सब तरह के डर हैं, ठीक, उतर ही जाओ। जिंदगी में हजार काम तुमने किए हैं बिना साहस जुटाए। विवाह किया था तब साहस जुटाया था? उतर गए, कि ठीक है, जो होगा देखेंगे। और जो देखा, अब दुबारा साहस न कर सकोगे। किस बात के लिए तुम साहस जुटा पाए? यहां सब तो अनजाना है, सब तो अपरिचित है। अपरिचित में ही उतरना पड़ता है। जाना-माना तो कुछ भी नहीं है। नक्शे कहां हैं? मार्गदर्शक कहां हैं?

जिंदगी कोई पिटी-पिटाई लकीरें थोड़े ही है। यहां प्रतिपल जाना पड़ता अज्ञात में, अपरिचित में। ऐसे ही संन्यास में भी चले जाओ। जन्म लिया था तब सोचा था कि उतरें कि न उतरें? मरोगे, तब कोई तुमसे पूछेगा भी तो नहीं कि मरना है कि नहीं? जन्म हो गया, मृत्यु हो गई, प्रेम हो गया, विवाह हो गया, हारे, जीते, सफल-असफल हुए, सब कर लिया, साहस कहां है?

जैसे यह सब हो गया, ऐसे ही ध्यान और प्रार्थना को भी हो जाने दो। ऐसे ही संन्यास को भी हो जाने दो। कहीं ऐसा न हो कि साहस की बात उठा कर तुम सिर्फ अपने लिए एक अड़चन खड़ी कर रहे हो कि जब साहस होगा, तब।

परसों एक युवती ने संन्यास लिया। महीने भर से आकर रुकी है, बार-बार आकर कहती है कि मुझे लेना है, लेकिन पूरा मन नहीं हो पा रहा है। तो मैंने कहा कि यह पूरा मन तो कभी किसी का नहीं हुआ। पूरा मन तो तब होगा, जब तू पूरी जागेगी। अभी तो पूरा मन हो नहीं सकता। अभी तो इक्यावन प्रतिशत भी हो रहा हो और उनचास प्रतिशत न हो रहा हो, तो ले ले। इतना ही फर्क हो अगर, एक-दो प्रतिशत का। इक्यावन प्रतिशत मन कहता है, लेना; और उनचास प्रतिशत मन कहता है, नहीं लेना, तो ले ले। क्योंकि नहीं लिया तो उनचास प्रतिशत मन का साथ दिया। निर्णय तो कुछ करना ही पड़ेगा।

तुम थोड़ा सोचो!

जब तुम कहते हो, संन्यास अभी कैसे लें, पूरा निर्णय नहीं है, तो संन्यास न लेने का निर्णय कर रहे हो। निर्णय तो कर ही रहे हो। न लेने का निर्णय पूरा है? तो ज्यादा से ज्यादा बात प्रतिशत की हो सकती है। अगर आधे मन से ज्यादा लेने के लिए तैयार हो, तो ले लो। अगर आधे मन से कम तैयार हो, तो छोड़ो, यह फिकर छोड़ो। मगर दो में से कुछ निपटारा कर लो। ऐसे बीच में मत अटके रहो। न घर के न घाट के। इससे तुम्हारा न तो चित्त संसार में लगेगा और न चित्त संन्यास में लगेगा। संसार में रहोगे, संन्यास की सोचोगे; संन्यास में उतर नहीं पाते, तो सब दुविधा बनी रहेगी। डांवाडोल रहोगे।

एक-चित्त हो जाओ। या तो तय कर लो कि नहीं लेना है। मगर वह भी होशपूर्वक तय कर लो। फिर बात ही छोड़ दो। या तय कर लो कि लेना है। साहस इत्यादि का बहुत विचार मत करो। एक किनारे रखो साहस, भय, सुरक्षा, असुरक्षा की सब धारणाएं।

और खयाल रखो कि कुछ चीजें हैं जो लेकर ही अनुभव होती हैं, बिना लिए अनुभव नहीं होतीं। उस युवती को जब मैंने कहा कि अगर तुझे तैरना सीखना है तो

पानी में उतरना ही पड़ेगा, क्योंकि तैरना सीखने का कोई और उपाय नहीं। गद्दे-तकिए लगा कर तू तैरना नहीं सीख सकेगी। हां, यह बात सच है कि थोड़े उथले पानी में उतरो पहले, फिर और थोड़े गहरे में, फिर और थोड़े गहरे में।

संन्यास की जो धारणा मैंने तुम्हें दी है, इससे ज्यादा और किनारे की धारणा क्या हो सकती है! इससे और उथला पानी क्या हो सकता है! बस, गले-गले पानी में उतरो। वहां हाथ-पैर चलाना सीख लो। एक दफा हाथ-पैर चलाना आ गया तो और गहरे में, और गहरे में। उस युवती ने एक क्षण सोचा और फिर उसने कहा कि ठीक! लेती हूं, डर है, डर के बावजूद लेती हूं।

ऐसे ही घटता है। और यह बुद्धि का ही लक्षण है। सिर्फ जो जड़बुद्धि हैं, वे चिंता इत्यादि नहीं करते। जड़बुद्धि को कहा संन्यास लेना है, वे कहते हैं, अच्छी बात है। मगर ये वे ही लोग हैं, जिनके जीवन में किसी तरह का चैतन्य नहीं है। यह कोई बहुत गुणवत्ता की बात नहीं है। इनसे कोई कहेगा, छोड़ना है, तो ये कहेंगे, अच्छी बात है। न इनको लेने का कुछ मतलब है, न छोड़ने का कुछ मतलब है। इनके जीवन में कोई मूल्य नहीं है जिसका ये निर्धारण करते हों। इनका जीवन मूल्यहीन है।

तो इसे कोई चिंता भी मत समझो कि बड़े विचार उठते हैं, संदेह उठते हैं; स्वाभाविक है। बुद्धिमान आदमी को उठते ही हैं। लेकिन बुद्धिमान आदमी इन सबके बावजूद भी यात्रा पर निकलता है।

आखिरी प्रश्न : आपसे मिल कर लगता है कि जिसकी सदा से खोज थी, वह मिल गया है। क्या हमारा और आपका पिछले जन्मों का कुछ संबंध है? और अब कुछ करने को भी नहीं सूझता है। फिर बुद्धि में तरह-तरह के भय भी सिर उठाते हैं कि कहीं आप चले तो न जाएंगे, बिछुड़ तो न जाएंगे?

अब सिद्धांतों में सिर मत मारो कि पहले कभी मिलना हुआ था कि नहीं हुआ था। अगर अभी मिलना हो गया है, तो इस मिलन का पूरा स्वाद ले लो। अब इन गुत्थियों को मत सुलझाओ कि पहले मिलना हुआ था कि नहीं हुआ था? इसमें समय भी खराब मत करो। पहले का क्या मूल्य है? मगर मन ऐसा ही सोचता है : पहले मिलना हुआ था कि नहीं? और यह भी सोचता है कि आगे कहीं बिछुड़ना तो नहीं हो जाएगा? भविष्य और अतीत में ही डोलता रहता है। अभी मैं यहां, तुम यहां, थोड़ी देर को हम उस मस्ती में डूब जाएं जो अस्तित्व की मस्ती है, जो मैं तुम्हें देना चाहता हूं। थोड़ी देर को अतीत और भविष्य भूलो। थोड़ी देर को इसी क्षण को सब कुछ हो जाने दो।

जुनूं के मशरबे-रंगीं को इख्तियार करो
खिरद के जामा-ए-कोहना को तार-तार करो
मिले हैं रूठे हुए दोस्त गर्मजोशी से
सलोनी रुत के लिए शुक्रे-कर्दगार करो
जुनूं के मशरबे-रंगीं को इख्तियार करो

जिंदगी का जो मदमाता, मस्त उन्माद, रंगों से भरा हुआ तौर-तरीका है...।

जुनूं के मशरबे-रंगीं को इख्तियार करो

यह जो फूलों, पक्षियों की गुनगुनाहट का, झरनों के शोर का, समुद्र की लहरों का, आकाश के चांद-तारों का जो उन्मत्त उत्सव है, जीवन का यह जो ढंग है, इसे इख्तियार करो।

जुनूं के मशरबे-रंगीं को इख्तियार करो
खिरद के जामा-ए-कोहना को तार-तार करो

यह बुद्धि की बकवास को तोड़ो, तार-तार उखाड़ कर अलग कर दो।

खिरद के जामा-ए-कोहना को तार-तार करो
मिले हैं रूठे हुए दोस्त गर्मजोशी से

जैसे बिछड़े हुए दो दोस्त मिल जाते हैं। तो फिर थोड़े ही फिक्र करते अतीत की या भविष्य की।

मिले हैं रूठे हुए दोस्त गर्मजोशी से
सलोनी रुत के लिए शुक्रे-कर्दगार करो

तो इस अदभुत ऋतु के लिए, इस क्षण के लिए परमात्मा का धन्यवाद करो।

छोड़ो यह फिकर। बहुत बार प्रश्न आते हैं तुम्हारे कि क्या हम पहले भी साथ थे? अभी साथ नहीं हो पा रहे, और पहले भी साथ थे इसकी चिंता में पड़े हो! थे भी साथ तो क्या सार? नहीं थे साथ तो क्या फर्क? अभी साथ हो लो, यह जो दो क्षण हमारे हाथ में हैं, साथ-साथ चल लो। इस क्षण एकात्म सध जाने दो।

जुनूं के मशरबे-रंगीं को इख्तियार करो
खिरद के जामा-ए-कोहना को तार-तार करो

मत लाओ बुद्धि की इन बातों को बीच में।

मस्ती ही में पाए दिल हस्ती का इर्फान
ख्वाब में जैसे जाए मिल अनदेखा भगवान

जहां मस्ती है, वहां मंदिर है। और मस्ती तो सदा अभी और यहां होती है, अतीत और भविष्य में नहीं।

मस्ती ही में पाए दिल हस्ती का इर्फान

और जहां तुम डूब जाते किसी मस्ती में, वहीं अस्तित्व के संदेश मिलने शुरू होते हैं।

ख्वाब में जैसे जाए मिल अनदेखा भगवान

और मस्ती में ही पहली दफा अनदेखा दिखाई पड़ता, अदृश्य दृश्य होता है।

बस गई मन में तेरे मस्तमिलन की खुशबू
मेरे एहसास पे छाया रहा तेरा जादू
झूमता फिरता रहा तेरी मधुर यादों में
मुझ पे एक नशे का आलम रहा बेजामो-सुबू

अगर तुम जरा मौका दो मुझे, उतरने दो तुम्हारे हृदय में, तो बिना पीए तुम पर शराब हावी हो जाए।

झूमता फिरता रहा तेरी मधुर यादों में
मुझ पे एक नशे का आलम रहा बेजामो-सुबू

बिना पीए एक शराब तुम पर हावी हो जाए।

बस गई मन में तेरे मस्तमिलन की खुशबू
मेरे एहसास पे छाया रहा तेरा जादू

मत सोच-विचार में पड़ो, मत सिद्धांत बीच में लाओ, मेरे और तुम्हारे बीच सिद्धांत न हों, शास्त्र न हों; मेरे और तुम्हारे बीच कोई धारणा, कोई तर्क न हों; मेरे और तुम्हारे बीच कुछ भी न हो, एक शून्य का सेतु बन जाए, तो छंद उठे, तो गीत जगे। और उसी मस्ती में शायद तुम्हें पहली दफे अनुभव हो जीवन के परम सत्य का।

जीवन उत्सव है और उत्सव में ही हम जान पाते हैं कि जीवन क्या है।

आज इतना ही।

* * *

प्रवचन : 87

पहुंचना हो तो रुको

6 फरवरी, 1977

जनक उवाच।

तत्त्वविज्ञानसंदंशमादाय हृदयोदरात्।
नानाविधपरामर्शशल्योद्धारः कृतो मया।।277।।
क्व धर्मः क्व च वा कामः क्व चार्थः क्व विवेकिता।
क्व द्वैतं क्व च वाऽद्वैतं स्वमहिम्नि स्थितस्य मे।।278।।
क्व भूतं क्व भविष्यद्वा वर्तमानमपि क्व वा।
क्व देशः क्व च वा नित्य स्वमहिम्नि स्थितस्य मे।।279।।
क्व चात्मा क्व च वानात्मा क्व शुभं क्वाशुभं तथा।
क्व चिंता क्व च वाचिंता स्वमहिम्नि स्थितस्य मे।।280।।
क्व स्वप्नः क्व सुषुप्तिर्वा क्व च जागरणं तथा।
क्व तुरीयं भयं वापि स्वमहिम्नि स्थितस्य मे।।281।।
क्व दूरं क्व समीपं वा बाह्यं क्वाभ्यंतरं क्व वा।
क्व स्थूलं क्व च वा सूक्ष्मं स्वमहिम्नि स्थितस्य मे।।282।।
क्व मृत्युर्जीवितं वा क्व लोकाः क्वास्य क्व लौकिकम्।
क्व लयः क्व समाधिर्वा स्वमहिम्नि स्थितस्य मे।।283।
अलं त्रिवर्गकथया योगस्य कथयाप्यलम्।
अलं विज्ञानकथया विश्रांतस्य स्वात्मनि।।284।।

जिंदगी दुल्हन है एक रात की
कोई नहीं मंजिल है जिसके अहिवात की

मांग भरी शाम को बहारों ने
सेज सजी रात चांद-तारों ने
भोर हुई मेंहदी छुटी हाथ की
जिंदगी दुल्हन है एक रात की

नैहर है दूर, पता पिया का न गांव
कहीं न पड़ाव कोई कहीं नहीं छांव
जाए किधर डोली बारात की
जिंदगी दुल्हन है एक रात की

बिना तेल बाती जले उम्र का दिया
बीच धार छोड़ गया निर्दई पिया
आंख बनी बदली बरसात की
जिंदगी दुल्हन है एक रात की

पर इस एक रात के लिए हम बड़ा जंजाल फैला लेते हैं। इस एक रात के लिए हम बड़ा संसार निर्मित कर लेते हैं। जो क्षणभंगुर है, उसके लिए हम शाश्वत को गंवा देते हैं। जो असार है, उसके लिए सार को खो देते हैं। इधर कंकड़-पत्थर बीनते रहते हैं, वहां जीवन के हीरे रिक्त होते चले जाते हैं। जोड़ लेते हैं कूड़ा-कर्कट मरते-मरते तक, लेकिन जीवन गंवा देते हैं। कहा है जीसस ने, तू सारी पृथ्वी भी जीत ले और अगर अपने को गंवा दिया, तो इस पाने का सार क्या है?

अष्टावक्र ने जो सूत्र जनक को दिए, वे जागरण के अपूर्व सूत्र हैं। कोई समझ ले तो बस जाग गया। जनक जैसा शिष्य पाना भी बहुत मुश्किल है, दुर्लभ है। अष्टावक्र जैसा गुरु तो दुर्लभ होता ही है, जनक जैसा शिष्य भी बहुत दुर्लभ है। और अष्टावक्र और जनक जैसे गुरु-शिष्य का मिलन पहले कभी हुआ, उल्लेख नहीं। बाद में भी कभी हुआ, ऐसा उल्लेख नहीं। शायद दुबारा यह बात घटी ही नहीं। करीब-करीब असंभव लगता है दुबारा घटना। जैसा गुरु, वैसा शिष्य। ठीक दो स्वच्छ दर्पण एक-दूसरे के सामने रखे हैं।

अष्टावक्र ने अपनी सारी बात कह दी। उंडेल दिया अपने पूरे हृदय को। जो कहा जा सकता था, कह दिया। जो नहीं कहा जा सकता था, उसे भी कहने की कोशिश की। जनक इस पूरी अपूर्व वर्षा के बाद धन्यवाद दे रहे हैं। गुरु को धन्यवाद

कैसे दिया जाए? एक ही धन्यवाद हो सकता है कि गुरु ने जो कहा, वह व्यर्थ नहीं गया, समझ लिया गया। गुरु से उऋण होने का कोई और तो उपाय नहीं है। एक ही मार्ग है धन्यवाद का, आभार का कि जो वर्षा हुई व्यर्थ नहीं गई, मेरे हृदय की झील में भर गई है। तुमने जो श्रम किया, वह नाहक नहीं हुआ। तुमने जो मोती बिखेरे, वह मूढ़ों के सामने नहीं फेंके। वे परख लिए गए हैं। सम्हाल लिए गए हैं। उन्हें मैंने अपने हृदय में संजो लिया है। वे मेरे प्राणों के अंग हो गए हैं। इस बात के सूचन के लिए जनक अंतिम संवाद का समारोप करते हैं।

ठीक भी है, इस संवाद का प्रारंभ भी जनक से हुआ था, और अंत भी जनक पर हो। जिज्ञासा जनक ने की थी कि हे प्रभु, मुझे जीवन का सार क्या है, सत्य क्या है, वह बताएं। अंत भी जनक पर ही होना चाहिए। जो पूछा था, मिल गया। जितना पूछा था, उससे ज्यादा मिल गया। जो जानना चाहा था, वह जना दिया गया है। और जिसका स्वप्न में भी जनक को स्मरण न होगा, सुषुप्ति में भी जिसकी तरंग कभी न उठी होगी, वह सब भी उंडेल दिया गया। क्योंकि गुरु जब देता है, तो हिसाब से नहीं देता। शिष्य के मांगने की सीमा होगी, गुरु के देने की क्या सीमा है! शिष्य के प्रश्न की सीमा होगी, गुरु का उत्तर असीम है। और जब तक असीम उत्तर न मिले, तब तक सीमित प्रश्नों के भी हल नहीं होते हैं। सीमित प्रश्न भी असीम उत्तर से हल होता है।

थोड़ा सा पूछा था जनक ने, अष्टावक्र ने खूब दिया है। दो बूंद से तृप्ति हो जाती जनक की, ऐसा उसका प्रश्न था, अष्टावक्र ने सागर उंडेल दिया है।

इस बात को भी समझ लेना कि यह जीवन का एक परम आधारभूत नियम है कि परमात्मा के इस जगत में कंजूसी नहीं है, कृपणता नहीं है। जहां एक बीज से काम चल जाए, वहां देखते हैं, वृक्ष पर करोड़ बीज लगते हैं। जहां एक फूल से काम चल जाए, वहां करोड़ फूल खिलते हैं। जहां एक तारा काफी हो, वहां अरबों-खरबों तारे हैं। जीवन का एक आधारभूत नियम है, कंजूसी नहीं है। वैभव है, महिमा है। इसीलिए तो हम परमात्मा को ईश्वर कहते हैं। ईश्वर का अर्थ होता है, ऐश्वर्यवान। जरूरत पर समाप्त नहीं है, जरूरत से ज्यादा है, तो ऐश्वर्य। जब हम कहते हैं किसी व्यक्ति के पास ऐश्वर्य है, तो इसका मतलब यह होता है कि आवश्यकता से ज्यादा है। आवश्यकता पूरी हो जाए तो कोई ऐश्वर्य नहीं होता। इतना हो कि तुम्हारी समझ में न पड़े कि अब क्या करें, आवश्यकताएं सब कभी की पूरी हो गईं, अब यह जो पास में है इसका क्या उपयोग हो, तब ऐश्वर्य है। इस अर्थ में तो शायद कोई आदमी कभी ईश्वर नहीं होता है। ईश्वर ही बस ईश्वर है। परम ऐश्वर्य है। कहीं जरा भी कृपणता नहीं। और जब किसी आत्मा का इस परम ऐश्वर्य से मेल हो जाता है, तो इस परम ऐश्वर्य की ध्वनि उस आत्मा में भी झलकती है।

अष्टावक्र ने उंडेल दिया। तुम्हें कई बार लगा होगा, इतना अष्टावक्र क्यों कह रहे हैं, यह तो बात जरा में हो सकती थी। लेकिन जो जरा में हो सकता है, उसको भी परमात्मा बहुत रूपों में करता है। जो संक्षिप्त में हो सकता है, उसको भी विराट करता है। विस्तार देता है। ब्रह्म शब्द का अर्थ होता है, विस्तार। जो विस्तीर्ण होता चला जाता है। ब्रह्मचर्चा भी ब्रह्म जैसी है। पत्ते पर पत्ते निकलते आते है। शाखाओं में प्रशाखाएं निकलती आती हैं। प्रश्न तो बीज जैसा था, उत्तर वृक्ष जैसा है। होना भी ऐसा ही चाहिए।

अब इस परम सौभाग्य के लिए जनक धन्यवाद कर रहे हैं। धन्यवाद शब्द ठीक नहीं। धन्यवाद शब्द से काम न चलेगा। धन्यवाद शब्द बहुत औपचारिक होगा। इसलिए कैसे धन्यवाद दें! तो एक ही उपाय है कि गुरु के सामने यह निवेदन कर दें कि जो तुमने कहा, वह व्यर्थ नहीं गया। तुम्हारा श्रम सार्थक हुआ है। तुम्हारा श्रम सृजनात्मक हुआ है। मैं भर गया हूं। यह सुगंध उठे जनक से कि अष्टावक्र के नासापुट सुगंध से भर जाएं। वह जो ध्वनि, जो गीत उन्होंने भेजा था, लौट कर आ जाए। और वे समझें कि जनक का हृदय भी गूंज गया है, प्रतिध्वनित हो उठा है। इसलिए यह अंतिम चरण में जनक निवेदन करते हैं। जनक निवेदन करते हैं कुछ ऐसी बातें भी, जो अष्टावक्र ने छोड़ दीं।

यह भी समझ लेने जैसा है इसके पहले कि हम सूत्र में जाएं।

कोई भी सदगुरु शिष्य की परीक्षा के लिए एक ही उपाय रखता है—वह सब कह देता है, लेकिन कहीं कुछ एकाध-दो मुद्दे की बातें छोड़ जाता है। अगर शिष्य उन्हें पूरा कर दे, तो समझो कि समझा। अगर उतना ही दोहरा दे जितना गुरु ने कहा, तो समझो कि तोतारटंत है। समझ आई नहीं। वह जो खाली जगह है, वह परीक्षा है। इतना सब कहा, लेकिन एकाध-दो बिंदु पर थोड़ी सी जगह खाली छोड़ दी। अगर समझ में आ जाएगा शिष्य को, तो वह उन खाली जगहों को भर देगा। जो गुरु ने नहीं कहा था, सिर्फ इशारा करके छोड़ दिया था, शुरुआत की थी, पूर्णता नहीं की थी, वक्तव्य की सिर्फ झलक दी थी, लेकिन वक्तव्य पूरा का पूरा ठोस नहीं था। अगर शिष्य समझ गया है तो जो ठोस नहीं था वह ठोस हो जाएगा। जो अधूरा था वह पूरा कर दिया जाएगा। शिष्य अगर गुरु के खाली छोड़े गए रिक्त स्थानों को भर दे, तो ही समझो कि समझा। अगर उतना ही दोहरा दे जितना गुरु ने कहा, तो यह तो तोते भी कर सकते हैं, यह तो यांत्रिक होगा।

इसलिए एकाध-दो बातें अष्टावक्र छोड़ गए हैं। बुद्ध ने भी वह किया है। समस्त गुरुओं ने वही किया है, एकाध दो बात छोड़ देंगे। जो नहीं समझा है, वह उनको तो पूरा कर ही नहीं सकता। असंभव है। इसका कोई उपाय ही नहीं कि वह उन्हें

पूरा कर सके। इसको किसी भी चालबाजी से पूरा नहीं किया जा सकता, किसी भी बौद्धिक व्यवस्था से पूरा नहीं किया जा सकता। अनुभव ही भर सकता है उन रिक्त स्थानों को। और जनक ने उनको भर दिया। वही धन्यवाद है।

एक और बात, अष्टावक्र के इन सारे सूत्रों का सार-निचोड़ है—श्रवणमात्रेण। जनक ने कुछ किया नहीं है, सिर्फ सुना है। न तो कोई साधना की, न कोई योग साधा, न कोई जप-तप किया, न यज्ञ-हवन, न पूजा-पाठ, न तंत्र, न मंत्र, न यंत्र, कुछ भी नहीं किया है। सिर्फ सुना है। सिर्फ सुन कर ही जाग गए। सिर्फ सुन कर ही हो गया—श्रवणमात्रेण।

अष्टावक्र कहते हैं कि अगर तुमने ठीक से सुन लिया तो कुछ और करना जरूरी नहीं। करना पड़ता है, क्योंकि तुम ठीक से नहीं सुनते। तुम कुछ का कुछ सुन लेते हो। कुछ छोड़ देते हो, कुछ जोड़ लेते हो; कुछ सुनते हो कुछ अर्थ निकाल लेते हो, अनर्थ कर देते हो। इसलिए फिर कुछ करना पड़ता है। कृत्य जो है, वह श्रवण की कमी के कारण होता है, नहीं तो सुनना काफी है। जितनी प्रगाढ़ता से सुनोगे, उतनी ही त्वरा से घटना घट जाएगी। देरी अगर होती है, तो समझना कि सुनने में कुछ कमी हो रही है। ऐसा मत सोचना कि सुन तो लिया, समझ तो लिया, अब करेंगे तो फल होगा। वहीं बेईमानी कर रहे हो तुम। वहां तुम अपने को फिर धोखा दे रहे हो। अब तुम कह रहे हो कि अब करने की बात है, सुनने की बात तो हो गई।

मेरे पास एक सर्वोदयी नेता आते हैं। बूढ़े हैं, जिंदगी भर सेवा की है, भले आदमी हैं। एक-दो शिविरों में आए। फिर मुझे मिलने आए। मैंने पूछा कि अब दिखाई नहीं पड़ते? तो उन्होंने कहा, अब क्या करूं आकर? आपको सुना, समझा, अब जब तक उसको कर न लूं, तब तक आने से क्या? अब करने में लगा हूं, जब हो जाएगा...तो मैंने उनसे कहा, फिर सुना ही नहीं, समझा ही नहीं। सुन लिया, समझ लिया, करने को नहीं बचना चाहिए। करने की बात ही गड़बड़ है। मैंने तुमसे कहा, यह दीवाल है, यह दरवाजा है, तुमने सुन लिया, समझ लिया, अब करने को क्या है? जब निकलना हो, दरवाजे से निकल जाना, दीवाल से मत निकलना। अब तुम कहते हो, अभ्यास करेंगे। अभ्यास करेंगे कि यह दीवाल है, अभ्यास करेंगे कि यह दरवाजा है, जब अभ्यास खूब हो जाएगा तब निकलेंगे।

अभ्यास धोखा है। यह सारसूत्र है अष्टावक्र का। अष्टावक्र अभ्यास-विरोधी हैं। वे कहते हैं, अभ्यासमात्र, साधनामात्र धोखा है। तुमने करने की बात उठाई तो एक बात पक्की हो गई कि तुमने सुना नहीं और अब तुम तरकीबें निकाल रहे हो। अब तुम अपने अहंकार को समझा रहे हो, कि सुन तो मैंने लिया। धोखा तुम दे रहे हो, सुना तुमने नहीं। सुन तो लिया, तुम कह रहे हो, अब करेंगे। करने से ही होगा न! सुनने से क्या होता है?

लेकिन सत्य की महिमा यही है कि सुन लिया तो हो गया। सत्य कोई साधारण घटना थोड़े ही है। तुम्हारे कृत्य पर थोड़े ही निर्भर है सत्य। तुम्हारे करने से सत्य थोड़े ही पैदा होता है। सत्य तो है, तुम्हारी आंख के सामने खड़ा है, तुम्हारे हृदय में धड़क रहा है, करना क्या है? एक हुंकार में, एक उदघोष में स्मरण आ सकता है। श्रवणमात्रेण।

लेकिन आदमी बड़ी तरकीबें निकालता है। वह सोचता है बड़ी दूर है मंजिल, परमात्मा तो बहुत दूर है, चलेंगे, खोजेंगे, भटकेंगे, जनम-जनम लगेंगे, अच्छे कर्म करेंगे, बुरे कर्मों को छोड़ेंगे, बुरे किए हुओं को अच्छों से काटेंगे, ऐसा धीरे-धीरे सम्हालते-सम्हालते पुण्य की संपदा, एक दिन पहुंचेंगे। नहीं, तुम फिर न पहुंच सकोगे। तुम खुद उसे दूर किए दे रहे हो जो पास है।

मैंने तो सोचा था अपनी
सारी उमर तुझे दे दूंगा
इतनी दूर मगर थी मंजिल
चलते-चलते शाम हो गई
निकला तो मैं था गुदड़ी में
लाल छिपाए बरन-बरन के
कुछ संग खेले थे बचपन के
कुछ संग सोए थे यौवन के
कुछ पर रीझ गई थीं कलियां
कुछ पर झूम गई थीं गलियां
कुछ थे रत्न अमोल हृदय के
कुछ थे नौलख हार नयन के
किंतु ठगौरी डाल गई कुछ
ऐसी पथ की भूलभुलैया
जनम-जनम की जमा खो गई
जुग-जुग नींद हराम हो गई
मैंने तो सोचा था अपनी
सारी उमर तुझे दे दूंगा
इतनी दूर मगर थी मंजिल
चलते-चलते शाम हो गई

मंजिल दूर नहीं है। मंजिल तुम्हारे समाने है।

चलते-चलते शाम हो गई

चले तो चूके। चलने का मतलब ही यह है कि तुमने मंजिल दूर मान ली। चल कर तो हम दूरी पर पहुंचते हैं। जो निकट से भी निकटतम है...मोहम्मद ने कहा कि जो तुम्हारी गर्दन में धड़कती हुई फड़कती प्राण की नस है, उससे भी जो ज्यादा करीब है। उपनिषद कहते हैं, पास से भी जो ज्यादा पास है। जो तुम्हारे में विराजमान है। तुममें और जिसमें इंच भर की दूरी नहीं है।

चलते-चलते शाम हो गई

तुम चले, तो भटके। तुम चले, तो चूके। पहुंचना हो तो रुको। पहुंचना हो तो चलना मत, हिलना भी मत। पहुंचना हो तो जहां खड़े हो वहीं मूर्तिवत हो जाना। गति से नहीं पहुंचता कोई सत्य तक, क्योंकि सत्य कोई गंतव्य नहीं है। सत्य की कोई यात्रा नहीं होती, क्योंकि सत्य दूर नहीं है। सत्य तुम हो। सत्य तुम्हारी सत्ता का नाम है। सत्य तुम्हारा अस्तित्व है। इसलिए अष्टावक्र कहते हैं, श्रवणमात्रेण।

अगर जनक अब कहे कि प्रभु, सुन ली आपकी बात, अब करूंगा, तो अष्टावक्र अपना सिर ठोंक लेते। लेकिन जनक ने यह बात ही नहीं कही। जनक ने तो धन्यवाद दिया, अपना वक्तव्य दिया। जनक ने क्या कहा? जनक ने कहा—

तत्त्वविज्ञान संदंशमादाय हृदयोदरात्।
नानाविधपरामर्शशल्योद्धारः कृतो मया।।

'मैंने आपके तत्त्वज्ञान रूपी संसी को लेकर हृदय और उदर से अनेक तरह के विचार रूपी वाण को निकाल दिया है।'

बात खतम ही कर दी। जनक ने कहा कि शल्यक्रिया हो गई। शल्योद्धारः। चिकित्सा हो चुकी। आपने जो शब्द कहे, वे शस्त्र बन गए। और शास्त्र जब तक शस्त्र न बन जाएं तब तक व्यर्थ हैं। आपने जो शब्द कहे वे शस्त्र बन गए और उन्होंने मेरे पेट और मेरे हृदय में जो-जो रुग्ण विचार पड़े थे, उन सबको निकाल कर बाहर फेंक दिया। बात खतम हो गई।

तत्त्वविज्ञानाय।

वह जो आपने सत्य की निर्दर्शना की, वह जो तत्त्व का इशारा किया, वह तो संसी बन गई, उसने तो मेरे भीतर से सब खींच लिया जहर, उसने तो सब कांटे निकाल लिए।

यह बात खयाल रखना कि दो शब्दों का उपयोग करते हैं जनक—हृदयोदरात्। हृदय और पेट से। उदर और हृदय से। यह बात बड़ी महत्वपूर्ण है। यह पांच हजार साल पुरानी बात है। अब कहीं जाकर पश्चिम में मनोविज्ञान इस बात को समझ पा रहा है कि मनुष्य जो भी दमन करता है, विचारों का, वासनाओं का, वृत्तियों का, वह सब दमित वृत्तियां पेट में इकट्ठी हो जाती हैं। यह तो अभी नवीनतम खोज है, इधर

पिछले बीस वर्षों में हुई है। लेकिन यह सूत्र पांच हजार साल पुराना है। उदर? तुम भी थोड़े चौंके होओगे कि अगर कहते कि मेरे मस्तिष्क से सारे विचार निकाल लिए हैं, तो बात ज्यादा तर्कसंगत मालूम पड़ती। लेकिन कहते हैं जनक, मेरे उदर से, मेरे पेट से। यह बात ही जरा बेहूदी लगती है कि पेट से! पेट में क्या विचार रखे हैं? लेकिन आधुनिक मनोविज्ञान भी इससे सहमत है। अंग्रेजी में तो जो शब्दावली है, लोग कहते हैं न कि इस बात को पेट में न ले सकूंगा, 'आइ विल नॉट बी एबल टू स्टमक इट।' इसको उदरस्थ न कर सकूंगा।

यह बात महत्वपूर्ण है। हम जो भी दबाते हैं वह पेट में चला जाता है। इसीलिए चिंतित आदमी के पेट में अल्सर हो जाते हैं। चिंता के वाण अल्सर बन जाते हैं। सिर में नहीं होते अल्सर, मस्तिष्क में नहीं होते अल्सर, तुमने देखा? होने चाहिए मस्तिष्क में लेकिन होते पेट में। कृपण आदमी कब्जियत से भर जाता है। वह जो कंजूसी है, वह पेट में उतर जाती है। कंजूस आदमी और कब्जियत का शिकार न हो, बड़ा मुश्किल है। क्योंकि वह जो हर चीज को कंजूसी से देखने की आदत है, वह धीरे-धीरे उदरस्थ हो जाती है। फिर पेट मल को भी पकड़ने लगता है, उसको भी छोड़ता नहीं। सब चीजें पकड़नी हैं तो मल को भी पकड़ना है।

हमारे चित्त के जितने रोग हैं, सब अंततः गिरते जाते हैं, पेट में इकट्ठे होते जाते हैं। असल में पेट ही एकमात्र खाली जगह है जहां चीजें इकट्ठी हो सकती हैं। इसलिए उदर जनक कहते हैं। कि जितने-जितने उपद्रव मैंने अपने पेट में इकट्ठे कर रखे थे, आपके तत्वविज्ञान की संसी से खींच ही लिए आपने। खींचने को कुछ बचा नहीं है। मेरा पेट हलका हो गया है। मेरा पेट निर्भार हो गया है। एक बात।

दूसरी बात कही कि और हृदय से। मस्तिष्क की तो बात ही नहीं उठाई है। इसका कारण है। तीन तल हैं हमारे जीवन के। एक है शरीर का तल, एक मन का तल और एक है आत्मा का तल। पूर्वीय अनुसंधानकर्ताओं ने अनुभव किया कि शरीर के तल पर जो भी दबाया जाता, वह पेट में चला जाता है। चित्त के तल पर, मन के तल पर जो भी दबाया जाता है, वह हृदय में अवरुद्ध हो जाता है। और आत्मा के तल पर तो दमन हो ही नहीं सकता। और आत्मा का स्थान है मस्तिष्क के अंतस्तल में—सहस्रार। तो यह तीन स्थान हैं। पेट में शरीर का जोड़ है। हृदय में मन का जोड़ है। और सहस्रार में आत्मा का जोड़ है।

अगर शरीर और मन की गांठ खुल जाए, कुछ भी दबा हुआ न रह जाए, तो जो ऊर्जा पेट में अटकी है, जो ऊर्जा हृदय में उलझी है, वह मुक्त हो जाती है। वह मुक्त हुई ऊर्जा वह जो कमल का फूल तुम्हारे मस्तिष्क में प्रतीक्षा कर रहा है जन्मों-जन्मों से, उसे ऊर्जा मिल जाए तो वह खिल जाए। ऊर्जा के मिलते ही वह खिल जाता है। वहां मुक्ति है।

अगर बंधन कहीं है तो पेट और हृदय में है। अगर तुमने कुछ भी दबाया है, तो या तो वह पेट में पड़ गया होगा या हृदय में पड़ गया होगा। अधिकतर तो पेट में पड़ता, क्योंकि चित्त का दबाने योग्य लोगों के पास कुछ होता ही नहीं। जैसे समझो, तुमने अगर कामवासना दबाई तो पेट में पड़ जाएगी। तुमने क्रोध दबाया, तो पेट में पड़ जाएगा। तुमने ईर्ष्या, घृणा, हिंसा दबाई, तो पेट में पड़ जाएगी। यह सब शरीर के तल की घटनाएं हैं, बड़ी छुद्र। पहले तल की घटनाएं हैं।

किसी आदमी ने अगर प्रेम दबाया, तो हृदय में पड़ेगा। गीत दबाया तो हृदय में पड़ेगा। संगीत दबाया तो हृदय में पड़ेगा। करुणा दबाई—फर्क समझ लेना, क्रोध दबाया तो पेट में पड़ता है, करुणा दबाई तो हृदय में पड़ती है। उठी थी करुणा, देने का मन हो गया था कि दे दें और दबा ली, तो हृदय अवरुद्ध हो जाएगा। उठा था क्रोध और दबा लिया है, तो पेट अवरुद्ध हो जाएगा। क्रोध नीचे तल की बात है, करुणा जरा ऊंचे तल की बात है। हम तो अधिकतर सौ में नब्बे मौके पर बिलकुल नीचे तल पर जीते हैं। इसलिए हमारा उपद्रव सब पेट में होता है। और फिर पेट की विकृतियां हजार तरह की बाधाएं, व्याधियां पैदा करती हैं। शरीर के तल पर जो बीमारियां पैदा होती हैं, उनमें भी सत्तर प्रतिशत तो पेट में दबाए गए मानसिक विकारों का ही हाथ होता है।

योग में बड़ी प्रक्रियाएं हैं पेट को शुद्ध करने को। लेकिन वे तो लंबी प्रक्रियाएं हैं। और फिर भी किसी योगी का कोई छुटकारा होता दिखता है, ऐसा बहुत कठिन होता है। लंबी यात्रा है। जन्मों-जन्मों तक योग के द्वारा कोई पेट का शोधन करता रहता है, तब कहीं कुछ हल हो पाता है।

लेकिन जनक कहते हैं कि आपने तो अपने शब्दों के वाणों से मेरे भीतर चुभे वाणों को निकाल लिया। मैं खाली हो गया। मैं रिक्त हो गया। मैं हल्का हो गया। मैं स्वस्थ हो गया हूं।

'हृदय और उदर से अनेक तरह के विचार रूपी वाण को निकाल दिया है।'

नानाविध परामर्श।

यह भी शब्द समझने जैसा है। तुम्हारी जिंदगी में इतनी सलाहें दी हैं लोगों ने तुम्हें, उन्हीं सलाहों के कारण तुम झंझट में पड़े हो।

नानाविध परामर्श।

जो देखो वही सलाह दे रहा है, जिसको कुछ पता नहीं वह भी सलाह दे रहा है। सलाह देने में लोग बड़े बेजोड़ हैं। तुम किसी से भी सलाह मांगो, वह यह तो कहेगा ही नहीं कि भई, इसका मुझे अनुभव नहीं है। यह तो कभी कहेगा ही नहीं कि इस संबंध में मैं कुछ नहीं कह सकता। तुम क्रोधी ने क्रोधी आदमी से सलाह मांगो कि क्रोध के संबंध में क्या करूं, तो तुम्हें सलाह देगा कि क्या करो। शराबी भी तुम्हें

सलाह देगा कि शराब कैसे छोड़ो। चोर तुम्हें चोरी के विपरीत सलाह दे सकता है। शायद देगा ही। क्योंकि उसी सलाह देने के आधार से वह तुम्हारे मन में एक प्रतिमा पैदा करेगा कि कम से कम यह आदमी चोर तो नहीं हो सकता, जो चोरी के खिलाफ सलाह दे रहा है। बेईमान ईमानदारी की बातें करेगा। जिनको कुछ भी पता नहीं है, वे परम सत्य की बातें करेंगे। किताबों से उधार ले लिया होगा। शब्दजाल सीख लिया होगा। उसी को दूसरों पर फेंके जाते हैं। बुद्ध ने कहा है, अगर दुनिया में इतनी भी निष्ठा आ जाए कि आदमी वही कहे जितना जानता है, तो दुनिया में से आधा अंधकार दूर हो जाए। लेकिन लोग जो नहीं जानते वह भी कहे चले जाते हैं।

एक जैन-मुनि के साथ मुझे एक दफे बोलने का मौका आया। उन्होंने आत्मज्ञान पर एक घंटा व्याख्यान दिया। सुन कर तो मुझे लगा कि उनको कुछ भी पता नहीं है। वह जो भी कह रहे हैं, सब उधार है, सब बासा है। जब मैंने यह कहा तो वह बड़े बेचैन हो गए। मगर आदमी भले थे। चुप रहे, उन्होंने कुछ विवाद खड़ा न किया। सांझ एक आदमी को मेरे पास भेजा कि मैंने दिन भर सोचा आपने जो कहा और मुझे लगता है कि ठीक है, मुझे पता नहीं है। मैं चाहता हूं, आपसे मिलूं। तो मैंने कहा, मैं आऊंगा। इतना भला आदमी चाहे, तो उसे यहां मेरे पास आने की जरूरत नहीं, मैं आ जाऊंगा।

तो मैं गया, वहां दस-बीस लोग इकट्ठे हो गए थे। लोगों को खबर मिल गई। तो जैन-मुनि ने कहा कि मैं एकांत में बात करना चाहता हूं। मैंने कहा, अब इतनी हिम्मत तो करो! ईमानदारी है, तो इतनी हिम्मत और। इनके ही सामने करो। घबड़ाना क्या है? यही न, इन लोगों को पता चल जाएगा आप अभी आत्मज्ञानी नहीं हैं। चल जाने दो पता। यह भी आत्मज्ञान की यात्रा पर पहला कदम होगा। सत्तर साल आपकी उम्र हुई, मैंने उनसे कहा, आप कहते हैं कोई पचास साल हो गए आपको संन्यास लिए, बीस साल के जवान थे तब संन्यास लिया, आपकी बड़ी खयाति है, हजारों आपके शिष्य हैं, जो आप कह रहे हैं उसमें से कुछ भी आपको पता नहीं है, क्यों कह रहे हैं?

उन्होंने कभी सोचा ही नहीं था। उन्होंने कहा, मैंने कभी इस तरह सोचा ही नहीं। आज आप पूछते हैं तो बड़ा किंकर्त्तव्यविमूढ़ हो गया हूं। यह मैंने कभी सोचा ही नहीं कि क्यों कह रहा हूं। कह रहा हूं, यह बेहोशी में चलता रहा है। संन्यस्त हुआ था, शास्त्र पढ़ने शुरू किए, शास्त्र पढ़ने से प्रवचन शुरू हुआ; लोग पूछने आने लगे, मैं सलाह देने लगा, यह तो भूल ही गए कि ये पचास साल कैसे बीत गए इसी सलाह में। और जो सलाहें मैंने दी हैं, उनका मुझे कुछ पता नहीं।

दुनिया में इतना परामर्श है, इतनी सलाहें दी जा रही हैं, उनकी वजह से बड़ी कीचड़ तुम्हारे पेट में मची हुई है।

नानाविधपरामर्श।

यह जो न मालूम कितने-कितने तरह के परामर्श, मत-मतांतर, सिद्धांत, शास्त्र लोगों ने समझा दिए हैं, उन सबको आपने खींच लिया। आपने मेरी शल्य-चिकित्सा कर दी, सर्जरी कर दी, जनक ने कहा। मैं मुक्त हुआ। आपने काट लिया।

'अपनी महिमा में स्थित हुए मुझको कहां धर्म है, कहां काम है, कहां अर्थ; कहां द्वैत और कहां अद्वैत?'

और अब, अब जब जाग कर मैं अपने को देखता हूं तो पाता हूं—

क्व धर्मः क्व च वा कामः क्व चार्थः क्व विवेकिता।
क्व द्वैतं क्व च वाऽद्वैतं स्वमहिम्नि स्थितस्य मे।।

अब जब जाग कर देखता हूं तो एक ही बात दिखाई पड़ती है—अपनी महिमा के सिंहासन पर विराजमान हूं। कुछ करने को नहीं है। अपने गौरव में प्रतिष्ठित हो गया हूं। स्वमहिमा को उपलब्ध कर दिया आपने मुझे। सिर्फ कह कर, सिर्फ हिला कर, सिर्फ आवाज देकर।

जीसस के जीवन में उल्लेख है कि उनका एक भक्त लजारस मर गया। वह बाहर थे गांव के। लजारस की बहनों ने खबर भेजी कि लजारस मर गया, आप जल्दी आएं। वे आए तो भी चार दिन लग गए। तब तक तो लाश को सम्हाल कर रखा उन्होंने—एक कब्र में रख दिया था। एक गुफा में छिपा दी थी लाश। जब जीसस आए तो वे दोनों बहनें मेरी और मार्था रोने लगीं और उन्होंने कहा कि अब तो क्या हो सकेगा! अब तो बदबू भी आने लगी। जीसस ने कहा, तुम फिकर छोड़ो। अगर मैं पुकारूंगा तो लजारस सुनेगा।

किसी को भरोसा न था। पर भीड़ इकट्ठी हो गई। जब वे गए उस गुफा के द्वार पर और उन्होंने जोर से आवाज दी कि लजारस बाहर आ! तो कहते हैं, लजारस अपनी अरथी से उठा, चल कर बाहर आ गया। और जब बाहर आ गया तो लोग घबड़ा गए, लोग भागने लगे। जीसस ने कहा, भागो मत। मैंने तुमसे कहा था न, अगर मैं पुकारूंगा तो वह सुनेगा! क्योंकि वह मुझे सुन ही चुका है। और जब उसने जिंदा रहते हुए मेरी आवाज सुन ली, तो कोई कारण नहीं है कि मुर्दा रहते मेरी आवाज क्यों न सुनेगा! तुम न मुझे जिंदा रह कर सुने हो, न तुम मुझे मुर्दा रह कर सुन पाओगे—तुम जिंदा में भी नहीं सुन पाए तो तुम मुर्दा में कैसे सुनोगे?

ऐसी घटना घटी हो, न घटी हो, ये घटनाएं प्रतीक घटनाएं हैं। लेकिन बात तो सच है, गुरु जब पुकारता है शिष्य को कि लजारस उठ, बाहर आ, तो लजारस उठ कर बाहर आ जाता है। श्रवणमात्रेण। फिर ना-नुच नहीं करता है। फिर यह नहीं कहता है कि अभी कैसे आऊं, अभी तो अंधेरा है, अभी तो रात बहुत है, अभी थोड़ी देर और सो लेने दें, कि मैं तो मरा पड़ा हूं—लजारस ने यह भी न कहा कि यह कोई वक्त की बात है, मैं इधर मरा पड़ा हूं, इधर कब्र में रखने की मेरी तैयारी चल रही है—जब

लजारस बाहर आया तो उसके ऊपर कफन बंधा था—उसने यह भी न कहा कि अब कफन में बंधे से तो मत उठाओ, लोग क्या कहेंगे! कुछ तो औपचारिकता बरतो। नियम बिलकुल तो मत तोड़ो, मर्यादा तो रखो। मैं इधर मरा पड़ा हूं, अरथी पर कसा पड़ा हूं, तुम बुलाते हो? नहीं, आ गया। सुनना आ जाए!

तो अगर तुम गौर से देखो तो तुम भी अरथी पर रखे हो। यह शरीर जिसको तुम अपना कह रहे हो, अरथी से ज्यादा नहीं है। और जिनको तुम वस्त्र कह रहे हो, यह कफनी से ज्यादा नहीं हैं। इसीलिए तो फकीर के वस्त्र को कफनी कहते हैं। कफन से बनाया कफनी। है तो कफनी ही। कफन कहो, कफनी कहो, क्या फर्क पड़ता है? इस शरीर पर जो भी वस्त्र पड़े हैं, सभी कफनी हैं। और यह शरीर खुद तो तुम्हारी अरथी है। इसी पर चढ़े-चढ़े तो तुम मौत की तरफ जा रहे हो। यही शरीर तो तुम्हें एक दिन ले जाएगा चिता पर। इस मुर्दा शरीर के भीतर तुम जीवित पड़े हो, मगर तुम्हें सुनना नहीं आया।

जनक ने आवाज सुन ली। उसने कहा कि धन्य है! मैं किन शब्दों में धन्यवाद दूं?

'अपनी महिमा में स्थित हुए मुझको।'

एक क्षण में तुमने मुझे मेरी महिमा में स्थित कर दिया। ऐसा नहीं कि तुमने मुझे रास्ता बताया कि कैसे महिमा में स्थित हो जाऊं। तुमने रास्ता नहीं दिया, तुमने मार्ग नहीं दिया, तुमने मंजिल दे दी। अब कैसा धर्म? अब कैसा अर्थ? अब कैसा काम? कहां द्वैत है? कहां अद्वैत है? चकितभाव से—यह चकितभाव के उदघोषण हैं—इसलिए बार-बार यह शब्द आएगा।

क्व धर्मः।

कहां है धर्म?

क्व च वा कामः?

कहां गई वासनाएं? कहां गई महत्वाकांक्षाएं?

क्व चार्थः?

कहां गई अर्थ की प्रबल दौड़? आपाधापी, इतना कमा लूं, ऐसा कमा लूं, यह हो जाऊं, इस पद पर बैठ जाऊं। इतना ही नहीं...

क्व विवेकिता?

जिस विवेक को बहुत मूल्य देता था, विचार को, समझ को, वह समझ भी अब किसी काम की न रही। वह समझ भी अंधे के हाथ की लकड़ी थी। आंख खुल गई, लकड़ी की क्या जरूरत रही।

हिंदू शास्त्र कहते हैं, 'उत्तीर्णे तु यते पारे नौकाया किं प्रयोजनम्।' जब पार हो गए नदी, तब फिर नौका की क्या जरूरत? अंधा आदमी लकड़ी का सहारा लेकर टटोल-टटोल कर चलता है। लंगड़ा आदमी बैसाखी के सहारे चलता है।

जीसस के जीवन में एक उल्लेख है, एक लंगड़ा आया जो बैसाखी पर चलता आया। और कहते हैं, जीसस ने उसे छुआ और लंगड़ा स्वस्थ हो गया। जब वह जाने लगा तो भी वह अपनी बैसाखी साथ ले जाने लगा, तो जीसस ने कहा, अरे पागल, बैसाखी तो छोड़! अब यह बैसाखी कहां ले जा रहा है? लोग हंसेंगे।

पुरानी आदत। न मालूम कितने वर्षों से बैसाखी लेकर चलता था, आज ठीक भी हो गया तो भी बैसाखी लिए जा रहा है।

जनक कहने लगे—कहां बैसाखियां! ये सब जो 'क्व धर्मः?' धर्म की क्या जरूरत है दुनिया में? लाओत्सु ने कहा है, एक समय ऐसा था जब लोग धार्मिक थे, इतने धार्मिक थे कि धर्म का किसी को पता ही न था। जब अधर्म होता है, तब धर्म का पता होता है। लाओत्सु कहता है, जब लोग अधार्मिक हो गए, तब धर्म पैदा हुआ। तब धर्मगुरु आए।

एक हिंदू संन्यासी मेरे घर मेहमान थे और मुझसे कहने लगे, यह भारत-भूमि बड़ी धार्मिक है! मैंने कहा, कुछ शर्म करो, संकोच खाओ। वह कहने लगे, क्या मतलब आपका? संकोच, शर्म? सब तीर्थंकर, सब अवतार, सब बुद्धपुरुष यहीं पैदा हुए हैं। मैंने कहा कि फिर भी मैं तुमसे कहता हूं कि संकोच खाओ। डूब मरो चुल्लू भर पानी में। उन्होंने कहा, आपका मतलब क्या है? मेरी कुछ समझ में नहीं आता। यह तो महिमा की बात है।

मैंने कहा, महिमा की बात नहीं है। तुमसे ज्यादा अधार्मिक कोई नहीं होगा, तब तो इतने धर्मगुरु, अवतार, तीर्थंकर, इनको पैदा होना पड़ा। जिस घर में रोज डाक्टर आएं, उसका मतलब कोई बड़ी महिमा की बात है कि सब बड़े-बड़े डाक्टर रोज हमारे यहां आते हैं, देखो कारें खड़ी रहती हैं डाक्टरों की! ऐसा कोई दिन नहीं जाता जिस दिन डाक्टर न आते हों। हमारे घर की महिमा! लोग कहेंगे, यह महिमा की बात नहीं, तुम बीमार हो। घर तो वह महिमावान है जहां डाक्टरों की कोई जरूरत नहीं। जहां डाक्टर आते ही नहीं। जहां दवा की बोतल आई ही नहीं।

लाओत्सु यही कहता है। लाओत्सु कहता है, धन्य वे लोग थे जब धर्म का किसी को पता ही नहीं था कि धर्म क्या होता है! धर्म का पता तो तभी होता है जब अधर्म हो जाता है। अधर्म के इलाज के लिए धर्म की बोतल लानी पड़ती है, दवा लानी पड़ती है। अधर्म फैल जाता है तो धर्मगुरु होता है। दुनिया में अगर फिर कभी धर्म होगा तो धर्मगुरु पहली चीज होगी जो विदा हो जाएगी। धर्मगुरु की क्या जरूरत! स्वास्थ्य हो तो चिकित्सक की क्या जरूरत? लोग ईमानदार हों तो सिखाना थोड़े ही पड़े कि ईमानदारी से जीओ। और तुम लाख सिखाओ, क्या होता है!

एक ईसाई फकीर रविवार को चर्च में बोलता था और उसने कहा, अगले रविवार को सत्य के ऊपर मैं व्याख्यान दूंगा, लेकिन सबसे मेरी प्रार्थना है कि ल्यूक

का अड़सठवां अध्याय पढ़ कर आना। और जब वह बोलने खड़ा हुआ दूसरे रविवार को तो उसने खड़े होकर कहा कि भाइयो, जिन लोगों ने ल्यूक का अड़सठवां अध्याय पढ़ लिया हो, वे सब हाथ उठा दें। एक को छोड़ कर सब लोगों ने हाथ उठा दिए। उस फकीर की आंखों से आंसू गिरने लगे। उसने कहा, अब सत्य पर बोलने से क्या सार है? क्योंकि ल्यूक का अड़सठवां अध्याय है ही नहीं, तुम पढ़ोगे कैसे! किसी ने बाइबिल थोड़े ही उठाई, किसी ने खोली थोड़े ही। कौन इन पंचायतों में पड़ता है! अब सत्य पर, उसने कहा, क्या खाक बोलूं? अब असत्य पर ही बोलना ठीक है। मगर फिर भी धन्यभाग कि कम से कम एक आदमी तो हाथ नहीं उठाया। वह आदमी खड़ा हुआ, उसने कहा कि मैं जरा कम सुनता हूं, आपने क्या पूछा? आप उस अड़सठवें अध्याय के संबंध में तो नहीं पूछ रहे हैं? वह तो मैं पढ़ा हूं।

सत्य की चर्चा चलती है, जो असत्य में निष्णात हैं उनको समझाया जाता है। अहिंसा की बात उठती है, क्योंकि लोग हिंसा में डूबे हैं। लोग बेईमान हैं, ईमानदारी समझानी पड़ती है। लोग पापी हैं, इसलिए पुण्य का गुणगान गाना पड़ता है। अन्यथा इनकी क्या जरूरत!

यह परम अवस्था है स्वमहिमा की। कहने लगे जनक—

स्वमहिम्नि स्थितस्य मे।

यह अपनी महिमा में मुझे विराजमान कर दिया। एक चुटकी बजा दी और मुझे मेरी महिमा में विराजमान कर दिया। अब मैं चौंक कर देखता हूं कि अब धर्म की कहां जरूरत है! धर्म क्या है यही मेरी समझ में अब न आएगा। धर्म की तो तब जरूरत होती है जब अधर्म होता है। और काम की क्या जरूरत? क्योंकि कामवासना तो तभी पैदा होती है जब तक तुम्हें अपनी महिमा का स्वाद नहीं मिला है, तब तक तुम दूसरे के पीछे जा रहे हो। काम का अर्थ, किसी और से मिल जाएगा सुख। पकड़े किसी का आंचल चले जा रहे। किसी का पल्लू पकड़े हो कि शायद इससे सुख मिल जाए, शायद उससे सुख मिल जाए। काम का अर्थ है, भिखारीपन। कोई दे देगा सुख, कोई स्त्री, कोई पुरुष। कोई प्रियजन सुख दे देगा—बेटा, बेटी, पति, पत्नी, कोई सुख दे देगा। दूसरे से काश सुख मिलता होता तो सभी को मिल गया होता। सुख मिलता स्वयं से। स्वयं की महिमा में विराजमान होने से।

जनक ने कहा कि धन्य है, मुझे बिठा दिया मेरे सिंहासन पर। अब मेरी समझ में यह नहीं आता कि लोग कामवासना से भरते क्यों हैं? जिनको स्वयं का स्वाद आ गया, जिसने भीतर की रति जान ली—आत्मरति, जिसने अंतर-संभोग जान लिया, जो अपने से ही मिल गया, अब उसको और कोई रति, और कोई रस, किसी और के आगे भिक्षापात्र फैलाने की जरूरत न रही। अब तो उसे भरोसा भी न आएगा कि लोग कैसे पागल हैं, जो तुम्हारे भीतर है तुम उसके लिए बाहर हाथ फैलाए खड़े हो! जिसके

झरने तुम्हारे भीतर बह रहे हैं, तुम उसके लिए भिक्षापात्र लिए दर-दर घूम रहे हो, द्वार-द्वार धक्के खा रहे हो और जगह-जगह कहा जा रहा है, आगे बढ़ो। क्योंकि तुम जिनके पास सोचते हो है, उनके पास भी कहां है! वह किसी दूसरे के सामने हाथ फैलाए खड़े हैं।

एक भिखमंगा एक मारवाड़ी की दूकान के सामने भीख मांग रहा था। उसने जोर से कहा कि मालिक कुछ मिल जाए। उस मारवाड़ी ने कहा, घर में कोई भी नहीं है। वह भिखमंगा भी जिद्दी था, उसने कहा कि हम किसी को थोड़े ही मांग रहे हैं। कि तुम्हारी पत्नी को मांग रहे हैं कि तुम्हारे बेटे को मांग रहे हैं, अरे भीख मांग रहे हैं! कोई न हो न हो! कुछ मिल जाए। मारवाड़ी भी कोई ऐसे भिखमंगों से हार जाएं तो कभी के खत्म ही हो जाते। मारवाड़ी ने कहा कि न कोई घर में है, न कुछ देने को घर में है, अपना रस्ता लो, आगे बढ़ो। तो भिखमंगा भी हद था, उसने कहा, तो फिर भीतर बैठे तुम क्या कर रहे हो? तुम भी मेरे साथ हो लो। जो मिलेगा, आधा-आधा बांट कर खा लेंगे। अरे, जब कुछ है ही नहीं, तो भीतर क्या कर रहे हो?

मगर हालत यही है, जिनके सामने तुम मांगने गए हो उनके पास भी कुछ नहीं है। किसके पास कुछ है? सब तरफ तुम्हें उदास, मुर्दा चेहरे दिखाई पड़ेंगे। बुझी आंखें, बुझे हृदय, बुझे प्राण। राख ही राख! कोई फूल खिलते दिखाई नहीं पड़ते। न कोई वीणा बजती है, न कोई पायल। कोई नृत्य नहीं, कोई गीत नहीं। बिना गीत और नृत्य के जन्मे तुम कैसे जान पाओगे कि परमात्मा है? परमात्मा कोई तर्क थोड़े ही है, कोई सिद्धांत थोड़े ही है। परमात्मा तो उनकी समझ में आता है, जिनके भीतर गीत जन्मता है। स्वयं की महिमा में जो प्रतिष्ठित हो जाते हैं। जो मस्त हो जाते हैं, जो अपनी ही शराब में डोल जाते हैं। वही कह पाते हैं कि परमात्मा है। जो जान पाते हैं कि मैं हूं, वही कह पाते हैं कि परमात्मा है। जिन्होंने स्वयं को भी नहीं जाना, वे क्या परमात्मा को जानेंगे। और जिन्होंने स्वयं की महिमा को नहीं जाना, वे परमात्मा की इस विराट महिमा से कैसे परिचित होंगे।

थोड़ा इस छोटे से भीतर के दीये से परिचित हो लो, तो तुम महासूर्यों के राज से परिचित हो गए। क्योंकि प्रकाश छोटा हो कि बड़ा, उसका नियम एक है। छोटे से दीये में भी जो प्रकाश जलता है, वह महासूर्यों के प्रकाश से भिन्न नहीं है। बिलकुल एक है, वही है। पर दीये से तो थोड़ी दोस्ती बना लो। फिर सूर्यों से दोस्ती बना लेना। अभी तो घर में दीया रखा है और तुम अंधेरे में टटोल रहे हो, दूसरों के घर के सामने धक्के खा रहे हो।

'कहां काम है? कहां अर्थ है? कहां द्वैत, कहां अद्वैत?'

इसे थोड़ा समझना। आदमी में काम की वासना पैदा होती, क्योंकि उसे स्व-रस नहीं मिला। इसलिए पर-रस का भाव पैदा होता है। और आदमी में अर्थ की वासना

पैदा होती है, कि धन हो, पद हो, प्रतिष्ठा हो, क्योंकि भीतर उसे हीनता को बोध होता है। मनस्विद उससे राजी हैं।

मनोवैज्ञानिक कहते हैं कि जो लोग हीनता की ग्रंथि, इनफीरिआरिटी कांप्लेक्स से पीड़ित हैं, वही लोग धन के पीछे, पद के पीछे दीवाने होते हैं। ऐसा तो राजनीतिज्ञ तुम पा ही नहीं सकते जो हीनता की ग्रंथि से पीड़ित न हो। नहीं तो कौन चिंता करेगा कुर्सियों पर चढ़ने की! और इतनी मार—कुटौवल के बाद! सौ-सौ जूते खाएं तमाशा घुस कर देखें। कुछ भी हो जाए, कितने ही जूते पड़ें, तमाशा उन्हें घुस कर ही देखना है। चाहे तमाशा वहां कुछ हो भी नहीं। चाहे तमाशा यही हो जो उनको जूते पड़ रहे हैं, इसकी ही भीड़ लगी हो। मगर कहीं न कहीं पद पर होना है। धन की ढेरी पर बैठना है। क्यों? भीतर तो कोई जरा सा भी महिमा का बोध नहीं होता। शायद बाहर से थोड़ी अकड़ जुटा लें, धन के सहारे थोड़ी घोषणा कर सकें कि मैं भी कुछ हूं।

महावीर और बुद्ध अगर राजसिंहासनों से उतर गए तो तुम गलत मत समझ लेना। अक्सर गलत समझा गया है। अक्सर यही समझा गया है कि वे राजसिंहासन से उतर गए। मैं तुमसे एक और बात कहना चाहता हूं—वे असली सिंहासन पर चढ़ गए, इसलिए झूठे सिंहासन से उतरना पड़ा है। पहले लकड़ी-पत्थरों के सिंहासनों पर बैठे थे, अब उन्हें हीरे-जवाहरातों के सिंहासन मिल गए, वे क्यों बैठें? हालांकि तुम्हें नहीं दिखाई पड़े हीरे-जवाहरात के सिंहासन, क्योंकि तुम अंधे हो और तुम्हारी आंखों को हीरे-जवाहरात दिखाई पड़ने बंद हो गए हैं। तुम कंकड़-पत्थरों के सौदागर हो। तुम्हें व्यर्थ की चीजें दिखाई पड़ती हैं, सार्थक चूक जाता है। महावीर और बुद्ध असली सिंहासन पर बैठ गए, इसलिए फिर नकली सिंहासन से उतरना ही पड़ा, दो-दो पर तो बैठा नहीं जा सकता। दो सिंहासन पर तो कोई भी नहीं बैठ सकता।

एक राजनेता मुल्ला नसरुद्दीन को मिलने आया। तो मुल्ला नसरुद्दीन अपनी कुर्सी पर बैठा है, उसने कहा, कहिए, कैसे आए? राजनेता को बड़ा बुरा लगा, क्योंकि मुल्ला ने यह भी नहीं कहा कि बैठिए। उसने कहा, तुम जान्ते नहीं हो मैं कौन हूं? पार्लियामेंट का मेंबर हूं। संसद-सदस्य हूं। तो मुल्ला ने कहा, अच्छी बात है, तो कुर्सी पर बैठिए। उसने कहा, तुम्हें यह भी पता नहीं है कि जल्दी ही मैं मिनिस्टर हो जाने वाला हूं। तो मुल्ला ने कहा, तो फिर ऐसा करिए दो कुर्सी पर बैठ जाइए—अब और क्या करें! मगर दो कुर्सियों पर कोई बैठ कैसे सकता है!

नहीं, दो सिंहासन पर बैठने का कोई उपाय नहीं है। इसलिए एक सिंहासन खाली कर दिया। तुमने यही देखा है, जैन-शास्त्रों में बस इसी का वर्णन है; जो सिंहासन छोड़ दिया उसका वर्णन है, इसलिए ये शास्त्र अंधों ने लिखे होंगे। त्याग का वर्णन है, जो परमभोग उपलब्ध हुआ उसकी कोई बात ही नहीं हो रही है। तो ऐसा

लगता है, ऐसी भ्रांति पैदा होती है कि महावीर त्यागी थे। मैं तुमसे कहता हूं, परमभोगी थे। त्याग? समझदार त्याग करेगा? त्याग का अर्थ ही क्या होता है? अगर कौड़ियां छोड़ दीं और हीरे संभाल लिए तो इसको त्याग कहोगे! व्यर्थ छोड़ दिया, सार्थक को पकड़ लिया, इसको त्याग कहोगे? असली साम्राज्य स्थापित हो गया, नकली साम्राज्य छोड़ दिया, इसको त्याग कहोगे?

नहीं, यह त्याग नहीं, त्यागी तुम हो। असली छोड़े, नकली पकड़े बैठे हो, त्यागी तुम हो। तुम्हारे महात्याग की जितनी प्रशंसा हो उतनी कम है। तुम कुछ ऐसे त्यागी हो कि जिसका हिसाब नहीं। अगर सोना और मिट्टी रखी हो, तुम तत्काल मिट्टी पकड़ लेते हो, तुम छोड़ते ही नहीं मिट्टी। तुम्हें मिट्टी ही सोना दिखाई पड़ती है, और सोना मिट्टी दिखाई पड़ता है। और तुमने ही महावीर और बुद्ध की कथाएं लिखी हैं। तुमने सब गड़बड़ किया। तुमने इस तरह सिद्ध करने की कोशिश की। तो जैन-शास्त्रों में लिखा है, इतने घोड़े छोड़े, इतने हाथी छोड़े, इतने रथ—संख्या बड़ी करते चले जाते हैं। न इतने घोड़े थे, न इतने रथ थे। हो भी नहीं सकते, क्योंकि महावीर का राज्य बड़ा छोटा था। एक तहसील से ज्यादा बड़ा नहीं था। तहसीलदार की हैसियत से ज्यादा बड़ी हैसियत हो नहीं सकती। जब महावीर ने राज्य छोड़ा तब इस देश में कोई दो हजार राज्य थे। टुकड़ों-टुकड़ों में बंटा था। छोटे-छोटे राज्य थे। जैसे अभी भी थे। दस-बीस गांव किसी के पास हैं, वह राजा। इतने घोड़े-हाथी जिसने लिखे हैं जैन-शास्त्रों में, इनको तो खड़े करने की भी जगह नहीं थी उनके राज्य में।

मगर आदतें हमारी खराब हैं। कुरुक्षेत्र में युद्ध हुआ, अट्ठारह अक्षौहिणी सेना! वह जगह इतनी नहीं है। वहां अगर अट्ठारह अक्षौहिणी सेना खड़ी करो तो खड़ी ही नहीं हो सकती है, लड़ने की तो बात ही और है। लड़ने के लिए थोड़ी-बहुत जगह तो चाहिए। बिलकुल घसमकश खड़ा कर दो उनको—तो भी खड़े नहीं हो सकते—मगर फिर हाथ भी नहीं हिलेगा; रथ वगैरह चलाना और घोड़े वगैरह दौड़ाना, यह असंभव है। मगर संख्या बड़ी करने का एक मोह होता है। वह हम पागल हैं, हम संख्या पर भरोसा करते हैं। हमारी आदतें ऐसी हैं। तुम्हारी जेब में पांच रुपये पड़े हों, तो तुम इस तरह दिखलाने की कोशिश करते हो, पचास पड़े हैं। क्योंकि हमारे मन में एक ही मूल्य है—धन का।

तो महावीर ने त्याग किया—छोटा-मोटा धन त्याग किया तो छोटा-मोटा त्याग हो जाएगा। हम जानते एक ही उपाय हैं, त्याग को भी तौलना हो तो धन के तराजू पर ही तौलते हैं। तो खूब त्याग दिखाते हैं—इतना-इतना था, वह सब छोड़ा! देखो, कितना महान त्याग! लेकिन मैं तुमसे कहता हूं, असली बात तुम चूके जा रहे हो। जो पाया, उसकी बात करो। क्योंकि पाने के लिए छोड़ा। सच तो यह है, पाकर छोड़ा। इधर मिल गया, अब उधर कचरे को कौन सम्हालता है!

कहने लगे जनक, 'अपनी महिमा में स्थित हुए मुझको कहां धर्म, कहां काम, कहां अर्थ? और कहां द्वैत, कहां अद्वैत?'

नहीं, अब न तो यह कह सकता हूं एक है, न यह कह सकता हूं दो है। सिद्धांतों की सब बात बकवास हो गई। आपने सब सिद्धांत मुझसे निकाल लिए। अब तो मुझे सत्य में छोड़ दिया। सत्य तो बस है। उसके संबंध में ज्यादा नहीं कहा जा सकता। जैसा है, है। एक है, दो है; छोटा है, बड़ा है; लाल है, पीला है; हरा-काला है, कुछ भी नहीं कहा जा सकता। कोई व्याख्या, कोई परिभाषा, कोई निर्वचन नहीं हो सकता। न तो कह सकते दो है और न कह सकते एक है। बस इतना कह सकते हैं, है। और खूब है, भरपूर है। होना मात्र कहा जा सकता है।

'नित्य अपनी महिमा में स्थित हुए मुझको कहां भूत है, कहां भविष्य है, अथवा कहां वर्तमान भी है, अथवा कहां देश भी है?'

क्व भूतं क्व भविष्यद्वा वर्तमानमपि क्व वा।
क्व देशः क्व च वा नित्यं स्वमहिम्नि स्थितस्य मे।।

समझना।

'नित्य अपनी महिमा में स्थित हुए...।'

नित्य को समझो। नित्यता, इटरनिटी, इसे समझो। साधारणतः हम जीते हैं समय में। और जो समाधिस्थ हुआ, वह जीता है नित्यता में। समय में नहीं। फर्क क्या है? समय बदलता है, नित्यता नित्य है, बदलती नहीं। इसीलिए तो नित्य नाम दिया है। समय अनित्य है। आया, गया। आ भी नहीं पाया कि गया। अभी सुबह हुई, अभी दोपहर होने लगी, अभी दोपहर हो ही रही थी कि सांझ आ गई, कि रात आ गई, कि फिर सुबह हो गई—आया और गया। आना और जाना, आवागमन है समय। प्रवाह। लहरों की तरह।

मन तो जीता है समय में। और अगर तुम्हें स्वयं को जानना है तो समय के पार हटना पड़े। समय का विभाजन है: भूत-जो जा चुका, कभी था, अब नहीं है। भविष्य—जो कभी होगा, अभी हुआ नहीं है। और दोनों के बीच में वर्तमान का छोटा सा क्षण। वह भी बड़ा कंपता हुआ क्षण है। वर्तमान का अर्थ हुआ, भविष्य भूत हो रहा है। वर्तमान का क्या अर्थ होता है? इतना ही अर्थ होता है कि जो नहीं था, फिर नहीं हो रहा है। एक नहीं से दूसरी नहीं में जाते हुए जो थोड़ी सी देर लगती है क्षण भर को, उसको हम वर्तमान कहते हैं। अभी नौ बज कर पांच मिनट हुए हैं, यह जो सेकेंड है, मैं बोल भी नहीं पाया और गया। सेकेंड कहने में जितनी देर लगती है, वह ज्यादा है, सेकेंड उससे जल्दी बीत गया है। आ भी नहीं पाता, एक क्षण पहले भविष्य में था—तब भी नहीं था; और एक क्षण बाद फिर अतीत में हो गया—फिर नहीं हो गया;

एक नहीं से दूसरी नहीं में चला गया, और जरा सी देर को झलक मारा, पलक मारा, इसीलिए तो पल कहते हैं। पल इसीलिए कहते हैं उसे कि पलक मारा, बस गया। एक झलक दी और गया।

यह समय की तीन स्थितियां हैं—भूत तो है ही नहीं, भविष्य तो है ही नहीं और वर्तमान भी क्या खाक है? जरा सा है। न होने के बराबर है। इन तीनों के पार जो है, उसका नाम नित्य।

'नित्य अपनी महिमा में स्थित हुए मुझको कहां भूत है, कहां भविष्य है और कहां वर्तमान भी है?'

अब तुम थोड़ा सोचना, साधारणतः कहा जाता है, वर्तमान में जीओ। मैं भी तुमसे कहता हूं कि वर्तमान में जीओ। क्योंकि इससे पार की बात तो तुम्हारी अभी समझ में न आ सकेगी। कृष्णमूर्ति भी तुमसे कहते हैं, वर्तमान में जीओ। लेकिन वर्तमान में कैसे जीओगे? भविष्य है, काफी बड़ा है, अभी हुआ नहीं है, मगर विस्तार है भविष्य का। अगर हाथ-पैर मारना चाहो तो मार सकते हो, थोड़ा जी सकते हो।

इसीलिए तो लोग भविष्य में जीते हैं, वर्तमान में नहीं जीते। क्योंकि थोड़ी सुविधा तो चाहिए चलने-फिरने की। या अतीत में जीते हैं, क्योंकि अतीत भी लंबा है। जो हो गया, उसकी भी धारा है। वर्तमान में कैसे जीओ, यह तो एक क्षण आया और गया। लेकिन कहते हैं तुमसे हम वर्तमान में जीने को, क्योंकि यह पहला कदम है नित्य में उतरने का। वर्तमान के क्षण में नित्य और समय का मिलन होता है। जर सी देर को नित्यता समय में झांकती है, उतनी देर को समय सत्य हो जाता है।

इसको ठीक से समझना।

समय तो झूठ है। एक झूठ भविष्य, दूसरा झूठ अतीत। और दोनों के बीच में जो थोड़ा सा सच मालूम होता है, वह भी समय के कारण सच नहीं है, वह नित्य उसमें झलक मारता है। वर्तमान का अर्थ हुआ, जहां समय और शाश्वत का थोड़ी देर को मिलन होता है। शाश्वत के प्रकाश में वर्तमान का क्षण चमक उठता है, एक क्षण को, फिर भागा, गया। इस शाश्वतता में उतरने के लिए वर्तमान में जीने की बात कही जाती है, लेकिन वह सिर्फ कामचलाऊ है। जब तुम उतरने लगोगे वर्तमान में तो तुम बहुत जल्दी पा जाओगे कि वर्तमान में उतरने का असली मतलब यह है कि वर्तमान के भी पार उतर जाना, समय के पार उतर जाना। न रह जाए अतीत, न भविष्य, न वर्तमान। यह काल की धारा न रह जाए। इसके पीछे छिपा है अ-काल।

वह जो पीछे छिपा है इस धारा के और जिसकी रोशनी के कारण, जिसकी पुलक के कारण, जिसके प्राण के कारण थोड़ी देर को वर्तमान जीवित हो जाता है, उस जीवंत में उतर जाना, उसका नाम है नित्य, इटरनिटी।

अब ऐसा समझो कि ये मेरी तीन अंगुलियां तुम्हारे सामने हैं। एक का नाम भविष्य, एक का नाम वर्तमान, एक का नाम अतीत। लेकिन तीन अंगुलियों के बीच में तुम्हें दो खाली जगह भी दिखाई पड़ रही हैं। वर्तमान, अतीत, भविष्य, इनके बीच में जो दो खाली जगह हैं, उन्हीं खाली जगहों में उतर कर नित्यता का अनुभव होता है। समय के दो क्षण के बीच में जो अ-क्षण होता है, जो नो मोमेंट होता है, वहीं नित्यता का है। एक क्षण गया, दूसरा आ रहा है, इन दोनों के बीच में जो थोड़ा सा अतराल है, इंटरवल है, रिक्त जगह है, शून्य है, उसी में शाश्वत का निवास है।

'नित्य अपनी महिमा में स्थित हुए मुझको कहां भूत, कहां भविष्य, कहां वर्तमान और कहां देश?-

आइंस्टीन ने तो अभी इस सदी में जाकर यह पता लगाया कि समय और देश एक ही घटना के पहलू हैं। समय और देश, टाइम और स्पेस अलग-अलग चीजें नहीं हैं, दोनों जुड़े हैं। यह अष्टावक्र की गीता में, जनक के इस वचन में जोड़ है। यह आकस्मिक नहीं है कि एक साथ कहा—

क्व देशः...।

क्व भूतं क्व भविष्यद्वा वर्तमानमपि क्व वा क्व देशः।

न भूत, न भविष्य, न वर्तमान, और कोई देश भी नहीं, कोई 'स्पेस' भी नहीं।

यह दोनों एक सूत्र में कहे, बात जाहिर है कि दोनों का संबंध स्मरण में होगा। दोनों का संबंध अनुभव में होगा। देश और काल एक ही घटना के दो पहलू हैं। आइंस्टीन ने तो एक अलग ही शब्द बना लिया, स्पेसियोटाइम; अलग-अलग जिसमें न कहना पड़े। क्योंकि दोनों इकट्ठे हैं। समय को आइंस्टीन ने कहा, स्पेस का ही चौथा आयाम। समय और देश एक-साथ हैं। जैसे ही समय गया, वैसे ही देश चला जाता है। कठिन होगा समझना, क्योंकि बुद्धि तो समय और देश में जीती है। बुद्धि के पार एक ऐसी जगह है, जहां जगह भी मिट जाती है।

इसलिए तुम अगर मुझसे पूछो कि आत्मा किस जगह है, तो मैं उत्तर न दे सकूंगा। किसी ने कभी उत्तर नहीं दिया, क्योंकि आत्मा जगह के बाहर है। शरीर किस जगह है, बताया जा सकता है। पूना में है, कि कलकत्ता में है, कि न्यूयार्क में है। अक्षांश-देशांश पर कहां है, तो नक्शे पर बताया जा सकता है कि इतने अक्षांश, इतने देशांश पर है। अभी तुम यहां बैठे हो, कौन कहां बैठा है, बताया जा सकता है। लेकिन आत्मा कहां है, उत्तर नहीं दिया जा सकता। लोग पूछते हैं, आत्मा कहां है, हृदय में है, नाभि में है, मस्तिष्क में है, कहां है? तुम जब प्रश्न पूछते हो, तुम्हें पता नहीं है कि तुम एक गलत प्रश्न पूछ रहे हो जिसका कोई उत्तर नहीं हो सकता है।

आत्मा स्थान के बाहर है। तुम पूछो, आत्मा कब है? सुबह छह बजे है, कि दोपहर बारह बजे है, कि शाम तीन बजे है, आत्मा कब है? भविष्य में, वर्तमान में, अतीत में? नहीं, आत्मा के लिए फिर भी उत्तर नहीं दिया जा सकता है, आत्मा समय और स्थान के बाहर है। समय और स्थान आत्मा में हैं, आत्मा समय और स्थान में नहीं है। आत्मा ने सबको घेरा है। उस आत्मा में सब शून्य हो जाता है।

जनक ने कहा, आपकी कृपा से मैं वहां हूं जहां मेरे मन में ये प्रश्न उठ रहे हैं, जिज्ञासा उठ रही है कि कहां गया समय, कहां गया वर्तमान, कहां गया अतीत, कहां गया भविष्य? और देश भी खो गया है। मैं शून्य में खड़ा हूं। और परम महिमा में विराजमान हूं।

नित्यं स्वमहिम्नि स्थितस्य में।

और शाश्वत रूप से स्थिर हो गया हूं। इसमें कुछ बदलाहट भी नहीं हो रही है, कुछ आ नहीं रहा है, कुछ जा नहीं रहा है। जो है, जैसा है, वैसा ही ठहरा है। अकंप, निष्कंप। यह जीवन की परम अनुभूति है।

'अपनी महिमा में स्थित हुए मुझको कहां आत्मा है और कहां अनात्मा है? अथवा कहां अचिंता है, कहां चिंता है?'

अब और एक अपूर्व सूत्र वे जोड़ते हैं। हिंदू, जैन कहते हैं, आत्मा—उस परम सत्य का नाम। बौद्ध उस परम सत्य को नाम देते हैं, अनात्मा। अष्टावक्र दोनों के पार चले जाते हैं। अष्टावक्र का शिष्य जनक घोषणा करता है, अब न कोई आत्मा है, न कोई अनात्मा। न तो कोई मैं, न कोई पर। अब तो यह भी नहीं कह सकता कि मैं हूं। और यह भी नहीं कह सकता कि मैं नहीं हूं। कुछ ऐसी नई घटना घट रही है कि किसी शब्द में नहीं बंधती है। कोई अभिव्यक्ति अब सार्थक नहीं है।

क्व च आत्मा क्व च वानात्मा क्व शुभं क्वाशुभं तथा।
क्व चिंता क्व च वाचिंता स्वमहिम्नि स्थितस्य मे।।

अपनी महिमा में बैठा, न कोई चिंता पकड़ती है, और ऐसा भी नहीं कह सकता कि अचिंता की अवस्था है। ऐसा भी नहीं कह सकता कि चिंता मौजूद नहीं है। न तो चिंता मौजूद है, न गैर-मौजूद है। चिंता और अचिंता दोनों एक-साथ तिरोहित हो गई हैं। न यह कह सकता हूं कि मैं आत्मा हूं, न यह कह सकता हूं कि मैं अनात्मा हूं। दोनों शब्द अधूरे हैं, पूरे-पूरे नहीं। और घटना इतनी बड़ी है कि और कोई शब्द इसे कह नहीं पाता। अब न कुछ शुभ है और न कुछ अशुभ। न कोई पुण्य, न कोई पाप। न कोई स्वर्ग, न कोई नर्क। न कोई सुख, न दुख। गए सब द्वंद्व, गए सब द्वैत।

'अपनी महिमा में स्थित हुए मुझको कहां स्वप्न, कहां सुषुप्ति, कहां जाग्रत'—और सुनना—'कहां तुरीय?'

यह सूत्र छोड़ दिया था अष्टावक्र ने। कहा था, न स्वप्न, न जागृति, न सुषुप्ति। इन तीनों के पार जो है, तुरीय। लेकिन जनक कहते हैं, अब तुरीय भी कहां! चौथे को तो हम तभी गिन सकते हैं जब तीन हों। तीन के बाद ही चौथा अर्थवान हो सकता है। जब तीन ही गए तो अपने साथ चौथे को भी ले गए, तुरीय को भी ले गए। संख्या ही गई। संख्यातीत में प्रवेश हुआ।

यह मैंने कहा कि थोड़ी सी बात जैसे छोड़ दी थी अष्टावक्र ने, उसको जनक पूरा कर देते हैं। वे योग्य उतरते हैं कसौटी पर। वे अपने गुरु को कह रहे हैं कि आप मुझे धोखा मत दो। जब तीन चले गए तो चौथा कैसे बचेगा? मैं तुमसे कहता हूं, चौथा भी गया। गणना मात्र गई।

क्व स्वप्नः क्व सुषुप्तिर्वा क्व च जागरणं तथा।
क्व तुरीयं भयं वापि स्वमहिम्नि स्थितस्य मे।।

और बड़ी अनूठी बात कहते हैं। स्वप्न गया, जागरण गया, निद्रा गई, तुरीय भी गई। और सब भय गया। अचानक भय को क्यों जोड़ देते हैं? भय से इसका क्या लेना-देना है?

गहरा संबंध है। ये सब तरंगें भय की ही हैं। ये सोना और जागना और स्वप्न और तुरीय, ये सब भय की तरंगें हैं। गहरे विश्लेषण पर पाया जाता है कि भय ही मन है। जब तक तुम भयभीत हो, तब तक मन है। जब भय गया, मन गया। जहां भय न रहा, मन न रहा। और जहां मन न रहा, वहां सब गणना गई। यह गणना करने वाला हिसाब-किताब लगाने वाला मन है। तुमने देखा कभी? जितने तुम भयभीत होते हो उतना ही हिसाब-किताब लगाते हो।

मेरे गांव में मेरे सामने एक सुनार रहता है। उसकी बड़ी मुसीबत है। वह ताला लगाएगा, फिर देखेगा हिलाकर, फिर दो कदम चला जाएगा, फिर लौट कर आएगा, फिर ताला हिलाएगा और गांव भर उसको सताता। रास्ते पर मिल गया, कोई कह देता है, अरे, ताला ठीक से देख लिया है कि नहीं? तो पहले तो वह कहता है, देख लिया है, मुझे परेशान करने की जरूरत नहीं है। लेकिन दो कदम जाकर उसको शंका पैदा हो जाती है कि पता नहीं यह आदमी ठीक कह रहा हो! तो वह फिर लौटकर, आधे बाजार से लौट कर चला आएगा, फिर ताला हिला कर देखेगा।

मैं उसे बैठा देखता रहता था, मैंने उससे कहा कि मामला क्या है? उसने कहा, यह पता नहीं मुझे क्यों आदत पड़ गई है? मैंने कहा, यह ताले का सवाल नहीं है, तेरे भीतर कहीं भय होगा। ताले में क्या रखा है, तेरे भीतर कहीं भय होगा। कुछ भय है! तूने कुछ छिपा रखा है घर में कि कोई चोरी चला जाए, या क्या हो जाए! इस गांव में इतने पैसे वाले लोग हैं, कोई ताला नहीं हिलाता, एक तू है—तेरी कोई हालत भी

अच्छी नहीं है, दिन भर बमुश्किल मेहनत करके रुपये-दो रुपये कमा पाता है—तू छिपाए क्या है? वह थोड़ा घबड़ाया। वह कहने लगा, आपको पता कैसे चला? मैंने कहा, पता का सवाल ही नहीं है, इसमें पता चलने की क्या बात है, तेरा भय बता रहा है कि कुछ छिपा बैठा है। और तेरा यह ताला नहीं छूटेगा, क्योंकि तुझे लोग इतना सताते हैं। वह नदी में नहा रहा है, और बीच में कह दो जरा कि अरे, सोनी जी! ताला! अब वह, पहले तो वह गाली देगा, नाराज होगा कि नहाने भी नहीं देते फुरसत से, मगर वह एक मिनट से ज्यादा नहीं रुक सकता है पानी में, वह निकला, भागा, वह ताला! उसको लाख लोग समझा चुके हैं कि तू ताला हिलाना छोड़, इसमें कुछ सार नहीं है, एक दफे देख लिया, हिला लिया, बहुत हो गया।

और जब मैंने उसको कहा कि ताला असली सवाल नहीं है, तू सोचता है कि ताले से तेरी उलझन है, यह बात गलत है, कुछ और मामला है। भय है कुछ। उस दिन से उसने ताला हिलाना छोड़ दिया। मैंने उससे पूछा कि मामला क्या है? गांव बड़ा चकित हुआ। क्योंकि लोग उससे कहें, सोनी जी, ताला! वह कहे कि तुम्हीं हिला लेना। जा रहे हो उसी तरफ, जरा हिला लेना। लोग बड़े चौंके कि हुआ क्या? मामला क्या है? मामला कुछ भी न था। बड़ी छोटी सी बात थी। एक भय था उसके मन में, कुछ पैसे उसने गड़ा रखे थे। वह उन्हीं में उलझा हुआ था। मैंने उससे कहा, तू पैसे निकाल ले, बैंक में जमा कर आ। कुछ ज्यादा पैसे भी नहीं थे—ज्यादा-कम का कहां हिसाब है, आदमी एक पैसे को लेकर भयभीत हो सकता है। भय हो, तो हजार कंपन उठते हैं। कहीं ऐसा तो नहीं हो जाएगा, कहीं वैसा तो नहीं हो जाएगा। कहीं कोई निकाल तो नहीं लेगा। भय हो तो मन कंपता है। कंपता है तो इंतजाम करना पड़ता है कंपने से रुकने का। लेकिन जहां भय गया, वहां सब कंपन चला जाता है।

भय क्या है? भय एक है कि मौत होगी। और तो कोई खास भय नहीं है। मरना पड़ेगा, यह भय है। जब तक तुम्हें लगता है कि मरना पड़ेगा, मरना होगा, मौत आएगी, तब तक तुम कंपते रहोगे। कंपन से फिर सब पैदा होता है, लहरों पर लहरें उठती हैं—जागने की, सोने की, सपने की, नींद की, तुरीय की। लेकिन जिस दिन तुमने यह स्वीकार कर लिया कि जो है, वह कैसे मरेगा। और जो नहीं है, वह बचने से भी कैसे बचेगा। मैं तो मरूंगा, अहंकार की तरह—मरूंगा ही, क्योंकि अहंकार शाश्वत नहीं हो सकता, बनावटी है। लेकिन मैं रहूंगा शाश्वत में शाश्वत की तरह। वह मुझसे भी पहले था, वह मेरे बाद भी रहेगा। जो मेरे जन्म के पहले था, वह मेरे जन्म के बाद भी रहेगा। जो जन्म के कारण निर्मित हुआ है, मौत के साथ समाप्त हो जाएगा। जैसे ही तुम्हें बोध होना शुरू होता है कि तुम अहंकार नहीं हो, तुम्हारा मैं-भाव गिरता है, वैसे ही मृत्यु-भाव गिर जाता है। मृत्यु-भाव जहां गिरा, वहां सब

गिरा। भय गिरा, मन गिरा। मन गिरा कि तुम जगे। और उस जागरण में जनक कहते हैं कि न तो स्वप्न है, न सुषुप्ति, न जागरण। इतना तो क्या, तुरीय भी कहां है? इसका भी मुझे पता नहीं चलता है।

इस आखिरी वक्तव्य से कि तुरीय भी नहीं है, जनक ने कह दिया, साक्षीभाव परिपूर्ण हो गया। पूर्ण हो गया।

'अपनी महिमा में स्थित हुए मुझको कहां दूर और कहां समीप? कहां बाह्य और कहां अंतस है? कहां स्थूल, कहां सूक्ष्म है?-

क्व दूरं क्व समीपं व बाह्यं क्वाभ्यंतरं क्व वा।
क्व स्थूलं क्व च वा सूक्ष्मं स्वमहिम्नि स्थितस्य मे ।

अपने में आ गया, अपने घर आ गया, अपने केंद्र पर बैठ गया। अब कौन दूर, कौन पास! दूर और पास का तो मतलब ही होता है, अन्य है। अब तो मैं बैठ गया अपने में और पाया कि मैं सर्व में बैठा हूं। स्व में बैठ कर पाया कि सर्व हो गया हूं। अब कोई दूर नहीं, कोई पास नहीं, क्योंकि कोई दूसरा है ही नहीं। अनन्यभाव पैदा हुआ है। मैं ही हूं।

'अपनी महिमा में स्थित हुए मुझको कहां मृत्यु है अथवा कहां जीवन? कहां लोक, कहां लौकिक व्यवहार? कहां लय और कहां समाधि?'

क्व मृत्युर्जीवितं वा क्व लोकाः क्वास्य क्व लौकिकम्।
क्व लयः क्व समाधिर्वा स्वमहिम्नि स्थितस्य मे।।

अपने में विराजमान होकर अब न तो किसी में लय होना है न कहीं समाधि लगानी है। क्योंकि कोई है ही नहीं जिसमें लय होना हो। कोई है ही नहीं जिसमें समाधिस्थ होना हो। न तो कुछ लोक है, न कुछ परलोक है। ये सारे द्वंद्व गए। ये सारे विभाजन गए। सब विभाजन भय के हैं। मृत्यु के कारण सब विभाजन है। अब तो जीवन भी नहीं है, मृत्यु भी नहीं है।

और अंतिम सूत्र आज का—

'आत्मा में विश्रांत हुए मुझको धर्म, अर्थ और काम की कथा अलम् है, योग की कथा अलम् है और विज्ञान की कथा भी अलम् है।'

अलं त्रिवर्गकथया योगस्य कथयाप्यलम्।
अलं विज्ञानकथया विश्रांतस्य ममात्मनि।।

अलम् शब्द का अर्थ होता है, हो गई बात, पूर्ण हो गई। आ गया पूर्ण विराम। 'दि एंड'। अलम् का अर्थ होता है, आखिरी बात आ गई, आत्यंतिक। यहां कहानी पूरी होती है, अलम् का अर्थ होता है। इत्यलम्—दि एंड।

आत्मा में विश्रांत हुए मुझको अब न तो धर्म की कथा में कोई रुचि है, न अर्थ की कथा में कुछ रुचि है, न काम की कथा में कुछ रुचि है। जो आदमी काम की कथा में रुचि लेता है, वह बताता है कि उसका शरीर अभी कामातुर है। जो आदमी धन की कथा में रुचि लेता है, वह बताता है कि उसका मन अभी धनातुर है। और जो आदमी धर्म की कथा में रुचि लेता है, उसका मन बताता कि उसके प्राण मोक्ष पाने के लिए, परमात्मा पाने के लिए उत्सुक हैं, जिज्ञासु हैं।

जनक कहते हैं, मैंने पा लिया। तुमने कहा और मैंने पा लिया। तुमने पुकारा और मैंने सुन लिया। तुमने चुनौती दी और मैं जाग गया।

अलं त्रिवर्गकथया...।

अर्थ, काम, मोक्ष, धर्म इत्यादि की सब कथाएं समाप्त हो गईं। मैं पूर्ण हुआ।

अलं विज्ञानकथया विश्रांतस्य ममात्मनि।

योग की कथा भी अब व्यर्थ है और विज्ञान की भी। विज्ञान का अर्थ होता है, बाहर का योग। योग का अर्थ होता है, भीतर का विज्ञान। अब तो बाहर-भीतर का भेद नहीं रहा, इसलिए सब बातें व्यर्थ हो गईं। अब शब्द का कोई प्रयोजन नहीं है। शब्द का काम पूरा हो गया। एक कांटा लग जाता है पैर में, तुम दूसरे कांटे से उस कांटे को निकाल लेते। अब तो दोनों कांटे बेकार हो गए। अब तुम दोनों को फेंक देते हो।

जनक यह कह रहे हैं कि मैंने शब्दों के बहुत-बहुत कांटे जन्मों-जन्मों में लगा रखे थे, सदगुरु की कृपा से, तुम्हारे शब्दों से तुमने मेरे कांटे निकाल लिए, अब तो तुम्हारे शब्दों की भी कोई जरूरत नहीं है। अब तो बात ही खतम हो गई। अलम्। आ गया अंत।

वह मौजे-हवादिस का थपेड़ा न रहा
कश्ती वह हुई गर्क तो बेड़ा न रहा
सारे झगड़े थे जिंदगानी के 'अनीस'
जब हम न रहे तो कुछ बखेड़ा न रहा

अलम्। हरि ॐ तत्सत्।

आज इतना ही।

* * *

प्रवचन : 88

परमात्मा अनुमान नहीं, अनुभव है

7 फरवरी, 1977

पहला प्रश्न : मैं कभी जीवन के शिखर पर अनुभव करता हूं। ऐसा लगता है कि सब कुछ, जीवन का सब रहस्य पाया हुआ ही है। लेकिन फिर किन्हीं क्षणों में बहुत घनी उदासी और असहायता भी अनुभव करता हूं—मेरी वास्तविक समस्या क्या है, यह मेरी पकड़ में नहीं आता है।

शिखर जब तक है, तब तक घाटियां भी होंगी। शिखर की आकांक्षा जब तक है, तब तक घाटियों का विषाद भी झेलना होगा। सुख को जिसने मांगा, उसने दुख को भी साथ में ही मांग लिया। और सुख जब आया तो उसकी छाया की तरह दुख भी भीतर आ गया।

हम सुख के नाम तो बदल लेते हैं, लेकिन सुख से हमारी मुक्ति नहीं हो पाती। और जो सुख से मुक्त नहीं, वह दुख से मुक्त नहीं होगा। अष्टावक्र की पूरी उपदेशना एक ही बात की है : द्वंद्व से मुक्त हो जाओ। जो निर्द्वंद्व हुआ, वही पहुंचा। जिस शिखर को तुम सोचते हो पहुंच गए, वह पहुंचने की भ्रांति है। क्योंकि पहुंचने का कोई शिखर नहीं होता। पहुंचना तो बड़ी समभूमि है। न ऊंचाई है वहां, न नीचाई है वहां। पहुंचना तो ऐसे ही है जैसे तराजू तुल गया। दोनों पलड़े ठीक समतुल हो गए। बीच का कांटा ठहर गया। या जैसे घड़ी का पेंडुलम बाएं गया, दाएं गया, तो चलता रहेगा। लेकिन बीच में रुक गया, न बाएं, न दाएं, ठीक मध्य में, तो घड़ी रुक गई।

जहां न सुख है, न दुख, दोनों के बीच में ठहर गए, वहीं छुटकारा है, वहीं मुक्ति है। अन्यथा मन नये-नये खेल रच लेता है। धन पाना, ध्यान पाना, संसार में सफलता पानी, कि धर्म में सफलता पानी। लेकिन जब तक सफलता का मन है और जब तक सुख की खोज है तब तक तुम दुख पाते ही रहोगे। क्योंकि हर दिन में रात सम्मिलित है। और फूलों के साथ कांटे उग आते हैं। फूल कांटों से अलग नहीं और रात दिन से अलग नहीं।

छोड़ना हो तो दोनों छोड़ना। एक को तुम न छोड़ पाओगे। एक को हम सब छोड़ने की कोशिश कर रहे हैं। हमारी सब की चेष्टा यही है कि रात समाप्त हो जाए, दिन ही दिन हो। ऐसा नहीं होगा। संसार द्वंद्व से बना है। हां, अगर तुम द्वंद्व के बाहर सरक जाओ, अतिक्रमण हो जाए, तुम दोनों के साक्षी हो जाओ। अब समझो फर्क।

तुम कहते हो, 'कभी-कभी शिखर पर होता हूं '

जब तुम शिखर पर होते हो, कुछ शांति मिलती है, कुछ आनंद मिलता, कुछ पुलक समाती, कुछ उत्सव होता भीतर, तब तुम उस उत्सव के साथ तादात्म्य कर लेते हो। तब तुम सोचते हो, मैं उत्सव। तब तुम सोचते हो, मैं आनंद। बस वहीं चूक हो गई। साक्षी बने रहो। होने दो शिखर, उठने दो शिखर, गौरीशंकर बनने दो, उत्तुंग ऊंचाई आ जाए, लेकिन तुम देखते रहो दूर खड़े, जुड़ मत जाओ, यह मत कहो कि मैं आनंद। इतना ही कहो, आनंद को देख रहा हूं, आनंद हो रहा है, मैं देखनेवाला, मैं आनंद नहीं फिर थोड़ी देर में तुम पाओगे कि शिखर गया और घाटी आई। दिन गया, रात आई। तब भी जानते रहो कि मैं विषाद नहीं। देखता हूं विषाद है, दुख है, पीड़ा है, मैं दूर खड़ा द्रष्टामात्र। सुख को भी देखो, दुख को भी देखो। जब तुम देखनेवाले हो जाओगे तो कैसा शिखर, कैसी घाटी! फिर कैसी विजय और कैसी हार!

नहीं तो मन नई-नई चालें चलता है।

नाशाद किसे कहते हैं और शाद किसे
मजबूर किसे कहते हैं आजाद किसे
एक दिल है कि सौ भेष बदलता है 'फिराक'
बरबाद किसे कहते हैं आबाद किसे

एक दिल है कि सौ भेष बदलता है 'फिराक' —एक ही मन है, नई-नई भंगिमाओं में प्रकट होता है। कभी शिखर पर, कभी घाटी में। जो शिखर पर, वही घाटी में। वह कुछ भिन्न नहीं है। तुम जब शिखर पर अपने को अनुभव करते हो तब बड़े प्रभावित हो जाते हो कि अहा, पहुंच गए! बस जहां तुमने कहा अहा, पहुंच गए, वहीं से उतार शुरू हो गया, गिनती शुरू हो गई। कहो ही मत कि अहा, पहुंच गए। तो फिर तुम कभी चूक न सकोगे। पकड़ो मत, तो कुछ छुड़ाया न जाएगा। दूर खड़े तटस्थ देखते रहो।

अब दुबारा जब सुख की यह घड़ी आए—और ध्यान रखना, शुरू करना सुख की घड़ी से। दुख की घड़ी से शुरू मत करना। दुख की घड़ी से तो तुम शुरू करना चाहोगे। तुम कहोगे, तो फिर ठीक, अब जब घाटी आएगी और विषाद घेरेगा और अंधेरी रात पकड़ लेगी, तब मैं कहूंगा—मैं द्रष्टा। मैं दूर खड़ा। दुख में तो सभी दूर खड़े होना चाहते हैं, वह कोई बड़ी कुशलता की बात नहीं। दुख में कौन जुड़ना चाहता है! दुख में तो तुम्हारा मन ही तुमसे कहता है कि हट जाओ। नहीं, दुख से शुरू मत करना। दुख में तो शुरू किया तो कोई सार न होगा। जब सुख की घड़ी आए और सब तरफ कमल खिल जाएं और चांद ऊपर खिला हो और सब तरफ रस ही रस बहता हो, तब एक छलांग लगा कर बाहर हो जाना—कहना, मैं सुख नहीं, मैं सिर्फ द्रष्टा हूं।

अगर तुम सुख में जीते, तो दुख में भी जीत जाओगे। अगर तुमने दुख से कोशिश शुरू की, तो तुम कभी न जीतोगे। क्योंकि दुख से तो सहज ही मन अलग होना चाहता है। उसमें कुछ साधना नहीं है। उसमें कुछ जतन नहीं है। कोई गुणवत्ता नहीं है। कांटे से कौन नहीं छूटना चाहता! कांटा चुभ जाता है तो सभी कांटे को फेंकना चाहते हैं। मजा तो तब है जब तुम फूल को फेंक दो। और जिसने फूल को फेंक दिया, उसके जीवन से कांटे समाप्त हो जाते हैं।

नहीं तो तुम उलझे ही रहोगे। जब घाटी में रहोगे, तब शिखर की आकांक्षा सताएगी। जब शिखर पर रहोगे, तब घाटी का भय पकड़ेगा कि फिर आती होगी घाटी, फिर होगी रात। यह सूरज ऊगा, यह दोपहरी हो गई, यह सांझ होने लगी, रात आती ही होगी। न तुम शिखर पर शांत हो सकते हो, क्योंकि शिखर पर तुम्हें याद आती ही रहेगी घाटी की। सफल आदमी कहां आनंदित हो पाता है! डरा रहता है—अब विफलता लगी, अब विफलता लगी, कितनी देर और सफल रह पाऊंगा? डरा रहता है, कहीं खो तो न जाएगा। और जिसका भय है कि खो तो न जाएगा, उसका सुख कैसे हो सकता है? वह सुख धोखा-धोखा है।

हिर्स और हवसे-हयाते-फानी न गई
इस दिल से हवाए-कामरानी न गई
है संगे-मजार पर तिरा नाम रवां
मर कर भी उमीद-ए-जिंदगानी न गई
नश्वर जीवन की लालसा नहीं गई—
हिर्स और हवसे-हयाते-फानी न गई

जो छिन जाता है क्षण भर में, फिर हम उसे मांगने लगते हैं। कभी यह नहीं सोचते कि जो क्षण में छिन गया, फिर भी मिल जाएगा तो फिर क्षण में छिन जाएगा। उसका होना ही क्षणभंगुर है।

हिर्स और हवसे-हयाते-फानी न गई

इस दिल से हवाए-कामरानी न गई

और कितनी हारें तुमने उठाईं, फिर भी विजय की आकांक्षा नहीं जाती। विजय की उत्कंठा मन को पकड़े ही हुए है। फिर जीत लें। न जीत पाए संसार में, तो परमात्मा के जगत में जीत लें। नहीं बना पाए यहां स्वर्ग, तो वहां स्वर्ग मिल जाए। धन नहीं जुड़ा, पुण्य जुड़ा लें। धन नहीं जुड़ा, ध्यान जुड़ा लें। मगर जीत कर दिखला दें।

इस दिल से हवाए-कामरानी न गई

यह उत्कंठा विजय की, यह मरते दम तक नहीं छोड़ती है।

है संगे-मजार पर तेरा नाम रवां

अब तो कब्र पर नाम भी लिख गया। कब्र में दब गए।

मर कर भी उमीद-ए-जिंदगानी न गई

लेकिन कब्र में दबे-दबे भी तुम फिर जिंदगी की उम्मीद करते रहोगे, फिर मिले जीवन, फिर हो जन्म। मरे तो जीवन की आकांक्षा, और जीए तुम कब ठीक से। जीए तो मौत का डर तो पकड़े ही रहा। कदम-कदम पर मौत घबड़ाती रही कि अब होगी, कि तब होगी। कि जरूर होनेवाली है, यह आज एक मर गया, कल दूसरा मर गया, क्यू में खड़े हैं, क्यू छोटा होता जाता, हम आगे सरकते जाते, रोज मौत करीब आती जाती। जिंदा हैं, तो मरने का भय। मर गए, तो फिर जीवन की आकांक्षा। ऐसा यह द्वंद्व का चक्कर है। इसको इस देश के लोगों ने संसार-चक्र कहा है। संसार-चक्र का अर्थ होता है, जो है उससे विपरीत पकड़े रहता है। तुम जो है उसे देखने लगो, तो धीरे-धीरे वह भी छूटेगा, विपरीत भी छूट जाता है।

अब दुबारा जब तुम्हें सुख का क्षण आए, हिम्मत करना—बड़ी हिम्मत की जरूरत है। सुख के क्षण में जागने के लिए बड़ी हिम्मत की जरूरत है। क्योंकि सुख के क्षण में तो आदमी सोना चाहता है। सुख के क्षण में तो सोचता है, बमुश्किल से तो सुख मिला और अब यहां साक्षी बन कर और नष्ट करना! किसी तरह मिला, भोग लो। पुरानी आदत, पुराना संस्कार तादात्म्य कर लेने का फिर तुम्हें पकड़ेगा, हिम्मत रखना।

रक्खा है किसी की आस रहने ही में क्या

रक्खा है किसी के पास रहने ही में क्या

आदत-सी पड़ गई है शायद वरना

रक्खा है 'फिराक' उदास रहने ही में क्या।

एक आदत, एक संस्कार, अन्यथा रक्खा क्या है उदास रहने में! और रक्खा क्या है प्रफुल्ल होने में! न उदासी में कुछ है, न प्रफुल्लता में कुछ है। दोनों ही स्थिति में तुम अपने को गंवाते हो। और दोनों ही स्थिति में तुम रिक्त होते, चुकते। हर घड़ी,

चाहे सुख हो चाहे दुख, एक ही चीज पाने योग्य है और वह है साक्षीभाव। जागो और देखो। जोड़ो मत अपने को। अगर तुमने बाहर की चीजों से अपने को न जोड़ा, तो तुम भीतर के जगत में जुड़ जाओगे, उसी का नाम योग है। बाहर से जोड़ा, भीतर से टूट जाओगे, उसी का नाम विरह है। अपने से टूट गए, विरह; अपने से जुड़ गए, योग।

दूसरा प्रश्न : परमात्मा की परिभाषा क्या है ? परमात्मा की प्रतिमा कैसी है ?

परिभाषा जिसकी हो सके, वह परमात्मा नहीं। इसे तुम परमात्मा की परिभाषा समझो। जिसकी परिभाषा हो सके, डेफिनिशन हो सके, वह परमात्मा नहीं। क्योंकि परिभाषा का अर्थ ही होता है, जिसके चारों तरफ हमने रेखा खींच दी। तो परिभाषा सीमित की हो सकती है, परिभाषा असीम की नहीं हो सकती। तो जो भी हम कहेंगे, छोटा होगा। जो भी हम कहेंगे, झूठ होगा।

इसलिए लाओत्सू ने कहा है, सत्य के संबंध में कुछ कहा कि सत्य असत्य हो जाता है। कहते से ही असत्य हो जाता है। क्योंकि शब्द बड़े सीमित हैं, सत्य बड़ा विराट है। जैसे मुट्ठी में कोई आकाश बांधने को कहे। मुट्ठी में भी आकाश हो सकता है, मुट्ठी अगर खुली हो। मुट्ठी अगर बंद हो तो आकाश खो जाता है।

परिभाषा तो बंद मुट्ठी है। इसलिए परिभाषा तो नहीं हो सकती, इशारे हो सकते हैं। इशारा खुली मुट्ठी है। कुछ बंधा हुआ नहीं है, सिर्फ इशारा है। इंगित हो सकते हैं, परिभाषा नहीं हो सकती।

और परमात्मा की प्रतिमा पूछते हो कैसी है? सब प्रतिमाएं उसकी हैं। जो भी तुमने देखा है, उसी की प्रतिमा है। उसके अतिरिक्त कोई और है नहीं। अनंत-अनंत उसकी प्रतिमाएं हैं। फिर भी किसी प्रतिमा में वह चुक नहीं गया है। सब रूप उसके हैं। और सब रूप उसके इसीलिए हो सकते हैं कि वह स्वयं अरूप है। अरूप के ही सब रूप हो सकते हैं। कितनी लहरें सागर में उठती हैं। सभी लहरें सागर की हैं। छोटी लहर, बड़ी लहर, झागवाली लहर, गैरझागवाली लहर, प्रचंड तूफान की तरह आती हुई लहर कि डुबा दे नौकाओं को, सभी लहरें उसकी हैं, सभी रूप उसके हैं, एक ही सागर के। लेकिन सागर अरूप है।

जिसने पूछा है, वह भी परमात्मा का एक रूप है, वह भी एक प्रतिमा है। जब तुम दर्पण के सामने सुबह खड़े होकर दर्पण देखते हो, तो जिसको तुम देखते हो वह भी परमात्मा है। मंदिर में रखी मूर्तियां ही परमात्मा नहीं हैं, राह के किनारे अनगढ़ जो पत्थर पड़े हैं, वे भी परमात्मा हैं। क्योंकि परमात्मा के सिवा कुछ और है नहीं। परमात्मा शब्द का एक ही अर्थ होता है, अस्तित्व। परमात्मा शब्द के कारण धोखे में

मत पड़ जाना, इसका मतलब व्यक्ति नहीं होना। इसका मतलब होता है, यह जो विराट ऊर्जा है जगत की, यह जो अस्तित्ववान ऊर्जा है, यही।

सोचता हूं जब कभी संसार यह आया कहां से
चकित मेरी बुद्धि कुछ भी न कह पाती
और तब कहता हृदय अनुमान तो होता यही है
घट अगर है तो कहीं घटकार भी होगा

लेकिन जिसने भी यह पंक्तियां लिखीं उसे परमात्मा का कोई पता नहीं है। परमात्मा का अनुमान नहीं होता, परमात्मा कोई इनफरेंस नहीं है। अधिकतर तुमने यही बातें सुनी होंगी, ये बातें बचकानी हैं। लोग कहते हैं :

और तब कहता हृदय अनुमान तो होता यही है
घट अगर है तो कहीं घटकार भी होगा

अगर घड़ा है, तो घड़े को बनानेवाला भी कोई होगा। लेकिन तब तो बड़ी झंझट खड़ी होगी। फिर घटकार है, तो घटकार को बनानेवाला कौन होगा! यह बात कुछ ज्यादा दूर न जाएगी। दूर जाती नहीं। अनुमान से परमात्मा का कोई संबंध नहीं है। अनुभव से। अनुमान तो सब कल्पित है। अनुमान तो हमारी मजबूरी है, क्योंकि हमें लगता है, इतना बड़ा विराट है तो कोई चलानेवाला होगा! मगर यह हमारी बुद्धि का अनुमान है। और बुद्धि का अनुमान क्या! क्या खबर लाएगा परमात्मा की। यह तो ऐसा है जैसे कोई चम्मच से सागर को उलीचने चला।

परमात्मा अनुमान नहीं है, तर्क नहीं है, सिद्धांत नहीं है, अनुभव है। अनुभव का अर्थ होता है, जो अपने को पिघलाएगा। और तब ऐसा पता नहीं चलेगा कि घट है तो घटकार भी होगा, तब तो तुम जानोगे कि घट और घटकार दो नहीं हैं, एक ही हैं। परमात्मा और उसकी कृति दो नहीं हैं। स्रष्टा और सृष्टि दो नहीं हैं।

तुम्हारे मन में परमात्मा के संबंध में जो धारणा बना दी गई है वह ऐसी है कि दूर कहीं आकाश में कोई बैठा स्वर्ग के सिंहासन पर। इसलिए तुम पास नहीं देखते, तुम दूर देखते हो। तुम इन पास खड़े वृक्षों में नहीं देखते, चट्टानों में नहीं देखते, तुम दूर खोजते हो चांद-तारों के पार। और परमात्मा पास है। पास से भी पास है।

तुम अपनी पत्नी में नहीं देखते, तुम अपने पति में नहीं देखते, न अपने बेटे में देखते हो। तुम देखते हो राम में, कृष्ण में, बुद्ध में, महावीर में—बड़े दूर। वेद में, कुरान में, गीता में, बाइबिल में। तुम अपने हस्ताक्षरों में नहीं देखते। तुम्हारी पत्नी ने तुम्हें जो प्रेम-पत्र लिखा है उसमें नहीं देखते, वेद में। तुम्हारे बेटे ने तुतला कर तुमसे जो कहा है, उसमें नहीं, कृष्ण के वचनों में। तुम दूर देखते हो, इसलिए चूकते हो। और परमात्मा पास है। परमात्मा तुम्हारे बेटे में तुतला रहा है। तुम्हारे बेटे में चलने की

कोशिश कर रहा है। वृक्षों में हरा है, पक्षियों में गुनगुना रहा है हवा के झोंकों में अदृश्य है। जो तुम्हारे चारों तरफ घिरा हुआ है, वह परमात्मा के अतिरिक्त और कोई भी नहीं है। तुम कहीं भी झुको, उसी के चरणों पर तुम्हारे हाथ पड़ते हैं। तुम कहीं भी आंख उठाओ, उसी का दर्शन।

इसलिए तुम इस तरह मत पूछो, अन्यथा तुम्हारी जिंदगी ऐसे ही गुजर जाएगी। कहीं प्रश्न में भूल है।

अफसोस हमारी उम्र रोते गुजरी
नित दिल से गुबारे-गम ही धोते गुजरी
देखा न कभी ख्वाब में अपना यूसुफ
हर चंद तमाम उम्र सोते गुजरी

अगर तुमने पास नहीं देखा तो तुम सोते-सोते ही जिंदगी गुजार दोगे, यूसुफ तुम्हें दिखाई न पड़ेगा, वह प्यारा तुम्हें दिखाई न पड़ेगा। वह प्यारा तुम्हें छू रहा है। जब तुम श्वास भीतर लेते हो तब वही प्यारा तुम्हारे भीतर गया। जब तुमने पानी पीया तो वही प्यारा तुम्हारे कंठ में गया। और तुम्हारे कंठ में जो तृप्ति का भाव जगा, वह भी उसी प्यारे के कंठ में जग रहा है। उसके अतिरिक्त कोई भी नहीं है। परिभाषा मत पूछो, इशारे पूछो। ऐसा मत कहो कि मैं बता दूं कहां है परमात्मा, क्या है उसकी प्रतिमा? मस्जिद में है कि मंदिर में कि गुरुद्वारे में? सब जगह है।

और जिसने देखने की कोशिश की एक ही जगह, वह चूक गया। जिसने कहा मंदिर में ही है, वह आदमी नास्तिक। जिसने कहा मस्जिद में ही है, वह आदमी नास्तिक। और जिसने कहा चर्च में ही है, वह आदमी नास्तिक। जिसने कहा जीसस के सिवाय किसी में नहीं, वह आदमी नास्तिक। और जिसने कहा कृष्ण के सिवाय किसी में नहीं, वह आदमी भी नास्तिक। जिसने भी परमात्मा को सीमा दी, वह परमात्मा का दुश्मन। जिसने परमात्मा को मुक्ति दी...तुम मुक्त होना चाहते हो, कम से कम परमात्मा को तो मुक्त करो। तुम तो मुक्त हो ही नहीं; परमात्मा तक को बंधनों में डाला है।

जाना जाता है परमात्मा निकट में और निकट को पहचानने का मार्ग प्रेम है। अनुमान नहीं, तर्क नहीं। जब तुम्हारा हृदय गीत गुनगुनाता है, जब तुम्हारा हृदय गदगद होता है प्रेम के भाव में, तब तुम परमात्मा का अनुभव करते हो। परमात्मा अनुमान नहीं, प्रेम की प्रतीति है।

टेर रही प्रिया—
तुम कहां?
किसकी यह छांह
और किसके ये गीत रे

सिहर रहा जिया—
तुम कहां?
किसके ये कांटे हैं
किसके ये पात रे
बिहर रहा हिया—
तुम कहां?
बिरम गए पिया
तुम कहां?

जब तुम प्रेमी की तरह पुकारोगे। परिभाषा, परमात्मा की! परिभाषाएं गणित में होती हैं। यूक्लिड से पूछो तो ज्यामिती की सब परिभाषाएं बता देता है। परिभाषाएं आदमी की बनाई हुई हैं। तुम्हारे भीतर कुछ ऐसा है जो तुम्हारा बनाया हुआ नहीं, उससे ही परमात्मा को खोजो। तुम्हारे भीतर प्रेम है जो तुम्हारा बनाया हुआ नहीं।

तुमने एक बात देखी? आदमी सब बना ले, प्रेम नहीं बना पाता। मंदिर बना लो, मस्जिद बना लो, बड़े मंदिर बनाओ, बड़ी मस्जिद बनाओ, लेकिन अगर कोई तुमसे कहे कि प्रेम बनाओ, तो तुम कहते हो, बड़ी मुश्किल, हो तो हो, नहीं हो तो नहीं हो। लाख कोई कहे कि इसी आदमी से प्रेम करो, तुम कहोगे, मगर करें कैसे! हो तो हो, न हो तो न हो। होता है तो होता है, नहीं होता तो नहीं होता। आदमी के हाथ में कहां?

जो आदमी के हाथ में नहीं है, उसी पर सवारी करो, तो परमात्मा तक पहुंच जाओगे।

मंदिर तुमने बना लिए, वह आदमी के हाथ में है। सुंदर मंदिर बना लिए। प्रतिमाएं तुमने बना लीं, वह आदमी के हाथ में हैं। सुंदर प्रतिमाएं बना लीं। लेकिन जो भी आदमी के द्वारा निर्मित है उससे परमात्मा की कोई पहचान न हो सकेगी। तुम अपने भीतर उसको खोजो जो तुम्हारे बनाने में नहीं आता। उसी सूत्र को पकड़ो।

देखो, तर्क सिखाया जा सकता है, प्रेम सिखाया नहीं जा सकता। तर्क के स्कूल हैं, कालेज हैं, विश्वविद्यालय हैं, तुम जाकर तर्क पढ़ सकते हो। तर्क न आता हो तो अभ्यास कर सकते हो। लेकिन प्रेम का कोई विद्यालय नहीं है, कोई विद्यापीठ नहीं है। प्रेम को कोई सिखा नहीं सकता।

एक आदमी ने रामानुज से जाकर कहा कि मुझे परमात्मा का मार्ग बता दें। बस मेरे जीवन में एक ही चीज पाने की है, वह परमात्मा पाना है, सब कुछ दांव पर लगाने को तैयार हूं। रामानुज ने कहा, मेरे भाई, एक बात पूछता हूं, तुमने कभी किसी को प्रेम किया? उस आदमी ने कहा, इस झंझट में मैं कभी पड़ा ही नहीं, मैं धार्मिक आदमी हूं, मैं बचपन से ही धार्मिक हूं। मुझे पहले ही से परमात्मा को पाना है। प्रेम इत्यादि के

चक्कर में मैं पड़ा नहीं। रामानुज बहुत उदास हो गए। और रामानुज ने कहा कि फिर भी तुम खोजो, शायद किसी मित्र से किया हो। किसी से तो किया होगा! मां से किया हो, पिता से किया हो, भाई-बहन से किया हो, कभी तुम्हारे जीवन में प्रेम की पुलक उठी कि नहीं? वह आदमी बड़ा नाराज हो गया। उसने कहा, मैं परमात्मा की पूछता हूं, तुम प्रेम की बातें उठाते हो। मैं परमात्मा का खोजी हूं, प्रेम से क्या लेना-देना! प्रेम का चक्कर ही तो परमात्मा तक नहीं जाने देता।

तो रामानुज की आंखों में, कहते हैं, आंसू आ गए। और उन्होंने कहा, फिर मैं तुम्हारा कुछ भी सहयोग न कर पाऊंगा। फिर मैं असमर्थ हूं। वह आदमी कहने लगा, लेकिन तुम्हारी असमर्थता क्या है? इतने तुम्हारे शिष्य हैं, इतने लोग तुम्हारे द्वारा प्रभु की तरफ जा रहे हैं, मुझे ही क्यों तुम छोड़ते हो? मुझमें ऐसी कौन सी अपात्रता है। मैं ब्रह्मचर्य का पालन किया हूं, सात्विक भोजन करता हूं, किसी तरह की सांसारिक झंझट में नहीं पड़ा हूं, तुम मुझे छोड़ क्यों रहे हो, मेरी अपात्रता कहां है, बताओ। रामानुज ने कहा, तुमने सब किया होगा, उससे पात्रता नहीं बनती, वह तुम्हारा किया हुआ है। सिर्फ एक चीज से पात्रता बनती है, प्रेम। और तुम कहते हो तुमने प्रेम जाना ही नहीं, अब जिसने प्रेम नहीं जाना उसको मैं मार्ग कैसे बताऊं? क्योंकि प्रेम ही मार्ग है। तुमने थोड़ा सा जाना होता, तो रास्ता खुलता था। चाहे किसी के, स्त्री के प्रेम में पड़ गए होते, कोई हर्जा नहीं, है तो भनक उसी बड़े प्रेम की। छुद्र में उठो है, लेकिन है तो विराट की ही।

जब तुम किसी स्त्री को सच में ही प्रेम करते हो, तो स्त्री स्त्री नहीं रह जाती। उसके भीतर कुछ दिव्यता का आविर्भाव हो जाता है। जब तुम किसी पुरुष को प्रेम करते हो तो वह पुरुष पुरुषोत्तम हो जाता है। कम से कम तुम्हारे प्रेम के क्षणों में तो पुरुषोत्तम हो जाता है। उन क्षणों में तो तुम उसे साधारण व्यक्ति नहीं मानते, वह असाधारण हो जाता है। देदीप्यमान। उसके भीतर एक प्रभा प्रकट हो जाती है। माना कि यह परमात्मा को पाने का बड़े दूर का रास्ता हुआ, लेकिन बस यही रास्ता है। यह प्रेम अभी प्रार्थना नहीं है, लेकिन संभावना है। हीरा हो तो निखारा जा सकता है, तराशा जा सकता है। हीरा हो ही नहीं तो क्या तराशिएगा? क्या निखारिएगा? सोना हो, कितना ही मिट्टी में दबा हो, कितना ही कूड़े-कर्कट से मिला हो, शुद्ध किया जा सकता है। जब तुम्हारा अशुद्ध प्रेम शुद्ध हो जाता है तो प्रार्थना बन जाता है। प्रार्थना में ही परिभाषा है।

तेरे जमाल की तस्वीर खींच दूं लेकिन
जबां में आंख नहीं आंख में जबां नहीं
होता है राजे-इश्क-ओ-मुहब्बत इन्हीं से फाश
आंखें जबां नहीं हैं मगर बेजबां नहीं

समझो—

तेरे जमाल की तस्वीर खींच दूं लेकिन
जबां में आंख नहीं आंख में जबां नहीं

तेरी प्रतिमा तो बना दूं, तेरी आकृति तो निर्मित कर दूं, तेरी परिभाषा तो कर दूं, लेकिन विराट है तेरा यह रूप। आंख से देख लेता हूं, जबान से कहना चाहता हूं, बस मुश्किल हो जाती है—आंख में जबान नहीं। आंख से देख लेता हूं तुझे, लेकिन आंख के पास कहने की जबान नहीं है। जबान से कहना चाहता हूं—जबां में आंख नहीं—और जबान ने देखा नहीं है। आंख ने देखा है और जबान कहना चाहती है, मुश्किल हो जाती है। कैसे कहूं?

इसलिए तुम मुझसे पूछते हो, परिभाषा? मैं कहता हूं, मेरी आंख में देख लेना। आंख ने देखा है उसे, जबान ने उसे देखा नहीं। जबान कह सकती है, लेकिन जो भी कहेगी वह अनुमान होगा।

होता है राजे-इश्क-ओ-मुहब्बत इन्हीं से फाश

आंख के द्वारा ही प्रेम के रहस्य का पर्दा उठता है। अगर तुम्हें प्रेमी को पहचानना है, जरा उसकी आंख में झांकना। उसकी आंख में तुम्हें एक खुमार मिलेगा। उसकी आंख में एक मस्ती मिलेगी। उस मस्ती से ही तुम्हें उसके प्रेम का दर्शन होगा।

होता है राजे-इश्क-ओ-मुहब्बत इन्हीं से फाश
आंखें जबां नहीं हैं मगर बेजबां नहीं

बड़ी मधुर बात है। आंखों के पास जबान तो नहीं है, यह बात सच है, लेकिन यह कहना भी ठीक नहीं कि आंखें बेजबां हैं। अगर कोई देखनेवाला हो तो आंखों से संदेश मिल जाता है।

परिभाषा शाब्दिक होगी। कितनी तो परिभाषाएं की गई हैं परमात्मा की, तुम उन्हें कंठस्थ कर ले सकते हो, पर कुछ हल न होगा। जाना पड़े, अनुभव में जाना पड़े। और जिस दिन तुम अनुभव में जाना शुरू करोगे, उस दिन तुम पाओगे कि उसके अतिरिक्त और कोई मिलता ही नहीं।

गुलशन में फिरूं कि सैर सहरा देखूं
या मादनो-कोहो-दस्तो-दरिया देखूं
हर जां तेरी कुदरत के हैं लाखों जल्वे
हैरां हूं कि दो आंखों से क्या-क्या देखूं

जिस दिन थोड़ा अनुभव होगा उस दिन तुम पाओगे, हर तरफ उसी के हजारों-हजार उत्सव हो रहे हैं।

हर जां तेरी कुदरत के हैं लाखों जल्वे
हैरां हूं कि दो आंखों से क्या-क्या देखूं

तब तो हजार आंखें भी हों तो भी तृप्ति न होगी। क्योंकि परमात्मा इतना विराट है। सब तरफ उसी का नृत्य चल रहा है। और तुम पूछते हो, परमात्मा की परिभाषा क्या है? और परमात्मा ही है सब तरफ। और तुम पूछते हो, परमात्मा की प्रतिमा क्या है? और उसके अतिरिक्त और किसी की प्रतिमा नहीं है। एक का ही खेल है।

लेकिन तुम्हारे प्रश्न को मैं समझा। तुम्हारा प्रश्न न तो परमात्मा की परिभाषा से संबंधित है, न परमात्मा की प्रतिमा से। तुम्हारा प्रश्न असल में यह कह रहा है कि तुम्हारे पास आंखें नहीं हैं, तुम अंधे हो, तुम्हारी आंखें बंद हैं, या तुम सोए हो। अगर कोई आदमी पूछने लगे कि सूरज की परिभाषा क्या है, तो क्या समझोगे? और कोई आदमी पूछने लगे कि सूरज कहां है? और सूरज निकला है, चारों तरफ उसकी रोशनी बरसती है! और कोई आदमी धूप में खड़ा है और पूछने लगे कि सूरज की परिभाषा, सूरज कहां है, कोई मुझे परिभाषा दे दे, तो हम क्या समझेंगे? हम समझेंगे, या तो इस आदमी की आंखें बंद हैं, या अंधा है। सूरज अनुभव है, परिभाषा तो नहीं। प्रकाश की कोई परिभाषा नहीं है, जाना हो तो जाना, नहीं जाना तो नहीं जाना।

तो अभी एक बात जानना कि परमात्मा अभी जाना नहीं है। और परिभाषाओं को पकड़ कर मत सोच लेना कि जान लिया, या जानना हो गया। जानना हो तो प्रेम में चलना पड़े। परिभाषा मत पूछो, प्रेम का पता पूछो। परिभाषा पंडित बना देगी और सदा-सदा के लिए भटक जाओगे। मैं तुमसे फिर-फिर कहता हूं, पापी भी पहुंच जाते हैं लेकिन पंडित नहीं पहुंचते।

इससे संबंधित एक प्रश्न और है—

आप प्रेम को प्रार्थना कहते हैं, प्रेम को ही परमात्मा कहते हैं, क्यों?

ऐसा है, इसलिए। क्यों का सवाल नहीं। ऐसा है। ऐसी सचाई है। तुम्हारे जीवन में जो थोड़ी-बहुत सुगंध कभी प्रेम की उठी हो, तो जानना वहीं से द्वार मंदिर का खुलेगा। उस दरवाजे को बंद मत कर देना, तुम्हारे साधु-संत चाहे तुमसे कुछ भी कहें। उस दरवाजे को बंद कर दिया तो तुम फिर भटकोगे। भटकते रहोगे। और तुम्हें परमात्मा की कोई खबर न मिलेगी।

परमात्मा की जो पहली पुलक है, उसका नाम ही प्रेम है। परमात्मा का जो पहला अनुभव है—परमात्मा शब्द भी उस अनुभव में नहीं आता—उसी का नाम प्रेम है। फिर प्रेम ही पवित्र होकर प्रार्थना बनता है, फिर प्रार्थना पवित्र होकर परमात्मा बन जाती है। ये प्रेम के ही चरण हैं। यह प्रेम की ही सीढ़ी है। काम इस सीढ़ी का सबसे नीचे का सोपान है और राम इस सीढ़ी का सबसे ऊपर का सोपान है। मगर सीढ़ी एक है—काम से राम। काम उसी का है—धूल-धूसरित। राम भी वही है—सब धूल पोंछ दी गई, झाड़ दी गई—स्वच्छ, ताजा।

धर लिए प्यासे अधर पर आह के सागर
प्यास पूरी इस मरुस्थल की नहीं होती
पी लिया इस उम्र ने वह प्रेम-गंगाजल
अब इसे इच्छा किसी जल की नहीं होती

तुम जो प्रेम के मार्ग से खोज रहे हो, वह परमात्मा को ही खोज रहे हो, नाम तुमने कुछ भी दिया हो। इसीलिए तो साधारणतः प्रेम तृप्त नहीं करता, और अतृप्त कर जाता है। कौन पति किस पत्नी से तृप्त हुआ है! या कौन पत्नी किस पति से तृप्त हुई है! या कौन मां किस बेटे से तृप्त हुई है! कौन मित्र किस मित्र से तृप्त है! कारण पूछो। क्या कारण है? संसार में सभी लोग प्रेम करते हैं और अतृप्ति का ही अनुभव होता है। कहीं तृप्ति नहीं होती। क्योंकि प्रेम की जो खोज है, वह परमात्मा से ही तृप्त हो सकती है।

तुमने किसी को प्रेम किया, प्रेम करते ही तुम्हारी जो आकांक्षा होती है गहरे में वह यह होती है कि यह व्यक्ति परमात्मा जैसा हो। वह सिद्ध नहीं होता परमात्मा जैसा, इसलिए अतृप्ति रह जाती है। बेस्वाद हो जाता है मन, तिक्त हो जाता है। तुम जब किसी व्यक्ति को प्रेम करते हो तो तुमने देखा कि तुम्हारी आकांक्षा होती है, इससे सुंदर और कोई न हो, इससे श्रेष्ठ कोई और न हो, इससे सत्यतर कोई और न हो। तुमने परमात्मा की मांग कर ली। तुमने सत्यम् शिवम् सौंदर्यम् को मांग लिया।

और निश्चित ही कोई व्यक्ति इस कसौटी पर खरा नहीं उतरता, तो धीरे-धीरे प्रेमी हताश हो जाता है। वह कहता है कि नहीं, गलत जगह मांग लिया। अमृत पीने गए थे और जो पीआ तो पता चलता है कि अमृत तो कुछ भी नहीं है, जहर सिद्ध होता है। फिर मन उचाट हो जाता है। फिर भागा-भागा, फिर कहीं और, किसी और जगह, किसी और प्रेम में पड़ जाए, वहां खोज ले—ऐसा जन्मों-जन्मों तक मन का पक्षी उड़ता है। नये-नये स्थानों पर बैठता है।

एक सूफी फकीर को एक सम्राट मिलने आया। सम्राट बहुत दिन से उत्सुक था मिलने को इस फकीर से। और कई बार संदेशा भी भेजा था कि तुम आओ। लेकिन फकीर कहता है कि मिलने को अगर तुम उत्सुक हो तो तुम्हीं आओ। मेरे आने से चूक हो जाएगी। आने को मैं आ सकता हूं लेकिन सार न होगा। क्योंकि जिज्ञासु जब आता है तो उसके आने में ही जिज्ञासा सघन होती है, प्रकट होती है। तुम इतना तो मूल्य चुकाओ। तो अंततः सम्राट को आना पड़ा।

वह जब आया तो फकीर की झोपड़ी पर फकीर नहीं था, उसकी पत्नी थी। उसने कहा, आप बैठें, आप विराजें, मैं उन्हें बुला लाती हूं, वे पीछे खेत पर काम करने गए हैं। तो सम्राट ने कहा कि ठीक है, तुम बुला लाओ; सम्राट वहीं टहलने लगा। उसकी

पत्नी ने फिर कहा कि आप आए, हमारे धन्यभाग! पर बैठें तो उसने एक फटी-पुरानी दरी बिछा दी कि आप विराजें! लेकिन सम्राट ने कहा कि मैं टहलूंगा, तू बुला ला पति को।

वह बड़ी दुखी होकर पति के पास गई, उसने पति को रास्ते पर कहा कि सम्राट कुछ अजीब है, मैंने बार-बार कहा कि बैठें, विराजें, दरी भी बिछा दी, मगर वह बैठता नहीं। फकीर हंसने लगा। उसने कहा कि वह दरी उसके बैठने योग्य नहीं। उसके बैठने योग्य जगह होगी तभी बैठेगा।

तुमने बहुत जगह मन के पंछी को बिठाने की कोशिश की, वह बैठ नहीं पाया। प्रेम का पक्षी बहुत स्थानों पर बैठा, बैठ नहीं पाया, उठ-उठ आता है। उसके योग्य जगह नहीं मिलती। उसके योग्य जगह तो परमात्मा ही है। जब भी तुम प्रेम में पड़े तुम परमात्मा के ही प्रेम में पड़े, लेकिन शायद तुमने ज्यादा की मांग कर ली बहुत थोड़े से। अब किसी स्त्री से या किसी पुरुष से तुम परम सौंदर्य की मांग करो तो भूल हो जाएगी। या परम सत्य की, या परम श्रेयस की। परम की मांग तो परमात्मा से ही हो सकती है। तुमने इधर-उधर मांग की तो मांग पूरी न होगी तो तुम अतृप्त हो जाओगे। तो बेस्वाद हो जाएगा मन, कड़वा हो जाएगा, तिक्त हो जाएगा। फिर तुम प्रेमपात्र बदलते रहोगे। हम इसीलिए तो कभी प्रेम में तृप्त नहीं हो पाते।

प्रेम तृप्त होता है। प्रेम भी बैठता है सिंहासन पर। पर अपने सिंहासन पर।

धर लिए प्यासे अधर पर आह के सागर

सागर भी तुम पी जाओ—प्यास लगी हो और आदमी सागर में हो, तो जल जैसा ही तो लगता है सागर का जल, लेकिन उसके पीने से प्यास बुझती नहीं, प्यास बढ़ती है। भूल कर सागर का पानी मत पी लेना। सागर का पानी पीने से प्यास बुझती नहीं, बढ़ती है। और सागर के पानी के बिना आदमी जिंदा रह सकता है, सागर का पानी पीआ तो मरेगा, निश्चित मौत हो जाएगी। और सागर का पानी पानी जैसा लगता है। सिर्फ दिखाई पड़ता है पानी जैसा, पानी नहीं है। सागर का पानी भी पानी बन सकता है लेकिन बहुत तरह की शुद्धियों से गुजरेगा तब। अभी जैसा है, अभी तो बहुत खतरनाक है।

धर लिए प्यासे अधर पर आह के सागर
प्यास पूरी इस मरुस्थल की नहीं होती
पी लिया इस उम्र ने वह प्रेम-गंगाजल
अब इसे इच्छा किसी जल की नहीं होती

और एक बार तुम्हें प्रेम का वास्तविक अर्थ समझ में आ जाए, अनुभव में आ जाए, एक बार प्रार्थना का स्वाद आ जाए—

पी लिया इस उम्र ने वह प्रेम-गंगाजल
फिर तुम्हें किसी और पानी की जरूरत न रह जाएगी।

जीसस के जीवन में उल्लेख है, वे एक कुएं के पास गए। थके-मांदे हैं, राह से यात्रा करके आ रहे हैं, दूर से यात्रा करके आ रहे हैं। कुएं पर पानी भरती एक स्त्री को उन्होंने कहा कि मुझे पानी पिला दे। लेकिन उस स्त्री ने कहा कि मैं थोड़ी ओछी जाति की हूं, शायद आप पीछे पछताएं कि मेरा पानी पी लिया। जीसस ने कहा, तू फिकर छोड़, तू मुझे पानी पिला दे। और फिर मैं तुझे ऐसा पानी पिला सकता हूं—मेरा पानी—कि तेरी प्यास सदा-सदा के लिए बुझ जाए। तेरे पानी से तो क्षण भर को मेरी प्यास बुझेगी, लेकिन मेरे पानी से तेरी प्यास सदा को बुझ सकती है।

जीसस जिस पानी की बात कर रहे हैं उसी को मैं प्रेम कहता हूं।

प्राण का यह दीप जलने के लिए है
प्यार से अंतर पिघलने के लिए है
बन अकिंचन पांवड़े पलकें बिछाए
कान अपना ध्यान आहट पर लगाए
पुलकमय हर अंग होने को समर्पण
आप मनभावन करो पावन वचन-मन

जैसे ही तुम थोड़े से प्रेम की सीढ़ियां उतरे, प्रेम का पाठ पढ़े, ढाई आखर प्रेम का पढ़े, थोड़े से प्रेम में रसलीन हुए, थोड़े-थोड़े प्रार्थनापूर्ण कदमों से अस्तित्व की तरफ बढ़े, थोड़े प्रार्थनापूर्ण हृदय से अस्तित्व के मंदिर की सांकल खटखटाई, तो तुम पाओगे कि अब तक तुमने जो नहीं पाया था और बहुत द्वार खटखटाए थे, वह मिलने लगा।

यह संसार प्रेम को सीखने का ही एक विद्यालय है। यहां तुम और कुछ भी सीख लो, काम न आएगा। अगर तुमने प्रेम सीख लिया तो बस।

प्रेम से मेरा क्या अर्थ है? प्रेम के तीन रूप समझने चाहिए। एक तो प्रेम का रूप है, काम। काम प्रेम का निम्नतम रूप है। देह से देह की आकांक्षा। शरीर से शरीर का मिलन। है तो मिलन, मगर अत्यंत स्थूल का स्थूल से। पदार्थ का पदार्थ से। इसमें कोई बहुत विराट नहीं घट सकता। फिर प्रेम का दूसरा रूप है, जिसे हम प्रेम कहते हैं। मन से मन का मिलन। ऊपर थोड़ा हुआ। विचार की तरंगों का जिससे मेल खा जाए। तुम्हारी अनुभूति और जिसकी अनुभूति साथ-साथ, संग-संग चलने लगे। दो व्यक्तियों का हृदय साथ-साथ धड़कने लगे। देहें दो हों, हृदय एक हो जाए, तो प्रेम। वह भी अभी अंतिम रूप नहीं है। अंतिम रूप को मैं नाम देता प्रार्थना। वह है आत्मा का आत्मा से मिलन। शरीर से शरीर-काम, मन से मन-प्रेम, आत्मा से आत्मा-प्रार्थना।

काम के तल पर शोषण चलता। तुम दूसरे का शोषण करते, दूसरा तुम्हारा शोषण करता है। काम के तल पर तुम दूसरे का उपयोग साधन की तरह करते। प्रेम के तल पर तुम दूसरे के लिए साधन बन जाते। काम के तल पर तुम दूसरे का उपयोग साधन की तरह करते हो। पति पत्नी का उपयोग कर रहा है एक साधन की तरह। बेटा बाप का उपयोग कर रहा है एक साधन की तरह। तुम्हारे हित में है, इसलिए तुम प्रेम करते हो। प्रेम जैसे रिश्वत है, शोषण की व्यवस्था है। मन के तल पर तुम साधन बन जाते। तुम जिससे प्रेम करते, तुम उसके लिए साधन बन जाते, वह साध्य बन जाता। आत्मा के तल पर न तुम साधन रह जाते, न दूसरा साधन रह जाता। दूरी ही मिट जाती, कौन साधन, कौन साध्य! निश्चित रूप से एक हो जाते।

ऐसा समझो कि दो दीयों को हम करीब रख दें, तो काम। दोनों दीयों के तेल को मिला दें, तो प्रेम। और दोनों दीयों की ज्योति, प्रकाश एक-दूसरे में लीन हो जाए, तो प्रार्थना। दो दीयों को कितना ही पास रखो, दूरी रहेगी। सटा कर रख दो फिर भी दूरी रहेगी। उससे एकात्म नहीं हो सकता। लेकिन तुमने देखा, दो दीयों का प्रकाश टकराता भी नहीं—अगर तुम एक कमरे में दो दीये जला दो, तो खटरपटर भी नहीं होती। तुम दो दीयों का तेल एक-दूसरे में मिलाओगे तो थोड़ी आवाज होगी, थोड़ा शोरगुल मचेगा। लेकिन दो दीयों का प्रकाश जब एक-दूसरे में लीन हो जाता है तो कुछ पता नहीं चलता। दीये दो होंगे लेकिन उनकी रोशनी तो बिलकुल एक हो जाती है। बिलकुल एक हो जाती है।

मैंने सुना है, एक सम्राट के तीन बेटे थे और वह चाहता था कि अपने किसी बेटे को चुन ले जो उसके राज्य का मालिक हो। सम्राट बूढ़ा हो गया था। तो उसने एक फकीर से सलाह ली। फकीर ने कहा, इनको हजार-हजार रुपये दे दो...तीनों बेटों के तीन महल थे...उसने कहा, यह हजार-हजार रुपये लो और इस तरह से कुछ चीज खरीदो कि तुम्हारा पूरा महल भर जाए। मगर हजार रुपये से ज्यादा खर्च नहीं करना। इससे तुम्हारी कुशलता का पता चलेगा। जो जीत जाएगा, वही इस राज्य का मालिक होगा।

पहले बेटे ने बहुत सोचा कि हजार रुपये में इतना बड़ा महल! सिवाय कूड़ा-कर्कट के और तो कुछ मिल ही नहीं सकता। हजार रुपया तो ढोने में ही लग जाएगा कूड़ा-कर्कट जब पूरा महल भरना है। तो वह तो गया, तो उसने जाकर जहां म्युनिसिपलटी कचरा फेंकती होगी गांव भर का, वहां से सब बैलगाड़ियों में भरवा-भरवा कर महल में पूरा कचरा भर दिया। क्योंकि इससे और तो सस्ती कोई चीज हो नहीं सकती थी—मुफ्त था—सिर्फ ढोने का खर्च था। ढोने में ही हजार रुपये खर्च हो गए। महल भर दिया उसने। भयंकर बदबू उठने लगी। राह से लोगों ने चलना बंद कर

दिया। उसके महल के आस-पास लोग न जाते। वह भी अपने बाप से प्रार्थना करने लगा कि अब जल्दी ही वह परीक्षा हो जाए, क्योंकि मैं भी मरा जा रहा हूं। तुमने कहां का उपद्रव करवा दिया है!

दूसरे बेटे न बहुत सोचा। उसने कहा कि कूड़ा-कर्कट से घर को भरना तो अपात्रता का लक्षण होगा। तो क्या करना? कैसे घर को भरें। घर तो भरना चाहिए फूलों से, कूड़े से तो नहीं। तो उसने फूल खरीदे। लेकिन हजार में कितने खरीद सकता था! महल बड़ा था। भरने की तो बात दूर रही, ऐसे छिटका दिए सारे महल में फूल।

तीसरे बेटे ने कुछ भी उपाय न किया। जिस दिन बाप आया तब तक उसने कुछ भी न किया था। और गांव भर में चिंता फैलने लगी कि यह तीसरा बेटा हार जाएगा, कुछ कर क्यों नहीं रहा है? बैठा क्यों है? तीसरे दिन उसने तो दीये जलाए, घी के दीये जलाए सारे महल में।

बाप फकीर को लेकर आया। फकीर ने पहले बेटे को कहा कि इसने बात तो पूरी कर दी, घर तो भर दिया, लेकिन जिस चीज से भर दिया उससे सिर्फ अयोग्यता सिद्ध होती है। इसने गणित तो पूरा कर दिया, लेकिन समझ इसके पास नहीं है। तर्क तो इसने पूरा कर दिया कि घर भर दिया, लेकिन जिस चीज से भरा है इसका इसने कोई विचार न किया। इस व्यक्ति के जीवन में गणित तो है, गुण नहीं है। तर्क तो है, बोध नहीं है। यंत्रवत है इसकी बुद्धि। इसको राज्य देना ठीक नहीं।

वे दूसरे व्यक्ति के पास पहुंचे। उसने महल में फूल रखे थे, लेकिन फूल सब मुरझा गए थे। कई दिन हो गए थे, सड़ने लगे थे। उनसे दुर्गंध उठने लगी थी। और महल भरा भी नहीं था। तो फकीर ने कहा, यह पहले से बेहतर है, इसके पास थोड़ी गुण-बुद्धि है। फूल लाया, लेकिन इसके पास दूरदृष्टि नहीं है कि ये फूल सड़ जाएंगे। फूल तो तभी सुंदर जब ताजे। सच तो यह, फूल तो वृक्ष पर ही सुंदर होते हैं, तोड़े कि मरे, कि उनका सड़ना शुरू हुआ। इसने सोच-विचार तो थोड़ा किया, लेकिन गणित इसका कमजोर है। दूरदृष्टि नहीं है और गणित भी कमजोर है—मकान पूरा भरा भी नहीं है। पहले का गणित मजबूत है, गुण का कोई बोध नहीं है। इसे गुण का बोध है, गणित कमजोर है और दूरदृष्टि बिलकुल नहीं है। यह खतरनाक है, इसको भविष्य का पता नहीं रहेगा। यह राज्य को खतरे में डाल सकता है।

वे तीसरे बेटे के पास गए। राजा तो थोड़ा चिंतित होने लगा कि अगर ऐसा मामला हुआ, तीनों बेटे कहीं अयोग्य सिद्ध कर दिए इस फकीर ने तो फिर मैं क्या करूंगा! तीसरे बेटे के महल में जाकर राजा तो खड़ा हो गया, उसकी तो समझ में न आया, महल पूरा खाली था, उसने कहा, यह क्या मामला है? तुमने प्रतियोगिता में भाग नहीं लिया? बेटे ने कहा, मैंने भाग लिया, जरा गौर से देखें। फकीर बोला कि मैं

देख लिया हूं, राजा, तुम्हारी समझ में न आएगा। इसने महल भर दिया—रोशनी से भर दिया है। एक-एक कोने-कांतर में रोशनी है। कोई जगह खाली नहीं है। महल तो भर ही दिया है, महल के बाहर तक रोशनी पहुंच रही है। बगीचा भी भरा है, राह भी भरी है। इस बेटे के पास गणित भी है, गुणबोध भी है, भविष्य-दृष्टि भी है। इसने पहले से कुछ नहीं किया। अभी हम आए—अभी हम आ ही रहे थे रास्ते पर कि तब इसने दीये जलवा दिए। इसके पास समय की भी समझ है।

हजारों दीये जलाए थे उसने-हजार रुपये में खूब दीये जल गए थे। और घी के जलाए थे। दीये तो बहुत थे, लेकिन रोशनी एक थी। और उस फकीर ने कहा, इस बेटे में थोड़ा अद्वैत का बोध भी है। इतने दीये, लेकिन रोशनी एक। इसने एक से ही भर दिया है पूरे महल को। यह बेटा योग्य है।

काम है दो शरीरों का मिलना। और अंत में कचरा ही सिद्ध होता है, दुर्गंध पैदा होती है। काम से कब सुगंध उठी! काम से विषाद होता है। पश्चात्ताप होता है। काम आज नहीं कल सड़ांध देने लगता है।

प्रेम काम से बेहतर है। थोड़े फूल हैं प्रेम में, कूड़ा-कचरा नहीं है। लेकिन मन के फूल कितनी देर जीएंगे? मन स्वयं क्षणभंगुर है। मन कोई टिकने वाला तो नहीं। शाश्वत और नित्य से मन का कोई संबंध नहीं है। तो आज फूल, कल मुरझा जाते हैं।

तुमने देखा, पश्चिम में जहां लोग प्रेम को बहुत मूल्य देते हैं—पूरब से ज्यादा मूल्य देते हैं—वहां बड़ी अड़चन है। विवाह मुरझा-मुरझा जाता है। तलाक हो-हो जाते हैं। पूरब में लोग विवाह को मूल्य देते हैं, प्रेम को मूल्य नहीं देते, तो विवाह स्थायी होता है। विवाह पहले तल पर है, वह दो शरीरों का मिलन है। न तो पुरुष से पूछा जाता है, न स्त्री ने पूछा जाता है, मां-बाप तय करते हैं। पंडित, पुरोहित, ज्योतिषी तय करते हैं। धन-पैसा है या नहीं, कुलीन परिवार है या नहीं, स्वास्थ्य ठीक है या नहीं, पढ़ाई-लिखाई ठीक हुई या नहीं, प्रतिष्ठा कैसी है, दुकान कैसी चलती है, सब बातें सोच कर तय करते हैं। प्रेम भर के बाबत नहीं सोचते। ग्रह-नक्षत्र भी सोचते हैं—बड़ी दूर की सोचते हैं, पास की बिलकुल नहीं सोचते। प्रेम के संबंध में कोई मामला, बात ही नहीं उठाते कि इस लड़के को लड़की से प्रेम है? लड़के को लड़की से कि लड़की को लड़के से, किसी से प्रेम है? प्रेम की बात ही नहीं उठाते। क्योंकि पूरब एक बात समझ गया, प्रेम का मामला बड़ा खतरनाक है। क्योंकि फिर विवाह थिर नहीं हो पाता।

प्रेम है मन की बात, मन अथिर है। शरीर कम से कम थोड़ा थिर है, टिकता है—सत्तर साल तो टिकता है! थोड़े-बहुत फर्क होते रहते हैं, लेकिन ऐसे टिकता है। मन तो घड़ी भर में बदल जाता है। अभी जिस स्त्री के लिए जान देने को तैयार थे, क्षण

भर बाद बात खतम हो गई। इसलिए पश्चिम में विवाह अस्तव्यस्त हो गया, परिवार डांवाडोल हो गया। लोगों ने प्रेम को मूल्य दिया है। लोग कहते हैं, प्रेम होगा तो साथ।

पूरब में लोग कहते हैं, अपनी पत्नी के सिवाय किसी स्त्री से कोई संबंध बनाया, तो पाप। पश्चिम में लोग कहने लगे हैं, जिससे प्रेम नहीं उसके साथ कोई संबंध बनाया तो पाप—फिर चाहे वह तुम्हारी पत्नी ही क्यों न हो। अगर उससे प्रेम नहीं है तो उसके साथ सोना पाप है। और जिससे प्रेम है, वह चाहे तुम्हारी पत्नी न भी हो, उसके साथ सोना पुण्य है। यह बड़ी दूसरी नीति है। पूरब की नीति शरीर के तल पर खड़ी है, पश्चिम की नीति मन के तल पर, लेकिन पूरब की नीति ज्यादा चिरस्थायी है।

वह जो पहला आदमी था, जिसने कचरे से भर लिया था महल को, उसका कचरा बहुत चिरस्थायी है। दूसरे ने फूल से भरा था, वे बड़े क्षणभंगुर हैं। असल में जितनी सुंदर चीज हो, उतनी जल्दी कुम्हला जाती है। पत्थर तो वहीं पड़े रहेंगे, फूल सुबह खिले सांझ गिर जाएंगे। विवाह पत्थर जैसा है। प्रेम-विवाह फूल जैसा है। लेकिन खतरा भी है, थिर नहीं हो पाएगा। इसलिए पश्चिम की पूरी व्यवस्था डांवाडोल हो गई है। पूरब थिर है। सदियां बीत गईं, मनु महाराज से लेकर अब तक सब थिरता है। पश्चिम में कुछ भी थिर नहीं है, सब डांवाडोल है। जितने लोग विवाह करते हैं, उनमें से आधे लोग तीन साल के भीतर तलाक दे देंगे। अब ऐसा आदमी तो खोजना ही मुश्किल है जो एक ही पत्नी के साथ टिक रहा है। पत्नियां न मालूम कितने पतियों के पास गई हैं, पति न मालूम कितनी पत्नियों के पास गए हैं, बच्चों की भीड़ बढ़ती जाती है, तय भी करना मुश्किल हो जाता है, कौन किसका बच्चा है?

मैंने सुना, एक पत्नी अपने पति से कह रही थी कि देखो, रुकावट डालो, तुम्हारे बच्चे और मेरे बच्चे मिल कर हमारे बच्चों को पीट रहे हैं।

कुछ बच्चे पति के हैं जो वह दूसरी पत्नियों से लाया है। कुछ पत्नी के हैं जो वह किन्हीं दूसरे पतियों से लाई है। कुछ इन दोनों के बीच में। तो वह कह रही है, तुम्हारे बच्चे मेरे बच्चों से मिल कर हमारे बच्चों को पीट रहे हैं, इनको रोको। रुकावट डालो।

पश्चिम में सब अस्तव्यस्त हुआ है।

फिर और एक ऊपर की बात है : आत्मा के मिलन की। वहां प्रार्थना पैदा होती है। वैसा प्रेम मीरा ने जाना, कि चैतन्य ने, कि राधा ने। वैसा प्रेम भक्तों ने जाना। उठना चाहिए उसी तक प्रेम, जहां दो प्रकाश की तरह मिलन हो जाए, कोई संघर्षण न हो। मिलन शांत, सहज हो। और जब तुम किसी एक व्यक्ति से भी आत्मा के तल पर मिल जाओगे, तो तुम्हें पता चलेगा—जब एक से मिलने में इतना आनंद है, तो फिर सर्व से मिल जाने में कितना आनंद न होगा! फिर तो तुम गणित को स्वयं ही फैला लोगे। तुम कहोगे, जब एक व्यक्ति के प्राणों से प्राण मिला लेने में इतने सुख का सौरभ, इतना

स्वर्ग, तो फिर क्या कंजूसी करनी है! फिर क्यों न वृक्षों से, चांद-तारों से, पहाड़-पत्थरों से, नदी-नालों से, सबसे क्यों न मिला लें अपने प्राण को?

तो एक व्यक्ति से भी प्रेम अगर ठीक से हो जाए, तो झरोखा परमात्मा का खुलता है। फिर वहीं से छलांग लग जाती है।

यह किसका तबस्सुम है फिजां में साकी
यह किसकी जवानी है घटा में साकी
यह कौन बजा रहा है शीरीं बरबत
भीगी हुई बारिश की हवा में साकी

फिर प्रेम से भरे हुए आदमी को हर जगह उसकी ही पगध्वनि सुनाई पड़ती है। घटाओं में, बिजलियों में, सब जगह उसके ही घूंघर बजते मालूम होते हैं।

यह किसका तबस्सुम है फिजां में साकी

फिर हवा का झोंका भी आए तो उसी की खबर आती है। उसी के संदेश, उसी की पाती।

यह किसकी जवानी है घटा में साकी

फिर घटा घुमड़ कर उठे तो भी वही उठता। सब अंगड़ाइयां उसकी। सब फूल उसके, सब पत्ते उसके।

यह कौन बजा रहा है शीरीं बरबत

फिर जो भी संगीत गूंज रहा है इस अस्तित्व में, उसी का है। वही बजा रहा है। यह बांसुरी उसकी, यह वेणु उसकी।

भीगी हुई बारिश की हवा में साकी

और फिर भीगी हुई हवा है बारिश की तो भी उसके ही स्पर्श का पता चलता, उसके ही होने की गंध आती। पृथ्वी से और आकाश से उसके ही होने की खबर आती। हर घड़ी में, सोते-जागते, उठते-बैठते वही घेरे रहता है।

लेकिन परिभाषा इस तत्व की नहीं हो सकती। प्रेम में अनुभव हो सकता है। परिभाषा मत मांगो, प्रेम मांगो। परिभाषा के कूड़ा-कर्कट को लेकर क्या करोगे? बोझ बढ़ जाएगा बुद्धि का, निर्भार न हो सकोगे। प्रेम मांगो कि पंख बनें, प्रेम मांगो कि उड़ सको।

मेरे साकी शराबे-साफी देना
हो जिससे गुनाह की तलाफी देना
उतरे न खुमार जिंदगी भर जिसका
ऐसी देना और इतनी काफी देना

मांगो, प्रेम की शराब।
उतरे न खुमार जिंदगी भर जिसका
ऐसा नशा मांगो जो फिर उतरे न। चढ़े तो चढ़े, उतरे न।
ऐसी देना और इतनी काफी देना

मांगो प्रेम, मत मांगो परिभाषा। और जिस दिन तुम्हारे पास प्रेम है, उस दिन तुम्हारे पास सब है। जब तक तुम्हारे पास प्रेम नहीं, सब भी हो तो कुछ भी नहीं है।

चाहे बरसे जेठ अंगारे
या पतझर हर फूल उतारे
अगर हवा में प्यार घुला है
हर मौसम सुख का मौसम है

जिसके पास शब्द हैं जितने
उतना उससे अर्थ दूर है
पट घूंघट का नहीं, रूप तो
आत्मा का जलता कपूर है

दुनिया क्या है एक वहम है
शबनम में मोती होने का
और जिंदगानी है जैसे
पीतल पर पानी सोने का

किंतु प्यार यदि साथ सफर में
तो सचमुच इस मृत्यु-नगर में
शाम सुबह की एक कसम है
मरण मनुज का नया जनम है

चाहे बरसे जेठ अंगारे
या पतझर हर फूल उतारे
अगर हवा में प्यार घुला है
हर मौसम सुख का मौसम है

इधर प्यार की वीणा का बजना शुरू हो जाए, फिर वसंत ही वसंत है। उसी वसंत में उस प्रभु की पहचान आती है।

जिसके पास शब्द हैं जितने
इसलिए परिभाषा मत मांगो, सिद्धांत-शास्त्र मत मांगो!
जिसके पास शब्द हैं जितने
उतना उससे अर्थ दूर है

शब्दों का बहुत समूह संग्रह मत कर लो। उससे पांडित्य तो बनेगा, प्रतिभा न जगेगी।

पट घूंघट का नहीं, रूप तो
आत्मा का जलता कपूर है
दुनिया क्या है एक वहम है
शबनम में मोती होने का

यही तो मैं तुमसे कह रहा इतनी देर से कि जहां-जहां तुमने अभी प्रेम देखा है, वहां शबनम में मोती देख लिया है। खोज तो परमात्मा की ही चल रही है। खोज तो मोती की ही चल रही है। लेकिन सुबह की धूप में कभी देखा? घास पर फैली हुई ओस की बूंदें मोतियों जैसी मालूम पड़ती हैं। सुबह की धूप में मोतियों को भी झेंपा दें, मोतियों को भी शर्मा दें। दूर से ही लेकिन। पास गए तो ओस की बूंद ओस की बूंद है, मोती नहीं है।

दुनिया क्या है एक वहम है
शबनम में मोती होने का
और जिंदगानी है जैसे
पीतल पर पानी सोने का

जिंदगी को थोड़ा गौर से देखो। तो यह ऊपर-ऊपर जो पीतल के ऊपर चढ़ा हुआ सोने का पानी है, यह उतर जाए। जरा पास आओ। जिंदगी को जरा होश से देखो, तो जो बूंदें शबनम की हैं, वे मोती न मालूम हों। तो तुम्हारी खोज धीरे-धीरे सब तरफ से परमात्मा की तरफ जाने लगेगी। उसकी ही खोज है जो शाश्वत है। उसकी ही खोज है जो सनातन है। उसकी ही खोज है जो अमृत है।

तो परमात्मा क्या है? परमात्मा अमृत की प्यास है। परमात्मा क्या है? परमात्मा तुम्हारे भीतर सनातन की खोज है। शाश्वत की खोज है। परमात्मा की प्रतिमा क्या है? यह जो गवेषणा में आतुर, जिज्ञासा और मुमुक्षा से भरा हुआ खोजी है, इसी में परमात्मा की प्रतिमा है। कहीं और नहीं, पत्थरों में नहीं, मंदिर की मूर्तियों में नहीं। इस पुजारी में, जो परमात्मा की पूजा में लगा है। खोज रहा है जगह-जगह, अर्चना अपनी चढ़ा रहा है। हर जगह से जिसकी चेष्टा चल रही है कि परमात्मा को पहचान लूं। इसमें ही उसकी प्रतिमा है।

कबीर ने कहा है, भक्त में भगवान है। महावीर ने कहा है, अप्पा सो परमप्पा। वह जो आत्मा है, उसी में परमात्मा है।

परमात्मा कोई वस्तु नहीं है जिसे तुम किसी दिन देख लोगे। तुम्हारे ही भीतर जिस दिन प्रेम की ऐसी घटा उठेगी कि बेशर्त तुम इस सारे अस्तित्व को प्रेम कर पाओगे, इस अस्तित्व से तुम्हारे चित्त का कोई विरोध, कोई संघर्ष न रह जाएगा, इस अस्तित्व से जिस दिन तुम्हारा सहयोग परिपूर्णता से सध जाएगा, जिस दिन एक संवाद होगा तुम्हारे और अस्तित्व के बीच, उसी दिन तुम जानोगे परमात्मा क्या है। तुम भी परमात्मा हो और शेष सब भी परमात्मा है।

इस नशे की तरफ चलो। इस प्रेम के सागर में डुबकी लगाओ।

यारो खता मुआफ मेरी मैं नशे में हूं
सागर में मय है मय में नशा मैं नशे में हूं

भक्त तो एक नशे में जीता है। परमात्मा नशा है। पंडित के लिए परमात्मा एक सिद्धांत है, बकवास—कोरी बकवास। आस्तिक और नास्तिक के चक्कर में मत पड़ना कि परमात्मा है या नहीं। यह व्यर्थ के लोगों को छोड़ दो, जिनके पास कुछ और करने को नहीं। वे होने न होने का विवाद करते रहें, अनुमान लगाते रहें। अगर तुम्हारे जीवन का ठीक-ठीक सदुपयोग तुम्हें कर लेना है, तो तुम प्रेम में उतरो। अगर तुम पाओ कि प्रेम में उतरना कठिन है, तो ध्यान में उतरो। ध्यान भी एक दूसरा मार्ग है उसी तरफ आने का। जो प्रेम करने में अपने को असमर्थ पाते हैं, उनके लिए ध्यान मार्ग है। जो प्रेम में अपने को समर्थ पाएं, उन्हें फिर किसी चिंता में पड़ने की कोई जरूरत नहीं है।

चौथा प्रश्न : मृत्यु का बड़ा भय है। क्या इससे छूटने का कोई उपाय है?

मृत्यु तो उसी दिन हो गई जिस दिन तुम जन्मे। अब छूटने का कोई उपाय नहीं। जिस दिन पैदा हुए उसी दिन मरना शुरू हो गया। अब एक कदम उठा लिया, अब दूसरा तो उठाना ही पड़ेगा। जैसे कि प्रत्यंचा से तीर निकल गया तो अब लौटाने का क्या उपाय है! जन्म हो गया, तो अब मौत से बचने का कोई उपाय नहीं।

जिस दिन तुम्हारी यह बात समझ में आ जाएगी कि मौत तो होनी ही है, सुनिश्चित होनी है—और सब अनिश्चित है, मौत ही निश्चित है—उसी दिन भय समाप्त हो जाएगा। जो होना ही है, उसका क्या भय! जो होकर ही रहनी है, उसका क्या भय! जिसको टाला ही नहीं जा सकता, उसका क्या भय! जिसको अन्यथा किया ही नहीं जा सकता, उसका क्या भय!

आशंका है तुम्हें
जिस दुर्घटना की
घट चुकी है वह
पहले ही भीतर
केवल आएगा तैरकर
गत आगत की सतह पर

हो चुका है पहले ही काम। मर गए तुम उसी दिन जिस दिन तुम जन्मे। जिस दिन तुमने सांस ली, उसी दिन सांस छूटने का उपाय हो गया। अब सांस किसी भी दिन छूटेगी। तुम सदा न रह सकोगे। इसलिए इस भय को समझने की कोशिश करो, बचने की आशा मत करो। बचने को तो कोई नहीं बच पाया। कितने लोगों ने कितने उपाय किए बचने के।

नादिरशाह इतना बड़ा लड़ाका था, खूंख्वार, हजारों लोगों की हत्याएं कीं, मगर खुद की मौत से डरता था। भारी डर था उसे। दूसरे की मौत तो कोई बात ही न थी। कहते हैं, एक रात एक वेश्या उसके शिविर में नाच करने आई और जब लौटने लगी तो रात देर हो गई, दो बज गए और वह डरने लगी। उसने कहा, रास्ते में अंधेरा है और मेरा गांव दूर है, मैं कैसे जाऊं? तो नादिरशाह ने कहा कि तू फिक्र मत कर, तू कोई साधारण व्यक्ति के दरबार में नाचने आई है? उसने अपने सैनिकों को कहा कि रास्ते में जितने गांव हैं, सब में आग लगा दो, ताकि यह वेश्या अपने गांव तक रोशनी में जा सके। पांच-सात गांवों में आग लगवा दी, गांवों के सोते लोग जल गए। लेकिन रास्ते पर रोशनी करवा दी।

दूसरे की मौत तो जैसे खिलवाड़ थी, लेकिन खुद की मौत की बडी घबड़ाहट थी। इतना घबड़ाया रहता था मौत से कि रात भी ठीक से सो नहीं सकता था। और इसी घबड़ाहट में मौत हुई। जब हिंदुस्तान से वापस लौट रहा था और एक रात एक शिविर में तंबू के भीतर सोया था, तो रात में एक डाकू घुस गया अंदर। वह किसी की जान लेने को उत्सुक न था, वह तो कुछ सामान चुराने को उत्सुक था। लेकिन उसकी मौजूदगी और घबड़ाहट में घोड़े हिनहिनाने लगे और सैनिक भागने लगे। कुछ घबड़ाहट ऐसी फैल गई अंधेरी रात में कि लोग समझे कि बहुत दुश्मन हैं, कि नादिरशाह घबड़ा कर बाहर भागा। तंबू की रस्सी से पैर फंस गया, तो वह समझा कि किसी ने पैर पकड़ लिया। और उसी घबड़ाहट में उसकी हृदय की धड़कन बंद हो गई, वह गिर पड़ा। कोई ने पकड़ा नहीं, किसी ने मारा नहीं, किसी ने कुछ किया नहीं, सिर्फ पैर फंस गया तंबू की रस्सी में, वह समझा कि गए जान से! उसी घबड़ाहट में मरा।

आदमी बचने के कितने उपाय करे!

मनोवैज्ञानिक कहते हैं कि दूसरों को मारने की उत्सुकता उन्हीं लोगों में होती है, जो अपने को बचाने के लिए बड़े आतुर होते हैं। जिनको यह खयाल होता है कि हम जिंदगी तो नहीं बना सकते, लेकिन कम से कम लोगों को मार तो सकते हैं। मृत्यु तो कर सकते हैं दूसरों की। दूसरों को मारने से ऐसा लगता है कि हम शायद मृत्यु के मालिक हो गए। देखो, कितने लोग मार डाले। मृत्यु हमारे कब्जे में है। इससे एक भ्रांति पैदा होती है कि शायद मृत्यु हमें क्षमा कर देगी। नहीं, न धन से जाती है, न पद से जाती है, न शक्ति से जाती है, कोई उपाय मृत्यु से बचने का नहीं है।

तुम पूछते हो, मृत्यु का बड़ा भय है, क्या इससे छूटने का कोई उपाय है?

छूटने का उपाय करते रहोगे, भय बढ़ता जाएगा। तुम छूटने का उपाय करोगे, मौत रोज करीब आ रही है। क्योंकि बुढ़ापा रोज करीब आ रहा है। तुम जितने ही उपाय करोगे उतने ही घबड़ाते जाओगे। मुझसे तुमने पूछा है अगर और मेरी बात अगर समझ सको तो मैं तुमसे कहूंगा : मौत को स्वीकार कर लो, छूटने की बात ही छोड़ो। जो होना है, होना है। उसे तुम स्वीकार कर लो। उसे तुम इतने अंतरतम से स्वीकार कर लो कि उसके प्रति विरोध न रह जाए। वहीं भय समाप्त हो जाएगा।

मृत्यु से तो नहीं छूटा जा सकता, लेकिन मृत्यु के भय से छुटकारा हो सकता है। मृत्यु तो होगी, लेकिन भय आवश्यक नहीं है। भय तुमने पैदा किया है। वृक्ष तो भयभीत नहीं हैं, मौत उनकी भी होगी। क्योंकि उनके पास सोच-विचार की बुद्धि नहीं है। पशु तो चिंता में नहीं बैठे हैं, उदास नहीं बैठे हैं कि मौत हो जाएगी, मौत उनकी भी होगी!

मौत तो स्वाभाविक है। वृक्ष, पशु, पक्षी, आदमी, सभी मरेंगे। लेकिन सिर्फ आदमी भयभीत है। क्योंकि आदमी सोचता कि किसी तरह बचने का उपाय हो जाए। कोई रास्ता निकल आए।

तुम जब तक बचना चाहोगे तब तक भयभीत रहोगे। तुम्हारे बचने की आकांक्षा से ही भय पैदा हो रहा है। स्वीकार कर लो! मौत है, होनी है। तो जब होनी है हो जाएगी। और हर्जा क्या है? जन्म के पहले तुम नहीं थे, कोई तकलीफ थी? कभी इस तरह सोचो, जन्म के पहले तो तुम नहीं थे, कोई तकलीफ थी? मौत के बाद तुम फिर नहीं हो जाओगे, तकलीफ क्या होगी! जैसे जन्म के पहले थे, वैसे ही मौत के बाद फिर हो जाओगे। जो जन्म के पहले हालत थी, वही मौत के बाद हालत हो जाएगी। जब तक तुमने पहली सांस न ली थी, तब तक का तुम्हें कुछ याद है? कोई परेशानी है? कोई झंझट! ऐसे ही जब आखिरी सांस छूट जाएगी, उसके बाद भी क्या झंझट, क्या परेशानी!

सुकरात मरता था, किसी ने पूछा कि घबड़ा नहीं रहे आप? सुकरात ने कहा, घबड़ाना क्या है? या तो जैसा आस्तिक कहते हैं, आत्मा अमर है, तो घबड़ाने की कोई जरूरत ही नहीं! आत्मा अमर है तो क्या घबड़ाना! या जैसा कि नास्तिक कहते हैं, कि आत्मा मर जाती है, तो भी बात खतम हो गई। जब खतम ही हो गए तो घबड़ाना किसका! घबड़ाएगा कौन? बचे ही नहीं, तो न रहा बांस न बजेगी बांसुरी। तो सुकरात ने कहा दोनों हालत में—दोनों में से कोई ठीक होगा, और तो कोई उपाय नहीं है, या तो आस्तिक ठीक, या नास्तिक ठीक। आस्तिक ठीक, तो अमर हैं, बात खतम हुई, चिंता क्या करनी? नास्तिक ठीक तो बात खतम ही हो जानी है, चिंता किसको करनी है, किसकी करनी है? सुकरात ने कहा, इसलिए हम निश्चिंत हैं। जो भी होगा, ठीक है।

तुम बचने की कोशिश न करो। मौत तो होगी। लेकिन तुमसे मैं कहना चाहता हूं, मौत तुम्हारी नहीं होगी। तुम्हारा जन्म ही नहीं हुआ तो तुम्हारी मौत कैसे होगी? शरीर का जन्म हुआ है, शरीर की मौत होगी। तुम्हारा चैतन्य अजन्मा है और अमृतधर्मा है।

तुम्हारी उलझन सारी यह है कि तुमने शरीर को अपना होना समझ लिया है। मौत असली सवाल नहीं है। असली सवाल है कि शरीर को समझ लिया है, यह मैं हूं।

नीरव की अर्चा रव से
जीवन की चर्चा शव से

जैसे कोई शोरगुल से आशा कर रहा है शांति की। ऐसे कोई शव से बातें कर रहा है जीवन की।

नीरव की अर्चा रव से
जीवन की चर्चा शव से

इस मुर्दे को तुम जीवित समझे हो, इसीलिए अड़चन हो रही है। मुर्दा तो मुर्दा है। अभी भी मरा हुआ है। रोज मर रहा है। तुम्हें खयाल नहीं है, क्योंकि तुम खयाल देना नहीं चाहते, तुम डरते हो। ये तुम्हारे सिर में बाल ऊगते, दाढ़ी में बाल ऊगते, यह कभी तुमने खयाल किया, इनको तुम काटते हो, दर्द नहीं होता। यह तुम्हारे शरीर का मुर्दा हिस्सा है जो शरीर बाहर फेंक रहा है। नाखून काटते हो, दर्द नहीं होता। यह जिंदा हिस्सा नहीं है। मल-मूत्र रोज बाहर जा रहा है, यह सब मरा हुआ हिस्सा है। शरीर में से रोज मर रहा है कुछ, तुम रोज भोजन लेकर नया जीवन थोड़ा सा डालते हो। थोड़ी देर जीवन सरकता है। फिर रोज मुर्दा कुछ हिस्सा निकल जाता है।

वैज्ञानिक कहते हैं, सात साल में आदमी का पूरा शरीर मर जाता है, फिर दूसरा शरीर। सत्तर साल की उम्र में दस बार शरीर मर जाता है। पूरा का पूरा बदल जाता है, एक-एक कण बदल जाता है। कुछ नहीं बचता पुराना, सब नया होता रहता है।

शरीर तो रोज मर रहा है। शरीर की तो प्रक्रिया मृत्यु है। इस शरीर के पार एक चैतन्य की दशा है, मगर उसका तुम्हें कुछ पता नहीं। तुम वही हो और तुम्हें उसका पता नहीं। तुम्हें आत्मस्मरण नहीं।

यह मत पूछो कि मौत के लिए हम क्या करें? इतना ही पूछो कि हमारे भीतर शरीर के पार जो है, उसे जानने के लिए क्या करें? मृत्यु से बचने की मत पूछो, ध्यान में जागने की पूछो। अगर तुम्हें इतना पता चल जाए कि मैं भीतर चैतन्य हूं, तो फिर शरीर ठीक है, तुम्हारा आवास है। घर को अपना होना मत समझ लो। और जैसे ही तुम्हें यह बात समझ में आनी शुरू हो जाएगी, तुम्हारे भीतर अपूर्व क्रांति घटित होगी।

नर! बन नारायण
स्वर! बन रामायण

और तब तुम अचानक पाओगे, तुम्हारे भीतर जो तुमने नर की तरह जाना था, वह नारायण है। और जो तुमने स्वर की तरह जाना था, वह रामायण है।

शरीर तो मिट्टी है। मिट्टी से बना है, मिट्टी में विदा हो जाएगा।

मिट्टी नीरव
मिट्टी कलरव
मिट्टी कट भव
मिट्टी चिर नव

मिट्टी से बनता है, मिट्टी में गिरता है, फिर उठता है, फिर गिरता है। यह सब सृजन मिट्टी का है। यह सब खेल मिट्टी का है। तुम इस मिट्टी के दीये को अपना होना मत समझ लो। इस मिट्टी के दीये में जो तेल भरा है, वह तुम्हारा मन है। उसे भी तुम अपना होना मत समझ लो। उस तेल में जो बाती पड़ी है, बाती पर जो ज्योति जल रही है, वही ज्योति तुम हो। माना कि दीये और तेल के बिना ज्योति तिरोहित हो जाती है, लेकिन दीया और तेल ही ज्योति नहीं है। ज्योति प्रकट होने के लिए दीये और तेल की जरूरत होती है। तुम्हारे प्रकट होने के लिए शरीर और मन की जरूरत होती है। ये आवश्यक हैं तुम्हारी अभिव्यक्ति के लिए, तुम्हारे अस्तित्व के लिए आवश्यक नहीं हैं। तुम्हारा अस्तित्व इनसे पार है। उस पार का तुम्हें बोध होने लगे, तो मृत्यु से कोई भय न रह जाएगा। तब तुम जानोगे, मृत्यु होती ही नहीं।

शरीर के तल पर मृत्यु सुनिश्चित है, आत्मा के तल पर मृत्यु न कभी हुई है, न हो सकती है। इतना ही तुम पहचान लो कि तुम आत्मा हो।

तिफ्ली देखी शबाब देखा हमने
हस्ती को हवा बेआब देखा हमने
जब आंख हुई बंद तो उकदा यह खुला
जो कुछ भी देखा सो ख्वाब देखा हमने

अभी तुम जिसे जिंदगी समझ रहे हो वह सपने से ज्यादा नहीं।

जब आंख हुई बंद तो उकदा यह खुला

मरते वक्त तुम जानोगे, जब आंख सच में बंद होगी तब यह राज खुलेगा—

जो कुछ भी देखा सो ख्वाब देखा हमने

जिंदगी जिसको समझते थे, वह सपना सिद्ध हुई। और इस जिंदगी के भीतर जो सत्य छिपा था, सपने में इतने उलझे रहे कि सत्य को कभी देखा नहीं।

कुछ पंद और नसीहत ने भी तामीर न की
दुनिया के किसी काम में ताखीर न की
दिन रात यहीं के साज और सामां में रहे
जाना है कहां कुछ इसकी तदबीर न की

फिर भटकोगे। मौत से मत घबड़ाओ, अगर तुम्हारे जीवन में सच में ही समझने की कोई आकांक्षा है तो इतनी बात समझ लो कि यह जिसे तुम जिंदगी समझ रहे हो—

दिन रात यहीं के साज और सामां में रहे

यह भ्रांति है, मौत इसी को छीन लेगी। धन छीन लेगी, पद छीन लेगी, नाम छीन लेगी, यश छीन लेगी। अगर तुमने नाम, पद, यश, धन को ही समझा कि मेरा होना है, तो तुम मरे, तो घबड़ाना तुम्हारा स्वाभाविक है। इसके पार भी तुम हो। पद के पार, प्रतिष्ठा के पार, नाम-यश के पार, धन-दौलत के पार तुम्हारा कुछ होना है। उसे थोड़ा पहचान लो, उसका थोड़ा अनुभव कर लो, मौत उसे नष्ट न कर पाएगी।

जिसने स्वयं को जाना, मौत उसके सामने हार जाती है। और मौत जल्दी आ रही है। तुम कह रहे हो, इससे बचने का कोई उपाय है? मैं तो सारी चेष्टा यह कर रहा हूं कि तुम्हें समझ में आ जाए कि मौत जल्दी-जल्दी कदम बढ़ाए तुम्हारी तरफ चली आ रही है। तुम कह रहे हो कि मुझे रास्ता बता दें कि मौत से बचने का कोई उपाय। तुम सोचते हो, मैं कोई तुम्हें ताबीज-गंडा दे दूं कि तुम बच जाओ मौत से।

जब तक कुछ अपनी कहूं सुनूं जग के मन की
तब तक ले डोली द्वार विदा-क्षण आ पहुंचा
फूटे भी तो थे बोल न स्वांस क्वांरी के
गीतों वाला इकतारा गिर कर टूट गया
हो भी न सका था परिचय दृग का दर्पण से

काजल आंसू बन कर छलका और छूट गया

इतनी जल्दी सब हो जाएगा। ज्यादा देर नहीं लगेगी।

जब तक कुछ अपनी कहूं सुनूं जग के मन की

तब तक ले डोली द्वार विदा-क्षण आ पहुंचा

कह भी न पाओगे अपने मन की, सुन भी न पाओगे अपने मन की और पाओगे कि आ गई डोली। अरथी उठने लगी, बंधने लगी।

फूटे भी तो थे बोल न स्वांस क्वांरी के

गीतों वाला इकतारा गिर कर टूट गया

इकतारा बज भी कहां पाता और टूट जाता है। कहां कौन कह पाता है जो कहना था! कहां कौन हो पाता है जो होना था!

हो भी न सका था परिचय दृग का दर्पण से

आंख अभी दर्पण से मिल भी न पाई थी...

काजल आंसू बन कर छलका और छूट गया

मौत तो जल्दी बढ़ी आती है। और किसी भी क्षण द्वार पर दस्तक दे देगी। क्षण भर पहले भी खबर न देगी कि आती हूं। मौत तो अतिथि है। तारीख, तिथि बता कर न आएगी, बस आ जाएगी। एक क्षण फुरसत न देगी। तुम कहोगे, साज-सामान बांध लूं, मित्र-प्रियजनों से क्षमा मांग लूं, मिल लूं जुल लूं, इतना मौका भी न देगी। जल्दी करो, इसके पहले कि मौत आ जाए, तुम अपने भीतर के अमृत को पहचान लो।

तो मैं तो चाहता हूं कि तुम्हें मौत के प्रति और सजग करूं, मैं तो चाहता हूं कि तुम्हें और कंपा दूं—तुम्हारी जड़ें हिल जाएं—तुम चाहते हो कि मैं तुम्हें नींद में सुला दूं, कोई रास्ता बता दूं, कोई तरकीब दे दूं कि जिससे मौत से बचाव हो जाए। मौत से बच कर करोगे भी क्या? अभी कर क्या रहे हो जिंदा रह कर, यही करोगे न बचकर! इसको कितने दिन तक करते रहने का मन है? सत्तर साल से मन नहीं चुकता? सात सौ साल करोगे, यही? हद हो गई बात!

मैंने सुना है कि सिकंदर अपनी यात्राओं में एक ऐसी जगह पहुंचा जहां उसे पता चला कि एक झरने के पास एक ऐसा जलधार है कि अगर उसका कोई पानी पी ले तो अमर हो जाता है। तो वह गया, उस जलधार की खोज किया। जब वह पहुंचा जलधार के पास, बड़ा आनंदित हो गया। ऐसा स्फटिक स्वच्छ जल उसने कभी देखा न था। और चुल्लू भरने को ही था कि एक कौवा बैठा था वहां एक शाख पर, उसने कहा, रुक सिकंदर! पीछे पछताएगा। पहले मेरी बात सुन ले। सिकंदर बहुत हैरान हुआ, एक तो यह चमत्कार कि इस पानी को पीकर आदमी अमर हो जाता है। और यह एक चमत्कार कि यह कौवा बोलता है। उसने पूछा कि क्या कहना है तुझे? कौवे

ने कहा, कहना मुझे यह है कि मैंने भी यह पानी पीआ—मैं कोई छोटा-मोटा कौवा नहीं हूं, जैसा तू सिकंदर है आदमियों में, ऐसा मैं भी एक सिकंदर हूं कौवों में—इसी की खोज मैंने सारे जीवन लगाई और मैंने यह झरना पा लिया और मैं यह पानी पी चुका। अब मैं तड़फ रहा हूं। हजारों साल से जिंदा हूं, मरता नहीं अब मर सकता नहीं। पहाड़ से गिरता हूं, पत्थर पर सिर पटकता हूं, जहर पीता हूं, मरता नहीं। और अब जिंदगी में कुछ सार नहीं है—वही-वही कब तक दोहराए चला जाऊं? अब देख लिया सब। इसलिए तुझसे कहता हूं, पहले सोच ले। फिर मर न सकेगा। फिर तेरी मर्जी! मैं इसीलिए यहां बैठा हूं कि अब और दूसरे कोई नासमझ यह गलती न कर लें जो मैंने की। और कहते हैं, सिकंदर थोड़ी देर सोचा और फिर चुपचाप सरक आया। उसने फिर उस झरने का पानी पीआ नहीं।

यह कहानी तो कहानी है। लेकिन बात बड़ी सच है। तुम पी सकोगे? अगर उस झरने के पास पहुंच जाओ! यह बात तुम्हें खयाल में न आएगी कि फिर पीकर करोगे क्या? फिर मरना असंभव हो जाएगा।

नहीं, इस जिंदगी का सारा खेल मौत में समाया है। इस जिंदगी का सारा रस ही मौत के कारण है। और मौत जरूरी है। तुम मौत से बचो मत। तुम मौत को झुठलाओ मत, तुम अपने मन को बहलाओ मत, तुम मौत को स्वीकार करें।

आगे पीछे एक दिवस
आना ही होगा तेरे द्वारे
इसीलिए जीवन भर मैंने
नहीं गेह पर दिए किवाड़े
लेकर कोई कर्ज सीस
तेरे गोकुल जाना न उचित था
यही सोच सौ-सौ हाथों से
बांटे जग को चांद-सितारे
लेकिन इस संन्यासीपन का
फल यह सिर्फ मिला दुनिया से
आंसू तक सब रेहन हो गए
अरथी तक नीलाम हो गई
मैंने तो सोचा था अपनी
सारी उमर तुझे दे दूंगा
इतनी दूर मगर थी मंजिल

चलते-चलते शाम हो गई
यहां तो सब लुट जाएगा।
आंसू तक सब रेहन हो गए
अरथी तक नीलाम हो गई
यहां तो सब चुक जाएगा। यहां तो सब छूट जाएगा।
अरथी तक नीलाम हो गई

यहां तो कुछ बचेगा नहीं। इसलिए मैं तुम्हें सांत्वना नहीं देता। मैं तुम्हें झकझोरना चाहता हूं। मैं तो तुम्हारी सांत्वनाएं छीन लेना चाहता हूं। मैं तो तुमसे कहता हूं, मौत निश्चित है। मौत होने वाली है। मौत कल होगी। आने वाले क्षण में हो सकती है। बचो मत, स्वीकार करो। और जितनी देर क्षण बचे हैं, इनको तुम जीवन की तलाश में लगा दो। अंतस-जीवन की तलाश में। वहां है किरण अमृत की, शाश्वत की। और वह तुम्हारी किरण है। मिल सकती, तुम उसके मालिक हो। तुमने दावा नहीं किया है। दावा करो! घोषणा करो। शरीर से अपने को थोड़ा हटाओ, चैतन्य में थोड़े जगो।

हरि ॐ तत्सत्।

आज इतना ही।

* * *

प्रवचन : 89

सिद्धि के भी पार सिद्धि है

8 फरवरी, 1977

क्व भूतानि क्व देहो वा क्वेंद्रियाणि क्व वा मनः।
क्व शून्यं क्व च नैराश्यं मतस्वरूपे निरंजने।।285।।
क्व शास्त्रं क्वात्मविज्ञानं क्व वा निर्विषयं मनः।
क्व तृप्तिः क्व वितृष्णत्वं गतद्वंद्वस्य मे सदा।।286।।
क्व विद्या क्व च वाऽविद्या क्वाहं क्वेदं मम क्व वा।
क्व बंधः क्व च वा मोक्षः स्वरूपस्य क्व रूपिता।।287।।
क्व प्रारब्धानि कर्माणि जीवनमुक्तिरपि क्व वा।
क्व तद्विदेहकैवल्यं निर्विशेषस्य सर्वदा।।288।।
क्व कर्ता क्व च वा भोक्ता निष्क्रियं स्फुरणं क्व वा।
क्वापरोक्षं फलं वा क्व निःस्वभावस्य मे सदा।।289।।
क्व लोकः क्व मुमुक्षुर्वा क्व योगी ज्ञानवान् क्व वा।
क्व बद्धः क्व च वा मुक्तः स्वस्वरूपेऽहमद्वये।।290।।
क्व सृष्टिः क्व च संहारः क्व साध्यं क्व च साधनम्।
क्व साधकः क्व सिद्धिर्वा स्वस्वरूपेऽहमद्वये।।291।।

अश्रु से मेरी नहीं पहचान थी कुछ
दर्द से परिचय तुम्हीं ने तो कराया

छू दिया तुमने हृदय की धड़कनों को
गीत का अंकुर तुम्हीं ने तो उगाया
मूक मन को स्वर दिये हैं बस तुम्हीं ने
उम्र भर एहसान भूलूंगा नहीं मैं

मैं न पाता सीख यह भाषा नयन की
तुम न मिलते उम्र मेरी व्यर्थ होती
सांस ढोती शव विवश अपना स्वयं ही
और मेरी जिंदगी किस अर्थ होती
प्राण को विश्वास सौंपा बस तुम्हीं ने
उम्र भर एहसान भूलूंगा नहीं मैं

तुम मिले हो क्या मुझे साथी सफर में
राह से कुछ मोह जैसा हो गया है
एक सूनापन कि जो मन को डसे था
राह में गिर कर कहीं वह खो गया है
शोक को उत्सव किया है बस तुम्हीं ने
उम्र भर एहसान भूलूंगा नहीं मैं

यह हृदय पाहन बना रहता सदा ही
सच कहूं यदि जिंदगी में तुम न मिलते
यूं न फिर मधुमास मेरा मित्र होता
और अधरों पर न यह फिर फूल खिलते
भग्न मंदिर फिर बनाया बस तुम्हीं ने
उम्र भर एहसान भूलूंगा नहीं मैं
तीर्थ सा मन कर दिया है बस तुम्हीं ने
उम्र भर एहसान भूलूंगा नहीं मैं

शिष्य की बड़ी असमर्थता है धन्यवाद देने में। किन शब्दों में बांधे धन्यवाद? क्योंकि शब्द भी गुरु के ही दिए हुए हैं। मूक ही निवेदन हो सकता है। लेकिन फिर भी कहने का कुछ मन होता है। बिन कहे भी रहा नहीं जाता।

तो एक ही उपाय है कि गुरु की प्रतिध्वनि गूंजे। जो गुरु ने कहा है, शिष्य उसे अपने प्राणों में गुंजाए। जो गुरु ने बजाया है, शिष्य की प्राण-वीणा पर भी बजे। यही धन्यवाद होगा, यही आभार होगा।

गुरु से उऋण होने का कोई उपाय नहीं है। बुद्ध से उनके शिष्यों ने पूछा है कि इतना आपने दिया है, हम कभी उऋण होना चाहें तो कैसे? हम चुका कैसे पाएंगे? हम कृतज्ञता कैसे ज्ञापन करें? तो बुद्ध ने कहा, एक ही काम है, एक ही संभावना है कि जो मैंने तुम्हें दिया है, जाओ और दूसरों को दो। बांटो। यही एक उपाय है—जो सुगंध गुरु से मिली है, वह बांट दी जाए।

इन अंतिम सूत्रों में जनक उसी अपूर्व भाव-दशा को अभिव्यक्त कर रहे हैं। और इस अभिव्यक्ति में सारा संवाद संक्षिप्त होकर आ गया है। यह सार-निचोड़ है। अगर ये अंतिम सूत्र बच जाएं और पूरी महागीता खो जाए, तो कुछ हानि न होगी। जनक ने ठीक-ठीक संक्षिप्त कर दिया है। जैसे बीज से वृक्ष होता और फिर वृक्ष में बीज लग जाते हैं, ऐसी एक छोटी सी जिज्ञासा जनक ने उठाई थी—बीज की तरह थी जिज्ञासा—अष्टावक्र ने उसका वृक्ष किया, अब जनक फिर उसे बीज किए दे रहे हैं। फिर संक्षिप्त किए दे रहे हैं। फिर सूत्र में बांधे दे रहे हैं। उनकी अड़चन समझी जा सकती है। उनकी बेचैनी भी समझी जा सकती है। कुछ भी देकर धन्यवाद हो नहीं सकता।

जीव भर का सुबरन
देकर भी करता मन
दे दूं कुछ और अभी

तन अंगीकार करो
मन-धन स्वीकार करो
लोभ-मोह-भ्रम लेकर
प्राण निर्विकार करो
प्रति पल प्रति याम दूं
सवेरे दूं शाम दूं
जब तक पूजा-प्रसमन
देकर भी करता मन
दे दूं कुछ और अभी
भक्ति-भाव अर्जन लो
शक्ति साध सर्जन लो
अर्पित है अंतर्तम
अहं का विसर्जन लो
जन्म लो मरण ले लो
स्वप्न-जागरण ले लो

चिर संचित श्रम साधन
देकर भी करता मन
दे दूं कुछ और अभी

यह नाम तुम्हारा हो
धन-धाम तुम्हारा हो
मात्र कर्म मेरे हों
परिणाम तुम्हारा हो
उंगलियां सुमरनी हों
सांसें अनुसरणी हों
शाश्वत स्वर आत्म-सुमन
देकर भी करता मन
दे दूं कुछ और अभी

इस पीड़ा को समझना। तो ही इन सूत्रों में प्रवेश हो सकेगा। और ऐसा मत सोचना कि ये सूत्र मात्र पुनरुक्ति हैं। पुनरुक्ति दिखाई पड़ते हैं, क्योंकि जो अष्टावक्र ने कहा है, एक अर्थ में वही जनक कह रहे हैं, लेकिन पुनरुक्ति नहीं हैं। क्योंकि अष्टावक्र ने जो कहा था, जनक उसे सिर्फ तोते की भांति अगर दोहराते तो पुनरुक्ति है। वह जनक के जीवन का अंतःप्रकाश बन गया है। अब वह जो कह रहे हैं, अपने प्राणों का ही बोल है।

शिष्य जब गुरु की वाणी को अपना जीवंत अनुभव बना लेता है, तब पुनरुक्ति नहीं है। यद्यपि शब्द वही होंगे, पुनरुक्ति नहीं होगी। इन शब्दों को फिर से जीवित होने का अवसर मिल गया। शिष्य में जाकर ये पुनरुज्जीवित हुए हैं। वही हैं, फिर भी वही नहीं हैं।

ऐसा उल्लेख है एक झेन फकीर के जीवन में कि वह अपने गुरु के पास था और गुरु ने उसे कोई ध्यान के लिए एक समस्या दी थी, कोआन दिया था। वह उस पर विचार करता है, मनन करता है, चिंतन करता है। कोआन था कि एक हाथ की ताली कैसे बजती है?

एक हाथ की ताली बजती नहीं। जितनी ध्वनियां हम जानते हैं, उनमें से कोई भी एक हाथ की ताली है नहीं। दो का संघर्षण हो तो ही आवाज होती है। ध्वनि हमारी जानकारी में जितनी हैं, सब संघर्षण से होती हैं। और जो ध्वनि संघर्षण से होती है, वह संघर्ष ही है। हिंसात्मक है। और जो ध्वनि संघर्ष से पैदा होती है, शाश्वत नहीं हो सकती। जो कभी पैदा हुई, कभी नष्ट हो जाएगी।

झेन फकीरों का यह ध्यान का सूत्र कि एक हाथ की ताली खोजो, इसका अर्थ होता है, एक ऐसी ध्वनि को खोज लो जो बज ही रही है, सनातन से, प्रारंभ से, अंत तक, सदा बजती रहेगी। जो न कभी मिटती है, न कभी पैदा होती है। जिसको भारतीय रहस्यवादी अनाहत नाद कहते हैं। आहत नाद का अर्थ होता है, टक्कर से; अनाहत नाद का अर्थ होता है, बिना टक्कर के।

तो शिष्य खोजता है, ध्यान करता है, रोज-रोज उत्तर लाता है। महीनों बीत जाते हैं, थक जाता है, फिर किसी अनुभवी दूसरे साधक से पूछता है कि मैं क्या करूं, महीने बीत गए, वर्ष बीत जा रहे, मैं गुरु को कैसे उत्तर दूं?

तो उस अनुभवी शिष्य ने कहा कि वर्षों मुझे भी लगे थे और जब-जब मैं उत्तर ले गया, तब-तब मैं गलत पाया गया। फिर एक दिन मुझे अनुभव हुआ कि इसका कोई उत्तर नहीं हो सकता। मुझे स्वयं ही एक हाथ की ताली बन कर जाना पड़ेगा, वही उत्तर होगा। तब मैं परिपूर्ण शांत और शून्य होकर, निर्विचार होकर—मेरे भीतर कोई आवाज न रही, कोई तरंग न रही—गुरु के चरणों में जाकर झुका और उन्होंने कहा कि अब ठीक है, तू ले आया उत्तर! जब मैं कोई उत्तर न ले गया था और सिर्फ शून्य भाव से उनके चरणों में झुका था तब उन्होंने कहा, ले आया उत्तर! तो तेरी साधना पूरी हुई। तो उस युवक ने कहा, ऐसा मुझे पहले क्यों न कहा, यह मैं कर लेता।

वह दूसरे दिन सुबह पहुंच गया स्नान-ध्यान करके। चुप जाकर चरणों में गुरु के झुक गया। लेकिन गुरु यह देख कर हंसने लगा। और गुरु ने कहा, पागल, उधारी से काम नहीं चलता। उसने कहा, लेकिन मैं ठीक वैसा ही झुक रहा हूं, बिलकुल चुप, एक शब्द भी नहीं बोला हूं। गुरु ने कहा, फिर भी उधारी से काम नहीं चलता। वह जब आया था, शून्य था, तू सिर्फ शून्य का आभास लेकर आया है। तू चेष्टा करके, ऊपर से मौन होकर आया है, भीतर तो लाख-लाख शब्दों के जाल बुने जा रहे हैं। भीतर तो विचारों की तरंगों पर तरंगें चल रही हैं। अभी जब तू झुका, तब भी तेरे मन में यह विचार चल रहा था कि देखें, अब गुरु स्वीकार करते हैं कि नहीं?

फिर महीनों तक शिष्य विदा हो गया। जब सच में ही शून्य हो गया तो फिर आया। अब भी सब वैसा ही था—बाहर तो कुछ भेद न था—फिर झुका। और गुरु की चरणसेवा में जो एक शिष्य रहता था, उसने वह घटना भी देखी थी जब यह झुका था, यह घटना भी देखी। और गुरु ने कहा, ठीक, अब ठीक! तो ले आया, उत्तर तुझे मिल गया! वह जो चरणसेवा में रत था, उसने पूछा कि मैं कोई फर्क नहीं देखता हूं, तब भी यह ऐसे ही झुका था, अब भी वैसे ही झुक रहा है; तब भी ऐसा ही शांत था, अब भी ऐसा ही शांत है; तब आपने कहा कि उधार, बासा उत्तर काम न आएगा; अब

कहते हैं, ले आया! मैं कुछ फर्क नहीं देखता हूं। गुरु ने कहा, फर्क बाहर नहीं है, फर्क भीतर है।

जनक जो कह रहे हैं, ऊपर से समझोगे तो लगेगा वही दोहरा रहे हैं जो अष्टावक्र ने कहा, जरूरत क्या है? अब सब उसको पुनरुक्त करने का क्या प्रयोजन हो सकता है? लेकिन अगर भीतर देखोगे तो पाओगे, अष्टावक्र ने जो कहा था, वह फिर से जीवित हुआ है। जनक ने अपनी आत्मा उसमें डाल दी। अब ये जनक के ही स्वर हैं। इनको अब अष्टावक्र के मत मानना। अब ये जनक की अपनी निजवाणी है। ऐसा नहीं है कि अष्टावक्र को सोच-सोच कर जनक दोहरा रहे हैं। जो जनक की समझ पैदा हुई है, उस समझ का ही सार-निचोड़ इन सूत्रों में है।

पहला सूत्र—

क्व भूतानि क्व देहो वा क्वेंद्रियाणि क्व वा मनः।
क्व शून्यं क्व च नैराश्यं मत्स्वरूपे निरंजने।।

'मेरे निरंजन स्वरूप में कहां पंचभूत हैं, कहां देह है, कहां इंद्रियां हैं, अथवा कहां मन है? कहां शून्य है और कहां आकाश का अभाव है?'

चकित भाव से—जो कहा है अष्टावक्र ने उसकी चोट ऐसी प्रगाढ़ पड़ी है कि जैसे कोई नींद से जाग गया हो, या जैसे अंधेरे में अचानक बिजली कौंध गई हो, या अंधे को अचानक आंख मिल गई हो, या बहरे को कान मिल गए हों, या मुर्दा जी उठा हो, इतनी आकस्मिक घटना घटी है—चकित, विभोर। ये सारे वचन अत्यंत आश्चर्य से भरे हुए हैं।

'मेरे निरंजन स्वरूप में...।'

मत्स्वरूपे निरंजने।

निरंजन शब्द बड़ा बहुमूल्य है। निरंजन का अर्थ होता है, जिस पर कोई अंजन न चढ़ सके, जिस पर कोई लेप न चढ़ सके। कमल का पत्ता, कहते हैं, निरंजन है। पानी में होता है, पानी की बूंद भी पड़ी होती है तो भी पानी कमल के पत्ते को छूता नहीं। पत्ते पर पड़ी बूंद भी अलग ही होती है। पत्ता अलग होता है। छूना नहीं होता, स्पर्श नहीं होता। कितने ही पास रहे, पत्ता निरंजन है।

मत्स्वरूपे निरंजने।

जनक ने कहा, आज देख रहा हूं कि मैं शरीर के पास तो हूं लेकिन शरीर कभी नहीं हुआ।

मत्स्वरूपे निरंजने।

मन के पास तो हूं—इतने पास खड़ा हूं, सटा-सटाया खड़ा हूं—लेकिन कभी मन नहीं हुआ। कर्म हुए, मैं पास ही खड़ा था और कभी कर्ता नहीं हुआ। भोग चले,

मैं पास ही खड़ा था और कभी भोक्ता नहीं हुआ। भोग की छाया भी बनती रही, जैसे दर्पण पर छाया बनती है, तुम दर्पण के सामने आए तो चेहरा बनता है। लेकिन दर्पण पर कोई लेप नहीं चढ़ता, तुम चले गए, छाया भी गई।

यही तो फर्क है दर्पण में और कैमरे की प्लेट में। कैमरे की प्लेट में भी चित्र बनता है लेकिन लेपन होता है। तुम तो चले गए, लेकिन चित्र अटक रह गया। दर्पण पर लेपन नहीं होता, चित्र बनता है और बह जाता है। साक्षीभाव दर्पण की तरह है, कैमरे की प्लेट की तरह नहीं। अज्ञानी कैमरे की प्लेट की तरह है। जो देख लिया, उससे पकड़ जाता है। किसी ने बीस साल पहले गाली दी थी, अब भी तुम्हारे मन में गूंजी चली जा रही है। अब भी तुम उसे दोहरा रहे। अब भी तुम उसे कुरेद-कुरेद कर देख लेते हो, बार-बार पीड़ा को फिर अनुभव करने लगते हो। शायद पचास साल पहले किसी ने सम्मान किया था, वह दिन आज भी भूले-भूले नहीं भूलता। लेपन हो गया। सारा अतीत तुम्हारे मन की प्लेट पर चढ़ बैठा है। खरोंचें ही खरोंचें लग गई हैं। सब तरह से तुम लिप्त हो गए हो।

जनक ने कहा—मत्स्वरूपे निरंजने—मेरे इस निरंजन रूप को देख कर चकित अहोभाव से मैं खड़ा हूं। भरोसा नहीं आता! इतना किया और मुझसे कुछ भी नहीं हुआ। इतने दुख-सुख झेले और मैं अछूता रहा हूं। धन रहा, दौलत रही, गरीबी रही; बचपन था, जवानी थी, बुढ़ापा था; न मालूम कितनी देहों में गया—कभी पशु था, कभी पक्षी था, कभी आदमी हुआ; कभी पत्थर था—कितनी देहों से गुजरा, कितने रूप धरे, लेकिन फिर भी मैं निरंजन का निरंजन रहा।

'मेरे निरंजन स्वरूप में कहां पंचभूत हैं!'

यह जो पांच भूतों का बड़ा विराट खेल चल रहा है, यह मुझसे बाहर है, यह मुझसे अलग है। इसका मुझमें कहीं भी प्रवेश नहीं है। प्रवेश हो ही नहीं सकता, मेरा स्वरूप ऐसा है। तुम जल को जल में मिलाओ तो मिल जाता है। तुम जल को तेल में मिलाओ तो नहीं मिलता है। तुमने अगर तेल भरी कटोरी में जल डाल दिया तो पास-पास हो जाएगा, जल और तेल बहुत पास-पास हो जाएगा, दोनों की सीमाएं करीब-करीब एक होती हुई मालूम पड़ेंगी, फिर भी जल और तेल अलग-अलग बने रहते हैं। ऐसा ही चैतन्य पदार्थ से अलग-अलग बना रहता। कितना ही मेल हो जाए, लेप नहीं होता।

मत्स्वरूपे निरंजने।

'कहां देह है और कहां इंद्रियां हैं?'

जनक कह रहे हैं, खड़ा हूं आंख के पीछे, लेकिन मैं आंख नहीं। देखनेवाली आंख नहीं है, आंख तो केवल झरोखा है, खिड़की है, वातायन है जिस पर खड़े

होकर कोई देख रहा है। सुननेवाला कान नहीं है, कान तो झरोखा है, जिसके पास खड़े होकर कोई सुन रहा है। जब मैं अपने हाथ से तुम्हें छूऊं, तो हाथ असली छूनेवाला नहीं है। नहीं तो मुर्दा हाथ भी छू सकता था। मुर्दा आंख भी तुम्हारी तरफ देख सकती है, लेकिन फिर भी देख नहीं पाएगी, क्योंकि पीछे जो खड़ा था वह विदा हो गया है। असली ऊर्जा जा चुकी। वह जो असली ऊर्जा है, वह निरंजन है।

'और अब कहां इंद्रियां, कहां मन, कहां शून्य?'

और अपूर्व बात कहते हैं कि मन तो मैं हूं ही नहीं, समाधि में जो शून्य का अनुभव होता है, वह भी मैं नहीं हूं। क्योंकि कोई अनुभव मैं नहीं हूं।

इसे थोड़ा समझना, थोड़ा बारीक है। जो भी तुम्हें अनुभव में आ जाता है, उससे तुम अलग हो गए। इसे सूत्र समझो। इसे अंतर्जीवन का गणित समझो। जो तुम्हारे अनुभव में आ गया, वह तुम न रहे। जो तुमने देख लिया, तुम उससे अलग हो गए। जो दृश्य बन गया, वह द्रष्टा न रहा। तो तुमने अगर देखा कि भीतर खूब प्रकाश हो रहा है, तो उस प्रकाश से तुम अलग हो गए, तुम देखने वाले हो। तुमने भीतर देखा कि खूब अमृत की धार बह रही है, तुम इस अमृत से भी अलग हो गए। तुम देखने वाले हो। तुमने भीतर देखा, सब शून्य हो गया—न कोई विचार, न कोई तरंग, न कोई भाव, अनंत शांति विराजमान हो गई, तो तुम इस शांति से भी अलग हो गए। तुम तो इस शांति को जानने वाले हो। इसलिए न तो मैं मन हूं, न शून्य हूं; सभी चीजें जो जानी जाती हैं, उनसे मैं अलग हो गया।

'मैं आकाश भी नहीं हूं और आकाश का अभाव भी नहीं हूं।'

मत्स्वरूपे निरंजने।

मैं तो निरंजन हूं।

'सदा द्वंद्वरहित मुझको कहां शास्त्र, कहां आत्म-विज्ञान है, कहां विषयरहित मन है, कहां तृप्ति है और कहां तृष्णा का अभाव है?'

क्व शास्त्रं क्वात्मविज्ञानं क्व वा निर्विषयं मनः।
क्व तृप्तिः क्व वितृष्णत्वं गतद्वंद्वस्य मे सदा।।

गतद्वंद्वस्य मे सदा।

मैं सभी द्वंद्व के पार। जहां-जहां दो हैं, वहां-वहां मैं नहीं। इसे समझना। हमारे जीवन में जो भी अनुभव हैं, सब दो के। इसलिए जहां-जहां दो हों, वहां समझ लेना कि तुम नहीं हो, वह तुम्हारा स्वरूप नहीं।

मत्स्वरूपे निरंजने।

वह तुम्हारा वास्तविक स्वरूप नहीं। जैसे, जहां-जहां दुख है, वहां-वहां सुख है। जहां-जहां दिन, वहां-वहां रात। जहां-जहां जीवन, वहां-वहां मौत। जहां-जहां

पुरुष, वहां-वहां स्त्री। जहां-जहां स्त्री, वहां-वहां पुरुष। जहां शांति, वहां अशांति। जहां बचपन, वहां बुढ़ापा। जहां बनना, वहां मिटना। जहां सृजन, वहां विध्वंस। तो जहां-जहां दो हो जाएं, वहां-वहां तुम्हारा निरंजन स्वरूप नहीं है। इन दो में से तुम एक को चुन लेते हो। जैसे कोई कहता है, मैं पुरुष हूं, इसने एक चुन लिया। कोई कहता है, मैं स्त्री हूं, उसने भी एक चुन लिया।

बुद्ध से किसी ने पूछा है कि बुद्धत्व के बाद आप पुरुष हैं या स्त्री? बुद्ध ने कहा, अब मैं चुनाव नहीं करता हूं। बस इतना कहा कि अब मैं चुनाव के बाहर हूं। अब न मैं स्त्री हूं, न पुरुष हूं। अब मैं बस हूं। वे चुनाव भी तादात्म्य थे। उन चुनावों के माध्यम से भी लेप हो जाता था।

तुम जवान हो या बूढ़े? अगर चुन लिया, तो गिरे। अगर अचुनाव में खड़े रहे, चुना ही नहीं...तुम कभी जरा इस पर सोचो। यह तुम्हारे कितने करीब है बात लेकिन फिर भी तुम चूकते हो। कभी आंख बंद करके तुमने सोचा कि मैं जवान हूं या बूढ़ा? हो सकता है तुम जवान हो, हो सकता है तुम बूढ़े हो, कभी आंख बंद करके सोचा कि मैं जवान हूं या बूढ़ा? तुम भीतर बड़े उसमें पड़ जाओगे कि मैं जवान या बूढ़ा! देह चाहे बूढ़ी हो गई हो, तो भी भीतर बूढ़ेपन का कभी अनुभव होता है? देह चाहे जवान हो, इससे क्या फर्क पड़ता है? तुम जब बच्चे थे तब भी तुम भीतर ऐसा ही अनुभव करते थे जैसा जवानी में अनुभव करते हो, जैसा बुढ़ापे में अनुभव करोगे। भीतर कोई अंतर नहीं पड़ता।

सब रूपांतरण बाहर होते रहते हैं। देह बदलती रहती है, भीतर तो अरूप है। भीतर तो शाश्वत है। भीतर तो नित्य है। तुम बाहर से सोचते, मैं पुरुष, मैं स्त्री; कभी भीतर भी झांक कर देखा कि वहां मैं कौन हूं? स्त्री-पुरुष का भेद तो शरीर पर है, शारीरिक है। चैतन्य तो स्त्री-पुरुष नहीं हो सकता। चैतन्य पर तो कोई स्त्री-पुरुष के भेद के लक्षण नहीं हो सकते। साक्षी तो बस साक्षी है। न पुरुष, न स्त्री।

एक वृद्ध जैन ने मुझसे पूछा—क्योंकि जैन मानते हैं, स्त्री का मोक्ष नहीं हो सकता, स्त्री-पर्याय से मोक्ष नहीं हो सकता, पुरुष तो होना ही पड़ेगा। पुरुषों ने शास्त्र रचे, तो पुरुषों ने सभी जगह स्त्रियों को नीचे रखा। स्त्रियों को ऊपर रखने की हिम्मत, अपने साथ रखने की हिम्मत पुरुष नहीं कर पाए। तो उस जैन ने पूछा कि आप क्या कहते हैं? स्त्री का मोक्ष हो सकता है या नहीं?

मैंने कहा, जहां मोक्ष होता है वहां न कोई स्त्री होती है न कोई पुरुष होता है। जब तक कोई स्त्री है और जब तक कोई पुरुष है, तब तक मोक्ष नहीं। तो न तो स्त्री का मोक्ष होता है, न पुरुष का मोक्ष होता है। यह बात गलत ही तुम कहते हो कि पुरुष का मोक्ष होता है। मोक्ष तो अचुनाव में होता है। मोक्ष तो साक्षीभाव में होता है।

मत्स्वरूपे निरंजने।

जहां कोई अंजन नहीं रह जाता है, कोई लेप नहीं रह जाता है। जहां तुमने भीतर की उस अंतर्वस्तु को पहचान लिया जो न स्त्री, न पुरुष; न जवान, न बूढ़ी; न गोरी, न काली; न हिंदू, न मुसलमान।

'सदा द्वंद्वरहित मुझमें कहां शास्त्र हैं?'

सारे शास्त्र मन में हैं, बुद्धि में हैं। क्योंकि सारे शब्द बुद्धि में हैं। तो शास्त्र कहां हो सकते हैं! मुझमें कोई शास्त्र नहीं। कुरान मानते हो कि पुराण मानते हो, वेद मानते हो कि बाइबिल मानते हो, सब मन का ही खेल है। जहां तक शब्द जाते हैं, वहां तक मन है। जहां शब्द नहीं जाते, केवल निःशब्दता जाती है, वहीं से तुम शुरू हुए। जहां तक शब्द हैं, वहां तक लेप, वहां तक तुम निरंजन नहीं। शब्दों ने कैसा पकड़ा है!

किसी से पूछो, आप कौन हैं? वह कहते हैं, मैं मुसलमान हूं, मैं हिंदू हूं, मैं जैन, मैं बौद्ध, मैं ईसाई। शब्दों ने कैसा पकड़ा है! कौन ईसाई है, कौन हिंदू है, कौन मुसलमान है! बच्चा जब पैदा होता है तो न हिंदू होता है, न मुसलमान होता है, न ईसाई होता है। हम उसे सिखाते, संस्कारित करते, उसे सब भांति पिलाते घोंट-घोंट कर। जिस दिन से हम उसको अपने हाथ में पाते हैं, उसी दिन से हिंदू या मुसलमान बनाने में लग जाते हैं। निश्चित ही निरंतर के संस्कार से एक दिन वह भी दोहराने लगता है, मैं हिंदू। मानने लगता है, मैं हिंदू। तुमने उस व्यक्ति को बड़ा संकीर्ण कर दिया। आत्मा कहां हिंदू, कहां मुसलमान! मंदिर-मस्जिद सब सीमाएं हैं, आत्मा असीम। आत्मा का कोई शास्त्र नहीं। आत्मा के पास कोई शब्द नहीं। आत्मा निःशब्द है, निर्विचार है, निर्विकार है।

मत्स्वरूपे निरंजने, गतद्वंद्वस्य मे सदा।

जहां तक शब्द जाते हैं, वहां तक द्वंद्व है। तुम ऐसा कोई शब्द नहीं खोज सकते जिसका विपरीत शब्द न हो। शब्द तो द्वंद्व से ही भरा है। तुमने कहा किसी को सुंदर, तो तुम्हें किसी को असुंदर कहना ही पड़ेगा। तुम यह तो न कर सकोगे कि तुम कहो कि मुझे सभी सुंदर दिखाई पड़ते हैं। अगर सभी सुंदर दिखाई पड़ते हैं तो सुंदर शब्द का कोई अर्थ नहीं रहा, अर्थहीन हो गया। तुम्हें असुंदर दिखाई पड़ता हो, तो ही सुंदर दिखाई पड़ सकता है। कुरूप को बिना स्वीकार किए सुंदर का कोई बोध नहीं हो सकता। तुमने कहा, यह आदमी महात्मा है, तुम चक्कर में पड़ गए। क्योंकि महात्मा कहने का मतलब ही यह हुआ कि तुम किसी को हीन-आत्मा कहोगे। बिना हीन-आत्मा कहे तुम किसी को महात्मा नहीं कह सकते। महात्मा का तो मतलब ही हुआ कि तुमने श्रेष्ठ कहा किसी को। तो तुमने किसी को अश्रेष्ठ कह दिया। भेद पैदा हो गया। अच्छा कहा, बुरा हो गया। अच्छे में बुरा समाया है। ये एक ही सिक्के के दो पहलू हैं।

सभी शब्द द्वंद्वग्रस्त हैं। शब्द के भीतर द्वंद्व से पार होने का कोई उपाय नहीं। तुम यह न कह सकोगे कि मुझे तो सभी में भगवान दिखाई पड़ता है अगर सभी में भगवान दिखाई पड़ता है तो कोई बात ही कहने की न रही। जब तक तुम्हें किन्हीं में शैतान दिखाई पड़ता है तभी तक किसी में भगवान दिखाई पड़ सकता है। नहीं तो कोई अर्थ ही नहीं रहा, बात ही व्यर्थ हो गई। अगर तुम कहते हो, मैं तो हर स्थिति में सुखी हूं, तो इस बात के कहने में कोई भी अर्थ न रहा। यह व्यर्थ हो गई। तुम किन्हीं स्थितियों में जरूर दुखी होते होओगे, तभी कहते हो हर स्थिति में सुखी हूं।

गतद्वंद्वस्य मे सदा।

जनक कहते हैं, मैं द्वंद्व के बाहर हूं—गतद्वंद्वस्य—पार। जहां तक द्वंद्व है, वहां तक मैं नहीं। जहां द्वंद्व नहीं, वहां मैं हूं। फिर वहां न कोई शास्त्र है, न आत्म-विज्ञान है। न विषय रहित मन है। वहां तृप्ति भी कहां, क्योंकि वहां तृष्णा भी नहीं है। जब तक तृष्णा है तब तक तृप्ति है। जब कोई आदमी कहता है कि मैं तो बड़ा संतुष्ट हूं, मेरे मन में असंतोष रहा ही नहीं, तो समझना कि असंतोष कहीं न कहीं होगा। नहीं तो तृप्ति का अनुभव कैसे होता? प्यास न हो तो तृप्ति का अनुभव नहीं होगा। भूख न हो तो तृप्ति का अनुभव न होगा। सारे अनुभव अपने विपरीत को अपने साथ ही खींच लाते हैं। इसलिए मैंने कल तुमसे कहा कि अगर तुम्हारे जीवन में सुख के शिखर अनुभव होते हैं, तो ध्यान रखना, दुख की घाटियां भी पास ही हैं। तुम उनमें गिरोगे, बच न सकोगे।

कृष्णमूर्ति की देशना में एक शब्द बड़ा बहुमूल्य है: च्वाइसलेसनेस, विकल्परहितता, चुनाव-रहितता। चुनना ही नहीं। अगर तुम इतना ही कर लो कि खड़े देखते रहो और चुनाव न करो—न कहो सुंदर, न कहो असुंदर; न कहो अपना, न कहो पराया; न कहो प्रीतिकर, न अप्रीतिकर; न पास रखना चाहो, न दूर हटाना चाहो—तो उसी चुनावरहितता में तुम मुक्त हो गए।

'स्वरूप को कहां रूपिता है, कहां विद्या है, कहां अविद्या है, कहां मैं है, अथवा कहां यह, कहां मेरा है; कहां बंध है, कहां मोक्ष है?'

क्व विद्या क्व च वाऽविद्या क्वाहं क्वेदं मम क्व वा।
क्व बंधः क्व च वा मोक्षः स्वरूपस्य क्व रूपित।।

स्वरूपस्य क्व रूपिता।

'स्वरूप को कहां रूपिता है?'

शब्द का उपयोग तो करना पड़ रहा है, निःशब्द को बताने के लिए। इसलिए शब्द की सीमा को ध्यान रखना। इसलिए जितना बहुमूल्य वचन होगा, उतना विरोधाभासी होगा। जैसे, स्वरूप को कहां रूपिता? स्व-रूप, और फिर कहते हैं

कहां रूपिता? स्वरूप को कहां रूप? स्वरूप शब्द में ही रूप है। लेकिन मजबूरी है। आदमी के पास जितने शब्द हैं, सभी द्वंद्व में भरे हैं। इसलिए गतद्वंद्व के लिए एक ही उपाय है प्रकट करने का कि हम विपरीत शब्दों का साथ-साथ उपयोग करें।

उपनिषद कहते हैं, परमात्मा दूर से भी दूर और पास से भी पास। बात ठीक नहीं मालूम पड़ती, तर्कयुक्त नहीं है। या तो दूर है तो दूर है, या पास है तो पास है। यह क्या बात हुई कि दूर से भी दूर, पास से भी पास! लेकिन मजबूरी है।

मजबूरी यह है—दूर कहें तो चूक हो जाती है, पास कहें तो चूक हो जाती है। क्योंकि जिसको पास कहा, पास कहने में ही दूर हो गया। पास में ही दूरी छिपी है। जिसको तुम पास कहते हो, यह भी दूरी को ही नापने का एक ढंग है। कोई मेरे पास बैठा है चार फीट दूरी पर, कोई छः फीट दूरी पर, कोई दस फीट दूरी पर, कोई दस मील दूरी पर और कोई दस प्रकाश-वर्ष दूरी पर। ये सिर्फ दूरियां ही हैं सब। जो चार फीट पास बैठा है, वह भी तो चार फीट दूर बैठा है। चाहे चार फीट पास कहो, चाहे चार फीट दूर कहो, क्या फर्क पड़ता है, दोनों में एक ही मतलब है। हर पास में दूरी छिपी है। हर दूरी में पास छिपा है। भाषा में बड़ी कठिनाई है।

भाषा तो सापेक्ष है। तुम कहते हो, पानी ठंडा। या कहते हो, पानी गर्म। कहते वक्त ऐसा लगता है कि तुम कोई बड़े बहुमूल्य तथ्य कह रहे हो। यह तथ्य नहीं है। क्योंकि किस पानी को तुम ठंडा कहते हो? किस पानी को तुम गर्म कहते हो?

मैं एक यात्री का जीवन पढ़ रहा था। वह साइबेरिया की यात्रा को गया था। और ऐसा हुआ कि रास्ता भटक गया। चारों तरफ सफेद ही सफेद बर्फ। और रास्ता भूल गया। और जिस डेरे पर लौटना था उस पर न लौट सका। और सांझ हो गई और रात होने लगी और भयंकर सर्दी। खून जमने लगा। वह घबड़ाया। बच न सकेगा अगर यह रात नहीं पहुंच पाया डेरे पर। भाग-दौड़ की, यहां भागा, वहां भागा। एक दूसरे किसी गांव में पहुंच गया, जहां दो-चार-छह ईगलू थे—साइबेरियन एस्किमो के मकान। वह तो बर्फ के ही बने होते हैं। बर्फ को ही जमा कर ईगलू बना लेते हैं। वह कंप रहा है। और वह डर रहा है कि मौत पक्की। मगर यह ईगलू मिल गया तो चलो ठीक, कुछ सहारा मिल जाएगा। वह भीतर पहुंचा, ईगलू के मालिक ने कहा कि घबड़ाओ मत, बैठो, विश्राम करो। लेकिन वह ईगलू का मालिक बिलकुल उघाड़ा बैठा है! उसको कोई सर्दी-वर्दी का पता नहीं है। और ये कंपा जा रहा है और दांत खटखटा रहे हैं और बोल भी नहीं सकता ठीक से। जब ईगलू का मालिक सोने जाने लगा तो उसने एक पतला सा कंबल इसको लाकर दिया कि शायद रात थोड़ी सर्दी पड़े, तो तुम ओढ़ लेना। शायद! रात में अगर सर्दी पड़े! कभी-कभी रात सर्द हो जाती है।

तो क्या सर्दी है और क्या गर्मी है? सापेक्ष है। जो चीज तुम्हें गर्म मालूम पड़ती है, किसी को सर्द मालूम पड़ सकती है। किसी को सर्द मालूम पड़ती है, तुम्हें गर्म मालूम पड़ती है। और कभी-कभी तो ऐसा हो सकता है कि तुम एक बाल्टी में पानी भर कर रख लो, एक हाथ को बर्फ की शिला पर रख लो, एक हाथ को स्टोव पर गरम करते रहो और फिर दोनों हाथों को उस पानी की बाल्टी में डुबा दो, एक हाथ कहेगा पानी गर्म है और एक हाथ कहेगा पानी ठंडा है। तुम्हें दोनों अनुभव एक साथ होंगे कि पानी ठंडा, पानी गरम। सापेक्ष है। जो हाथ तुमने बर्फ पर रखा है, वह हाथ कहेगा, पानी गर्म। क्योंकि पानी उस हाथ से ज्यादा गर्म है। जो हाथ तुमने स्टोव पर गरमा लिया है, वह हाथ कहेगा, पानी बहुत ठंडा। क्योंकि पानी उस हाथ से ठंडा है। तुम्हारे दोनों हाथ...पानी बिलकुल एक ही है, सामने एक ही बाल्टी में भरा है।

क्या पास है, क्या दूर है!

शब्द का उपयोग ध्यानपूर्वक करना। इसलिए सारे धर्मशास्त्र और सारे धर्मशास्ताओं ने शब्द का विपरीत उपयोग किया है—एक ही साथ विपरीत—सिर्फ इतना बताने को कि तुम ध्यान रखना, शब्द के द्वंद्व में न उलझ जाना। इसलिए हम दोनों को लड़ा देते हैं। दोनों को लडा कर दोनों मर जाते हैं, दोनों गिर जाते हैं। जो शेष रह जाए वही सच है।

'स्वरूप में कहां रूपिता?'

अब यह बड़ा बेबूझ वचन हो गया। उलटबांसी हो गई।

'स्वरूप में कहां रूपिता?'

स्वरूप का मतलब ही यह होता है कि स्वयं का रूप, और उसमें जोड़ दिया—'कहां रूपिता?' स्वरूप में कहां रूप, कैसा रूप, बात पूरी हो गई। इतना ही कह रहे हैं जनक कि तुम्हारा जो अंतरतम है, वहां कोई रूप नहीं है, वहां कोई आकार नहीं, वहां कोई आकृति नहीं। असल में यह भी कहना कि जो तुम्हारा अंतरतम है, ठीक नहीं है, क्योंकि जो तुम्हारा अंतरतम है, वहां बाहर और भीतर भी कुछ नहीं। जो तुम्हारी वास्तविक सत्ता है, वही तो सबकी भी है। वहां तो सब एक है। वहां अलग-अलग कोई भी नहीं है।

स्वरूपस्य क्व रूपिता।

और ऐसी परम अरूप दशा में कैसी तो विद्या और कैसी अविद्या? विद्या का अर्थ है, जो हम सीखते हैं। सब सिखावन मन में रह जाती है, इससे भीतर नहीं जाती। इसलिए तुम्हारे मन को अगर चोट लग जाए, तो तुम्हारी सिखावन भूल जाएगी।

मेरे एक मित्र डाक्टर हैं। ट्रेन से गिर पड़े। चोट खा गए। चोट कुछ ऐसी लगी सिर में, ऊपर तो कोई घाव नहीं बना लेकिन भीतर उनकी स्मृति नष्ट हो गई। बचपन

से मेरे साथ, बचपन से मेरे साथ पढ़े, खेले-कूदे। जब मुझे खबर मिली और मैं गया गांव उनको देखने तो वे मुझे पहचान भी नहीं सके। वे मुझे ऐसे देखते रहे। उनकी आंखों में कोई प्रत्यभिज्ञा न हुई। कोई पहचान न बनी। मैंने उनके पिता से पूछा, उनके पिता रोने लगे। वे कहने लगे कि किसी को नहीं पहचानता, न पिता को, न मां को, न पत्नी को, न अपने बेटे को। किसी को नहीं पहचानता।

गरीब परिवार है। बड़ी मुश्किल से उनको पढ़ा-लिखा कर डाक्टर बनाया था, वह सब डाक्टरी धुल गई। आदमियों को नहीं पहचानते! तो वह जो जानते थे, जो सीखा था, जो विद्या अध्ययन की थी-होशियार डाक्टर थे—वह सब समाप्त हो गई। कुछ याद ही नहीं आता उन्हें कि कभी उन्होंने कुछ पढ़ा कि लिखा। तीन साल तो ऐसी ही हालत रही। फिर धीरे-धीरे जैसे छोटा बच्चा सीखता है, पुनः उन्होंने सब सीखा। अब किसी तरह कामचलाऊ हो गए हैं। लेकिन इलाज करवाने तो उनके पास कोई नहीं आता। कौन उनसे इलाज करवाए, लोग संदिग्ध हो गए हैं। इनका अब कुछ भरोसा नहीं रहा। कुछ-कुछ स्मृति लौट आई है, लेकिन सब टूटी-फूटी है।

जिसको हम विद्या कहते हैं, वह तो सीखी हुई बात है। वह तो छीनी जा सकती है। अब तो ब्रेन-वाश के बहुत उपाय दुनिया में चलते हैं। रूस में अब वह अगर कोई आदमी कम्युनिज्म-विरोधी है तो उसकी हत्या नहीं करते। हत्या करना बहुत पुराना, प्राथमिक, बहुत आदिम उपाय हो गया। अब तो वह सिर्फ उसके मस्तिष्क में विद्युत की धाराएं दौड़ा देते हैं। इतने जोर से विद्युत की धाराएं दौड़ा देते हैं कि उसकी स्मृति सब नष्ट हो जाती है। जब उसकी स्मृति नष्ट हो जाती है, तो कहां का विरोध! कैसा कम्यूनिज्म, कैसा कम्यूनिज्म का विरोध! वह आदमी बिलकुल फिर खाली हो गया, उसकी स्लेट पोंछ दी। फिर उसको जो सिखाना हो, सिखाओ। अब उसको कम्यूनिज्म सिखाना हो, कम्यूनिज्म सिखा दो।

खतरनाक औजार आदमी के हाथ लग गए हैं। सरकारों के हाथ में बड़ी खतरनाक शक्तियां आ गई हैं। विरोधी को मारने की भी जरूरत न रही, यह तो और भी मारने से भी बुरा मारना हुआ। मार डालते तो आदमी कम से क्रम गौरव से तो मरता। उसका मस्तिष्क पोंछ दिया।

इस मस्तिष्क पोंछने की स्थिति से सिर्फ एक आदमी बच सकता है, वही, जो ध्यान को उपलब्ध हो गया हो। तुम उसका मस्तिष्क पोंछ डालो, कुछ फर्क न पड़ेगा, क्योंकि वह पहले से ही जान रहा है कि मैं मस्तिष्क नहीं हूं। अगर अष्टावक्र का मस्तिष्क पोंछो, तो नहीं पुछेगा। तुम मस्तिष्क पोंछ डालोगे, कुछ फर्क न पड़ेगा। अष्टावक्र की गरिमा जरा भी खंडित न होगी।

इसलिए मैं कहता हूं कि ध्यान के सूत्र जितने जल्दी सारी दुनिया में फैलाए जा सकें, फैला दिए जाने चाहिए, क्योंकि सरकारों के हाथ में खतरनाक औजार लग गए हैं। आदमी की स्वतंत्रता इतने खतरे में कभी भी नहीं थी जितनी अब है। किसी भी आदमी का मस्तिष्क बड़ी आसानी से पोंछ डाला जा सकता है। अगर तुम्हारे पास ध्यान का सूत्र हो और तुम साक्षी बन सको, तो तुम्हें कोई सरकार नष्ट न कर सकेगी। मगर साक्षी तो बहुत कम हैं, लोग तो कर्ता और भोक्ता बने हैं। लोगों ने तो अपने मन को ही सब समझ लिया है।

'स्वरूप को कहां रूपिता है, कहां विद्या है?'

एक ऐसा तल अपने भीतर पाओ जहां तुम अपनी जानकारियों से ज्यादा पार, ऊपर, बड़े हो। जहां तुम जानकारी ही नहीं हो, जानने वाले हो। तुमसे कोई पूछता है, आप कौन? कहते हैं, इंजीनियर। कहते, डाक्टर। मगर यह तो तुम्हारा होना नहीं है, यह तो तुम्हारी विद्या है, यह तुम्हारा जानना है। इंजीनियर होना तुम्हारा अस्तित्व नहीं है। और न डाक्टर होना तुम्हारा अस्तित्व है। यह तो तुमने विद्या के साथ अपना तादात्म्य कर लिया, आइडेंटिटी कर ली। यह तो तुमने बड़ा गलत जोड़ बांध लिया। यह तो गांठ बुरी है और महंगी पड़ सकती है। साक्षी हो।

'कैसी विद्या और कैसी अविद्या?-

इसलिए एक बात खयाल रखना, साक्षी होने के लिए कोई बहुत बड़ा विद्वान और पंडित होना आवश्यक नहीं है। तुम जहां हो, वहीं से साक्षी हो सकते हो। लोग मुझसे कभी पूछते हैं आकर कि बिना शास्त्र पढ़े, बिना शास्त्र को समझे, बिना निष्णात हुए विद्या में कोई कैसे ध्यान को उपलब्ध हो जाएगा? यह तो बड़ी कठिन बात है।

इसकी कोई कठिनाई जैसी बात ही नहीं है। तुम बड़े बुद्धिमान हो, बहुत शास्त्रों के ज्ञाता हो, इससे कुछ फर्क नहीं पड़ता। या तुम बिलकुल नहीं शास्त्र के ज्ञाता हो, तुम्हें भाषा भी नहीं आती, तो भी फर्क नहीं पड़ता। साक्षी होने का मतलब है, तुम जो भी करते हो, उसमें अपने को जोड़ो मत।

समझो। एक आदमी खेती-बाड़ी करता है। वह खेती-बाड़ी करते-करते साक्षी हो सकता है। सिर्फ इतना ही ध्यान रखे कि यह जो हल-बक्खर चल रहा है, यह मैं नहीं हूं, यह मैं देखनेवाला मात्र। शरीर से हल-बक्खर चल रहा है, मन से योजना बनाई जा रही है, मैं देखनेवाला हूं। या कि तुम वेद पढ़ रहे हो, एक ही बात है। या कि जूते बना रहे हो, चमार हो; या कि मूर्ति गढ़ रहे हो, मूर्तिकार हो, कोई फर्क नहीं पड़ता। तुम क्या कर रहे हो, इससे कोई संबंध नहीं है। तुम जो भी कर रहे हो उसके प्रति जाग कर अगर साक्षी हो जाओ, तो तुम साक्षी के परम जगत में प्रवेश कर जाओगे। इसलिए गोरा कुम्हार भी ज्ञान को उपलब्ध हो गया, काशी के पंडित राजी

नहीं होते। क्योंकि काशी के पंडित कहते हैं कि गोरा कुम्हार, घड़े बनाते-बनाते और ज्ञान को उपलब्ध हो गया! कबीर, कपड़े बुनते-बुनते! यह कबीर जुलाहा और ज्ञान को उपलब्ध हो गया! काशी के पंडित राजी नहीं होते। कि रैदास चमार, जूते बनाते-बनाते और ज्ञान को उपलब्ध हो गया! नहीं यह बात जंचती नहीं।

काशी का पंडित सोचता है कि जब तक कोई पांडित्य को उपलब्ध न हो, बड़ी-बड़ी उपाधियां न हों, तब तक कोई ज्ञान को कैसे उपलब्ध होगा?

स्वामी रामतीर्थ अमरीका से भारत वापस लौटे। अमरीका में तो उन्हें बड़ी ख्याति मिली। इस लिहाज से अमरीका सरल है। अमरीका शायद अकेला मुल्क है मनुष्य जाति के इतिहास में जहां पंडित का कोई बहुत मूल्य नहीं है। व्यावहारिक आदमी का मूल्य है। पंडित का इतना कोई मूल्य नहीं है। अमरीका में तुम्हें ऐसे प्रोफेसर मिल जाएंगे जिनके पास कोई डिग्री नहीं है और यूनिवर्सिटी में पढ़ाते हैं। यह बड़ा कठिन मामला है। भारत में तुमको कोई ऐसा प्रोफेसर नहीं मिल सकता जिसके पास डिग्री न हो और यूनिवर्सिटी में पढ़ाता हो। डिग्री तो होनी चाहिए चाहे गधा डिग्रीधारी हो वह यूनिवर्सिटी में प्रोफेसर हो जाएगा।

तुम चकित होओगे, कबीरदासजी को पढ़ानेवाले प्रोफेसर हैं, कबीरदासजी अगर आ जाएं तो उनको प्रोफेसरी नहीं मिल सकती। कबीरदास को यूनिवर्सिटी में पढ़ाते हैं, कबीरदास पर थीसिस लिखी जाती है; कबीरदास पर थीसिस लिखनेवाले डाक्टर हो जाते, प्रोफेसर हो जाते, कबीरदासजी अगर आ जाएं तो यूनिवर्सिटी कमीशन उनसे पूछेगा कि डिग्री कहां है? सिर्फ अमरीका में कबीरदास को भी प्रोफेसरी मिल सकती है। अमरीका की पकड़ व्यावहारिक है। अमरीका में ऐसे बहुत से कवि प्रोफेसर हैं, जिनके पास कोई डिग्री नहीं है। लेकिन डिग्री क्या करोगे? जो आदमी कविता को जन्म दे सका है, जिसकी कविता पढ़ाने को सैकड़ों वर्ष प्रोफेसर संलग्न रहेंगे, तुम उसको प्रोफेसरी नहीं दे सकते? उसको अपनी कविता समझाने का मौका नहीं दे सकते?

अमरीका में ऐसे लोग इंजीनियर हैं, जिनके पास कोई डिग्री नहीं। लेकिन अनुभव है, अमरीका अनूठा है इस लिहाज से। अमरीका की पकड़ बहुत व्यावहारिक है। क्योंकि अमरीका व्यवसायी देश है। व्यवसायी की पकड़ व्यावहारिक होती है, प्रैक्टिकल। व्यवसायी हमेशा व्यावहारिक होता है। उसकी नजर इस पर होती है कि परिणाम किससे आते हैं?

रामतीर्थ अमरीका में रहे तो लोगों ने खूब उन्हें आदर दिया। क्योंकि बात इतनी प्रत्यक्ष थी! अब यह पूछने की जरूरत थोड़े ही थी रामतीर्थ से कि तुमने कितने शास्त्र पढ़े हैं? तुम वेद जानते कि नहीं? यह रामतीर्थ की मौजूदगी वेद की

मौजूदगी थी। यह वाणी वेद की वाणी थी। इन आंखों में सागर लहरा रहा था। यह रामतीर्थ की मस्ती काफी थी प्रमाण।

लेकिन यह बात काशी में नहीं चलेगी। जब रामतीर्थ वापस लौटे तो वे काशी गए। और काशी में बड़ी उन्हें हैरानी हुई। क्योंकि जब वे काशी में बोले तो एक आदमी बीच में खड़ा हो गया एक पंडित और उसने कहा, रुकिए! संस्कृत आती है? रामतीर्थ को संस्कृत आती नहीं थी, वे तो फारसी के विद्वान थे। लाहौर में पढ़े, लाहौर के पास ही पैदा हुए, उर्दू जानते थे, फारसी जानते थे। और गणित के प्रोफेसर थे। संस्कृत से तो कुछ लेना ही देना नहीं था। चौंक कर रामतीर्थ रह गए। और उस आदमी ने कहा, महाराज, पहले संस्कृत तो पढ़ो! वेद का कुछ पता नहीं है और ब्रह्मज्ञान बखान रहे हो! यह ब्रह्मज्ञान किसी काम का नहीं है। यह सब बातचीत है, जब तक शास्त्र का समर्थन नहीं है।

रामतीर्थ दिखाई नहीं पड़ते! रामतीर्थ सामने बैठे हैं। इससे ज्यादा मस्त आदमी इन सौ वर्षों में भारत में दूसरा नहीं हुआ। इससे ज्यादा सूफियाना, इससे ज्यादा मौलिक, इससे ज्यादा परमात्मा के निकट मुश्किल से कोई आदमी होता है। मगर नहीं, पंडितों को यह बात न दिखी। सभा उखड़ गई, लोग उठ गए, लोगों ने कहा कि छोड़ो, जाने दो, क्या रखा है! संस्कृत तक तो आती नहीं! एक पर्दा पड़ गया आंख पर।

कोई प्रयोजन नहीं है संस्कृत के जानने से। मुसलमान होने के लिए अरबी जानना आवश्यक नहीं है। न हिंदुत्व के सार को समझने के लिए संस्कृत जानना जरूरी है। और न यहूदी होने के लिए हिब्रू जानना जरूरी है। सत्य को जानना जरूरी है। और सत्य तो भीतर पड़ा है। तो सिर्फ जागना जरूरी है। जो भीतर पड़ा है उसे आंख खोल कर देख लेना आवश्यक है, बस।

'कहां विद्या, कहां अविद्या, कहां मैं है, अथवा कहां यह, कहां मेरा; कहां बंध है, और कहां मोक्ष?-

बंधन और मोक्ष भी द्वंद्व के ही जगत के हिस्से हैं।

स्वरूपस्य क्व रूपिता?

यहां तो कोई बंधन, कोई मोक्ष, कोई रूप नहीं बनता, कोई आकृति नहीं बनती। मुक्तपुरुष इतना भी नहीं कहेगा कि मैं मुक्त हूं। क्योंकि न तो मैं बचा, न मुक्ति बची।

ऐसा ही समझो कि एक आदमी जेलखाने से छूटता है। बीस साल कारागृह में रहा, हथकड़ियों में जकड़ा रहा। छूटा आज, तो छूटते ही से मुक्ति लगती है। तुम्हें तो मुक्ति नहीं लगती! तुम सड़क पर चले जा रहे हो, उसी सड़क पर जहां वह कारागृह से छूटता है एक आदमी—जेल के दरवाजे पर लाकर जेलर उसे विदा करता है और कहता है, धन्यभागी कि तुम जीवित निकल आए, बीस साल लंबा वक्त था,

प्रभु तुम्हारी रक्षा करे, दुबारा मत आ जाना। वह आदमी चौंक कर अपने को खड़ा खुली हवा में देखता है, सूरज की रोशनी, पक्षी उड़ते हुए, लोग जाते हुए—बीस साल कारागृह में बंद था, अंधेरी कोठरियां, सींकचे, सिर्फ संतरियों के पैरों के जूतों की आवाज के सिवाय कोई और संगीत नहीं सुना, आज अचानक फिर से बीस साल के बाद जीवन का रूप-रंग, यह सतरंगा जीवन, ये फूल, ये पक्षी, चौंक कर खड़ा रह जाता है। परममुक्ति का अनुभव होता है। लेकिन तुम भी वहीं जा रहे रास्ते पर, तुम्हें कुछ अनुभव नहीं होता।

मुक्ति के अनुभव का अर्थ इतना ही है कि वह जंजीरों का ही अनुभव है। जंजीर बंधी रही तो मुक्ति का अनुभव होता है। तो जब कोई व्यक्ति पहले पहले मुक्त होता होगा, तो शायद क्षण भर को मुक्ति का अनुभव होता हो, लेकिन फिर तो पता चलता है—कैसी मुक्ति, कैसा बंधन? दोनों गए। बंधन के साथ मुक्ति भी गई। जानी ही चाहिए। दुख के साथ सुख भी गया। जाना ही चाहिए। अशांति के साथ शांति भी गई। जाना ही चाहिए। अब तो जो बचा—गंतद्वंद्वस्य मे सदा—अब तो वही बचा जो द्वंद्व के अतीत है।

'धर्माधर्मरहित मुझको कहां प्रारब्धकर्म हैं, अथवा कहां जीवनमुक्ति है और कहां वह विदेह कैवल्य ही है!-

क्व प्रारब्धानि कर्माणि जीवनमुक्तिरपि क्व वा।
क्व तद्विदेह कैवल्यं निर्विशेषस्य सर्वदा।।

'मैं तो निर्विशेष हूं...।'

निर्विशेषस्य सर्वदा!

जनक कहते हैं, मेरे ऊपर अब कोई विशेषण नहीं लगता।

निर्विशेषस्य सर्वदा।

न तो हिंदू, न मुसलमान, न ईसाई; न ब्राह्मण, न शूद्र; न स्त्री, न पुरुष; न ज्ञानी, न अज्ञानी; न बंद, न मुक्त, मुझ पर कोई विशेषण नहीं लगता। अब तो मैं बस हूं। होना शुद्ध है, सीमा के पार है। होना परिभाषा के बाहर है। अब मुझ पर कोई परिभाषा नहीं लगती।

निर्विशेषस्य सर्वदा।

इस निर्विशेष शब्द को समझना, इसके दो अर्थ हैं। एक तो विशेषणरहित, कि अब कोई भी विशेषण सार्थक नहीं रहा। ज्यादा क्या कहें—जनक कहते हैं—इतना ही कहना काफी है कि कोई विशेषण अब मुझ पर नहीं लगता। न छोटा, न बड़ा; न धनी, न गरीब; न त्यागी, न भोगी; न कर्ता, न अकर्ता, कोई विशेषण नहीं लगता, एक बात। और निर्विशेषस्य का एक और अर्थ है कि अब मैं जरा भी

विशिष्ट नहीं। वह बात भी खयाल में लेना। अब मैं कोई खास आदमी नहीं हूं। अब मैं जरा भी विशिष्ट नहीं।

विशिष्ट होने का मोह तो अहंकार का ही मोह है। हमारे सबके मन की इच्छा एक ही रहती है कि मैं विशिष्ट, मैं कुछ खास। हम हजार तरह से जीवन मे एक ही तो उपाय करते हैं कि किसी तरह सिद्ध हो जाए कि मैं कुछ विशिष्ट, मैं कोई साधारण आदमी नहीं हूं, मैं असाधारण हूं। कोई धन कमा कर सिद्ध करता है कि मैं असाधारण हूं—कोई रॉकफेलर, कोई मार्गन, कोई एन्ड्रू कारनेगी सिद्ध करता है कि मैं विशिष्ट हूं, देखो कितना मेरे पास धन है, तुम्हारे पास क्या है? कोई सिद्ध करता है बड़ा पंडित होकर कि मैं चारों वेदों का ज्ञाता, देखो। तुम्हारे पास क्या है? कोई सिद्ध करता बड़ा त्यागी होकर कि देखो, मैंने धन-दौलत छोड़ दी, मकान छोड़ दिया, पत्नी-बच्चे छोड़ दिए, देखो नग्न खड़ा हूं, रास्ते पर—सर्वत्यागी—तुमने क्या छोड़ा!

यह हमारी सब विशिष्टता की दौड़ें हैं। और विशिष्टता की दौड़ का एक ही अर्थ है कि हमें अभी अपना कुछ भी पता नहीं चला। अभी हम विशेषण तलाश रहे हैं। अभी हम चेष्टा कर रहे हैं दुनिया को दिखाने की कि हम कौन हैं। जिसने स्वयं को जान लिया, उसकी सब चेष्टा समाप्त हो जाती है कि मैं कौन हूं। जिसने स्वयं को जान लिया, उसने तो जान लिया कि सारा अस्तित्व ही विशिष्ट है, यहां विशिष्ट होने की दौड़ पागलपन है। यहां सभी कुछ असामान्य है, क्योंकि सभी कुछ प्रभु से परिपूरित है।

जनक कहते हैं, 'और कहां वह विदेह कैवल्य ही?'

जनक के संबंध में एक विशेषण उपयोग किया जाता है कि वह विदेह कैवल्य को उपलब्ध हो गए थे। कहते हैं न, राजा जनक विदेह थे। विदेह का मतलब कि देह में रहते-रहते देह के जो पार था उसे उन्होंने जान लिया था। विदेह का अर्थ, संसार में रहते-रहते वे मोक्ष को उपलब्ध हो गए थे।

लेकिन जनक कहते हैं, ॥और कहां वह विदेह कैवल्य ही!॥

जिसकी लोग चर्चा करते हैं कि जनक को मिल गया, विदेह कैवल्य, वह भी कहां है! अब कुछ भी नहीं है। महाशून्य है। शून्य भी जब न रह जाए तो उसका नाम है महाशून्य।

'सदा स्वभावरहित मुझको कहां कर्तापन है और कहां भोक्तापन है? अथवा कहां निष्क्रियता है और कहां स्फुरण है? अथवा कहां प्रत्यक्ष ज्ञान है और कहां उसका फल है?'

क्व कर्ता क्व च वा भोक्ता निष्क्रियं स्फुरणं क्व वा
क्वापरोक्षं फलं वा क्व निःस्वभावस्य मे सदा।।

समझें।

'सदा स्वभावरहित मुझको कहां कर्तापन है?'

क्व निःस्वभावस्य मे सदा।

फिर विरोधाभास है। स्वभाव और उसमें और एक निषेध लगा दिया—निःस्वभाव। जब तुम स्वयं को जानोगे तो एक अनूठी बात जानोगे कि वहां स्व जैसा कुछ भी नहीं है। स्वयं को जान कर पाओगे कि स्व तो गया। वह स्व भी पर के साथ ही जुड़ा था। जब तुम बिलकुल अकेले रह जाओगे तो अकेले भी न रहोगे, क्योंकि अकेलापन भी भीड़ की तुलना में था।

समझो। जब तुम बाजार में हो, भीड़ में हो। फिर तुम चले हिमालय के एक शिखर पर बैठ गए। तुम कहते हो, बड़ा आनंद, अकेले बैठे, कोई भीड़-भाड़ नहीं। लेकिन तुम्हारे अकेलेपन की परिभाषा भीड़-भाड़ से आती है।

मैं कुछ मित्रों को लेकर कश्मीर में था। जिस बजरे पर हम रुके थे। उस बजरे का जो मालिक था, वह धीरे-धीरे मेरे प्रेम में पड़ गया। जब हम आने लगे, वह रोने लगा। तो मैंने उससे पूछा कि बात क्या है? तो उसने कहा, बाबा, बस एक दफे बंबई दिखला दो। तू बंबई देख कर क्या करेगा, यह बंबई के सब लोग मेरे साथ यहां हैं। ये बंबई से छूटना चाहते हैं। उसने कहा कि नहीं बाबा, हो गई जिंदगी इसी डल झील पर मरते-मरते, एक दफा बंबई दिखा दो। उसे डल झील पर लग रहा है कि इससे ज्यादा और व्यर्थ काम क्या होगा? उसे यह भी समझ में नहीं आ रहा है कि डल झील में उसकी नौका पर जो मेहमान होते हैं अधिकतर बंबई के ही होते हैं। बंबई से घबड़ाया हुआ आदमी कश्मीर भागता है। कश्मीर से घबड़ाया हुआ आदमी बंबई आना चाहता है। तुम्हें डल झील पर शांति मालूम पड़ती है। डल झील पर जो रह रहा है उसे सूनापन मालूम पड़ता है।

फर्क समझ लेना। तुम्हारी शांति की परिभाषा तुम्हारी बंबई की भीड़ से आती है। जब बंबई का आदमी जाकर झील पर बैठ जाता है तो कहता है, अहा हा! मगर यह है अभी भी बंबई में ही, क्योंकि यह जो अहा आ रहा है, यह बंबई की ही तुलना में आ रहा है, नहीं तो अहा जैसा कुछ भी नहीं है। वह बगल में इसके वहीं बैठा हुआ माझी मछली मार रहा है, कि नौका खे रहा है, उसको कुछ अहा हा नहीं हो रहा है। उसके मन में कोई भाव नहीं उठता। वह किसी तरह चला रहा है, मक्खियां मार रहा है। वह कहता है, क्या करो कहीं और जाने का उपाय नहीं, बंबई अपने भाग्य में नहीं, यहीं गुजार देंगे! मक्खियां मार रहे हैं! उसे डल झील पर मक्खियां मारने जैसा लगता है।

तुम जब भीड़ से भागते हो तो अकेलेपन का अनुभव होता है। अकेलापन भीड़ की ही प्रतीति है। जिस दिन तुम सच में ही अकेले हो जाओगे, उस दिन न तो भीड़ रहेगी, न अकेलापन रहेगा। कैसा अकेलापन, कैसी भीड़, दोनों गए। वह तो एक ही

सिक्के के दो पहलू थे, पूरा सिक्का चला गया। जिस दिन तुम स्वयं पर आओगे, स्वयं को भी न पाओगे। न स्व, न पर।

'सदा स्वभावरहित मुझको—निःस्वभावस्य मे सदा—कहां कर्तापन है, कहां भोक्तापन है, कहां निष्क्रियता, कहां स्फुरण है?'

फिर एक सूत्र जो मैंने तुम्हें पीछे कहा कि कुछ बिंदु अष्टावक्र ने छोड़ दिए हैं, उनको पूरा करने के लिए रखा है। जनक उनको पूरा करे, तो ही समझो कि जनक समझा है। एक सूत्र था—तुरीय। अष्टावक्र ने कहीं भी यह नहीं कहा कि तुरीय के भी पार हो जाओगे। जनक ने कहा कि तुरीय के भी पार हो गया। अगर सिर्फ दोहराता होता तो उतना ही कहता जितना अष्टावक्र ने कहा था। एक कदम अष्टावक्र ने छोड़ दिया था। अगर अनुभव होगा तो वह कदम भी उसको दिखाई पड़ जाएगा।

यह दूसरा सूत्र—स्फुरण। अष्टावक्र का सूत्र था : स्वस्फुरण, स्वच्छंद—अपने स्वयं की स्फुरणा से जो जीए। वही सत्य को पा गया है। जो दूसरे के उधार से नहीं जीता, जो दूसरे के आदेश से नहीं जीता, जो दूसरे का अंधानुकरण नहीं करता, जो स्वयं से ही स्फूर्ति लेता है, स्पांटेनिटी से जीता है, वही। जनक कहते हैं, 'कहां स्फुरण?'

क्व कर्ता क्व च वा भोक्ता निष्क्रियं स्फुरणं क्व वा।

कहां का स्फुरण, कैसी बातें लगाए हैं! यहां कोई स्फुरण नहीं हो रहा है। जब सारी वासना चली गई, सारी तृष्णा चली गई, आकांक्षाएं चली गईं, स्फुरण कैसा? जब सारी क्रिया चली गई, स्फुरण कैसा? जब परतंत्रता चली गई तो स्वच्छंदता कैसी? दोनों गए, दोनों साथ-साथ गए

गतद्वंद्वस्य मे सदा।

मैं तो द्वंद्व के पार विराजमान हूं। यह स्फुरण भी गया।

अष्टावक्र अपूर्व आनंद को उपलब्ध हुए होंगे, जब उनका शिष्य कहने लगा, स्फुरण भी गया, स्वच्छंदता भी गई, स्वतंत्रता भी गई। ये भी सब परतंत्रता की ही भाषाएं हैं।

'अथवा कहां प्रत्यक्ष ज्ञान है?'

अष्टावक्र ने जोर दिया है, अपना ही ज्ञान होना चाहिए। शास्त्र का ज्ञान तो परोक्ष है। बुद्ध को हुआ था, पता नहीं, ठीक हुआ, गलत हुआ, धोखा दिया, कि कल्पना कर ली, कि खुद धोखा खा गए, कौन जाने! तुम्हें तो नहीं हुआ। मैं कुछ कहता हूं मुझे हुआ। हुआ या नहीं हुआ, तुम कैसे तय करोगे? अंधेरे में टटोलना होगा। जब तक तुम्हें प्रत्यक्ष ज्ञान न हो जाए, तुम जब तक न जान लो, तब तक कोई जानने में अर्थ नहीं है। ऐसा अष्टावक्र ने कहा। ऐसा सभी सदगुरु कहते रहे हैं कि प्रत्यक्ष जानो, अपनी आंख से जानो, अपना ही अनुभव हो।

जनक कहने लगे, कहां का प्रत्यक्ष ज्ञान और कहां उसका फल! कुछ भी नहीं।

अष्टावक्र खूब आनंदित हुए होंगे। यही बात सच है। जहां परोक्ष गया, वहां प्रत्यक्ष भी गया। यह सब द्वंद्व ही हैं, एक ही साथ बंधे हैं। ये अलग-अलग नहीं होते हैं।

'अपने स्वरूप में अद्वय मुझको कहां लोक है, कहां मुमुक्षु है अथवा कहां योगी है, कहां ज्ञानवान है अथवा कहां बद्ध है और कहां मुक्त है?'

क्व लोकः क्व मुमुक्षुर्वा क्व योगी ज्ञानवान क्व वा।
क्व बद्धः क्व च वा मुक्तः स्वस्वरूपेऽहमद्वये।।

'अपने स्वरूप में अद्वय मुझको।'

ख्याल रखना, निरंतर इस देश के सिद्धों ने, संतों ने अद्वय का उपयोग किया है, एक का नहीं। जब वे एक कहना चाहते हैं तो अद्वय शब्द का उपयोग करते हैं, बहुत सोचकर। अद्वय का अर्थ होता है, दो नहीं। सीधी-सीधी बात कह देते, कान को इतना उलटा लंबा चक्कर लगा कर क्यों पकड़ना, कह देते: एक, मुझ एक को। लेकिन नहीं, ऐसा भारत के संतपुरुष नहीं कहते: मुझे एक को। क्योंकि एक के साथ दो का बोध आ जाता है। एक तो बनता ही तब है जब दो हों।

पश्चिम में बहुत से गणितज्ञों ने बहुत तरह की चेष्टाएं की हैं। सामान्य रूप से तो गणित में दस अंक होते हैं—एक से लेकर दस तक। और फिर इन दस ही के आधार पर सारा गणित का विस्तार होता है। फिर तो पुनरुक्ति है। फिर ग्यारह, बारह, तेरह और फिर करोड़ों तक, अरबों-खरबों, शंख-महाशंख तक उसी की पुनरुक्ति है, लेकिन मूल आंकड़े तो दस हैं। यह दस का जन्म बड़ा अवैज्ञानिक है। यह दस पैदा हुए आदमी की दस अंगुलियों के कारण, क्योंकि आदमी ने गिनती सबसे पहले अंगुलियों पर शुरू की। तब कोई गणित तो न था—अब भी गांव का ग्रामीण अंगुलियों पर गिनता है। चूंकि दस अंगुलियां, सारी दुनिया में सभी आदमियों की दस अंगुलियां हैं, इसलिए सारी दुनिया में जितने गणित पैदा हुए सबका मूल अंक दस है।

लेकिन यह कोई बड़ी गणित की तो बात न थी, यह तो संयोग की बात थी कि आदमी की दस अंगुलियां हैं। इस पर कोई दस आंकड़े होना जरूरी नहीं। तो फिर गणितज्ञों ने बहुत कोशिश की कि इतने आंकड़ों से कम से काम चल सके। तो लीवनिस बड़ा दार्शनिक और गणितज्ञ हुआ, उसने तीन आंकड़े लिए—एक, दो, तीन। फिर तीन के बाद चार नहीं आता, तीन के बाद दस आता है। तीन मूल आंकड़े, उसने कहा तीन से काम चल जाएगा। उसको तीन का ख्याल आया ईसाई 'ट्रिनिटी' से कि जीसस कहते हैं, मूलरूप से तीन हैं। वैसा हिंदू भी कहते हैं—त्रिमूर्ति। मूल रूप से तीन हैं। और वैसा वैज्ञानिक भी कहते हैं—इलेक्ट्रान, प्रोटान, न्यूट्रान। पदार्थ का तीन खंड है मूल। तो उसने सोचा कि तीन पर्याप्त होना चाहिए। जब तीन का ही सारा

जगत विस्तार है तो तीन से ही गणित का भी विस्तार हो जाना चाहिए। तो एक, दो, तीन। तीन के बाद आता है दस; फिर ग्यारह, बारह, तेरह, फिर तेरह के बाद आता है बीस। इस तरह संख्या चलती है। उसने काम चला लिया तीन आंकड़ों से। और विज्ञान तो हमेशा सोचता है, जितने से कम से काम चल जाए उतना अच्छा।

फिर आइंस्टीन ने सोचा कि तीन की इतनी कोई जरूरत नहीं मालूम पड़ती। दो से काम चल सकता है। क्योंकि सारा जगत द्वंद्व है—डुआलिटी। अंधेरा और उजेला, सुबह और शाम, जन्म और मृत्यु, सारा जगत द्वंद्व है। स्त्री-पुरुष, ऋण-धन, सारा जगत द्वंद्व है। तो दो से काम चल जाना चाहिए, तो उसने दो से ही काम चलाया। एक और दो। फिर आ जाती है पुनरुक्ति एक, दो की। तीन नहीं आता। एक और दो के बाद आ जाता है दस। आइंस्टीन ने दो से काम चला लिया। फिर बहुतों ने कोशिश की है कि इससे भी कम हो सके, लेकिन इससे कैसे कम हो, इससे कम नहीं हो सकता। एक से अकेले काम नहीं चल सकता। एक से गणित नहीं बनता। दो तो अनिवार्य हैं।

भारतीय संतों को यह बात सदा से खयाल में रही कि जहां तुमने एक कहा, वहां दो तो आ ही जाएगा, एक तो बन ही नहीं सकता; एक अकेला हो ही नहीं सकता, उसके होने के लिए दूसरे का होना बिलकुल जरूरी है। इसलिए वे कभी नहीं कहते कि मुझे एक को, वे कहते हैं, मुझ अद्वय को। वे कहते हैं, मेरी जो सत्ता है वहां दो नहीं हैं, अब तुम समझ लेना इशारा। मगर वह इशारा है। स्पष्ट नहीं कहते कि वहां एक है। इतना ही कहते हैं कि दो नहीं है। द्वंद्व वहां समाप्त हो गया है। द्वंद्व के वहां हम पार चले गए हैं। दो के अतीत हो गए हैं, दुई मिट गई है।

स्वस्वरूपेऽहमद्वये।

'अपने स्वरूप में, अपने अद्वय स्वरूप में न मुझे कोई लोक है, न कोई मुमुक्षा है, न कोई योग है, न कोई ज्ञान है; कहां बद्ध, कहां मुक्त?'

न मैं बद्ध हूं, न मैं मुक्त हूं, न मैं अमुक्त; न ज्ञानी, न अज्ञानी। सब विशेषण खो गए हैं। यह निवेदन कर रहे हैं जनक अपने गुरु के सामने कि तुमने मुझे जगाया है। तुमने जो जाग मुझे दी, उससे मुझे ऐसा हुआ है। यह शिष्य अपने हृदय को खोल कर रख रहा है जो उसे हुआ है। और श्रवणमात्रेण हुआ है। जनक को सिर्फ अष्टावक्र को सुन-सुन कर ऐसा हुआ है। जनक अप्रतिम पात्र हैं। इससे श्रेष्ठ कोई पात्र नहीं होता, जिसे सुन कर ही सत्य का अनुभव हो जाए। और ऐसा अनुभव कि जो-जो कमियां गुरु ने छोड़ दी थीं—जान कर छोड़ दी थीं—उनको वह पूरा कर सका। उनको पूरा भर लाया।

पश्चिम में एक बहुत बड़ा चित्रकार हुआ है—दोरेक। उसके पास सैकड़ों शिष्य चित्रकला सीखने आते थे। उसकी परीक्षा का ढंग बड़ा अनूठा था। ऐसे ही रहा होगा जैसा अष्टावक्र का। दोरेक अपने शिष्यों की परीक्षा ऐसे लेता था कि वह खुद एक

चित्र बनाता और उसमें कहीं कोई ऐसी बारीक कमी छोड़ देता, जिसको उसकी हैसियत का चित्रकार ही पहचान सकता है। बाकी को तो कमी दिखाई पड़ ही नहीं सकती। और वह अपने शिष्यों को कहता कि अगर इसमें तुम्हें कोई कमी दिखती हो तो उसे पूरा कर दो। जो शिष्य पूरा कर देता उसे—कभी-कभी तो ऐसा होता कि ब्रुश की जरा सी एक लकीर, और उसने छोड़ दी है, कि जरा सा एक चिह्न, और देखने पर किसी को भी समझ में नहीं आएगा कि कोई कमी छूट गई है, कोई कमी छूट गई है। उसके चित्र सर्वांग सुंदर चित्र होते थे, वह अनूठा कलाकार था। जिंदगी में हजारों लोगों ने उससे सीखा चित्र बनाना, लेकिन दो-चार ही उत्तीर्ण हुए। क्योंकि पहले तो जो देखता वह कह देता कि इसमें कोई कमी नहीं है, घंटों देखता और कहता इसमें कमी है ही नहीं। इसमें कोई कमी नहीं है। कभी-कभी कोई यह सोच कर कि गुरु कहते हैं, कमी होनी चाहिए, तो खोज-बीन कर कुछ कमी खोज लेता जो कमी थी ही नहीं। तो वह कुछ उपाय करता तो चित्र और बिगड़ जाता। कभी-कभी ऐसा होता कि कोई शिष्य पहचान पाता कहां कमी है। जो उस कमी को पहचान लेता उसको दोरेक उत्तीर्ण कर देता।

मुझे लगता है, परीक्षा का ठीक उपाय उसने खोजा था। वह कमी, दोरेक की चित्तदशा ही जिस शिष्य में आ गई हो, उसी को दिखाई पड़ सकती थी। और किसी को नहीं दिखाई पड़ सकती थी। जो दोरेक के साथ इतना आत्मलीन हो गया है, जो अब शिष्य नहीं रहा है, वस्तुतः गुरु ही हो गया है। तुम अगले सूत्र में पाओगे। अगले सूत्र में जनक कहते हैं, और अब कैसा गुरु, कैसा शिष्य! वह अंतिम सूत्र है। और जनक उसकी पात्रता घोषित कर रहे हैं। उन्होंने भर दिए छिद्र जो-जो छोड़ दिए थे। छिद्र बड़े बारीक थे। अगर कोई नकल कर रहा होता तो डरता कि गुरु के खिलाफ बोले कि झंझट हो जाएगी। स्फुरण भी नहीं, प्रत्यक्ष ज्ञान भी नहीं, ज्ञान का कोई फल भी नहीं, न कोई मुक्ति है, न कोई मोक्ष है, न कोई बद्ध है, न कोई बंधन है। न संसार, न निर्वाण।

'अपने स्वरूप में अद्वय मुझको कहां सृष्टि है और कहां संहार है, कहां साध्य है, कहां साधन है अथवा कहां साधक है और कहां सिद्धि है?'

क्व सृष्टिः क्व च संहारः क्व साध्यं क्व च साधनम्।
क्व साधकः क्व सिद्धिर्वा स्वस्वरूपेऽहमद्वये।।

मैं अपने अद्वय रूप में खड़े होकर देख रहा हूं। निवेदन करता हूं, जनक कहने लगे, मुझे क्षमा करें लेकिन मेरा निवेदन यह है कि यहां, इस अद्वय दशा में न तो मुझे कोई सृष्टि दिखाई पड़ती है और न कोई प्रलय। न तो कभी कुछ बनाया गया है और न कभी कुछ मिटाया जाता है, जो है, है। जो नहीं है, नहीं है। न कोई बनाने वाला है,

क्योंकि कोई चीज बनाई ही नहीं गई है कभी-स्रष्टा कैसा, सृष्टि ही कभी नहीं हुई। और न कोई संहारकर्ता है। ये तुम्हारे ब्रह्मा, विष्णु, महेश सम्हाल कर रखो, मुझे धोखा मत दो। न सृष्टि है, न स्रष्टा, तो ब्रह्मा कैसे? सृष्टि नहीं तो सम्हालने वाला कौन? और संहार नहीं होता तो कौन शिव है? कोई नहीं है। जो है अद्वय, एक। उस जगह मैं खड़ा होकर कह रहा हूं कि यहां कुछ भी नहीं है, सब सपना है, और तब तक दिखाई पड़ता है जब तक तुमने अपने को जगाया नहीं। सब नींद में देखी गई बातें हैं। सब स्वप्न में देखे गए ख्याल हैं।

'कौन साध्य है और कहां साधन, अथवा कहां साधक है और कहां सिद्धि?'

यह आखिरी बात मालूम होती है—कहां सिद्धि? अब तुम समझो, सिद्धि का लक्षण ही यही है। सिद्ध होने का अर्थ ही है कि जहां सिद्धि भी व्यर्थ हो जाए। जो सिद्धि में उलझ गया, वह सिद्ध होते-होते चूक गया। पतंजलि ने पूरा एक अध्याय लिखा है योगसूत्रों में—सिद्धियों का। सिर्फ यह बताने को कि जागरूक रहना, ऐसी-ऐसी घटनाएं घटेंगी, उलझ मत जाना। नहीं तो संसार से बचे, तो फिर स्वर्ग में उलझ गए। बाहर से बचे तो भीतर उलझ गए। बाहर का उपद्रव किसी तरह गया तो भीतर के उपद्रव में लीन हो गए। बाहर का जादू टूटा तो भीतर का जादू पकड़ लिया, लेकिन जादू जारी रहा, नींद न खुली। सिद्ध वही है जिसके भीतर अब कोई सिद्धि भी नहीं रही। जो इतना सरल हो गया है। यह परमसिद्धि की अवस्था है। ऐसा व्यक्ति तो हवा का झोंका है। जल की धार है। पानी की लहर है। इतना ही सरल है। सरलता सिद्धि है। शून्यता सिद्धि है। सिद्धि के भी पार हो जाना सिद्धि है।

कल किसी का प्रश्न था। उत्तर मैंने नहीं दिया, आज के लिए छोड़ रखा था। पूछा है, सिद्ध कौन?

जो असंग
वह अभंग

जो अकेला है, जो इतना अकेला है कि अब अकेलापन भी न बचा, उसी को कहते असंग। और जो असंग है, वह अभंग है। उसका अब खंडन नहीं हो सकता है। उसके अब टुकड़े नहीं हो सकते हैं। मैं, तू, यह, वह, सब टुकड़े समाप्त हो गए।

जो असंग
वह अभंग
और ऐसी अभंग दशा को सिद्ध कहा है।

महाराष्ट्र में सिद्धों के वचन, बहुत से वचन अभंग कहलाते हैं वे इसीलिए अभंग कहलाते हैं। वे एक ऐसी चित्त की दशा से पैदा हुए हैं जहां कोई विभाजन नहीं रहा। अंग्रेजी में जो शब्द है इनडिविजुअल, वह ठीक शब्द है अभंग के लिए।

इनडिविजुअल का अर्थ होता है, जिसके विभाजन न हो सकें। अविभाज्य जो है, खंड न हो सकें। जिसके खंड हो जाएं, वह भीड़, वह अभी व्यक्ति नहीं। सिद्धि की जो परमदशा है, वह अभंग होने की दशा है। अद्वय, दो नहीं बचे, इतना भी खंड नहीं रहा कि दो बचें। अनेक की तो बात ही छोड़ दो, दो भी नहीं बचे।

अपना
अपने में बो
अंतः जग
बाहर सो
सिद्ध की यह दशा है।
अपना
अपने में बो
अब कोई दूसरा तो है नहीं।
अपना
अपने में बो

खुद ही बीज है, खुद ही खेत है, खुद ही किसान है, खुद ही फसल है, खुद ही काटेगा। बस अपना ही अपना बचा।

अपना
अपने में बो
अंतः जग
बाहर सो

और जो भीतर है, वही अब बाहर है। जो बाहर है, वही भीतर है। बाहर भीतर भी गया। अभंग। अब न कुछ बाहर है, न भीतर है।

नियति निरपेक्ष है
भ्रम है विरोधाभास
तम-विभा द्वय से
मुक्त है महाकाश
नियति निरपेक्ष है

तो जब तक सापेक्ष हो—ठंडा और गरम, सुख और दुख ये सब सापेक्ष बातें हैं। जो तुम्हें सुख है, दूसरे को दुख हो सकता है।

ऐसा एक बार हुआ कि मैं एक राजमहल में मेहमान हुआ। मेरे साथ एक मित्र भी वहां मेहमान हुए। मित्र फक्कड़ फकीर हैं। और राजमहल में होने का उन्हें कभी मौका आया नहीं था। जिस राजा के हम मेहमान थे, उसने जो श्रेष्ठतम उनके घर में

सुविधा थी वह हमारे लिए जुटाई थी। सुंदरतम जो कक्ष था, उसमें हमें ठहराया था। लेकिन रात मैंने देखा कि मित्र करवट बदलते हैं, उन्हें नींद नहीं आती। मैंने उनसे पूछा कि बात क्या है? तुम इतनी करवट बदलते हो! तो उन्होंने कहा कि मुझे नींद नहीं आती, अगर आप आज्ञा दें तो मैं फर्श पर सो जाऊं। तो मैंने कहा, तुम्हें बिस्तर पर कोई तकलीफ है? बोले, बहुत तकलीफ हो रही है, क्योंकि यह इतना सुखद है, इतना गुदगुदा और इतना मुलायम, ऐसे बिस्तर पर मैं कभी सोया नहीं, मुझे बड़ा दुख हो रहा है, मुझे नीचे सो जाने दें।

वह नीचे सो गए। पांच मिनट बाद मैंने देखा वो घर्राटे ले रहे हैं। सुबह मैंने अपने मेजबान को कहा कि आपने इनको बड़ा दुख दिया। कहने लगे, दुख? आप कैसी बात करते हैं! मुझसे क्या भूल हुई है, क्या दुख हुआ, आप बताएं। मैंने कहा, दुख यह हुआ कि आपने इनको इतना इंतजाम कर दिया, इतना सुंदर बिस्तर दे दिया कि यह बिचारे रात आधी रात तक तो करवट बदलते रहे, अगर मैं न पूछता तो शायद यह रात भर ऐसे ही पड़े रहते। इनको ऐसा भी लगा कि नीचे सोऊं तो अशोभन मालूम होगा। लोग सोचेंगे, कैसा अशिष्ट, इसको सोना भी नहीं आता। और उन्होंने किया भी यही। जैसे ही सुबह मैं उठा, उन्होंने जल्दी से उठकर, वापस बिस्तर पर बैठ गए वे। मैंने कहा, क्यों? उन्होंने कहा, ऐसे कोई देख ले और कहे कि नीचे सोए! तो क्या समझेंगे कि इस आदमी को बिस्तर पर सोने की भी तमीज नहीं। लेकिन उन्होंने कहा, मैं भी क्या करूं, जमीन पर ही सोने की आदत है।

तो जो किसी को सुख हो, किसी को दुख हो सकता है। सापेक्ष। जो ठंडा, वह किसी को गरम लग सकता है। जो किसी को सुंदर लगता है वह किसी को असुंदर लग सकता है। जो तुम्हें आज सुंदर लगता है, कल असुंदर लग सकता है। रोज तो तुम्हें यह अनुभव होता है। एक स्त्री के प्रेम में पड़ गए, वह बिलकुल सुंदर लगती थी, देवी लगती थी। आज प्रेम समाप्त हो गया, वह नशा उतर गया, वह खुमारी चली गई, अब वह कुरूप लगती है, बेढब लगती है। आज तुम्हें भरोसा नहीं आता कि कभी इस स्त्री में मैंने सौंदर्य कैसे देख लिया था! सापेक्ष।

नियति निरपेक्ष है

लेकिन जो सत्य है, वह निरपेक्ष है। जितना सापेक्ष है, वह सत्य नहीं। जहां तक सापेक्ष है, वहां तक सत्य नहीं, वहां तक मनुष्य के मत हैं, सत्य नहीं। मान्यताएं, धारणाएं।

भ्रम है विरोधाभास

और जहां-जहां तुम्हें विरोध दिखाई पड़ता है, जानना वहां-वहां भ्रम है। क्योंकि यहां सब विरोध जुड़े हैं, अलग नहीं हैं। तुम्हें लगता है कि सुख और दुख विरोधी।

गलती बात है। दोनों जुड़े हैं। पार्टनर हैं, साझेदार हैं। एक ही उनकी दुकान है। जरा भी अलग नहीं हैं। एक मर जाए, दूसरा मर जाता है। जीवन-मृत्यु, तुम्हें लगते हैं विरोधाभास, विरोधी नहीं। मृत्यु के कारण जीवन है, जीवन के कारण मृत्यु है, दोनों जुड़े हैं।

भ्रम है विरोधाभास
नियति निरपेक्ष है
तम-विभा द्वय से
और अंधेरे और प्रकाश के द्वंद्व से—
मुक्त है महाकाश

वह जो सिद्ध का महाकाश है, वह द्वंद्व से मुक्त है।

स्वस्वरूपेऽहमद्वये—वहां कोई दो नहीं है।

जो दे व्यर्थ को अर्थ
वही सिद्ध वही समर्थ

तुम तो अभी अर्थ को भी व्यर्थ किए दे रहे हो। अर्थ का भी अनर्थ किए दे रहे हो। इतना बहुमूल्य जीवन मिला है और ऐसा गंवा रहे हो। ऐसा बहुमूल्य रतन सा जीवन मिला है, कौड़ियों में लुटा रहे हो। तुम तो अभी अर्थ का अनर्थ किए दे रहे हो।

जो दे व्यर्थ को अर्थ
वही सिद्ध वही समर्थ

जो जीवन की व्यर्थता में से भी सार्थक को खोज ले, जो इस कूड़े-कर्कट में हीरे को पहचान ले, जो इस लहरों के जाल में सागर में डुबकी लगा ले, जो सपनों में न खोए और सत्य को पकड़ ले।

लहर निगोड़ी
दिन भर दौड़ी
मांगा मोती
लाई कौड़ी

तुम्हारा जीवन ऐसा है—

लहर निगोड़ी
दिन भर दौड़ी
मांगा मोती
लाई कौड़ी

दौड़ते तो जिंदगी भर हो, दिन बीत जाता है दौड़ते-दौड़ते, लाते क्या हो? सांझ घर क्या लाते हो? कौड़ियां लिए चले आते हो। उदास, थके, आंसुओं के सिवाय तुम्हारे जीवन की कोई फलश्रुति नहीं है। सिद्ध वही जो इसी क्षण, यहीं हीरा ले आया।

इसी क्षण डुबकी लगाई और मोती ले आया। अभी और यहीं जिसने अपने सुख, परम, महासुख को उदघोषित कर दिया।

लेकिन तुम्हें कठिनाई होती है, तुम तो इस आनंद की खबर को सुन कर भी बेचैन होने लगते हो। क्यों?

मैं नियति के व्यंग्य से घायल हुआ हूं
और तुमको गीत गाने की लगी है!

तुम तो सिद्धों से नाराज हुए हो। तुम तो बुद्धों से नाराज हुए हो। तुमने तो उनसे जा-जा कर बार-बार कहा है—

मैं नियति के व्यंग्य से घायल हुआ हूं
और तुमको गीत गाने की लगी है!

इस तरह की चोट कुछ मन पर हुई है
घाव गहरा, खून पर बहता नहीं है
मन बहुत समझा रहा, आघात सह जा
किंतु तन कमजोर यह सहता नहीं है
बिजलियों ने वक्ष मेरा छू लिया है
और तुमको मुस्कुराने की लगी है!
कर्म की पूजा अधूरी ही पड़ी है
और तुमको रस बहाने की लगी है!
द्वार की सांकल बजाए जा रहा दुख
और तुमको मधु पिलाने की लगी है!

लेकिन, मैं तुमसे कहना चाहता हूं, तुम्हारे दुख कल्पित हैं। तुम्हारे दुख तुम्हारे ही मन-निर्मित हैं। न मालूम कितने हजारों लोगों के दुख-सुख मैं सुनता हूं, और मैं चकित होता हूं कि लोग कितने गहरे न सो रहे होंगे! उन्हें यह भी नहीं दिखाई पड़ता कि दुख उनका बिलकुल कल्पित है। बिलकुल झूठा है। अब तक मैंने ऐसा आदमी नहीं पाया जिसका कोई दुख वास्तविक हो। जो सच में दया का पात्र हो। हंसी के पात्र हैं, दया के पात्र नहीं हैं। यद्यपि मैं भी हंसता नहीं, क्योंकि तुम्हें और चोट लगेगी। मैं गंभीरता से तुम्हारी बातें सुनता हूं। तुम्हारे दुख में ऐसा दिखाता हूं कि मैं भी सम्मिलित हूं, सहानुभूति दिखाता हूं, तुम्हारी पीठ थपथपाता हूं। क्योंकि तुम अभी न समझ सकोगे। अभी तुम दुख में ऐसे डूबे हो कि तुम्हें लग रहा है कि यही सचाई है। तुम्हारे सब दुख झूठे हैं।

इसलिए बुद्धपुरुषों पर तुम नाराज हुए तो कुछ आश्चर्य नहीं है। स्वाभाविक है। क्योंकि वे एक ऐसी जगत की बात कर रहे हैं जिससे तुम्हारी कोई भी पहचान नहीं।

दिवस उनींदे उन्मन बीते
रात जागरण के प्रण जीते

क्यों आगमन गमन बन जाता
क्यों संहार सृजन बन जाता
मरण जनम या जनम मरण है
कहीं न कोई निराकरण है
ज्ञान गुमान शेष हो जाते
आदि अंत को सीते-सीते

पल में धूप बनी क्यों छाया
माया रूप रूपरत माया
जल में उपल उपल में जल है
जीव-जीव में जगत समाया
सरि में लहर लहर में धारा
धार-धार में जीवन सारा
बूंद-बूंद में भरने वाले
भरे-पुरे सागर क्यों रीते

कुशल-क्षेम ही कहते सुनते
चले गए सब क्यूं सिर धुनते
ब्रह्म सत्य तो जग मिथ्या क्यों
रविकर क्यों स्वप्नांबर बुनते
तम में किरण किरण तम कारा
जीत जीत क्यों जीवन हारा
हीरा जन्म गंवाया यों ही
रोते-गाते, खाते-पीते
ज्ञान गुमान शेष हो जाते
आदि अंत को सीते-सीते

कहीं कोई निराकरण नहीं दिखाई पड़ता। जीवन की चादर के आदि-अंत सीते-सीते ही सारा जीवन बीत जाता है। धन, पद, ज्ञान के सब गुमान व्यर्थ हो जाते।

हीरा जनम गंवाया यों ही

और यह हीरे-सा जन्म ऐसे ही खो जाता है।

तो तुम्हें बड़ी हैरानी होती है जब तुम अमृत, अद्वैत, आनंद, सच्चिदानंद के गीत सुनते हो, तो तुम्हें लगता है कहां की बातें हो रही हैं! हम यहां दुख में पड़े—दुख सांकल बजा रहा है—तुम्हें रस बहाने की पड़ी है! तुम्हें मधु पिलाने की पड़ी है! तुम्हें गीत गाने की पड़ी है! लेकिन फिर भी मैं तुमसे कहता हूं, अगर तुम सुन सको और तुम थोड़ा अपने दुख की इस गठरी को उतार कर थोड़ा सा भी, एक क्षण को भी इस महोत्सव में सम्मिलित हो सको, जिसका निमंत्रण सिद्धपुरुषों ने तुम्हें दिया है तो तुम भी हंसोगे। यह गठरी उतारते से ही तुम्हें दिखाई पड़ जाएगी कि झूठ थी, अपनी ही बनाई थी।

तुम भी आंचल गीला कर लो
अब रूठे रहो न फागुन में
चंगों पर थाप पड़ी गहरी, सब
फड़क उठे ढप-ढप ढोलक
खड़के मृदंग झमकीं झांझें
पग थिरक उठे नैना अपलक
लो होड़ लगी देखो-देखो
घुंघरू पायल की रुनझुन में
कुमकुम अबीर के मेघ उड़े
खिलता पलाश फागुन गाओ
ऐसे में मन मारे न रहो
कुछ रस में डूबो, उतर आओ
आओ, शामिल हो जाओ
मौसम के पूजन-अर्चन में
तुम भी आंचल गीला कर लो
अब रूठे रहो न फागुन में

यह जो अष्टावक्र और जनक का संवाद मैंने तुमसे कहना चाहा है, इसी आशा में कि तुम भी थोड़े इस फागुन के रस में डूब सको। एक बूंद भी तुम्हारे हाथ लग जाए तो सागर दूर नहीं। एक किरण भी हाथ लग जाए तो सूरज दूर नहीं

तुम भी आंचल गीला कर लो
अब रूठे रहो न फागुन में
चंगों पर थाप पड़ी गहरी, सब
फड़क उठे ढप-ढप ढोलक
खड़के मृदंग झमकीं झांझें
पग थिरक उठे नैना अपलक
लो होड़ लगी देखो-देखो
घुंघरू पायल की रुनझुन में
कुमकुम अबीर के मेघ उड़े
खिलता पलाश फागुन गाओ
ऐसे में मन मारे न रहो
कुछ रस में डूबो, उतर आओ
आओ, शामिल हो जाओ
मौसम के पूजन-अर्चन में
तुम भी आंचल गीला कर लो
अब रूठे रहो न फागुन में

यह जो महा अमृत का संदेश है, इसे थोड़ा चखो। चखते ही अर्थ खुलेगा। तुम पूछते हो—सिद्ध कौन? सिद्ध हुए बिना पता न चलेगा। और सिद्ध तुम इसी क्षण हो सकते हो। क्योंकि सिद्ध होने के लिए न किसी साधन की जरूरत है, न किसी साध्य की। सिद्ध होना तुम्हारा स्वभाव है। तुम स्वरूप से सिद्ध हो। तुम्हारा मोक्ष तुम्हारे भीतर है। तुम सम्राट हो। न मालूम किस अपशगुन में तुमने अपने को भिखारी मान लिया है। न मालूम किस पागलपन में तुम भीख मांगे चले जा रहे हो। छोड़ो इस सपने को, थोड़े जागो और सिद्ध का अर्थ तुम्हें पता चलेगा। सिद्ध का अर्थ है, ऐसी चैतन्य की दशा जहां अब पाने को कुछ भी न रहा। जो पाना था, पा लिया। जो होना था, हो लिए। तृप्ति की ऐसी परमदशा जहां तृष्णा तो है ही नहीं, तृप्ति भी नहीं है। हरि ॐ तत्सत्!

आज इतना ही।

* * *

प्रवचन : 90

सरलतम घटना : परमात्मा

9 फरवरी, 1977

पहला प्रश्न : महागीता की इस अंतिम प्रश्नोत्तरी में कृपा करके श्रवणमात्र से होने वाली तत्काल-संबोधि, सडन एनलाइटनमेंट का राज फिर से कह दें। इस महाघटना के लिए पूर्वभूमिका के रूप में क्या तैयारी जरूरी है? क्या बिना किसी भी प्रकार की प्रत्यक्ष या अप्रत्यक्ष तैयारी के तत्काल-संबोधि घटना संभव है?

फिर से पूछते हो। एक ही बात रोज कही जा रही है। एक ही बात को अनंत बार दोहराया जा रहा है। फिर पूछने से न सुन पाओगे। इतने बार दोहरा कर समझ में नहीं आता। एक ही बार कहे जाने से समझ में आ सकती है। बात इतनी सरल है। इसलिए प्रश्न बात के दोहराने का नहीं है, प्रश्न तुम्हारी मूर्च्छा का है। तुम इतने सोए हो, कितनी ही बार दोहराओ, कोई अंतर न पड़ेगा। शायद बहुत बार दोहराने से तुम समझो कि कोई लोरी गा रहा है और तुम और गहरी नींद में सो जाओ। अनेक बार दोहराने का परिणाम जागरण नहीं होता।

फिर पूछते हो कि श्रवणमात्र से होने वाली तत्काल-संबोधि का राज क्या है?

राज होता तो श्रवणमात्र से कभी संबोधि उपलब्ध नहीं हो सकती थी। अगर कोई राज होता, कोई सीक्रेट होता, अगर कोई बात छुपी होती, तो खोजनी पड़ती। चेष्टा करनी पड़ती। श्रवणमात्र से जो संबोधि घटित होती है, उसका अर्थ ही इतना है कि राज कुछ भी नहीं है। परमात्मा प्रकट है, छिपा नहीं। परमात्मा मौजूद है, पर्दों में

नहीं। परमात्मा आंख के सामने खड़ा है, परमात्मा आंख के पीछे खड़ा है। परमात्मा ने ही तुम्हें सब ओर से घेरा है। परमात्मा के अतिरिक्त और कुछ है ही नहीं। राज कहां है? जिन्होंने समझा कि परमात्मा राज है, वे चूके। फिर वे परमात्मा को खोजने में लगेंगे। और जो इतना मौजूद है कि उसके अतिरिक्त कुछ मौजूद नहीं, उसे तुमने खोजा कि चूके। खोजने में ही चूक हो गई। जैसे कि भर दोपहरी में कोई रोशनी खोजने लगे, तो तुम क्या कहोगे, इसको मिलेगी रोशनी? चारों तरफ धूप बरस रही है, यह धूप में ही खड़ा है और कहता है, मैं रोशनी को खोजना चाहता हूं। रोशनी कहां है, इस बात का राज क्या है? इसके पूछने में ही भ्रांति है। इसके पूछने में ही चूक हुई जा रही है।

राज तो पंडितों ने खड़े किए हैं, परमात्मा बहुत प्रकट है। पंडितों का सारा व्यवसाय इस बात पर निर्भर करता है कि उलझा दें। नहीं तो बात सुलझेगी कैसे फिर? उलझी हो बात तो पंडित की जरूरत है। सुलझी ही हो, तो पंडित की कोई जरूरत नहीं है।

श्रवणमात्र से उपलब्ध हो सकता है सत्य, इसका मतलब यही हुआ कि किसी को बीच में लेने की जरूरत नहीं है। किसी का हाथ पकड़ने तक की भी जरूरत नहीं है। किसी का अनुसरण करने की भी जरूरत नहीं है। क्योंकि कहीं जाना नहीं है, तुम सत्य में हो। सिर्फ जागना है। आंख खोल कर देखना है, भरी दोपहरी है और सूरज सब तरफ बरस रहा है। तुम आंख बंद किए खड़े हो, पूछते हो, सूरज के होने का राज क्या? रोशनी को कहां खोजें? इसकी कुंजी कहां है? अब बंद आदमी के हाथ में अगर कुंजी भी हो सूरज को पाने की, तो भी क्या होगा? असली बात ही चूक गए।

तुम पूछते हो, राज क्या?

राज होता, तो सुननेमात्र से सत्य उपलब्ध नहीं हो सकता। अष्टावक्र की पूरी देशना यही है कि सिर्फ सुननेमात्र से। क्यों ऐसा कहा है? इसलिए ऐसा कहा है कि तुमने सत्य को खोया नहीं है। ऐसा समझो कि कोई सम्राट है और सो गया और सोते में सपना देखता है कि भिखारी हो गया हूं। और कोई उन्हें जगा कर उठा देता है और कहता है, जागने भर से बात समाप्त हो जाएगी। सम्राट तो तुम हो, भिखारी का सपना देख रहे हो। तो घड़ी का अलार्म काफी है। श्रवणमात्रेण। हां, अगर तुम भिखारी ही हो, तो फिर सम्राट नहीं हो सकते सुनने मात्र से। लाख कोई दोहराए कि तुम सम्राट हो, तुम तो जानते हो, तुम भिखारी हो।

तो तुम बार-बार पूछते हो कि कोई राज होगा सम्राट होने का! अष्टावक्र कह रहे हैं, सम्राट तुम हो। भिखारी कैसे हो गए हो, यह चमत्कार है। संपत्ति तुम्हारे पास है, एक क्षण को भी उससे तुम्हारा संबंध नहीं छूटा है, छूट जाता तो तुम हो ही नहीं सकते थे। ऐसा ही समझो कि जैसे वृक्ष खड़ा है। अगर जड़ों से संबंध टूट जाए तो वृक्ष हो ही नहीं सकता। भला वृक्ष को जड़ें दिखाई न पड़ती हों। जड़ें तो छिपी हैं पृथ्वी के गहन

अंधकार में। वृक्ष तो अगर झांक कर भी नीचे देखे तो जड़ें दिखाई नहीं पड़ेंगी। और वृक्ष अगर पूछने लगे कि मेरी जड़ों को मैं कैसे खोजूं, कैसे पहचानूं कि मेरे पास जड़ें हैं, तो तुम क्या कहोगे कि जड़ें तो हैं ही, नहीं तो तू हो ही नहीं सकता था।

तुम बोलते हो तो परमात्मा बोलता, तुम श्वास लेते तो परमात्मा श्वास लेता, तुम चलते हो तो परमात्मा चलता है। तुमने प्रश्न पूछा, यह परमात्मा ने ही पूछा। यह प्रश्न परमात्मा की ही गहनता से आ रहा है। यह जागने के ही मार्ग पर एक इशारा है। परमात्मा तुम्हारे भीतर जागना चाहता है। तुम तरकीब खोज रहे हो, तरकीब खोज कर तुम टालोगे कल पर कि तरकीब तो कहीं आज हल नहीं होती। अगर बात छिपी है तो समय लगेगा खोजने में, समय व्यतीत होगा, कल होगी, परसों होगी, अगले जन्म में होगी। अष्टावक्र कहते हैं, अभी हो सकती है, यहीं हो सकती है, इसी क्षण हो सकती है, एक क्षण भी गंवाने की जरूरत नहीं। राज बिलकुल नहीं है।

अष्टावक्र की वाणी में कोई भी राज नहीं है। कोई भी इजोटेरिक, कोई गुप्त छिपाव नहीं है। सीधी-सीधी बात है। बात इतनी है कि तुम परमात्मा हो तुम परमात्मा होकर ही हो सकते हो। इसलिए सुननेमात्र से घटना घट जाएगी।

फिर तुम पूछते हो कि इस महाघटना के लिए पूर्वभूमिका के रूप में क्या तैयारी जरूरी है?

तुम मानोगे नहीं? बिना भूमिका तैयार किए तुम मानोगे नहीं? और भूमिका की तैयारी ही तो कर रहे हो जन्मों-जन्मों से। भूमिका तैयार कहां हो पाती है? भूमिका अनावश्यक है। भूमिका को तैयार करने में ही तुम खोए जा रहे हो। तुम उस बात की तैयारी कर रहे हो जो मौजूद ही है। तुम उस बात को लाने की कोशिश कर रहे हो, जो आई ही हुई है। जिसको जीना शुरू करना है, उसे तुम खोज रहे हो। जो थाली सामने रखी है और भोजन शुरू करना है, उसके लिए तुम बाजारों-बाजारों में भटक रहे हो। पाकशास्त्रों में खोज कर रहे हो। भोजन तैयार है, भोजन सामने रखा है, कुछ भी नहीं करना है, लेकिन तुम्हारा मन मानने को राजी नहीं होता।

कारण क्या है? ऐसा प्रश्न क्यूं उठता है? पूछा है स्वामी योग चिन्मय ने। ऐसा प्रश्न क्यूं उठता है? ऐसा प्रश्न इसलिए उठता है कि तुमको श्रवणमात्र से सत्य का बोध नहीं होता। तो तुम सोचते हो मन में कि जरूर कहीं कोई राज होगा। कहीं कोई पूर्वभूमिका होगी जो मुझसे नहीं हो पा रही है। नहीं तो मुझे सुननेमात्र से क्यों नहीं हुआ? तो अब अपने अहंकार को बचाने के लिए तुम तरकीबें खोजते हो। तुम सोचते हो, कोई पूर्वभूमिका होनी चाहिए, कोई छिपी बात होनी चाहिए। जनक ने कुछ तैयारी की होगी पहले और मैंने नहीं की, इतना ही फर्क है। फर्क तैयारी का नहीं है, फर्क होश का है। जनक ने होशपूर्वक सुना, तुम बेहोशी में सुन रहे हो। जनक ने आंख खोल कर

देखा, तुम आंख बंद करके देखने की कोशिश कर रहे हो। फर्क तैयारी का नहीं है, आंख तुम्हारे पास उतनी ही है जितनी जनक के पास। पलक उठाओ, तैयारी की बात मत पूछो। तैयारी की बात पूछी तो तुम फिर प्रयास में चले गए। फिर अनायास संबोधि न घट सकेगी।

'इस महाघटना के...।'

तुम इसको महाघटना क्यों कहते हो? इससे ज्यादा सीधी-साधी घटना क्या होगी? जो है, उसको जानने से सीधा-साधा क्या होगा? इसको महाघटना क्यों कहते हो? महाघटना कहने के पीछे कारण है। महाघटना कह कर तुम कहोगे, अगर अभी नहीं घट रही तो हमारा कोई कसूर थोड़े ही है, घटना इतनी महान है! होते-होते होगी। करते-करते घटेगी। श्रम करेंगे, जनम-जनम दौड़ेंगे-चलेंगे, तब मंजिल आएगी। घटना ही इतनी महान है!! इससे तुम्हें दोहरे लाभ हैं, महाघटना कहने से। एक तो आज नहीं होती, तो तुम्हें पीड़ा नहीं होती। तुम कहते हो, आज हो ही नहीं सकती। तो कल तक सोने की सुविधा मिल जाती है। कल होगी तब देखेंगे। कल भी तुम इसको महाघटना कहोगे, परसों पर टाल दोगे। महाघटना कोई ऐसे थोड़े ही घटती है! जनम-जनम श्रम करते हैं तब घटती है। जन्मों-जन्मों के श्रम का फल होती है। ऐसे थोड़े ही घटती है!

महाघटना कह कर तुमने एक तरकीब खोज ली—ऊपर से तो ऐसा लगता है कि महाघटना कह कर तुमने बड़ी प्रशंसा की। लेकिन यह बात नहीं है, प्रशंसा नहीं है यह, यह तो इस घटना का अपमान हो गया। पूरा अष्टावक्र का सारसूत्र इतना है कि यह घटना बड़ी सहज, स्वाभाविक, अति साधारण है। परमात्मा से साधारण इस संसार में और कुछ भी नहीं है। क्योंकि परमात्मा सारे अस्तित्व की श्वास है। और क्या इससे साधारण होगा? झरने में झरना है, वृक्ष में वृक्ष है, पक्षी में पक्षी है, मनुष्य में मनुष्य है—स्त्री में स्त्री, पुरुष में पुरुष, बच्चे में बच्चा, बूढ़े में बूढ़ा—परमात्मा तो सब पर फैला हुआ स्वाद है। पापी में परमात्मा पापी है और पुण्यात्मा में परमात्मा पुण्यात्मा है। नरक में परमात्मा नारकीय और स्वर्ग में स्वर्गीय है। और क्या साधारण बात होगी? छुद्रतम में वही विराजमान है और विराटतम में वही विराजमान है। अणु से अणु में भी वही और अनंत से अनंत में भी वही। परमात्मा से ज्यादा साधारण और क्या बात होगी, क्योंकि परमात्मा सार्वभौम है। निर्विशेष है। यही तो अष्टावक्र ने कल कहा—निर्विशेष, कोई विशेषण नहीं है। कोई विशिष्टता नहीं है।

लेकिन हम परमात्मा को ऊपर रखना चाहते हैं—सबसे ऊंची चीज। उसी दुनिया की शृंखला में जहां धन, पद, प्रतिष्ठा, इन सबके बाद, सबके ऊपर परमात्मा है। इस तरह हम सोचते हैं हम परमात्मा का बड़ा आदर कर रहे हैं। हम परमात्मा के साथ धोखा कर रहे हैं।

महाघटना मत कहो! यह घटना बड़ी साधारण है। और यह घटना ऐसी है कि घटने वाली नहीं है, घट चुकी है। तुम चाहे जागो और चाहे तुम न जागो, परमात्मा तुम्हारे भीतर विराजमान है। तुम चाहे मानो, चाहे न मानो; अंगीकार करो, न अंगीकार करो, परमात्मा तुम्हारे भीतर मौजूद है। तुम्हारी मौजूदगी उसकी ही मौजूदगी की छाया है। परछाई। वही है, तुम तो केवल परछाई हो। जैसे आदमी धूप में चलता है तो छाया बनती। ऐसे परमात्मा के चलने से अनेक-अनेक रूप बनते। रूप तो परछाई है। अरूप की परछाई है रूप। निराकार की परछाई है आकार। शून्य की परछाई है शब्द। शांति की परछाई है संगीत। मूल दिखाई नहीं पड़ रहा है, तुम छाया में उलझ गए हो। जरा जाग कर, चौंक कर, हिल कर देखो, तुम पाओगे तुम मूल हो।

तो महाघटना तो कहो मत। महाघटना कहने में ही तुमने तरकीब बना ली—फिर तैयारी करनी पड़ेगी, महाघटना कोई ऐसे थोड़े ही घट जाएगी। यम, नियम, आसन, प्राणायाम, प्रत्याहार और हजार-हजार तरह के व्यायाम, फिर धारणा, ध्यान, फिर समाधि, ऐसा अष्टांग योग साधते-साधते जनम-जनम बीतेंगे। यही तो फर्क है पतंजलि और अष्टावक्र का। पतंजलि में क्रम है—साधो, धीरे-धीरे। इसलिए तो पतंजलि का खूब प्रभाव पड़ा। सभी को बात जंची। अष्टावक्र का कोई बहुत प्रभाव नहीं पड़ा। बात इतनी सरल थी कि अहंकारियों को नहीं जंच सकती थी। समझना।

अष्टावक्र की बात अहंकारी को नहीं जंच सकती। क्योंकि अहंकारी कहता है, सरल है! तो सरल में तो उसका रस ही नहीं होता। गौरीशंकर पर चढ़ने में उसको रस होता है। अब कोई पूना की टेकरी पर चढ़ने में क्या रस है! तुम पूना की टेकरी पर चढ़ जाओ और झंडा लगा आओ और कहो अखबार वालों से कि छापो मेरी खबर, पूना की टेकरी पर मैं चढ़ गया और झंडा भी मैं लगा आया, हिलेरी चढ़ गया गौरीशंकर पर तो क्यों खबर छापी, मैंने भी वही किया! तो लोग हंसेंगे, लोग कहेंगे, इस टेकरी पर कोई भी चढ़ जाता, टेकरी पर चढ़ने में कुछ रखा नहीं! गौरीशंकर पर चढ़ो तो कुछ बात है। वह महाघटना है। यह तो कोई घटना ही नहीं है। यह तो बच्चे चढ़ जाते हैं। इसमें क्या सार है?

तो आदमी नई-नई तरकीबें खोजता है। हिलेरी जिस रास्ते से चढ़ा था, उस रास्ते से भी कोई कभी पहुंचा नहीं था गौरीशंकर तक, वह पहुंच गया; जिस दिन वह पहुंच गया, उसी दिन से पहाड़ चढ़ने वालों ने दूसरा रास्ता खोजना शुरू कर दिया, जो उससे भी कठिन है। अब उन्होंने चढ़ाई कर ली। अब वे पहुंच गए कठिन रास्ते से, जिससे हिलेरी भी नहीं पहुंचा था। पहुंचे वहीं, लेकिन अब उनकी बड़ी प्रशंसा हो रही है। क्योंकि उन्होंने और भी कठिन मार्ग चुना जिससे कोई कभी नहीं पहुंचा—हिलेरी भी नहीं पहुंचा। जल्दी ही कोई और तीसरा मार्ग खोज लेगा। फिर हिलेरी चढ़-चढ़ कर

पहुंचा था, कोई पागल हो सकता है घसिट-घसिट कर गौरीशंकर पर चढ़ जाए। क्योंकि घसिट कर कोई भी नहीं चढ़ा। या हो सकता है कोई योगी शीर्षासन कर ले और चढ़ने लगे सिर के बल। अहंकार को हमेशा कठिन में रस है। जितना कठिन हो, उतना रस है।

परमात्मा सरल है, तो अहंकारियों को तो रस ही न रह जाएगा। परमात्मा कठिन है, तो अहंकारी उत्सुक है। कठिन में बड़ा आकर्षण है, चुंबक है। इसलिए मैं तुमसे कहता हूं कि तुम मंदिर-मस्जिदों में, गुरुद्वारों में, तीर्थों में जिन साधु-संन्यासियों को पाओगे, जरा गौर से देखना, उनमें सौ में से तुम निन्यानबे को महाअहंकारी पाओगे। क्योंकि वे परमात्मा को खोजने चले हैं। तुम्हारी तरफ वे देखते हैं कि तुम कीड़े-मकोड़े। क्या कर रहे हो? दुकानदारी कर रहे हो, नौकरी कर रहे दफ्तर में, खेती-बाड़ी कर रहे—कीड़े-मकोड़े! परमात्मा को खोजो, देखो हमारी तरफ, हम कुछ कर रहे हैं! तुम क्या कर रहे हो? तुम तो पशु हो, तुम तो मनुष्य भी नहीं। क्यों? क्योंकि तुम सरल को खोज रहे हो। वे कठिन को खोज रहे हैं। और मैं तुमसे कहता हूं, सरल को खोजने में जो लग गया, वही संन्यासी है। जिसने कठिन को खोजने का मोह छोड़ दिया। यही त्याग है। कठिन का त्याग त्याग है, क्योंकि कठिन के त्याग के साथ ही अहंकार गिर जाता है। उसकी लाश हो जाती है। बिना कठिन के अहंकार जी ही नहीं सकता। कठिन की बैसाखी लेकर ही अहंकार चलता है।

सरल के साथ अहंकार की कोई गति नहीं है। इतना सरल है परमात्मा कि कुछ करने का उपाय नहीं; हुआ ही हुआ है। इसीलिए तो अष्टावक्र कहते हैं, कर्ता होने से नहीं पाओगे। सिर्फ साक्षी होने से। मौजूद है, तुम जरा बैठकर, शांत भाव से, आंख खोल कर देख तो लो। कहां दौड़े चले जाते हो? किस आपा-धापी में लगे हो?

महाघटना मत कहो। महाघटना कह कर तुमने पूर्वभूमिका बना ली, पूर्वभूमिकाओं के लिए।

'इस महाघटना के लिए पूर्वभूमिका के रूप में क्या तैयारी जरूरी है?'

अगर तैयारी जरूरी है, तो अष्टावक्र गलत हो गए। अगर पूर्वभूमिका जरूरी है, तो अष्टावक्र गलत हो गए। भूमिका की कोई आवश्यकता ही नहीं है। तुम वहीं खड़े हो, सीढ़ी लगानी नहीं है। तुम वहीं खड़े हो। तुम जहां खड़े हो, वहीं परमात्मा है। यह इतना क्रांतिकारी उदघोष है कि परमात्मा सरल है, सुगम है, मिला ही हुआ है।

मगर तुम्हारी अड़चन भी मैं समझता। जब तुम यह बात सुनते हो तो तुम कहते हो कि होगा, मगर हमें मिल क्यों नहीं रहा है? हमें नहीं मिल रहा है तो जरूर कोई तरकीब होगी जो छिपाई जा रही है, बताई नहीं जा रही। कोई तरकीब होगी, कोई कुंजी होगी, कोई सीढ़ी होगी जो हम नहीं लगा रहे हैं, नहीं तो हमको मिल क्यों नहीं रहा।

तुम एक बात नहीं देखना चाहते कि तुम आंख बंद किए बैठे हो। तुम अंधे बने बैठे हो। तुम सोए हो। तुम मूर्च्छित हो। यह बात तुम स्वीकार नहीं करना चाहते। तुम यह बात स्वीकार करो कि मैं मूर्च्छित हूं, तो अहंकार को पीड़ा होती है। कोई सीढ़ी होगी, जो मुझे नहीं मिली है, होगी कहीं, खोज लूंगा—मुझमें कोई कमी नहीं है, सीढ़ी की कमी है। मैं तो ठीक ही हूं। कुछ लोगों को सीढ़ी मिल गई, मुझे नहीं मिली है, बस इतना ही फर्क है। जनक में और तुममें सीढ़ी का फर्क है, तुम सोचते हो। सीढ़ी तो बाहर की बात हुई। परिस्थिति का फर्क है, तुम सोचते हो।

तुम अगर गरीब के घर में पैदा हुए हो और अगर अमीर के घर में कोई पैदा होकर ज्ञानवान हो जाए तो तुम कहोगे, क्या करें, हम गरीब के घर में पैदा हुए, इसलिए ज्ञानवान होने की सुविधा नहीं मिली; वैसे तो हम भी ज्ञानवान हो सकते थे, मगर यह सुविधा नहीं मिली। तुमने सुविधा पर बात टाल दी। तुमने सीधी बात न ली कि मुझमें कोई कमी हो सकती है। सभी धनियों के घर में तो ज्ञानवान पैदा नहीं होते! और सभी गरीब भी ज्ञानहीन नहीं रह जाते। लेकिन तुमने बात टाल दी। तुमने देखा, जब भी कोई आदमी सफल हो जाता है, तुम कोई न कोई बहाने खोजते हो कि सफल क्यों हो गया। तुम पता लगाते हो कि रिश्वत दे दी होगी। कि रिश्तेदार मिनिस्ट्री में होंगे। जब तुम सफल होते हो, तब तुम कभी यह बात नहीं पता लगाते कि मैंने किसको रिश्वत दी और कौन मेरा रिश्तेदार मिनिस्ट्री में है! जब तुम सफल होते हो तब तुम सफल होते हो। जब दूसरा सफल होता है, तो सब भाई-भतीजा वाद है। जब दूसरा सफल होता है, तो रिश्वत खिला दी।

एक महिला मेरे पास आई, उसका बेटा तीसरी बार फेल हो गया परीक्षा में। तो वह कहने लगी कि आप कुछ करिए। क्या करना है? कहने लगी कि ये सब शिक्षक इसके पीछे पड़े हैं। शिक्षक इसके पीछे पड़े हैं! वे इसको पास ही नहीं होने देते। और भाई-भतीजावाद चल रहा है। अपने अपनों को पास कर रहे हैं। और रिश्वतखोरी चल रही है और हमारे पास तो देने को कुछ है नहीं। वह स्त्री मुझसे कहने लगी कि प्रतिभा का तो कोई मूल्य ही नहीं है। वह बेटा मैं जानता हूं कि उनकी प्रतिभा कैसी है!

मगर तीन-चार साल धक्के खाते-खाते आखिर वह भी मैट्रिक पास हो गया। जब वह पास हो गया, तो मैंने उससे पूछा, कहो, किसको रिश्वत खिलाई? कौन भाई-भतीजावाद का मानने वाला मिल गया? उसने कहा, कैसी बातें कर रहे आप, वह लड़का तो प्रतिभाशाली है ही, चार-पांच साल उसको भटकाया इन लोगों ने। वह तो कभी का पास हो जाता। अब नहीं कोई भाई-भतीजावाद है! अब कोई शिक्षक किसी तरह की रिश्वत नहीं ले रहा है!

तुम खयाल करना। जनक को हो गया सुन कर, तुम्हें नहीं हो रहा सुन कर, तो एक ही बात हो सकती है, जरूर कोई तरकीब होगी। या तो जनक ने पहले कुछ तैयारी की है, कुछ इंतजाम कर लिया है कि सुनते से ही जाग गए। हममें और जनक में फर्क क्या है? हम क्यों नहीं जाग रहे? फर्क इतना ही है कि तुम सुन ही नहीं रहे। जनक ने सुना और जाग गए। तुम सुन ही नहीं रहे। शायद कारण यह होगा कि तुम जागने के लिए इतने उत्सुक हो कि तुम सुन ही नहीं रहे। जब मैं तुमसे बोल रहा हूं, तब भी तुम अपना गणित बिठाते रहते हो—इसमें क्या-क्या करने जैसा है? तुम सोचते रहते भीतर-भीतर कि हां, यह बात ठीक है, नोट कर लो, याद करके रख लो, इसको करके देखेंगे। तुम जब सुन रहे हो तब सुन नहीं रहे, तब भी तुम गणित बिठा रहे हो। तभी तुम चूकते चले जा रहे हो।

जनक ने सिर्फ सुना। उसने कोई गणित न बिठाया। उसने ऐसे सुना जैसे कोई पक्षियों के गीत को सुनता है। उसने ऐसे सुना जैसे कोई संगीत को सुनता है। तुम जब संगीत को सुनते हो तब तुम क्या सुनते हो? न तो कोई अर्थ लगाते, न व्याख्या करते; न कहते कि हां, इससे मैं राजी हूं, इससे मैं राजी नहीं हूं; यह मेरे मन के अनुकूल, यह मेरे मन के अनुकूल नहीं; यह मेरे शास्त्र के अनुसार, यह मेरे शास्त्र के अनुसार नहीं; संगीत सुनते वक्त तुम लवलीन हो जाते हो। तुम यह सोचते नहीं। संगीत कोई सिद्धांत तो नहीं है। संगीत तो एक तरंग है, एक रस की धार है।

जनक ने ऐसे सुना जैसे कोई संगीत को सुनता है। तुम ऐसे सुनते हो जैसे कोई विज्ञान को सुन रहा हो। तो हिसाब लगाते रहते हो। तुम्हारे सुनने में भर भूल है। कोई पूर्वभूमिका की तैयारी नहीं है। न कोई जरूरत है। तुम्हारे सुनने में भूल है, तुम सुन नहीं रहे। सुनते वक्त तुम्हारे मन में हजार-हजार विचार चल रहे हैं, योजनाएं चल रही हैं। तुम कहीं पहुंचने को आतुर हो। तुम कुछ होने के लिए उत्सुक हो। तो जो आदमी भी कुछ बनने के लिए, होने के लिए आतुर है, वह अष्टावक्र की बात न सुन पाएगा। क्योंकि अष्टावक्र कह रहे हैं, कुछ होने को नहीं है, कुछ जाने को नहीं है, कहीं पहुंचना नहीं है। कोई मंजिल नहीं है। तुम जहां हो, बस यही जगह है। कहीं और कोई जगह नहीं है। इसी क्षण में शांत, मौन जाग जाओ, तृप्ति बरस उठेगी।

'क्या बिना किसी भी प्रकार की प्रत्यक्ष या अप्रत्यक्ष तैयारी के तत्काल-संबोधि घटना संभव है?'

तुम्हारा मन कैसे-कैसे गणित बिठाए चला जाता है।

'क्या बिना किसी भी प्रकार की...?'

कोई न कोई तो तरकीब होगी, जो तुमसे छिपाई जा रही है। जिसके कारण तुम ज्ञान को उपलब्ध नहीं हो रहे हो।

'क्या बिना किसी भी प्रकार की... ?-

इन्हीं बातों के कारण तुम्हें उन लोगों की बातें ठीक लगती हैं जो तुम्हें तैयारी बताते हैं। वह कहते हैं, देखो, पहले आचरण सुधारो। बात जंचती है कि आचरण न सुधारेंगे तो भगवान कैसे मिलेगा? जैसे भगवान के मिलने से आचरण के सुधारने का कोई भी संबंध हो सकता है! यह तो ऐसे ही हुआ कि तुम संगीत सुनने जाओ और तुम्हें संगीत में रस न आए तो कोई कहे, पहले आचरण सुधारो। पहले जाकर आचरण ठीक करके आओ, तब संगीत समझ में आएगा। जैसे कि आचरण से संगीत के समझने का कोई भी संबंध हो, कोई भी लेन-देन हो!

यह बात जरूर सच है कि परमात्मा को जानने से आचरण सुधर जाता है, लेकिन आचरण सुधरने से परमात्मा के मिलने का कोई संबंध नहीं है। यह बात जरूर सच है कि अगर कोई व्यक्ति संगीत में रसपूर्ण हो जाए, तो उसके जीवन में क्रांति घटित होती है, सब बदलता है, क्योंकि संगीत इतनी बड़ी महाक्रांति है। अगर तुम संगीत को सुनने-समझने में समर्थ हो गए, तो तुम्हारे जीवन में रूपांतरण होने शुरू होंगे। तुम्हारा क्रोध तिरोहित होने लगेगा। क्योंकि जो संगीत में डूबा, अब क्रोध में न डूब सकेगा, क्योंकि क्रोध तो विसंगीत है। जो संगीत में डूबा, अब धन में इसे बहुत रस न आएगा। क्योंकि धन तो शोरगुल की दुनिया की चीज है। जो संगीत में डूबा, अब इसे शांति में रस आएगा। क्योंकि संगीत करता ही क्या है? जब तुम संगीत को सुनते हो तब तुम्हारी विचार की तरंगें सो जाती हैं और भीतर एक शांत आकाश—जरा भी मेघाच्छन्न नहीं, सब मेघ, सब बादल चले गए—एक शून्य नीलाकाश फैल जाता है।

जब तुम्हें शांति का रस संगीत से मिलेगा, तो तुम धीरे-धीरे पाओगे कि शांति और संगीत में एक अनिवार्य संबंध है। जब तुम शांत हो जाओगे, तभी संगीत बहने लगेगा। फिर तो जरूरत भी नहीं है कि किसी वीणावादक को खोजो। जहां शांत हुए, वहीं वीणा भीतर की बजने लगेगी। सच तो यही है कि बाहर की वीणा में असली संगीत नहीं है, बाहर की वीणा सुनते-सुनते तुम्हें भीतर की वीणा सुनाई पड़ जाती है, संगीत वहीं है। बाहर की वीणा तो केवल निमित्तमात्र है।

'क्या बिना किसी प्रकार की... ?'

फिर मन वकालत करता है, न होगा प्रत्यक्ष, तो कोई अप्रत्यक्ष तैयारी होगी। सीधी-सीधी ऊपर से न दिखाई पड़ती होगी तो छिपी-छिपी कोई तैयारी होगी। मगर कोई प्रत्यक्ष या अप्रत्यक्ष तैयारी के बिना क्या तत्काल-संबोधि घटना संभव है? वही तो अष्टावक्र का पूरा का पूरा उपदेश है। संभव नहीं है, बस वही केवल संभव है। और किसी तरह संबोधि घटती ही नहीं। जो हजारों तरह के उपाय करने के बाद भी

किसी दिन संबोधि को पहुंचते हैं, उस दिन पाते हैं कि यह तो कभी भी घट सकती थी अगर सुन लिया होता। सुना नहीं, तो नहीं घटी।

मैंने तुम्हें बार-बार कहा है कि बुद्ध कहते हैं, एक तो ऐसा घोड़ा होता है कि मारो-मारो तो मुश्किल से चलता है। दूसरा ऐसा घोड़ा होता है कि कोड़ा फटकारो-मारने की जरूरत नहीं पड़ती—और चलता है। और तीसरा ऐसा घोड़ा होता है कि कोड़ा फटकारने की भी जरूरत नहीं होती, सिर्फ कोड़े की मौजूदगी हो तो चलता है। और चौथा ऐसा भी घोड़ा होता है कि मौजूदगी भी उसके लिए अपमानजनक हो जाएगी, कोड़े की छाया काफी है। संभावना काफी है।

मैं एक पागल के संबंध में पढ़ रहा था। वह आदमी एक लेखक था। बड़ा लेखक था और पागल हो गया। पागलखाने में बंद रहा, कोई तीन साल इलाज चला, लेकिन कोई आसार न दिखाई पड़ते थे। तीन साल के बाद अचानक उसने कहा कि कागज-कलम लाओ, मेरे मन में लिखने का भाव हो रहा है। तो उसके चिकित्सक बहुत प्रसन्न हुए। उन्होंने सोचा कि कुछ होश इसे वापस आ रहा है। यह लौट रहा है। अब इसको अगर इतना भी खयाल आ गया कि मैं लेखक हूं और मुझे कुछ लिखना है, तो अब इसके स्वस्थ होने की संभावना है। वह तो लेकर कागज-कलम बैठ गया। चिकित्सक तो बड़े प्रसन्न हुए क्योंकि अब उसने सब जो पागलपन था सब छोड़ दिया। शोरगुल मचाता था, नाचता-कूदता था, चीखता-चिल्लाता था, सब बंद हो गया। वह तो बस सुबह से उठे तो अपने कागज-कलम लेकर लिखने में लग जाए। उसने पांच सौ पेज लिख डाले। और इन दिनों में—महीनों तक यह काम जारी रहा—वह बिलकुल शांत हो गया। चिकित्सकों ने तो समझा कि यह आदमी अब ठीक हो गया, इसका कोई पागलपन शेष नहीं रहा।

जब किताब पूरी हो गई तो उस पागल ने अपने प्रमुख चिकित्सक को कहा कि आप मेरा उपन्यास पढ़ना चाहेंगे? जरूर, उसने कहा। वह देखना भी चाहता था कि क्या लिखा है। शुरू किया उसने पढ़ना। पहली लकीर थी कि एक सेनापति छलांग लगा कर अपने घोड़े पर चढ़ा और बोला—चल बेटा, चल बेटा, चल बेटा! और फिर पांच सौ पेज तक यही था—चल बेटा, चल बेटा! वह तो घबड़ा गया, पन्ने उलटे, मगर चल बेटा! पांच सौ पेज! वह भागा हुआ आया, उसने कहा कि यह मामला क्या है, यह किस प्रकार का उपन्यास है? उसने कहा, क्या कहो, घोड़ा जिद्दी, करो क्या! घोड़ा चले ही नहीं। सेनापति कहता रहा—चल बेटा। आखिर मैं भी थक गया तो मैंने फिर उपन्यास समाप्त कर दिया।

तो कुछ ऐसे घोड़े भी हैं कि पांच सौ पेज तक भी अगर तुम चल बेटा, चल बेटा कहो, न चलें।

न तो कोई प्रत्यक्ष तैयारी की जरूरत है, न कोई अप्रत्यक्ष तैयारी की जरूरत है। सिर्फ बोध, सिर्फ समझ मात्र काफी है। और जिन्होंने बहुत श्रम से पाया है, उन्होंने भी पाने के बाद पाया कि यह तो बिना श्रम के मिल सकता था, हमने श्रम व्यर्थ ही किया। इसका कोई संबंध श्रम से है ही नहीं।

बुद्ध को जब मिला और जब लोगों ने पूछा कि आपको कैसे मिला, तो बुद्ध ने कहा, मत पूछो। क्योंकि जो मैंने किया, उससे मिला ही नहीं। यह तो मुझे बिना किए भी मिल सकता था। लेकिन चूक होती रही, क्योंकि मैं खोजता रहा। खोजने की वजह से चूकता रहा। जिस दिन मैंने खोज छोड़ दी और बोधि तले, बोधिवृक्ष के नीचे बैठ गया, सब खोज छोड़कर, उसी क्षण हो गया।

जब बुद्ध वापस अपने घर आए बारह वर्ष के बाद तो उनकी पत्नी ने पूछा कि मैं एक ही प्रश्न पूछना चाहती हूं और आप सचाई से जवाब दे देना। जो आपको महल के बाहर जाकर मिला जंगल में, क्या यहीं नहीं मिल सकता था अगर आप यहीं रहे होते तो? अगर घर में ही बने रहते तो मिल सकता था या नहीं? बुद्ध ने कहा, मिल सकता था।

यह समझने की बात है कि बुद्ध ने कहा, यहां भी मिल सकता था। जाना अनिवार्य नहीं था। गया, यह दूसरी बात है। गया, वह मेरी भूल थी। क्योंकि परमात्मा अगर कहीं मिल सकता है तो यहां भी मिल सकता है। कोई खास वटवृक्ष के नीचे ही थोड़े परमात्मा बसता है। झोपड़े में ही थोड़े बसता है, जंगल में ही थोड़े बसता है। ऐसी कोई जगह कहां है जहां परमात्मा न हो? ऐसी कोई जगह है, जहां परमात्मा न हो? तो फिर सभी जगह मिल सकता है। ऐसा समझो कि मिला ही हुआ है।

अष्टावक्र का सार यही है कि परमात्मा तुम्हारा स्वभाव है। तुम्हारे स्वयं का छंद, तुम्हारे भीतर उठने वाला गीत, तुम्हारी सुगंध।

सूफियों में एक कहानी है, एक फकीर ने स्वप्न में देखा कि परमात्मा उसके सामने खड़ा है और उससे कह रहा है कि तेरी प्रार्थनाएं पहुंच गईं, तेरी अर्चनाएं पहुंच गईं, तेरी उपासनाएं पहुंच गईं, तू मांग ले क्या मांगना है। ले यह तलवार लेता है? उस फकीर ने कहा, तलवार का मैं क्या करूंगा प्रभु? पर परमात्मा ने कहा, यह तलवार ऐसी तलवार है कि तू सारे संसार को जीत सकता है। इस तलवार का गुण यह है कि जीत सुनिश्चित है। सोच ले। वह फकीर कहने लगा, मेरे पास ज्यादा नहीं है, थोड़ा है, लेकिन वह काफी तकलीफ दे रहा है, आप क्यों मेरे पीछे पड़े हैं? ऐसे ही परेशान हूं, और सारी दुनिया का उपद्रव मैं क्यों लूं? तलवार आप अपनो खुद ही रखो, मुझे नहीं चाहिए। तो परमात्मा ने अपनी अंगूठी उसे निकाल कर दी और कहा कि देख,

यह हीरा देखता है, यह संसार का सबसे बड़ा हीरा है, यह तेरे पास होगा तो तू सबसे बड़ा धनी हो जाएगा, यह ले ले। उसने कहा, यह मैं क्या करूंगा? हीरे को खाऊंगा कि पीयूंगा कि पहनूंगा, कि क्या करूंगा? पत्थर देकर मुझे आप उलझाएं मत। किसको धोखा देने चले हैं? मैं कोई बच्चा नहीं हूं। उमर ऐसे ही नहीं गंवाई है, यह बाल ऐसे ही धूप में सफेद नहीं हुए हैं, किसको धोखा देने चले हैं?

तो परमात्मा ने कहा, क्या तुझे फिर चाहिए? यह मेरे पीछे अप्सरा खड़ी है, स्वर्ण की इसकी देह है और यह सदा युवा रहेगी, कभी बूढ़ी न होगी, इसे ले ले। उसने कहा, जिनकी देह स्वर्ण की नहीं है और जो आज नहीं कल बूढ़ी हो जाएंगी और मर जाएंगी, जो क्षणभंगुर हैं, उनसे ही काफी पीड़ा मिलती है, यह सदा के लिए उपद्रव हो जाएगा। क्षणभंगुर से तो छुटकारा भी हो जाता है कि चलो, कभी तो अंत आ जाएगा, इसका तो अंत ही न आएगा। आप कहते हैं, मेरी प्रार्थनाएं पहुंच गईं, आप मुझ पर नाराज हैं या क्या बात है, मुझे क्यों झंझट में डालना चाहते हैं? मुझ गरीब आदमी को छोड़ो। इससे तो बेहतर कि अगर यही प्रार्थनाओं का फल होता हो तो मैं प्रार्थनाएं करना बंद कर दूं।

तो परमात्मा ने कहा, फिर तू क्या चाहता है? कुछ भी मांग ले, क्योंकि बिना मांगे तो तुझे न जाने दूंगा। तो परमात्मा के पास एक छोटा सा पौधा गुलाब का रखा था, उसने कहा, यह मुझे दे दें। तो परमात्मा ने कहा, इसे तू क्या करेगा? यह फूल सुबह खिलेगा, सांझ मुरझा जाएगा। तो उसने कहा, इससे मुझे जीवन की खबर मिलती रहेगी, कि सुबह खिला, सांझ मुरझा गया। और इसकी सुगंध मुझे याद दिलाती रहेगी कि ऐसी ही सुगंध मैं भी अपने भीतर छिपाए हूं, हे प्रभु, कब प्रकट होगी? इसके सौंदर्य से मुझे एक खयाल आता रहेगा कि जब फूल इतना सुंदर है, तो मनुष्य की आत्मा कितनी सुंदर न होगी! कब मुझे उसका दर्शन होगा?

परमात्मा तुम्हारी सुगंध है, जैसे गुलाब की सुगंध। परमात्मा कोई वस्तु नहीं है जिसे तुम खोजने जाते हो, परमात्मा तुम्हारी सुगंध है। जब तुम शांत होकर अपने नासापुटों को उसकी तरफ उन्मुख करते हो, जब तुम अपनी आंखें भीतर मोड़ते हो, जब तुम अपने हाथ भीतर फैलाते हो, तब तुम अचानक पाते हो कि मिल गया, मिल गया। और तब तुम ऐसा नहीं पाते कि तुम्हें जो मिला है उससे तुम अलग हो, तब तुम ऐसा ही पाते हो कि अपने से मिलन हो गया—आत्म-मिलन।

नहीं, कोई तैयारी नहीं है। न प्रत्यक्ष, न अप्रत्यक्ष।

दूसरा प्रश्न: अष्टावक्र की पूरी संहिता में कहीं भी प्रेम का जिक्र नहीं है। लेकिन आपकी महागीता में साक्षी के साथ सदा प्रेम की धारा बहती मिलेगी। ऐसा क्यों? क्या साक्षी और प्रेम के बीच कोई आंतरिक संबंध है?

निश्चित ही। प्रेम है साक्षी का संगीत। प्रेम है साक्षी की सुवास। जब कोई साक्षी हो जाता है तो ही प्रेम झरता है। निश्चित ही अष्टावक्र ने इस प्रेम की कोई बात नहीं की—जान कर। यह जान कर कि तुम जिसे प्रेम कहते हो, कहीं तुम भूल से उसी को न समझ लो।

इसलिए अष्टावक्र ने साक्षी की बात कही, प्रेम की बात छोड़ दी। बीज की बात कही, वृक्ष की बात कही, फल की बात छोड़ दी—फल तो आएगा तुम बीज बोओ, वृक्ष संभालो, पानी दो, बागवानी करते रहो, फल तो आएगा। जब आएगा तब आ जाएगा, उसकी क्या बात करनी है।

इसलिए जान कर अष्टावक्र ने प्रेम की बात छोड़ दी। क्योंकि प्रेम की बात करने का एक खतरा सदा से है और वह खतरा यह है कि तुम भी प्रेम करते हो, ऐसा तुम मानते हो। तुमने भी एक तरह का प्रेम जाना है, प्रेम शब्द से कहीं तुम यह न समझ लो कि तुम्हारा प्रेम और अष्टावक्र का प्रेम एक ही है। इस खतरे से बचने के लिए अष्टावक्र ने प्रेम की बात नहीं की। जान कर छोड़ दी।

मैं जान कर नहीं छोड़ रहा हूं। क्यों? क्योंकि एक दूसरा खतरा हो गया है। वह खतरा यह हुआ कि चूंकि अष्टावक्र ने प्रेम की बात नहीं की, न मालूम कितने लोग खड़े हो गए जिन्होंने समझा कि प्रेम पाप है। न मालूम कितने लोग खड़े हो गए जिन्होंने कहा कि जिसको साक्षी होना है, उसको तो प्रेम को जड़मूल से काट डालना होगा। यह दूसरी भ्रांति हो गई।

अष्टावक्र ने एक भ्रांति बचाई थी कि कहीं तुम तुम्हारे कामवासना से भरे हुए प्रेम को प्रेम न समझ लो, तो दूसरी भ्रांति हो गई। आदमी कुछ ऐसा है कि कुएं से बचाओ तो खाई में गिरेगा। मगर गिरेगा। बिना गिरे न रहेगा। एक भ्रांति से बचाओ दूसरी भ्रांति बना लेगा। क्योंकि बिना भ्रांति के आदमी रहना ही नहीं चाहता। भ्रांति में उसे सुख है। तो संसारी कहीं भटक न जाए, वह यह न समझ ले कि मेरा प्रेम ही वह प्रेम है जिसकी अष्टावक्र बात कर रहे हैं, ऐसी भ्रांति न हो, अष्टावक्र प्रेम के संबंध में नहीं बोले। लेकिन अष्टावक्र को यह खयाल न रहा कि इस संसार में संन्यासी भी हैं, जो अनुकरण करने में लगे हैं। जो नकलची हैं, कार्बन कापी हैं। उन्होंने देखा कि साक्षी में तो प्रेम की बात ही नहीं, तो प्रेम को जड़मूल से काट दो। प्रेमशून्य हो जाओ तब साक्षी हो सकोगे। यह और भी खतरनाक भ्रांति है, इसलिए मैं जान कर प्रेम को जोड़ रहा हूं।

मेरे देखे पहला खतरा इतना बुरा नहीं है। क्योंकि तुम जिसे प्रेम कहते हो, माना कि वह पूरा-पूरा प्रेम नहीं है, लेकिन कुछ झलक उसमें उस प्रेम की भी है जिसकी साक्षी की स्थिति में अंतिम रूप से प्रस्फुटना होती है। जो विकसित होता है आखिरी क्षण में उसकी कुछ झलक तुम्हारे प्रेम में भी है। माना कि मिट्टी और कमल में क्या जोड़ है, लेकिन जब कमल खिलता है तो मिट्टी के रस से ही खिलता है। ऐसे कमल और मिट्टी को, दोनों को रख कर देखो तो कुछ भी समझ में नहीं आता कि इनमें क्या संबंध हो सकता है! लेकिन सब कमल मिट्टी से ही खिलते हैं, बिना मिट्टी के न खिल सकेंगे। फिर भी मिट्टी कमल नहीं है। और ध्यान रहे कि मिट्टी में कमल छिपा पड़ा है। प्रच्छन्न है। गुप्त है। प्रकट होगा। तुम जिसे कामवासना कहते हो, उसमें परमात्मा का कमल छिपा पड़ा है। मिट्टी है, कीचड़ है तुम्हारी कामवासना, बिलकुल कीचड़ है, बदबू उठ रही उससे, लेकिन मैं जानता हूं कि उसी से कमल भी खिलेगा।

तो अष्टावक्र ने एक भूल से बचाना चाहा कि कहीं तुम कीचड़ को ही कमल न समझ कर पूजा करने लगो—बड़ी उनकी अनुकंपा थी—लेकिन तब कुछ लोग पैदा हुए, उन्होंने कहा कि कीचड़ तो कमल है ही नहीं इसलिए कीचड़ से छुटकारा कर लो। कीचड़ से छुटकारा कर लिया, कमल नहीं खिला, क्योंकि कीचड़ के बिना कमल खिलता नहीं। वह दूसरी गलती हो गई जो बड़ी गलती है। पहली गलती से ज्यादा बड़ी गलती है। क्योंकि पहली गलती वाला तो शायद कभी न कभी कमल तक पहुंच जाता—कीचड़ तो थी, संभावना तो थी, कीचड़ में छिपा हुआ कमल का रूप तो था; प्रकट नहीं था, अप्रकट था, धुंधला-धुंधला था, था तो; खोज लेता, टटोल लेता—लेकिन जिस व्यक्ति ने प्रेम की धारा सुखा दी, कीचड़ से छुटकारा पा लिया, उसके जीवन में तो कमल की कोई संभावना न रही। पहले के जीवन में संभावना थी, दूसरे के जीवन में संभावना न रही।

साक्षी का फल प्रेम है। मैं तुम्हें दोनों को साथ-साथ देना चाहता हूं। मैं तुम्हें याद दिलाना चाहता हूं कि तुम्हारा प्रेम, प्रेम नहीं है, और अभी प्रेम को यात्रा लेनी है। तुम्हारे प्रेम को अभी और विकास लेना है, तुम्हारे प्रेम से अभी और-और फूल खिलने हैं, तुम अपने प्रेम पर रुक मत जाना। लेकिन तुमसे मैं यह भी कहना चाहता हूं कि तुम्हारे प्रेम को काट भी मत डालना, क्योंकि वह जो होने वाला है, इसमें ही छिपा है। वह वृक्ष इसी बीज में छिपा है।

बीज में वृक्ष के दर्शन किसको होते हैं? तुम्हें भी नहीं होते अपने प्रेम में परमात्मा के दर्शन। लेकिन जब तुम्हें परमात्मा के दर्शन होंगे, तब तुम पहचान लोगे कि अरे, जिसको मैं प्रेम कहता था उसमें भी धुंधली-धुंधली छाया यही थी। जब तुमने अपनी पत्नी को प्रेम किया है, या अपने बेटे को, या अपने पति को, या अपने मित्र को, तब

तुमने एक धुंधली छाया परमात्मा की देखी। बड़ी धुंधली है छाया, बहुत धुआं है और बीच की ज्योति दिखाई नहीं पड़ती, खोई-खोई सी है। लेकिन कितना ही धुआं हो—लेकिन पुराने तर्कशास्त्र के ग्रंथ कहते हैं, जहां-जहां धुआं वहां-वहां आग—तो कितना ही धुआं हो, धुएं से एक तो पक्की बात होती है सबूत कि आग होगी। बिना आग के धुआं तो नहीं हो सकता। यह तुमने खयाल किया, आग हो सकती है बिना धुएं के—इतना प्रज्वलित अंगारा हो सकता है कि धुआं न हो—आग हो सकती है बिना धुएं के, धुआं नहीं हो सकता बिना आग के। तो जहां-जहां धुआं वहां-वहां आग। जहां-जहां काम वहां-वहां राम।

तुम्हारे जीवन में बड़ा धुआं है, माना। लेकिन इसी धुएं में कहीं आग छिपी पड़ी है। इस धुएं को इशारा समझो। इस धुएं को इंगित समझो। इस धुएं का सहारा पकड़ कर आग को खोज लो। इसलिए मैं साक्षी की बात करता हूं और प्रेम की। मैं दोनों की साथ-साथ बात करता हूं। तुम्हें दोनों ही बातों के प्रति सजग रहना है—साक्षी को जगाना है और प्रेम को बचाना है। अगर प्रेम को खोकर साक्षी बचा लिया तो तुम रूखे-सूखे मुर्दा हो जाओगे। तुम्हारी शांति मरघट की होगी, जीवंत न होगी। और तुम्हारा जीवन का सत्य बड़ा मुर्दा, सूखा-साखा होगा। उसमें रसधार न बहेगी। तुम्हारा जीवन का सत्य मरुस्थल जैसा होगा। उसमें कोई फूल न खिलेंगे। तुम्हारी वीणा टूट जाएगी। भला तुम शांत हो जाओ, लेकिन तुम्हारी शांति में कोई संगीत का अवतरण न होगा। यह पाना न हुआ, चूकना हो गया। संसार में चूके, अब संन्यास में चूके। तुम चूकते ही रहे।

इसलिए मैं कहता हूं, तुम दोनों को संभाल लेना। प्रेम को खोना मत और साक्षी को संभालना। साक्षी और प्रेम साथ-साथ संतुलित होते चले जाएं तो तुम्हारे जीवन में समाधि फलेगी और ऐसी समाधि जो मरुस्थल की न होगी, जिसमें हजारों कमल खिलेंगे। ऐसी शांति जो मरघट की न होगी, जीवंत, पुलकित, आनंदित। एक ऐसा शून्य जो पूर्ण से भरा होगा।

फिर चाहे तुम साक्षी के मार्ग से चलो—साक्षी का मार्ग यानी ध्यानी का मार्ग, प्रेम का मार्ग यानी भक्ति का मार्ग—चाहे तुम किसी भी मार्ग से चलो, दूसरे को बिलकुल छोड़ मत देना, भूल मत जाना। प्रेम के मार्ग पर साक्षी को छाया की तरह मौजूद रहने देना। ध्यान के मार्ग पर प्रेम को छाया की तरह मौजूद रहने देना।

मसलक जो अलग-अलग नजर आते हैं
यह देख कर राहगीर घबराते हैं
रास्ते का फकत फेर है राहरौ आखिर
मंजिल पे पहुंचते हैं तो मिल जाते हैं

रास्ते के ही फर्क हैं। जब यात्री मंजिल पर पहुंचते हैं तो सब रास्ते मिल जाते हैं।

रास्ते का फकत फेर है राहरौ आखिर
मंजिल पे पहुंचते हैं तो मिल जाते हैं
मसलक जो अलग-अलग नजर आते हैं
यह देख कर राहगीर घबराते हैं

तुम घबड़ाओ मत। अब तक ऐसा ही हुआ है। जिन्होंने भक्ति की बात की, उन्होंने ध्यान की बात न की। वे डरे कि कहीं ध्यान के कारण भक्ति में बाधा न पड़ जाए। जिन्होंने ध्यान की बात की उन्होंने भक्ति की बात न की, वे डरे कि कहीं भक्ति के कारण ध्यान में बाधा न पड़ जाए। मैं तुमसे जो कह रहा हूं इससे ज्यादा साहसपूर्ण वक्तव्य पहले नहीं दिया गया है। सभी वक्तव्य अधूरे थे। मैं तुम्हें पूरी-पूरी बात कह रहा हूं। निश्चित पूरी बात कहने का मतलब होता है, दोनों विरोधी बातों को साथ-साथ कहना होगा। किसी ने दिन की बात की थी, किसी ने रात की बात की थी, मैं दिन और रात की इकट्ठी बात कर रहा हूं। क्योंकि मेरे लिए दोनों संयुक्त हैं। किसी ने नाचने की बात की थी, किसी ने शांत बैठ जाने की बात की थी, मैं कहता हूं, तुम्हारा नाच ही क्या अगर उसमें शांति न हो और तुम्हारी शांति क्या खाक अगर नाच न सके। किसी ने संसार की बात की, किसी ने संन्यास की, मैं तुमसे कहता हूं, संसार में रहते संन्यासी हो जाना और संन्यासी होकर घबड़ाना मत, संन्यासी क्या डरेगा संसार से! संसार में रहना और संसार में रहना भी मत, यही मेरी संन्यासी की परिभाषा है। मैं सारे विरोधों को जोड़ देना चाहता हूं।

फिर, तुम्हारे जीवन की जो असली ऊर्जा है, वह ऊर्जा प्रेम की है। जैसे कोई दीये को जलाता है, तो ज्योति। ज्योति तो साक्षी की है। लेकिन तेल भरते हैं न, तेल को इसीलिए हम स्नेह कहते हैं—स्नेह यानी प्रेम। कहते हैं, दीया जलता है, लेकिन दीये को कभी जलता देखा है? जलता प्रेम है, जलता तेल है, जलता स्नेह है। कहते तो हो दीया जलता है, लेकिन दीया कभी जलता है! जलता तो प्रेम है। प्रेम ही जल कर ज्योति बनता है। प्रेम की ऊर्जा ही साक्षी बनती है। प्रेम ही जब प्रज्वलित हो जाता है तो साक्षी की तरह प्रकट होता है।

दीप नहीं, स्नेह सदा जलता है
मिट्टी के सीस साज
सौरभ आलोक छत्र
गूंथ हृदय हार मध्य
किरन कुसुम ज्योति पत्र
वृक्ष नहीं बीज फलता है

दीप नहीं, स्नेह सदा जलता है
जन्म-मरण दो डग धर
नाप सकल भुवन लोक
पथ का पाथेय लिए
नयन द्वय हर्ष-शोक
रूप नहीं, रे अरूप चलता है
दीप नहीं, स्नेह सदा जलता है

प्रेम की इतनी बात कहता हूं, क्योंकि प्रेम ही वह ऊर्जा है जो साक्षी बनेगी। साक्षी की इतनी बात करता हूं, क्योंकि साक्षी की ज्योति तुम्हारे जीवन को आलोकित करेगी। तुम्हारा जीवन उस दिन परिपूर्ण होगा, समग्र होगा, जिस दिन भीतर साक्षी का दीया जलता होगा और जीवन से रस की, प्रेम की धार बहती होगी। तुम टूट न जाओ अन्यों से, प्रेम तुम्हें बांधे रहे हजार-हजार संबंधों में, और तुम इतने संबंधों में न खो जाओ कि अपने से टूट जाओ, साक्षी तुम्हें जगाए रहे स्वयं की ज्योति में—साक्षी तुम्हें स्वयं बनाए रखे और प्रेम तुम्हें दूसरों से जोड़े रखे, तो तुमने जीवन का संतुलन पा लिया। तो तुमने संयम पा लिया। संयम मेरे लिए अर्थ रखता है संतुलन का।

भोगी को मैं संयमी नहीं कहता और त्यागी को भी संयमी नहीं कहता। भोगी एक तरह का असंयम कर रहा है—भोग की तरफ अतिशय झुक गया है और त्यागी दूसरे तरह का असंयम कर रहा है—त्याग की तरफ अतिशय से झुक गया है। त्याग और भोग के मध्य में, जहां विरोधों का मिलन होता है, जहां दिवस-रात्रि मिलते हैं, वहीं संयम है।

निश्चित ही जब मैं प्रेम की बात करता हूं तो तुम्हारे प्रेम की बात नहीं कर रहा हूं, मेरे प्रेम की बात कर रहा हूं। उसे याद रखना, वह भूल न जाए। तुम्हारे प्रेम में तो सिवाय कांटों के तुमने कुछ भी पाया नहीं है। ईर्ष्या, जलन और घृणा और द्वेष, स्पर्धा, संघर्ष, कलह। तुम्हारे प्रेम का स्वाद तो बड़ा कड़वा है। तुम्हारे प्रेम की बात नहीं कर रहा हूं। और तुम्हारे प्रेम में तो एक अनिवार्य बात है कि मूर्च्छा। तुम्हारा प्रेम तो बिना मूर्च्छित हुए हो ही नहीं सकता।

मेरे पास लोग आते हैं, वे कहते हैं कि अब हम क्या करें? अगर हम ध्यान में बहुत डूबते हैं, तो हमारा प्रेम टूटता है। जो प्रेम ध्यान में डूबने से टूट जाता हो, वह प्रेम नहीं है, वह मूर्च्छा थी। जो प्रेम ध्यान में डूबने से बढ़ता हो, वहीं प्रेम है। वह प्रेम की कसौटी है—जो ध्यान की कसौटी पर कस जाए। ध्यान जिसे तोड़ न पाए, वही प्रेम है, बढ़ाए, वही प्रेम है।

क्या कभी तुम जान पाए जीत क्या है हार क्या है
इस जरा-सी जिंदगी में जिंदगी का सार क्या है

मिल गए जीवन डगर पर मनचले अनजान साथी
दे दिया अंतर उन्हीं को बन गए वे पूज्य पाथी
प्रीति कर ली पर न जाना प्रीति का आधार क्या है
क्या कभी तुम जान पाए जीत क्या है हार क्या है

भूल निज मंजिल गए तुम पग उन्हीं के संग बढ़ाए
और उनकी अर्चना में रात-दिन तूने लगाए
स्नेह की सौगात सारी उन सभी ने लूट खाई
प्यार का देकर भुलावा राह भी तेरी भुलाई
स्वप्न तक में यह न सोचा शांति का आगार क्या है

क्या कभी तुम जान पाए जीत क्या है हार क्या है
प्रीति कर ली पर न जाना प्रीति का आधार क्या है

प्रीति का आधार है, होश। बिना होश के प्रीति हो तो भटकाएगी। बंधन बन जाएगी। होश के साथ प्रीति हो तो मुक्ति बन जाएगी। पहुंचाएगी। लेकिन साधारणतः तुम पाओगे, जब होश साधोगे तो प्रीति टूटी, प्रीति साधोगे तो होश टूटा। तो न तो तुम्हारा होश सच्चा है, न तुम्हारी प्रीति सच्ची। प्रीति सच्ची हो, तो होश के विपरीत नहीं होती। प्रीति सच्ची हो तो होश को बढ़ाती है। होश सच्चा हो तो प्रीति से कैसे टूट सकता है? मजबूत होता है, सघन होता है।

लेकिन हम बड़े कच्चे घड़े हैं। जरा सी वर्षा होती है, मिट्टी बह जाती है। होश की वर्षा हो गई, प्रीति का घड़ा टूट गया। प्रीति की वर्षा हो गई, होश का घड़ा टूट गया। हम बड़े कच्चे हैं। इस कच्चेपन का आधार एक ही बात है—सोया-सोयापन। कर तो रहे हैं बहुत कुछ, लेकिन पक्का कुछ साफ नहीं क्यों। कर तो रहे हैं, यह भी पक्का पता नहीं कि भीतर कौन करने वाला, करने के पीछे कौन बैठा है? कर तो बहुत रहे हैं, हो तो रहा बहुत व्यवसाय, जीवन में जाल चल रहा है, लेकिन कभी क्षणभर रुक कर भी नहीं सोचा, क्यों? किसलिए? अभी अपने से कोई पहचान नहीं हुई। अपने से पहचान हो जाए तो तुम पाओगे कि प्रेम और साक्षी, ध्यान और प्रेम, भक्ति और ज्ञान एक ही ऊर्जा के दो पहलू हैं। एक-साथ दोनों आते हैं। अगर तुम प्रेम को साधो, तो यह समझना कि प्रेम अगर पक्का और असली हो तो साक्षी अपने आप

आएगा। आना ही पड़ेगा। अगर तुम साक्षी को साधो और तुम्हारा होश असली हो तो प्रेम आएगा। आना ही पड़ेगा।

तो इसे ऐसा समझो-साक्षी की साधना करते समय अगर प्रेम न आता हो तो समझना कि कहीं भूल हो रही है साक्षी की साधना में। नहीं तो प्रेम आना ही चाहिए, वह परिणाम है। यह भी क्या हुआ, फसल तो बोई और फल आए ही नहीं! फल तो आने ही चाहिए। और अगर तुम प्रेम करो और साक्षी न आए, तो समझ लेना कि कहीं फिर चूक हो रही है। इन दोनों को ख्याल में रखना। और दोनों का अगर धीरे-धीरे संयम संतुलित हो जाए तो तुम्हारे जीवन में वह अपूर्व घटना घटेगी, जिसको मोक्ष कहो, निर्वाण कहो, तुरीय कहो, या जो भी नाम तुम्हें प्रीतिकर लगता हो वही दे दो।

तीसरा प्रश्नः संन्यास जब से लिया है, भीतर शांति है पर बाहर बड़ी उथल-पुथल मच गई है। मैं तो चैन में हूं, पर दूसरे बड़े बेचैन हो रहे हैं। मैं क्या करूं?

ऐसा स्वाभाविक है। जब एक व्यक्ति संन्यास लेता है, तो उससे जुड़े हुए जो सैकड़ों व्यक्ति थे, उनके जीवन में उथल-पुथल मचेगी। तुम्हारे संन्यास का अर्थ यह हुआ कि तुम बदले। तो उन सब ने तुमसे अब तक जो संबंध बनाए थे, वह सभी संबंध उन्हें बदलने पड़ेंगे। और कोई झंझट नहीं लेना चाहता बदलने की।

एक महिला ने मुझसे आकर पूछा कि अगर मैं ध्यान करने लगूं तो मेरे और मेरे पति के बीच कोई झंझट तो नहीं होगी? इसके पहले कि मैं कोई उत्तर दूं, उसने खुद ही कहा कि यह प्रश्न बड़ा मूढ़तापूर्ण है, क्योंकि ध्यान से क्यों कोई झंझट होगी?

मैंने उससे कहा, तू गलत है, तेरा प्रश्न तो ठीक है, तेरा जो दूसरा जो तूने खुद उत्तर दे दिया है, वह गलत है। ध्यान से झंझट होगी। वह कहने लगी, कैसे? आखिर ध्यान से तो मैं और शांत हो जाऊंगी, तो झंझट कैसे होगी। मैंने कहा, सवाल शांत और अशांत होने का नहीं है। तेरे पति तेरे साथ बीस वर्ष से रह रहे हैं, एक ढंग से दोनों के बीच एक तरह का समझौता हो गया है—बीस साल में हो चुके सब कलह, उपद्रव, झगड़े-झांसे, क्रोध इत्यादि, एक तरह का सामंजस्य बैठ गया। एक समझौता हो गया। अब तू ध्यान करेगी, इसका मतलब हुआ कि तेरे भीतर अब परिवर्तन होंगे, इसका मतलब हुआ कि पति को फिर से अ, ब, स से शुरू करना पड़ेगा। इसका तो ठीक-ठीक मतलब यह हुआ कि जैसे पति ने फिर से दुबारा शादी की और दूसरी औरत से काम-संबंध बनाया। अब तो ये सब फिर बदलना पड़ेगा। फिर भी उसकी समझ में नहीं आया।

मैंने उससे कहा, ऐसा समझ, तू एक सात दिन के लिए प्रयोग कर ले। यह झूठा ही रहेगा प्रयोग, लेकिन तुझे अकल आ जाएगी। उसने कहा, मैं क्या करूं? मैंने उससे कहा, पति नाराज हों तो तू मुस्कुराते रहना। झूठ ही होगा यह मुस्कुराना अभी, क्योंकि भीतर से वह तेरे मुस्कुराहट न आएगी, लेकिन ध्यानी को तो आती। अभी झूठ ही होगा, लेकिन प्रयोग करके देख ले। सात दिन बाद उसने कहा कि आप ठीक कहते हैं, पति तो एकदम पागल हुए जा रहे हैं। वे नाराज होते हैं, मैं मुस्कुराती हूं तो वे कहते हैं, तुझे हो क्या गया है, तेरा दिमाग ठीक है? वह कहते हैं, इससे बेहतर था कि तू कलह करती थी।

तुम्हारी पत्नी जब तुम गाली दो और हंसे, तो तुम्हें ज्यादा चोट लगेगी। हां, गाली दे दे तो क्या चोट लगती है? पत्नियां गाली देती हैं। हंसे, तो उसका मतलब हुआ कि तुम बड़े छुद्र हो गए। गाली दे तो तुम्हारे समतुल है। तुमने गाली दी उसने गाली दी, निपटारा हो गया, दोनों संगी-साथी हैं। हंसे, तो वह तो ऊपर बैठ गई, कहीं आकाश में, और तुम नीचे कीड़े-मकोड़े की तरह सरकने लगे। यह बरदाश्त के बाहर है। पति परमात्मा है और यह देखे, नहीं हो सकता!

तो ध्यान, मैंने उससे कहा, अब तू सोच ले, ध्यान—अभी तो यह झूठी मुस्कुराहट थी—ध्यान के बाद कोई नाराज होगा तो असली मुस्कुराहट आएगी, यह देख कर कि यह व्यर्थ की बात, यह बचकानापन! लेकिन पति यह बरदाश्त न कर सकेंगे कि तू उनसे ज्यादा प्रौढ़ हो जाए। आज तो तू कामातुर होती है, प्रेम बढ़ेगा जरूर ध्यान के बाद, लेकिन काम कम होगा—अभी प्रेम तो बिलकुल नहीं है, काम है—सारा संतुलन टूटेगा। ध्यान के बाद प्रेम तो बढ़ेगा लेकिन काम कम होगा, और पति नाराज होंगे। क्योंकि पति तुझे पत्नी बनाए ही इसीलिए थे कि तू उनकी काम की तृप्ति करते रहना। अचानक सब संतुलन बिगड़ जाएगा। पति की कामवासना तुझे व्यर्थ मालूम होने लगेगी और उनको यह देख कर कि अब तू उनकी कामवासना में बहुत सहयोगी नहीं है, अत्यंत क्रोध आने लगेगा। तू सोच ले।

संन्यास तुम सोचते हो तुमने लिया। लेकिन तुम जुड़े हो बहुत लोगों से, उन सब को बदलाहट करनी पड़ेगी। उस बदलाहट में उनको परेशानी होगी—संन्यास तो तुमने लिया और बदलाहट उनको करना पड़े! यह झंझट! अगर इतनी हिम्मत उनमें होती तो वे ही संन्यास न ले लेते? बदलने की ही तो हिम्मत नहीं है लोगों में, नहीं तो खुद ही संन्यास ले लेते। तुम्हारे लिए क्यों बैठे रहते कि तुम संन्यास लो! वे तुमसे पहले ले लेते। बदलना नहीं चाहते। बदलने में अड़चन है। आदमी ने एक ढांचा बना लिया होता है, उस ढांचे में गाड़ी चलती है, एक लीक होती है, चलता रहता है—लकीर का फकीर। सब व्यवस्थित हो गया, एक तरह की चैन मालूम होती है।

तुम चकित होओगे यह जान कर कि आदमी अपने दुखों से भी धीरे-धीरे समझौता कर लेता है। उनको भी बदलना नहीं चाहता। उनको बदलने से भी झंझट आती है। क्योंकि जब भी बदलाहट करो, तो फिर से सब जीवन को संरचना करनी होती है। इतनी हिम्मत बहुत कम लोगों में होती है। अब कौन फिर से अ, ब, स से शुरू करे!

इसीलिए तो जैसे-जैसे उम्र बढ़ती जाती है, लोगों की सीखने की क्षमता कम होती जाती है। छोटे बच्चे बड़ी जल्दी सीखते हैं। अभी उन्होंने कुछ व्यवस्था जमाई नहीं है, सीखने में कुछ हर्जा नहीं। छोटे बच्चे किसी भी नई भाषा को जल्दी सीख लेते हैं। लेकिन जैसे तुमने एक भाषा सीख ली, फिर दूसरी भाषा सीखना बहुत मुश्किल हो जाता है। क्योंकि वह पहली सीखी हुई भाषा बीच-बीच में बाधा डालती है। जब तुमने एक काम सीख लिया तो फिर दूसरा काम सीखने की हिम्मत नहीं रह जाती। फिर ऐसा लगता है कि पता नहीं दूसरे काम में सफल हुए, न हुए।

तो तुमने संन्यास लिया, तुम्हारे भीतर शांति आई, बाहर उथल-पुथल हो रही है, यह बिलकुल स्वाभाविक है। लेकिन इसमें तुम चिंतित मत होओ। यह उनकी समस्या है। यह तुम्हारी समस्या नहीं है। अब अगर तुम यह सोचो कि तुम तभी संन्यास लोगे जब किसी के जीवन में तुम्हारे कारण कोई उथल-पुथल न आएगी, तो तुम कभी संन्यास न लोगे। तब तो तुम कभी बदल ही न सकोगे। तब तो तुम ऐसे ही सड़ते रहोगे। यह उनकी समस्या है, इसमें तुम चिंता न लो। तुम तो देख कर और चकित होओ, हैरान होओ कि आश्चर्य, संन्यास मैंने लिया है, परेशान दूसरे लोग हो रहे हैं। उनके भी तुमने तार झनझना दिए।

फिर और भी कारण हैं।

समझौता ही नहीं टूटता, समस्या नई व्यवस्था के कारण ही नहीं आती, तुम्हारे संन्यास के कारण चोट भी लगती है। उनके अहंकार को भी चोट लगती है कि अरे, हम पीछे रह गए, तुम आगे निकल गए! यह तुमने हिम्मत कैसे की? तुमने अपने आपको समझा क्या है? वे सिद्ध करना चाहते हैं कि तुम अज्ञानी हो, पागल हो—इसलिए नहीं कि तुम पागल हो, बल्कि इसलिए कि इसी तरह वे अपने को बचा सकते हैं। यह सुरक्षा का उपाय है। सिद्ध अगर हो जाए कि तुम पागल हो गए, तो उनका मन तृप्त हो जाएगा कि हम पागल नहीं हैं, यह आदमी पागल हो गया। और स्वभावतः वे सिद्ध कर सकते हैं, क्योंकि भीड़ उनकी है, तुम अकेले हो। तुम ज्यादा नहीं हो, वे ज्यादा हैं। और इस दुनिया में तो जो ज्यादा है, वही सच है। सचाई का और तो यहां कोई उपाय नहीं है। भीड़ जो कह दे, वही सच है। और भीड़ को सच से क्या लेना-देना है! भीड़ को ही सच पता होता तो फिर बुद्ध को, महावीर को जंगल नहीं भागना पड़ता।

तुम जरा सोचना, बुद्ध और महावीर जंगल क्यों भागे? अधिकतर लोग सोचते हैं, जंगल की शांति के लिए भागे। गलत, भीड़ के उपद्रव के कारण भागे। तुम सोचते हो, जंगल की शांति के लिए भागे, तो तुम बिलकुल गलत सोचते हो। भागे भीड़ की अशांति के कारण, उपद्रव के कारण। क्योंकि इन्हीं के बीच रह कर और बदलना, ये ज्यादा झंझटें खड़ी करेंगे। इससे जंगल बेहतर है, कोई झंझट तो नहीं डालेगा।

मैंने अपने संन्यासी को ज्यादा चुनौती का उपाय दिया है। मैं कहता हूं, जंगल मत भागो। यह बड़ी सस्ती बात हुई, जंगल भाग गए। यहीं घटने दो घटना। सारी मुसीबतें यही झेलो। ये सारी चुनौतियों को यहीं स्वीकार करो।

फिर, तुम मेरे प्रेम में पड़ गए, यही संन्यास है। निश्चित तुम्हारी पत्नी इससे प्रसन्न नहीं होगी, तुम्हारे पति इससे प्रसन्न नहीं होंगे।

एक महिला मेरे पास आती है, वह कहती है कि मैं संन्यास लेना चाहती हूं, लेकिन मेरे पति कहते हैं, आत्महत्या कर लेंगे अगर उसने संन्यास लिया। आत्महत्या! मैंने कहा, क्यों? वह कहती है कि मेरे पति कहते हैं, मैं तेरा पति हूं, तो तुझे जो भी पूछना है मुझसे पूछ। कौन सी चीज है जो मैं नहीं जानता हूं? और वह पत्नी कहती है कि अब यह बड़े मजे की बात है! वह मेरी किताब नहीं रखने देते घर में, किताब फेंक देते हैं। वह कहते हैं, जो भी पूछना है...मैं तेरा पति हूं कि कोई और तेरा पति है? तो संन्यास, तो वह कहते हैं, मैं आत्महत्या कर लूंगा, वह तो मेरा बड़ा अपमान हो जाएगा कि मेरी पत्नी और किसी और से दीक्षा ले! जैसे कि पति से दीक्षा लेने का कोई नियम हो, कोई शास्त्रीय नियम हो! लेकिन पति सब तरह की मालकियत चाहता है।

पत्नी नाराज हो जाती है। पत्नियां मेरे पास आती हैं कि जब से आप हमारे पति के जीवन में आए, बड़ी खलल हो गई। हम तो बातें कर रहे हैं, वह आपका टेप लगाए सुन रहे हैं। ऐसा जी होता है कि टेप तोड़ कर फेंक दें। हम तो कुछ कहना चाहते हैं, सुख-दुख रोना चाहते हैं, वह किताब पढ़ रहे हैं! ये किताबें शत्रु मालूम पड़ने लगेंगी।

तुमने देखा होगा न, पत्नियां किताबें छीन लेती हैं—अखबार छीन लेती हैं, किताबों की तो छोड़ो। तुम अखबार पढ़ रहे हो बैठे और पत्नी आकर झपट्टा मार देती है अखबार पर। क्योंकि अखबार से भी ईर्ष्या होने लगती है कि मैं मौजूद और मेरे रहते तुम अखबार देख रहे, मुझको देखो। जरा-जरा सी, छोटी-छोटी चीजों में प्रतिस्पर्धा और ईर्ष्या का जन्म होने लगता है।

तो यह बड़ी घटना है, तुमने सब दांव पर लगा दिया, मेरे साथ हो लिए। निश्चित ही तुम्हारे घर में थोड़ी अड़चनें आएंगी, पत्नी नाराज होगी, पति नाराज होगा। बेटे चिंतित होंगे कि डैडी को क्या हो गया? बच्चे स्कूल में जाएंगे, दूसरे बच्चे

उन्हें पूछेंगे, तुम्हारे डैडी को क्या हो गया? दिमाग खराब हो गया? गेरुवे कपड़े क्यों पहन लिए, यह माला क्यों लटका ली? इलाज क्यों नहीं करवाते? मनोचिकित्सक को क्यों नहीं दिखलाते? यह होगा। यह बिलकुल स्वाभाविक है।

जबसे तुमसे प्यार हुआ है
दुश्मन सब संसार हुआ है

गली-गली देती है गाली
हर वातायन व्यंग्य सुनाता
हर कोई अब पथ पर चलते
अंगुली से मुझको दिखलाता
मुझको अपराधी ठहराया
प्रीति-रतन का चोर बताया
मेरे अपनों का भी मुझसे
बदला-सा व्यवहार हुआ है
जबसे तुमसे प्यार हुआ है
दुश्मन सब संसार हुआ है

ऐसी खबर सुनी है जबसे
सारा मधुबन रूठ गया है
मुंह बोले का नाता था कुछ
अब तो वह भी टूट गया है
डाली-डाली मुझे चिढ़ाती
क्यारी-क्यारी धूल उड़ाती
कली-कली कांटा बन बैठी
फूल-फूल अंगार हुआ है
मेरे अपनों का भी मुझसे
बदला-सा व्यवहार हुआ है
जबसे तुमसे प्यार हुआ है
दुश्मन सब संसार हुआ है

ऐसा होगा। ऐसा स्वाभाविक है। इसे स्वीकार करो। यह साधना के मार्ग की अनिवार्य कड़ी है। ऐसा न हो तो आश्चर्य है! ऐसा होता है तो क्या आश्चर्य? ठीक ही हो रहा है। तुम इससे उद्विग्न मत होना, न परेशान होना, न इसके कारण किसी तरह

की चिंता लेना और न उपाय करना कि इन सब लोगों का मन शांत हो जाए। उपाय ही मत करन, अन्यथा वे और अशांत होते जाएंगे। तुम जितना उपाय करोगे, वे उतनी चेष्टा करेंगे तुम्हारे उपाय तोड़ देने के। तुम तो उपेक्षा रखना। ज्यादा देर न चलेगा यह उपद्रव। जल्दी ही लोग तुम्हें भूल जाएंगे। वे कहेंगे, ठीक है, अब कोई गया तो गया। आदमी मर जाता है तो उसे भूल जाते हैं। तुम तो सिर्फ संन्यासी हुए हो। लोग भूल जाएंगे, वे कहेंगे कि ठीक है...।

मेरे बचपन में मुझे कोई रस न था कि बाजार जाऊं, कि किसी के घर जाऊं, कि किसी के भोज में जाऊं, कि किसी के घर शादी में जाऊं। मेरे घर के लोग स्वभावतः परेशान होते थे। वे मुझे ले जाना चाहते। वे मुझे घसीटते। मैं कहता, ठीक है, घसीटते हो तो चलता हूं। लेकिन वहां जाकर खड़ा हो जाता। लोग पूछने लगते, क्या बात है? फिर घर के लोग मेरे समझ गए कि इसको ले जाना ठीक नहीं, और उलटी झंझट खड़ी होती है। यह वहां खड़ा हो जाता है, या बैठ जाता है, तो लोग पूछने लगते हैं, इसको क्या हो गया है, क्या गड़बड़ है? वे मुझे ले जाना छोड़ दिए। पहले मुझे भेजते थे इसी खयाल से, दयावश, कि बाजार जाए, कुछ सब्जी खरीद लाए, कुछ सामान चाहिए तो ले आए, नहीं तो यह जिंदगी सीखेगा कब और कैसे?

मेरी मुसीबत थी कि मैं अगर बाजार जाऊं और उन्होंने कहा मुझसे कि जाओ, अजवाइन खरीद लाना, तो मुझे अजवाइन भूल जाए। भेजा अजवाइन खरीदने, खरीद कर ले आऊं इलायची। वे लोग सिर ठोंक लें! याद करते हुए जाऊं रास्ते भर कि अजवाइन, अजवाइन, अजवाइन...अब कोई आदमी रास्ते में मिल गया, उन्होंने कहा, कहां जा रहे हो, उतने में वह अजवाइन गड़बड़ हो जाए! फिर घर लौट कर आना पड़े। धीरे-धीरे उन्होंने मुझे भेजना बंद कर दिया।

या मुझे लेने सामान भेजें—तो मुझे कोई रस ही नहीं था उस बात में, मैं उस झंझट में पड़ना भी नहीं चाहता था। जैसे वे मुझे भेजें, जाओ केले खरीद लाओ। तो मैं जाऊं, केले के दुकानदार से पूछूं—सबसे कीमती और अच्छे केले कौन से हैं? अब वे दुकानदार सब जानते थे मुझे कि यह...वे रद्दी से रद्दी सड़े-गले केले मुझे पकड़ा दें कि ये सबसे ज्यादा कीमती, मैं कहूं, बस ठीक है। मैं एक दफा केले खरीद कर घर लाया, मेरी बुआ ने मुझे भेजा था कि केले खरीद लाओ। तो केले खरीद लाया, उससे मैंने पूछा कि सबसे अच्छे जो हों और सबसे ज्यादा दाम वाले, तो उसने बिलकुल सड़े-गले केले और सबसे ज्यादा दाम वाले दे दिए। मैं घर लाया तो मेरी बुआ ने सिर पर हाथ मार लिया और कहा कि इनको जाकर पड़ोस में एक भिखारिन है उसको दे आओ। ठीक है, मैं गया भिखारिन को, भिखारिन मुझसे बोली—फेंक दो कूड़े में। इधर कभी इस तरह की चीज मत लाना। मैंने कहा, ठीक है। मैं कूड़े में फेंक आया।

धीरे-धीरे घर के लोग समझ गए कि यह...और मुझे पहले ही से पक्का पता था कि आखिर में मुझे क्या करना है—कुछ नहीं करना है—तो अभ्यास भी क्यों करना? न-करने ही का अभ्यास कर रहा था।

फिर तो ऐसी बात आ गई कि मैं घर में बैठा रहता—मेरी मां मेरे सामने बैठी है और वह कहे, यहां कोई दिखाई नहीं पड़ता, किसी को सब्जी लेने भेजना है। और मैं सामने बैठा हूं! वह कहें—यहां कोई दिखाई नहीं पड़ता। मैं कहूं, दिखाई तो मुझे भी कोई नहीं पड़ रहा है। घर में कुत्ता घुस जाए, मैं बैठा हूं, और मेरी मां कहे कि घर में कोई है ही नहीं, वो कुत्ता घुस गया है। और मैं सामने बैठा हूं!

धीरे-धीरे लोग स्वीकार कर लिए। क्या करेंगे? एक सीमा होती है, थोड़े दिन तक खींचातानी की। इधर ले गए, उधर ले गए, भेजा, एक सीमा होती है।

तुम संन्यस्त हो गए, अब तुम अपने भाव में रमो। लोग ऐसा कहेंगे, वैसा कहेंगे, यहां खींचेंगे, वहां खींचेंगे, कोई झगड़ा-झांसा भी मत खड़ा करना और उन्हें समझाने की कोई चेष्टा भी मत करना। तुम्हारे समझाने से वे समझेंगे भी नहीं। जो तुम्हारे भीतर हुआ है, तुम उस रस में डूबो। तुम अपनी मस्ती में मस्त रहो। जल्दी ही तुम पाओगे कि जो व्यंग कसते थे, वे तुममें उत्सुक होने लगे हैं। जो कल हंसते थे, वे भी तुम्हारे पास आकर बैठने लगे हैं। जो कल कहते थे तुम्हारा दिमाग खराब हो गया, वे भी तुमसे सलाह लेने लगेंगे। वे कहेंगे कि तुम बड़े शांत हो गए। कैसे हुए? क्या हुआ? पुरानी तरह की चिंताएं तुम्हारे चेहरे पर नहीं दिखाई पड़तीं। आंखों में बड़ी शांति की झलक आ गई, एक प्रसाद पैदा हुआ, क्या हुआ? लेकिन तुम समझाने की कोशिश मत करना। तुम अपनी मस्ती में जीओ। अब अगर उनको चिंता लेनी है तुम्हारी मस्ती से, तो यह उनका निर्णय है। कोई किसी को चिंता लेने से नहीं रोक सकता।

हां, अगर तुम उनकी चिंता के कारण चिंतित हो गए, तो तुम्हें वे नुकसान पहुंचा देंगे। अगर उन्हें ऐसा लगा कि तुम उनको राजी करने में उत्सुक हो—कि नहीं, तुमने जो किया वह ठीक है और वे गलत हैं—तो तुम व्यर्थ के विवाद में पड़ोगे। और ध्यान रखना, कुछ बातें ऐसी हैं जो विवाद से सिद्ध नहीं होतीं। संन्यास ऐसी ही बात है। तुम तो यही कह देना कि यही समझो कि मैं पागल हो गया हूं। इसे स्वीकार ही कर लेना। उनको कहने के लिए भी क्यों छोड़ते हो, खुद ही कह देना कि मेरा सब गया, पागल हो गया हूं। लेकिन मस्त हूं अपनी मस्ती में और पागलपन मुझे रास आ रहा है और मुझे सुख मिल रहा है, मुझे क्षमा कर दो। तुम अपनी समझदारी में ठीक, मैं अपनी नासमझदारी में ठीक। धीरे-धीरे वे तुमसे राजी हो जाएंगे। और धीरे-धीरे तुम पाओगे, तुम्हारी शांति का, तुम्हारे मौन का, तुम्हारी मस्ती का परिणाम होने लगा है। उनमें उलझो मत।

अगर अकेला होता मैं तो
शायद कुछ पहले आ जाता
लेकिन पीछे लगा हुआ था
संबंधों का लंबा तांता
कुछ तो थी जंजीर पांव की
कुछ थी कठिन चढ़ाई मग की
कुछ रोके था तन का रिश्ता
कुछ टोके था मन का नाता
इसीलिए हो गई देर
कर देना माफ विवशता मेरी
धरती सारी मर जाएगी
अगर क्षमा निष्काम हो गई
मैंने तो सोचा था अपनी
सारी उमर तुझे दे दूंगा
इतनी दूर मगर थी मंजिल
चलते चलते शाम हो गई

ऐसा न हो कि परमात्मा के सामने तुम्हें करुणा की भीख मांगनी पड़े। ऐसा न हो कि तुम्हें कहना पड़े कि रुक गया, क्योंकि इतने रिश्तेदार थे; रुक गया, क्योंकि पत्नी-बच्चे थे; रुक गया, क्योंकि इतनी उलझनें थीं। ऐसा न हो कि कहना पड़े कि क्षमा करो, करुणा बरसाओ।

नहीं, परमात्मा के द्वार पर करुणा की भीख मांगते मत जाना। आनंद-उल्लास से जाना, उत्सव से जाना। क्षमा-याचना मांगते मत जाना, धन्यवाद देते जाना। और इसका एक ही उपाय है कि इस जगत में इतने जो संबंधों का नाता है, इस सब संबंधों के नाते को जो-जो कर्तव्य है पूरा करो; पत्नी है, कर्तव्य है, पूरा करो; बेटे हैं, उनका कर्तव्य पूरा करो; नाता-रिश्ता है, उनका कर्तव्य है, पूरा करो; बस कर्तव्य भर पूरा कर दो—इनमें ज्यादा उलझो मत। जितना जरूरी है उतना कर दो और बाहर रहे आओ। जरूरत से ज्यादा अपने को उद्विग्न मत कर लो। रहो बाजार में और रहो बाजार के बाहर। रहो भीड़ में और रहो भीड़ के बाहर। धीरे-धीरे तुम पाओगे, जिस भीड़ ने तुम्हारा अपमान किया, वही भीड़ तुम्हारा सम्मान करने लगी।

मगर मैं इसलिए नहीं कह रहा हूं यह कि भीड़ तुम्हारा सम्मान करे, ऐसी तुम्हारे मन की चाह होनी चाहिए। नहीं, तब तो चूक हो गई। भीड़ से क्या लेना-देना, अपमान करे कि सम्मान करे, सब बराबर है। दूसरे से क्या लेना-देना! अपनी खोज

पर जिसे जाना है, उसे दूसरे से थोड़ा तो शिथिल होना ही पड़ेगा। अपनी खोज पर जिसे जाना है, उसे बाहर से थोड़ी आंख तो मोड़नी ही पड़ेगी। भीतर जिसे चलना है, उसे बाहर के रास्तों की भाग-दौड़ तो क्षीण करनी ही पड़ेगी। क्योंकि वही ऊर्जा तो भीतर जाएगी जो बाहर दौड़ रही थी। जब मैं कहता हूं कि जो तुम्हारा अपमान करते हैं, एक दिन सम्मान करेंगे, तो मैं यह सिर्फ तथ्य की बात कह रहा हूं, ऐसा होता है। यह नहीं कह रहा हूं कि तुम इसीलिए कुछ करो ताकि लोग तुम्हारा सम्मान करें। तब तो तुम कभी उस अवस्था में न पहुंचोगे जहां सम्मान सहज घटता है।

जिसने तुम्हारा अपमान किया है, वह उसकी मौज है। उसे जो ठीक लगा, उसने किया। जिसने तुम्हारा सम्मान किया है, उसकी मौज। उसे जो ठीक लगा उसने किया। जो उसके पास था, उसने दिया। तुम अपमान और सम्मान दोनों को एक ही धन्यवाद के भाव से स्वीकार कर लेना, दोनों का आभार प्रकट कर देना और आंख मूंद कर भीतर डुबकी लगा लेना।

आखिरी प्रश्न : दुख ही दुख है, सुख के स्वप्न में भी दर्शन नहीं, फिर भी जाग नहीं आती है, जागरण का कोई अनुभव नहीं होता है।

दुख ही दुख है, ऐसा तुम्हारा अनुभव है, या तुमने किसी की बात सुन कर पकड़ ली? जरा भी सुख नहीं है, ऐसा तुम्हारा अनुभव है, या तुमने बुद्धपुरुषों के वचन कंठस्थ कर लिए? मुझे लगता है, तुमने बुद्धपुरुषों के वचन कंठस्थ कर लिए हैं। क्योंकि तुम्हारा ही अनुभव हो तो जागरण आना ही चाहिए। अनिवार्य है। अगर पैर में कांटा गड़ा है, तो पीड़ा होगी ही। अगर दुख है ऐसा तुम्हारा अनुभव है, तो जागरण आएगा ही। दुख जगाता है, दुख मांजता है, निखारता है। दुख का मूल्य ही यही है।

लोग मुझसे पूछते हैं, संसार में परमात्मा ने इतना दुख क्यों दिया है? मैं उनसे कहता हूं, थोड़ा सोचो, इतना दुख है फिर भी तुम नहीं जागते, अगर दुख न होता तब तो फिर कोई आशा ही नहीं थी। इतने दुख के बावजूद नहीं जागते!

दुख जगाने का उपाय है। इतनी पीड़ा है फिर भी तुम सोए चले जाते हो। सुख की आशा नहीं टूटती। ऐसा लगता है आज नहीं है सुख, कल होगा। अभी नहीं हुआ, अभी होगा। आज तक हारे, सदा थोड़े ही हारते रहेंगे। और मन तो कहे चला जाता है, और, थोड़ा और रुक जाओ, थोड़ा और देख लो, कौन जाने करीब ही आती हो खदान सुख की। अब तक खोदा और कहीं दो-चार कुदाली और चलाने की देर थी कि पहुंच जाते खदान पर, थोड़ा और खोद लो। और, और, मन कहे चला जाता है। ङऔरङ्ग है मंत्र मन का।

भौंहों पर खिंचने दो रतनारे बान
अभी और अभी और!

सुर-धन को सरसा ओ आंचल के देश
सपनों को बरसा ओ नभ के परिवेश
संयम से मत बांधो दर्शन के प्राण
अभी चलने दो दौर!
अभी और अभी और!

कन-कन को महका ओ माटी के गीत
जीवन को दहका ओ सुमनों के मीत
अधरों को करने दो छक कर मधुपान
कहीं सौरभ के ठौर!
अभी और अभी और!
तन-मन को पुकार ओ रागों के छोर
प्रीति कलश ढुलका ओ वंशी के पोर
कुंजों में छिड़ने दो भ्रमरों की तान
धरो स्वर के सिर मौर!
अभी और अभी और!
भौंहों पर खिंचने दो रतनारे बान
अभी और अभी और!

मन कहे चला जाता—अभी और, जरा और। एक प्याली और पी लें, एक आलिंगन और कर लें, एक चुंबन और, थोड़ा समय है, कौन जाने जो अब तक नहीं मिला मिल जाए। ऐसे आशा के सहारे आदमी खिंचता चला जाता है।

उमर खैयाम का एक गीत है, जिसमें वह कहता है: मैंने पंडितों से पूछा, मौलवियों से पूछा, ज्ञानियों से पूछा, बड़े-बड़े आचार्यों से पूछा कि आदमी इतने दुख के बावजूद भी जीए कैसे जाता है? लेकिन उनमें से किसी ने कोई उत्तर न दिया। और मैं जिस द्वार से भीतर गया, उसी द्वार से बाहर आया—खाली का खाली, वैसा का वैसा। फिर घबड़ा कर मैंने एक दिन आकाश से पूछा कि हे आकाश! तूने तो सब देखा, अरबों-अरबों लोगों का जीवन, अरबों-अरबों लोगों की आशाएं, सपने, उनका टूटना, उनका कब्रों में गिरना; इच्छाओं के इंद्रधनुष, उनका टूटना, धूल में रुंध जाना, तूने तो सब देखा, तू तो सब देख रहा है अनंतकाल से, तू मुझे कह दे—इतना दुख है,

आदमी जीए कैसे जाता है? और आकाश ने कहा: आशा के सहारे। आशा! मनुष्य के जीवन की सारी मूर्च्छा का सूत्र है, आशा। अभी और, थोड़ा और, जरा और।

तुम कहते हो कि जीवन में दुख है। तुम्हें नहीं दिखाई पड़ा। और तुम कहते हो, यह सुख तो कभी मिला नहीं सपने में भी। माना। किसको मिला! किसी को भी नहीं मिला, लेकिन अभी भी तुम सपना देख रहे हो कि शायद कल मिले। सपने में भी सुख नहीं मिलता, लेकिन सुख का सपना हम देखे चले जाते हैं। जब तुम्हारा सुख का भ्रम टूट जाएगा—सुख मिल ही नहीं सकता, सुख का कोई संबंध ही नहीं है बाहर के जगत से, सुख मिलता है उन्हें जो भीतर जाते हैं, सुख मिलता है उन्हें जो स्वयं में आते हैं, सुख मिलता है उन्हें जो साक्षी हो जाते हैं—तो उसी क्षण घटना घट जाएगी।

तुम पूछते हो, जागरण क्यों नहीं आता? क्योंकि तुमने दुख के बाण को ठीक से छिदने नहीं दिया। तुमने बहुत तरकीबें बना ली हैं दुख के वाण को झेलने के लिए। कोई आदमी दुखी होता है, वह कहता है, पिछले जन्मों के कर्मों के कारण दुखी हो रहा हूं—खूब तरकीब निकाल ली सांत्वना की। पिछले जन्मों के कारण दुखी हो रहा हूं। अब कुछ किया नहीं जा सकता, बात खतम हो गई, अब तो होना ही पड़ेगा। तुमने एक तरकीब निकाल ली। कोई आदमी कहता है, इसलिए दुखी हो रहा हूं कि अभी मेरे पास धन नहीं है, जब होगा तब सुखी हो जाऊंगा। कोई कहता है, अभी इसलिए सुखी नहीं हूं कि सुंदर पत्नी नहीं है, होगी तो हो जाऊंगा। कि बेटा नहीं है, होगा तो सुखी हो जाऊंगा। तुम देखते नहीं कि हजारों लोगों के पास बेटे हैं और वे सुखी नहीं हैं! तुम कैसे भ्रम पालते हो? हजारों लोगों के पास धन है और वे सुखी नहीं और तुम कहते हो, मेरे पास होगा तो मैं हो जाऊंगा। हजारों लोग पद पर हैं और सुखी नहीं, फिर भी तुम देखते नहीं। तुम कहते हो, मैं होऊंगा तो सुखी हो जाऊंगा, हमें हजारों से क्या लेना-देना! मेरा तो होना पक्का है। मैं अपवाद हूं, ऐसी तुम्हारी भ्रांति है।

नहीं कोई अपवाद है। जीवन में बाहर से सुख मिला नहीं किसी को, दुख ही मिला है। बाहर जो भी मिलता है दुख है। बाहर से जो मिलता है, उसी का नाम दुख है। और भीतर से जो बहता है, उसी का नाम सुख है।

इसलिए जाग नहीं हो रही। तुम दुखों को समझाए जाते हो और तुम सुख की आशा बांधे चले जाते हो। तुम कहते हो, होगा। कभी न कभी होगा। किसी न किसी तरह उपाय कर लेंगे। छीना-झपटी, चोरी करनी पड़ेगी चोरी कर लेंगे, लेकिन कर लेंगे, होगा। तुम रेत से तेल निचोड़ने की चेष्टा में लगे हो। तुम यह देख ही नहीं रहे कि आज तक संसार में कोई भी रेत से तेल नहीं निचोड़ पाया है। आज तक संसार में कोई भी बाहर से सुखी नहीं हो पाया—सिकंदर हों, कि नेपोलियन हों, कि बड़े धनपति हों, सब खाली हाथ आते और खाली हाथ जाते।

हां, कुछ लोग जीवन में महाआनंद को उपलब्ध हुए हैं—कोई अष्टावक्र, कोई बुद्ध, कोई कृष्ण, कोई क्राइस्ट, कोई मोहम्मद। कुछ थोड़े से इने-गिने लोग, जरा उनकी तरफ देखो। उन सबका एक ही कारण है सुख का कि वे सब भीतर की तरफ मुड़ गए।

सुख चाहते हो? कुछ बुरी बात नहीं चाहते। गलत दिशा में चाह रहे हो, इसीलिए भटक रहे हो। दुख मिल रहा है? नियम से मिल रहा है। दीवाल से निकलना चाहोगे, सिर टकराएगा, खोपड़ी फूटेगी, दुख मिलेगा। दरवाजे से निकलो। और दरवाजा भीतर की तरफ है, दीवाल बाहर की तरफ।

मैंने सुना है, यूनान में एक बहुत अदभुत संन्यासी हुआ डायोजनीज। वह नंगा ही रहता था, और बड़ा मस्त आदमी था। सिकंदर को भी उससे ईर्ष्या हो गई थी। सिकंदर उससे मिलने भी गया था। और जब उसने डायोजनीज को देखा था तो उसका दिल धड़क कर रह गया था। उसने डायोजनीज से कहा था, अगर दुबारा मुझे जन्म लेना पड़ा तो परमात्मा से कहूंगा, अब की बार सिकंदर मत बनाओ, डायोजनीज बना दो। आश्चर्य, तुम्हारे पास कुछ भी नहीं है, तुम इतने मस्त! डायोजनीज ने कहा, इसीलिए कि कुछ नहीं है, इसीलिए मस्त। चिंता नहीं, फिकर नहीं। एक चीज थी मेरे पास, तब तक थोड़ी चिंता थी। सिकंदर ने पूछा, वह क्या चीज थी? उसने कहा कि मैं सब तो छोड़ दिया था, कपड़े-लत्ते भी छोड़ दिए, नंगा हो गया था, लेकिन एक पात्र अपने हाथ में रखता था जल इत्यादि पीने को। फिर एक दिन मैं नदी पर गया पानी पीने को, मुझसे पीछे एक कुत्ता पहुंचा भागा हुआ और मुझसे पहले पानी पीकर चल पड़ा। मैंने कहा, हद्द हो गई! मैं अपना वह पात्र ही घिसता रहा। पात्र सफाई करूं, फिर पानी भरूं, फिर पीऊं। मैंने कहा, भाड़ में जाए यह पात्र, यह कुत्ता मुझसे बड़ा संन्यासी है। मैंने वह पात्र भी छोड़ दिया और कुत्ते को गुरु बना लिया। अगर तुम उस कुत्ते से मिलना चाहो, डायोजनीज ने कहा, वह पास ही रहता है। दोनों साथ ही रहते थे। एक कचराघर जहां लोग कचरा फेंकते हैं, उसका टीन का पोंगरा जिसमें कचरा फेंकते हैं, उसको उठा लाया था वह, उस पोंगरे को नदी के किनारे रख लिया था, उसी में कुत्ता रहता, उसी में वह भी रहता। वह कहता, मेरा गुरु है। क्योंकि इसने ही मुझे सिखाया कि अरे, यह पात्र काहे के लिए ढो रहा हूं।

सिकंदर से उसने कहा, एक चीज थी, उसकी वजह से मुझे चिंता होती थी, कभी-कभी रात में भी हाथ से टटोल कर देख लेता कि पात्र कोई ले तो नहीं गया। जब से वह गया, सब चिंता गई। तब से तो मैं सम्राट हो गया हूं। तब से मस्त ही मस्त हूं!

सिकंदर ने उससे कहा, मैं खुश हुआ मिलकर। नैं तुम्हारे लिए कुछ कर सकूं, मुझे कहो तो मुझे खुशी होगी। उसने कहा, आप जरा हट कर खड़े हो जाएं, क्योंकि

धूप रोक रहे हैं—सुबह का वक्त और वह धूप ले रहा था—बस इतना, और तो आपसे क्या चाहिए! और आपके पास है क्या जो तुम मुझे दे सकते हो? और याद रखना, किसी की धूप रोक कर खड़े मत होना। अगर इतना ही तुम कर सको तो काफी है। तुमसे खतरा है, तुम कई लोगों की धूप छीन लोगे। यह फौज-फांटा लेकर जा कहां रहे हो? किसकी धूप छीनने का इरादा है? मुझ गरीब की धूप, मैं मजा कर रहा था अपना यहां, नदी के किनारे रेत में लेटा था, सुबह की धूप ले रहा था, तुम आकर खड़े हो गए। और मुझसे कह रहे, क्या चाहिए!

सिकंदर ने कहा कि जा रहा हूं विश्व को विजय के लिए। लेकिन अंतिम लक्ष्य मेरा भी यही है जो तुम्हारा है—शांत होना, विश्राम करना। डायोजनीज खूब खिलखिला कर हंसने लगा। उसने कहा, तो फिर इतनी यात्रा की क्या जरूरत है, मुझे देखते नहीं? शांत हूं और विश्राम कर रहा हूं। तुम भी करो विश्राम, यह नदी का किनारा काफी बड़ा है, हम दोनों के लिए काफी है। और भी कोई लोग आएं, उनके लिए भी काफी है। यहां कुछ अड़चन नहीं है। सिकंदर ने कहा, अभी न कर सकूंगा। तो डायोजनीज ने कहा, फिर कभी न कर सकोगे, जो अभी कर सकता है वही कर सकता है।

इसलिए मैं तुमसे कहता हूं, कि जो हो सकता है अभी हो सकता है—श्रवणमात्रेण—कल पर छोड़ा, छूटा। न करना हो मत करो, मगर यह तो मत कहो कि कल करेंगे। न करना हो तो यही कहो कि नहीं करना है। नहीं करना है, नहीं करने की इच्छा है, तो कम से कम ईमानदारी तो होगी। यह बेईमानी मत करो कि कल करेंगे, क्योंकि कल कौन कर पाया? न करने की यह तरकीब है—कल करेंगे, कल करेंगे। कल पर टालना न करने की व्यवस्था है। जो होना है, आज हो सकता है, अभी हो सकता है, यहीं हो सकता है। तुम जैसे हो, जहां हो, वहीं वैसे ही अपने भीतर डुबकी ले लो। उस डुबकी में ही परमात्मा का मिलन है।

कूल बैठ
नद समीप
बटोर मत
शंख-सीप
तुमने खूब शंख-सीप बटोर लिए हैं। अब जरा बैठो।
कूल बैठ
अब किनारे बैठ जाओ।
नद समीप
यह जो संसार की बहती हुई धारा है, इसके किनारे बैठ रहो।
बटोर मत
शंख-सीप

अब बहुत बटोर लिए शंख-सीप, अब जरा किनारे बैठ रहो—कूटस्थ हो जाओ। साक्षी बनो।

योग
आत्म-संभोग
भोग
देह-संयोग

बहुत देह के संयोग देखे, कुछ पाया नहीं।

योग
आत्म-संभोग

अब थोड़ा अपना भोग करो। अब थोड़ा अपना स्वाद लो। दूसरों का स्वाद लेते खूब भटके, तिक्त हुआ मुंह, कडुवाहट से भर गया जीवन। अब थोड़ी रसधार बहने दो, अपने प्राणों के गीत को गूंजने दो, उठने दो यह स्वयं का छंद। थोड़ा सा अगर तुम भीतर की तरफ चल पड़ो, एक किरण पकड़ लो होश की तो सूरज तक पहुंच जाओ।

माटी
बीज उगाती
परिपाटी दोहराती
माटी
बीज बनाती
प्रभु का पद पा जाती

बस दो ही तरह के लोग हैं दुनिया में। एक, परिपाटी दोहराने वाले—

माटी
बीज उगाती
परिपाटी दोहराती
माटी
बीज बनाती
प्रभु का पद पा जाती

तुम कब तक दोहराते रहोगे यह जड़ यंत्रवत जीवन? कुछ बनाओ, कुछ सृजन करो। और एक ही चीज सबसे पहले सृजन करने की है और वह है स्वयं के सृजन की। और वहां सृजन जैसा भी क्या है, पर्दा हटाना।

आत्म-सृजन का अर्थ इतना ही होता है—आत्म-आविष्कार। अपने को उघाड़ लेना है।

और तुम थोड़े भीतर चलो तो तुम अचानक पाओगे कि परमात्मा हजार-हजार कदमों से तुम्हारी तरफ चल पड़ा। तुम एक कदम उठाओ, वह हजार कदम उठाता है। तुम्हीं थोड़े उसे खोज रहे हो, वह भी तुम्हें खोज रहा है।

मेरा तो जीवन मरुथल है
जब तुम आओ तो सावन हो
ऐसा रूठा मधुमास कि फिर
आने का नाम नहीं लेता
ऐसा भटका है प्यासा मन
क्षण भर विश्राम नहीं लेता
मेरा तो लक्ष्य अदेखा है
तुम साथ चलो तो दर्शन हो

अब तुम न तुम्हारी आहट कुछ
शकुनों की घड़ियां बीत चलीं
त्यौहार प्रणय का सूना है
फुलझड़ियां हैं सब रीत चली
मेरा तो यज्ञ अधूरा है
तुम साथ रहो तो पूजन हो

उलझी अलकें भीगी पलकें
हो बैठा है परिचय मेरा
शंका से देख रहा है जग
क्षण-क्षण जीवन अभिनय मेरा
मेरी तो साधें शापित हैं
जब तुम छू दो तो पावन हो

जब तुम वीणा के तार कसो
यह गायक मन गंधर्व बने
तुम ही यदि साथ रहो तो फिर
हर पल जीवन का पर्व बने
हर आह मधुरतम गायन हो
हर आंसू फिर मधु का कण हो

दो हाथ में हाथ परमात्मा के, वह तुम्हारे भीतर तैयार है। अपनी वीणा उसको सौंप दो। यही अष्टावक्र का समग्र संदेश है। साक्षी बन रहो, कर्ता नहीं, भोक्ता नहीं। और जो परमात्मा करना चाहता है, तुम निमित्तमात्र हो जाओ। होने दो, तुम हवा के झोंके हो जाओ, कि सूखे पत्ते, जहां ले जाए, चल पड़ो।

जब तुम वीणा के तार कसो
यह गायक मन गंधर्व बने
तुम ही यदि साथ रहो तो फिर
हर पल जीवन का पर्व बने
हर आह मधुरतम गायन हो
हर आंसू फिर मधु का कण हो
मेरी तो साधें शापित हैं
जब तुम छू दो तो पावन हो
मेरा तो यज्ञ अधूरा है
तुम साथ रहो तो पूजन हो
मेरा तो लक्ष्य अदेखा है
तुम साथ चलो तो दर्शन हो
मेरा तो जीवन मरुथल है
जब तुम आओ तो सावन हो

यह हो सकता है। यह अभी हो सकता है। श्रवणमात्रेण। हरि ॐ तत्सत्!

आज इतना ही।

* * *

प्रवचन : 91

अनुभव ही भरोसा

10 फरवरी, 1977

क्व प्रमाता प्रमाणं वा क्व प्रमेयं क्व च प्रमा।
क्व किंचित् क्व न किंचिद्वा सर्वदा विमलस्य मे।।292।।
क्व विक्षेपः क्व चैकाग्रयं क्व निर्बोधः क्व मूढ़ता।
क्व हर्षः क्व विषादो वा सर्वदा निष्क्रियस्य मे।।293।।
क्व चैष व्यवहारो वा क्व च सा परमार्थता।
क्व सुखं क्व च वा दुःखं निर्विमर्शस्य मे सदा।।294।।
क्व माया क्व च संसारः क्व प्रीतिर्विरतिः क्व च वा।
क्व जीवः क्व च तद्ब्रह्म सर्वदा विमलस्य मे।।295।।
क्व प्रवृत्तिर्निवृत्तिर्वा क्व मुक्तिः क्व च बंधनम्।
कूटस्थनिर्विभागस्य स्वस्थस्य मम सर्वदा।।296।।
क्वोपदेशः क्व वा शास्त्र क्व शिष्यः क्व च वा गुरुः।
क्व चास्ति पुरुषार्थो वा निरुपाधेः शिवस्य मे।।297।।
क्व चास्ति क्व च वा नास्ति क्वास्ति चैकं क्व च द्वयम्।
बहुनात्र किमुक्तेन किंचिन्नोतिष्ठते मम।।298।।

वही है मरकजे-काबा
वही है राहे-बुतखाना
जहां दीवाने दो मिल कर
सनम की बात करते हैं

अष्टावक्र और जनक, दो दीवानों की बात हमने सुनी। उनकी चर्चा ने एक अपूर्व तीर्थ का निर्माण किया। उसमें हमने बहुत डुबकियां लगाईं। अगर धुल गए, अगर स्वच्छ हो गए, तो सारा गुण गंगा का है। अगर न धुले, अस्वच्छ के अस्वच्छ रह गए, तो सारा दोष अपना है। अगर ऐसे सुना जैसे बहरा आदमी सुने और ऐसे देखा जैसे अंधा आदमी देखे, तो तुम गंगा के किनारे आकर भी अस्वच्छ रह जाओगे। तीर्थ पर पहुंच कर भी तीर्थ तक पहुंचना न हो पाएगा।

यह एक अपूर्व यात्रा थी। एक दृष्टि से बहुत लंबी—महीनों-महीनों तक इसमें हमने डुबकियां लगाईं। एक दृष्टि से बड़ी छोटी—श्रवणमात्रेण। एक शब्द भी कान में पड़ गया हो तो जगाने के लिए पर्याप्त। इतने-इतने ढंग से अष्टावक्र और जनक ने वही-वही बात कही, शायद एक बार चूको तो दूसरी बार हो जाए, दूसरी बार चूको तो तीसरी बार हो जाए। नई-नई बातें नहीं कही हैं, नये-नये ढंग से भले कही हों। मौलिक बात एक थी कि किसी भांति द्वंद्व के पार हो जाओ, द्वंद्वातीत हो जाओ, तो महासुख की वर्षा हो जाए। महासुख की वर्षा हो ही रही है, तुम द्वंद्व के कारण उससे वंचित रह जाते हो। सुख बरस रहा है, तुम्हारी गगरी फूटी है। तो तुम भर नहीं पाते। तुम कहते हो, सुख क्षणभंगुर है। गगरी फूटी हो तो पानी क्षण भर ही टिकता है। दोष पानी का नहीं है, दोष गगरी का है। गगरी न फूटी हो, तो पानी सदा के लिए टिक जाए। अमृत बरस रहा है, एक क्षण को भी उसकी रसधार रुकती नहीं, अखंड है उसकी रसधार, लेकिन हम द्वंद्व में उलझे हैं तो चूक जाते हैं।

एक तरफ दर्दीला मातम एक तरफ त्यौहार है
विधना के बस इसी खेल में यह मिट्टी लाचार है

एक तरफ वीरान सिसकता एक तरफ अमराइयां
एक तरफ अरथी उठती है एक तरफ शहनाइयां
एक तरफ कंगन झड़ते हैं एक तरफ सिंगार है
विधना के बस इसी खेल में यह मिट्टी लाचार है

लुटता कभी पराग पवन में कहीं चिता की राख है
किरण जादुई खड़ी कहीं पर कहीं वितप्त सलाख है
एक तरफ है फूल सेज पर एक तरफ अंगार है
विधना के बस इसी खेल में यह मिट्टी लाचार है

ऋण पर है अस्तित्व हमारा उम्र सूद में जा रही
जब सब हिसाब देना होगा घड़ी निकट वह आ रही

हाय हमारी देह सांस क्या सब का सभी उधार है
विधना के बस इसी खेल में यह मिट्टी लाचार है

दुख ही दुख ज्यादा है जग में सुख के क्षण तो अल्प हैं
सौ आंसू पर एक हंसी यह विधना का संकल्प है
उस अनजान खिलाड़ी का तो बहुत निठुर खिलवार है
विधना के बस इसी खेल में यह मिट्टी लाचार है

यह जो दो में बंटा होना है, इसको तुम विधि पर मत टालो। तुम्हारे गायक, तुम्हारे विचारक, तुम्हें सांत्वना देने वाले लोग इसे टालते हैं कि यह विधि का खेल है। यह विधि का खेल नहीं। समझो! यह तुम्हारा ही बनाया हुआ जाल है कोई तुम्हें बांट नहीं रहा है, तुमने बंटने का निर्णय कर लिया है। तुम ही उत्तरदायी हो, कोई और नहीं। इसीलिए तो अष्टावक्र कहते हैं कि श्रवणमात्रेण।

समझो।

अगर किसी और ने तुम्हारे जीवन को खंड-खंड किया हो, तो तुम अखंड न कर सकोगे। जब कोई और खंड-खंड करता है तो तब ही होगा अखंड जब वही अखंड करेगा, तुम्हारे किए क्या होगा? किसी ने तुम्हें गाली दी और तुम कहते हो कि मैं इसलिए दुखी हो रहा हूं कि उसने गाली दी। तब तो तुम अपने दुख के मालिक न रहे। जब वह गाली देना बंद करेगा तो शायद तुम दुखी न होओ। लेकिन वह गाली देना बंद करेगा, यह तुम्हारे हाथ में नहीं। लेकिन किसी ने गाली दी और तुम दुखी न हुए, या दुखी हुए तो भी तुमने जाना कि यह दुखी होना मेरा ही निर्णय है—गाली आए और जाए और मैं बिना दुखी हुए भी रह सकता हूं, अस्पर्शित—तो तुम मालिक हो गए। अब दूसरे के हाथ में कुंजी न रही तुम्हारे जीवन की।

नहीं, विधि पर मत टालो। बात तो सच है कि जीवन दो में बंटा है, लेकिन तुमने बांटा है, किसी भाग्य ने नहीं। बांटने की तरकीब को पहचान लो तो तुम अनबंटे हो जाओ। और तुम अनबंटे हो जाओ तो वही तो सारे योग का लक्ष्य है। सारे अध्यात्म की आकांक्षा। एक हो जाओ, अद्वय हो जाओ, दो न रह जाएं, रात और दिन दो न रहें, जीवन और मृत्यु दो न रहें, सुख और दुख दो न रहें, इन दोनों में तुम्हें समभाव आ जाए, तुम इन दोनों में एक को ही देखने में समर्थ हो जाओ।

यह हो सकता है। थोड़े साक्षी बनने की बात है। सुख को भी देखो और देखते क्षण में सिर्फ देखनेवाले रहो, उलझ मत जाओ, तादात्म्य मत कर लो, ऐसा मत कहो कि मैं सुखी हूं, इतना ही कहो कि सुख होता है और मैं देख रहा हूं, और मैं देख रहा हूं, और मैं देख रहा हूं। तुम्हारा देखना अछूता खड़ा रहे, कर्ता न बने, भोक्ता न बने। दुख

आए, तब भी देखो—दुख है, देख रहा हूं। कांटे चुभें कि फूल मिलें, देखते रहो। धीरे-धीरे अपने को द्रष्टा में थिर कर लो। धीरे-धीरे अपने केंद्र पर खड़े हो जाओ। कोई भी आए तुम्हारी अंतर्शिखा कंपित न हो, तुम अकंप हो जाओ। उस अकंपता में जो अनुभव होगा, वही सत्य है। उसे कोई ब्रह्म कहता है, कोई निर्वाण, कोई मोक्ष। लेकिन उस अकंप दशा में जो जाना जाता है, वही जानने योग्य है, वही सच्चिदानंद है।

इस लंबी तीर्थयात्रा में जनक की जिज्ञासा के कारण, मुमुक्षा के कारण, अष्टावक्र की अनुकंपा, करुणा के कारण खूब रस बहा। एक ने दूसरे पर रस उलीचा। तुम अगर थोड़े भी सजग हो तो कुछ बूंदें तुम्हारे हाथ जरूर पड़ गई होंगी।

कल किसी ने एक प्रश्न पूछा था कि अष्टावक्र की बात सुनने मात्र से जनक को ज्ञान हो गया और अब तो अष्टावक्र की महागीता पूरी होने आ रही, यहां कितने लोगों को ज्ञान हुआ?

एक बात पक्की है कि जिसने पूछा, उसको नहीं हुआ। और उसे होना मुश्किल है, क्योंकि उसकी नजर दूसरों पर लगी है। अगर तुम मुझसे पूछते हो कि कितनों को ज्ञान हुआ, अगर तुम मेरी तरफ से पूछते हो, तो मैं तो यही कहूंगा कि यहां कोई अज्ञानी है ही नहीं—कभी कोई अज्ञानी हुआ ही नहीं। यही तो अष्टावक्र का मूल संदेश है। अज्ञानी तुमने माना है, तुम हो नहीं। तो ज्ञानी होने की चेष्टा में ही तुम्हारा अज्ञान ही बचा रहता है। ज्ञानी होने की चेष्टा नहीं करनी है, सिर्फ यह सत्य जानना है कि ज्ञान तुम्हारा स्वभाव है, चैतन्य तुम्हारा स्वभाव है। तुम ज्ञानी हो। अज्ञानी होने का न कोई उपाय है, न कोई विधि है। अज्ञानी होना संभव नहीं है, लाख उपाय करो तो भी तुम अज्ञानी नहीं हो सकते। तुम्हारे भीतर ज्ञान का अंगारा दग्ध जलता ही रहता है। कितनी ही राख में ढंक जाए, बुझता नहीं। और राख में रखा क्या है? एक फूंक मारो कि उड़ जाए! श्रवणमात्रेण।

सदगुरु का इतना ही तो काम है कि एक फूंक मारे, तुम्हारी राख हट जाए। लेकिन अगर तुमने जिद ही कर रखी हो कि तुम अंगारे को स्वीकार ही न करोगे, तो तुम्हारी मर्जी! तुम्हारी मर्जी के खिलाफ तुम्हें कोई जगा नहीं सकता। और तुम जागना चाहो तो गहरी से गहरी नींद से भी तुम जाग सकते हो।

मनोवैज्ञानिक कहते हैं कि नींद में भी तुम निर्णय लेते हो कि कब जागना और कब नहीं जागना। तुम चकित होओगे यह बात जान कर, नींद में भी तुम्हारा निर्णय काम करता है। देखा तुमने, एक मां, उसका छोटा बच्चा उसके पास सोया हो, छोटे बच्चे की सांस में जरा घरघराहट हो जाए, जरा सी, उसकी नींद खुल जाती है। और आकाश में बादल गड़गड़ाते रहें और उसकी नींद नहीं खुलती। मामला क्या है? शायद क्या सुनना और क्या नहीं सुनना, इसकी भी नींद में व्यवस्था है। तुम इसका भीतर निर्णय कर रहे हो—क्या सुनना, क्या नहीं सुनना।

यहां इतने लोग बैठे हो, तुम सब यहां सो जाओ आज रात और कोई आकर जोर से पुकारे : राम! राम कहां है? तो सब सोए रहेंगे, किसी को सुनाई न पड़ेगा, लेकिन जिसका नाम राम है उसे सुनाई पड़ जाएगा। वह कहेगा, कौन भाई आधी रात जगाने आ गया?

सब सोए थे, किसी को सुनाई नहीं पड़ना चाहिए—या सभी को सुनाई पड़ना चाहिए—लेकिन राम को सुनाई पड़ गया। राम ने निर्णय रखा है अपने भीतर कि अगर कोई 'राम' नाम ले, यह मेरा नाम है, तो मैं सुनूंगा। किसी और का नाम ले तो मैं नहीं सुनूंगा। किसी के और के नाम से मुझे क्या लेना-देना! नींद में भी कोई निर्णय कर रहा है कि जागूं या न जागूं? जागने योग्य बात है, या जागने योग्य बात नहीं है?

तो तुम्हारे निर्णय के खिलाफ तो तुम्हें कोई भी नहीं जगा सकता। तुम अगर मन में तो चाहते हो कि सुबह पांच बजे उठना नहीं है, बड़ी सर्दी है; लेकिन पत्नी पीछे पड़ी है कि चलना है मंदिर, जल्दी चलना है, तो तुम अलार्म भर देते हो बेमन से—भरते वक्त भी तुम जानते हो कि उठने की इच्छा तो नहीं है—तुम सुबह अलार्म सुनोगे नहीं। अलार्म बजेगा, तुम सुनोगे कि मंदिर में घंटियां बज रही हैं और तुम मंदिर में पहुंच गए, सपना देखोगे। तुम अलार्म की घंटी को मंदिर की घंटी बना लोगे और एक सपने में डूब जाओगे और तुम कहोगे अच्छा हुआ आ गए, चलो मंदिर आ गए, पत्नी की बड़ी इच्छा थी, बात भी पूरी हो गई। और तुम सोए भी रहे। ऐसा भी हो जाता है कि नींद में ही आदमी हाथ उठा कर अलार्म घड़ी बंद कर देता है और सुबह कहता है कि हुआ क्या! मुझे उठना था, घड़ी बजी क्यों नहीं?

नींद में भी तुम्हारा निर्णय ही काम करता है। जिसे तुम अपना जीवन कह रहे हो, यह ज्ञानियों की दृष्टि से एक आध्यात्मिक निद्रा है। तुम जागना चाहो, तो कोई भी बहाना काफी है। एक सूखे पत्ते का गिरना वृक्ष से काफी है। उससे तुम्हें अपनी मौत की याद आ जाएगी। याद आ जाएगी कि एक दिन अपने को भी गिर जाना होगा। उतना जगाने के लिए काफी है। और अगर तुमने निर्णय किया है न जागने का, तो अष्टावक्र तुम्हारे द्वार पर दुदुंभी पीटते रहें, कुछ भी न होगा। तुम सुनोगे और अनसुना कर दोगे।

जिन मित्र ने पूछा है कि यह तो यात्रा का अंतिम दिन आ गया, कितने लोग यहां ज्ञान को उपलब्ध हुए? पहली तो बात दूसरे के संबंध में पूछना ही अज्ञान का सबूत है। फिर, कोई उपाय नहीं है कि दूसरा ज्ञान को उपलब्ध हुआ या नहीं, इसे तुम कैसे जानो।

पूछनेवाले ने यह भी कहा है कि अगर हमें पता चल जाए कितने लोग उपलब्ध हुए, तो इससे हमें भरोसा आएगा।

अष्टावक्र ज्ञान को उपलब्ध हुए, इससे तुम्हें भरोसा नहीं आया; कृष्ण ज्ञान को उपलब्ध हुए, इससे तुम्हें भरोसा नहीं आया; बुद्ध ज्ञान को उपलब्ध हुए, इससे तुम्हें

भरोसा नहीं आया; राम, कबीर, नानक, मोहम्मद, फरीद, इनसे तुम्हें भरोसा नहीं आया और चूहड़मल-फूहड़मल ज्ञान को उपलब्ध हो जाएंगे तो तुम्हें भरोसा आ जाएगा?

तुम कृष्ण से भी पूछते रहे, बुद्ध से भी पूछते रहे कि कैसे हम मानें कि आपको हो गया है? और मैं यह भी नहीं कहता कि तुम्हारा पूछना अकारण है। असल में दूसरे का ज्ञान दिखेगा कैसे? अंधे आदमी को कैसे समझ में आएगा कि दूसरे की आंख ठीक हो गई है? मुझे कहो। अंधा आदमी कहेगा, जब तक मुझे दिखाई नहीं पड़ता, यह भी दिखाई कैसे पड़ेगा कि दूसरे की आंख ठीक हो गई है? बहरे को कैसे पता चलेगा कि दूसरे को सुनाई पड़ने लगा है? यह तो सुनाई पड़े तो ही सुनाई पड़ेगा, दिखाई पड़े तो ही दिखाई पड़ेगा।

यह तुम फिकर मत करो कि दूसरों को ज्ञान उपलब्ध हो जाएगा तो तुम्हें भरोसा आ जाएगा। भरोसा तो तुम्हें तभी आएगा जब तुम्हें उपलब्ध होगा। इसलिए मैं तुमसे कहता हूं, तुम भरोसे की प्रतीक्षा मत करो कि पहले भरोसा आएगा तब हम ज्ञान की तरफ जाएंगे। तब तो तुम कभी भी न जाओगे। क्योंकि ज्ञान में जो गया, उसे भरोसा आता है, अनुभव से भरोसा आता है, और तो कोई उपाय नहीं है। और जिसको तुम भरोसा कहते हो, वह धोखा है, थोथा है। विश्वास है, भरोसा नहीं। आस्था नहीं, श्रद्धा नहीं। मान लेते हो कि हुआ होगा! मान लेते हो कि कौन झंझट करे। मान लेते हो कि कौन विवाद में पड़े। या कि मान लेते हो क्योंकि भीतर वासना है कि कभी हमको भी हो, इसलिए मान लेते हैं कि औरों को भी हुआ होगा या होता होगा। मगर भरोसा आ नहीं सकता। कैसे आएगा? जिस आदमी ने मधु का स्वाद नहीं लिया, लाख लोग कहते रहें कि बहुत मीठा है, बड़ा स्वादिष्ट है, उसे कैसे भरोसा आएगा? और जो आदमी मधु को लेने गया था और उलटा, मधु तो मिला नहीं, मधुमक्खियों ने चीथ डाला, उसको तुम भरोसा दिलवाओगे कि मधु बड़ा मीठा है? वह कहेगा, क्षमा करो, अब और न उलझाओ, एक दफा झंझट में पड़ गया तो सारा शरीर सूज गया था, दिनों तक घर बिस्तर में पड़ा रहा, मुझे तो एक ही अनुभव आता है कि बड़ा कड़वा है। मधु का स्वाद तो मधुमक्खी के डंक का स्वाद ही उसे मालूम होगा।

लाख कोई तुमसे कहे कि मुझे परमात्मा का दर्शन हो रहा है, तुम कहोगे, हमें तो कंकड़-पत्थर, वृक्ष इत्यादि दिखाई पड़ते हैं, परमात्मा दिखाई नहीं पड़ता। तुम्हें वही दिखाई पड़ेगा जितना तुम देख सकते हो। दूसरे की तो चिंता ही मत करो। अपनी चिंता करो, तुम्हें हुआ या नहीं? शायद बात कुछ और है, तुम कह कुछ और रहे हो। तुम्हारे भीतर यह बात खल रही है कि मुझे हुआ नहीं, अगर यह पक्का हो जाए कि किसी को भी नहीं हुआ, तो निश्चिंतता हो। कि कोई हम ही अकेले नहीं खो रहे हैं, सभी खो रहे हैं।

मुल्ला नसरुद्दीन के घर में आग लग गई। सारा पड़ोस जल गया। मैंने उससे पूछा कि नसरुद्दीन, बड़ा बुरा हुआ। उसने कहा, कुछ खास बुरा नहीं हुआ। मैंने कहा, मामला क्या है? उसने कहा, अपना क्या जला, पड़ोसियों का देखो! अपने पास था ही क्या? झोपड़ा था, जल गया। पड़ोसियों के महल जल गए! आज ही तो मजा आया कि अपने पास झोपड़ा था, अच्छा हुआ। सदा तो यह पीड़ा रहती थी कि इनके पास महल है और अपने पास झोपड़ा है, आज सुख मिला कि अपने पास झोपड़ा और इनके पास महल! जला तब पता चला, कि बड़ा मजा आया! प्रभु की बड़ी कृपा है।

आदमी दूसरे से सोचता है। तुम्हें पता चल जाए कि किसी को नहीं हो रहा है, तुम निश्चिंत हो गए। रोज तुम अखबार पढ़ लेते हो, देखते हो कितनी जगह डाके पड़े, कितने लोग मारे गए, कितना युद्ध हुआ, कितनी चोरियां हुईं, कितने लोग बेईमानी कर रहे हैं, कितने लोग पत्नियों को ले भागे किसी की, तुम कहते हो—हम ही भले। करते हैं थोड़ा-बहुत, मगर इतना थोड़े ही! चित्त में बड़ी शांति मिलती है, सांत्वना होती है।

तुम कह तो यह रहे हो कि पता चल जाए कि दूसरों को हुआ तो आस्था आए, भरोसा आए। नहीं, तुम यह जानना चाहते हो कि किसी को न हुआ हो; कहीं भूल-चूक से किसी को हो न गया हो। किसी को भी नहीं हुआ है तो निश्चिंत होकर फिर चादर ओढ़ कर सो जाएं कि कोई हम ही नहीं भटक रहे हैं, सारी दुनिया भटक रही है। कुछ अड़चन नहीं है।

तुम अगर मुझसे पूछते हो तो मैं कहता हूं कि सबको हो गया है—सबको था ही—और सबसे मेरा मतलब यह नहीं है कि जो यहां हैं—कहीं भी जो हैं। परमात्मा सबको मिली हुई संपदा है। तुम पहचानो या न पहचानो; तुम उपयोग करो न उपयोग करो, तुम पर निर्भर है। तुम्हारे भीतर हीरा पड़ा है, टटोलो, न टटोलो—बहुत जन्मों तक न टटोला तो शायद भूल भी जाओ—मगर इससे भी कुछ फर्क नहीं पड़ता।

मैं तुमसे एक छोटी सी कहानी कहना चाहता:

एक बादशाह ने अपने दरबारी मसखरे को खुश होकर पुरस्कार में एक घोड़ा दिया। घोड़ा बड़ा मरियल और कमजोर था। चल भी सकेगा, यह भी संदिग्ध था। मसखरा तो मसखरा ठहरा, उसने सम्राट से तो कुछ न कहा, छलांग मार कर घोड़े पर सवार हो गया और एक ओर चलने की कोशिश करने लगा या घोड़े को चलाने की कोशिश करने लगा। बादशाह ने आवाज देकर पूछा, बड़े मियां, कहां चल दिए? उसने कहा, हुजूर, जुम्मे की नमाज पढ़ने जा रहा हूं। पर सम्राट ने कहा, आज तो सोमवार है। उसने कहा, यह घोड़ा जुम्मे तक भी पहुंच जाए मस्जिद तो बहुत है! अभी से चले तो ही पहुंच पाएंगे। और मस्जिद दो कदम पर है। घोड़े घोड़ों की बात है।

कौन पहुंचा, नहीं पहुंचा, इसकी फिकर छोड़ो। घोड़ों घोड़ों की बात है। मस्जिद दो कदम पर थी, मैं तुमसे कहता हूं, दो कदम पर भी नहीं है। अष्टावक्र कह रहे हैं कि तुम्हारे भीतर है। और कल पहुंचोगे ऐसा भी नहीं है, घड़ी भर बाद पहुंचोगे ऐसा भी नहीं है, तत्क्षण, इसी क्षण, जैसे बिजली कौंध जाए ऐसे क्रांति होती है। आंख बंद करके तुम अगर भीतर देखो तो अभी पहुंच गए, इसी क्षण पहुंच गए। कल पर टालने का प्रश्न ही नहीं है। जनक को हुआ, तुम्हें हो सकता है, क्योंकि जनक से रत्ती भर भी तुममें कमी नहीं है। मुझे हुआ, तुम्हें हो सकता है, क्योंकि मुझसे रत्ती भर भी तुममें कमी नहीं है। और अगर नहीं हो रहा है, तो याद रखना, तुमने कहीं गहरे में निर्णय कर रखा है कि अभी होने नहीं देना है। शायद न होने में तुम्हारा कुछ न्यस्त स्वार्थ है। शायद न होने में तुम अभी सोचते हो, थोड़ा और रस ले लें; थोड़ा और टटोल लें, शायद संसार में कुछ हो, यह तो फिर कभी भी कर लेंगे।

लोग मेरे पास आते हैं; कहते हैं, अभी तो जिंदगी पड़ी है। ध्यान करना जरूर है, लेकिन आखिर में कर लेंगे। अभी बूढ़े थोड़े ही हो गए, जब बूढ़े हो जाएंगे तब कर लेंगे। और बूढ़ा आदमी कभी बूढ़ा नहीं होता। बूढ़े से बूढ़े को पूछो, तो वह भी अभी सोच रहा है कि अभी तो दिन पड़े हैं। मरते दम तक आदमी सोचता है, अभी तो दिन हैं, अभी कर लेंगे। परमात्मा को टालता जाता है, और सब कर लेता है। जो न करने जैसा है, कर लेता है, जो करने जैसा है, उसे टालता जाता है। यह तुम्हारा निर्णय है। तुम मालिक हो। पाना चाहो तो अभी पा सकते हो, न पाना चाहो तो तुम्हें कोई देनेवाला नहीं है।

जनक पा सका, क्योंकि कोई अड़चन न डाली। सीधा उपलब्ध हो गया। अष्टावक्र ने कहा और उसने सुन लिया। सुनने में और अष्टावक्र के कहने में जनक ने कोई व्याख्या न की। उसने ऐसा नहीं सोचा, कल करेंगे; उसने ऐसा नहीं सोचा कि पता नहीं ठीक हो या न हो; उसने ऐसा भी नहीं सोचा कि यह हो भी सकता है! यह संभव भी है! अनूठा प्रेम रहा होगा जनक को। उसके भीतर अष्टावक्र के प्रति अपूर्व भाव का जन्म हुआ होगा। अष्टावक्र की मौजूदगी पर्याप्त प्रमाण रही होगी। और उसने कोई प्रमाण न मांगा। यही तो अर्थ है शिष्य होने का। गुरु की मौजूदगी प्रमाण हो, और कोई प्रमाण न मांगा जाए। अगर तुमने और कोई प्रमाण मांगा, तो तुम शिष्य नहीं हो, विद्यार्थी हो सकते हो। शिष्य का इतना ही अर्थ है कि तुम प्रमाण हो। तुम्हारी मौजूदगी प्रमाण है। तुम्हें हो गया, आ गया। तुमने कहा, बात हो गई। हम पूरी तरह सुन लेते, हम रत्ती भर इसमें इधर-उधर डांवाडोल न होंगे।

लेकिन कुछ कहा जाता है, कुछ तुम सुन लेते हो। तुम जो सुनना चाहते हो, वही सुन लेते हो।

ऐसा हुआ। सड़क दुर्घटना में चंदूलाल को घातक चोटें आईं। एक कार वाले ने उन्हें अपनी कार में डाला और पास ही के एक निर्जन से स्थान पर छोड़ कर आगे बढ़ गया। एक तो चोटें खाया हुआ आदमी, जब इस कार वाले ने उन्हें अपनी कार में डाला, तो वह थोड़ी हिम्मत बढ़ी उसकी और जब एकांत स्थान में इन्हें छोड़ कर आगे बढ़ गया तो चंदूलाल भी बहुत चकित हुआ कि मामला क्या है! बोलने तक की हिम्मत न थी, जीवन-ऊर्जा बिलकुल क्षीण हो गई, खून बहुत बह गया। छानबीन के दौरान अदालत में उस आदमी को भी बुलाया गया, वह आदमी था मुल्ला नसरुद्दीन मजिस्ट्रेट ने उससे पूछा कि बड़े मियां, जब तुम्हारे पास इतना समय नहीं था कि घायल को अस्पताल तक ले जा सकते, तो उसे एक निर्जन स्थान तक लाकर छोडने का क्या आशय था? मुल्ला नसरुद्दीन ने कहा, हुजूर, वजह यह थी कि घटनास्थल के सामने लगे बोर्ड पर मेरी नजर पड़ी तो उस पर लिखा था, मौत को सड़क से दूर रखिए। तो मैंने कहा, जो मुझसे बन सके वह करना चाहिए। यह आदमी मरने को था और सड़क पर मौत होती, यह सोच कर मैंने मौत को सड़क से दूर रख दिया। एकांत स्थान पर छोड़ कर मैं अपने घर गया। घंटा भर लगा हुजूर! सड़कों पर ऐसे-ऐसे बोर्ड लगे हैं!

आदमी वही पढ़ लेता है जो पढ़ना चाहता है। आदमी अपने को पढ़ लेता है, आदमी अपने को सुन लेता है, आदमी अपनी व्याख्या निकाल लेता है। तुम जब सुन रहे हो, सुन कहां रहे हो! और हजार काम कर रहे हो। मन में न मालूम कितने विचार चल रहे हैं। उन विचारों की तरंगों को पार करके मैं तुमसे जो कह रहा हूं वह पहुंच पाएगा? तुम पहुंचने नहीं देते। तुम हजार-हजार बीच में पर्दे खड़े किए हो, उनसे छन-छन कर जब किसी तरह बात पहुंचती है तो इतनी बदल जाती है कि किसी काम की नहीं रह जाती। उससे कोई क्रांति नहीं घटती। दवा इतने जल में मिल जाती है कि उसका सारा असर खो जाता है। सुनने का अर्थ है—जब अष्टावक्र कहते हैं, श्रवणमात्रेण, तो उनका अर्थ है—ऐसे सुनो जैसे तुम्हारे भीतर एक भी पर्दा नहीं है, हृदय को खोल कर सुनो। जैसा प्यासा पानी को पीता है ऐसा गुरु को पी जाओ। तो घटना घटती है। और तब जनक जैसी घटना घट जाती है।

आज जनक का अंतिम सूत्र है। इस अंतिम सूत्र में जनक आखिरी ऊंचाई लेते हैं। शिष्य जिस आखिरी ऊंचाई तक पहुंच सकता है, जहां पहुंच कर शिष्य शिष्य नहीं रह जाता और गुरु में लीन हो जाता है। जो भी वह कह रहे हैं, वह वही है जो अष्टावक्र ने कहा था, फिर भी पुनरुक्ति नहीं है। कह तो वही रहे हैं जो अष्टावक्र ने कहा था, लेकिन अपने प्राणों में उसे पुनरुज्जीवन दिया है। उन शब्दों में अपने प्राण डाल दिए हैं। वह जो गुरु का है, वह गुरु को ही दे रहे हैं, कुछ नया नहीं है, लेकिन मुर्दा नहीं दे रहे हैं, उसे जीवंत करके दे रहे हैं।

ऐसा ही समझो कि एक प्रेमी अपनी प्रेयसी को गर्भिष्ट कर देता है। तो प्रेमी से नवजीवन का अंकुर प्रेयसी में जाता है। फिर प्रेयसी नौ महीने के बाद उसी अंकुर को नये-नये जीवन, नई-नई महिमा से भर कर वापस लौटाती है। प्रेमी पहचान भी न सकेगा, यह वही बीज है जो प्रेमी ने दिया था। वह बीज तो बड़ा छोटा था। और वह बीज तो कोई बहुत जीवंत न था। अपने आप रहता तो घड़ी दो घड़ी में मर जाता। दो घंटे से ज्यादा नहीं जी सकता था। वीर्य-अणु दो घंटे से ज्यादा नहीं जी सकता। बड़ी छोटी सी उसकी जीवन-लीला है। और बड़ी धीमी सी ऊर्जा है, जरा सी ऊर्जा है। जरा सी ऊर्जा दी थी, प्रेयसी ने उसे सम्हाला, वह जरा सी ऊर्जा विराट ऊर्जा बनी। एक नये बच्चे, एक नये अतिथि का आगमन हो गया। और जब प्रेमी अपने बच्चे को देखता है तो भरोसा भी नहीं कर सकता कि यह बच्चा किसी दिन मेरे ही भीतर से एक बीज के रूप में गया था। वही है, और फिर भी वही नहीं है। वही है, बहुत होकर वही है। वही है, और विराट होकर वही है। प्रेयसी ने वही का वही नहीं लौटा दिया है।

एक सम्राट अपने बेटों में तय करना चाहता था, किसको राज्य का मालिक बनाऊं। तो उसने अपने बेटों को एक-एक बोरे फूलों के बीज दिए और कहा, तुम सम्हाल कर रखना, मैं तीर्थयात्रा को जा रहा हूं, वर्ष लगें, दो वर्ष लगें, जब लौटूंगा तब ये बीज मैं तुमसे वापस चाहता हूं। सम्हाल कर रखना, इस पर तुम्हारा भाग्य निर्भर है। क्योंकि जो व्यक्ति इन बीजों को ठीक से, सम्यकरूपेण लौटा देगा, वही मेरे राज्य का मालिक होगा।

तीनों बेटे बड़े विचार किए, बड़े हिसाब लगाए। एक बेटे ने सोचा कि कहीं खो जाएं, कहीं गुम जाएं, चोरी चले जाएं, कुछ हो जाएं, झंझट हो जाए, तो राज्य गंवा बैठूंगा। तो उसने तिजोड़ी में बीज बंद करके खूब बड़े ताले लगा कर कुंजियां सम्हाल कर रख लीं। होशियारी तो दिखाई, लेकिन कई दफा होशियारी बड़ी मूर्खतापूर्ण हो जाती है। अब बीज तिजोड़ियों में बंद नहीं किए जाते। बीज सड़ गए जब तक बाप आया। जब निकाला तो वहां से बदबू निकली। बीज तो निकले नहीं, राख का ढेर निकला। और सड़ांध और बास। जो फूल बन सकते थे वह दुर्गंध बन गए, जो सुगंध बन सकते थे वह दुर्गंध बन गए। एक अर्थ में लड़के ने बचाया, लेकिन अकल न थी, समझ न थी।

दूसरे लड़के ने सोचा कि यह झंझट का काम है बीजों को घर में रखना, पता नहीं कब लौटे कब न लौटे, इनको बाजार में बेच दो, पैसा सम्हाल कर रख लो। जब बाप आएगा, बाजार से फिर बीज खरीद कर दे देंगे। यह दूसरे से थोड़ी ज्यादा बुद्धिमानी थी, लेकिन फिर भी बहुत बुद्धिमानी न थी। बीज तो उसने बेच दिए, पैसे सम्हाल कर रख लिए। पैसे सम्हाल कर रखना सदा आसान है। इसलिए तो लोग पैसे को इतना

सम्हाल कर रखते हैं। और सब बेच देते हैं, पैसे को सम्हाल कर रख लेते हैं। क्योंकि पैसे में सभी कुछ संचित है। जब मौका होगा, खरीद लेंगे, फिर खरीद लेंगे।

तुम्हारी जेब में एक रुपया पड़ा है, बहुत सी चीजें पड़ी हैं। अभी चाहो तो एक आदमी आकर सिर पर मालिश करे, वह भी तुम्हारी जेब में पड़ा है। अभी चाहो तो एक गिलास दूध आ जाए, वह भी तुम्हारी जेब में पड़ा है। हजार काम हो सकते हैं एक रुपये से। सब विकल्प मौजूद हैं। अब इतनी चीजें अगर तुम जेब में रख कर चलो तो बड़ी मुश्किल होगी—कि एक चंपी वाले को भी जेब में रखे हैं, दूध की बोतल भी इधर ही, बहुत मुश्किल हो जाएगी। चल न पाओगे, जिंदगी दूभर हो जाएगी। एक रुपया पड़ा है, उसमें कई चीजें पड़ी हैं, जब जैसी जरूरत हुई, उपयोग कर लिया। चौपाटी पहुंच गए, चंपी करवा ली। कि दूध पी लिया। कि गरीब को दान दे दिया। कुछ भी हो सकता है। रुपये में हजार विकल्प की संभावना है। रुपये में बड़ी स्वतंत्रता है।

तो उसने सोचा कि बीज कभी भी खरीद लेंगे, बीज की क्या दिक्कत है! रुपये सम्हाल कर रख लिए। लेकिन बाप जब आया तो वह भागा बाजार। बाप ने कहा कि नहीं, जो मैंने दिए थे वही वापस चाहिए। यह तो शर्त ही थी कि जो दिए थे वही वापिस। यह तो बात ही न थी कि तू इनको बेचेगा, खरीदेगा। यह तो तूने मेरी अमानत को सुरक्षित न रखा।

तीसरे बेटे ने सोचा कि बीज कोई वस्तु थोड़े ही है, बीज तो संभावना है।

समझो। बीज कोई वस्तु नहीं है, बीज तो एक प्रक्रिया है। बीज तो एक संभावना है, फूल होने की एक यात्रा है। बीज तो एक तीर्थयात्रा है, एक प्रोसेस। बीज कोई चीज नहीं है। कंकड़ एक चीज है, क्योंकि कंकड़ न बढ़ता, न बड़ा होता, न कुछ हो सकता, जो होना था हो चुका है। कंकड़ मुर्दा है, बीज जीवंत है। जीवन की प्रक्रिया है। उसने सोचा, जीवन की प्रक्रियाओं को तिजोड़ियों में बंद नहीं किया जाता, अन्यथा वे मर जाती हैं। और जीवनों को बेचा नहीं जाता। बेचने में तो बड़ी निर्दयता है। तो क्या किया जाए?

तो उसने जाकर बगीचे में बीज बो दिए। जब बाप तीन साल बाद लौटा, तो एक बोरे की बात, हजारों बोरे बीज थे! और जब बाप को ले जाकर उसने दिखाया और उसने कहा कि ये रहे आपके बीज, तो बाप ने कहा, मैं खुश हूं। क्योंकि अगर बीज दिए जाएं तो उसका अर्थ ही यह है कि उनको बढ़ा कर लौटाना। बीज का अर्थ ही यह है कि बड़ा करके लौटाना। तू मेरे राज्य का मालिक है। तेरे हाथ में राज्य दूंगा तो बढ़ेगा, फैलेगा। पहले के हाथ में तिजोड़ी में बंद होगा, मर जाएगा। दूसरे के हाथ में बिक जाएगा। तेरे हाथ में बढ़ेगा, समृद्ध होगा, विस्तीर्ण होगा, बड़ा होगा। तू मालिक। तू प्रक्रिया को समझा।

अष्टावक्र ने जो बीज दिए हैं जनक को, जनक ने उनको जन्म दे दिया। बीज अनूठे थे और अनूठा उनसे जन्म हुआ।

खयाल करना, तुम बड़े अजीब हो, तुम कभी व्यर्थ के बीजों को तो खूब सम्हाल लेते हो और सार्थक बीजों को छोड़ते चले जाते हो। एक आदमी राह से जा रहा है और गाली दे देता है, तुम गाली को सम्हाल कर रख लेते हो, जैसे कोई महामंत्र है। इसको तुम वर्षों सम्हाल कर रखोगे। इसको बीस साल बीत जाएंगे तो भी तुम ताजा रखोगे। हरी रहेगी यह बात। बीस साल के बाद भी यह आदमी दिखेगा तो गाली फिर जिंदा हो जाएगी। फिर मरने-मारने का मन होने लगेगा। घाव को तुम भरने न दोगे, उधेड़ते रहोगे। घाव में मवाद पड़ती ही रहेगी। घाव सड़ता रहेगा। नासूर बनता रहेगा।

गाली को तो ऐसा सम्हाल कर रख लेते हो, लेकिन अगर अष्टावक्र जैसा कोई वचन देने वाला मिले, पहले तो तुम सुनते ही नहीं, सुन भी लो तो भूल जाते हो। बीस साल की बात पूछ रहे हो, दो घंटे बाद तुम वही न कह सकोगे जो कहा गया है। हां, गाली तुम बीस साल बाद भी वैसी की वैसी दोहरा दोगे, उसमें तुम्हारी कुशलता बड़ी है। फिर तुम जो सम्हालते हो, उसी से तुम्हारा जन्म होता है, वही तुम बनते हो। तो अगर जीवन के अंत में तुम कुरूप हो जाते हो, जीवन के अंत में अगर तुम बेढंगे हो जाते हो, व्यर्थ हो जाते हो, तो कुछ आश्चर्य तो नहीं है।

मैंने सुना है कि मुल्ला नसरुद्दीन ने शादी की। तो उसको बच्चा नहीं होता था। तो डाक्टरों ने कहा कि आपरेशन करवा लें और बंदर की ग्रंथि लगानी पड़ेगी। तो मुल्ला ने कहा, कुछ भी हो, बच्चा होना चाहिए। बंदर की ग्रंथि लगवा ली। फिर बड़ा खुश हुआ और बड़ी मिठाइयां बांटीं, क्योंकि पत्नी गर्भवती हो गई। और बड़े बैंड-बाजे बजवाए। फिर नौ महीने भी पूरे हो गए। फिर पत्नी अस्पताल में भर्ती हुई। मुल्ला दरवाजे पर खड़ा आतुरता से प्रतीक्षा कर रहा है, उसका दिल धड़क रहा है। डाक्टर बाहर आया, तो उसने पूछा कि डाक्टर साहब, लड़का हुआ कि लड़की? उसने कहा, भई, ठहरो जरा! जो भी हुआ है छलांग मार कर सीलिंग फैन पर चढ़ गया है। उतरे तो पता लगाएं कि लड़का है कि लड़की। अब बंदर की ग्रंथि लगवाओगे, तो तुम और ज्यादा आशा कर भी नहीं सकते!

तुम्हारे जीवन में अगर सिर्फ रोग ही रोग हाथ में आता है और तुम्हारे जीवन में अगर दुर्गंध ही दुर्गंध मिलती है और दुख ही दुख मिलता है तो कुछ आश्चर्य नहीं है, सीधा-साधा गणित है। तुम गलत बीजों को इकट्ठा करते हो। तुम घास-पात तो इकट्ठा कर लेते हो, फूलों को नष्ट कर देते हो। जनक ने फूलों को संभाल लिया। बड़ी अपूर्व सुगंध पैदा हुई। उसी सुगंध के आज अंतिम सूत्र हैं।

पहला सूत्र—

क्व प्रमाता प्रमाणं वा क्व प्रमेयं क्व च प्रमा।
क्व किंचित् क्व न किंचिद्वा सर्वदा विमलस्य मे।।

'सर्वदा विमलरूप मुझको कहां प्रमाता है और कहां प्रमाण है? कहां प्रमेय है और कहां प्रमा है? कहां किंचित है और कहां अकिंचित है?'

प्रमाता का अर्थ होता है—ज्ञाता; प्रमाण का अर्थ होता है—ज्ञान के साधन, जिनसे ज्ञान उत्पन्न होता; प्रमेय का अर्थ होता है—जो जाना जाए, ज्ञेय; प्रमा का अर्थ होता है—ज्ञान। जनक कह रहे हैं कि अब न तो मुझे कुछ ज्ञान जैसा है, न मेरे भीतर ज्ञाता जैसा कुछ बचा, न कुछ ज्ञेय शेष रहा, न ज्ञान के कुछ साधन बचे। ये सारे भेद तो अज्ञान के हैं।

अब तुम समझना, यह बड़ी क्रांतिकारी बात है।

अगर तुम पंडितों से पूछो तो वे कहेंगे, ये भेद ज्ञान के हैं प्रमाता, प्रमाण, प्रमेय, प्रमा। प्रमा का अर्थ होता है—ज्ञान। प्रामाणिक ज्ञान का नाम प्रमा। जिससे प्रमा सिद्ध हो, वह प्रमाण। जिसके ऊपर सिद्ध हो, वह प्रमाता। जिसके संबंध में सिद्ध हो, वह प्रमेय। यह तो ज्ञान का विभाजन है, इसको तो पूरा-पूरा इपेस्टोमोलॉजी, ज्ञानमीमांसा कहते हैं। और जनक कह रहे हैं, अब यह कुछ भी नहीं बचे। न कोई जानने वाला है, न कुछ जाना जाने वाला। दो तो गए, तो अब कैसा सब्जेक्ट, कैसा आब्जेक्ट! अब कैसा ज्ञाता और कैसा ज्ञेय। अब कौन द्रष्टा और कैसा दर्शन! दो तो रहे नहीं। यह तो दो हों तो ये बातें घट सकती हैं। जब एक ही बचा तो कौन जाने, किसको जाने, कैसे जाने, क्या जाने। ज्ञान की अंतिम घड़ी में ज्ञान भी समाप्त हो जाता है, यह इस सूत्र का मूल है।

इसलिए तो सुकरात ने अंतिम क्षणों में कहा, मैं कुछ भी नहीं जानता हूं। उपनिषद कहते हैं: जो कहे मैं जानता हूं, जान लेना कि नहीं जानता। और जो कहे कि मैं नहीं जानता हूं, पकड़ लेना उसका पीछा, वहां कुछ है। उसे कुछ मिला है। लाओत्सु ने कहा है, सत्य को मैं न कहूंगा, क्योंकि कहा कि चूक हो जाएगी। सत्य कहते ही झूठ हो जाता है। क्योंकि कहने में दावा हो जाता है, कहने वाला आ जाता है। तो मैं सत्य को न कहूंगा, मैं चुप ही रहूंगा। मैं मौन ही रहूंगा। तुम मेरे मौन से ही समझ लो तो ठीक।

परम सदगुरु हुआ, रिंझाई। उससे एक सम्राट ने पूछा है कि मुझे कुछ मार्ग बता दें। कैसे पहुंचूं सत्य तक? तो रिंझाई चुप बैठा रहा, देखता रहा, देखता रहा सम्राट को, सम्राट जरा बेचैन हो गया। उसने कहा, महानुभाव, क्या आपने सुना नहीं मैंने क्या पूछा? मैंने पूछा कि सत्य को पाने का कोई मार्ग बता दें। फिर भी रिंझाई चुप रहा। सम्राट

ने अपने वजीर से कहा कि यह सज्जन सुनते हैं कि नहीं? कान वगैरह खराब तो नहीं हैं। वजीर ने कहा कि नहीं, कोई कान खराब नहीं है, वह बराबर सुन रहे हैं, उत्तर भी दे रहे हैं। सम्राट ने कहा, यह कैसा उत्तर हुआ? रिंझाई ने कहा कि तुमने बात ही ऐसी पूछी है कि उसका उत्तर चुप रह कर ही हो सकता है। सम्राट ने कहा, मैं न समझूंगा, यह बात मैं न समझूंगा। चुप रही सूचना मेरे पकड़ में न आएगी, तुम कुछ बोलो।

तो रिंझाई ने, रेत पर बैठा था, सामने ही लकड़ी उठा कर लिख दिया, ध्यान। सम्राट ने कहा कि कुछ और थोड़ा विस्तार करो। ध्यान, बस इतना कह दिया काम हो जाएगा? तो रिंझाई ने दुबारा लिख दिया और बड़े अक्षरों में—ध्यान। सम्राट ने कहा कि आपका दिमाग ठीक है? मैं पूछता हूं, थोड़ा विस्तार करो। तो रिंझाई ने बहुत बड़े-बड़े अक्षरों में लिख दिया—ध्यान। और जब सम्राट ने कहा कि नहीं, मेरी समझ में इतने से न आएगा। तो रिंझाई ने कहा—तुम क्या मेरी बदनामी करवा कर रहोगे? अब मैं ज्यादा बोला तो फंस जाऊंगा। इतना ही काफी हो गया फंसने के लिए। चुप था, तब तक सत्य के बिलकुल निकट था; जो कह रहा था चुप से, वह बिलकुल सत्य था। फिर जब ध्यान लिखा तो कुछ तो असत्य हो गया। जब और बड़ा लिखा तो और असत्य हो गय। जब और बड़े में लिखना पड़ा तो और असत्य हो गया। अब अगर मैं बोला, और विस्तार किया, तो मुश्किल हो जाएगी।

बुद्ध बोले हैं, अष्टावक्र बोले हैं, लेकिन ध्यान रखना—उनके बोलने की सारी चेष्टा ऐसे ही है जैसे पैर में एक कांटा लगा हो तो दूसरे कांटे से निकाल देना। दूसरे कांटे का कोई मूल्य नहीं है, बस पहला कांटा निकल गया कि दूसरा भी पहले ही जैसा व्यर्थ है। दोनों को फेंक देना है। ऐसा नहीं है कि दूसरे को सम्हाल कर रख लेंगे छाती में, मंदिर बनाएंगे दूसरे के लिए, पूजा करेंगे कि यह कांटा बड़ा अदभुत है, इसने कांटे से बचाया। दूसरा भी कांटा है।

शब्द से शब्द को निकाल लेना है, ताकि पीछे निःशब्द रह जाए।

जनक कहते हैं, अब न कोई जानने वाला, न कुछ जाना जाने वाला, न कोई प्रमाण, न कोई प्रमा। ज्ञान गया। जब ज्ञान चला जाए, तभी ज्ञान है।

अब समझो।

साधारण हालत तो ऐसी है कि ज्ञान तो बिलकुल नहीं, लेकिन दावा हर एक को है कि हम जानते हैं। तुम्हें ऐसा आदमी मिलेगा जो कहे कि मैं नहीं जानता? मूढ़ से मूढ़ भी यही कहेगा, मैं जानता हूं। जानने का दावा कौन छोड़ता है! तुम जब नहीं भी जानते तब भी तुम जानने का दावा करते हो। कोई तुमसे पूछता है, ईश्वर है? तुम्हें जरा सा भी पता नहीं है, तुम्हें जरा भी खबर नहीं है, तुम कहते हो—हां, है। तुम मरने-मारने को तैयार हो जाते हो, उस पर जिसका तुम्हें कुछ भी पता नहीं है। तुमने कभी सोचा

तुम क्या कह रहे हो?

मेरे गांव में एक वैद्यराज थे। उनका मेरे घर से लगाव था बहुत, और अक्सर मैं उनके वहां जाता। उनको रस था उपनिषद, वेद पढ़ने में। और वे सदा शिक्षा देते रहते कि सच बोलो, सच बोलो। मैंने उनसे पूछा एक दिन, ईश्वर है? मैं उनसे दादा कहता, मैंने कहा—दादा, ईश्वर है? उन्होंने कहा, है। मैंने कहा, सच बोल रहे हैं? वे थोड़े घबड़ाए। ईमानदार आदमी थे। छोटे बच्चे को भी धोखा नहीं दे सके। उन्होंने कहा, तो फिर मैं जरा सोचूंगा। मैंने कहा, सोचना क्या है? या तो आपको पता है, या आपको पता नहीं है। इसमें सोचना क्या है? पता हो तो कह दें कि पता है, मैं मान लूंगा। पता न हो तो कह दें कि पता नहीं है। तो उन्होंने कहा, झूठ तुझसे नहीं बोल सकूंगा, मुझे पता तो नहीं है। तो फिर मैंने कहा, अब दो में से कुछ एक तय कर लें, या तो यह सच बोलना चाहिए यह बात आप बंद कर दें। आप निरंतर उपदेश दे रहे हैं कि सच बोलना चाहिए। और या फिर सच बोलना शुरू करें।

जब मैं चलने लगा, उन्होंने कहा, सुन! जो मैंने तुझसे कहा, किसी और को मत बताना। क्योंकि उनकी सारी प्रतिष्ठा इस पर थी। गांव भर उनको मानता, आदर देता कि वे ज्ञानी हैं। किसी और से मत कहना! मैंने कहा, यह किस प्रकार का सच हुआ? अगर आपको पता नहीं, तो कह दें, कम से कम सच ही के तो पीछे चलें। सच के पीछे चलने वाला शायद कभी परमात्मा तक पहुंच जाए। लेकिन झूठ परमात्मा के संबंध में जो बोल रहा है, वह तो कैसे कहीं पहुंचेगा! कम से कम इतनी सचाई तो हो।

लेकिन बहुत कठिन है। अगर तुमसे कोई पूछे, तो उत्तर दिए बिना नहीं रहा जाता। एक बड़ी उत्तेजना उठती है कि उत्तर देना ही है, क्योंकि नहीं तो लोग समझेंगे कि तुम जानते ही नहीं हो। और ध्यान रखना, अज्ञानी दावा करता है ज्ञान का और ज्ञानी कोई दावा नहीं करता। अज्ञानी ही दावा करता है। ज्ञानी का दावा नहीं है, ज्ञानी दावेदार नहीं है।

इसलिए बुद्ध चुप रह गए। जब लोगों ने पूछा, ईश्वर है? तो बुद्ध चुप रह गए। हिंदुस्तान के पंडितों ने यह घोषणा की कि बुद्ध को पता नहीं है, इसलिए चुप हैं। हिंदुस्तान के पंडितों ने बुद्ध के धर्म को उखाड़ कर फेंक दिया, ब्राह्मणों ने टिकने न दिया। क्योंकि उनके लिए एक बड़ी सहूलियत की बात मिल गई। लेकिन उनको पढ़ना चाहिए अष्टावक्र को, सुनना चाहिए जनक के वचन। उन्हें अपने उपनिषदों में ही खोज करनी चाहिए। बुद्ध जो व्यवहार कर रहे थे चुप रह कर, वह शुद्धतम उपनिषद का व्यवहार है। उन्होंने नहीं उत्तर दिया, क्योंकि बुद्ध ने जाना, जो भी उत्तर दिया जाएगा, गलत होगा। उत्तर मात्र में यह दावा आ जाएगा कि मैं जानता हूं—हां कहूं, या न कहूं। मैं कहां? जानना कहां? जानने को शेष क्या? ऐसी परम शून्यता की

जो दशा है। और तब जनक कहते हैं, कहां किंचित और कहां अकिंचित! अब ऐसा भी नहीं है कि थोड़ा जानता हूं और थोड़ा नहीं जानता—कहां किंचित, कहां अकिंचित?

इस बात को भी समझना।

तुम कई दफा किसी से कहते हो कि मुझे तुमसे बहुत प्रेम है। तुमने शायद कभी विचार नहीं किया। प्रेम भी बहुत और थोड़ा हो सकता है? प्रेम होता है या नहीं होता, यह बात समझ में आती है, लेकिन थोड़ा और ज्यादा कैसे होता है? प्रेम थोड़ा और ज्यादा कैसे हो सकता है? शायद तुमने बहुत सोच-विचार कर नहीं बात कही। शायद तुमने बहुत होशपूर्वक नहीं कही। यह तो ऐसे ही हुआ कि कोई आदमी एक लकीर खींच दे और कहे कि यह आधा वर्तुल है। आधा वर्तुल नहीं होता, वर्तुल तो तब होता है, तब पूरा ही होता है। अगर आधा है वर्तुल तो वर्तुल नहीं है, लकीर ही है। कुछ और होगा, वर्तुल नहीं है। शून्य आधा थोड़े ही होता है। कम-ज्यादा थोड़े ही होता है। पूर्ण भी कम-ज्यादा थोड़े ही होता है, पूर्ण ही होता है। जीवन में जो परम मूल्य हैं, उनके खंड नहीं होते।

इसलिए जनक कहते हैं, कहां किंचित और कहां अकिंचित? अब न तो मैं यह कह सकता हूं कि मैंने थोड़ा पाया, न मैं यह कह सकता हूं कि मैंने ज्यादा पाया। तुलना, सापेक्षताएं, मात्राएं, सब खो गयीं। एक गुणात्मक रूपांतरण हुआ, एक क्रांति हुई। पुराना सब गया, उससे जरा भी संबंध नहीं रहा। और जो नया हुआ है, वह इतना नया है कि उसको पुरानी भाषा में ढाला नहीं जा सकता। पुराने और नये में सारे संबंध विच्छिन्न हो गए हैं। सातत्य टूट गया है।

एक ही बच रहता है। इसलिए ज्ञान के, द्वैत के सब संबंध विलीन हो जाते हैं।

झुका हर माथ है तब तक
तुम्हारा साथ है जब तक

सिद्धि हो तुम शक्ति भी हो
त्याग भी आसक्ति भी हो
वंदना हो वंद्य भी हो
गीत हो तुम गद्य भी हो
अभय हूं, सीस पर मेरे
तुम्हारा हाथ है जब तक

गान हो तुम गेय भी हो
प्राण हो तुम प्रेय भी हो
सिद्धि हो तुम साधना भी

ज्ञान हो तुम ज्ञेय भी हो
राग हो तुम रागिनी भी
दिवस हो तुम यामिनी भी
क्यों डरूं मैं घन तिमिर से
कृपा का प्रात है जब तक

ध्यान हो ध्यातव्य भी हो
कर्म हो कर्तव्य भी हो
तुम्हीं में सब समाहित है
चरण हो गंतव्य भी हो
दान हो तुम याचना भी
तृप्ति हो तुम कामना भी
अमर बन कर रहूंगा मैं
तुम्हारा गात है जब तक

एक ही बच रहता। भक्त उस एक को कहता है, भगवान। प्रेमी उस एक को कहता है, परमात्मा। ज्ञानी उस एक को कहता है, शून्य, पूर्ण, सत्य। जनक की भाषा ज्ञानी की भाषा है, यह जो मैंने गीत कहा यह भक्त की भाषा है। भक्त अपने को डुबा देता, परमात्मा को बचा लेता। ज्ञानी स्वरूप को बचा लेता और सब डुबा देता। इसलिए इन वचनों से घबड़ाना मत, क्योंकि ये ज्ञानी के वचन हैं। इनमें धीरे-धीरे परमात्मा भी खो जाएगा। और अंतिम घड़ी में गुरु भी खो जाएगा। रह जाएगा शुद्ध चिन्मात्र। मगर यह वही दशा है जिसको भक्त भगवान की अवस्था कहता है, भगवत्ता कहता है।

'सर्वदा क्रियारहित मुझको कहीं न विक्षेप है और कहीं न एकाग्रता है। कहां बोध है और कहां मूढ़ता है; कहां हर्ष और कहां विषाद।'

क्व विक्षेपः क्व चैकाग्र्यं क्व निर्बोधः क्व मूढ़ता।
क्व हर्षः क्व विषादो वा सर्वदा निष्क्रियस्य मे।।

मैं सदा क्रियारहित हूं, मुझ क्रियारहित में अब कोई भी क्रिया नहीं है—एकाग्रता तक की क्रिया नहीं है—तो ज्ञान कैसे हो? मुझ निष्क्रिय में अब कोई विक्षेप नहीं है, कोई विचार नहीं है, कोई तरंग नहीं है, तो बोध कैसे हो? मगर ध्यान रखना, जनक कह रहे हैं कि न तो मैं ज्ञानी हूं और न मैं मूढ़ हूं। क्योंकि मूढ़ और ज्ञानी होना एक साथ चलते हैं। अज्ञानी होना और ज्ञानी होना एक साथ चलते हैं। इसलिए जहां सुकरात ने कहा है कि मैं अज्ञानी हूं, वहां जनक का वचन एक कदम और ऊपर जाता है। पहले सुकरात मानता था, मैं ज्ञानी हूं, फिर उसने माना कि मैं अज्ञानी हूं, यह पहले से तो

ऊपर गई बात, लेकिन जनक एक कदम और ऊपर जाते हैं। वह कहते हैं, मैं अज्ञानी हूं यह भी कैसे कहूं? जानने को कुछ नहीं बचा तो न जानने को भी कुछ नहीं बचा। ज्ञान और अज्ञान एक ही सिक्के के दो पहलू हैं। इसलिए न तो मैं कह सकता हूं कि मैं बोध को उपलब्ध हुआ हूं, न मैं कह सकता हूं, मैं मूढ़ हूं। दोनों गए, दो गए। जो बचा है वह निर्विशेष है, विशेषणशून्य है, निराकार है। अब उसके ऊपर कोई भी नाम नहीं थोपा जा सकता। अब उसे कोई रूप नहीं दिया जा सकता। अब उसका कोई भी क्लासीफिकेशन, किसी भी कोटि में उसे रखने का उपाय नहीं है।

'सर्वदा निर्विचार रूप मुझको कहां यह व्यवहार है और कहां वह परमार्थता है, अथवा कहां सुख है, कहां दुख है?'

क्व चैष व्यवहारो वा क्व च सा परमार्थता।
क्व सुखं क्व च वा दुःखं निर्विमर्शस्य मे यदा।।

'मुझ निर्विचार रूप में...।'

निर्विमर्शस्य मे सदा।

जहां कोई विचार और विमर्श नहीं उठता, जहां सब शून्य और शांत हुआ है, जहां झील पर एक भी तरंग नहीं रही—झील बिलकुल विश्रांत हो गई, शांत हो गई—अपने में लीन बैठा हूं, ऐसी इस शून्य की दशा में—जिसको झेन फकीर नो-मांइड कहते हैं, चित्तमुक्ति की दशा; जिसको कबीर ने अ-मनी दशा कहा है, नानक ने उन्मनी दशा कहा है, मन से मुक्त हो गई जो दशा। जब तक मन है तब तक तरंग है। मन एक तरह की तरंगायित अवस्था है। मन का अर्थ है, झील पर बहुत लहरें उठ रही हैं। न-मन का अर्थ है, सब लहरें शांत हो गयीं, झील बिलकुल दर्पण की तरह मौन हो गई, जरा भी तरंग नहीं होती। सतह कंपती ही नहीं। अकंप हो गई। ऐसी जो मेरी निर्विचार रूप दशा है, इसमें कहां व्यवहार और कहां परमार्थ?

समझना।

व्यवहार और परमार्थ शब्द दार्शनिकों के शब्द हैं, पारिभाषिक शब्द हैं। दार्शनिक कहते हैं, जगत व्यवहार रूप से सत्य है और परमार्थ रूप से असत्य है। परमात्मा परमार्थ रूप से सत्य है और व्यवहार रूप से असत्य है। यह दार्शनिक तरकीब है, जिससे दो विपरीत को मिलाने की चेष्टा की जाती है। जैसे पश्चिम में एक विचारक हुआ, बर्कले। उसने घोषणा की—ठीक शंकर जैसी घोषणा की—कि जगत माया है। वस्तुओं का कोई अस्तित्व नहीं है। विचार ही का अस्तित्व है, वस्तु का कोई अस्तित्व नहीं है। वह डाक्टर जॉनसन के साथ घूमने गया था, रास्ते पर उसने उनसे कहा कि मैं एक किताब प्रकाशित कर रहा हूं, उसमें मैंने सिद्ध किया है कि वस्तुओं का कोई अस्तित्व नहीं है, केवल विचार का अस्तित्व है। डाक्टर जॉनसन जिद्दी किस्म का

आदमी था, उसने एक पत्थर उठा कर और बर्कले के पैर पर दे मारा लहूलुहान हो गया पैर, खून बहने लगा और बर्कले उसे पकड़ कर बैठ गया। जॉनसन हंसने लगा, उसने कहा, वस्तुओं का कोई अस्तित्व नहीं है, तो इस पत्थर के कारण चोट कैसे लगी? खून कैसे बहा? बर्कले कोई उत्तर न दे सका।

बर्कले ने पश्चिम में नई-नई यह बात कही थी, उसे पूरब का कुछ पता नहीं था, पूरब में यह बहुत पुरानी बात है, इसके उत्तर बहुत खोज लिए गए हैं। बौद्ध भी ऐसा ही कहते हैं कि जगत सत्य नहीं है जैसा शंकर कहते हैं। वस्तुतः शंकर जो कहते हैं, वह प्रच्छन्न रूप से बौद्धों की ही बात है, उसमें कुछ नया नहीं है।

ऐसा कहा जाता है कि एक बौद्ध भिक्षु को एक सम्राट ने पकड़ लिया और उसने कहा कि मैंने सुना है कि तुम कहते हो जगत असत्य है, सिद्ध करना होगा। उसने कहा कि सिद्ध कर देता हूं। उसने बड़े तर्क दिए। और जगत को असत्य सिद्ध किया जा सकता है। समझो कि तुम यहां मेरे सामने बैठे हो, कैसे सिद्ध करें कि तुम असत्य हो! उस दार्शनिक ने कहा कि रात सपने में भी मैं देखता हूं कि लोग सामने बैठे हैं। सुबह जाग कर पाता हूं कि नहीं हैं। तो अभी भी क्या पक्का है कि लोग बैठे ही हों? अभी भी क्या पक्का है कि सुबह जाग कर मैं नहीं पाऊंगा कि असत्य नहीं है!

च्वांग्त्सु ने कहा है, रात मैंने सपना देखा कि मैं तितली हो गया। फिर सुबह उठ कर मैं बड़ा चिंतन करने लगा, विचार करने लगा कि यह तो बड़ी उलझन हो गई! अगर च्वांग्त्सु रात में तितली हो सकता है तो तितली सो गई हो और सपना देखती हो कि च्वांग्त्सु हो गई है! यह भी हो सकता है।

फिर कोई कभी अपने से बाहर तो गया नहीं—मैं अपने भीतर बैठा हूं, तुम अपने भीतर बैठे हो। तुम्हें तो मैंने कभी देखा नहीं, मेरे भीतर मस्तिष्क में कुछ प्रतिबिंब बनते हैं उन्हीं को देखता हूं। वे प्रतिबिंब सच भी हो सकते हैं, झूठ भी हो सकते हैं। सपने में भी बन जाते हैं। थ्री-डायमेंशनल फिल्म देखते हो? जब पहली दफा थ्री-डायमेंशनल फिल्म लंदन में चली, तो एक घुड़सवार आता है दौड़ता हुआ और एक भाला फेंकता है। वह पहली थ्री-डायमेंशनल फिल्म थी, लोग एकदम झुक गए—वह जो हाल में बैठे हुए लोग थे, भाले को निकलने के लिए उन्होंने जगह दे दी, एकदम दोनों तरफ झुक गए। क्योंकि भाला कहीं छिद जाए, तब उनको खयाल आया कि अरे, हम फिल्म देख रहे हैं, झुकने की क्या जरूरत थी, लेकिन चूक हो गई। वह भाला जो नहीं था, बिलकुल लग गया कि जैसे है।

उस दार्शनिक ने बड़े तर्क दिए और सम्राट ने कहा, सब ठीक है, लेकिन सम्राट भी डाक्टर जॉनसन जैसा रहा होगा, उसने कहा, अपना पागल हाथी ले आओ। उसके पास एक पागल हाथी था, वह पागल हाथी ले आया गया। उसने पागल हाथी

छुड़वा दिया इस दार्शनिक के पीछे, भिक्षु के पीछे। भिक्षु भागा, चिल्लाए और वह पागल हाथी उसके पीछे चिंघाड़े और भागे। और बड़ा शोरगुल मच गया। और राजा के महल के आंगन में हजारों की भीड़ इकट्ठी हो गई और राजा छत पर खड़े होकर देख रहा है और हंस रहा है। और वह उससे कहने लगा, अब बोलो, अगर सब असत्य है, तो यह हाथी भी असत्य है, इतने रो-चिल्ला क्यों रहे हो? वह कहने लगा, मुझे बचाओ, फिर पीछे बात करेंगे, पहले तो इस हाथी से बचाओ। हाथी ने उसे अपनी सूंड में लपेट लिया, बामुश्किल उसे छुड़ाया गया। वह कंप रहा है, रो रहा है।

छुड़ा कर जब उसे लाया गया और सम्राट ने कहा, अब बोलो! उसने कहा, महाराज! मेरा रोना, मेरा चिल्लाना, सब असत्य है। माया मात्र। आपका मुझ पर दया करना, मुझे बचा लेना, हाथी का मुझे पकड़ना, फिर महावत का मुझे छुड़ा देना, सब असत्य है।

बर्कले को यह पता नहीं था, क्योंकि वहां नई-नई बात वह कह रहा था, भारत में तो बहुत पुराने दिन से लोग कह रहे हैं।

लेकिन जो असत्य कहा जाता है, माया कही जाती है, वह भी है तो। किसी तरह है, सपने ही सही, सपने जैसे ही सही, मगर सपना भी तो है। तो इस सपने को कहते हैं—व्यावहारिक सत्य। आभास होता है, वस्तुतः नहीं है। और परमात्मा को कहते हैं, आभास भी नहीं होता उसका और वस्तुतः है।

जब कोई समाधि में जागेगा तब परमात्मा को जानेगा और संसार खो जाएगा। जैसे रोज तो होता है—रोज रात तुम सोते हो, ये पहाड़-पत्थर, वृक्ष, पशु-पक्षी, पति, पत्नी, बेटे, सब खो जाते हैं। इनका कोई अस्तित्व नहीं रह जाता। और सपने में नये बेटे और नई पत्नियां और नये मकान और नये काम शुरू हो जाते हैं। उनका अस्तित्व हो जाता है। सुबह जाग कर फिर उनका अस्तित्व खो जाता है। फिर पुरानी पत्नी, मकान, द्वार-दरवाजा, सब आ जाता है।

ध्यानी कहते हैं कि ऐसा ही एक जागरण समाधि में घटित होता है जब सब विचार शांत हो जाते हैं—परम जागरण। उस जागरण में यह जगत जो अभी दिखाई पड़ रहा है, असत्य मालूम होने लगता है—आभास मात्र, प्रतीति मात्र, स्वप्नवत। और परमात्मा सत्य मालूम होने लगता है, जिसका कि पहले आभास भी नहीं होता था।

लेकिन जनक की बात इससे भी ऊपर जाती है। वह कहते हैं, क्या व्यवहार और क्या परमार्थ! न संसार बचा है, न मोक्ष बचा है। असत्य तो गया ही गया, उसके साथ-साथ सत्य भी जा चुका है। सत्य और असत्य एक ही तराजू के दो पलड़े थे। वे भिन्न-भिन्न नहीं थे। जब झूठ ही गया तो सच कैसे बचेगा? इसे कभी तुमने सोचा? रावण को हटा दो, तो रामायण खराब हो जाएगी, बच नहीं सकती। अकेले राम से

नहीं चलेगी। कि तुम चला लोगे? रावण को काट दो बिलकुल रामायण से, फिर बनाओ रामायण! या कभी रामलीला करो, रावण को हटा दो, बस बिना ही रावण के चलने दो रामलीला, तुम पाओगे, चलती ही नहीं। थोड़े राम उछलेंगे-कूदेंगे, करेंगे क्या? इधर-उधर जाएंगे, करेंगे क्या? रावण के बिना नहीं चलता है और राम को हटा लो तो रावण भी व्यर्थ हो जाता है। साथ—साथ उनकी सार्थकता है। शुभ और अशुभ साथ-साथ जुड़े हैं। सच और झूठ साथ-साथ जुड़े हैं। सुंदर-असुंदर साथ-साथ जुड़े हैं। एक ही साथ उनकी सार्थकता है।

लाओत्सु ने कहा है, जब तक दुनिया में साधु हैं तब तक असाधु भी रहेंगे। बात ठीक कही है। जिस दिन असाधु मिटेंगे, उस दिन साधुओं को भी मिट जाना होगा। होनी चाहिए एक ऐसी दुनिया जहां न साधु हों न असाधु हों। वहां जीवन सरल होगा। वहां जीवन परम निसर्ग को उपलब्ध होगा। वहां जीवन में तथाता होगी, ऋत होगा। न कोई साधु, न कोई असाधु। न कोई राम, न कोई रावण।

इसको खयाल करो। तुम्हारे साधु असाधुओं को मिटाने में लगे रहते हैं कि जो भी असाधु आए उसको साधु बनाओ। पर उनको पता नहीं कि असाधु अगर मिट जाएं तो साधु भी न बचेंगे। वह आत्महत्या में लगे हैं। बुरे आदमी के सहारे ही भला आदमी जी रहा है। दुर्जन के सहारे ही सज्जन की इज्जत है। वे जो लोग कारागृह में बंद हैं उनके कारण तुम कारागृह के बाहर हो। नहीं तो तुम बाहर कहां? वे जो लोग पागल हैं, उनके कारण तुम स्वस्थ हो। जो बूढ़े हैं, उनके कारण तुम जवान हो। अन्यथा तुम न रहोगे। द्वैत जब जाता है तो पूरा चला जाता है।

तो जनक की बात बड़ी महत्वपूर्ण है। जनक कहते हैं, ऐसा नहीं है कि जब व्यवहार-सत्य चला जाएगा तो परमार्थ-सत्य होगा। व्यवहार गया तो परमार्थ भी गया, संसार गया तो सत्य भी गया। फिर जो शेष रह जाता है, उसके लिए कोई शब्द नहीं है।

'सर्वदा विमल रूप मुझको कहां माया है और कहां संसार है; कहां प्रीति है, कहां विरति है; कहां जीव है, कहां ब्रह्म है?'

सुनते हैं यह अपूर्व घोषणा कि न आत्मा, न ब्रह्म, कहां जीवन, कहां ब्रह्म?

क्व माया क्व च संसारः क्व प्रीतिर्विरतिः क्व च वा।
क्व जीवः क्व च तद्ब्रह्म सर्वदा विमलस्य मे।।

'मुझ सर्वांगशुद्ध निर्मल हो गए में अब कहां आत्मा है, कहां परमात्मा है, कहां जीव, कहां ब्रह्म?'

इस संबंध में एक बात और खयाल में ले लेना। गुरु-शिष्य के निषेध के पहले जनक परमात्मा और आत्मा का निषेध कर देते हैं। अभी गुरु-शिष्य का निषेध नहीं किया, वह आगे के सूत्र में—करीब-करीब अंतिम चरण में—गुरु-शिष्य का निषेध होता है।

तुमने कबीर का वचन सुना है, मैंने बहुत बार उसकी बात की है—गुरु गोविंद दोई खड़े काके लागूं पायं, बलिहारी गुरु आपने गोविंद दियो बताय। गुरु-गोविंद दोनों खड़े हैं अब, किसके चरण छुऊं? और कबीर कहते हैं कि गुरु, तुम्हारी बलिहारी कि तुमने इशारा कर दिया गोविंद की तरफ। बहुतों ने सोचा है कि इसका अर्थ यह हुआ कि कबीर ने गोविंद के पैर छुए—बलिहारी गुरु आपने गोविंद दियो बताय। बहुतों ने इसका यही अर्थ किया है कि गुरु ने कह दिया कि मेरे नहीं, गोविंद के पैर छुओ।

मैं तुमसे कहता हूं, यहां तक तो बात ठीक है कि गुरु ने कहा, मेरे नहीं गोविंद के पैर छुओ। मगर छुए कबीर ने गुरु के ही पैर, क्योंकि बलिहारी शब्द पर ध्यान दो। वे यह कह रहे हैं कि अब तो कैसे गोविंद के पैर छुओ। अब तो तुम्हारे पैर छुऊंगा। क्योंकि—बलिहारी गुरु आपने गोविंद दियो बताय। तुमने गोविंद की तरफ इशारा कर दिया, इसलिए धन्यवाद तुम्हीं को देना होगा। तुमने गोविंद की तरफ हाथ उठा दिया, इसलिए धन्यवाद तुम्हीं को देना पड़ेगा। तुमने गोविंद तक पहुंचा दिया, इसलिए धन्यवाद तुम्हीं को देना होगा।

मेरी दृष्टि में कबीर ने गुरु के पैर छुए। इसलिए गुरु के पैर छुए कि गुरु ने गोविंद को बता दिया। बलिहारी! इस सूत्र के साथ आज तुम यह भी समझ लो कि जनक निषेध करते चल रहे हैं। सारी चीजें निषिद्ध होती चली जा रही हैं। परम अद्वैत की घोषणा हो रही है। जहां एक और एक और बिलकुल एक बचेगा—एकरसता बचेगी—वहां इसके पहले कि वह गुरु-शिष्य का निषेध करें, वह आत्मा और परमात्मा का निषेध कर देते हैं। साधारणतः तर्कयुक्त यह होता कि पहले गुरु-शिष्य का निषेध हो, अंतिम घड़ी में परमात्मा और आत्मा का निषेध हो। नहीं, जनक पहले कहते हैं—

क्व जीवः क्व च तद्ब्रह्म सर्वदा विमलस्य मे।

मुझ निर्मल हो गए में, मुझ शुद्ध-शांत हो गए में, मुझ शून्य हो गए में न कोई आत्मा है, न परमात्मा। इसके बाद अंतिम चरण में, आखिरी सूत्र में जाकर वह कहेंगे कि अब कोई शिष्य नहीं, कोई गुरु नहीं।

जिसके जीवन में परमात्मा और आत्मा का भेद गिर गया, उसी के जीवन में गुरु-शिष्य का भेद गिरता है, उसके पहले नहीं। अहंकार तो बहुत दफे चाहता है कि गुरु-शिष्य का भेद जल्दी गिरा दें। अहंकार तो पहले बनाना ही नहीं चाहता भेद। अहंकार तो कहता है, शिष्य बनने की जरूरत क्या है? असल में अहंकार तो गुरु

बनना चाहता है, शिष्य बनना ही नहीं चाहता। अगर शिष्य भी बनता है तो इसी आशा में बनता है कि चलो, शायद यही रास्ता है गुरु बनने का। फिर जल्दी होती है कि किस तरह यह बात खतम हो जाए, क्योंकि यह पीड़ा देती है। लेकिन यह बात तब खतम होती है जब तुम्हारे जीवन में वह परम घड़ी आ जाती है जहां परमात्म और आत्मा का भेद भी गिर जाता है। उसके बाद ही। गुरु और शिष्य के संबंध से यात्रा शुरू होती है सत्य की और गुरु-शिष्य के संबंध के समाप्त होने पर यात्रा भी समाप्त होती है सत्य की। जो प्रारंभ है, वही अंत है। जहां स्रोत है, वहीं गंतव्य है।

'कहां प्रीति, कहां विरति?'

अपना कुछ है ही नहीं, किसको अपना कहें, किसको पराया कहें? किसको पकड़ें, किसे छोड़ें? किसका भोग करें, किसका त्याग करें? अपने से अतिरिक्त यहां कुछ है ही नहीं।

न घर मेरा न घर तेरा
दुनिया तो बस रैन बसेरा

कभी एक सी दशा न रहती
पुरवा बन कर पछुवा बहती
ऋतुएं आती जाती रहतीं
देह मेह शीतातप सहती
कहीं धूप तो कहीं छांह है
श्वास पथिक की कठिन राह है
मंजिल सिर्फ उसे ही मिलती
जो तिर जाता अगम अंधेरा
न घर मेरा न घर तेरा
दुनिया तो बस रैन बसेरा

हानि-लाभ सुख-दुख परिमित है
विजय-पराजय भी सीमित है
यश-अपयश विधि के हाथों में
जीवन-मरण सभी निश्चित है
वही बनाता वही मिटाता
वही बढ़ाता वही घटाता

रीती रेखा में गति भरता
बड़ा कुशल है सृष्टि चितेरा
मंजिल सिर्फ उसे ही मिलती
जो तिर जाता अगम अंधेरा
न घर मेरा न घर तेरा
दुनिया तो बस रैन बसेरा

यहां कुछ न अपना, न कुछ औरों का। सब उसका। सब एक का। यह मैं-तू का भेद कल्पित, आरोपित। जहां मैं और तू का भेद गिर जाता और उसका अनुभव होता जो मैं में भी मौजूद है, तू में भी मौजूद है, फिर न कुछ प्रीति है, न कुछ विरति है, फिर न ही कोई जीव है, न कोई ब्रह्म है। क्योंकि जीव और ब्रह्म का संबंध भी दो का संबंध है। और जब तक दो है तब तक अज्ञान है। तुम ऐसा समझ लेना, द्वैत यानी अंधकार, अद्वैत यानी प्रकाश।

'सर्वदा स्वस्थ, कूटस्थ और अखंड रूप मुझको कहां प्रवृत्ति है और कहां निवृत्ति है; कहां मुक्ति है, कहां बंध है?'

क्व प्रवृत्तिर्निवृत्तिर्वा क्व मुक्तिः क्व च बंधनम्।
कूटस्थनिर्विभागस्य स्वस्थस्य मम सर्वदा।।

मैं सदा स्वयं में स्थित, कूटस्थ, मैं सदा निर्विभागस्य—कोई विभाजन मैं नहीं, कोई खंड मैं नहीं—न प्रवृत्ति है कोई, न निवृत्ति है; न किसी से लगाव, न दुराव; गए सब द्वंद्व के जाल। इतना भी कि न कुछ बंधन, न कुछ मुक्ति—तभी मुक्ति।

इसे तुम समझना। यह अपूर्व घोषणा है। इसका अर्थ है कि अगर तुम ठीक से समझो तो गलती कभी हुई ही नहीं है। गलती हो ही नहीं सकती। गलती होने का उपाय ही नहीं है। अगर तुम ठीक से समझो तो पाप कभी हुआ नहीं, पाप हो ही नहीं सकता। पाप होने का उपाय नहीं है। और न पुण्य हो सकता है। और न पुण्य कभी किया गया है। पाप हो कि पुण्य, भूल हो कि ठीक, दोनों में कर्ताभाव है। और तुमने कभी कुछ नहीं किया है। तुम सदा एकरस, अकर्ता, साक्षी हो। सिर्फ देखने वाले हो। कभी तुमने देखा कि चोरी हो रही है और कभी तुमने देखा कि दान दे रहे हो, मगर दोनों हालत में तुम द्रष्टा हो। न तुमने चोरी की है, न तुमने दान दिया है। दान भी हुआ है, चोरी भी हुई है, सच! पर तुमने न दान दिया है, न चोरी की है।

इसको खयाल में ले लेना। साधारणतः धार्मिक गुरु लोगों को समझाते हैं—चोरी छोड़ो, दान करो। वह साधारण धर्म है। यह असाधारण धर्म है। यह धर्म की आत्यंतिक घोषणा है। तुम चोरी भी छोड़ो, तुम दान भी छोड़ो, तुम कर्ता होना छोड़ो। न तुम पापी बनो, न पुण्यात्मा। तुम कर्ता न रहो, तुम साक्षी हो जाओ।

अब तुम समझना। अगर कोई पापी पुण्यात्मा बनना चाहे तो बडी कठिनाई है। पहले तो पाप इतनी आसानी से छूटता नहीं, इतनी आसानी से कोई आदत नहीं जाती। जन्मों-जन्मों में बनाई है, लाख-लाख उपाय करो, नहीं जाती। तुम जरा सोचो, छोटी-मोटी आदतें नहीं छूटतीं। किसी आदमी को पान चबाने की आदत है, वही नहीं छूटती और क्या तुम खाक छोड़ोगे! किसी को तमाखू...।

एक सज्जन मेरे पास आते थे, बंगाली सज्जन। यूनिवर्सिटी में प्रोफेसर थे। वह मुझसे पूछते कि यह पाप कैसे छूटे, वह पाप कैसे छूटे, और जब भी वह आते तो 'नास' अपनी नाक में भरते रहते। बैठे रहते, थोड़ी-थोड़ी देर में 'नास'! मैंने उनसे कहा कि पाप इत्यादि की तो छोड़ो, पहले तुम यह 'नास' तो छोड़ो। उन्होंने कहा, यह न छूटेगी। यह बहुत मुश्किल है, इसके बिना तो मैं जी ही नहीं सकता। मैंने कहा, मैं जी रहा हूं, सारी दुनिया जी रही है इसके बिना। तुम 'नास' के बिना न जी सकोगे! उन्होंने कहा, नहीं जी सकता। इससे ही तो मुझे ताकत बनी रहती है, नहीं तो सब ढीला-ढाला हो जाता है, सब सुस्त हो जाता है। ले ली डट कर 'नास', आ गई अच्छी छींक, ताजे हो गए। तो जीवन में ताजगी मालूम पड़ती है। यह नहीं छूटेगी, यह तो बात ही मत उठाना। मैंने कहा कि अगर यह नहीं छूटना, तो क्या छूटना है! आदतें नहीं छूटतीं साधारण, तो जन्मों-जन्मों की आदतें कैसे छूटेंगी? पाप नहीं छूट सकता।

और अगर कोई पापी किसी तरह पाप को छोड़ने का उपाय भी करे, तो पाप पीछे के दरवाजों से प्रवेश कर जाता है। ऐसा भी हो सकता है कि तुम, चलो दान करें, पुण्य करें, मगर तुम पुण्य करोगे कहां से? तुम और चोरी करने लगोगे।

देखते नहीं रोज? जो दान देते हैं वह दान देते ही तब हैं, जब वह दस हजार देते हैं अगर वह दस लाख का इंतजाम कर लेते हैं, तब दस हजार देते हैं। देते ही तब हैं जब निकालने का इंतजाम हो जाता है। जब वह देख लेते हैं कि कोई हर्जा नहीं, सौदा करने जैसा है। तो अभी चुनाव आ रहा है तो वह पार्टियों को दान देंगे। देश के हित में दान देते हैं। कोई लोकतंत्र के हित में दान देगा, कोई समाजवाद के हित में दान देगा। सच तो यह है कि जो होशियार हैं वे दोनों को दान देंगे। समाजवादियों को भी और लोकतंत्रियों को भी, क्योंकि पता नहीं कौन आ जाए। होशियार तो दोनों नाव पर सवार रहता है। कि इंदिरा हों कि मोरारजी, दोनों को दान देगा। जो आ जाए।

मेरे एक मित्र हैं, ज्योतिषी हैं। ज्योतिष उनका चलता-करता नहीं। आदमी भले हैं और झूठ भी नहीं बोल पाते हैं, इसलिए। ज्योतिष तो धंधा ही झूठ का है। उसमें अगर सच इत्यादि बोले तो वह चलेगा ही नहीं। वह तो झूठ का ही मामला है। वह तो सारा काम ही पूरा बेईमानी का है। तो वह मुझसे कहने लगे कि क्या करूं, कुछ सर्टिफिकेट भी नहीं है मेरे पास कि किसी...तो मैंने कहा, तुम एक काम करो।

राष्ट्रपति का चुनाव हो रहा था। मैंने कहा; तुम चले जाओ और दो आदमी खड़े हैं, तुम दोनों को जाकर कह आओ कि आपकी जीत बिलकुल निश्चित है, लिख कर दे सकता हूं। तुम लिख कर ही दे आना। उन्होंने कहा, फिर पीछे फंसेंगे! मैंने कहा, तुम फिकर छोड़ो। एक ही जीतेगा, दोनों तो जीतने वाले नहीं हैं। जो हारा उसकी तुम फिकर ही छोड़ देना। और वह कोई तुम्हारे पीछे मुकदमे थोड़े ही चलाएगा—कौन फिकर करता है!

यही हुआ। वह दोनों राष्ट्रपतियों को जाकर दे आए। एक जीत गया। जो जीत गया, उसके पास वह पहुंच गए बाद में। वह बड़ा प्रसन्न, उसने फोटो भी साथ उतरवाए, फिर सर्टिफिकेट भी लिख कर दिया। तबसे उनका ज्योतिष बहुत चल रहा है। जब राष्ट्रपति तक की घोषणा कर दी!

तो होशियार दोनों नाव पर सवार हो जाते हैं। वह दोनों को दान दे देंगे। जो भी आएगा कल ताकत में, दस हजार दिया तो दस लाख निकाल लेंगे। लाइसेंस है और हजार उपाय हैं। चोर अगर दे, तो भी चोरी का इंतजाम पहले कर लेता है। अहंकारी अगर विनम्र भी बने, तो विनम्रता में भी अहंकार को ही पोषित कर लेता है। भागने का इतना सुगम उपाय नहीं है। पाप से पुण्य में जाने का कोई उपाय नहीं है। पापी और पुण्यात्मा एक ही खेल के हिस्सेदार हैं, साझीदार हैं।

परम धर्म कहता है, अकर्ता भाव—न पुण्य, न पाप। दोनों मैंने नहीं किए। और अगर दोनों हुए, तो परमात्मा जाने। वह परम ऊर्जा जाने। यही तो कृष्ण से निकला अर्जुन के लिए गीता में कि तू निमित्तमात्र हो जा। उपकरणमात्र। जो हो, होने दे। जैसा हो, वैसा ही होने दे। तू अपने को बीच में मत ला। वही अष्टावक्र का सूत्र है—कहां प्रीति, कहां विरति; कहां जीव, कहां ब्रह्म? सर्वदा स्वस्थ, कूटस्थ, अखंड रूप मुझको कहां प्रवृत्ति है, कहां निवृत्ति है; कहां मुक्ति है, कहां बंध है?

'उपाधिरहित शिवरूप मुझको कहां उपदेश है अथवा कहां शास्त्र है? कहां शिष्य है और कहां गुरु है और कहां पुरुषार्थ है?'

यह शिखर के बिलकुल करीब आने लगे।

क्वोपदेशः क्व वा शास्त्रं क्व शिष्यः क्व च वा गुरुः।
क्व चास्ति पुरुषार्थो वा निरुपाधेः शिवस्य मे।।

मैं निरुपाधि में ठहर गया। न ऐसा हूं, न वैसा हूं। मैं नेति-नेति में पहुंच गया। न साधु, न असाधु; न पापी, न पुण्यात्मा; न बुरा, न भला; न आत्मा, न ब्रह्म; मैं ऐसी उपाधिरहित दशा में आ गया हूं। अब यहां मेरे ऊपर कोई भी वक्तव्य लागू नहीं होता।

'उपाधिरहित शिवरूप मुझको कहां उपदेश?'

अब किससे तो मैं उपदेश लूं और किसको मैं उपदेश दूं? उपदेश में तो स्वीकार कर ली गई बात कि दो होने चाहिए। गुरु-शिष्य तभी तो बन सकते हैं न, जब दो हों। कोई कहे, कोई सुने; कोई दे, कोई ले। जनक कहते हैं, अब कैसा उपदेश? न तो मैं ले सकता उपदेश, क्योंकि दूसरा कोई है नहीं जिससे ले लूं और न मैं दे सकता, क्योंकि दूसरा कोई है नहीं जिसको मैं दे दूं। यह परम घड़ी आ रही, यह परम सौभाग्य का क्षण है जब कोई व्यक्ति ऐसी दशा में आता है जहां उपदेश देना-लेना भी संभव नहीं।

'मुझको कहां उपदेश है अथवा कहां शास्त्र है?'

और जब उपदेश ही न हो तो शास्त्र नहीं बनता। शास्त्र तो उपदेश का ही संग्रहीत रूप है। फिर कोई वेद, कुरान, बाइबिल, गीता कुछ अर्थ नहीं रखते।

'फिर कहां शिष्य, कहां गुरु?'

जब उपदेश ही नहीं हो सकता तो कौन होगा गुरु और कौन होगा शिष्य?

'और कहां पुरुषार्थ है?'

फिर न कुछ पाने को बचा तो पुरुषार्थ का भी कोई सवाल नहीं है। समझो।

जनक बोल तो रहे हैं। यह वचन तो बोल ही रहे हैं। अष्टावक्र ने इतना लंबा उपदेश भी दिया है और जनक भी कुछ कंजूसी नहीं कर रहे हैं बोलने में। फिर भी वह कहते हैं, कहां उपदेश? तो बात कुछ समझ लेनी चाहिए।

बुद्धपुरुष बोलते हैं, ऐसा कहना ठीक नहीं, बुद्धपुरुषों से बोला जाता है, ऐसा कहना ठीक है। फूल खिलते हैं जैसे, सुगंध झरती है जैसे, बादल उमड़-घुमड़ कर आते हैं जैसे, और वर्षा होती है जैसे, दीया जलता है तो प्रकाश झरता है जैसे, ऐसे बुद्धत्व से रोशनी झरती है, सुगंध झरती है। मगर उपदेश देने की आकांक्षा नहीं है।

इसलिए बुद्ध ने चालीस साल बोलने के बाद कहा है कि मैं कभी भी नहीं बोला। मैं बोला ही नहीं। कठिन हो जाती है बात। क्योंकि बुद्ध के वचन इतने हैं, सैकड़ों शास्त्र निर्मित हुए। जितने वचन बुद्ध के हैं उतने किसी के भी नहीं हैं। बाइबिल और कुरान सब बहुत छोटी-छोटी किताबें रह जाती हैं। बुद्ध के अगर सारे वचन संगृहीत होते हैं तो पूरा एक पुस्तकालय निर्मित होता है, एक पूरा एनसाइक्लोपीडिया—इतना बोले हैं—और आखिर में कहते हैं कि मैं बोला नहीं। बात फिर भी ठीक कहते हैं। बोले नहीं, क्योंकि बोलना किससे, दूसरा कोई है नहीं।

लेकिन कभी-कभी तुमने ऐसी घड़ी जानी है, जब तुम अकेले बैठे हो और गीत गुनगुनाते हो? तब तुम किसी को कह नहीं रहे, अपनी मौज में कह रहे हो। बुद्ध से वचन निकले हैं, झरे हैं, जैसे झरनों से जल बह रहा है, जैसे वृक्षों से फूल निकल रहे हैं, ठीक ऐसे। जैसे पक्षी गीत गुनगुना रहे हैं, ठीक ऐसे। इसमें कुछ चेष्टा नहीं है,

प्रयोजन नहीं है। यह बिलकुल स्वाभाविक है। दीया जल जाएगा तो रोशनी निकलेगी। और फूल खिलेगा तो गंध भी उड़ेगी। ऐसे ही बुद्ध से वचन उड़े हैं।

ठीक वही जनक कह रहे हैं, कहां उपदेश, कहां शास्त्र? कहां शिष्य, कहां गुरु? कैसा पुरुषार्थ?

और अंतिम सूत्र—

क्व चास्ति क्व च व नास्ति क्वास्ति चैकं क्व च द्वयम्।

बहुनात्र किमुक्तेन किंचिन्नोत्तिष्ठते मम।।

'कहां अस्ति है, कहां नास्ति है, अथवा कहां एक है और कहां दो हैं? इसमें बहुत कहने से क्या प्रयोजन, मुझको तो कुछ भी नहीं प्रकाश करता है।'

यह आखिरी बात।

गुरु-शिष्य के गिर जाने के बाद कुछ बचा नहीं गिनने को। सिर्फ एक छोटा सा वक्तव्य :

बहुनात्र किमुक्तेन।

अब क्या कहूं? अब कहने को कुछ भी नहीं है। न तो कुछ है और न कुछ नहीं है। न आस्तिकता का कुछ अर्थ है, न नास्तिकता का। न अस्ति का कोई अर्थ है, न नास्ति का।

क्व चास्ति क्व च व नास्ति क्वास्ति चैकं क्व च द्वयम्।

अब तक कहा कि एक है, एक है, अद्वय है, अद्वैत है, अब कहा कि अब एक भी कहना व्यर्थ और दो भी कहना व्यर्थ। गयीं सब वे बातें, गया सब वह गणित। और अब कुछ कहने जैसा नहीं है।

किंचिन्नोत्तिष्ठते मम।

यह वचन बड़ा अदभुत है। इसका अर्थ होता है—कुछ भी नहीं उठता अब मुझमें।

किंचिन्नोत्तिष्ठते मम।

कोई लहर नहीं उठती। कोई तरंग नहीं उठती, सब शून्य हुआ, या सब पूर्ण हुआ। अधूरे में उठाव है। पूरे में कैसा उठाव! अधूरे में गति है, पूरे में कैसी गति! आधी गागर आवाज करती है, अधभरी गागर आवाज करती है। पूरी भरी गागर आवाज नहीं करती या पूरी खाली गागर आवाज नहीं करती। जहां पूर्णता है, वहां आवाज नहीं, वहां शून्य है। वहां शून्य का परम संगीत है। जहां अधूरापन है, वहां आवाज है।

किंचिन्नोत्तिष्ठते मम।

अब मुझमें कुछ भी नहीं उठ रहा है। सब परम विश्रांति को उपलब्ध हो गया है।

ऐसी घड़ी तुम्हारे जीवन में भी आ सकती है। तुम्हारे सहयोग की जरूरत है। ऐसा परम भाव तुम्हारा भी हो सकता है, तुम पर ही निर्भर है। एक छोटी सी कहानी कहूंगा :

एक संत था, बहुत वृद्ध और बहुत प्रसिद्ध। दूर-दूर से लोग जिज्ञासा लेकर आते, लेकिन वह सदा चुप ही रहता। हां, कभी—कभी अपने डंडे से वह रेत पर जरूर कुछ लिख देता था। कोई बहुत पूछता, कोई बहुत ही जिज्ञासा उठाता, तो लिख देता—संतोषी सुखी; भागो मत, जागो; सोच मत, खो; मिट और पा; इस तरह के छोटे—छोटे वचन। जिज्ञासुओं को इससे तृप्ति न होती, और प्यास बढ़ जाती। वे शास्त्रीय निर्वचन चाहते थे। वे विस्तारपूर्ण उत्तर चाहते थे। और उनकी समझ में न आता था कि यह परम संत बुद्धत्व को उपलब्ध होकर भी उनके प्रश्नों का उत्तर सीधे-सीधे क्यों नहीं देता। यह भी क्या बात है कि रेत पर डंडे से उलटबासियां लिखना! हम पूछते हैं, सीधा-सीधा समझा दो। वे चाहते थे कि जैसे और महात्मा जप-तप, यज्ञ-याज्ञ, मंत्र-तंत्र, विधि-विधान देते थे, वह भी दे। लेकिन वह मुस्कुराता, चुप रहता, ज्यादा से ज्यादा फिर कोई उसे खोदता-बिदीरता तो वह फिर लिख देता—संतोषी सदा सुखी; भागो मत, जागो; बस उसके बंधे-बंधाए शब्द थे। बड़े-बड़े पंडित आए और थक गए और हार गए और उदास होकर चले गए, कोई उसे बोलने को राजी न कर सका। कोई उसे ज्यादा विस्तार में जाने को भी राजी न कर सका।

लेकिन एक बात थी कि उसके पास कुछ था, ऐसी प्रतीति सभी को होती। उसके पास एक दैदीप्य प्रतिभा थी। उसके चारों तरफ एक प्रकाश था, एक अपूर्व शांति थी। उसके पास एक ठंडी, शीतल लहर थी, जो छूती। पंडितों तक को एहसास होता, क्योंकि पंडित तो सबसे अंधे लोग हैं इस पृथ्वी पर। उनको भी लगता कि कुछ है, कोई चुंबक। दूर-दूर काशी से आते, पर फिर उदास लौटते, क्योंकि वह ज्यादा कुछ बोलता न।

लेकिन एक दिन ऐसा हुआ, एक युवक आया और बजाय इसके कि वह कुछ पूछे, उसने बूढ़े के हाथ से डंडा छीन लिया। उसकी आंखों में कुतूहल भी नहीं था, उसके चेहरे पर जिज्ञासा भी नहीं थी, उसके सिर पर पांडित्य का बोझ भी नहीं था, वह बड़ा भोला-भाला युवक था, बड़ा शांत। एक गहरी मुमुक्षा थी। जीवन को दांव पर लगाने की आकांक्षा थी। खोजी था।

उसने डंडा हाथ में ले लिया और उसने भी मौन का व्रत लिया था, वह मौन ही रहता था, उसने डंडे से रेत पर लिखा—आपकी ज्योति मेरे अंधेरे को कैसे दूर करेगी?

उसने रेत पर लिखा। संत ने उत्तर में रेत पर लिखा—कैसा अंधेरा, अंधेरा है कहां? क्या तुम अंधेरे में खोए हो? यह पहला मौका था कि संत ने इतनी बात लिखी। भीड़ इकट्ठी हो गई, गांव भर में खबर पहुंच गई कि कोई आदमी आया है जिसने सोए संत को जगा लिया मालूम होता है। उसने कुछ लिखा है जैसा कभी नहीं लिखा था। उसने लिखा है, कैसा अंधेरा? अंधेरा है कहां? क्या तुम अंधेरे में खोए हो? वह युवक थोड़ा ठिठका और उसने फिर लिखा—क्या खो जाना वस्तुतः खो जाना है? क्या खो जाना मार्ग से वस्तुतः च्युत हो जाना है? संत ने युवक की आंखों में झांका, अनंत प्रेम और करुणा और आशीष से और फिर रेत पर लिखा—नहीं, खो जाना भी खो जाना नहीं, बस विस्मृतिमात्र। याद भर खो गई है और कुछ खो नहीं गया है। खो जाना भी खो जाना नहीं है, बस विस्मृति।

अब तक तो दर्शकों की बड़ी भीड़ इकट्ठी हो गई थी। यह उत्तर पढ़ कर भीड़ में हंसी का फव्वारा फूट पड़ा। और संत ने जो लिखा था उसे तत्क्षण पोंछ डाला और पुनः लिखा—कौन सी इच्छा तुम्हें यहां ले आई है, युवक? डंडा सतत हाथ बदलता रहा। युवक ने लिखा—इच्छा? इच्छाएं? नहीं मेरी कोई इच्छा शेष नहीं है। ऐसा सुनते ही संत उठ कर खड़ा हो गया, दायां पैर उठा कर भूमि पर तीन बार थाप दी, फिर आंखें बंद करके सांस को रोक कर मूर्तिवत खड़ा हो गया। सन्नाटा छा गया। भीड़ भी मूर्तिवत हो गई, युवक भी कुछ समझा नहीं, इस पर युवक भूल गया कि उसने मौन का व्रत लिया है और बोल उठाः यह आपने क्या किया और क्यों किया? संत हंसा और उसने पुनः रेत पर लिखा—कुतूहल इच्छा का ही एक रूप है। इस पर युवक चीख उठाः मैंने सुना है कि एक ऐसा महामंत्र है जिसके उच्चार मात्र से व्यक्ति विश्व के साथ एक हो जाता है, ब्रह्म के साथ एक हो जाता है, मैं उसी मंत्र की खोज में आया हूं। ज्यादा मुझे कहना नहीं। और मुझे पता है कि वह मंत्र आपके पास है—मैं देख रहा हूं, उसकी ध्वनि मुझे सुनाई पड़ रही है।

संत ने शीघ्रता से लिखा—तत्वमसि। वह तू ही है। वह मंत्र तू ही है। और क्या तू एक क्षण को भी ब्रह्म से भिन्न हुआ है? और तब उस बूढ़े संत ने अचानक डंडा उठाया और उस युवक के सिर पर दे मारा। युवक की आंखों के सामने तारे घूम गए। लेकिन वह किसी अनिर्वचनीय समाधि में भी डूब गया। उसकी आंखों से अविरल आनंद के आंसू बहने लगे। पल पर पल बीते, घड़ियां बीतीं, दिन बीता, दिन बीते, वह युवक अपूर्व आनंद में डूबा रहा तो डूबा ही रहा।

और तब तीसरे दिन बूढ़े संत ने न मालूम किस अनिर्वचनीय क्षण में भूल गया कि मौन का व्रत लिया है, मौन टूट गया बूढ़े संत का और उसने कहाः सो अंततः तुम

घर वापस आ ही गए! सो अंततः तुम घर वापस आ ही गए? पर युवक बोला नहीं और बिना बोले ही अनंत कृतज्ञता से बूढ़े की आंखों में देखता रहा और तब उसने डंडा उठा कर रेत पर लिखा—केवल स्मृति लौट आई; कौन गया था, कौन लौटा? सिर्फ स्मृति लौट आई।

बस इतना ही सार-सूत्र है अष्टावक्र और जनक के इस परम संवाद का, इतना ही—स्मृति लौट आई।

वही है मरकजे-काबा वही है राहे-बुतखाना
जहां दीवाने दो मिल कर सनम की बात करते हैं

इन दो दीवानों की बात तुमने सुनी। प्रभु करे तुम्हें भी दीवाना बनाए, तुम्हारे जीवन में भी वह अपूर्व अमृत बरसे। और देर जरा भी नहीं है, बस स्मृति की बात है।

हरि ॐ तत्सत्।

आज इतना ही।

* * *

ओशो—एक परिचय

सत्य की व्यक्तिगत खोज से लेकर ज्वलंत सामाजिक व राजनैतिक प्रश्नों पर ओशो की दृष्टि उनको हर श्रेणी से अलग अपनी कोटि आप बना देती है। वे आंतरिक रूपांतरण के विज्ञान में क्रांतिकारी देशना के पर्याय हैं और ध्यान की ऐसी विधियों के प्रस्तोता हैं जो आज के गतिशील जीवन को ध्यान में रख कर बनाई गई हैं।

अनूठे ओशो सक्रिय ध्यान इस तरह बनाए गए हैं कि शरीर और मन में इकट्ठे तनावों का रेचन हो सके, जिससे सहज स्थिरता आए व ध्यान की विचार रहित दशा का अनुभव हो।

ओशो की देशना एक नये मनुष्य के जन्म के लिए है, जिसे उन्होंने 'ज़ोरबा दि बुद्धा' कहा है—जिसके पैर जमीन पर हों, मगर जिसके हाथ सितारों को छू सकें। ओशो के हर आयाम में एक धारा की तरह बहता हुआ वह जीवन-दर्शन है जो पूर्व की समयातीत प्रज्ञा और पश्चिम के विज्ञान और तकनीक की उच्चतम संभावनाओं को समाहित करता है। ओशो के दर्शन को यदि समझा जाए और अपने जीवन में उतारा जाए तो मनुष्य-जाति में एक क्रांति की संभावना है।

ओशो की पुस्तकें लिखी हुई नहीं हैं बल्कि पैंतीस साल से भी अधिक समय तक उनके द्वारा दिए गए तात्कालिक प्रवचनों की रिकार्डिंग से अभिलिखित हैं।

लंदन के 'संडे टाइम्स' ने ओशो को 'बीसवीं सदी के एक हजार निर्माताओं' में से एक बताया है और भारत के 'संडे मिड-डे' ने उन्हें गांधी, नेहरू और बुद्ध के साथ उन दस लोगों में रखा है, जिन्होंने भारत का भाग्य बदल दिया।

ओशो इंटरनेशनल मेडिटेशन रिजॉर्ट

ओशो मेडिटेशन रिजॉर्ट का निर्माण इसलिए किया गया ताकि लोग जीने की नई कला का सीधा अनुभव ले सकें—अधिक होशपूर्वक होकर, हास्य और आराम के साथ। यह भारत के मुंबई शहर से सौ मील दक्षिण पूर्व में पूना के कोरेगांव पार्क में वृक्षों से परिपूर्ण चालीस एकड़ आवासीय क्षेत्र में स्थित है। रिजॉर्ट सौ से अधिक देशों से हर साल आने वाले हजारों लोगों के लिए अलग-अलग तरह के कार्यक्रम प्रस्तुत करता है। नवनिर्मित ओशो गेस्ट हाउस परिसर में लोगों के लिए आवास की सुविधा उपलब्ध है।

मेडिटेशन रिजॉर्ट में मल्टीवर्सिटी कार्यक्रम प्रसिद्ध झेन उद्यान, ओशो तीर्थ से सटे पिरामिड परिसर में संचालित होते हैं। ये कार्यक्रम व्यक्तिगत रूपांतरण के लिए व लोगों को जीने की एक नई कला सिखाने के उद्देश्य से तैयार किए गए हैं—एक जाग्रत अवस्था जिसे वे दैनिक जीवन में उतार सकते हैं। आत्म-खोज सत्र, सैशन, कोर्स और अन्य ध्यान प्रक्रियाएं पूरे साल चलती हैं। शरीर को स्वस्थ रखने के लिए एक खूबसूरत व्यवस्था का प्रावधान है जिसमें झेन प्रक्रिया के साथ खेल और मनोरंजन का अनुभव लिया जा सकता है।

मुख्य ध्यान सभागार में सुबह छह बजे से रात ग्यारह बजे तक प्रतिदिन सक्रिय व अक्रिय ध्यान विधियां होती हैं, जिसमें रोज संध्या-सभा ध्यान भी शामिल है। रात को रिजॉर्ट का बहुसांस्कृतिक जीवन खिल उठता है-मित्रों के संग खुले आकाश के नीचे भोजन-स्थल और अक्सर संगीत व नृत्य के साथ। रिजॉर्ट की साफ व शुद्ध पीने

के पानी की अपनी व्यवस्था है और यहां परोसे गए भोजन में रिजॉर्ट के अपने फार्म हाउस में उगाई गई सब्जियों का प्रयोग होता है।

मेडिटेशन रिजॉर्ट का ऑन लाइन टूर, साथ ही यात्रा और कार्यक्रमों की जानकारी www.osho.com से प्राप्त की जा सकती है। यह अलग-अलग भाषाओं में विस्तार में दी गई वेबसाइट है, जिसमें हैं—ऑन लाइन ओशो टाइम्स पत्रिका, ऑडियो व वीडियो वेबकास्टिंग, ऑडियो बुक क्लब, ओशो प्रवचनों के संपूर्ण अंग्रेजी व हिंदी अभिलेख और ओशो के वीडियो, ऑडियो व पुस्तकों की संपूर्ण सूची। साथ ही हैं ओशो द्वारा विकसित किए गए सक्रिय ध्यानों की जानकारी जो ज्यादातर वीडियो प्रदर्शन के साथ हैं।

मेडिटेशन रिजॉर्ट में सहभागी होने व अधिक विस्तृत जानकारी के लिए संपर्क करें:

ओशो इंटरनेशनल मेडिटेशन रिजॉर्ट

17 कोरेगांव पार्क, पुणे-411001, महाराष्ट्र

फोन: 020-56019999 फैक्स: 020-56019990

e-mail - resortinfo@osho.net

Website - www.osho.com

ओशो का हिंदी साहित्य

उपनिषद
सर्वसार उपनिषद
कैवल्य उपनिषद
अध्यात्म उपनिषद
कठोपनिषद
ईशावास्य उपनिषद
निर्वाण उपनिषद
आत्म-पूजा उपनिषद
केनोपनिषद
मेरा स्वर्णिम भारत (विविध उपनिषद-सूत्र)

कृष्ण
गीता-दर्शन (आठ भागों में अठारह अध्याय)
कृष्ण-स्मृति

महावीर
महावीर-वाणी (दो भागों में)
जिन-सूत्र (दो भागों में)
महावीर या महाविनाश
महावीर : मेरी दृष्टि में
ज्यों की त्यों धरि दीन्हीं चदरिया

बुद्ध
एस धम्मो सनतनो (बारह भागों में)

अष्टावक्र
अष्टावक्र महागीता (नौ भागों में)

लाओत्से
ताओ उपनिषद (छह भागों में)

कबीर
सुनो भई साधो
कहै कबीर दीवाना
कहै कबीर मैं पूरा पाया
न कानों सुना न आंखों देखा
(कबीर व फरीद)

शांडिल्य
अथातो भक्ति जिज्ञासा (दो भागों में)

अन्य रहस्यदर्शी
नाम सुमिर मन बावरे (जगजीवन)
अरी, मैं तो नाम के रंग छकी (जगजीवन)
कानों सुनी सो झूठ सब (दरिया)
अमी झरत बिगसत कंवल (दरिया)
हरि बोलौ हरि बोल (सुंदरदास)
ज्योति से ज्योति जले (सुंदरदास)
अजहूं चेत गंवार (पलटू)
सपना यह संसार (पलटू)
काहे होत अधीर (पलटू)
जस पनिहार धरे सिर गागर (धरमदास)
का सोवै दिन रैन (धरमदास)
सबै सयाने एक मत (दादू)
पिव पिव लागी प्यास (दादू)
कन थोरे कांकर घने (मलूकदास)
रामदुवारे जो मरे (मलूकदास)
भक्ति-सूत्र (नारद)
शिव-सूत्र (शिव)
भजगोविन्दम् मूढ़मते (आदिशंकराचार्य)
एक ओंकार सतनाम (नानक)
जगत तरैया भोर की (दयाबाई)
बिन घन परत फुहार (सहजोबाई)
पद घुंघरू बांध (मीरा)
नहीं सांझ नहीं भोर (चरणदास)
संतो, मगन भया मन मेरा (रज्जब)
कहै वाजिद पुकार (वाजिद)
मरौ हे जोगी मरौ (गोरख)
सहज-योग (सरहपा-तिलोपा)
बिरहिनी मंदिर दियना बार (यारी)

प्रेम-रंग-रस ओढ़ चदरिया (दूलन)
दरिया कहै सब्द निरबाना
(दरियादास बिहारवाले)
हंसा तो मोती चुगैं (लाल)
गुरु-परताप साध की संगति (भीखा)
मन ही पूजा मन ही धूप (रैदास)
झरत दसहुं दिस मोती (गुलाल)
जरथुस्त्र : नाचता-गाता मसीहा (जरथुस्त्र)

प्रश्नोत्तर

नहिं राम बिन ठांव
प्रेम-पंथ ऐसो कठिन
उत्सव आमार जाति, आनंद आमार गोत्र
मृत्योर्मा अमृतं गमय
प्रीतम छवि नैनन बसी
रहिमन धागा प्रेम का
उड़ियो पंख पसार
सुमिरन मेरा हरि करैं
पिय को खोजन मैं चली
साहेब मिल साहेब भये
जो बोलैं तो हरिकथा
बहुरि न ऐसा दांव
ज्यूं था त्यूं ठहराया
ज्यूं मछली बिन नीर
दीपक बारा नाम का
अनहद में बिसराम
लगन महूरत झूठ सब
सहज आसिकी नाहिं
पीवत रामरस लगी खुमारी
रामनाम जान्यो नहीं
सांच सांच सो सांच
आपुई गई हिराय
बहुतेरे हैं घाट
कोंपलें फिर फूट आईं
फिर पत्तों की पांजेब बजी
फिर अमरित की बूंद पड़ी
क्या सोवै तू बावरी
चल हंसा उस देस
कहा कहूं उस देस की
पंथ प्रेम को अटपटो
माटी कहै कुम्हार सूं

मैं धार्मिकता सिखाता हूं, धर्म नहीं

झेन, सूफी और उपनिषद की कहानियां

बिन बाती बिन तेल
सहज समाधि भली
दीया तले अंधेरा

तंत्र

संभोग से समाधि की ओर
तंत्र-सूत्र (पांच भागों में)

योग

पतंजलिः योग-सूत्र (पांच भागों में)
योगः नये आयाम

विचार-पत्र

क्रांति-बीज
पथ के प्रदीप

पत्र-संकलन

अंतर्वीणा
प्रेम की झील में अनुग्रह के फूल
पाथेय

बोध-कथा

मिट्टी के दीये

ध्यान, साधना

ध्यानयोग : प्रथम और अंतिम मुक्ति
नेति-नेति
चेति सकै तो चेति
हसिबा, खेलिबा, धरिबा ध्यानम्
समाधि कमल
साक्षी की साधना
धर्म साधना के सूत्र
मैं कौन हूं
समाधि के द्वार पर
अपने माहिं टटोल
ध्यान दर्शन
तृषा गई एक बूंद से
ध्यान के कमल
जीवन संगीत
जो घर बारे आपना
प्रेम दर्शन

साधना-शिविर

साधना-पथ
मैं मृत्यु सिखाता हूं